파생상품투자론

Theory of Derivatives

원 재 환

法 文 社

머리말

1944년 7월부터 시작된 브레튼－우즈 체제(Bretton－Woods System)가 1971년 8월 15일 닉슨 대통령의 금태환정지 선언으로 붕괴되어 고정환율제가 변동환율제로 전환되면서 환율의 변동성이 급격히 증가하였습니다. 또한, 1973년과 1979년에 발생한 두 차례의 석유파동(oil shock)으로 인한 물가와 금리의 변동성 증가, 자본시장의 국제 동조화에 따른 주가 변동성의 증가 등으로 인해 1970년대 이후 시장에서의 위험 증가는 파생상품(derivatives)이라는 새로운 금융상품의 개발을 촉진하였으며, 새로운 위험관리기법을 개발하는 원동력이 되었습니다. 환위험을 관리하기 위해 통화선물이 도입(1972)되었고, 1980년대에는 통화옵션, 통화스왑, 통화선물옵션 등이 개발되었습니다. 금리위험을 관리하기 위해서 T－bill선물, T－bond선물, 유로달러선물, 국고채선물 등의 금리선물이 도입(1976)되었고, 주가의 변동성을 관리하기 위해 주가지수선물 및 옵션 등도 처음으로 개발(1982)되었습니다.

우리나라에서도 국제화와 개방화가 진행됨에 따라 환율, 금리, 주가 등에서 변동폭이 증대되어 체계적인 위험관리의 필요성이 점증하고 있습니다. 특히, 1997년의 외환위기는 금융부문의 구조조정을 통한 선진화를 가속화하는 계기가 되었으며, 효율적인 리스크관리의 필요성이 인식되는 기회가 되었습니다. 이제 리스크관리는 국가뿐만 아니라, 기업과 개인차원에서도 생존을 위해 선택이 아닌 필수과제가 되었고, 이러한 리스크관리의 필요를 충족해 줄 수 있는 강력한 도구로서 선물, 옵션, 스왑 등의 첨단 금융기법들은 자연스럽게 주목을 받기 시작했습니다. 우리 정부는 이러한 환경변화에 부응하기 위해 1996년 7월 1일부터 선물거래법과 시행령을 제정, 시행에 들어갔으며, 한국증권거래소(KSE)는 1996년 5월 3일 처음으로 주가지수선물시장을 개설하였고, 1997년 7월 7일에는 주가지수옵션시상을 개설하게 되었습니다. 이후 여러 번의 통폐합을 거쳐 2009년 4월에 한국증권선물거래소(KRX)를 한국거래소(KRX: KoRea eXchange)로 변경하여 지금에 이르게 되었습니다. KOSPI200주가지수 선물과 옵션으로 시작하여, 지금은 금리선물, 통화선물과 옵션, 개별주식선물과 옵션, 상품선물 등 다양한 파생상품들이 개발되어 활발히 거래되고 있습니다. 이와 같은 우리나라의 선물 및 옵션시장의 급성장은 투자자들에게 다양한 리스크관리기법을 제공함은 물론, 투자포트폴리오의 분산효과 극대화를 통한 효율적 투자위험 관리, 선진 첨단금융기법의 활용을 통한 금융선진화 등에 크게 기여하고 있습니다.

그러나, 2007년부터 시작된 미국의 서브프라임 모기지(sub-prime mortgage) 사태는 전세계 금융위기를 촉발함으로써 파생상품의 위험성에 대해 전세계가 새롭게 인식하는 계기가 되었고, 파생상품의 위험을 제어하기 위한 다양한 규제와 감독강화 방안이 전세계적으로 논의, 도입되고 있습니다. 이러한 경험으로부터 파생상품은 금융산업발전에 기여하는 긍정적인 측면과 높은 레버리지로 인한 높은 위험성이라는 부정적인 측면을 동시에 가지고 있다는 점이 점차 잘 인식되고 있습니다. 즉, 파생상품은 마치 칼과 같아서 잘 사용하면 금융시장을 활성화시키고 시장효율성을 제고하여 경제를 살리기도 하지만, 잘 못 사용하면 경제위기와 부도를 초래할 수도 있다는 점을 인식할 필요가 있으며, 파생상품의 올바른 사용을 위해 파생상품에 대한 깊은 이해가 필요합니다. 이러한 목적을 달성하는데 조금이라도 기여하고자 하는 것이 본 저서를 집필하게 된 기본 동기입니다.

금융환경 변화에 따른 다양한 선진금융기법이 현장에 효율적으로 적용되기 위해 이론으로 잘 무장한 실무인력 배양의 중요성은 아무리 강조해도 지나치지 않을 것입니다. 따라서, 이 책은 파생상품에 대한 기초이론을 잘 마스터하고, 보다 고급의 파생상품이론을 공부하고자 하는 학생들과 실무에서 파생상품을 다루는 실무자나 투자자들을 위한 입문서로 집필되었습니다. 이 책은 학부 3학년 혹은 4학년에서 파생상품관련 강의교재로 이용하면, 대학원에서 고급 파생상품이론을 공부하기 위한 기초 이론교재로서 적당할 뿐만 아니라, CPA, CFA, FRM, 보험계리사, 증권분석사, 선물거래사 등 파생상품관련 전문자격증을 준비하는 수험생들에게도 도움이 되도록 쓰여졌습니다. 아울러, 보다 수준 높은 이론을 알고 싶어하는 독자들을 위해 심화학습란을 통해 고급 이론과 수학적인 증명들을 소개하였습니다.

이 책의 구성을 간략히 설명하면 다음과 같습니다.

제1부에서는 옵션의 개념, 거래시장, 그리고 가치평가 등을 심도 있게 다루고 있는데 그 주요 내용으로는, 옵션의 정의, 거래방법, 종류, 이항분포모형과 블랙－숄즈－머튼 모형을 이용한 옵션가격결정 방법과 옵션을 이용한 다양한 투자전략, 헷지방법, 특별한 형태의 옵션, 실물옵션, 한국의 옵션시장 등이 있습니다.

제2부에서는 선물과 선도의 개념, 거래시장, 그리고 가치평가 등을 심도 있게 다루고 있으며, 그 주요 내용으로는 선물거래소의 구조 및 기능, 청산소의 역할, 선물관련 규정 및 거래, 선물 및 선도가격 결정이론, 베이시스(basis)의 개념, 최소분산헷지 등 선물시장을 이용한 위험관리, 귀금속, 에너지, 곡물, 가축 등의 상품선물 소개, 단기, 중기, 장기 금리선물과 금리선물을 이용한 금리헷지방법, 환율의 개념, 환율 결정요인, 통화선물의 종류 및 통화선물을 이용한 환위험관리, 주가지수의 정의 및 계산방법, 주가지수선물을 이용한 주가위험의 헷지, 한국의 선물시장 등이 있습니다.

제3부에서는 스왑의 개념, 종류, 가치평가, 그리고 최근 리스크 분야에서 널리 사용되고 있고 파생상품과 관련이 깊은 VaR(Value at Risk)에 대해 자세히 다룹니다.

많은 분들의 도움이 있었기에 이 책이 가능했습니다.

필자에게 박사과정 중 이론적, 학문적으로 큰 힘이 되어주신 미국 University of Texas의 Larry J. Merville 지도교수님과 Ted E. Day 교수님, 박사논문지도에 흔쾌히 동참해 주신 미국 Southern Methodist University의 Andrew H. Chen 교수님, 석사과정 중 학문하는 자세를 가르쳐 주신 한국과학기술원(KAIST) 한민희 교수님, 감사합니다. 그리고 선배로서, 동료로서 부족한 제게 늘 도전과 격려를 주시는 서강대 재무분야 교수님들과 경영학부 교수님들, 수업 중 훌륭한 질문과 제언으로 이 책의 완성도를 크게 높여준 서강대 경영학부 학생들과 대학원 원생들, 좋은 연구환경을 교수들에게 제공하기 위해 늘 애써 주시는 서강대 총장님, 그리고 이 책을 집필하도록 흔쾌히 승낙하고 여러모로 지원을 아끼지 않은 법문사 사장님께 이 자리를 빌어 깊은 감사를 드립니다. 특히 출판과 교정 작업 가운데 많은 도움을 주신 법문사의 권혁기님, 배은영님, 그리고 조교인 이동수군에게도 깊은 고마움을 전합니다.

　그리고 본 교재를 집필하는 동안 옆에서 변함없이 물심영(物心靈) 삼면(三面)으로 지원을 아끼지않은 사랑하는 아내 은숙(殷淑)과 아빠와 함께 늘 대화하며 창의적 아이디어로 지적 영감을 불러일으켜 주고 좋은 학자가 되기 위해 불철주야 학문에 매진하고 있는 두 아들 영대(永大), 영웅(永雄)에게 깊은 고마움을 전하며, 부족한 필자를 위해 늘 기도해 주시는 장모님, 형님내외분들과 누님내외분들, 처형들과 동서들, 친척분들, 그리고 막내인 저를 아끼고 사랑하셨던 그리운 두 분 아버님, 어머님 영전에 이 책을 바칩니다.

2021년 10월 서강대 캠퍼스에서

저자　원 재 환

Chapter 03

확률과정과 이토정리 ··· 95

Chapter 04

옵션가격결정모형(2): 블랙-숄즈-머튼모형 ··· 131

Chapter 05

주요 옵션 ·················· 181

Chapter 06

옵션을 이용한 거래전략 ·· 203

Chapter 11

선물시장의 구조 및 거래 ···································· 325

Chapter 12

선물을 이용한 헷징전략 ·· 347

Chapter 17

P·A·R·T

옵션(option)

theory of derivatives

파생상품투자론

옵션의 개요

1장 부터 9장까지는 파생상품의 하나인 옵션에 대해 소개하고자 한다. 선물과 옵션은 주식이나 채권과 같은 기본자산에서 파생된 상품이라는 공통점이 있으나, 몇 가지 점에서 서로 다른 특징을 가지고 있다. 예를 들어, 선물매입자와 매도자는 모두 의무(obligation)만 가지고 있는 반면, 옵션매도자는 의무를 가지고 옵션매입자는 권리(right)를 가진다는 점, 선물과 달리 옵션에서는 손실을 일정하게 한정시킬 수 있다는 점(포트폴리오 보험효과: portfolio insurance effect), 그리고 일반적으로 선물에 비해 옵션의 유동성이 낮다는 점 등의 차이가 있다.

우선 1장에서는 옵션의 기본개념과 종류, 옵션의 거래제도, 그리고 옵션의 기본성질 등에 대해 살펴보고자 한다.

1 | 옵션의 기본개념

1) 파생상품

(1) 파생상품의 정의

옵션에 대해 이해하기 위해서는 먼저 파생상품이 무엇인지 알 필요가 있다. 파생상품(derivatives)이란 스스로는 존재할 수 없고 다른 기본자산에 의존하는 상품을 말한다. 따라서 파생상품의 가치는 자신이 의존하고 있는 기본자산의 가치에 의해 결정된다. 여기서 말하는 기본자산(primary asset)이란 스스로 독립적으로 존재할 수 있는 자산을 말하며 그 예로 금융자산(financial asset)과 상품(commodity) 등이 있다. 대표적인 금융자산으로는 주식(stock), 채권(bond), 외국통화(foreign currency), CD(Certificate of Deposit: 양도성예금증서) 등이 있고, 상품으로는 농산물, 축산물, 임산물, 광산물, 부동산 등이 있다. 파생상품이 의존하고 있는 기본자산들을 기초자산(underlying asset)이라고 부른다. 파생상품은 독립적으로 존재할 수 없으므로 모든 파생상품의 가치의 합은 0이 되어야 한다(zero sum rule).

(2) 파생상품의 종류

대표적인 파생상품으로는 옵션(option), 선물(futures), 선도(forward), 스왑(swap) 등이 있다. 본서에서는 이들 대표적인 4가지 파생상품에 대해 살펴보고자 한다. 각 파생상품의 정의와 종류, 거래시장과 거래방법, 가격결정이론 등이 그 주요내용이다.

(3) 파생상품의 용도

파생상품은 칼과 마찬가지로 양면성을 가지고 있다. 칼을 의사가 사용하면 생명을 살리지만 살인강도가 사용하면 생명을 위협할 수 있는 것처럼, 파생상품이 본래의 의도대로 잘 사용되면 기업이나 개인의 투자 및 리스크관리 등 경제활동에 매우 유용하지만 파생상품을 잘못 사용하면 2007년 전 세계 금융위기를 불러온 서브프라임 모기지(subprime mortgage)사태와 같이 기업과 국가경제에 심각한 타격을 줄 수도 있다. 따라서 파생상품의 신중하고 합리적인 사용이 요구된다.

파생상품은 일반적으로 다음과 같은 용도로 사용된다.

① 리스크를 다른 사람에게 전가하는 헷지(hedge) 용도

② 자료와 정보 등을 근거로 시장의 미래방향을 예측하고 적극적으로 투자하는 투기(speculation) 용도

③ 무위험 차익거래(arbitrage)이익을 얻기 위한 용도

④ 고정부채를 변동부채로 변경하는 등의 부채의 성격전환 용도

⑤ 포트폴리오 거래비용 없이 투자의 성격(베타, 가중치 등)을 전환시키는 용도

(4) 파생상품의 거래

파생상품은 크게 다음과 같은 두 가지 시장에서 거래된다. 하나는 거래소(exchanges)이고, 다른 하나는 장외(OTC: Over The Counter)시장이다. 전자의 대표적인 예로 한국거래소(KRX: KoRea eXchange), 시카고상품거래소(CBOT: Chicago Board Of Trade), 영국선물거래소(LIFFE: London International Financial Futures Exchange) 등이 있고, 후자의 경우 거래당사자가 직접 만나서 거래하거나 전화, 인터넷, 컴퓨터 등으로 거래하는 시장을 말한다.

(5) 파생상품의 경제적 기능

파생상품의 경제적 기능은 다음과 같이 크게 다섯 가지로 구분할 수 있다.

① 치열한 정보수집과 경쟁을 통한 공정한 가격형성과 발견(formation and discovery of fair prices)

② 가격변동위험의 헷지(hedge over price changes)

③ 레버리지 활용을 통한 유동성증대(increase in liquidity)

④ 미래가격예측을 통한 저축 및 투자유도로 자본형성촉진(promotion of capital accumulation)

⑤ 자본의 시차적 배분(time differential distribution of capital)

2) 옵션의 개념

옵션(option)이란 미리 정해진 가격으로 정해진 기간 동안에 특정증권을 살 수 있는(혹은 팔 수 있는) 권리(right), 즉 선택권이 부여된 증권을 말한다. 옵션계약에서 정하는 기초자산(underlying asset)을 사거나 팔 수 있는 권리는 옵션발행자

(option writer 혹은 option seller)가 이를 매수하는 자에게 프리미엄을 받고 부여하고, 옵션소유자(option holder 혹은 option buyer)는 일정한 기간 동안 옵션계약에 명시된 사항을 옵션발행자에게 이행하도록 요구할 수 있는 권리를 갖는 계약이 옵션계약이다.

선물(혹은 선도)과 옵션은 둘 다 기초자산에 의존하는 파생상품(derivatives)이라는 공통점도 있으나, 기본적으로 다음과 같은 차이점을 가지고 있다.

* 선물이나 선도는 계약 당사자 양쪽이 모두 계약을 이행해야 할 '의무(obligation)'를 가지나, 옵션의 경우 발행자(매도자)만 의무를 가지며 보유자(매입자)는 '권리(right)'를 가진다. 즉, 옵션매입자는 만기일에 기초자산의 가격과 행사가격을 비교하여 자신에게 유리하면 권리를 행사하지만 자신에게 불리하면 권리를 행사할 필요가 없다. 따라서, 옵션계약에서는 의무를 가지는 발행자(매도자)만 선물계약처럼 증거금(margin)을 납부해야 하고, 권리를 가지는 보유자(매입자)는 증거금을 납부할 필요가 없다.

* 선물이나 선도계약에서는 포지션을 취하는데 실질적인 비용이 들지 않으나, 옵션에서는 포지션을 갖기 위해 프리미엄을 지불하므로 초기비용이 발생한다.

* 선물이나 선도는 옵션보다 상대적으로 유동성이 더 풍부하다. 일반적으로 초기비용이 드는 옵션보다는 초기비용이 없는 선물의 거래량이 더 많다.

* 선물이나 선도는 위험을 일정수준으로 한정시키는 것이 불가능하나, 옵션의 경우 위험을 일정수준(즉, 옵션프리미엄)으로 한정시키는 것이 가능하다. 옵션의 경우 상품 자체적으로 보험효과(insurance effect)를 가지고 있어 상대적으로 더 안전하다고 할 수 있다.

옵션과 선물(선도)과의 차이를 요약하면 다음 [표 1−1]과 같다.

[표1-1] 옵션과 선물(선도) 차이

구분	옵션	선물(선도)
위험의 한정	가능	불가능
유동성	보통	풍부
만기 도래 시	권리 행사/의무 이행	의무 이행
매입자의 의무 및 권리	프리미엄 납부 의무 옵션행사 권리	증거금 납부 의무 자산 인수 의무
매도자의 의무 및 권리	증거금 납부 의무 자산 인도 의무 프리미엄 수취 권리	증거금 납부 의무 자산 인도 의무

3) 옵션관련 주요 용어

(1) 기초자산(S)

기초자산(underlying asset)은 옵션거래의 대상이 되는 자산을 말하며, 크게 곡물, 금, 은 등과 같은 상품(commodity)과 주식, 채권, 주가지수, 통화, 선물 등과 같은 금융자산(financial assets)으로 구분할 수 있다. 통상 기초자산의 시장가격은 S로 표시한다.

(2) 만기일(T)

옵션은 일정한 기한 이내에 그 권리를 행사할 수 있는 계약증권이며, 이러한 권리를 행사할 수 있는 마지막 날을 만기일(expiration date 혹은 exercise date)이라 한다. 만기일은 각 옵션계약의 성격과 거래소에 따라 다소 차이가 있으나 보통 옵션의 만기가 되는 달(month)의 셋째 주 금요일이 된다. 시카고상품거래소(CBOT)의 경우 선물옵션의 만기는 선물인도월 이전달이 만기월이 되며, 셋째 주 금요일이 만기일이 된다. 시카고상업거래소(CME)의 경우 옵션만기일과 기초자산의 최종거래일과 동일한 날이 만기일이 된다. 일반적으로 현재 시점은 t로, 만기일은 T로 표시한다.

미국 주식옵션의 경우 다음과 같이 세 가지 순환주기(cycle)를 가지고 있다.

＊1월 주기: 1월, 4월, 7월, 10월의 만기

＊2월 주기: 2월, 5월, 8월, 11월의 만기
＊3월 주기: 3월, 6월, 9월, 12월의 만기

이러한 세 가지 주기를 갖도록 한 이유는 주식발행이 어느 달에 이루어지든 상관없이 해당 주식옵션을 상장할 수 있도록 배려한 것이다. 따라서, 주식옵션의 경우 1년 내내 만기를 가짐으로써 거래가 매우 편리하며, 유동성이 높아지는 장점을 가지고 있다.

(3) 행사가격(K, X)

행사가격(exercise price 혹은 strike price)이란 옵션매수자가 미래에 기초자산을 사거나(콜옵션의 경우) 팔 수 있는(풋옵션의 경우) 가격을 말한다. 예를 들어, 행사가격이 $50라는 것은 만기일에 기초자산가격이 어떻게 되든 상관없이 기초자산을 $50에 사거나 팔 수 있다는 것을 의미한다. 행사가격은 기초자산의 시장가격을 기준으로 정하되, 하나의 행사가격은 기초자산가격보다 낮고, 다른 행사가격은 기초자산가격보다 높게 2~3개의 행사가격을 정하며, 통상 5개 이내의 행사가격으로 제한된다. 행사가격은 보통 K 혹은 X로 표시한다.

미국의 주식옵션의 경우, 행사가격의 간격을 정하는 데 일정한 규칙이 있는데 이를 '간격(spacing)'이라 하며 다음과 같다.
＊$5≤주식가격≤$25인 경우: 행사가격은 $2.50간격으로 배치
＊$25<주식가격≤$200인 경우: 행사가격은 $5간격으로 배치
＊주식가격>$200인 경우: 행사가격은 $10간격으로 배치
예 주식가격이 현재 $50인 경우: 행사가격결정 예는 $40, $45, $50, $55, $60

(4) 옵션프리미엄

옵션프리미엄(option premium 혹은 option price)은 옵션매입자가 옵션매도자에게 지불하는 옵션가격을 말한다. 즉, 옵션거래에서의 프리미엄이란 옵션매매 시 적용되는 옵션가격을 의미한다. 옵션프리미엄은 옵션의 수요와 공급상황, 경제적 요인 및 시장상황에 따라 수시로 변화한다.

옵션가격단위는 기초자산에 따라 다르다. 예를 들어, 곡물의 경우 선물가격단위는 bushel 당 $1/4$센트인 반면 옵션거래가격 단위는 $1/8$센트이다. T-bond나

T-bond선물의 거래단위는 $^1/_{32}$포인트인 반면 T-bond 옵션가격 단위는 $^1/_{64}$포인트로 $15.63($1,000/64)이다.

(5) 옵션발행자와 옵션매입자

옵션발행자(option writer)는 옵션매도자(option seller)라고도 하는데 이는 옵션을 발행하는 자로서 옵션매입자로부터 옵션프리미엄을 받고 옵션을 매도하며, 옵션매입자가 권리를 행사하고자 할 때 반드시 응해야 하는 의무를 가지고 있다. 이러한 의무 때문에 거래증거금은 발행자에게만 부과된다.

옵션매입자(option buyer)는 옵션보유자(option holder)라고도 하며 옵션발행자에게 옵션프리미엄을 지불하고 옵션을 행사할 수 있는 권리를 받는 자를 말한다. 옵션행사는 의무가 아니라 권리이기 때문에 그 권리의 행사여부는 옵션매입자의 자유이다. 따라서, 옵션매입자에게는 의무가 없으므로 신용위험(credit risk)이 없으며 증거금이 필요 없다.

[표1-2]는 옵션발행자와 옵션매입자의 관계를 잘 설명해 주고 있다.

[표1-2] 옵션발행자와 매입자

구분	옵션 발행자(매도자)	옵션 매입자(보유자)
거래 관계	권리를 부여해줌	권리를 받음
프리미엄	받음	지불함
권리와 의무	계약이행의 의무를 가짐	옵션을 행사할 권리를 가짐
이익	프리미엄에 한정됨	한정 없음
손실	한정 없음	프리미엄에 한정됨
거래 증거금	필요	필요 없음

(6) moneyness: 내가격, 외가격, 등가격

옵션의 이득은 기초자산가격과 행사가격의 차이로 결정된다. 그런데 행사가격은 옵션계약시 고정되어 있으므로 옵션의 이득은 기초자산의 가격에 따라 결정된다. 옵션이득이 양(+)의 상태에 있을 때 기초자산의 상태를 내가격(ITM: in-the-money)상태라 한다. 옵션의 이득이 영(0)인 상태, 즉 기초자산가격과 행사가격이 일치할 때를 등가격(ATM: at-the-money)상태라 한다. 그리고 옵션의 이득이 음 (−)인 상태, 즉 옵션을 행사하면 옵션프리미엄을 제외하더라도 손실이 발생하는 기초자산의 가격상태를 외가격(OTM: out-of-the-money)상태라 한다. 내가격, 등가격, 외가격을 통칭하여 'moneyness'라 한다.

기초자산의 가격이 양(+)의 옵션이득을 아주 크게 발생시키는 상태에 있을 때 이를 '깊은' 내가격(deep in-the-money)상태라 하고, 반대로 음(−)의 옵션이득을 아주 크게 발생시키는 상태에 있을 때 이를 '깊은' 외가격(deep out-of-the-money) 상태라 한다.

예를 들어, 콜옵션(call option)의 경우, 기초자산의 시장가격이 S이고 행사가격이 K라 할 때, 내가격, 등가격, 외가격은 다음과 같이 수식으로 정의할 수 있다.

$$\text{moneyness} \begin{cases} \text{내가격(in-the-money)}, \ S > K \text{ 일 때} \\ \text{등가격(at-the-money)}, \ S = K \text{ 일 때} \\ \text{외가격(out-of-the-money)}, \ S < K \text{ 일 때} \end{cases} \quad (\text{식}1\text{-}1)$$

Tip / 주요 용어 **이득과 이익의 차이**

옵션을 설명할 때, 이득(payoff)과 이익(profit)의 개념을 구별해야 한다. 이득은 옵션가격과 기초자산가격으로만 정해지는 매출액(revenue 혹은 sales)과 유사한 개념이며, 이익은 이득에서 비용을 공제한 순이익(net income)과 유사한 개념이다. 예를 들어, 유러피언 콜옵션 매입자 입장에서 볼 때, 행사가격을 K라 하고 만기 시 기초자산의 가격을 S_T라 하면, 만기시 이득은 $\max(S_T - K, 0)$이고 이익은 $[\max(S_T - K, 0) - c]$가 된다. (단, c는 옵션프리미엄이다)

* 이득(payoff)=기초자산과 행사가격의 차이
* 이익(profit)=이득−옵션 프리미엄
  (이익이 (−)이면 손실(loss)을 의미)

---

(7) 내재가치와 외재가치

내재가치(IV: intrinsic value)는 옵션이 갖고 있는 행사가격(K)과 기초자산의 시장가격(S)과의 차이를 나타낸다. 콜옵션과 풋옵션의 내재가치는 매입자의 입장에서 볼 때 다음과 같이 정의된다.[1]

$$콜옵션의\ 내재가치 = \max(S-K,\ 0) \qquad (식1-2)$$
$$풋옵션의\ 내재가치 = \max(K-S,\ 0) \qquad (식1-3)$$

(식1-2)와 (식1-3)에서와 같이, 옵션은 영(0) 이상의 내재가치를 갖게 된다.

외재가치(EV: extrinsic value)는 시간가치(TV: time value)라고도 하는데 앞으로 기초자산의 시장가격이 옵션의 가치를 높여주는 방향으로 변할 가능성에 대한 기대 때문에 생기는 옵션의 가치이다. 다시 말해, 일반적으로 옵션은 내재가치보다 높은 가격수준에서 거래되는데 이러한 초과부분이 바로 외재가치이다. 예를 들어, 기초자산의 시장가격이 행사가격보다 낮은 콜옵션의 경우 외가격상태에 있기 때문에 내재가치가 영(0)이어서 옵션가격(프리미엄)이 영(0)이어야 할 것 같지만, 실제로 시장에서는 영(0)보다 큰 가격에 거래되는데, 이는 투자자들이 그 옵션의 외재가치(시간가치)를 영(0)보다 크게 보기 때문이다. 즉, 지금은 외가격상태에 있지만 앞으로 만기 전에 기초자산의 가격이 행사가격보다 커질 것이라 기대하기 때문에 그 옵션에 대한 수요가 생기고, 그 수요는 영(0)보다 큰 옵션가격(프리미엄)을 만들어 내는 것이다.

[그림1-1] 외재가치(시간가치)의 시간 및 기초자산과의 관계

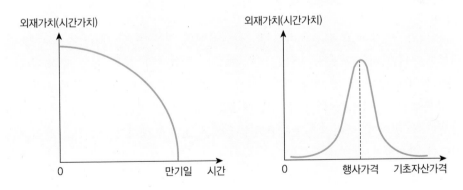

---

1) $\max(a,\ b)$는 a와 b 중에서 큰 값을 갖는 것을 선택하는 함수이다. 즉, $a>b$이면 $\max(a,\ b)=a$, $a<b$이면 $\max(a,\ b)=b$, $a=b$이면 $\max(a,\ b)=a$ 혹은 b가 된다.

외재가치(시간가치)는 만기일에 가까이 갈수록 [그림 1−1]의 왼쪽과 같이 기하학적으로 감소하는 시간감소형태(time decay pattern)를 갖는다. 기초자산가격이 외재가치에 미치는 영향은 [그림 1−1]의 오른쪽과 같이 행사사격을 중심으로 대칭의 관계를 갖는다. 내재가치와 외재가치로부터 옵션가격은 다음과 같이 정의된다.

옵션가격(프리미엄) = 내재가치(IV) + 외재가치(EV)   (식 1−4)

옵션의 시간가치(TV) 또는 외재가치(EV)는 다음과 같은 두 가지 이유로 발생하며 순시간가치는 이 두 가지 가치의 합으로 표시될 수 있다.

첫째, 만기까지 옵션을 보유함에 따른 기대 순이익 때문에 발생한다. 이는 만기까지 기초자산의 가격이 유리한 방향으로 변동할 경우의 기대이익이 불리하게 변동할 경우의 기대손실보다 크기 때문에 발생하는 양(+)의 기대가치이다. 옵션이득의 비대칭성 때문에 생기게 된다.

둘째, 옵션의 기초자산을 매입 또는 매도함으로써 생기는 현금흐름으로 인해 발생하는데, 이 경우 콜옵션은 양(+)의 값을, 풋옵션은 음(−)의 값을 갖는다. 왜냐하면, 콜옵션의 경우 옵션가격에는 기초자산 매입에 들어가는 자금의 이자비용이 포함되는데 옵션가격에 양(+)의 영향을 주는 반면, 풋옵션의 경우에는 기초자산을 매도하여 들어오는 자금에 대해 이자수익이 발생하므로 이러한 이자수익은 보유비용(풋옵션 매입비용)의 관점에서 보면 옵션가격을 하락시키는 요인이 되므로 옵션가격에 음(−)의 효과를 갖게 된다.

이러한 두 가지 효과를 고려해 볼 때 콜옵션의 경우 둘 다 양(+)의 효과를 가지므로 시간가치는 0보다 작아질 수 없으나, 풋옵션의 경우 깊은 내가격(deep ITM) 상태에 있을 때 두 번째 시간가치가 첫 번째 보다 압도적으로 커져 순시간가치(순외재가치)가 음(−)이 될 수 있는데 이는 유러피언 풋옵션의 경우 만기 전에 발생할 수 있지만, 아메리칸 풋옵션의 경우에는 조기에 행사가 가능하므로 이러한 상황이 발생하지 않는다.

(8) 미청산계약수

미청산계약수(open interest)는 어느 일정시점에 현존하는 옵션계약의 잔고수로서, 이미 발행된 옵션 중 보유잔고가 정리되지 않았거나 만기일이 도래하지 않은 총 계약건수를 말한다. 옵션매매가 늘어나면 미청산계약수가 늘어나고, 반대매매나 권리행사를 통해 옵션이 청산되면 미청산계약수는 줄어든다.

(9) 옵션클래스와 옵션시리즈

옵션클래스(option class)는 기초자산이 같은 모든 콜옵션과 풋옵션을 말한다.

> 예 IBM calls: IBM주식을 기초자산으로 하고 다양한 행사가격과 만기일을 가지고 있는 옵션클래스
>
> GM puts: GM주식을 기초자산으로 하고 다양한 행사가격과 만기일을 가지고 있는 옵션클래스

옵션시리즈(option series)는 같은 옵션클래스 중에서 행사가격과 만기일이 동일한 옵션을 말한다. 즉, 옵션클래스 중에서 시장에서 거래되는 어느 특별한 하나의 옵션계약을 의미한다.

> 예 IBM calls 중에서 IBM 110 January calls(즉, 행사가격이 110이고 만기가 1월인 모든 IBM call들)는 하나의 옵션시리즈이다. 콜옵션과 풋옵션은 같은 클래스에 있고 만기와 행사가격이 같더라도 서로 다른 시리즈로 간주된다.

4) 옵션의 종류

옵션은 권리행사 기간, 권리의 형태(매입권리 혹은 매도권리), 기초자산 등에 따라 다음과 같이 여러 종류로 구분된다.

(1) 권리행사 기간에 따른 분류

① 유러피언 옵션

유러피언 옵션(European option)은 만기일 전(前)에는 옵션의 권리를 행사할 수 없고 오직 만기일에만(only at the expiration date) 행사할 수 있는 옵션을 말한다. 예컨대, 행사가격이 $50이고 만기가 20××년 6월인 유러피언 콜옵션(기초자산을 매입할 수 있는 옵션)은 20××년 6월 셋째 주 금요일에만 옵션의 권리를 행사할 수 있다. 만기 전에 아무리 옵션매입자에게 유리한 상황이 발생하더라도 옵션을 행사할 수 없다는 단점이 있다.

여기서 '유러피언(European)'이라는 말은 지리적인 의미에서의 '유럽(Europe)'과

는 아무런 상관이 없다는 사실에 유의해야 한다. 유러피언 옵션은 유럽에서만 판매된다거나 유럽에서만 거래되는 옵션이라고 오해해서는 안 된다. 만기일에만 권리를 행사할 수 있는 옵션은 미국에서 거래되든 아시아에서 거래되든 유럽에서 거래되든 상관없이 단순히 '유러피언'형이라고 부를 뿐이다. 이러한 사실은 다음에 설명할 '아메리칸' 옵션의 명칭에도 동일하게 적용된다.

② 아메리칸 옵션

아메리칸 옵션(American option)은 옵션매입자가 만기일 혹은 만기일 전 아무 때나(anytime before or on the expiration date) 권리를 행사할 수 있는 모든 옵션을 말한다. 예를 들어, GM주식의 콜옵션 만기가 20××년 9월이라면, 아메리칸 옵션 매입자는 옵션을 매입한 시점부터 20××년 9월 셋째 주 금요일까지 아무 때나 자신이 원하는 시점에 권리를 행사할 수 있다.

아메리칸 옵션은 권리행사 시점을 자유롭게 선택할 수 있는 장점이 있기 때문에 유러피언 옵션보다 시장가격이 높은 것은 당연하다고 하겠다. 다만, 미래 어느 시점에서 권리를 행사하는 것이 이득을 최대화할 수 있는 최적시점(optimal stop-ping time)인지 결정하는 것이 매우 어렵기 때문에 이론적으로 정확하게 옵션가격을 구하는 것이 유러피언 옵션보다 훨씬 더 어렵다.

(2) 권리형태에 따른 분류

① 콜옵션

기초자산을 약정된 행사가격으로 매입할 수 있는 권리를 갖는 옵션을 콜옵션(call option)이라 한다. 예를 들어 투자자가 IBM주식 100주를 매입할 수 있는 콜옵션 1계약을 매입할 경우, 행사가격(K)이 $100이고 현재주가는 $98이며 주식 1개를 살 수 있는 옵션 1개의 가격이 $5라 하면, 초기 투자액은 $500($5/주×1계약×100주/계약)이다. 만일 이 옵션을 행사할 때 기초자산인 주식가격이 $115가 되었다고 가정하면 옵션을 행사하여 얻는 이득(payoff)과 이익(profit)은 다음과 같다.

$$총이득 = \max(S-K,\ 0) \times 100$$
$$= \max(115-100,\ 0) \times 100 = \max(15,\ 0) \times 100 = \$1,500$$

$$총이익 = 총이득 - 총투자비용 = \$1,500 - \$500 = \$1,000$$

콜옵션이 만기에만 권리를 행사할 수 있는 유러피언형이라면, 만기 시 주가에 대한 콜옵션 1개당 이득과 이익을 그래프로 표시하면 각각 [그림 1-2]의 (a), (b)와 같다.

[그림 1-2] 유러피언 콜옵션 매입자의 이득과 이익

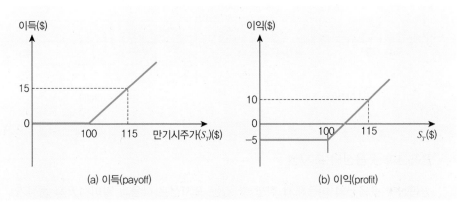

(a) 이득(payoff)

(b) 이익(profit)

② 풋옵션

풋옵션(put option)은 기초자산을 약정된 행사가격으로 매도할 수 있는 권리를 갖는 옵션을 말한다. 예를 들어 투자자가 GM주식 100주를 매도할 수 있는 풋옵션 1계약을 매입할 경우, 행사가격(K)이 $100이고 현재주가는 $98이며 주식 1개를 살 수 있는 옵션 1개의 가격이 $5라 하면, 초기 투자액은 $500($5/주×1계약×100주/계약)이다. 만일 이 옵션을 행사할 때 기초자산인 주식가격이 $85가 되었다고 가정하면 옵션을 행사하여 얻는 이득(payoff)과 이익(profit)은 다음과 같다.

$$총이득 = \max(K - S,\ 0) \times 100$$
$$= \max(100 - 85,\ 0) \times 100 = \max(15,\ 0) \times 100 = \$1,500$$

$$총이익 = 총이득 - 총투자비용$$
$$= \$1,500 - \$500 = \$1,000$$

위에서 설명한 풋옵션이 만기에만 권리를 행사할 수 있는 유러피언형이라면, 만기시 주가에 대한 풋옵션 1개당 이득과 이익을 그래프로 도시하면 각각 [그림 1-3]의 (a), (b)와 같다.

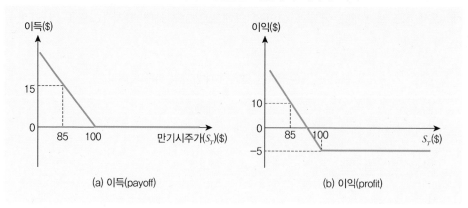

[그림1-3] 유러피언 풋옵션 매입자의 이득과 이익

콜옵션과 풋옵션의 포지션

콜옵션과 풋옵션을 이용해서 취할 수 있는 포지션은 다음과 같이 4가지 종류가 있다.

* 콜옵션 매입포지션(a long position in a call option)
* 콜옵션 매도포지션(a short position in a call option)
* 풋옵션 매입포지션(a long position in a put option)
* 풋옵션 매도포지션(a short position in a put option)

각각의 포지션에 대한 이득(payoff)을 유러피언 옵션에 대하여 어떻게 구할 수 있는지 살펴보기로 한다. 먼저, 중요한 원칙 하나를 알 필요가 있다. 선물과 옵션에는 하나의 계약에 대해 두 당사자가 존재한다. 즉, 선물의 경우 매입자(long position)가 있으면 매도자(short position)가 있어야 하고, 두 당사자의 이득의 합은 영(0)이어야 하는데, 이를 제로섬게임(zero-sum game)이라 한다. 선물가격이 올라 매입자가 이득을 얻는 만큼의 손해를 매도자는 보게 된다. 옵션의 경우도 동일하게 적용된다. 콜옵션에 대해 계약이 성립하기 위해서는 콜옵션매도자(short position)와 콜옵션매입자(long position) 둘 다 존재해야 한다. 어느 한 쪽이 존재하지 않으면 계약자체가 성립될 수 없다. 풋옵션도 마찬가지이다. 선물과 마찬가지로 옵션에서도 제로섬게임(zero-sum game)의 원칙이 적용된다. 매도자가 이득을 얻으면 매입자는 동일한 금액만큼의 손실을 보게 된다. 이러한 원칙은 매도자와 매입자의

이득 그래프가 서로 대칭이어야 함을 의미한다. 이러한 원칙을 이용하여 위의 4가지 포지션에 대해 유러피언 옵션의 이득을 구하면 다음과 같다.[2]

* 콜옵션 매입포지션의 이득$= \max(S_T - K,\ 0)$
* 콜옵션 매도포지션의 이득$= (-)\max(S_T - K,\ 0) = \min(K - S_T,\ 0)$
* 풋옵션 매입포지션의 이득$= \max(K - S_T,\ 0)$
* 풋옵션 매도포지션의 이득$= (-)\max(K - S_T,\ 0) = \min(S_T - K,\ 0)$

각각의 이득을 그래프로 표시하면 [그림 1−4]와 같다.

[그림 1−4] 유러피언 옵션 4가지 포지션의 이득

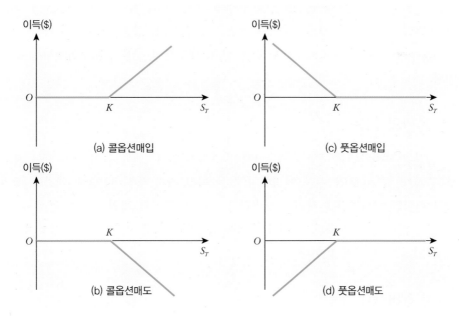

(a) 콜옵션매입

(c) 풋옵션매입

(b) 콜옵션매도

(d) 풋옵션매도

(3) 기초자산에 따른 분류

① 상품옵션과 금융옵션

상품옵션(commodity option)은 기초자산이 상품인 옵션을 말하는데, 여기에 해당되는 상품에는 농산물(밀, 옥수수, 대두, 커피, 면화, 설탕 등), 광산물(금, 은, 원유, 알루미늄 등), 그리고 축산물(생우, 생돈 등) 등이 있다.

---

2) max함수를 min함수로 변환하는 법: $\max(a,\ b) = (-)\min(-a,\ -b)$.

금융옵션(financial option)은 기초자산이 금융상품인 옵션을 말하는데, 이에는 주식, 주가지수(KOSPI200, S&P500, S&P100, Nikkei 225 등), 채권 혹은 금리(국고채, T-bond, T-note, Municipals, Eurodollar 등), 통화(유럽 유로, 영국 파운드, 일본 엔, 캐나다 달러 등) 등이 있다.

② 현물옵션과 선물옵션

현물옵션(spot option 혹은 option on spot)은 기초자산이 현물(상품과 금융자산)인 모든 옵션을 의미한다. 따라서 위에서 이미 언급한 상품옵션과 금융옵션은 대부분 현물옵션에 속한다고 할 수 있다.

선물옵션(futures option 혹은 option on futures)은 기초자산이 선물인 옵션을 말하는 것으로, 옵션을 행사하면 선물계약을 갖게 된다. 예컨대, 선물콜옵션 보유자가 권리를 행사하면 선물의 매입포지션을 갖게 되고, 선물풋옵션 보유자가 권리를 행사하면 선물의 매도포지션을 갖게 된다. 대부분의 선물옵션은 아메리칸 옵션이다.

5) 옵션의 기능

옵션이 투자자에게 주는 혜택은 여러 가지가 있다. 예를 들어, 투자자는 자신의 장기적 투자목표와 이를 달성하기 위한 여러 가지 투자대안들에 대하여 주의 깊고 현명한 의사결정을 하려고 노력한다. 옵션은 주식과 채권을 통해 얻을 수 없는 많은 것을 제공해 준다. 그러나 이러한 옵션의 기능은 어떤 특정한 상황에서만 존재하므로 주의하여야 한다.

(1) 레버리지 기능

재무이론에서 레버리지(leverage)란 통상 차입금 등 타인자본을 지렛대로 삼아 자기자본의 이익률이나 가치를 높이는 것을 말한다. 예를 들어 10억원의 자기자본을 투자하여 1억원의 이익을 얻었을 때 자기자본이익률은 10%이지만, 5억원의 자기자본과 5억원의 타인자본(차입금)으로 1억원의 이익을 얻으면 자기자본 이익률은 20%가 된다. 손해의 경우도 마찬가지이다. 다시 말하면, 레버리지는 적은 비용으로 손익을 확대하는 것을 말한다.

선물이나 옵션과 같은 파생금융상품들은 레버리지의 가장 대표적인 예라고 할 수 있다. 즉, 옵션은 기초자산 크기에 비해 적은 금액을 투자하여 큰 손익확대효과를 얻는다. 선물과 달리 옵션은 손실이 옵션프리미엄으로 한정되어 있는 반면, 이익은 한정이 없기 때문에 상대적으로 적은 위험으로 레버리지효과를 극대화할 수 있다. 다음의 사례는 옵션의 레버리지 기능을 잘 설명해 주고 있다.

사례 1-1   옵션의 레버리지효과

현재 IBM 주식의 가격이 $100, IBM 주식의 유러피언 콜옵션가격이 $5, 투자자가 투자할 수 있는 투자자금이 10만 달러라 하자. 이 경우 다음과 같은 두 가지 투자전략의 성과를 비교해 보자.(단, 옵션행사가격은 $100)
(전략 1) IBM 주식을 $100에 1,000주 매입
(전략 2) IBM주식에 대한 유러피언 콜옵션 2만개 매입

┃ 사례분석 ┃

다음 표에서 보는 바와 같이 옵션 만기 때 가능한 여러 가지 주가상황에 대해 두 가지 투자전략의 성과를 비교해 보자.

전략	구분	IBM 주식의 옵션만기 시 가격				
		$60	$80	$100	$120	$140
전략1 (주식)	만기 시 가치	$60,000	$80,000	$100,000	$120,000	$140,000
	투자수익률*	−40%	−20%	0%	+20%	+40%
전략2 (옵션)	만기 시 가치	$0	$0	$0	$400,000	$800,000
	투자수익률*	−100%	−100%	−100%	+300%	+700%

주) 투자수익률(%)*=[(만기 시 가치−10만 달러)/10만 달러]×100

위의 표에서 볼 수 있는 바와 같이 옵션투자의 경우 기초자산인 주식의 가격변화에 따라 레버리지효과(손익확대효과)가 극대화되는 것을 알 수 있다. 즉, 주식에 투자할 경우 수익률은 −40%에서 +40%까지 변동하지만, 옵션에 투자할 경우 −100%에서 +700%까지 변동폭이 훨씬 크다. 다시 말하면, 기초자산 가격이 하락할 경우에는 옵션투자전략이 주식투자전략에 비해 손실이 더 크고, 주식가격이 상승할 경우에는 옵션투자전략이 이익이 주식투자전략에 비해 훨씬 커짐을 알 수 있다.

(2) 위험의 제한 및 헷지기능

투자자는 옵션을 이용하여 기초자산의 위험을 제한하거나 헷지할 수 있다. 주가가 상승할 경우에는 주식에 직접 투자하는 것도 큰 이익을 낼 수 있겠지만, 주가가 하락할 경우에는 풋옵션에 투자하여 수익을 올릴 수 있다. 그리고, 콜옵션과 풋옵션을 결합하거나, 옵션과 주식을 적절히 결합하여 포트폴리오 보험(portfolio insurance)효과를 창출함으로써 위험을 제한할 수도 있다.

(3) 다양한 투자기회의 제공 기능

투자자는 옵션간의 결합, 기초자산과 옵션의 결합을 통해 다양한 투자성과를 가져다 주는 새로운 금융상품을 만들어 낼 수 있다. 이렇게 기존의 금융시장에 존재하지 않는 새로운 현금흐름을 가져다 주는 신금융상품의 설계(design)를 연구하는 분야를 금융공학(financial engineering)이라 한다. 이러한 금융공학의 발전은 종전에는 없던 투자기회를 제공함으로써 자본시장의 발달을 촉진시키고 있다.

(4) 유동성 제고 및 균형가격 발견 기능

옵션시장의 존재는 옵션과 기초자산간의 거래, 옵션시장내의 거래 등을 통해 시장의 유동성을 제고시키며, 아울러 차익거래(arbitrage) 과정을 통해 시장균형가격(equilibrium price) 발견기능을 수행하고 있다.

(5) 미래시장상황에 대한 정보제공 기능

선물가격이 미래 기초자산가격에 대한 나침반 역할을 하듯이 옵션가격도 기초자산의 미래 수요, 공급에 대한 투자자들의 예상을 반영해 줌으로써 미래 시장상황에 대한 정보를 제공한다. 예컨대, 어떤 기초자산에 대해 콜옵션의 거래량이 풋옵션의 거래량보다 많다면, 시장 참여자들은 향후 그 기초자산의 가격이 상승할 것으로 예상한다고 볼 수 있다. 마찬가지로 시장 전체를 잘 대표하는 어떤 주가지수에 대한 옵션거래량은 시장 전체에 대한 미래 가격정보를 담고 있다.

2 | 옵션의 거래 및 제도

1) 옵션시장

옵션거래는 1세기 이상에 걸쳐서 행해져 왔지만 오랜 기간 동안 명확하고 중요한 금융수단으로 생각되지 않았다. 그러나 1973년 시카고옵션거래소(CBOE)의 창설과 함께 상황은 급변하였다. CBOE는 옵션거래를 목적으로 한 최초의 공인 거래소이며, 16종목의 주식에 대한 콜옵션으로 시작하여 단기간에 큰 성공을 거두었다. 이에 따라 옵션 거래의 혁신이 잇따라 이루어졌는데, 1975년과 1976년에는 아메리칸증권거래소(AMEX), 필라델피아증권거래소(PHLX), 태평양증권거래소(PSE)가 주식에 대한 콜옵션 거래를 시작하게 되었다. 1977년에는 위에서 언급한 모든 거래소들이 풋옵션을 거래하기 시작했다. 현재 옵션이 거래되고 있는 미국의 주요 거래소는 [표 1-3]과 같다.

[표 1-3] 옵션이 거래되는 주요 거래소

거래소 이름	영문 이름	위 치
시카고옵션거래소 (CBOE)	Chicago Board Options Exchange	400 South LaSalle Street, Chicago, IL 60605, (Tel) 312-786-7465
뉴욕증권거래소 (NYSE)	New York Stock Exchange	11 Wall Street, New York, NY 10005 (Tel) 212-656-3000
아메리칸 증권거래소(AMEX)	American Stock Exchange	86 Trinity Place, New York, NY 10006 (Tel) 212-306-1000

옵션거래소가 설립된 지 10년도 되지 않아 상장주식에 대한 옵션거래량은 뉴욕증권거래소(NYSE)의 거래량을 빈번히 상회하게 되었고, 상장옵션을 가진 주식수도 당초의 16종목에서 2010년대 들어 3,000종목 이상으로 증가하였다(미국의 상장주식수는 약 6,000개임). 1980년대 초반에는 상장옵션의 거래대상이 주식 이외의 금융자산, 예컨대 주가지수, 통화, 국채(재무성 증권), 선물(주가지수선물, 상품선물, 금리선물 등) 등에까지 확대되었다.

옵션시장의 일반적인 구조를 살펴보기 위해 옵션시장에서 중요한 위치를 차지하고 있는 CBOE의 경우를 보면, 옵션거래소, 250여명의 장내브로커(floor broker), 40여명의 주문관리인(OBO: Order Book Official), 600여명의 시장조성자(MM: Market Maker)로 구성되는 중개업자, 그리고 청산회사 등으로 조직되어 있다.

장내브로커는 OBO, MM, 그리고 다른 장내브로커들의 매매주문을 성사시킨다. OBO는 자기자신의 계정을 위해서가 아니라 일반 고객들의 편에서 매매주문을 중개해 준다. MM은 옵션거래소의 회원으로 자기자신의 계정을 위해 매매를 한다. 옵션청산소(option clearing corporation)는 매매주문의 결과를 거래소로부터 통보받아 옵션거래가 성립된 다음 날 미국 중부시간(Central Time)의 오전 10시에 옵션을 발행한다. 옵션거래는 대체로 주식거래 절차와 유사하나 특이한 점은, 주식의 경우 거래가 체결된 후 3~5번째 영업일에 모든 거래가 종결되는데 반해 옵션거래는 거래당일에 모든 거래가 종결된다. 청산소가 거래체결의 보고를 받아 MM이나 청산소회원들에게 이를 통보해 주면 회원들은 거래의 체결사항을 자기 고객에게 서면으로 통보한다.

2) 옵션시세표

많은 옵션상품이 있지만 옵션가격을 공시하는 방법은 기초자산이 다르다는 것 이외에는 비슷하므로 여기서는 대표적 옵션상품인 주식옵션을 중심으로 시세표 읽는 법에 대해 간략히 설명하고자 한다. 다음은 월 스트리트 저널에 공시된 옵션 시세표의 일부이다.

Option/Strike	Exp.	-Call-		-Put-	
		Vol.	Last	Vol.	Last
AT&T 45	Oct.	143	$6\,^3/_4$	293	$^3/_{16}$
Aames 45	Oct.	363	$4\,^7/_8$	41	$^{13}/_{16}$

첫째 열의 'option'에는 옵션의 기초자산인 주식의 기업명이 나타나 있다. 두 번째 열의 'Strike'은 행사가격(strike price)을 표시하고 세 번째 열의 'Exp.'는 행사 만기월(expiration month)을 나타낸다. '-Call-'은 콜옵션을 의미하며 그 다음 네

번째 열과 다섯 번째 열의 'Vol.'과 'Last'는 각각 콜옵션의 거래량(Volume)과 종가 (settlement price)를 표시한다. 마지막 두 열에 있는 '−Put−'은 풋옵션을 의미하고 그 아래 'Vol.'과 'Last'는 콜옵션과 같은 의미를 갖는다. 공시된 가격은 주식 1주를 사거나(콜옵션의 경우) 팔(풋옵션의 경우) 수 있는 옵션 1개의 가격이고, 옵션 1계약 은 통상 주식 100주를 살 수 있는 거래를 말한다. 따라서 1계약의 가치는 시세표 에 있는 가격의 100배이다. 시세표에서 보는 바와 같이 대부분의 옵션이 $10 이하 로 거래되고 있으며, 일부 옵션은 $1 이하로도 거래되므로 적은 금액으로도 옵션 에 투자할 수 있음을 알 수 있는데, 옵션이 왜 레버리지 기능을 가지고 있는지 쉽 게 짐작할 수 있다.

3) 옵션거래

옵션거래는 선물거래제도와 유사하다. 거래소에는 거래소에 등록한 회원(개인 또는 회사)들이 있는데, 회원(member)은 거래소에서 거래할 수 있는 권리를 갖는 다. 개인회원은 일반고객의 위탁을 받아 영업할 수 없고 자기매매나 다른 회원의 위탁을 받아 매매를 대행해 준다. 반면에 회사 혹은 기관회원은 일반 고객의 주문 및 자기매매를 거래소에서 집행할 수 있다. 회원권(membership)은 대부분 일정한 자격요건을 갖춘 자가 거래소의 승인을 얻어서 취득하며 거래소를 통해 양도도 가 능하다. [그림 1−5]는 일반적인 옵션거래절차를 잘 보여 주고 있다.

(1) 시장참여자

① 시장조성자

대부분의 옵션거래소는 거래를 활발히 하기 위하여 시장조성자(MM: market maker)제도를 이용한다. 특정옵션을 취급하는 시장조성자는 매입호가(bid price)와 매도호가(ask price)를 결정하는 개인을 말하며, 여기서 매입호가는 시장조성자가 매입하는 가격(혹은 투자자가 매도하는 가격)이고 매도호가는 시장조성자가 매도하 는 가격(혹은 투자자가 매입하는 가격)이다.

매도호가는 당연히 매입호가보다 높으며 그 차이를 매매호가차이(bid-ask spread)라 하고, 이는 투자자의 입장에서는 거래수수료의 성격을 가지며 시장조성 자의 입장에서는 중요한 수익원이 된다. 거래소는 매매호가차이의 상한선을 명시

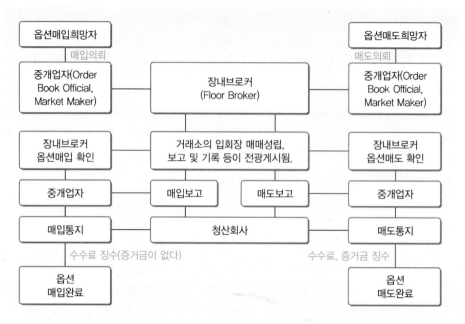

[그림 1-5] 옵션거래 절차

함으로써 거래비용이 지나치게 높지 않도록 규제한다. 시장조성자의 역할로 인해 매입과 매도주문은 지체 없이 이루어지며 이는 시장 유동성(liquidity)을 높이는 역할을 한다.

② 장내브로커

장내브로커(FB: floor broker)는 일반 투자자의 거래를 집행한다. 투자자가 자신의 브로커에게 옵션을 매입할 또는 매도할 의사를 전달하면 브로커는 옵션거래소에 있는 회사의 장내브로커에게 이 의사를 전달한다. 장내브로커가 없는 중개회사(brokerage house)는 독립적으로 활동하는 장내브로커 또는 다른 중개회사의 장내브로커와 업무계약을 체결함으로써 거래를 집행한다.

장내브로커는 다른 장내브로커 또는 시장조성자와 거래한다. 장내브로커는 그가 속해 있는 또는 업무계약이 체결되어 있는 중개회사로부터 거래량에 따른 수수료(commission)를 받거나 또는 일정급여(salary)를 받기도 한다.

③ 주문관리인

장내브로커에게 전달되는 많은 주문이 지정가주문(limit order)(즉, 거래가 이루어질 수 있는 가격의 한계치 혹은 주문을 수행할 가장 불리한 가격)인데 지정가주문의 성격상 주문이 즉시 성립하지 않는 경우가 많다. 따라서 주문이 즉시 시행되지 않으면 장내브로커는 지정가주문을 주문관리인(OBO: order book official)에게 전달한다. 주문관리인은 옵션거래소 직원으로서 여러 지정가주문을 받아 주문을 컴퓨터에 입력하며 지정가주문에 대한 모든 정보는 모든 거래자에게 제공된다. 입력 후에 지정가주문이 성립되면 즉시 주문을 시행한다.

주문관리인은 고객 이외의 어떠한 투자자로부터 주문을 받는 일이나 자기자신을 위한 거래를 하는 일이 허용되지 않는다. 몇 개의 특정 클래스의 옵션이 거래되는 각 포스트(post)마다 주문관리인이 배치되어 각 포스트의 장(長) 역할을 한다. 주문서에는 주문관리인에게 맡겨진 모든 주문이 기록되어 있고 콜과 풋은 따로 관리된다. 주문서에 기재되어 있는 주문은 장내(floor) 주문보다 먼저 처리되며 주문가격에 상관없이 선착순원칙(FCFS: First Come, First Served)에 의해 집행된다.

옵션거래에 있어 시장조성자(MM)와 주문관리인(OBO)제도는 주식시장에서의 스페셜리스트(specialist)제도와는 구별된다. 주식거래에서 보편적인 스페셜리스트 제도는 일부 옵션거래소(AMEX)에서 채택하고 있다. 스페셜리스트는 시장조성자(MM)의 의무와 주문관리인(OBO)의 역할을 동시에 수행하지만, 주문관리인과는 달리 지정가주문에 관한 정보를 다른 거래자에게 제공하지 않는다.

(2) 옵션의 행사

아메리칸 옵션의 경우 옵션보유자(option holder)는 만기일 이전 언제든지 옵션을 행사할 수 있는 권리를 가지고 있다. 행사를 원하는 옵션소유자는 브로커에게 행사를 요구하고 브로커는 청산회사(OCC: option clearing corporation)에 권리행사 통지서를 제출한다. 특정한 날에 행사하기를 원하면 중개회사가 정한 행사접수 마감시간까지 행사통지를 해야 한다. 통상 거래소는 접수마감일을 옵션만기일 직전일로 정하고 있으며 마감시간은 거래소에 따라 약간의 차이가 있다(CBOE는 중부시간(CT) 기준 오후 4시 30분). 중개회사는 거래소 마감시간 이전을 마감시간으로 정할 수 있으며, 옵션정산회사에 오후 /시까시는 행사를 통시해야 한다. 민기가 도래한 옵션의 행사는 만기월의 셋째 금요일 다음날인 토요일 오후 10시 59분에 이루어진다.

(3) 반대주문제도

옵션매입자(option buyer)는 동일한 옵션을 매도하는 반대주문(offsetting order)을 하여 자신의 포지션을 마감할 수 있고, 반면에 옵션발행자(option writer)는 동일한 옵션을 매입하는 반대주문으로 자신의 포지션을 마감할 수 있다.

옵션 1계약이 거래되고 매입자와 매도자가 자신의 포지션을 마감하지 않으면 미결제약정수(open interest)는 1계약 증가한다. 그러나, 한 투자자가 자신의 포지션을 마감하고 다른 투자자가 자신의 포지션을 마감하지 않으면 미결제약정수는 변하지 않는다. 만일 두 거래자가 동시에 자신의 포지션을 마감하면 미결제약정수는 1계약 감소한다.

(4) 수수료제도

수수료(commission)는 브로커에 따라 차이가 있으나 보통 고정금액에 거래금액의 일정비율을 합산하여 계산한다. [표 1-4]는 할인브로커(discount broker)가 요구하는 수수료의 한 예이다.

[표 1-4] 할인브로커가 요구하는 수수료 사례

거래 금액	수수료
$2,500 미만	$20 + 거래금액의 2%
$2,500 - $10,000	$45 + 거래금액의 1%
$10,000 초과	$120 + 거래금액의 0.25%

수수료의 상한선은 처음 5계약에 한해 계약당 $30이고, 5계약을 초과할 경우 계약당 $20이다. 하한선은 첫 계약에 한해 $30이고, 이후 계약에 대해서는 계약당 $2이다.

옵션포지션을 반대매매에 의해 마감할 경우에는 다시 수수료를 지불해야 한다. 옵션을 행사하면 기초주식을 사고 팔 때 지불하는 수수료와 동일한 금액을 지불해야 한다. 수수료를 계산하는 방법은 다음 사례와 같다.

어떤 투자자가 IBM 주식에 대해 주가가 $30이고 행사가격이 $35인 아메리칸 콜옵션 1계약(1계약은 주식 100주를 살 수 있음)을 매입했다고 하자. 옵션 1개당 가격이 $4라 하면 옵션매입비용은 $400($4×100)이다. 이러한 상황하에서, 옵션거래수수료를 계산해 보자.

┃ 사례분석 ┃

ⅰ) 옵션매입수수료:
   [표 1−4]에 따르면 옵션매입 수수료는 $30이다(왜냐하면, 첫 번째 계약 수수료의 상한선과 하한선은 $30이므로).

ⅱ) 옵션행사수수료:
   주가가 $50로 상승하여 옵션을 행사한다고 할 때, 주식거래 수수료가 1%라면 옵션을 행사하고 지불하는 수수료는 $50(1%×$50×100주)이다.

ⅲ) 총 수수료=옵션매입수수료+옵션행사수수료
   　　　　　=$30+$50=$80.

ⅳ) 총 이익=총수익−총비용=($50−$35)×100−($400+$80)=$1,020.

위의 사례에서 만일 옵션을 행사하는 대신 $10에 옵션을 매도한다면 투자자는 $20를 절약할 수 있다. 왜냐하면, 행사수수료는 $50이고 매도수수료는 $30이기 때문이다. 이러한 수수료 절감효과는 개인 투자자들로 하여금 옵션을 행사하는 대신 매도하도록 하는 유인이 되기도 한다.

옵션거래에서 수수료 이외에도 매매호가차이(bid-ask spread)와 같은 눈에 보이지 않는 숨은 비용(hidden cost)도 있다. 만일 매도호가차이가 옵션 1개당 $0.50라면 위의 [사례 1−2]의 경우 $50($0.50×100)의 숨은 비용이 있다고 생각할 수 있다.

(5) 증거금제도
옵션거래에서도 선물거래와 마찬가지로 거래가 성립한 후 기초자산이 인도될 때까지 기간이 있기 때문에 인도를 보장하기 위해 일정한 증거금(margin)이 부과된다. 그러나 옵션거래에서의 증거금제도는 선물과는 차이가 있다. 선물의 경우 거래당사자 양측 모두 기초자산을 인도하고 인수할 의무가 있어 양측 모두 신용위험(credit risk)에 노출되어 있으며, 따라서 양측 모두 증거금을 납부해야 한다. 반면에 옵션의 경우 옵션매도자는 매입자가 요구하면 기초자산을 인도할 의무가 있으나, 옵션매입자는 옵션가격 지불로 더 이상의 의무가 없으므로 증거금을 납부할 의무가 없다. 즉, 옵션거래에 있어서는 옵션을 발행한 투자자에게만 증거금이 부과된다.

투자자가 옵션을 발행하면 증거금계좌(margin account)에 일정자금을 유지해야 한다. 증거금을 유지함으로써 옵션발행자의 브로커와 거래소는 옵션이 행사될 때 옵션발행자가 채무를 이행할 것이라는 확신을 갖게 된다. 요구되는 증거금의 규모는 옵션발행자의 투자상황에 따라 다르다.

① 노출된 옵션을 발행하는 경우

노출된 옵션(naked option)이란 기초자산을 소유하고 있지 않은 투자자가 발행하는 옵션을 말한다. 다시 말해, 옵션발행자가 기초자산 없이 옵션만 발행한 상태를 말한다. 이는 옵션발행자가 기초자산을 가지고 있지 않으므로 위험에 노출되어 있는 상태이다. 이러한 경우 옵션발행자에게 부과되는 개시증거금(initial margin)은 다음과 같이 구한다.

$$개시증거금 = \max(A, \ B) \tag{식1-5}$$

단, A = 옵션발행수입의 100% + 기초자산가격의 20% - 외가격(OTM)금액
   $= N(c + 0.2S - OTM)$

B = 옵션발행수입의 100% + 기초자산가격의 10%
   $= N(c + 0.1S)$
N = 발행옵션 수(옵션 1계약의 경우 100개)

유지증거금(maintenance margin)은 같은 방법으로 계산하나 위의 식에서 옵션발행수입대신에 현재 옵션가격을 이용한다는 차이점이 있다. 또한 지수옵션(index option)의 경우에는 위의 식에서 20% 대신 15%를 사용한다.

어떤 투자자가 노출된 콜옵션 3계약을 발행한다고 하자. 옵션의 가격은 $4, 행사가격은 $50, 주가는 $47라고 할 때, 개시증거금을 구해 보자. 참고로 주식옵션 1계약 크기는 주식 100개에 해당된다.

┃ 사례분석 ┃

(i) 옵션이 $3만큼 외가격에 있으므로 (식 1-5)에 의하면,

A＝옵션발행수입의 100%＋기초주식가격의 20%－외가격금액

＝300×($4＋0.2×$47－$3)＝$3,120

(ii) 한편, 두 번째 공식에 의하면,

B＝(옵션발행수입의 100%)＋(기초주식가격의 10%)

＝(300×$4)＋(300×0.1×$47)＝$2,610

두 가지 중에서 큰 값이 개시증거금이므로 개시증거금은 $3,120이다.

만일 위의 사례에서 옵션이 풋옵션이었다면 내가격(ITM)상태에 있으므로 외가격은 영(0)이 되어 개시증거금은 $4,020(즉, $3,120＋$900)로 늘어나는데, 이는 내가격상태에 있는 옵션의 경우 발행자가 현재 손실상태에 있으므로 이익상태에 있는 외가격에 비해 발행자의 신용위험이 커지므로 더 많은 증거금이 필요하기 때문이다. 옵션매도자는 콜옵션이든 풋옵션이든 옵션발행수입을 증거금의 일부로 사용할 수 있다.

② 보호된 옵션을 발행하는 경우

보호된 옵션(covered option)이란 기초자산을 소유하고 있는 투자자가 발행하는 옵션을 말한다. 보호된 옵션의 경우 위에서 설명한 노출된 옵션보다 위험이 더 적다. 왜냐하면, 깊은 내가격(deep in-the-money)에 있는 옵션이 행사 될 경우, 보유하고 있는 기초자산을 인도하면 되므로, 발행자의 입장에서 보면 기초자산의 불리한 가격변동을 헷지하고 있는 상태이다. 따라서 보호된 옵션의 발행자에게는 옵션이 내가격에 있든 외가격에 있든 증거금이 부과되지 않는다.

(6) 옵션청산회사

미국의 경우 옵션청산회사(OCC: option clearing corporation)는 1972년 CBOE가 100% 출자하여 자회사인 CBOECC(CBOE Clearing Corporation)를 설립하였으나, 1975년 증권거래위원회(SEC)지침에 따라 옵션거래소 전체의 공동출자회사로 전환되었다. 현재 OCC의 청산에 참여하고 있는 거래소는 CBOE, NYSE, AMEX, NASD 등이 있다.

옵션청산회사는 옵션발행자가 옵션의 계약에 따라 의무를 충실히 수행할 것을 보장하고, 또한 매입포지션과 매도포지션에 관한 모든 기록을 유지한다. 옵션청산 회사는 거래회원을 가지고 있으며, 모든 거래는 반드시 회원을 통하여 이루어진다. 회원은 일정액의 최소한의 자금을 유지할 의무가 있으며 특별기금을 회비로 납부해야 한다. 이 기금은 회원이 의무를 수행하지 못할 때 사용된다.

옵션매입자는 다음 영업일의 오전까지 옵션매입비용 전액을 지불해야 하며 이 자금은 옵션청산회사에 입금된다. 옵션매도자는 앞에서 설명한 대로 브로커와 증거금을 유지해야 하며, 브로커는 청산회사회원과 증거금계좌를 유지해야 하고, 청산회사회원은 청산회사와 증거금계좌를 유지한다. 앞에서 설명한 증거금제도는 청산회사와 회원간에 적용되는 증거금이다. 브로커는 투자자에게 앞에서 설명한 증거금 이상을 요구하고 있으나 기준이하의 증거금을 요구해서는 안 된다.

(7) 배당과 주식분할

주식옵션의 경우 기초자산인 주식에 대해 배당(dividend)이 지급되거나 주식분할(stock split)이 이루어지면 주식가격은 하락하게 된다. 시장이 효율적이라면 배당지급 시 배당금액만큼 주가가 하락한다. 주가가 하락하면 옵션가치에 영향을 미치게 되므로 결국 배당지급이나 주식분할이 되면 옵션투자자의 손익에도 영향을 미치게 된다. 따라서 옵션거래소에서는 배당과 주식분할이 이루어지면 이에 대해 옵션투자자를 보호하기 위한 제도를 운영하고 있다.

배당지급이나 주식분할 시 몇 가지 옵션투자자 보호제도를 설명하면 다음과 같다.

① 현금배당의 경우

현금배당(cash dividend)을 지급하는 경우에는 원칙적으로 옵션투자자 보호제도가 없다. 즉, 현금배당의 경우 옵션투자자가 보호되지 않는다(not protected).

다만 현금배당이 주가의 10%가 넘는 경우에는 옵션의 행사가격을 배당률만큼 낮추는 경우가 있다. 예를 들어, 2003년 5월 28일 프랑스의 명품제조기업인 구찌(Gucci)가 주당 16%의 높은 현금배당을 지급하였는데, 옵션투자자를 보호하기 위해 옵션거래소는 해당옵션의 행사가격을 16% 낮추는 조치를 단행한 바 있다.

② 주식분할의 경우

주식분할(stock split)이란 주식가격이 너무 상승하는 경우 주식유동성을 높여주기 위해 인위적으로 주식을 분할하여 주식수를 늘리고 주가를 하락시키는 것을 말한다. 현재 주가가 S, 현재 총 주식수가 m이라 할 때, m개의 주식을 n개로 분할하면(단, $n > m$), 이를 'n-for-m 주식분할'이라 부른다. 이 경우, 시장이 효율적이라면 주식분할 후 주가는 $S(m/n)$으로 하락하고, 총 주식수는 $\dfrac{n}{m}$ 비율만큼 증가한다.

n-for-m 주식분할이 이루어지면 거래소는 다음과 같은 방법으로 옵션투자자를 보호한다.

(ⅰ) 행사가격의 조정: 주식분할 이전의 행사가격이 K였다면, 새로운 행사가격(K^*)은 다음과 같이 조정된다.

$$K^* = K\left(\frac{m}{n}\right)$$

(식1-6)

(ⅱ) 옵션의 수 조정: 주식분할 이전의 옵션개수가 N이었다면, 새로운 옵션개수(N^*)는 다음과 같이 조정된다.

$$N^* = N\left(\frac{n}{m}\right)$$

(식1-7)

③ 주식배당의 경우

주식배당(stock dividend)이란 현금대신 주식으로 배당을 지급하는 것을 말하는

데, 이 경우는 위에서 설명한 주식분할과 동일한 방법으로 행사가격을 조정한다.

사례1-4 주식배당과 주식분할

어떤 콜옵션의 행사가격이 $20, 콜옵션 1계약으로 매입할 수 있는 주식수는 100개라 한다. 다음과 같은 상황이 발생할 경우 콜옵션계약이 어떻게 조정되는지 설명하라.

A) 3%의 현금배당

B) 2−for−1주식분할

C) 5% 주식배당

┃ 사례분석 ┃

A) 현금배당의 경우 옵션투자자가 보호되지 않으므로 조정은 없다.

B) 2-for-1주식분할의 경우: (식1-6)과 (식1-7) 적용

(단, $m=1$, $n=2$, $N=100$)

i) 행사가격 조정: $K^* = K\left(\dfrac{m}{n}\right) = \$20\left(\dfrac{1}{2}\right) = \$10$ (하락)

ii) 옵션의 수 조정: $N^* = N\left(\dfrac{n}{m}\right) = 100\left(\dfrac{2}{1}\right) = 200$개 (증가)

C) 5% 주식배당의 경우: 5% 주식배당은 주식수가 5% 증가하는 효과가 있으므로, '105-for-100주식분할'(즉, $n=105$, $m=100$)과 동일하게 조정하면 된다.

i) 행사가격 조정: $K^* = K\left(\dfrac{m}{n}\right) = \$20\left(\dfrac{100}{105}\right) = \$19.05$ (하락)

ii) 옵션의 수 조정: $N^* = N\left(\dfrac{n}{m}\right) = 100\left(\dfrac{105}{100}\right) = 105$개 (증가)

---

(8) 규제

선물시장과 마찬가지로 옵션시장도 여러 측면에서 규제된다. 옵션거래소와 청산회사는 거래자의 행동을 통제할 수 있는 규정을 가지고 있다. 또한 미국의 경우 연방정부와 주정부도 각종 규제권을 가지고 있다. 현재까지 옵션청산회사 회원의 파산이 없다는 사실은 옵션시장이 높은 신뢰도를 가지고 운영되고 있다는 반증이다.

미국 증권거래위원회(SEC: Securities and Exchange Commission)는 주식, 주가지수, 통화, 그리고 채권 옵션에 대한 연방차원의 규제를 하며, 상품선물거래위원회(CFTC: Commodity Futures Trading Commission)는 선물옵션시장을 규제하고 있다. 주요 거래소가 위치해 있는 뉴욕이나 시카고가 있는 일리노이주에서도 불공정행위를 막는 주정부 차원의 규제를 하고 있다.

3 | 옵션의 기본 성질

1) 옵션가격에 영향을 주는 요인

현대 투자이론의 핵심분야 중 하나가 자산가격결정이론(asset pricing theory)이다. 이 이론에 의하면 자산의 현재가치란 그 자산이 미래에 산출하는 현금흐름을 적절한 할인율(예를 들어, 무위험이자율)로 할인한 값이다. 다시 말해, 자산의 현재가치는 그 자산의 미래 수익력에 의해 결정된다. 옵션도 금융자산으로서 이와 같은 자산가치평가이론의 적용을 받는 것은 당연하다. 따라서, 옵션가격에 영향을 미치는 요인들을 찾기 위해서는 옵션의 미래 현금흐름을 이해해야 한다.

옵션의 정의에 따르면 옵션의 현금흐름은 옵션에서 정해진 가격, 즉 행사가격과 기초자산가격에 의해 결정된다. 따라서 옵션의 첫 번째 가격결정요소로서 행사가격과 기초자산가격을 들 수 있다. 또한 정해진 기간, 즉 행사기간도 옵션의 현금흐름에 영향을 준다. 미래현금흐름을 현재시점으로 할인 할 때, 시간의 길이가 반영되기 때문이다. 또한 할인률로 이용되는 이자율, 기초자산의 변동성(혹은 위험), 그리고 기초자산의 배당여부 등이 옵션현금흐름에 영향을 주므로 옵션가격을 결정하는 주요한 요인이라 할 수 있다. 이상의 옵션가격에 미치는 요인들을 요약하면 다음과 같이 6가지이다.

① 현재 기초자산 가격(S)
② 옵션 행사가격(K)
③ 옵션의 만기(T)
④ 기초자산의 변동성(σ_S)(즉, 기초자산수익률의 표준편차)

⑤ 무위험이자율(r)

⑥ 만기일까지 예상되는 배당금의 현재가치(D)

위에서 설명한 6가지 요인과 옵션가격의 관계가 [표1-5]에 표시되어 있다.

[표1-5] 옵션가격과 요인들과의 관계

요인	콜옵션 가격	풋옵션 가격
기초자산 가격(S)	+	−
행사가격(K)	−	+
만기(T)	?(유러피언)/+(아메리칸)	?(유러피언)/+(아메리칸)
변동성(σ_S)	+	+
무위험이자율(r)	+	−
배당금(D)	−	+

주) (+)는 요인과 옵션가격이 같은 방향으로 변동함을, (−)는 반대방향으로 변동함을 의미함

[표1-5]에서 볼 수 있는 바와 같이 만기를 제외하고 다른 요인들과 옵션가격과의 관계는 유러피언 옵션이든 아메리칸 옵션이든 동일하다. 다만, 만기가 옵션가격에 미치는 영향은 유러피언 옵션의 경우 불확실(?)하며, 아메리칸 옵션의 경우비례(+)관계를 갖는다. 왜냐하면, 유러피언 옵션의 경우 만기에만 행사할 수 있으므로 만기 시 기초자산가격이 절대적으로 중요한데, 만기가 길다고 만기 시 기초자산가격이 항상 높다는 보장이 없기 때문이다.

기초자산가격과 행사가격은 콜옵션과 풋옵션에 반대방향으로 영향을 미친다. 이는 앞에서 설명한 이득(payoff)함수를 보면 쉽게 이해할 수 있다. 만기가 길수록아메리칸 옵션의 경우 미래에 유리한 입장에 설 가능성이 크므로 (+)관계를 갖게된다. 변동성 역시 콜옵션과 풋옵션 모두 (+)관계를 갖는데, 이는 기초자산가격의변동성이 클수록 미래에 기초자산가격이 큰 폭으로 변동할 가능성이 큼을 의미하며 따라서 깊은 내가격(deep in-the-money)에 이를 확률이 크므로 기대 옵션이득이 커져 (+)의 관계를 갖게 되는 것이다. 또한 옵션의 경우 수익구조가 비대칭적(asymmetric)이라는 것도 영향을 준다. 즉, 변동성이 크면 기초자산가격이 크게 상승하거나 하락한다는 것을 의미하는데, 상승할 때는 무제한의 이익이 가능하지만하락할 때의 최대손실은 옵션가격으로 한정되므로 변동성이 클수록 옵션의 가치

는 커지게 된다.

무위험이자율(r)이 옵션의 가치에 미치는 영향은 다른 요인들에 비해 그리 명시적이지 않다. 이자율은 다음과 같이 두 가지 서로 대립되는 방향으로 주가에 영향을 미친다.

첫째, 이자율이 증가함에 따라 기초자산가격의 기대성장률도 같이 증가하는 경향이 있다. 즉, 미래 기초자산 가격이 이자율과 함께 증가하는 경향이 있는데 이는 콜옵션가격에는 (+)효과를, 풋옵션가격에는 (−)효과를 갖는다. 이를 요약하면 다음과 같다.

$$\uparrow r \Rightarrow \uparrow E(R_S) = r + \beta[E(R_M) - r] \Rightarrow \uparrow E(S_T) = Se^{E(R_s)T} \Rightarrow \uparrow \text{call}, \downarrow \text{put}$$

둘째, 이자율이 증가한다는 것은 미래 현금흐름을 할인할 때 사용하는 할인율이 증가하므로 행사가격의 현재가격은 작아지게 되어 콜옵션가격에는 (+)효과를, 풋옵션가격에는 (−)효과를 갖는다. 이를 요약하면 다음과 같다.

$$\uparrow r \Rightarrow \downarrow Ke^{-rT} \Rightarrow \uparrow \max(S - Ke^{-rT}), \downarrow \max(Ke^{-rT} - S) \Rightarrow \uparrow \text{call}, \downarrow \text{put}$$

이러한 두 가지 효과를 고려해 보면, 무위험이자율은 풋옵션 가격과는 음(−)의 관계를, 콜옵션 가격과는 양(+)의 관계를 갖는다는 것을 이해할 수 있다.

마지막으로, 배당은 기초자산인 주식의 가격을 떨어뜨리는(배당락) 효과를 가지고 있으므로, 옵션이득함수로부터 콜옵션 가격에는 (−)의 영향을, 풋옵션 가격에는 (+)의 영향을 주게 된다.

2) 옵션가격의 상한선과 하한선

옵션가격의 기본적인 성질들을 설명하기 위해 이하에서는 다음과 같은 기호(notation)를 사용하고자 한다.

$C = $ 아메리칸 콜옵션 가격
$c = $ 유러피언 콜옵션 가격
$P = $ 아메리칸 풋옵션 가격
$p = $ 유러피언 풋옵션 가격

S_0 = 현재 기초자산(주식) 가격

S_T = 만기 시 기초자산(주식) 가격

K = 행사가격

D = 만기까지 지급되는 모든 배당의 현재가치

T = 옵션의 만기

r = 옵션의 만기까지 변하지 않는 무위험이자율

σ = 기초자산의 변동성

그리고 옵션의 기초자산은 편의상 주식이라고 가정한다. 또한, 증명을 용이하게 하기 위해 거래비용(transaction cost)은 없으며, 모든 거래이익에는 동일한 세금이 부과되고, 무위험이자율로 차입과 대출이 가능하다고 가정한다.

(1) 유러피언 옵션가격과 아메리칸 옵션가격의 관계

시장에 차익거래기회가 없다면 유러피언 옵션가격과 아메리칸 옵션가격은 다음을 만족해야 한다. 단, 아메리칸 옵션과 유러피언 옵션의 행사가격(K), 만기(T), 기초자산(S)은 모두 동일하다고 가정한다.

$$C \geq c \qquad\qquad\qquad\qquad\qquad\qquad\qquad\qquad\qquad (식1-8)$$

$$P \geq p \qquad\qquad\qquad\qquad\qquad\qquad\qquad\qquad\qquad (식1-9)$$

심화학습 1-1	유러피언 옵션가격과 아메리칸 옵션가격의 관계 증명

(식1-8)에 대해서만 증명해 보자. (식1-9)도 동일한 방법으로 증명할 수 있다.

│ 증명 │

다음과 같이 (식1-8)의 대우명제로 증명해 보자.[3]

[대우명제] $C < c \Rightarrow$ 차익거래기회가 존재

ⅰ) $+C-c$: 유러피언 콜옵션(c) 매도+그 중 일부금액으로($\because$ $c > C$이므로) 아메리칸 콜옵션(C) 매입,

---

3) 투자전략을 표시할 때, ($+$)=매입포지션, ($-$)=매도(혹은 공매)포지션을 의미한다.

ii) 유러피언 콜옵션 매도포지션이 상대방에 의해 행사되면 K를 받고, 아메리칸 콜옵션을 행사하여 기초자산(S)을 K에 매입, 기초자산(S)을 인도

iii) 순이익$= c - C > 0$

따라서 무위험 차익거래기회가 존재하므로 대우명제는 참이고, 원래 명제도 참이다.

따라서, 차익거래기회가 없다면, $C \geq c$.

Q.E.D.

위에서는 (식 1-8)과 (식 1-9)를 차익거래를 이용하여 증명하였지만, 이 두 개의 부등식을 직관적으로(intuitively)도 쉽게 이해 할 수 있다. 즉, 아메리칸옵션은 유러피언옵션에 비해 투자자에게 훨씬 큰 융통성과 가치를 부여한다. 왜냐하면, 유러피언옵션은 만기시점에만 옵션을 행사할 수 있지만, 아메리칸옵션은 만기 이전에 원하는 시점(즉, 투자자에게 유리한 시점)에 언제든지 옵션을 행사할 수 있기 때문이다. 따라서, 아메리칸옵션의 가격이 유러피언옵션의 가격보다 더 커야 함은 너무나 당연하다고 하겠다.

(2) 콜옵션 가격의 상한선과 하한선(배당이 없는 경우)

시장에 차익거래기회가 없다면 콜옵션은 다음과 같은 상한선(upper bound)과 하한선(lower bound)을 만족해야 한다. 만일 이러한 상한선과 하한선이 시장에서 충족되지 않는다면 투자자는 차익거래를 통해 무위험 이익을 얻을 수 있다.

$$S_0 - Ke^{-rT} \leq c \leq S_0 \tag{식1-10}$$

$$S_0 - Ke^{-rT} \leq C \leq S_0 \tag{식1-11}$$

심화학습 1-2 | 콜옵션 가격의 상한선과 하한선 증명

(식 1-10)은 유러피언 콜옵션에 대한 것이고, (식 1-11)은 아메리칸 콜옵션에 대한 것인데, 두 식에서 보는 바와 같이 상한선과 하한선이 모두 같으므로 (식 1-10)에 대해서만 증명하기로 한다. 유러피언 콜옵션과 아메리칸 콜

옵션의 상한선과 하한선이 모두 같은 이유는 배당이 없는 경우 아메리칸 콜옵션은 만기 전에 행사하는 것이 최적(optimal)이 아니기 때문이다. 즉, 배당이 없는 경우에는 아메리칸 콜옵션은 만기까지 보유하는 것이 최적이므로 유러피언 콜옵션과 같게 된다. 배당이 없는 아메리칸 콜옵션이 만기 전에 행사하는 것이 바람직하지 않은 이유에 대해서는 뒤에서 자세히 다루게 된다.

┃ 증명 ┃

(1) 상한선(upper bound): $c \leq S_0$

[대우명제] $c > S_0 \Rightarrow$ 차익거래기회가 존재

ⅰ) $+S-c$: 유러피언 콜옵션(c)을 매도+그 중 일부금액으로($\because c > S_0$ 이므로) 기초자산(S)을 매입

ⅱ) 옵션이 행사되면, 매입한 기초자산 인도

ⅲ) 무위험 순이익$= c - S_0 > 0$

차익거래기회가 존재하므로 대우명제는 참이고, 원래 명제도 참이다. 따라서, 차익거래기회가 없다면, $c \leq S_0$.

(2) 하한선(lower bound): $S_0 - Ke^{-rT} \leq c$

다음과 같은 두 가지 투자전략을 이용하여 증명해 보자.

투자전략 A: $+c+Ke^{-rT}$=유러피언 콜옵션 1개 매입+\$K를 연속복리 r로 예금

투자전략 B: $+S$=기초자산(주식) 1개 매입

두 개의 투자전략을 $t=0$시점(현재)에 실행한 후, 옵션 만기 시($t=T$) 현금흐름을 분석하면 다음 [표 1-6]과 같다.

[표 1-6] 콜옵션 가격의 하한선 증명

투자전략 ($t=0$)	현금흐름($t=T$)	
	$S_T < K$	$S_T \geq K$
투자전략 A: $+c+Ke^{-rT}$	$0+K$	$(S_T-K)+K=S_T$
투자전략 B: $+S$	S_T	S_T
투자전략의 가치 비교	$A > B$	$A = B$

[표1−6]에서 보는 바와 같이 옵션 만기 시$(t = T)$ 주식가격이 어떻게 되든 상관없이 항상 투자전략A의 가치는 투자전략B의 가치보다 크거나 같다. 따라서 시장에 차익거래기회가 없으려면 $t = 0$시점에서도 투자전략A의 가치가 투자전략B의 가치보다 크거나 같아야 한다.

즉, $+c+Ke^{-rT} \geq S_0 \Rightarrow S_0 - Ke^{-rT} \leq c$

Q.E.D.

(식1−10)과 (식1−11)에 있는 콜옵션의 상한선과 하한선을 그림으로 표시하면 다음 [그림1−6]과 같으며, 시장에 차익거래기회가 없다면 현재 콜옵션가격은 음영표시한 영역에 속해야 함을 의미한다.

[그림1−6] 콜옵션의 상한선과 하한선

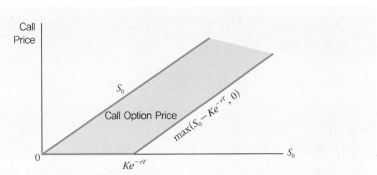

콜옵션 가격의 상한선과 하한선

어떤 콜옵션의 행사가격이 \$50, 만기는 6개월이다. 현재 기초자산인 주식의 가격은 \$51이고 무위험이자율은 연간 12%이다. 옵션 만기까지 주식에 배당이 없다고 가정하고, 다음을 계산하라.

ⅰ) 현재 유러피언 콜옵션 가격의 상한선과 하한선
ⅱ) 현재 아메리칸 콜옵션 가격의 상한선과 하한선

┃ 사례분석 ┃

ⅰ) 먼저, 상한선은 현재 기초자산가격이므로, 상한선$= S_0 = \$51$.

하한선$= S_0 - Ke^{-rT} = 51 - 50e^{-0.12(0.5)} = \$3.91$

즉, $\$3.91 \le c \le \$51$

ii) 배당이 없으므로 유러피언 콜옵션과 아메리칸 콜옵션의 상한선과 하한선
은 동일하다. 따라서 i)의 결과와 동일해야 한다.

즉, $\$3.91 \le C \le \$51$

(3) 풋옵션 가격의 상한선과 하한선(배당이 없는 경우)

시장에 차익거래기회가 없다면 풋옵션 가격은 다음과 같은 상한선(upper bound)과 하한선(lower bound)을 만족해야 한다. 만일 이러한 상한선과 하한선이 시장에서 충족되지 않는다면 투자자는 차익거래를 통해 무위험 이익을 얻을 수 있다. 콜옵션과 달리 풋옵션의 경우에는 유러피언 풋옵션 가격의 상한선과 아메리칸 풋옵션가격의 상한선이 다른데 그 이유는 배당이 없더라도 아메리칸 풋옵션은 만기 전에 행사하는 것이 최적(optimal)일 수 있기 때문이다. 그 이유에 대해서는 뒤에서 자세히 설명한다.

$$Ke^{-rT} - S_0 \le p \le Ke^{-rT} \qquad \text{(식 1-12)}$$

$$K - S_0 \le P \le K \qquad \text{(식 1-13)}$$

(식 1-12)는 유러피언 풋옵션 가격이 만족해야 하는 범위이고, (식 1-13)은 아메리칸 풋옵션 가격이 만족해야 하는 범위이다. 각각에 대한 증명은 [심화학습 1-3]과 [심화학습 1-4]를 각각 참조하기 바란다.

심화학습 1-3   유러피언 풋옵션 가격의 상한선과 하한선 증명

(식 1-12)에 있는 유러피언 풋옵션 가격의 상한선과 하한선을 증명해 보자.

┃ 증명 ┃

(1) 상한선(upper bound): $p \le Ke^{-rT}$

[대우명제] $p > Ke^{-rT} \Rightarrow$ 차익거래기회가 존재

i) $+Ke^{-rT} - p$: 유러피언 풋옵션(p)을 매도+그 중 $\$Ke^{-rT}$를
연속복리 r로 예금

ii) 만기 시(T) 옵션이 행사되면, \$$K$(예금)로 기초자산 매입

iii) 무위험 순이익= $p - Ke^{-rT} > 0$

차익거래기회가 존재하므로 대우명제는 참이고, 원래 명제도 참이다.

따라서, 차익거래기회가 없다면, $p \leq Ke^{-rT}$.

(2) 하한선(lower bound): $Ke^{-rT} - S_0 \leq p$

다음과 같은 두 가지 투자전략을 이용하여 증명해 보자.

투자전략 C: $+p+S=$유러피언 풋옵션 1개 매입+기초자산(S) 1개 매입

투자전략 D: $+Ke^{-rT}=$\$$Ke^{-rT}$를 연속복리 r로 예금

두 개의 투자전략을 $t=0$시점(현재)에 실행한 후, 옵션 만기 시($t=T$) 현금흐름을 분석하면 다음 [표1-7]과 같다.

[표1-7] 유러피언 풋옵션 가격의 하한선 증명

투자전략 ($t=0$)	현금흐름($t=T$)	
	$S_T < K$	$S_T \geq K$
투자전략 C: $+p+S$	$(K-S_T)+S_T=K$	$0+S_T=S_T$
투자전략 D: $+Ke^{-rT}$	K	K
투자전략의 가치 비교	$C=D$	$C \geq D$

[표1-7]에서 보는 바와 같이 옵션 만기 시($t=T$) 주식가격이 어떻게 되든 상관없이 항상 투자전략 C의 가치는 투자전략 D의 가치보다 크거나 같다. 따라서 시장에 차익거래기회가 없으려면 $t=0$시점에서도 투자전략 C의 가치가 투자전략 D의 가치보다 크거나 같아야 한다. 즉,

$Ke^{-rT} \leq p + S_0 \Rightarrow Ke^{-rT} - S_0 \leq p$

Q.E.D.

[그림 1-7] 유러피언 풋옵션 가격의 상한선과 하한선

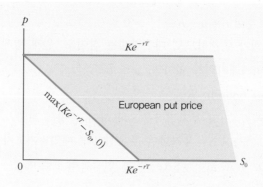

심화학습 1-4　아메리칸 풋옵션 가격의 상한선과 하한선 증명

(식 1-13)에 있는 아메리칸 풋옵션 가격의 상한선과 하한선을 증명해 보자.

▌증명▌

(1) 상한선(upper bound): $P \leq K$

[대우명제] $P > K \Rightarrow$ 차익거래기회가 존재

ⅰ) $+K-P$: 아메리칸 풋옵션(P)을 매도+그 중 일부금액($\because$ $P > K$이므로)인 K를 연속복리 r로 예금

ⅱ) 만기 이전 옵션이 행사되면(아메리칸 옵션이므로), 예금한 돈으로 기초자산을 구입하여 인도

ⅲ) 무위험 순이익$= P-K > 0$

차익거래기회가 존재하므로 대우명제는 참이고, 원래 명제도 참이다. 따라서, 차익거래기회가 없다면, $P \leq K$.

(2) 하한선(lower bound): $K-S_0 \leq P$

다음과 같은 두 가지 투자전략을 이용하여 증명해 보자.

투자전략 E: $+P+S=$아메리칸 풋옵션 1개 매입+기초자산(S) 1개 매입

투자전략 F: $+K=$$K$를 현금으로 보관

두 개의 투자전략을 $t = 0$시점(현재)에 실행한 후, 옵션 행사 시($0 \leq t \leq T$) 현금흐름을 분석하면 다음 [표 1-8]과 같다.

[표1-8] 아메리칸 풋옵션 가격의 하한선 증명

투자전략 $(t=0)$	현금흐름(t) $(0 \leq t \leq T)$	
	$S_t < K$	$S_t \geq K$
투자전략 E: $+P+S$	$(K-S_t)+S_t = K$	$0+S_t = S_t$
투자전략 F: $+K$(현금)	$+K$	$+K$
투자전략의 가치 비교	$E=F$	$E \geq F$

    [표1-8]에서 보는 바와 같이 옵션 행사 시(t) 주식가격이 어떻게 되든 상관없이 항상 투자전략 E의 가치는 투자전략 F의 가치보다 크거나 같다. 따라서 시장에 차익거래기회가 없으려면 $t=0$시점에서도 투자전략 E의 가치가 투자전략 F의 가치보다 크거나 같아야 한다. 즉, $K \leq P+S_0 \Rightarrow K-S_0 \leq P$
Q.E.D.

[그림1-8] 아메리칸 풋옵션 가격의 상한선과 하한선

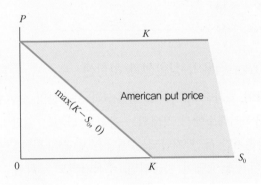

    풋옵션의 경우에는 유러피언 옵션과 아메리칸 옵션의 상한선과 하한선이 다른데, 가장 큰 이유는 아메리칸 옵션의 경우 만기 이전에 언제든지 행사가 가능하기 때문이다. 따라서 아메리칸 풋옵션을 매도한 사람은 매입자가 옵션을 행사할 것을 대비하여 매도시점부터 즉시 기초자산을 인도할 준비가 되어 있어야 한다. 따라서 매도시점에 \$$K$의 현금을 보유하고 있어야 한다. 그러나, 유러피언 풋옵션의 경우 만기 전에 옵션행사가 불가능하고 따라서 매도시점에 \$$Ke^{-rT}$만큼의 현금만 있으면 되고, 이를 무위험이자율 r로 은행에 예금하면 만기 시 \$$K$가 되므로 만기시

옵션행사에 대비할 수 있는 것이다.

사례 1-6 풋옵션 가격의 상한선과 하한선

어떤 풋옵션의 행사가격이 $40, 만기는 3개월이다. 현재 기초자산인 주식의 가격은 $38이고 무위험이자율은 연간 10%이다. 옵션 만기까지 주식에 배당이 없다고 가정하고, 다음을 계산하라.
A) 현재 유러피언 풋옵션 가격의 상한선과 하한선
B) 현재 아메리칸 풋옵션 가격의 상한선과 하한선

┃ 사례분석 ┃

A) 먼저, 상한선은 Ke^{-rT}이므로, 상한선 = $\$40e^{-0.10(3/12)} = \$39.01$

하한선 = $Ke^{-rT} - S_0 = 39.01 - 38 = \$1.01$

즉, $\$1.01 \le p \le \$39.01$

B) 먼저, 상한선은 K이므로, 상한선 = $\$40$

하한선 = $K - S_0 = 40 - 38 = \$2$

즉, $\$2 \le P \le \$40$

---

(4) 배당이 있는 경우의 상한선과 하한선

앞에서는 배당이 없다고 가정하고 콜옵션과 풋옵션의 상한선과 하한선을 도출하였다. 그런데 옵션거래소에서 거래되는 옵션의 만기는 일반적으로 1년 미만이고 따라서 옵션의 잔존기간 동안 지급되는 배당은 비교적 정확히 예측할 수 있다. 만일 옵션의 만기 이전에 배당이 지급되면, 주식가격도 하락될 것이므로 조정이 필요하다.

① 콜옵션의 경우

옵션 만기이전에 지급되는 배당의 현재가치를 D라 하자. [심화학습 1-2]의 하한선을 증명하는 투자전략 A를 $[+c + Ke^{-rT} + D]$로 조정하면, 콜옵션에 대한 다음과 같은 새로운 하한선을 얻을 수 있다.

$$S_0 - D - Ke^{-rT} \le c \le S_0$$

(식 1-14)

$$S_0 - D - Ke^{-rT} \le C \le S_0 \qquad\qquad (식1-15)$$

② 풋옵션의 경우

콜옵션과 동일한 논리로 새로운 하한선을 구할 수 있다. 즉, [심화학습1-3]의 하한선을 증명하는 투자전략 D를 $[+Ke^{-rT}+D]$로 조정하면, 풋옵션에 대한 다음과 같은 새로운 하한선을 얻을 수 있다.

$$D + Ke^{-rT} - S_0 \le p \le Ke^{-rT} \qquad\qquad (식1-16)$$

$$D + K - S_0 \le P \le K \qquad\qquad (식1-17)$$

3) 풋-콜 패리티

(1) 유러피언 풋-콜 패리티

유러피언 풋-콜 패리티(European put-call parity)란 동일한 기초자산에 대해 동일한 행사가격과 만기를 가지고 있는 유러피언 풋옵션과 유러피언 콜옵션 사이의 균형관계를 말한다. 이를 설명하기 위해 다음과 같은 두 가지 투자 포트폴리오 전략을 비교해 보자.

* 전략 G: 유러피언 콜옵션 1개 매입+액면가 K의 무이표채권 매입(현재가격은 Ke^{-rT})

  (참조: 무이표채권 대신 이자율 r의 예금으로 생각해도 무방)
* 전략 H: 유러피언 풋옵션 1개 매입+보통주 1개 매입

현재 콜옵션의 가격이 c, 풋옵션의 가격이 p, 만기가 T, 행사가격이 K, 그리고 기초자산인 보통주 1개의 가격이 S라 할 때, 두 전략의 가치를 비교한 것이 다음 [표 1-9]이다. 단, 이자는 연속복리(이자율 r)로 계산한다고 하자.

[표1-9] 유러피언 풋-콜 패리티(배당이 없는 경우)

구분	현재가치	만기 시 가치	
	투자전략	$S_T \le K$	$S_T > K$
전략G	$+c+Ke^{-rT}$	$0+(Ke^{-rT})e^{rT}=K$	$(S_T-K)+K=S_T$
전략H	$+p+S$	$(K-S_T)+S_T=K$	$0+S_T=S_T$

표에서 볼 수 있는 바와 같이 만기시의 두 전략의 가치는 만기 시 기초자산가격에 상관없이 항상 같음을 알 수 있다. 즉, $S_T \le K$일 때는 두 전략의 가치가 K로 동일하며, $S_T > K$일 때는 두 전략의 가치가 S_T로 똑같다. 자산가격결정이론에 따르면 자산 혹은 포트폴리오의 현재 가치는 미래 현금흐름을 현재시점으로 할인한 값이다. 이 이론에 따르면 만기 시 동일한 현금흐름을 발생시키는 위의 전략 G와 H는 동일한 현재가치를 가져야 한다. 두 전략의 현재가치는 표에서 보는 바와 같이 각각 $(c + Xe^{-rT})$와 $(p + S)$이므로 다음 식이 성립한다.

전략 G의 만기 시 가치 = 전략 H의 만기 시 가치

⇒ 전략 G의 현재 가치 = 전략 H의 현재 가치(만일 차익거래기회가 없다면)

$$\Rightarrow c + Ke^{-rT} = p + S \tag{식1-18}$$

(식1-18)을 '유러피언 풋-콜 패리티'라 한다. 만일 이 식이 성립하지 않으면 차익거래(arbitrage)기회가 발생하게 되는데, 다음과 같이 두 가지 경우로 설명해 보자.

- 첫째, $c + Ke^{-rT} > p + S$일 경우:

콜옵션 1개 매도함과 동시에 Ke^{-rT}의 가격으로 만기 시 액면가가 K인 무이표채권(수익률 r) 1개를 공매하고, 그 매도자금으로 풋옵션 1개와 주식 1개를 매입하면, $[(c + Ke^{-rT}) - (p + S)]$만큼의 차익을 얻을 수 있다.

- 둘째, $c + Ke^{-rT} < p + S$일 경우:

풋옵션 1개 매도와 동시에 주식 1개를 공매하고, 그 매도자금으로 콜옵션 1개와 Ke^{-rT}의 가격으로 만기 시 액면가가 K인 무이표채권(수익률 r) 1개를 매입하면, $[(p + S) - (c + Ke^{-rT})]$만큼의 차익을 얻을 수 있다.

이상으로부터, 시장이 효율적이라면 차익거래기회가 존재하지 않으므로 (식1-18)이 성립해야 하는 것이다.

마지막으로 강조해야 할 사항이 세 가지가 있다.

- 첫째, 유러피언 풋-콜 패리티는 유러피언 옵션에 대해서만 성립한다는 것이다.

아메리칸 옵션에 대해서는 위의 관계가 성립하지 않는데, 왜냐하면 최적 행사시점이 콜옵션과 풋옵션이 일치하지 않기 때문이다. 또한 아메리칸 옵션은 언제 행사될 지 정확히 예측하기 어려우므로 아메리칸 풋－콜 패리티는 방정식을 유도하기 어렵고 부등식으로 표시할 수 있다(뒤에서 자세히 다룬다).

• 둘째, 만일 배당이 있는 경우 유러피언 풋－콜 패리티는 다음과 같이 수정된다.

$$c + Ke^{-rT} + D = p + S \qquad\qquad\qquad (식1-19)$$

단, D=만기일까지 지급되는 총 배당의 현재가치

(식1-19)는 (식1-18)과 동일한 방법으로 증명할 수 있다. 즉, 전략 G를 '유러피언 콜옵션 1개 매입과 $(D + Ke^{-rT})$가격의 무이표채권(수익률=r) 매입'으로 변경하고, 위와 동일한 전략 H를 비교함으로써 (식1-19)를 유도할 수 있다. 즉, $S_T \leq K$ 일 때는 두 전략의 가치가 $(K + De^{rT})$로 동일하며, $S_T > K$ 일 때는 두 전략의 가치가 $(S_T + De^{rT})$로 똑같다. 따라서, 차익거래기회가 존재하지 않는 균형상태에서는 두 전략의 현재가치인 $(c + Ke^{-rT} + D)$와 $(p + S)$는 같아야 한다.

• 셋째, 유러피언 풋－콜 패리티는 다음과 같은 두 가지 용도로 사용할 수 있다.

ⅰ) 유러피언 콜옵션가격을 알면 유러피언 풋옵션가격은 (식1-18)을 이용하여 쉽게 구할 수 있으며, 그 반대도 마찬가지이다.

ⅱ) (식1-18)을 이용하여 다양한 투자전략을 창출할 수 있다. 즉,

$$+p = c + Ke^{-rT} - S$$

(풋옵션 매입=콜옵션 매입+무이표채권매입+기초자산 공매도)

$$+c = +p - Ke^{-rT} + S$$

(콜옵션 매입=풋옵션 매입+무이표채권공매+기초자산 매입)

$$+Ke^{-rT} = +p - c + S$$

(무이표채권 매입=풋옵션 매입+콜옵션매도+기초자산 매입)

그 외 다양한 투자전략 구성이 가능하다.

　　어떤 유러피언 풋옵션과 콜옵션이 있는데 이 둘의 만기와 기초자산, 행사 가격이 동일하다고 한다. 이들 옵션의 행사가격이 $30, 만기는 3개월이다. 현재 기초자산인 주식의 가격은 $31이고 무위험이자율은 연간 10%이다. 이러한 조건을 만족하는 유러피언 콜옵션의 현재가격은 $3이다. 옵션 만기까지 주식에 배당이 없다고 가정하고, 다음을 분석하라.

　A) 현재 유러피언 풋옵션의 균형가격을 구하라.

　B) 현재 유러피언 풋옵션 가격이 $2.25라면, 차익거래기회가 있는가? 있다면, 어떻게 차익을 실현할 수 있는지 설명하라.(단, 수수료와 세금은 없다고 가정)

∥ 사례분석 ∥

A) 유러피언 풋옵션의 균형가격은 유러피언 풋−콜 패리티로 구할 수 있다. 즉, $p = c + Ke^{-rT} - S = 3 + 30e^{-0.10(0.25)} - 31 = \$1.26$

B) A)에서 구한 바와 같이 시장에 차익거래기회가 없다면, 유러피언 풋옵션의 균형가격은 $1.26이다. 그런데 현재 시장에서 풋옵션 가격이 $2.25로 형성되어 있다면 차익거래기회가 존재한다고 볼 수 있다. 즉,
$$(p + S = 2.25 + 31 = \$33.25) > (c + Ke^{-rT} = 3 + 30e^{-0.10(0.25)} = \$32.26)$$
그러므로, 차익거래를 얻기 위해 다음과 같은 투자전략을 구사할 수 있다.

〈차익거래전략〉

ⅰ) 유러피언 풋옵션을 매도하고, 기초자산 공매도

ⅱ) ⅰ)에서 확보한 자금으로 동시에 유러피언 콜옵션 매입하고, Ke^{-rT}를 이자율 r로 예금

ⅲ) 만일 $S_T > K$이면, 옵션 만기에 콜옵션과 K를 이용하여 주식을 매입하여 공매도포지션을 마감하고, 풋옵션가치는 0이므로 행사되지 않고 소멸한다. 만일, $S_T \leq K$이면, 콜옵션은 소멸하고, K에 풋옵션 매입자로부터 주식을 매입하여 풋옵션 매도포지션과 공매도포지션을 마감한다.

ⅳ) 이러한 차익거래에서 얻는 이익= $(p + S) - (c + Ke^{-rT}) = \$0.99$

(2) 아메리칸 풋-콜 패리티

앞에서 이미 설명한 바와 같이 아메리칸 옵션의 경우 최적 행사시점이 콜옵션과 풋옵션이 일치하지 않고, 언제 행사될지 정확히 예측하기 어려우므로 유러피언 풋-콜 패리티와 같은 정확한 방정식을 유도하기 어렵고 단지 부등식으로 표시할 수 있을 뿐이다. 배당이 없는 경우 아메리칸 풋-콜 패리티(American put-call parity) 공식은 다음과 같다.

$$S - K \leq C - P \leq S - Ke^{-rT}$$

(식1-20)

심화학습1-5 **아메리칸 풋-콜 패리티 증명**

(식 1-20)에 있는 '아메리칸 풋-콜 패리티'를 증명해 보자.

ㅣ 증명 ㅣ

① 부등식의 우편(RHS: Right Hand Side): $C - P \leq S - Ke^{-rT}$

배당이 없는 경우의 유러피언 풋-콜 패리티로부터, $c + Ke^{-rT} = p + S$이므로,

$$p = c + Ke^{-rT} - S$$

그런데, 배당이 없으면 유러피언 콜(c)가격은 아메리칸 콜(C)가격과 같아야 하므로,

$$p = C + Ke^{-rT} - S$$

한편, (식1-9)로부터, $P \geq p$이므로,

$$P \geq p = C + Ke^{-rT} - S \Rightarrow C - P \leq S - Ke^{-rT}$$

② 부등식의 좌편(LHS: Left Hand Side): $S - K \leq C - P$

부등식의 좌편을 증명하기 위해 다음과 같은 두 가지 투자전략을 이용한다.
- 투자전략 I: $+c + K$ = 유러피언 콜옵션(c) 1개 매입 + 현금 \$$K$를 무위험이자율 r로 예금
- 투자전략 J: $+P + S$ = 아메리칸 풋옵션(P) 1개 매입 + 기초자산(S) 1개 매입

ⅰ) 아메리칸 풋옵션이 만기 전에 행사되지 않는 경우

$$\text{투자전략I의 만기 시 가치} = \max(S_T - K, 0) + Ke^{rT}$$
$$= \max(S_T, K) - K + Ke^{rT}$$

$$\text{투자전략J의 만기 시 가치} = \max(K - S_T, 0) + S_T = \max(S_T, K)$$

그런데, $Ke^{rT} - K \geq 0 \Rightarrow$ 투자전략I의 만기 시 가치 $\geq$ 투자전략J의 만기 시 가치.

따라서, 시장에 차익거래기회가 없다면,

$+c + K \geq P + S \Rightarrow +C + K \geq P + S.$

그러므로, $S - K \leq C - P.$

ii) 아메리칸 풋옵션이 만기 전에 행사되는 경우

아메리칸 풋옵션이 행사되는 시점을 t라 하자$(t < T).$

그러면, 행사시점(t)에서의 두 가지 투자전략의 가치는 다음과 같다.

$$\text{투자전략I의 가치}(t) = 0 + Ke^{rt}$$

(왜냐하면, t시점에 아메리칸 풋옵션이 행사되었다는 것은 K가 S_t보다 훨씬 크다는 것, 즉 풋옵션이 깊은 내가격(deep ITM)에 있는 것이므로 역으로 콜옵션은 깊은 외가격(deep OTM)상태에 있는 것이고 콜옵션의 가치는 0에 가깝다고 볼 수 있다)

$$\text{투자전략J의 가치}(t) = (K - S_t) + S_t = K$$

그런데, $Ke^{rt} \geq K \Rightarrow$ 투자전략I의 가치$(t) \geq$ 투자전략J의 가치$(t).$

따라서, 시장에 차익거래기회가 없다면,

$+c + K \geq P + S \Rightarrow +C + K \geq P + S.$

그러므로, $S - K \leq C - P.$

ⅰ)과 ⅱ)로부터, 투자전략J에 포함되어 있는 아메리칸 풋옵션(P)이 언제 행사되는지 상관없이 항상 $S - K \leq C - P$의 관계가 성립한다.

고로, ①과 ②로부터, 배당이 없는 경우 '아메리칸 풋-콜 패리티'가 성립된다.

Q.E.D.

만일 아메리칸 옵션의 기초자산이 배당을 지급하는 경우에는 '아메리칸 풋-콜 패리티'가 다음과 같이 조정된다.

$$S-D-K \leq C-P \leq S-Ke^{-rT} \qquad \text{(식 1-21)}$$

(식 1-21)의 증명은 (식 1-20)과 유사하며, 앞의 투자전략I에서 K를 $(D+K)$로 대체하면 된다.

사례 1-8 **아메리칸 풋-콜 패리티**

어떤 아메리칸 풋옵션과 콜옵션이 있는데 이 둘의 만기와 기초자산, 행사가격이 동일하다고 한다. 이들 옵션의 행사가격이 $20, 만기는 5개월이다. 현재 기초자산인 주식의 가격은 $19이고 무위험이자율은 연간 10%이다. 이러한 조건을 만족하는 아메리칸 콜옵션의 현재가격은 $1.50이다. 옵션 만기까지 주식에 배당이 없다고 가정하고, 다음을 분석하라.

i) 시장에 차익거래기회가 없다고 가정하면, 아메리칸 풋옵션 가격과 콜옵션 가격 차이의 최대값과 최소값은 얼마인가?

ii) 시장에 차익거래기회가 없다고 가정하면, 아메리칸 풋옵션 가격의 최대값과 최소값은 얼마인가?

┃ 사례분석 ┃

i) 아메리칸 풋-콜 패리티로부터,
$$S-K \leq C-P \leq S-Ke^{-rT}$$
$$\Rightarrow 19-20 \leq C-P \leq 19-20e^{-0.10(5/12)}$$
$$\Rightarrow -1 \leq C-P \leq -0.18$$
$$\Rightarrow \$0.18 \leq P-C \leq \$1 \quad \text{(가격은 음수가 될 수 없으므로)}$$

따라서, 아메리칸 풋옵션 가격과 콜옵션 가격 차이의 최대값＝$1, 최소값＝$0.18이다.

ii) A)에서 구한 바와 같이 시장에 차익거래기회가 없다면, 아메리칸 풋-콜 패리티로부터,
$$\$0.18 \leq P-C \leq \$1$$

그런데 현재 아메리칸 콜옵션 가격이 $1.50이므로,
$$\$0.18 \leq P-1.50 \leq \$1 \Rightarrow \$1.68 \leq P \leq \$2.50.$$

따라서, 아메리칸 풋옵션 가격의 최대값＝$2.50, 최소값＝$1.68이다.

4) 아메리칸 옵션의 조기 행사

아메리칸 옵션은 당연히 만기 이전 언제든지 행사가 가능하다. 그런데 옵션행사의 궁극적인 목적은 이익극대화이므로 언제 행사할 때 이익이 극대화되는지 잘 판단하여 행사하여야 할 것이다. 여기서는 만기 전에 옵션을 조기에 행사(early exercise)하는 것이 최적인지에 대해 살펴보기로 한다.

(1) 콜옵션의 경우

결론부터 요약하면 최적 행사전략은 다음과 같다.

> * 배당이 없는 경우: 아메리칸 콜옵션을 만기까지 행사하지 않는다.
> * 배당이 있는 경우: 아메리칸 콜옵션을 만기 이전에 행사할 수 있다.

① 배당이 없는 경우

배당이 없는 경우, 아메리칸 콜옵션의 최적 행사전략은 만기까지 옵션을 행사하지 않는 것이다. 따라서, 배당이 없는 경우에는 아메리칸 콜옵션은 유러피언 콜옵션과 같다고 할 수 있다. 왜 그런지 그 이유에 대해 살펴보자.

ⅰ) 만기(T)까지 기초자산인 주식을 보유해야 하는 경우

만일 만기 전 t시점($t < T$)에 옵션을 행사한다면,

* 옵션행사로 주식을 $\$K$에 매입해야 하므로, 만기까지 $Ke^{r(T-t)}$ 만큼 기회비용이 발생
* 옵션행사로 주식을 매입하여 만기까지 보유하였는데 주가가 하락하면 손실이 발생

그러나, 반대로 만기까지 옵션을 행사하지 않는다면,

* 주식을 도중에 매입하지 않아도 되므로, 만기까지 $Ke^{r(T-t)}$ 만큼 기회비용을 절감
* 만기 시 주가가 하락하면 옵션을 행사하지 않고 현물시장에서 주식을 매입하면 되므로 주가 하락으로 인한 손실예방(보험효과: insurance effect)

따라서, 만기까지 주식을 보유해야 하는 경우에는 옵션을 만기 전에 행사하는 것 보다는 만기까지 옵션을 행사하지 않고 보유하는 것이 더 이익이다.

ii) 만기(T)까지 기초자산인 주식을 보유할 필요가 없는 경우
만일 만기 전 t시점($t < T$)에 주가가 매우 상승하여 옵션을 행사한다면,
* 행사를 통해 실현 할 수 있는 이익= $S_t - K$.

그러나, 반대로 t시점에 주가가 매우 상승했음에도 옵션을 행사하지 않는 대신 옵션 자체를 매도하면,
* 매도로 인한 이익= t시점의 옵션가치= $S_t - Ke^{-r(T-t)} +$ 외재가치(EV)

그런데, $S_t - Ke^{-r(T-t)} +$ 외재가치(EV) $> S_t - K$.
즉, 매도로 인한 이익 > 행사를 통해 실현 할 수 있는 이익.
그러므로 이 경우에도 옵션을 만기 전에 행사하지 않는 것이 더 이익이다.

i)과 ii)로부터 배당이 없는 경우, 아메리칸 콜옵션의 최적 행사전략은 만기까지 행사하지 않는 것이다.

② 배당이 있는 경우
배당이 있는 경우, 아메리칸 콜옵션의 최적 행사전략은 배당락을 감안하여 옵션의 행사전략을 정하는 것이다. 즉, 현금배당의 경우 보호되지 않아 콜옵션 가격에 부정적인 영향을 미치므로 만기 이전에 옵션을 행사하는 것이 더 바람직할 수 있다. 따라서, 배당이 지급되는 경우에는 만기 이전 어느 때나 옵션이 행사될 가능성이 있는 것이다.

다음 [그림 1-9]는 콜옵션 가격과 주가와의 관계를 보여주고 있다. 콜옵션의 가치는 점선으로 표시된 내재가치 $\max(S-K,\ 0)$보다는 항상 크다. 그리고 무위험이자율이 상승할수록, 기초자산의 변동성이 커질수록 콜옵션의 가치는 더 커진다. 그림에서 화살표로 표시된 방향이 콜옵션의 가치가 커지는 방향이다. 또한 위에서 증명한 바와 같이 배당이 없는 경우 아메리칸 콜옵션은 유러피언 콜옵션과 같으므로 [그림 1-9]는 유러피언 콜옵션과 아메리칸 콜옵션 둘 다에 적용될 수 있다.

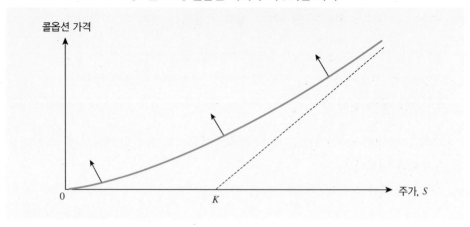

[그림 1-9] 콜옵션 가격과 기초자산 가격

(2) 풋옵션의 경우

아메리칸 풋옵션의 최적 행사전략은 만기 이전 언제든 행사가 가능하다는 것
이다. 유러피언 콜옵션과 달리 배당을 지급하지 않는 경우에도 만기 전에 옵션을
행사하는 것이 최적일 수 있다. 즉, 만기 전 어떤 시점에 풋옵션이 충분히 깊은 내
가격(deep ITM)에 있으면 풋옵션을 행사하는 것이 유리하다.

이해를 돕기 위해 아주 극단적인 경우를 생각해 보자. 만기 전 어느 시점에 옵
션의 행사가격은 $10인데 주가는 거의 $0에 가깝도록 하락했다고 할 때, 당장 옵
션을 행사하면 약 $10의 이득을 얻게 된다. 옵션보유자가 옵션을 행사하지 않고
만기일까지 기다린다고 해도 주가는 $0보다 더 하락할 수는 없으므로 옵션행사에
서 얻는 이득이 $10보다 더 커질 수는 없다. 더욱이 돈의 시간적 가치(time value
of money)를 감안해 보아도 지금 당장 $10 이득이 만기 시점의 $10보다 더 크기
때문에 만기까지 기다릴 필요가 없는 것이다.

배당을 지급하는 경우 배당락으로 인해 주가가 하락하는 것은 당연하고 따라
서 배당으로 인해 주가가 충분히 하락하였고, 만기까지 추가적인 주가하락이 어려
울 것으로 예상되면 배당락 직후 풋옵션을 행사하는 것이 최적일 것이다.

따라서, 배당유무와 관계없이 아메리칸 풋옵션의 최적 행사전략은 만기 이전
언제든지 행사가 가능하다는 것이다.

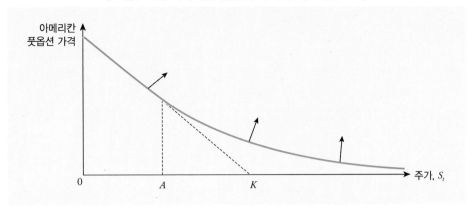

[그림1-10] 아메리칸 풋옵션 가격과 기초자산 가격

[그림1-10]은 아메리칸 풋옵션 가격과 주가(기초자산 가격)와의 관계를 보여주고 있다. 위에서 설명한 바와 같이 임의의 t시점($t \leq T$)에 주가가 0에 근접하면 아메리칸 풋옵션의 가격은 내재가치인 $Ke^{-r(T-t)} - S$와 거의 같아지게 된다(점 A). 더 이상 주가하락이 없을 것이라 예상되면 즉시 행사하면 된다. 따라서, 그림에서 보듯이 주가가 점A보다 더 하락하면 아메리칸 풋옵션 가격은 그 시점에서의 내재가치와 겹치게 된다. 또한 아메리칸 풋옵션 가격은 무위험이자율이 작아질수록, 주가의 변동성이 커질수록 더 커지게 되는데 그림에서 화살표 방향이 아메리칸 풋옵션 가격이 커지는 방향이다.

한편, [그림1-11]은 유러피언 풋옵션의 가격과 주가(기초자산)와의 관계를 보여주고 있다. 앞에서 설명한 바와 같이 기초자산, 만기, 행사가격이 동일하다면, 아메리칸 풋옵션의 가치는 유러피언 풋옵션의 가치보다 항상 크거나 같으므로(즉, $P \geq p$), [그림 1-10]의 그래프를 [그림1-11]과 비교해보면 유러피언 풋옵션의 가격은 내재가치보다도 작을 수 있다([그림1-10]의 점A 참조). 따라서, [그림 1-11]의 점B는 [그림1-10]에서의 점A보다 더 커야 한다. 그리고 [그림1-11]의 점E는 주가가 0이 될 때의 유러피언 풋옵션의 가격인데, 주가가 0이 되면 더 이상 주가는 하락할 수 없으므로 (식1-4)에서 두 가지 외재가치 중 첫 번째 부분은 0이 되지만 두 번째 부분이 음(-)이 되어 전체 외재가치는 음(-)이 되고, 따라서 유러피언 풋옵션 가치는 내재가치보다 작게 된다. 점E는 주가가 0일 때 유러피언 풋옵션의 가치가 $Ke^{-r(T-t)}$임을 보여준다. (식1-12)와 (식1-13)을 참조하기 바란다.

[그림 1-11] 유러피언 풋옵션 가격과 기초자산 가격

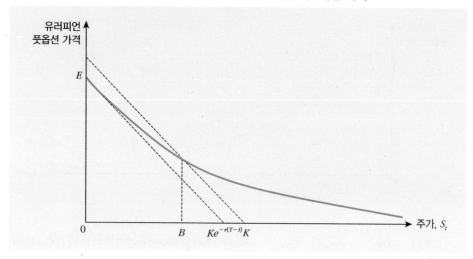

Chapter 02

옵션가격결정모형(1): 이항분포모형

옵 션가격결정이론(OPT: option pricing theory)은 옵션의 가치를 구하는 이론을 통칭하여 말하며, 구체적으로 옵션가격을 구할 때는 이론을 구축하는 과정에서 적용하는 가정에 따라 다양한 모형(model)들이 존재한다.

옵션가격결정모형은 옵션 기초자산의 확률분포를 어떻게 가정하느냐에 따라 크게 둘로 분류할 수 있다. 하나는 이산확률분포(discrete probability distribution)를 가정하는 이산확률옵션가격결정모형이고, 다른 하나는 연속확률분포(continuous probability distribution)를 가정하는 연속확률옵션가격결정모형이다. 전자에 속하는 대표적인 것이 이항분포모형(binomial distribution model)이고 후자에 속하는 대표적인 것이 블랙-숄즈-머튼모형(Black-Scholes-Merton model)이다. 이항분포모형은 기초자산의 가격이 이항분포를 따른다고 가정하며, 블랙-숄즈-머튼모형은 대수정규분포를 가정한다. 참고로, 이산확률분포는 확률변수가 정수값(integer value)만 가질 수 있으며, 반면 연속확률분포는 확률변수가 실수값(real value)을 가질 수 있다.

본 장에서는 이항분포모형에 대해 살펴보게 되는데, 이 모형은 1979년 Cox, Ross, Rubinstein에 의해 개발된 방법이다 블랙-숄즈-머튼모형이 어려운 수학적 기법을 많이 요구하며 유러피언 옵션에만 적용되는 단점이 있는 반면, 이항분포모형은 어려운 수학적 접근은 가급적 지양하고 미래 주가의 변화를 이항분포를 이용하여 통계적으로 예측함으로써 아메리칸 옵션의 가치를 계산하는데도 이용할 수 있다는 장점이 있다.

1 | 베르누이분포와 이항분포

이항분포모형에 사용되는 이항분포를 이해하기 위해서는 먼저 베르누이분포를 이해할 필요가 있는데, 이항분포는 베르누이분포의 확장이기 때문이다.

1) 베르누이분포

베르누이분포(Bernoulli distribution)는 오직 2가지 결과만을 갖는 확률변수의 확률분포를 말한다.[1] 예를 들어, 홀수와 짝수, 남성과 여성, 동전의 앞면(head)과 뒷면(tail) 등 우리 주변에서 흔히 볼 수 있는 현상들이다. 가장 대표적으로 많이 사용되는 동전던지기(tossing coin) 실험을 이용하여 자세히 살펴보도록 하자.

확률변수 X가 동전던지기 실험에서 나오는 결과를 표시한다고 하자. 즉, 동전의 앞면이 나오면 H(Head), 뒷면이 나오면 T(Tail)로 표시하고, H가 나올 확률은 p, T가 나올 확률은 $(1-p)$라고 하고, 편의상 H가 나오면 1, T가 나오면 0이라는 숫자를 부여한다고 하면, 확률변수 X의 확률분포, $p(x)$는 다음과 같이 표시할 수 있다.[2]

$$p(x=1) = \Pr(X=H) = p,$$
$$p(x=0) = \Pr(X=T) = 1-p$$

(식 2-1)

그러면, 베르누이분포를 따르는 확률변수 X의 기대치(expected value)와 분산(variance)은 다음과 같이 구할 수 있다.[3]

$$기대치 = E(X) = p$$

(식 2-2)

$$분산 = V(X) = p(1-p)$$

(식 2-3)

---

1) 요한 베르누이(Johann Bernoulli, 1667~1748)는 스위스의 수학자이다. 17세기~18세기에 걸쳐 여러 명의 수학자와 과학자를 배출한 베르누이 가문 출신이다.
2) 여기서는 편의상 H가 나오면 1, T가 나오면 0이라고 정의하였으나, 반대로 해도 무방하다. 즉, H가 나오면 0, T가 나오면 1이라고 할 수는 있으나, 결과에 대한 해석이 달라지고, 평균과 분산도 달라질 것이다. 마찬가지로, H가 나올 확률은 $(1-p)$, T가 나올 확률을 p라 해도 무방하나 평균과 분산이 달라지고 해석도 다르게 해야 함을 유의해야 한다.
3) $E(X) = \Sigma_{x=0}^{1} x p(x) = 0(1-p) + 1(p) = p$
   $V(X) = E(X^2) - [E(X)]^2 = \Sigma_{x=0}^{1} x^2 p(x) - p^2 = [0^2(1-p) + 1^2(p)] - p^2 = p - p^2 = p(1-p)$

확률변수 X가 베르누이분포를 따르고 발생확률이 p인 경우 보통 $X \sim B(p)$로 표시한다.

2) 이항분포

이항분포(binomial distribution)는 베르누이분포의 확장이라 할 수 있다. 즉, 베르누이분포가 단 1회의 실험에 대한 결과를 분포로 표시한 것이라면, 이항분포는 베르누이실험을 n번($n \geq 2$) 시행한 결과를 분포로 표시한 것이다. 다만 n번의 실험을 다음과 같은 두 가지 조건을 충족하면서 시행할 때 이항분포라 말할 수 있다.

(조건1) 동일확률: 앞면(H)이 나올 확률(p)이 n번의 실험 중 변하지 않고 항상 같다.
(조건2) 독립확률: 한 실험이 다른 실험에 전혀 영향을 주지 않는다.

(조건1)을 동일확률(identical probability)의 원칙이라 하고, (조건2)를 독립확률(independent probability)의 원칙이라 한다. 이 두 가지 조건을 동시에 만족하는 분포를 '독립동일분포(i.i.d.: independently and identically distributed)'라고 부른다. 그러므로 이항분포는 베르누이실험을 i.i.d. 조건하에서 n번 반복할 때 나오는 결과를 확률분포로 표시한 것이다.

이항분포를 따르는 확률변수 Y의 확률질량함수(p.m.f.)는 다음과 같다.[4]

$$p(y) = {}_nC_y (p^y)(1-p)^{n-y}, \ y = 0, 1, 2, \ldots\ldots, n \qquad \text{(식 2-4)}$$

단, ${}_nC_y = n$개 중에서 y개를 선택하는 조합(combination).

또한, 이항분포를 따르는 확률변수 Y의 기대치와 분산은 다음과 같다.[5]

$$\text{기대치} = E(Y) = np \qquad \text{(식 2-5)}$$
$$\text{분산} = V(Y) = np(1-p) \qquad \text{(식 2-6)}$$

확률변수 Y가 이항분포를 따르고 실험횟수가 n, 발생확률이 p인 경우 보통

---

4) 이산확률변수에 대한 확률분포함수를 확률질량함수(p.m.f.: probability mass function)라 부르고 보통 $p(x)$로 표시하며, 연속확률변수에 대한 확률분포함수를 확률밀도함수(p.d.f.: probability density function)라 부르고 보통 $f(x)$로 표시한다.
5) 증명방법은 베르누이분포와 동일하며, 통계학 관련 어느 책에서나 쉽게 확인할 수 있다.

$Y \sim b(n, \ p)$로 표시한다.

동전던지기 실험에서 앞면(H)이 나올 확률(p)이 $\frac{1}{2}$이고 이 확률은 실험을 반복해도 변하지 않고 일정하며, 하나의 실험이 다른 실험에 전혀 영향을 미치지 않는다고 한다. 이 동전던지기 실험을 n번 반복한다고 할 때, 다음 질문에 답하라. 단, 앞면(H)이 나오면 1을, 뒷면(T)이 나오면 0이라는 숫자를 부여한다고 하고, n번의 실험 중 앞면이 나온 횟수를 확률변수 X라 한다.

(1) $n = 1$인 경우, $x = 0$일 확률, X의 기대치, 그리고 표준편차를 구하라.

(2) $n = 4$일 때, $x = 3$일 확률, X의 기대치, 그리고 표준편차를 구하라.

｜사례분석｜

(1) $n = 1$인 경우는 베르누이분포를 의미한다. 따라서 (식 2-1)부터 (식 2-3)까지를 적용하면 된다.

$$\Pr(X = 0) = \Pr(X = T) = p(0) = 1 - p = 1 - \frac{1}{2} = \frac{1}{2}$$

$$E(X) = p = \frac{1}{2}$$

$$V(X) = p(1 - p) = \left(\frac{1}{2}\right)\left(\frac{1}{2}\right) = \frac{1}{4} \Rightarrow 표준편차 = \sqrt{분산} = \sqrt{\frac{1}{4}} = \frac{1}{2}$$

(2) $n > 1$이고 i.i.d.조건이 충족되면 이항분포를 따르므로 (식 2-4)부터 (식 2-6)을 적용하면 된다. 문제에서 $n = 4$, $x = 3$이다.

$$p(x = 3) = {}_n C_x \left(p^x\right)(1 - p)^{n-x} = {}_4 C_3 \left(\frac{1}{2}\right)^3 \left(1 - \frac{1}{2}\right)^1 = 4\left(\frac{1}{8}\right)\frac{1}{2} = \frac{1}{4}$$

$$E(X) = np = 4\left(\frac{1}{2}\right) = 2$$

$$V(X) = np(1 - p) = 4\left(\frac{1}{2}\right)\left(1 - \frac{1}{2}\right) = 1$$

$$\Rightarrow 표준편차 = \sqrt{분산} = \sqrt{1} = 1$$

참고로, 만일 n이 충분히 커지면 중심극한정리(CLT: central limit theorem)에 의해 이산확률분포인 이항분포는 연속확률분포인 정규분포로 수렴한다. 즉, 이항분포와 정규분포 사이에 다음과 같은 관계가 성립한다.

$$Z = \frac{Y - np}{\sqrt{np(1-p)}} \sim N(0,\ 1) \tag{식 2-7}$$

단, $Z \sim N(0,\ 1)$: 표준정규분포
$Y \sim b(n,\ p)$: 이항분포
$N(\mu,\ \sigma^2)$: 평균이 μ이고, 분산이 σ^2인 정규분포

(식 2-7)로부터 이항분포모형은 n이 클 경우 블랙-숄즈-머튼모형으로 수렴될 수 있음을 알 수 있다.

2 | 1기간 모형과 유러피언 옵션

이항분포모형으로 옵션의 가치를 평가하는 데는 크게 두 가지 방법이 있다. 하나는 시장에 차익거래기회가 없다고 가정하는 '차익거래모형'이고, 다른 하나는 투자자의 위험선호(risk preference)가 위험중립적이라 가정하는 '위험중립모형'이다. 두 가지 방법이 각각 사용하는 이론적 근거는 다르지만 결과는 동일하다. 따라서, 어떤 방법을 사용해도 동일한 결과를 얻을 수 있다. 뒤에서 살펴 볼 블랙-숄즈-머튼모형의 결과도 차익거래와 위험중립 두 가지 모두로 설명할 수 있음은 물론이다. 먼저, 유러피언 옵션에 대한 1기간 모형부터 살펴보기로 하자.

1) 차익거래모형

차익거래모형(arbitrage model)은 시장에 차익거래기회가 없다는 '무차익논리(no arbitrage argument)'로 옵션가치를 평가하는 모형이다. 차익거래모형을 이해하기 위해서는 먼저 무위험포트폴리오를 이해해야 한다. '위험(risk)'이란 미래의 불확실성(uncertainty)에 노출되는 것을 말하므로 미래에 불확실성이 없다면 위험은 없을 것이다. 따라서, 여기서 말하는 무위험포트폴리오(riskless portfolio)란 미래 기초자산의 변동과 상관없이 미래 포트폴리오의 가치가 일정한 포트폴리오를 말한다. 여기서는 기초자산을 이용하여 옵션의 가치를 평가하는 것이므로 포트폴리오는 기초

자산과 옵션을 결합하여 만들면 된다.

(1) 1기간 차익거래모형: 예제

무위험포트폴리오 생성방법을 이해하기 위해 간단한 예제를 이용해보자.

현재 기초자산인 주식의 가격은 $20이고, 이 주식을 기초자산으로 하는 유러피언 콜옵션의 행사가격은 $21이며, 옵션만기는 3개월이라 한다. 현재 무위험이자율(r)은 연간 12%라 한다. 3개월 후 주식가격은 $22로 상승하든가, $18로 하락하는 두 가지 가능성만 있다고 가정하면 이러한 1기간 모형은 베르누이확률분포 혹은 $n=1$인 이항분포를 따른다고 할 수 있다. 이러한 상황은 다음 [그림 2-1]에 묘사되어 있다.

[그림 2-1] 1기간 차익거래모형 예제

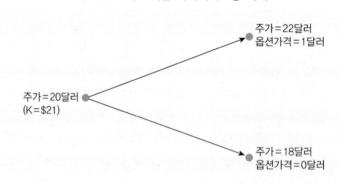

이제 기초자산(S)과 유러피언 콜옵션(c)을 이용하여 무위험포트폴리오를 생성해 보자.

콜옵션을 매도한 투자자의 경우 시장에서 기초자산인 주가가 상승할 경우 손실을 볼 수 있으므로 콜옵션매도포지션을 완전헷지하면 기초자산가격의 변동에 상관없이 일정한 손익을 기대할 수 있다. 즉, 콜옵션을 매도하고 동시에 기초자산을 매입하면 콜옵션의 손익과 주가의 손익이 정확히 반대로 움직이므로 완전헷지가 가능하고 이를 통해 무위험포트폴리오가 생성된다. 만일 콜옵션 1개 매도포지션을 완전헷지할 수 있는 주식의 개수를 델타(Δ)라 하고, 무위험포트폴리오를 P라 하면 이는 다음과 같이 표시할 수 있다.

$$P = +S\Delta - c \tag{식 2-8}$$

[그림 2−1]에서 보는 바와 같이 만기 시(즉, 3개월 후) 주가가 $22로 상승하면 행사가격이 $21이므로 이 때의 콜옵션가치는 $1가 되고, $18로 하락하면 콜옵션 가치는 $0가 된다. 즉, (식 2−8)로부터

주가 상승 시 포트폴리오 가치, $P(상승) = \$22\Delta - \$1 = 22\Delta - 1$
주가 하락 시 포트폴리오 가치, $P(하락) = \$18\Delta - \$0 = 18\Delta$

그런데, 포트폴리오 P가 무위험(riskless)이 되려면 주가의 변동에 관계없이 P의 가치가 일정해야 하므로 $P(상승) = P(하락)$이어야 한다. 따라서, 다음 결과를 얻을 수 있다.

$$22\Delta - 1 = 18\Delta \;\Rightarrow\; \Delta = 1/4 = 0.25 \tag{식 2-9}$$

(식 2−9)를 (식 2−8)에 대입하면, 무위험포트폴리오는 다음과 같다.

$$P = +S\Delta - c = +0.25S - c \tag{식 2-10}$$

즉, 주어진 시장상황에서 무위험포트폴리오(P)란 콜옵션매도 1개당 주식 0.25개를 매입하는 것이다. 주식 0.25개를 시장에서 매입할 수 없으므로 이를 달리 표현하면, 콜옵션매도 4개당 주식 1개를 동시에 매입하는 포지션을 취하면 완전헷지가 되어 무위험포트폴리오를 생성할 수 있다는 것이다.

이제 (식 2−10)의 무위험포트폴리오를 이용하여 현재의 콜옵션가치를 구해보자. 만기(T) 시 무위험포트폴리오의 가치는 다음과 같다.

$$P_T = 0.25S_T - c_T = 0.25(22) - 1 = 0.25(18) - 0 = \$4.50$$

만일 시장에 차익거래기회가 없다면(no arbitrage), 포트폴리오의 현재가치는 미래 현금흐름을 현재시점($t=0$)으로 할인한 값과 같아야 한다. 이러한 조건 때문에 이렇게 옵션가치를 구하는 것을 '차익거래모형'이라 부른다. 그런데 이 포트폴리오는 무위험포트폴리오이므로 할인율은 무위험이자율($r=12\%$)이 되어야 한다. 이러한 원리를 이용하여 무위험포트폴리오의 현재가치를 연속복리로 구하면 다음과

같다.

$$P_0 = P_T e^{-rT} = \$4.50 e^{-0.12 \times (3/12)} = \$4.3670$$

그런데 (식 2-10)으로부터,

$$P_0 = 0.25\,S_0 - c_0 \Rightarrow c_0 = 0.25\,S_0 - P_0 = 0.25\,(\$20) - \$4.3670 = \$0.633.$$

따라서, 시장에 차익거래기회가 없다면 차익거래모형을 통해 현재 유러피언 콜옵션의 이론적인 가치인 $0.633를 구할 수 있다.

심화학습 2-1   **합성옵션과 차익거래모형**

위에서 설명한 차익거래모형은 주식과 무위험포트폴리오를 이용하여 '옵션'을 창출할 수 있음을 보여주는데, 이렇게 다른 자산들로부터 생성된 옵션을 합성옵션(synthetic option)이라 부른다. 이를 좀 더 자세히 설명하면 다음과 같다.

무위험포트폴리오를 설명하는 (식 2-10)으로부터, 콜옵션(c)은 주식(S)과 무위험포트폴리오(P)를 결합하여 다음과 같이 생성할 수 있다.

$$P = S\Delta - c \Rightarrow c = +S\Delta - P \tag{a}$$

그런데, 식(a)에서 무위험포트폴리오(P)는 무위험채권으로 생각해도 무방하므로 식(a)는 다음과 같이 식(b)로 표시된다. 단, B=무위험채권(riskless bond).

$$c = +S\Delta - B \tag{b}$$

식(b)를 임의의 시점(t)에서의 가치로 표시하면 다음과 같다.

$$c_t = +S_t\Delta - B_t \tag{c}$$

식(c)를 행렬(matrix)로 표시하면 다음과 같다.

$$\begin{bmatrix} c(상승) \\ c(하락) \end{bmatrix} = \begin{bmatrix} S(상승) \\ S(하락) \end{bmatrix} \Delta - \begin{bmatrix} B(상승) \\ B(하락) \end{bmatrix}$$

$$\Rightarrow \begin{bmatrix} \$1 \\ \$0 \end{bmatrix} = \begin{bmatrix} \$22 \\ \$18 \end{bmatrix} \Delta - \begin{bmatrix} B1 \\ B2 \end{bmatrix}$$

$$\Rightarrow \text{연립방정식: } \begin{bmatrix} 1 = 22\Delta - B1 \\ 0 - 18\Delta - B2 \end{bmatrix}$$

그런데 채권B는 무위험이므로 $B1 = B2$이어야 한다. 따라서, 연립방정식은 다음과 같다.

$$\text{연립방정식} \Rightarrow \begin{bmatrix} 1 = 22\Delta - B1 \\ 0 - 18\Delta - B1 \end{bmatrix} \tag{d}$$

연립방정식(d)를 풀면, $\Delta = \dfrac{1}{4} = 0.25$로서 앞에서 구한 것과 동일하다.

(2) 1기간 차익거래모형의 일반화(유러피언 옵션)

앞에서 예제를 통해 설명한 유러피언 옵션에 대한 1기간 차익거래모형의 일반화(generalization)된 공식을 도출해 보자.

공식도출을 위해 다음 [그림 2-2]를 사용한다. 그림에서 보듯이 현재주가는 S_0, 주식옵션의 만기는 T, 주가는 만기 시 u배($u > 1$)만큼 상승하거나 d배 ($0 < d < 1$)만큼 하락한다. 즉, 만기 시 주가는 $S_0 u$로 상승하거나, $S_0 d$로 하락한다. 주가가 상승할 때의 옵션의 가치를 f_u라 하고, 주가가 하락할 때의 옵션의 가치를 f_d라 하자. 그리고 만기까지 적용되는 무위험이자율을 연간 r이라 하고 이자계산은 연속복리로 한다고 하자. 구하고자 하는 현재 유러피언 옵션의 가치를 f라 하자.

[그림 2-2] 1기간 차익거래모형의 일반화

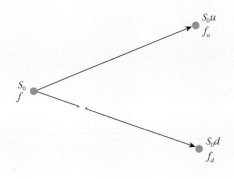

[그림 2-2]를 참조하여 차익거래모형으로 1기간 유러피언 옵션가치를 산출하는 일반화된 식을 구해보자.

먼저, 무위험포트폴리오를 구성하면 다음과 같다.

$$P = +S\Delta - c$$

만기(T) 시 포트폴리오의 가치는 다음과 같게 된다.

주가상승 시: $P(상승) = S_0 u\Delta - f_u$

주가하락 시: $P(하락) = S_0 d\Delta - f_d$

포트폴리오가 무위험이 되려면, 상승 시 P와 하락 시 P가 같아야 하므로,

$$S_0 u\Delta - f_u = S_0 d\Delta - f_d$$

$$\Rightarrow \Delta = \frac{f_u - f_d}{S_0 u - S_0 d} \tag{식 2-11}$$

이제 만기(T) 시 무위험포트폴리오의 가치는

$$P_T = \Delta S_T - f_T = S_0 u\Delta - f_u = S_0 d\Delta - f_d$$

만일 시장에 차익거래기회가 없다면 현재시점($t=0$)에서의 포트폴리오가치는

$$P_0 = P_T e^{-rT} = (S_0 u\Delta - f_u)e^{-rT} = \Delta S_0 - f$$

$$\Rightarrow f = \Delta S_0 - (S_0 u\Delta - f_u)e^{-rT} \tag{식 2-12}$$

(식 2-11)을 (식 2-12)에 대입하면, 다음과 같은 1기간 차익거래모형의 일반식을 얻는다.

$$f = [p f_u + (1-p)f_d]e^{-rT} \tag{식 2-13}$$

단, $p = \frac{e^{rT} - d}{u - d}$

(식 2-13)은 몇 가지 중요한 의미를 갖는다.

첫째, 계산식을 단순화하기 위해 인위적으로 도입한 p는 정확하게 '확률(probability)'로 정의할 수는 없지만, 확률처럼 해석할 수 있다. 즉 (식 2-13)에서 p를 만일 주가가 상승할 확률로, $(1-p)$를 주가가 하락할 확률로 해석한다면, 식을 다음과 같이 표현할 수 있다.

$$f = [pf_u + (1-p)f_d]e^{-rT} = E(f_T)e^{-rT} \qquad \text{(식 2-14)}$$

(식 2-14)는 우리가 이미 잘 알고 있는 것으로서, 현재 자산의 가치(f)는 미래 기대현금흐름($E(f_T)$)의 현재가치라는 할인현금흐름(DCF: discounted cash flow)방법의 기본원리를 보여주고 있다. 그러나, 다시 한번 강조하거니와 여기서 '임의로' 편의상 정의한 p는 정확한 의미에서 실제로 주가가 상승할 확률은 아니다. 이와 관련해서는 뒤에서 좀 더 설명하기로 한다.

둘째, 주식기대수익률이 공식에 포함되어 있지 않다. 즉, (식 2-13)에서 주가가 상승하거나 하락할 실제확률은 포함되어 있지 않다. 이는 뒤에서 설명할 위험중립모형의 이론적 근거가 되므로 매우 중요하며 뒤에서 그 이유를 자세히 설명하고자 한다.

셋째, (식 2-14)는 u와 d만 정확히 알면 어렵지 않게 옵션의 가치를 산출할 수 있음을 보여준다. 즉, u와 d를 통해 p를 구하고, 이 p를 이용하여 만기 시 기대옵션가치를 구한 다음, 이 기대가치를 무위험이자율로 할인하면 현재옵션가치를 구할 수 있다는 것이다. 그러면 어떻게 u와 d를 구할 것인가가 중요한데 이에 대해서는 뒤에서 좀 더 설명하기로 한다.

(3) 차익거래모형 요약

지금까지 설명한 차익거래모형으로 1기간 유러피언 옵션가치를 산출하는 절차 3단계를 간략히 요약하면 다음과 같다.

차익거래모형

(1단계) 무위험포트폴리오 구성: $P = +S\Delta - c$

(2단계) 무차익거래조건(no arbitrage condition) 적용: $P_0 = P_T e^{-rT}$

(3단계) 현재 옵션가치 산출: $P_0 = P_T e^{-rT} = \Delta S_0 - f \Rightarrow f = \Delta S_0 - P_T e^{-rT}$

---

2) 위험중립모형

(1) 위험선호도와 위험중립모형

이제 1기간 이항분포모형의 두 번째 방법인 위험중립모형(risk-neutral model)에 대해 살펴보기로 하자.

투자이론에서 투자자의 위험선호도(risk preference)는 [그림 2-3]에서 보는 바와 같이 위험회피형(risk averse), 위험중립형(risk neutral), 그리고 위험추구형(risk loving) 등 3가지로 분류된다.

[그림 2-3] 투자자의 위험선호도

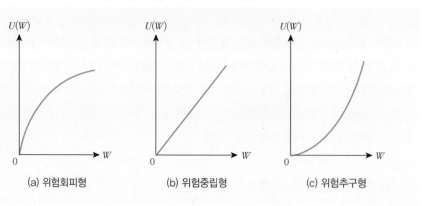

(a) 위험회피형   (b) 위험중립형   (c) 위험추구형

첫째, 위험회피형(그림(a))투자자란 위험을 싫어해서 다른 조건이 일정하다면 가급적 적은 위험을 부담하려는 자이다. 따라서 이러한 투자자들은 위험에 대한 보상, 즉 리스크프리미엄(RP: risk premium)이 적절한 정도로 주어질 때에만 위험을 부담하려고 한다. 그림(a)에서 보듯이 이러한 투자자들의 효용(utility)함수($U(W)$)는 부(W: wealth)의 증가에 따라 총효용(total utility)은 증가하지만 한계효용

(marginal utility)은 체감하는 형태를 갖는다. 대부분의 투자자들은 이러한 위험선호도를 갖는다.

둘째, 위험추구형(그림(c))투자자란 위험을 좋아하여 더 큰 위험을 선호하는 투자자들이다. 이들의 효용함수는 그림(c)에서 보듯이 부의 증가에 따라 총효용도 증가하고 한계효용도 체증하는 형태를 갖는다. 이들은 위험을 즐기는 투자자들이어서 위험에 대한 보상이 없어도 더 큰 이익이나 부가 생긴다면 투자하는 사람들이다.

셋째, 위험중립형(그림(b))투자자란 위험의 크기에 관계없이 기대부(expected wealth)에 의해서만 투자의사결정을 하는 사람들이다. 즉, 위험에 대해 무관심한 (indifferent) 사람들이다. 따라서 위험에 대한 보상인 리스크프리미엄에 대해서도 관심이 없는 사람들이다. 리스크프리미엄에 대해 관심이 없다면, 기대수익률에도 관심이 없는 것은 당연하다. 왜냐하면, 자본자산가격결정모형($CAPM$)에서 보듯이 기대수익률($E(R)$)이란 무위험이자율(r)에 리스크프리미엄($RP = \beta(ER_M - r)$)을 더한 값이기 때문이다. 그림(b)에서 보듯이 이러한 투자자들의 효용함수는 부가 증가하면 총효용은 증가하지만 한계효용은 부의 크기에 관계없이 일정하며 효용함수가 직선으로 표시된다.

옵션가격결정을 위한 이항분포모형에서 위험중립모형이란 결국 옵션투자자들의 위험선호도를 '위험중립적'이라고 가정하고 옵션가치를 평가하는 이론이다. 옵션투자자들이 위험중립적이라면 그들은 옵션매매를 위한 의사결정 시 위험에는 관심이 없고 수익(기대부)에만 관심이 있다는 것을 의미한다. 이것이 사실이라면 옵션가치를 평가할 때, 옵션투자자들을 위험중립적이라 가정하고, 이러한 투자자들은 위험에 관심이 없으므로 위험에 대한 보상에도 관심이 없는 것이고 따라서 리스크프리미엄(RP)이 포함되어 있는 기대수익률에도 관심이 없다. 이는 할인율로 어떤 수익률을 사용해도 상관없으며, 이는 쉽게 정의할 수 있고 쉽게 구할 수 있는 '무위험이자율'을 써도 무방함을 시사한다.

왜 옵션투자자들이 위험중립적이라고 가정하는 것이 가능할까?

그 이유는 주식기대수익률이 옵션가치평가공식에 포함되어 있지 않기 때문이다. 즉, (식 2-13)에서 주가가 상승하거나 하락할 실제확률은 포함되어 있지 않다. 예를 들어, 주가가 상승할 확률이 0.6인 경우나 0.8인 경우나 옵션의 가격은 같다. 이 결과는 다소 의외이고, 상식적으로 이해하기 힘들 수도 있다. 주가가 상승할 확률이 증가함에 따라 콜옵션의 가치는 증가하고 풋옵션의 가치는 감소한다고 생각하기 쉬우나 이 논리는 위험중립모형에는 적용되지 않는다. 그러면, 왜 주식기대수익률이 옵션가치에 영향을 주지 않는 것일까? 그 주된 이유는 바로 옵션가치를 절대적으로 평가하지 않고 '상대적'으로 평가하기 때문이다. 만일 옵션의 가치를 절대적으로 평가한다면, 먼저 옵션가격이 상승할 확률이나 하락할 확률을 구하고 이 확률을 기초로 미래옵션가치의 기대치를 구한 후 적절한 할인율로 현재 옵션가치를 평가하게 될 것이다. 그러나 옵션의 가치가 상승할 확률을 정확하게 추정한다는 것은 대단히 어려운 일이다. 그래서 우리는 절대적으로 구하는 방법보다는 주식의 가치를 이용하여 상대적으로 옵션의 가치를 평가하는 방식을 택한 것이다. 따라서 주가가 상승하거나 하락할 확률은 이미 주식가격에 반영되어 있으므로 따로 확률을 고려해 줄 필요가 없는 것이다.

결론적으로 위험중립모형에서는 옵션투자자들의 위험선호도를 위험중립적으로 가정하고, 가치평가에 사용하는 할인율로 시장에서 얻기 용이한 무위험이자율을 사용하게 된다. 또한 위험중립상황에 내재되어 있는 위험중립확률(p)를 구하여 미래기대옵션가치를 평가하고 이를 토대로 현재 옵션가치를 평가하게 된다.

(2) 위험중립모형

이제 위험중립모형으로 유러피언 옵션가치를 평가하는 방법에 대해 살펴보자.

앞에서 차익거래모형으로 (식 2-13)을 도출하기 위해 주가가 상승하거나 하락할 실제확률에 대해 어떤 가정도 하지 않았다. 그런데 (식 2-13)에서 식을 간단하게 하기 위해 편의상, 인위적으로 도입한 p를 주가가 상승할 확률이라고 가정하면, 이것이 바로 앞에서 설명한 대로 '위험중립확률'이다. 왜냐하면, (식 2-13)에 주식 기대수익률이나 실제확률이 포함되어 있지 않기 때문이다.

따라서, 위험중립모형에서 옵션가치를 평가하기 위해 해야 할 첫 번째 작업은 주식가격에 내재해 있는(implied) 위험중립확률을 구하는 것이다. 즉, 다음의 식에서 p를 구하면 된다.

$$E(S_T) = pS_0u + (1-p)S_0d \qquad \text{(식 2-15)}$$

(식 2 − 13)에 있는 p를 (식 2 − 15)에 대입하면,

$$E(S_T) = S_0 e^{rT} \qquad \text{(식 2−16)}$$

(식 2 − 16)은 주식가격이 평균적으로 무위험이자율로 성장함을 보여준다. 따라서, 주가가 상승할 확률을 p로 가정하는 것은 주식의 수익률을 무위험이자율로 가정하는 것과 동일한 의미를 갖는다. 즉, 위험중립세계(risk − neutral world)에서는 투자자들이 위험에 대해 보상을 요구하지 않으므로 모든 증권의 기대수익률은 무위험이자율과 같다.

(식 2 − 15)와 (식 2 − 16)을 결합하면,

$$E(S_T) = pS_0 u + (1-p)S_0 d = S_0 e^{rT}$$
$$\Rightarrow p^*(\text{위험중립확률})\text{을 구함}$$

다음은, 위에서 구한 p^*를 이용하여 다음과 같이 미래 기대옵션가치를 구한다.

$$E(f_T) = p^* f_u + (1-p^*) f_d \qquad \text{(식 2−17)}$$

마지막으로, 위험중립세계에서는 모든 증권의 할인율로써 무위험이자율을 사용할 수 있으므로 현재의 옵션가치는 (식 2 − 17)에 있는 미래 기대옵션가치를 무위험이자율로 할인하면 된다. 즉,

$$f = [p^* f_u + (1-p^*) f_d] e^{-rT} \qquad \text{(식 2−18)}$$

(식 2 − 13)의 차익거래모형과 (식 2 − 18)의 위험중립모형은 동일한 옵션가치를 산출한다.

(3) 위험중립모형 요약

지금까지 설명한 위험중립모형으로 1기간 유러피언 옵션가치를 산출하는 절차 3단계를 간략히 요약하면 다음과 같다.

(1단계) **위험중립확률 산출:** $E(S_T) = pS_0u + (1-p)S_0d = S_0e^{rT} \Rightarrow p^*$

(2단계) **미래 옵션기대가치 산출:** $p^* \Rightarrow E(f_T) = p^*f_u + (1-p^*)f_d$

(3단계) **현재 옵션가치 산출:** $f = E(f_T)e^{-rT}$

[사례 2−2]는 차익거래모형으로 구한 옵션가치와 위험중립모형으로 구한 옵션 가치가 정확히 일치함을 증명하고 있다. 따라서, 실제 옵션가치를 구할 때는 두 가지 방법 중 어느 것을 사용해도 무방하다.

사례 2−2 위험중립모형 옵션가치평가

차익거래모형으로 구한 옵션가치를 동일한 상황하에서 위험중립모형으로 구하여 두 가지 결과를 비교해보자. [그림 2−1]로부터, 현재 기초자산인 주식 의 가격은 $20, 이 주식을 기초자산으로 하는 유러피언 콜옵션의 행사가격은 $21, 옵션만기는 3개월, 현재 무위험이자율(r)은 연간 12%이다. 3개월 후 주 식가격은 $22로 상승하든가, $18로 하락하는 두 가지 가능성만 있다고 가정한 다. 위험중립모형으로 현재의 이론적인 옵션가치를 구하라.

❘ 사례분석 ❘

다음과 같이 3단계로 구해보자.

ⅰ) 주식가격에 내재된 위험중립확률 산출: p^*

$$E(S_T) = pS_0u + (1-p)S_0d = S_0e^{rT}$$

$$\Rightarrow p(\$22) + (1-p)(\$18) = \$20e^{0.12(3/12)}$$

$$\Rightarrow 4p = 20.61 - 18 = 2.61$$

$$\Rightarrow p^* = 0.6523$$

ⅱ) 미래 옵션기대가치 산출: $p^* \Rightarrow E(f_T)$

$$E(f_T) = p^*f_u + (1-p^*)f_d = 0.6523(\$1) + (1-0.6523)(\$0)$$

$$= \$0.6523$$

ⅲ) 현재 옵션가치 산출: $E(f_T) \Rightarrow f = ?$

$$\text{현재 옵션가치} = f = E(f_T)e^{-rT} = 0.6523e^{-0.12(3/12)} = \$0.633$$

이상의 결과로부터, 차익거래모형으로 구한 $p = 0.6523$((식 2 – 13) 참조)과 현재 옵션가치 $c_0 = \$0.633$은 위험중립모형으로 구한 $p^* = 0.6523$과 현재 옵션가치 $f = \$0.633$는 정확히 일치함을 확인할 수 있다.

심화학습 2-2 위험중립세계(Q-측도)와 실제세계(P-측도)

위험중립모형은 가상의 위험중립세계(risk – neutral world)를 가정하여 옵션의 가치를 평가해도 차익거래모형과 동일한 결과를 얻을 수 있음을 이론적으로 증명하고 있다. 그런데 위험중립세계에서 도출한 내재 위험중립확률(p^*)은 실제로 주가가 상승한 확률이 아니다. 실제 시장상황에서 얻어지는 주식가격의 상승확률을 p라 하면 이는 실제세계(real world)에 존재하는 확률이 된다. 수학에 측도(測度, measure)라는 개념이 있는데 이는 어떤 집합의 부분집합에 숫자(number)를 부여하는 방법이다.[6] 이런 의미에서 확률(probability)은 대표적인 측도 중의 하나이다.

그런데 실제세계에서 측정한 확률은 일반적으로 P – 측도(P – measure)라 하고, 가상의 위험중립세계에서 측정한 확률은 Q – 측도(Q – measure)라 부른다. 따라서, 이항분포모형에서 실제 주가상승확률인 p는 P – 측도이고, 위험중립을 가정하고 도출한 p^*는 Q – 측도라 할 수 있다. 실제세계를 가상의 위험중립세계로 전환하는 것을 '측도의 전환(changing the measure)'이라 한다. 따라서 위험중립모형은 측도의 전환을 통해 옵션가치를 평가하는 방법이라 할 수 있다. 실제세계에서 위험중립세계로 전환하면 주식의 기대수익률은 변하나, 주식의 변동성은 변하지 않는데 이를 일반화하여 증명한 이론이 거사노브 이론(Girsanov theorem)이다. 이항분포모형에서 보듯이 주식의 수익률은 실제수익률이 무위험이자율로 전환됨을 이미 설명한 바 있다. 거사노브 이론에 따라 우리는 실제세계에서 변동성을 구하고, 이를 이용하여 주가상승배율(u)이나 하락배율(d)을 구하여 위험중립모형을 구축하면 할인율로 무위험이

---

6) 수학에서 측도란 구간이나 직4각형으로 이루어져 있지 않은 임의의 집합에서 길이와 면적, 부피의 일반화된 개념이다. 이론적으로 측도는 한 집합에 음(陰)이 아니고 가법적(加法的)으로 수를 결부시키는 어떤 규칙이다. 즉, 교집합이 공집합인 두 집합의 합집합에 대한 측도는 각 집합의 측도를 합

자율을 활용할 수 있으므로 옵션가치평가가 훨씬 쉬워진다. 왜냐하면, 실제세계에서 주식의 기대수익률을 정확하게 구하는 것이 매우 어렵기 때문이다.[7]

P-측도와 Q-측도를 앞에서 다룬 예제를 이용하여 살펴보자.

① 위험중립세계

[사례 2-2]에서 위험중립세계를 가정할 경우 위험중립확률(p^*)은 다음과 같이 도출하였다. 여기서 $E^Q(S_T)$라 표시한 것은 Q-측도를 표시하기 위함이다. (참조: p^* 대신 q를 사용하여 Q-측도를 이해해도 된다)

$$E^Q(S_T) = pS_0u + (1-p)S_0d = S_0e^{rT}$$
$$\Rightarrow p(\$22) + (1-p)(\$18) = \$20e^{0.12(3/12)}$$
$$\Rightarrow p^* = 0.6523$$

② 실제세계

자본자산가격결정모형($CAPM$)으로 실제 주식수익률(k)을 구했더니 16%였다고 가정하자. 그러면 실제세계에서는 현재가치를 구할 때 할인율로 k를 사용해야 한다. 만일 실제세계의 P-측도를 사용하여 기대치를 $E^P(S_T)$라 표시하면 다음과 같이 실제 주가상승확률(p)을 구할 수 있다.

$$E^P(S_T) = pS_0u + (1-p)S_0d = S_0e^{kT}$$
$$\Rightarrow p(\$22) + (1-p)(\$18) = \$20e^{0.16(3/12)}$$
$$\Rightarrow 22p + 18(1-p) = 2.8162$$
$$\Rightarrow p = 0.7041$$

이상의 결과를 요약한 것이 다음 [그림 2-4]이다. 그림에서 (a)는 위험중립세계를, (b)는 실제세계를 표현하고 있다.

한 것과 같다(In mathematical analysis, a measure on a set is a systematic way to assign a number to each suitable subset of that set, intuitively interpreted as its size. In this sense, a measure is a generalization of the concepts of length, area, and volume).

7) 주식의 기대수익률(ER)을 구하는 대표적인 방법으로 자본자산가격결정모형($CAPM$)이 있지만, $CAPM$에서 진정한 의미의 시장수익률($E(R_M)$)을 구하는 것은 매우 어렵다. 이에 대해 자세한 설명은 다음 논문을 참조바람. Richard Roll, "A Critique of the Asset Pricing Theory's Test: Part 1: On Past and Potential Testability of the Theory", *Journal of Financial Economics*, 1977.

[그림 2-4] 위험중립세계(a)와 실제세계(b)

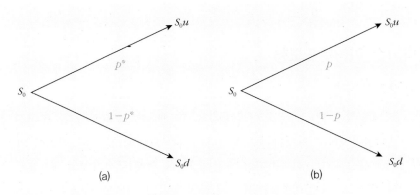

①과 ②로부터 가상 위험중립세계에서의 주가상승확률(p^*)과 실제세계에서의 주가상승확률(p)은 다르다는 것을 알 수 있다. 그런데, 실제세계에서 주가상승확률을 구하려면 실제수익률(k)를 구해서 할인율로 사용해야 하지만, 위험중립세계에서는 시장에서 쉽게 얻은 무위험이자율(r)을 할인율로 사용할 수 있으므로 위험중립세계가 훨씬 간편하고 정확하다고 할 수 있다.

3 │ 다기간 모형과 아메리칸 옵션

지금까지는 1기간 이항분포모형과 유러피언 옵션에 대해서만 살펴보았다. 이제 좀 더 다양한 옵션들에 대해 이항분포모형을 확장하고자 한다. 먼저, 앞에서는 상황을 단순하게 하기 위해 1기간 모형에 집중하였으나 이제 이를 2기간 이상의 다기간 유러피언 옵션가치 평가로 어떻게 확장가능한지, 그리고 앞에서 이미 설명한 바와 같이 이항분포모형의 가장 큰 장점 중의 하나가 아메리칸 옵션의 가치평가도 가능하다는 것이므로 아메리칸 옵션의 경우 이항분포모형은 어떻게 조정되는지에 대해 심도있게 살펴보고자 한다. 따라서, 이러한 다기간 모형과 아메리칸 옵션에 대해 가치를 평가할 수 있다면 거의 모든 종류의 옵션에 대해 이항분포모형으로 가치평가가 가능하다. 다만, 아직까지도 상황을 좀 더 단순화하기 위해 배당이 없는 기초자산의 옵션에 대해 먼저 다루고, 뒤에서 배당이 있는 경우는 별도로 다루기로 한다.

1) 다기간 이항분포모형

(1) 2기간 모형

2기간 모형은 1기간 모형과 달리 기초자산가격(이하 주식가격이라 하자)이 만기 전에 두 번 변동한다고 가정하는 모형이다. 1기간 모형에서는 주식가격이 만기(T)에 딱 한 번 상승하거나 하락한다고 가정하였기에 실제 주식가격의 확률분포는 베르누이분포(혹은 $n=1$인 이항분포)를 가정하였다면, 2기간 모형에서는 $n=2$인 이항분포모형, 즉 $b(2,\ p)$를 가정한다고 할 수 있다.

이러한 2기간 모형은 1기간 모형을 응용하여 옵션가치를 구할 수 있다. 그런데 일반적으로 다기간 모형을 구성하는 방법에는 크게 두 가지가 있는데, 하나는 재결합모형(recombined model)이고, 다른 하나는 비재결합모형(non-recombined model)이 있다. [그림 2-5]에서 왼쪽 그림이 재결합모형이고 오른쪽 그림이 비재결합모형이다. 그림에서 보듯이 재결합모형에서는 기초자산가격의 상승배율(u)과 하락배율(d)이 각 단계별로 변하지 않고 일정하다. 따라서, (상승)×(하락)=(하락)×(상승)이 노드(node)A에서 재결합하게 된다. 즉, 현재 주가를 S_0라 하면 $S_0ud=S_0du$가 성립한다. 그러나, 비재결합모형에서는 기간t에서의 상승배율(u_t)

[그림 2-5] 재결합모형(a)과 비재결합모형(b)

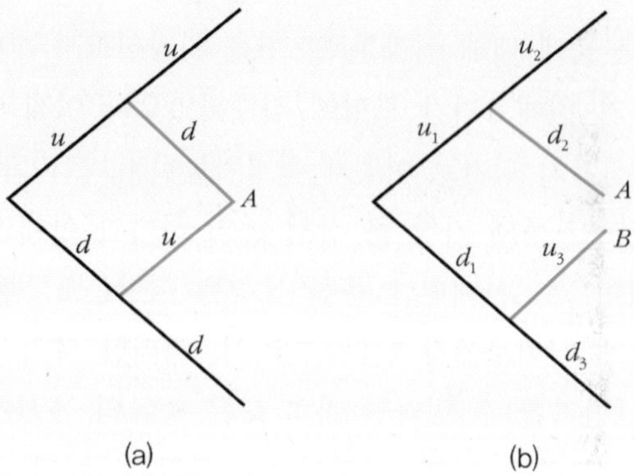

과 하락배율(d_t)이 변하게 되므로 배율이 일정하지 않다. 따라서, (상승)×(하락)은 노드A지만, (하락)×(상승)은 노드B가 되어 재결합되지 않는다. 즉, $S_0 u_1 d_2 \neq S_0 d_1 u_3$.

대부분의 이항분포모형에서는 재결합모형을 사용하고 있다. 가장 큰 이유는 기간수가 늘어남에 따라 중심극한정리에 의해 이항분포는 정규분포화할 수 있으므로 기간수가 커지면(즉, 주가변동기간을 매우 짧게 하면) 재결합모형과 비재결합모형 사이에 큰 차이가 없으며, 비재결합모형의 경우 각 기간별 노드의 수가 급격히 늘어나 많은 시간과 비용이 소요되기 때문이다.[8] 따라서, 본서에서는 일반적으로 많이 사용하고 있는 재결합모형을 사용하고자 한다.

이제 1기간 모형에서 사용한 자료를 이용하여 2기간 모형에서 옵션가치를 구하는 방법을 살펴보자. 현재주가는 $20, 이 주식을 기초자산으로 하는 유러피언 콜옵션의 행사가격은 $21, 만기는 6개월, 무위험이자율은 연간 12%이다. 주가는 3개월($\triangle t$)에 한 번 10%씩 상승하거나($u=1.10$), 10%씩 하락($d=0.90$)한다. 만기가 6개월이어서 만기까지 2회 가격변동이 생기므로 2기간 모형으로 부른다. 다기간 모형에서 현재의 옵션가치를 구하기 위해서는 만기부터 현재시점으로 역방향으로 옵션가치를 계산해야 한다. 이는 경영과학에서 전통적으로 많이 사용하는 동적계획법(dynamic programming)과 아주 유사하다. 앞에서 이미 구한 대로 $p=0.6523$, $f_{uu} = \$3.2$, $f_{ud} = 0$, $f_{dd} = 0$.

[그림 2−6]에서와 같이 노드A에서의 옵션가치를 구하기 위해서는 노드B와 노드C에서의 옵션가치를 먼저 구하고, 1기간 모형을 이용하여 노드A에서의 옵션가치를 구하면 된다. 즉, 다기간 모형은 매 기간별로 모형을 적용하되 만기시점부터 역으로 현재시점으로 계산해 나가면 된다. 그림에서와 같이 BDE와 CEF 2개의 1기간 모형에서 먼저 노드B, C에서의 옵션가치를 각각 구한 후, 이를 ABC 1기간 모형에 적용하여 노드A에서의 현재 옵션가치를 구하게 된다.

---

8) 재결합모형의 각 기간($t = 0,\ 1,\ 2,\ 3,\ \cdots,\ n$) 별 노드(node) 수 $= 1,\ 2,\ 3,\ 4,\ \cdots,\ n$.
비재결합모형의 각 기간($t = 0,\ 1,\ 2,\ 3,\ \cdots,\ n$) 별 노드(node) 수 $= 2^0,\ 2^1,\ 2^2,\ 2^3,\ \cdots\cdots,\ 2^n$.

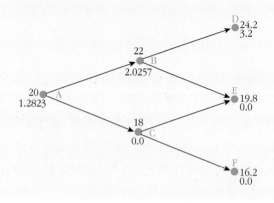

[그림 2-6] 2기간 이항분포모형 예제

노드B 옵션가치 $= f_u = e^{-r \Delta t}[pf_{uu} + (1-p)f_{ud}] = \$2.0257$ (식 2-19)

노드C 옵션가치 $= f_d = e^{-r \Delta t}[pf_{du} + (1-p)f_{dd}] = \$0$ (식 2-20)

노드A에서의 현재 옵션가치를 구하기 위해 (식 2-19)와 (식 2-20)에서 각각 구한 옵션가치, f_u와 f_d를 다음과 같이 이용하면 된다.

노드A 옵션가치 $= f_0 = e^{-r \Delta t}[pf_u + (1-p)f_d] = \$1.2823$ (식 2-21)

그런데, (식 2-19)와 (식 2-20)을 (식 2-21)에 대입하면 다음과 같은 일반식을 얻는다.

$$f_0 = e^{-r \Delta t}[pf_u + (1-p)f_d]$$
$$= e^{-r \Delta t}\{pe^{-r \Delta t}[pf_{uu} + (1-p)f_{ud}] + (1-p)e^{-r \Delta t}[pf_{du} + (1-p)f_{dd}]\}$$
$$= e^{-rT}[p^2 f_{uu} + 2p(1-p)f_{ud} + (1-p)^2 f_{dd}] \qquad \text{(식 2-22)}$$

(식 2-22)에서 $\Delta t + \Delta t = 2\Delta t = T$이고, 재결합모형이므로 $f_{ud} = f_{du}$이다. 그리고 괄호 안에 있는 식은 완전제곱꼴과 유사한데, 이는 뒤에서 다기간 모형의 일반식을 도출할 때 매우 유용하다. (식 2-22)에 있는 2기간 이항분포모형의 일반식모양이 다음 [그림 2-7]이다.

[그림 2-7] 2기간 이항분포모형 일반화

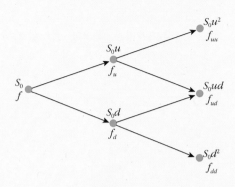

사례 2-3 유러피언 풋옵션 가치평가

지금까지는 유러피언 콜옵션을 중심으로 이항분포모형을 설명하였다. 풋옵션의 경우도 같은 방법으로 구할 수 있다. 다음과 같은 조건을 가진 유러피언 풋옵션의 현재 이론적인 가치를 2기간 이항분포모형으로 구하라.

기초자산인 주식의 현재가격은 $50, 행사가격은 $52, 만기는 2년, 각 기간 주가는 20% 상승하거나 20% 하락한다. 시장에서 무위험이자율은 연 5%라 한다. 배당은 없다고 가정하자.

｜ 사례분석 ｜

주어진 자료로부터, $u = 1.2$, $d = 0.8$, $\Delta t = 1$년, $T = 2$년, $r = 5\% = 0.05$이다. 따라서,

위험중립확률 $= p = \dfrac{e^{r\Delta t} - d}{u - d} = \dfrac{e^{0.05(1)} - 0.8}{1.2 - 0.8} = 0.6282$

$f_{uu} = \max(K - Suu,\ 0) = \max(52 - 50 \times 1.2 \times 1.2,\ 0) = \$0$

$f_{ud} = \max(K - Sud,\ 0) = \max(52 - 50 \times 1.2 \times 0.8,\ 0) = \$4$

$f_{dd} = \max(K - Sdd,\ 0) = \max(52 - 50 \times 0.8 \times 0.8,\ 0) = \$20$

이러한 결과를 (식 2-22)에 대입하면,

$$f_0 = e^{-rT}[p^2 f_{uu} + 2p(1-p)f_{ud} + (1-p)^2 f_{dd}]$$
$$= e^{-0.05(2)}[0.6282^2(0) + 2(0.6282)(1 - 0.6282)(4) + (1 - 0.6282)2(20)]$$
$$= \$4.1923$$

이상의 결과를 그림으로 표시하면 다음 [그림 2−8]과 같다.

[그림 2−8] 2기간 이항분포모형: 풋옵션 사례

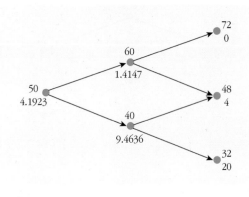

(2) 다기간 모형

앞에서 설명한 2기간 이항분포모형을 총 기간수가 n인 다기간 이항분포모형으로 확장할 수 있다. 이 경우 만기(T)를 n개의 구간으로 나누고, 각 구간의 시간길이를 Δt라 하면, $\Delta t + \Delta t + \ldots + \Delta t = n\Delta t = T$가 된다. 따라서 n이 커질수록 보다 정밀한 모형이 되며 기초자산이 주식인 경우 주가는 거의 실시간(real time)으로 변동하므로, Δt를 작게 하면 할수록 보다 현실적인 모형이 되는 것이다. n기간 모형은 기초자산의 가격이 이항분포 $b(n, p)$를 따른다고 가정하는 것과 같다.

다기간 모형을 이용하여 현재의 유러피언 옵션가치를 이론적으로 평가하는 것은 2기간 모형과 동일하다. 먼저, 맨 마지막 기간(즉, 만기)에서의 옵션가치를 내재가치공식으로 구하고, 현재시점을 향해 역으로 옵션가치를 1기간 모형으로 계속 구해나가면 현재시점의 옵션가치, f_0를 구할 수 있다. 이러한 방법으로 (식 2−22)의 2기간 모형을 확장하면 다음과 같은 n기간 이항분포모형의 일반식을 얻을 수 있다.

$$
\begin{aligned}
f_0 &= e^{-r(n\Delta t)}[{}_nC_n p^n (1-p)^0 f_{uuu\cdots u} + {}_nC_{n-1}p^{n-1}(1-p)^1 f_{uuu\cdots ud} + \cdots \\
&\quad + {}_nC_0 p^0 (1-p)^n f_{ddd\cdots d}] \\
&= e^{-rT}\Sigma_{j=0}^{n} {}_nC_{n-j}p^{n-j}(1-p)^j f_{u^{n-j}d^j}
\end{aligned}
\tag{식 2−23}
$$

단, $_nC_{n-j}=n$번의 주가변동 중 $(n-j)$는 상승, j번은 하락하는 경우의 조합

$p =$ 주가가 상승할 위험중립확률

$1-p =$ 주가가 하락할 위험중립확률

$f_{u^{n-j}d^j} =$ 주가가 $(n-j)$번은 상승, j번은 하락한 후 옵션의 가치

이러한 다기간 모형을 그림으로 표시하면 다음 [그림 2-9]와 같다.

[그림 2-9] 다기간 모형

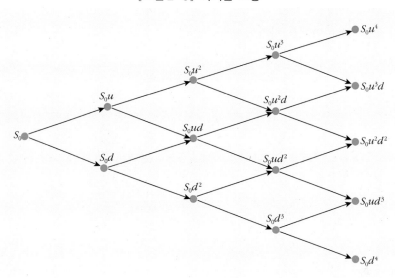

심화학습 2-3 　 이항공식과 파스칼의 삼각형 ·

(식 2-23)에 있는 다기간 이항분포모형 공식은 수학에서 파스칼의 삼각형(Pascal's triangle)이나 이항공식(binomial equation)을 이해하면 쉽게 도출할 수 있다.

먼저, 이항공식이란 다음 식을 말한다.

$$(a+b)^n = \sum_{j=0}^{n} {}_nC_j a^{n-j}b^j$$

예를 들어,

$$n = 0 : \quad (a+b)^0 = 1$$

$$n = 1 : \quad (a+b)^1 = a+b$$

$$n = 2 : \quad (a+b)^2 = a^2 + 2ab + b^2 = {}_2C_0 a^{2-0}b^0 + {}_2C_1 a^{2-1}b^1 + {}_2C_2 a^{2-2}b^2$$

$$n = 3 : \quad (a+b)^3 = a^3 + 3a^2b + 3ab^2 + b^3$$

$$= {}_3C_0 a^{3-0}b^0 + {}_3C_1 a^{3-1}b^1 + {}_3C_2 a^{3-2}b^2 + {}_3C_3 a^{3-3}b^3$$

....

그런데, 이항공식에서 각 항의 계수는 다음 [그림 2−10]과 같은 파스칼의
삼각형을 이용하여 설명하기도 한다.

[그림 2−10] 파스칼의 삼각형

2) 아메리칸 옵션 평가방법

이항분포모형을 설명하면서 지금까지는 유러피언 옵션에 대해서만 살펴보았다.
유러피언 옵션의 경우 만기 전에는 행사될 수 없으므로 만기 전에 행사되는 상황
은 고려할 필요가 없고 따라서 현재의 옵션가치는 만기 시 옵션가치를 할인하여
계산할 수 있었다. 그러나, 아메리칸 옵션의 경우에는 만기 이전에 언제든 옵션이
행사될 수 있으므로 만기 시 옵션가치를 현재가치로 단순히 할인하여 계산할 수
없다. 즉, 각 기간에 각 노드(node)별로 매번 옵션행사여부에 대한 의사결정을 해
야 하며, 옵션을 조기에 행사하는 것이 좋은지 아니면 다음 기간까지 행사하지 않
고 보유하는 것이 좋은지 고려해야 한다.

따라서, 아메리칸 옵션의 경우 각 노드에서는 옵션을 행사할 때의 행사가치(EV: exercising value)와 다음 기까지 보유하기로 결정했을 때의 보유가치(HV: holding value)의 두 가지 가치가 경합하며, 이익극대화를 추구하는 합리적 투자자는 행사가치와 보유가치 중 큰 값을 가지는 방향으로 옵션을 행사한다. 임의의 t 시점($0 \leq t \leq T$)에서의 아메리칸 옵션의 가치를 f_t라 하고, 그 시점의 내재가치를 IV_t라 하면, 각 기간 각 노드에서의 옵션의 가치는 다음과 같이 두 가지가 있다.

$*$ 옵션의 행사가치(EV_t) = 옵션을 t 시점에서 행사할 때의 가치 = IV_t

$*$ 옵션의 보유가치(HV_t) = 옵션을 다음 기($t+1$)까지 보유할 때의 가치
$$= e^{-r\Delta t}E(f_{t+1})$$
$$= e^{-r\Delta t}[pf_{t+1}(상승) + (1-p)f_{t+1}(하락)]$$

따라서, 임의의 t 시점에서의 옵션가치는

$$f_t = \max(EV_t, HV_t)$$

(식 2-24)

즉, $EV_t > HV_t$이면, 그 노드에서 옵션을 행사하는 것이 최적이며, $EV_t < HV_t$이면, 그 노드에서 옵션을 행사하지 말고 다음 기간까지 보유하는 것이 최적이다. 따라서, 아메리칸 옵션의 경우 매 기간 각 노드별로 행사가치와 보유가치를 구해 옵션행사여부에 대한 의사결정을 해야 한다.

뒤에서 배우게 될 블랙-숄즈-머튼모형은 유러피언 옵션에 대해서만 적용가능하기 때문에 아메리칸 옵션의 가치평가를 위해서는 이항분포모형을 사용해야 하고, 이점만으로도 이항분포모형이 얼마나 중요한지 알 수 있다.

사례 2-4 **아메리칸 풋옵션 가치평가**

다음과 같은 조건을 가진 아메리칸 풋옵션의 현재 이론적인 가치를 2기간 이항분포모형으로 구하라.

기초자산인 주식의 현재가격은 $50, 행사가격은 $52, 만기는 2년, 각 기산 주가는 20% 상승하거나 20% 하락한다. 시장에서 무위험이자율은 연 5%라 한다. 배당은 없다고 가정하자.

┃ 사례분석 ┃

   [그림 2-11]에서 보는 바와 같이, 이 옵션은 아메리칸 옵션이므로 노드A, B, C에서 행사가 가능하다. 각 노드별로 행사가치와 보유가치를 구해 옵션행사 여부를 결정하면 된다. 옵션행사여부는 뒤로부터 앞으로 역방향으로 계산한다.

 i) 노드B
   * 행사가치$(EV_t) = \max(K - S_t,\ 0) = \max(52 - 60,\ 0) = \$0$
   * 보유가치$(HV_t) = e^{-r\Delta t}[pf_{t+1}(상승) + (1-p)f_{t+1}(하락)]$
$$= e^{-0.05(1)}[0.6282 \times \$0 + (1 - 0.6282) \times \$4]$$
$$= \$1.4147$$
   따라서, 노드B에서의 옵션가치$= \max(EV_t,\ HV_t)$
$$= \max(\$0,\ \$1.4147)$$
$$= \$1.4147.$$
$EV < HV$이므로, 노드B에서는 옵션을 행사하지 말고 다음 기간까지 보유해야 한다.

 ii) 노드C
   * 행사가치$(EV_t) = \max(K - S_t,\ 0) = \max(52 - 40,\ 0) = \$12$
   * 보유가치$(HV_t) = e^{-r\Delta t}[pf_{t+1}(상승) + (1-p)f_{t+1}(하락)]$
$$= e^{-0.05(1)}[0.6282 \times \$4 + (1 - 0.6282) \times \$20]$$
$$= \$9.4636$$
   따라서, 노드C에서의 옵션가치$= \max(EV_t,\ HV_t)$
$$= \max(\$12,\ \$9.4636)$$
$$= \$12.$$
$EV > HV$이므로, 노드C에서는 옵션을 행사해야 한다.

 iii) 노드A(현재시점)
   * 행사가치$(EV_t) = \max(K - S_t,\ 0) = \max(52 - 50,\ 0) = \$2$
   * 보유가치$(HV_t) = e^{-r\Delta t}[pf_{t+1}(상승) + (1-p)f_{t+1}(하락)]$

$$= e^{-0.05(1)}[0.6282 \times \$1.4147 + (1 - 0.6282) \times \$12]$$
$$= \$5.0894$$

따라서, 노드A에서의 옵션가치 $= \max(EV_t,\ HV_t)$
$$= \max(\$2,\ \$5.0894)$$
$$= \$5.0894.$$

$EV < HV$이므로, 노드A에서는 옵션을 행사하지 말고 다음 기간까지 보유해야 한다.

이상의 결과를 요약하면 다음과 같다.

* 현재시점(노드A)에서의 옵션의 이론적 가치는 $5.0894이다.
* 옵션의 행사전략은 현재(A)는 행사하지 말아야 하며, 다음 기에서는 주식가격이 노드B로 상승하면 옵션을 행사하지 말고 만기까지 보유해야 한다. 그러나 주식가격이 하락하여 노드C에 도달하면 옵션을 만기까지 보유하지 말고 바로 행사해야 한다.

[그림 2-11] 아메리칸 풋옵션가치 평가사례

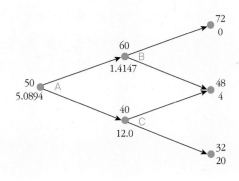

4 | 델타, u와 d의 선택, 다양한 위험중립확률

1) 델타와 델타헷지

(1) 델타의 개념

옵션가격결정에서 중요한 역할을 하는 모수(parameter)로서 델타(Δ)가 있다. 델타(delta)란 기초자산가격변동에 대한 옵션가격의 변동을 말한다. 따라서 지금까지 설명한 이항분포모형에서 델타는 무위험포트폴리오를 구성할 때 매도한 옵션 1개당 매입한 주식수와 동일하다. 델타는 미분을 이용하여 다음 (식 2−25)와 같이 정의할 수 있다.

$$\Delta = \frac{\text{옵션가격의 변동}}{\text{기초자산가격의 변동}} = \frac{df}{ds}$$

(식 2−25)

(식 2−25)는 델타가 곧 기초자산가격변동에 대한 옵션가격변동의 민감도(sensitivity)임을 보여준다. 주식옵션의 경우, 주식가격과 콜옵션가격은 양(+)의 관계를 가지므로 콜옵션의 델타는 양수(+)이고, 반대로 풋옵션의 델타는 음수(−)가 된다. 또한 옵션은 내가격상태(in−the−money)에 있을 때 행사될 확률이 가장 크므로 델타는 옵션이 내가격상태에 있을 때 가장 큰 값을 갖는다. 델타는 옵션이 행사될 확률로도 해석될 수 있다.

(2) 델타헷지

위에서 설명한 델타를 이용하여 옵션에 대해 무위험헷지를 하는 것을 델타헷지(delta hedge)라 한다. 그런데 기초자산가격의 변동폭과 옵션가격의 변동폭이 매 기간 일정하지 않으므로 델타는 매 기간 변하게 된다. 따라서 기초자산과 옵션을 결합하여 만든 무위험헷지를 유지하기 위해서는 소유할 기초자산수를 지속적으로 조정해야 하는데 이를 동적헷지(dynamic hedge)라 한다. 동적헷지를 통해 이론적으로는 무위험포트폴리오를 유지할 수 있으나, 시장에서 델타가 변할 때 기초자산을 즉시 매입하거나 매도하는 것이 유동성과 수수료, 세금 등의 비용 문제로 그리 쉽지 않은 것이 현실이다. 델타헷지를 통해 포트폴리오의 위험이 제거될 때 이러한 상태를 '델타중립(delta neutral)'이라 한다.

사례 2-5 | **델타헷지**

시장에서 현재 주가가 $100, 이 주식을 기초자산으로 하는 콜옵션의 가격이 $10, 이 주식과 콜옵션 사이의 델타가 0.6이라 한다. 한 투자자가 이러한 콜옵션 20계약을 매도하였다고 한다. 주가가 $90로 하락할 경우와 $110로 상승할 경우, 무위험포트폴리오를 이용한 이 투자자의 델타헷지전략에 대해 설명하라.

∥ 사례분석 ∥

무위험포트폴리오를 이용한 델타헷지전략은 $P = \Delta S - c$ 이다. 즉, 콜옵션 1계약은 주식 100개를 매도할 수 있으므로 20계약은 주식 2,000개를 매도할 수 있는 계약이다. 따라서, 델타가 0.6이므로 델타헷지를 위해 매입해야 하는 주식수는 1,200주(=2,000주×0.6)가 된다. 또한 델타가 0.6이라는 것은 주가가 $1 변동하면, 옵션가격은 $0.6 변동한다는 것을 의미한다.

ⅰ) 주가가 $90로 하락하는 경우($10하락): 옵션가격은 $6 변동
   * 매입한 주식손실=($100−$90)/주×1,200주=$12,000
   * 매도한 콜옵션 이익=$6/개×2,000개=$12,000
   따라서, 주가가 $10만큼 하락하면, 매입주식에서는 $12,000 손실을, 매도
   콜옵션에서는 $12,000 이익을 얻게 되므로 손실과 이익이 정확히 상쇄되
   어, 델타헷지전략은 무위험포트폴리오가 된다.

ⅱ) 주가가 $110로 상승하는 경우($10 상승): 옵션가격은 $6 변동
   * 매입한 주식이익=($110−$100)/개×1,200개=$12,000
   * 매도한 콜옵션 손실=$6/개×2,000개=$12,000
   따라서, 주가가 $10만큼 상승하면, 매입주식에서는 $12,000 이익을, 매도
   콜옵션에서는 $12,000 손실을 얻게 되므로 이익과 손실이 정확히 상쇄되
   어, 델타헷지전략은 무위험포트폴리오가 된다.

ⅰ)과 ⅱ)로부터, 델타가 0.6으로 유지된다면 이러한 델타헷지전략은 주가가 어떻게 변하든 상관없이 완전헷지가 되고, 이러한 포트폴리오는 무위험포트폴리오가 된다.

2) u와 d의 선택

이항분포모형으로 옵션가치를 평가하기 위해 필요한 가장 중요한 요소 중에 기초자산가격의 상승배율(u)과 하락배율(d)이 있다. 지금까지는 u와 d가 주어진 것으로 가정하였지만 실제로는 시장 어디에서도 이에 대한 정보를 직접 얻을 수 없다. 이는 곧 이항분포모형 사용자가 어떤 식으로든 u와 d를 결정해야 함을 의미한다.

u와 d를 결정하는 많은 연구들이 있지만, 이항분포모형을 개발한 Cox, Ross, Rubinstein(1979)모형이 많이 사용되고 있어 이를 간략히 소개하고자 한다.[9] 이들은 u와 d가 결국은 주식의 변동성과 비례해야 함에 주목하였다. 예컨대, 주식가격의 변동성이 크다는 것은 주가의 상승폭과 하락폭이 크다는 것을 의미하므로 u와 d가 커야 함을 의미하며, 반대로 주가의 변동성이 작으면 주가의 상승폭과 하락폭도 작을 것이므로 u와 d를 작게 선택하여야 할 것이다. Cox, Ross, Rubinstein(1979)은 다음과 같이 u와 d를 기초자산의 변동성에 연동시켜 선택할 것을 제안하고 있다(주요 도출과정은 [심화학습 2−4]를 참조바람)(단, σ = 기초자산의 변동성).

$$u = e^{\sigma\sqrt{\Delta t}}$$

$$d = \frac{1}{u} = e^{-\sigma\sqrt{\Delta t}}$$

(식 2−26)

심화학습 2−4 u와 d의 결정방법 요약: Cox, Ross, Rubinstein(1979)모형

(i) 가정: 위험중립하에서의 기대수익률 $= r$

이항분포모형으로부터,

$$Se^{r\Delta t} = pSu + (1-p)Sd$$
$$\Rightarrow e^{r\Delta t} = pu + (1-p)d$$

(a)

---

9) Cox, J.C., S.A. Ross, M. Rubinstein, "Option Pricing: A Simplified Approach", *Journal of Financial Economics* 7, (October, 1979), pp.229−264.

(ii) 기초자산 가격변동성을 σ라 하면, Δt기간의 분산 $= \sigma^2 \Delta t = V(R)\Delta t$.

기초자산의 수익률을 R이라 하면,

$$1 + R = \begin{cases} u, & p \\ d, & 1-p \end{cases}$$

$$\Rightarrow V(1+R) = E[(1+R)^2] - [E(1+R)]^2$$
$$= [pu^2 + (1-p)d^2] - [pu + (1-p)d]^2$$

그런데, $V(1+R) = V(R) = \sigma^2 \Delta t$이므로, (a)를 적용하면

$$V(1+R) = \sigma^2 \Delta t = [pu^2 + (1-p)d^2] - e^{2r\Delta t} \tag{b}$$

한편, (a)로부터,

$$e^{r\Delta t}(u+d) = [pu + (1-p)d](u+d)$$
$$= pu^2 + (1-p)ud + pud + (1-p)d^2$$
$$= [pu^2 + (1-p)d^2] + ud$$

따라서, 위 식을 (b)에 대입하면,

$$\sigma^2 \Delta t = e^{r\Delta t}(u+d) - ud - e^{2r\Delta t} \tag{c}$$

(iii) 그리고 다음과 같이 가정한다:

$$u = \frac{1}{d} \tag{d}$$

이상의 (i) ~ (iii)의 결과들로부터 다음과 같은 연립방정식이 도출된다:

연립방정식: $\begin{cases} e^{r\Delta t} = pu + (1-p)d \\ e^{r\Delta t}(u+d) - ud - e^{2r\Delta t} = \sigma^2 \Delta t \\ u = \dfrac{1}{d} \end{cases}$

$\Rightarrow$ 미지수: p, u, d.

위 연립방정식을 풀기 위해 다음과 같은 두 가지를 활용한다.

- Taylor series : $e^x = 1 + x + \dfrac{1}{2}x^2 + \cdots$

- Δt는 아주 작은 값이므로 $\Delta t^2 \to 0$.

식(d)를 이용하여 연립방정식을 다시 쓰면 다음과 같다:

$$\begin{cases} e^{r\Delta t} = pu + (1-p)\dfrac{1}{u} & \text{(e)} \\[2mm] e^{r\Delta t}\left(u+\dfrac{1}{u}\right) - 1 - e^{2r\Delta t} = \sigma^2 \Delta t & \text{(f)} \end{cases}$$

그런데, (f)를 다시 쓰면,

$$e^{r\Delta t}\left(u+\frac{1}{u}\right) - e^{2r\Delta t} = 1 + \sigma^2 \Delta t$$

$$\approx e^{\sigma^2 \Delta t} \quad \text{(Taylor series로부터)}$$

$$\Rightarrow e^{r\Delta t}\left(u+\frac{1}{u}\right) = e^{\sigma^2 \Delta t} + e^{2r\Delta t}$$

$$\Rightarrow u + \frac{1}{u} = e^{\sigma^2 \Delta t - r\Delta t} + e^{r\Delta t}$$

$$\approx (1 + \sigma^2 \Delta t - r\Delta t) + (1 + r\Delta t) \quad \text{(Taylor series로부터)}$$

$$= 2 + \sigma^2 \Delta t$$

$$\Rightarrow u^2 - (2 + \sigma^2 \Delta t)u + 1 = 0 \quad \text{(미지수 } u \text{에 관한 2차방정식)}$$

$$\Rightarrow u = \frac{2 + \sigma^2 \Delta t \pm \sqrt{D}}{2} \quad \text{(근의공식으로부터)}$$

$$= 1 + \frac{\sigma^2 \Delta t \pm \sqrt{D}}{2}$$

$$\text{단, } D = (2 + \sigma^2 \Delta t)^2 - 4$$

$$= 4 + 4\sigma^2 \Delta t + \sigma^4 \Delta t^2 - 4$$

$$= 4\sigma^2 \Delta t + \sigma^4 \Delta t^2$$

$$= 4\sigma^2 \Delta t \quad (\Delta t^2 \to 0 \text{으로부터})$$

$$\Rightarrow u = 1 + \sigma \sqrt{\Delta t} + \frac{1}{2}\sigma^2 \Delta t \approx e^{\sigma \sqrt{\Delta t}} \quad \text{(Taylor series로부터)}$$

$$\text{혹은 } u = 1 - \sigma \sqrt{\Delta t} + \frac{1}{2}\sigma^2 \Delta t \approx - e^{\sigma \sqrt{\Delta t}} \quad \text{(Taylor series로부터)}$$

그런데, $u > 1$이어야 하므로, $u = e^{\sigma \sqrt{\Delta t}}$이고, $d = \dfrac{1}{u} = e^{-\sigma \sqrt{\Delta t}} < 1$.

이제 이 u, d를 연립방정식에 대입하면,

$$e^{r\Delta t} = pu + (1-p)d$$

$$= p(u-d) + d$$

$$\Rightarrow p = \frac{e^{r\Delta t} - d}{u - d}.$$

3) 다양한 기초자산과 위험중립확률

지금까지는 배당이 없는 경우 기초자산가격이 상승할 위험중립확률(p)을 이용하였으나, 기초자산에 따라 다양한 배당이 지급될 경우의 위험중립확률에 대해 살펴보자. 기초자산가격이 상승할 위험중립확률의 일반식은 다음과 같이 표현하며, 다양한 기초자산의 형태에 따라 (식 2-27)에 있는 a가 어떻게 표현되는지 살펴보자.

$$p = \frac{a - d}{u - d} \tag{식 2-27}$$

(1) 배당이 없는 기초자산의 경우
앞에서 이미 설명한 바 있다.

$$a = e^{r\Delta t}$$

(2) 주가지수처럼 연속배당률 q를 지급하는 기초자산의 경우
연속배당률 q를 지급하는 경우, 미래 기대주가는 다음과 같이 표시된다.

$$E(S_T) = pS_0 u + (1-p)S_0 d = S_0 e^{(r-q)\Delta t}$$

$$\Rightarrow p = \frac{e^{(r-q)\Delta t} - d}{u - d}$$

$$\Rightarrow a = e^{(r-q)\Delta t}$$

(3) 무위험이자율 r_f를 지급하는 외국통화가 기초자산인 경우
외국통화를 기초자산으로 하는 경우에는 외국통화가 무위험이자율 r_f를 지급하므로 (2)에서 구한 연속배당률과 동일한 방법으로 a를 구할 수 있다.

$$E(S_T) = pS_0u + (1-p)S_0d = S_0$$

$$\Rightarrow p = \frac{e^{(r-r_f)\Delta t} - d}{u - d}$$

$$\Rightarrow a = e^{(r-r_f)\Delta t}$$

(4) 선물을 기초자산으로 하는 경우

선물을 기초자산으로 하는 경우 다음과 같은 식으로부터 a를 구할 수 있다.

$$E(F_T) = pF_0u + (1-p)F_0d$$

$$\quad = F_0 = E(S_T) \text{ (선물과 현물의 수렴원리에 의해 } F_T = S_T)$$

$$\Rightarrow p = \frac{1-d}{u-d}$$

$$\Rightarrow a = 1$$

이상의 결과를 종합하면 다음 [표 2-1]과 같이 배당의 형태에 따라 다양한 위험중립확률(p)을 구할 수 있다.

[표 2-1] 기초자산별 위험중립확률(p)

기초자산	위험중립확률: $p = \dfrac{a-d}{u-d}$
무배당 주식	$a = e^{r\Delta t}$
연속배당률(q)을 지급하는 주가지수	$a = e^{(r-q)\Delta t}$
무위험이자율 r_f를 지급하는 외국통화	$a = e^{(r-r_f)\Delta t}$
선물(futures)	$a = 1$

5 │ 배당과 이항분포모형

지금까지 설명한 이항분포모형에서는 모형을 단순화하기 위해 옵션의 기초자산들이 배당을 지급하지 않는다고 가정하였다. 그러나 현실적으로는 많은 기초자산들이 배당이나 이자를 지급한다. 이렇게 배당이 있는 경우에는 앞에서 설명한 이항분포모형들을 일부 조정해야 하는데, 다음과 같이 연속배당률(q)로 지급되는 경우와 현금배당으로 지급되는 경우의 두 가지로 나누어 살펴보기로 한다. 배당을 조정하는 것 이외에는 앞에서 설명한 이항분포모형의 이론들을 그대로 적용할 수 있으므로 간략히 원리만 설명하기로 한다.

1) 배당을 연속배당률로 지급하는 경우

배당이 지급되지만 이를 배당률 δ(예컨대, 배당수익률＝배당액/주가, 백분율)로 연속하여 지급하며 연속배당률 δ를 미리 알고 있다고 가정하면 배당락일(ex-dividend date) 이후 주가는 배당수익률만큼 하락할 것이다. 그러므로 [그림 2-12]에서 보는 바와 같이 배당락일 이후의 모든 노드에서는 주가가 하락하게 된다. 그런데, 이 경우에도 재결합(recombine)가정에는 변화가 없다.

[그림 2-12] 연속배당률(δ)로 배당이 지급되는 경우

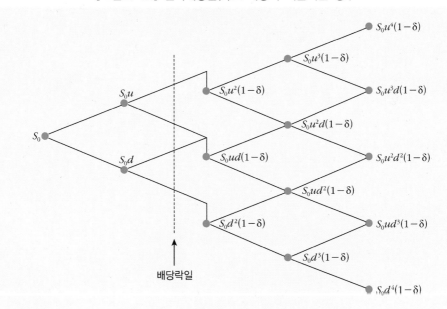

2) 배당을 현금으로 지급하는 경우

　배당률이 아닌 현금배당으로 지급되는 경우는 보다 복잡해진다. [그림 2-13] 에서 보는 바와 같이 현금배당으로 지급되는 경우 일반적으로 재결합가정이 성립 되지 않아 옵션가치평가가 훨씬 복잡해진다.

　예컨대, 노드 A 와 B 에서 $A = (S_0 u^2 - D)d$ 이고, $B = (S_0 ud - D)u$ 인데 일반 적으로 $A = B$ 가 성립되지 않는다.

[그림 2-13] 배당금(D)으로 배당이 지급되는 경우

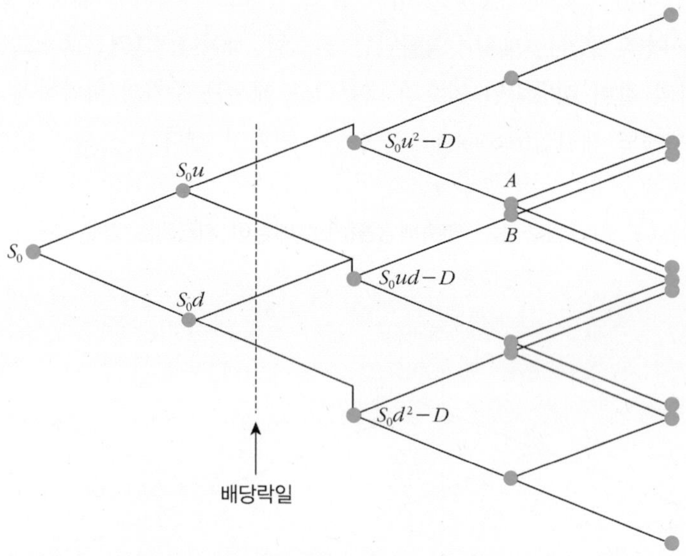

확률과정과 이토정리

앞에서 살펴본 이항분포모형은 이산확률변수(discrete random variable)를 가정하였을 때의 옵션가치평가모형인데, 만일 연속확률변수(continuous random variable)를 가정하면 다른 옵션가치평가모형을 도출할 수 있다.

3장에서는 확률과정(stochastic process)의 개념과 종류, 그리고 대표적인 확률과정으로서 마코브과정, 위너과정, 이토과정을 소개하고, 이들의 확률분포상 특징과 상호관계 등을 살펴보고자 한다. 특히 이토정리를 통해 확률과정의 함수로 주어지는 복잡한 확률과정을 어떻게 단순화하여 활용할 수 있는지에 대해서도 자세히 검토하고자 한다. 확률과정은 미분방정식(differential equation)을 포함하는 등 다소 어려워 보이기도 하지만, 기초와 정의, 개념을 잘 파악하면 그리 어렵지 않게 이해할 수 있다. 또한 확률과정은 다음 장에서 배울 블랙-숄즈-머튼모형을 이해하는 데도 매우 중요한 개념이므로 철저한 학습이 필요하다.

1 | 확률과정

1) 확률과정의 개념

확률과정(SP: stochastic process)이란 확률변수의 집합(a collection of random variables)을 말한다. 예를 들어, t시점의 주식가격을 표시하는 확률변수를 $S(t)$라 표시하면, $S(t)$는 시간이 경과함에 따라 불확실하게 변동하게 되는데 이러한 주식가격의 집합을 확률과정이라 한다. 여기서 불확실성은 통상 확률분포로 표시되기에 확률과정이라 부른다.

확률과정은 수학적으로 표시할 때 다음 (식3−1)과 같이 집합으로 표시한다. 만일 시간이 경과함에 따라 불확실하게 변동하는 확률변수를 $X(t)$라 하고 이러한 확률변수들의 집합으로 표시되는 확률과정을 X라 하면 X는 다음과 같이 표시한다.

$$X = \{X(t),\ t \in T\}$$

(식3−1)

(식3−1)에서 t는 시간을 표시하며, T는 확률변수 $X(t)$가 측정되는 시간집합이다. 만일 확률변수가 시간(t) 이외에 여러 개의 요인의 영향을 받을 때도 확률

[그림3−1] 확률과정(SP)

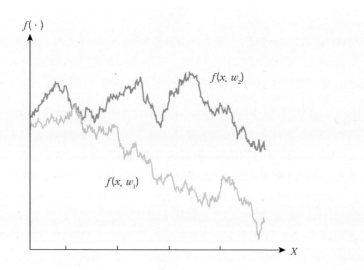

과정의 정의가 가능하며 다음 [그림 3−1]은 두 개의 요인의 영향을 받는 확률과정 $f(x, w)$를 보여주고 있다.

주식가격, 이자율, 소득수준 등은 모두 시간에 따라 불확실하게 변동하므로 특정 확률과정을 따른다고 볼 수 있고, 확률과정을 어떻게 정의하느냐에 따라 가치평가모형이 달라 질 수 있다. 예를 들어, 기초자산이 주식인 경우 주식가격을 이항분포로 가정하면 이항분포모형이 되고, 대수정규분포로 가정하면 블랙−숄즈−머튼모형이 되는 것이다.

2) 확률과정의 분류

(식 3−1)에서 시간집합인 T를 어떻게 정의하느냐에 따라서 확률과정은 이산시간과정(discrete time process)과 연속시간과정(continuous time process)으로 구분되고, 확률변수 $X(t)$가 어떤 값을 갖느냐에 따라 이산변수과정(discrete variable process)과 연속변수과정(continuous variable process)으로 구분된다. 두 가지 분류에 대해 좀 더 자세히 살펴보자.

(1) 시간과정(time process)

확률과정이 측정되는 시간집합이 정수값(integer value)만 포함한다면 이러한 확률과정은 이산시간과정이라 부른다. 즉, 확률변수 $X(t)$가 관찰되는 시간이 일(day), 월(month), 년(year) 등으로 고정적 간격으로 제한된다면 이는 이산확률과정이다. 예를 들어, 매년 12월 31일자로 발표하는 기업의 순이익규모, 매 5년마다 발표하는 총 인구수, 고정된 시간에 특정 역을 통과하는 기차에 탑승한 사람 수 등은 이산시간과정으로 볼 수 있다. 반면, 실시간 연속적으로 관찰되어 시간집합이 실수값(real value)을 갖는 대부분의 금융관련 변수들의 측정치들은 연속시간과정이라 할 수 있다. 주식이나 채권 등 대부분의 옵션 기초자산들은 연속시간과정이므로 옵션가치를 평가하기 위한 확률과정으로 연속시간과정이 주로 사용된다.

(2) 변수과정(variable process)

확률변수 $X(t)$ 자체가 정수값만 가지면 이산변수과정이고 실수값을 가질 수 있으면 연속변수과정이다. 예를 들어, 임의의 시간에 특정버스에 승차한 사람의

수, 교실에서 수업을 듣고 있는 학생의 수, 부채비율이 200%가 넘는 기업의 수 등
은 정수값만 가질 수 있으므로 이산변수과정이고, 특정시간의 주식가격(예:
$25.35), 채권가격(예: 105%), 주식의 변동성(예: 0.35) 등은 실수값을 가질 수 있으
므로 연속변수과정이다. 대부분의 옵션 기초자산들은 실수값을 가질 수 있어 옵션
가치평가에는 주로 연속변수과정이 사용된다.

다음 [표 3–1]은 이상에서 설명한 확률과정의 분류를 요약한 것이다.

[표 3–1] 확률과정 분류

확률변수(X) ＼ 시간(t)		시간과정	
		이산(D)	연속(C)
변수과정	이산(D)	DD	DC
	연속(C)	CD	CC

[표 3–1]에서 보는 바와 같이 확률과정은 시간과 확률변수가 가질 수 있는 값
에 따라 총 4개(DD, DC, CD, CC)로 분류되는데, 옵션의 가치평가에 주로 사용되는
확률과정은 연속시간과정, 연속변수과정에 해당되는 CC이다. 따라서, 3장에서는
CC에 해당되는 중요한 확률과정들을 소개하고자 한다.

2 | 마코브과정, 위너과정, 이토과정

1) 마코브과정

(1) 마코브과정의 정의

마코브과정(Markov process)이란 확률변수의 미래상태는 현재상태에만 의존하
고, 현재상태까지 오게 된 과정이나 특정 경로에는 영향을 받지 않는 확률과정이
다. 따라서 마코브과정은 특정시점의 확률분포가 과거 확률분포와는 독립적임을
의미한다. 예를 들어, 주식가격이 마코브과정을 따른다면, 미래의 주가는 현재주가
에만 영향을 받을 뿐이고, 1주일 전, 1개월 전, 또는 1년 전 주가와는 완전히 무관

하다. 따라서, 어떤 확률변수가 마코브과정을 따른다면, 겹치는 부분(overlap)이 없는 서로 다른 구간의 확률변수는 서로 독립적이라 할 수 있다.

만일 확률변수 S_t가 마코브과정을 따른다면 다음과 같은 수식으로 표현할 수 있다.

$$E(S_{t+1} \mid S_t, S_{t-1}, S_{t-2}, \cdots\cdots, S_0) = f(S_t) \qquad \text{(식 3-2)}$$

(식 3-2)는 현재시점이 t라 할 때, 미래($t+1$) S_{t+1}의 가치는 과거자료들 $(S_{t-1}, S_{t-2}, \cdots\cdots, S_0)$과는 아무런 관계가 없고 오직 현재가치($S_t$)만의 함수임을 표시하고 있다.

(2) 마코브과정과 약형 시장효율성

마코브과정의 특징은 '약형 효율적시장가설(weak-form efficient market hypothesis)'에 잘 부합된다. 약형 효율적시장가설에 따르면 시장에 형성되어 있는 자산들의 현재 가격은 과거정보를 이미 충분히 반영하고 있어, 과거정보나 역사에 근거한 어떤 투자기법도 지속적으로 초과수익(superior return)을 만들어 낼 수 없다는 이론이다. 따라서 이 이론에 의하면 과거정보나 자료에 근거한 어떤 기술분석(technical analysis)도 초과성과를 만들어 낼 수 없다.

주식가격은 마코브과정을 따른다고 알려져 있다. 수많은 주식투자자들이 열심히 자료와 정보를 수집하고, 이에 근거하여 주식거래를 하기 때문에 주식시장은 최소한 약형 효율적시장가설을 따른다고 가정해도 무방할 것이다.

Tip / 주요 용어 **정규분포의 선형성(linearity of normal distribution)**

확률변수 X_1, X_2, $\cdots\cdots$, X_n은 모두 정규분포를 따르고 각각의 평균과 분산은 μ_j와 σ_j^2이라 하자. 즉, $X_j \sim n(\mu_j, \sigma_j^2)$.[1] 그리고 이들 n개의 확률변수들이 서로 독립이라 하면, 다음과 같이 X_j들이 선형결합(linear combination)도 정규분포를 따라야 한다.

---

1) 본서에서는 $N(0, 1)$은 평균이 0이고 분산이 1인 표준정규분포를, $n(\mu, \sigma^2)$은 평균이 μ이고 분산이

선형결합: $Y = a_1 X_1 + a_2 X_2 + \cdots\cdots + a_n X_n = \sum_{j=1}^{n} a_j X_j$(단, $a_1, a_2, \cdots\cdots, a_n$은 모두 상수)

$\Rightarrow$ 선형결합 $Y \sim n(\mu_Y, \sigma_Y^2)$. (단, $\mu_Y = \sum_{j=1}^{n} a_j \mu_j$, $\sigma_j^2 = \sum_{j=1}^{n} a_j^2 \sigma_j^2$)

사례 3-1　마코브과정

어떤 확률변수가 마코브과정을 따라 움직인다고 가정하자. 이 변수의 현재 값이 40이고, 확률과정은 안정적(stationary)이라 가정한다.[2] 1년말 이 변수는 평균이 40이고 표준편차가 10인 정규분포를 따른다고 할 때, 다음 질문들을 분석하라.

ⅰ) 2년말 이 변수는 어떤 분포를 따르게 되는가?

ⅱ) 반년(6개월)말 이 변수는 어떤 분포를 따르게 되는가?

ⅲ) 1/4년(3개월)말 이 변수는 어떤 분포를 따르게 되는가?

ⅳ) Δt년말 이 변수는 어떤 분포를 따르게 되는가?

Ⅰ 사례분석 Ⅰ

우선, 이 변수는 마코브과정을 따른다고 가정했으므로, 겹치지 않는 구간들은 상호 독립적이다. 또한 1년말 이 변수는 정규분포를 따른다고 했으므로 정규분포의 선형성(linearity)을 활용할 수 있다.

ⅰ) 2년말 분포

처음 1년간의 확률변수를 $X1$, 2년초부터 2년말까지의 확률변수를 $X2$라 하면, 2년말 즉 향후 2년간의 확률변수는 $(X1 + X2)$로 표시할 수 있고, $X1$ 과 $X2$는 각각 평균이 40이고 표준편차가 10인 독립적인 확률변수라 할 수 있다. 왜냐하면, 처음 1년기간과 그 다음 1년 기간은 서로 겹치지 않으므로 마코브과정의 성질에 의해 서로 독립이며, 정규분포의 선형성에 의해 $(X1 + X2)$ 또한 정규분포를 따라야 한다. 따라서, 2년말 이 변수는 평균 $= 40 + 40 = 80$, 분산 $= 100 + 100 = 200$인 정규분포를 따라야 한다.

σ^2인 정규분포를 각각 표시한다.

2) 확률과정이 안정적이라 함은 확률과정의 모수(예: 평균, 분산 등)들이 시간이 경과함에도 변하지 않고 일정함을 의미한다.

즉, 2년말 분포 = $(X1 + X2)$의 분포 ~ $n(80, 200)$.

ii) 반년말 분포

　앞의 ⅰ)에서 설명한 논리를 이용하면, 반년말 분포 ~ $n(20, 50)$

iii) 1/4년말 분포

　앞의 ⅰ)에서 설명한 논리를 이용하면, 1/4년말 분포 ~ $n(10, 25)$

iv) Δt년말 분포

　앞의 ⅰ)에서 설명한 논리를 이용하면, Δt년말 분포 ~ $n(40\Delta t, 100\Delta t)$

[사례 3−1]로부터 다음과 같은 중요한 성질을 얻게 된다. 즉, 만일 어떤 확률변수가 마코브과정을 따른다면, 겹치지 않는(non−overlapping) 연속적인 구간(successive periods)에서의 가치변화는 다음과 같은 성질을 갖는다.

　ⅰ) 겹치지 않는 구간 사이의 가치변화는 서로 독립적(independent)이다.

　ⅱ) 서로 겹치지 않는 구간들의 가치변화에 대해 평균과 분산은

　　합산된다(additive).

그러나, 주의해야 할 것은 분산은 합산이 되지만 표준편차는 합산되지 않는다는 것이다.

$(X1 + X2)$의 분산 $= X1$의 분산 $+ X2$의 분산

$(X1 + X2)$의 표준편차 $\neq X1$의 표준편차 $+ X2$의 표준편차 　　　　(식 3−3)

또한, Δt기간의 분산 $=$ (1년분산)$\times \Delta t$.

Δt기간의 표준편차 $=$ (1년표준편차)$\times \sqrt{\Delta t}$ 　　　　(식 3−4)

(식 3−4)를 '시간 제곱근 조정(square−root−of−time adjustment)'이라 부르기도 한다. 한 가지 명심해야 할 점은 이러한 법칙이 성립되려면 확률과정이 독립적(independent)이고 안정적(identical)이어야 한다는 것, 즉, 독립동일분포(i.i.d.: in−dependently and identically distributed)가정이 충족되어야 한다는 점이다.

2) 위너과정

(1) 위너과정의 정의

마코브과정의 특별한 형태로서 위너과정이 있다. 위너과정(WP: Wiener process)이란 다음의 두 가지 조건을 충족하는 확률과정이다.

(조건1) 짧은 Δt기간 동안 확률변수(W)의 변화 ΔW는 다음과 같다:

$$\Delta W = Z\sqrt{\Delta t} \qquad\qquad (식3-5)$$

(단, $Z \sim N(0,1)$: 표준정규분포)

(조건2) 겹치지 않는(non-overlapping) 두 기간 $\Delta t1$과 $\Delta t2$ 동안의 변화 $\Delta W1$과 $\Delta W2$는 서로 확률적으로 독립(independent)이다[3]:

$$\Delta W1 \perp \Delta W2 \qquad\qquad (식3-6)$$

(조건1)은 ΔW자체가 정규분포를 따름을 의미한다. 왜냐하면 앞에서 설명한 바와 같이 정규분포의 선형성으로 인해 표준정규분포(Z)에 상수($\sqrt{\Delta t}$)를 곱한 것도 정규분포를 따라야 하기 때문이다. 즉, ΔW는 다음과 같이 정규분포를 따른다.

* ΔW의 평균: $E(\Delta W) = E(Z\sqrt{\Delta t}) = \sqrt{\Delta t}\, E(Z) = 0$
  (왜냐하면, Z의 평균$=0$)
* ΔW의 분산: $V(\Delta W) = V(Z\sqrt{\Delta t}) = \Delta t\, V(Z) = \Delta t$
  (왜냐하면, Z의 분산$=1$)
  $\Rightarrow \Delta W$의 표준편차 $= \sqrt{\Delta t}$
* 위의 두 가지 결과로부터, $\Delta W \sim n(0, \Delta t)$. $\qquad (식3-7)$

(조건2)는 확률변수 W가 마코브과정을 따른다는 것을 의미한다. 즉, 위너과정(WP)은 마코브과정의 한 형태임을 알 수 있다.

이제 다소 긴 T기간 동안 W가 변화하는 경우를 고려해 보자. 즉, $\Delta t = T/N$

---

3) 확률론에서 두 확률변수의 독립을 표시할 때, '$\perp$'부호가 사용된다.

또는 $N = T/\Delta t$.

$$[W(T) - W(0)] = \sum_{j=1}^{N} Z_j \sqrt{\Delta t} \qquad (식\,3-8)$$

(식 3−8)에서 $Z_j(j = 1, 2, ..., N)$는 모두 표준정규분포 $N(0, 1)$을 따르며, 위너과정의 (조건2)로부터 Z_j들은 상호 독립적이다. 따라서, (식 3−8)에 있는 $[W(T) - W(0)]$도 다음과 같이 정규분포를 따른다.

* $[W(T) - W(0)]$의 평균:

$$E[W(T) - W(0)] = E[\sum_{j=1}^{N} Z_j \sqrt{\Delta t}] = \sqrt{\Delta t} \sum_{j=1}^{N} E(Z_j) = 0$$

* $[W(T) - W(0)]$의 분산:

$$V[W(T) - W(0)] = V[\sum_{j=1}^{N} Z_j \sqrt{\Delta t}] = \Delta t \sum_{j=1}^{N} V(Z_j) = N\Delta t = T$$

$$\Rightarrow [W(T) - W(0)]의 \ 표준편차 = \sqrt{T}$$

* 위의 두 가지 결과로부터, $[W(T) - W(0)] \sim n(0, T)$ $\qquad$ (식 3−9)

(식 3−9)로부터 위너과정은 아주 짧은 Δt 시간 동안 변수의 변화에 대해 정의되지만, 다소 긴 T 시간에 대해서도 성립함이 증명되었다. 만일 Δt를 아주 작은 값으로 정의하면 미분에서 말하는 극한값이 되어 $\Delta t \rightarrow dt$로 전환된다. 불확실성이 개입되지 않는 일반미적분(calculus)에서 사용되는 기호들이 확률이 개입되는 확률미적분(stochastic calculus)에서도 유사하게 사용된다. 즉, $\Delta t \rightarrow dt$로 전환되면, $\Delta W \rightarrow dW$로 전환되어 극한에서의 위너과정이 정의된다. 즉, $\Delta t \rightarrow dt$가 될 때 극한의 위너과정은 다음과 같이 정의된다.

$$dW = Z\sqrt{dt} \qquad (식\,3-10)$$

[그림 3−2]는 다양한 변동기간에 대한 위너과정을 그림으로 묘사한 것이다.

[그림 3-2] 다양한 변동기간에 대한 위너과정: W(t)

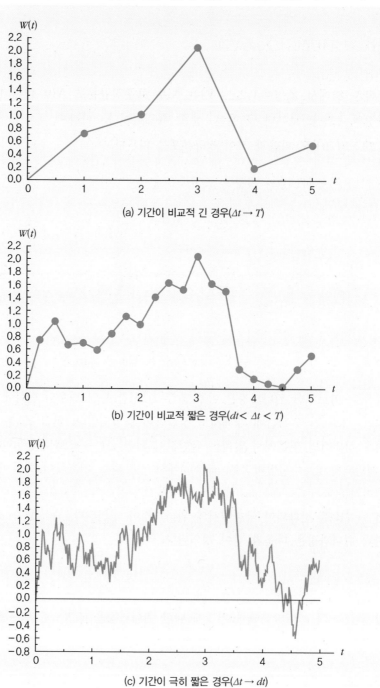

(a) 기간이 비교적 긴 경우($\Delta t \rightarrow T$)

(b) 기간이 비교적 짧은 경우($dt < \Delta t < T$)

(c) 기간이 극히 짧은 경우($\Delta t \rightarrow dt$)

(2) 일반화된 위너과정

① 평균율과 분산율

평균율(drift rate)이란 확률과정에서 기준시간당 평균변화를 의미한다. 이는 확률변수가 시간의 경과에 따라 갖게 되는 추세(평균증가율)를 보여준다. 한편, 분산율(variance rate)이란 확률과정에서 기준시간당 분산을 의미한다.

ⅰ) 평균율

평균율의 의미를 알기 쉽게 설명하기 위해 확률변수 $X(t)$가 평균율 a를 가지고 있고 불확실성은 없는 경우를 살펴보도록 하자. 상수(constant)인 평균율을 갖는 확률과정 X는 다음과 같이 간단하게 표시할 수 있다.

$$dX = a \cdot dt \qquad (식3-11)$$

그런데 (식3-11)은 가장 간단한 형태의 미분방정식(differential equation)이다. 미분방정식에는 크게 상미분방정식(ODE: ordinary differential equation)과 편미분방정식(PDE: partial differential equation)의 두 가지가 있는데, 전자는 독립변수가 1개인 경우여서 전미분(total differential)을 이용하는 것이고, 후자는 독립변수가 2개이상이어서 편미분(partial differential)을 이용하는 것이다.

(식3-11)과 같은 상미분방정식을 푸는 일반적인 방법은 미분을 제거하기 위해 양변에 모두 적분을 취하는 것이다. 따라서, (식3-11)의 양변을 dt로 나누고 시간 t에 대해 양변 모두 적분을 취하면 다음과 같은 부정적분형태로 전환할 수 있다.[4]

$$\int \frac{dX}{dt} dt = \int a dt$$
$$\Rightarrow \int dX = \int a dt = at + C$$
$$\Rightarrow X = at + C \qquad (식3-12)$$

(식3-12)는 (식3-11)에 있는 상미분방정식의 해(solution)이다. 적분상수 C

---

4) 적분(integral)에는 적분구간이 명시되어 있어 정확한 적분값을 구할 수 있는 정적분(definite integral)과 적분구간이 정해져 있지 않아 정확한 적분값을 구하지 못하고 미지의 적분상수(C)를 포함하는 부정적분(indefinite integral)이 있다.

를 정확히 구하기 위해서는 X에 관한 경계조건(boundary condition)이 주어져야 한다. 예컨대, $t = 0$일 때의 X값이 C_0라면, $C = C_0$가 된다.

(식 3-12)에 있는 X는 우리가 잘 알고 있듯이 t를 독립변수로 하는 1차함수, 즉, 직선의 방정식이다. 이러한 직선의 방정식에서 a는 직선의 기울기(slope)에 다름 아니다. 따라서, 평균율은 확률과정에서 추세선의 기울기로서 주어진 기간 동안의 증가율을 의미한다. 다음 [그림 3-3]은 (식 3-12)를 그래프로 표시한 것으로 평균율(a)의 의미를 잘 보여주고 있다. 그래프에서는 X가 t의 함수임을 강조하기 위해 $X(t)$로 표시하였다.

ii) 분산율

평균율이 단위시간당 확률과정의 추세 혹은 평균증가율의 의미를 가지고 있다면, 분산율(variance rate)은 단위시간당 분산을 의미하는 것으로 확률과정의 불확실성(uncertainty)의 정도, 즉 변동성을 표현한다.

분산율은 위너과정(dW)과 결합하여 다음 (식 3-13)과 같이 표시한다. 식에서 b는 분산율로써 변동성(표준편차)을 의미하며 통상 σ로 표시되기도 한다. 따라서 평균율 a가 0이고 분산율이 상수 b인 확률과정 X는 다음과 같다.

$$dX = b \cdot dW$$

(식 3-13)

[그림 3-3] 평균율(drift rate: a)의 의미

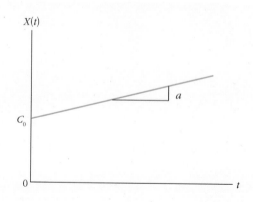

② 위너과정의 일반화

앞에서 정의한 평균율(a)과 분산율(b)을 동시에 고려하면 다음과 같은 '일반위너과정(GWP: generalized Wiener process)'을 정의할 수 있다. 여기서는 편의상 변화시간이 매우 짧다고 가정하고 Δt 대신 dt, ΔX 대신 dX, ΔZ 대신 dZ을 사용하기로 한다.

$$dX = a \cdot dt + b \cdot dW \qquad \text{(식 3-14)}$$

(식 3-14)에 있는 일반위너과정은 다음과 같은 특성을 갖는다.

* 단위시간당 X의 평균변화(mean change in X per unit time) = a

    (증명) $E(dX) = E(a \cdot dt + b \cdot dW) = adt + bE(dW) = adt + 0 = adt$

    $\Rightarrow E(dX)/dt =$ 단위시간당 X의 평균변화 = 평균율 = a

* 단위시간당 X 변화의 분산(variance of change in X per unit time) = b^2

    (증명) $V(dX) = V(a \cdot dt + b \cdot dZ) = 0 + b^2 V(dW) = b^2 V(Z) = b^2 dt$

    $\Rightarrow V(dX)/dt =$ 단위시간당 X 변화의 분산 = b^2

위의 두 가지 특성으로부터 일반위너과정(GWP)은 다음과 같이 정규분포를 따름을 알 수 있다.

$$\text{일반위너과정}(GWP): dX \sim n(adt, b^2 dt) \qquad \text{(식 3-15)}$$

일반위너과정을 그림으로 표시한 것이 [그림 3-4]이다. 그림에서 보듯이 일반위너과정(GWP)은 평균율($a \cdot dt$)과 위너과정(dW)을 합한 것이다.

[그림 3-4] 일반위너과정(GWP)

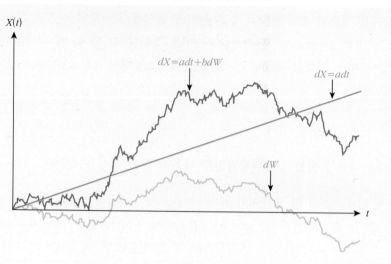

분산의 성질

　분산(variance)은 재무금융분야에서 매우 중요한 의미를 갖는다. 특히 파생
상품이론이나 금융리스크관리에서 분산은 리스크(risk)를 측정하는 매우 중요
한 요소이다. 따라서 분산을 구하는 방법에 대해 잘 이해하고 있어야 하며,
특히 다음과 같은 분산의 성질을 숙지할 필요가 있다. X와 Y와 같이 대문
자로 표시된 것은 확률변수(r.v.: random variable)이고 a, b와 같은 소문자들
은 상수를 표시한다. 그리고 $V(\ \bullet\ )$는 분산을, $Cov(X, Y)$는 X와 Y 사이의
공분산(covariance)을 의미한다. 각각의 성질에 대한 증명은 분산의 정의를 이
용하면 된다.

　(성질1)　$V(aX) = a^2 V(X)$

　(성질2)　$V(aX \pm bY) = a^2 V(X) \pm 2ab\,Cov(X, Y) + b^2 V(Y)$

　　　　　　(만일 $X \perp Y$이면, $Cov(X, Y) = 0$이므로,

　　　　　　$V(aX \pm bY) = a^2 V(X) \pm b^2 V(Y)$)

(성질3) $V(a_1 X_1 + a_2 X_2 + \cdots + a_n X_n)$

$$= V(\sum_{j=1}^{n} a_j X_j)$$

$$= \sum_{j=1}^{n} a_j^2 V(X_j) + 2 \sum_{i=1}^{n} \sum_{\substack{j=1 \\ j>i}}^{n} a_i a_j Cov(X_i, X_j)$$

사례 3-2   일반위너과정(GWP)

어떤 주식의 가격이 현재 $40($S_0$)$이고, 이 주식가격의 1년 후 확률분포는 $n(40,\ 100)$을 따를 것이라고 예상된다. 다음 질문에 답하라.

1) 만일 이 주식가격이 평균율이 0인 마코브과정을 따른다면, 이 주식가격의 변화를 수식으로 표시하라.

2) 만일 이 주식가격이 1년간 평균 $8 성장할 것이라 예상된다면, 이 주식가격 변화가 따를 확률과정을 식으로 표시하고, 1년 후 주가(S_1)의 확률분포를 설명하라.

▎사례분석 ▎

1) 평균율이 0이므로 $a=0$이고, 1년 후 주가변동의 분산이 100이므로 분산율은 $b=10$이다. 따라서 이 주식가격의 변동(dS)은 다음과 같이 $a=0$, $b=10$인 마코브과정 혹은 일반위너과정(GWP)을 따른다. 편의상 주가를 S라 하자.

$$dS = a\,dt + b\,dW = 0\,dt + 10\,dW = 10\,dW$$

2) 평균성장율=평균율=$a=$8, 분산율=$b=$10인 GWP를 따르게 되므로 주가의 변동(dS)은 다음과 같은 확률과정을 따르게 된다.

$dS = a\,dt + b\,dW = 8\,dt + 10\,dW$

$\Rightarrow S_1 - S_0 = 8\,dt + 10\,dW$

$\Rightarrow S_1 = S_0 + 8\,dt + 10\,dW = (40 + 8\,dt) + 10\,dW$ (i)

$\Rightarrow E(S_1) = 40 + 8\,dt = 40 + 8(1년) = 48$ (ii)

$\quad V(S_1) = 0 + V(10\,dW) = 100\,dt = 100(1년) = 100$ (iii)

$\Rightarrow$ 따라서, 식 (i), (ii), (iii)으로부터, $S_1 \sim n(48, 100)$.

③ 일반위너과정(GWP)과 주식가격

일반위너과정은 매우 유용한 확률모형이기는 하지만, 주식을 기초자산으로 하는 주식옵션의 가치평가에는 적절하지 않다. 즉, 주식가격의 변화를 모형화하는 데는 일반위너과정이 적절치 않아서 블랙-숄즈-머튼모형과 같은 주식옵션평가모형에서는 다른 확률모형(예를 들어, 뒤에서 설명하는 이토과정)을 사용해야 한다.

그렇다면, GWP는 왜 주식가격의 확률모형으로 적절하지 않은가?
그 이유는 다음과 같이 두 가지로 설명할 수 있다.

첫째, 기대수익에 관한 가정 때문이다.
GWP에 의하면, 투자자에 의해 요구되는 기대수익률은 주가와는 독립적이다. 즉, GWP공식으로부터 기대수익은 $E(dS) = adt$인데, 이는 주식의 경우 비현실적이다. 주가가 \$10이든 \$50이든 기대수익이 똑같이 \$10라 한다면, 누가 \$50짜리 주식을 사겠는가? 따라서, 주식의 경우 주가와 관계없이 기대수익이 일정하다고 가정하는 것 보다는 기대수익률이 같다고 가정하는 것이 훨씬 현실적이다. 즉, 주식의 경우 기대수익은 다음과 같은 형태라야 현실적이다.

$$E(dS/S_0) = adt \Rightarrow E(dS) = S_0 adt$$

뒤에서 설명하겠지만 이와 같이 기대수익률이 일정하다고 가정하는 모형을 기하브라운운동(GBM)이라 한다.

둘째, 변동성에 관한 가정 때문이다.
GWP에서는 확률변수 변화의 변동성이 일정하다고 가정하지만, 이는 주식의 경우 비현실적이다. 즉, GWP로부터 가격변화(dS)의 변동성은 표준편차$(dS) = b\sqrt{dt}$인데, 이는 곧 주식가격의 수준에 관계없이 변동성이 같다는 것을 의미한다. 예를 들어, 현재가격이 \$10인 주식과 \$100인 주식가격변화의 변동성이 같다고 하는 것은 비현실적이다. 당연히 주식가격이 크면 가격변화는 클 수밖에 없다. 따라서, 다음과 같이 주가변화의 변동성에 대한 가정을 바꾸어야 보다 현실적이라 할 수 있다.

$$V(dS/S_0) = b^2 dt \Rightarrow V(dS) = S_0^2 b^2 dt \Rightarrow 변동성 = 표준편차(dS) = S_0 b\sqrt{dt}$$

이상의 두 가지 이유 때문에 주식옵션의 가치평가를 위해서는 주가에 대한 확률모형으로 GWP대신 기하브라운운동(GBM)을 흔히 사용한다.

3) 이토과정

일반위너과정(GWP)에서는 평균율(v)과 분산율(b)이 모두 상수라고 가정했지만, 이를 좀 더 확장하면 평균율과 분산율도 시간에 따라 변하는 시간의 함수로 표시할 수 있다. 이는 평균율과 분산율이 시간의 경과에 관계없이 일정한 것이 아니라 변동할 수 있음을 의미하며 보다 일반화된 모형이라 할 수 있다. 이렇게 평균율과 분산율을 시간의 함수로 표현한 것을 이토과정(Ito process)이라 한다.[5]

(1) 이토과정의 일반식

평균율과 분산율이 상수가 아니고 시간과 확률변수의 함수인 이토과정의 일반식은 다음과 같다. 이 경우 평균율은 $a(X, t)$, 분산율은 $b(X, t)$와 같이 X와 t의 함수로 표시된다.

$$dX = a(X, t)dt + b(X, t)dW \qquad \text{(식 3-16)}$$

만일 (식 3-16)에서 시간의 변동이 조금 더 긴 경우 다음과 같이 이산형으로 표시한다.

$$\Delta X = a(X, t)\Delta t + b(X, t)\Delta W \qquad \text{(식 3-17)}$$

(식 3-16)과 (식 3-17)에 있는 이토과정은 $a(X, t)$와 $b(X, t)$를 어떻게 가정하느냐에 따라 다양한 확률과정을 정의할 수 있다. 통상 $a(X, t)dt$는 '평균항(drift term)', $b(X, t)dW$는 '확산항(diffusion term)'이라 부른다.

---

5) 여기서 Ito는 일본의 저명한 응용수학자 이름이다.

(2) 주식가격과 브라운운동

① 기하브라운운동

앞에서 이미 지적한 대로 주식가격에 대한 확률과정으로 일반위너과정(GWP)은 적절하지 않고 오히려 기하브라운운동이 더 현실적이다. 기하브라운운동(GBM: geometric Brownian motion)은 이토과정의 하나로서 다음과 같이 정의된다. 주식가격을 S라 하면 주식가격변화(dS)를 위한 GBM은 다음과 같이 정의된다.

$$dS = \mu S dt + \sigma S dW$$
(식 3-18)

단, μ = 주식의 기대수익률(평균율)
σ = 주식수익률의 변동성
S = 현재 주가
dW = 위너과정(WP)

어떤 확률변수가 GBM을 따른다면 이는 곧 '대수정규분포(log-normal distribution)'를 따른다는 것과 동일한 말이다. 뒤에서 배울 블랙-숄즈-머튼모형은 기초자산인 주가가 대수정규분포를 따른다고 가정하고 유도한 옵션가격결정모형이다. 대수정규분포와 GBM의 동일성은 뒤에서 상세하게 설명할 것이다.

기하브라운운동을 도형으로 표시한 것이 다음 [그림 3-5]이다. 그림에서 보듯이 GBM 확률과정을 따를 경우 그 확률변수값(X)은 0보다 작은 값을 가질 수 없다. 따라서 유한책임회사(limited liability company)인 대부분의 회사의 주식가격은

[그림 3-5] 기하브라운운동(GBM)

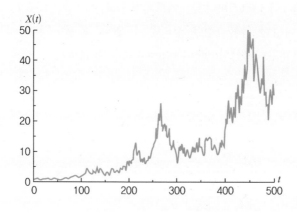

0보다 작을 수 없으므로 주식가격의 확률모형으로 GBM은 아주 적절하다고 할 수 있다.

② 산술브라운운동

(식 3-18)에 있는 GBM은 주가의 변화(dS)에 관한 확률모형이다. 그런데 이러한 GBM모형의 양변을 현재주가(S)로 나누면, 주식수익률(dS/S)에 대한 모형을 얻을 수 있다. 이렇게 얻어지는 다음과 같은 모형을 산술브라운운동(ABM: arithmetic Brownian motion)으로 부르며 이는 일반위너과정(GWP)과 동일한 형태의 확률과정이므로 정규분포를 따른다. 주식수익률에 대한 ABM모형은 다음 식과 같다.

$$dS/S = \mu dt + \sigma dW \qquad (식 3-19)$$

산술브라운운동을 도표로 표시한 것이 [그림 3-6]이다. 그림에서 보듯이 ABM을 따르는 확률변수(X)는 0보다 작은 값을 가질 수 있으며, 정규분포를 따르므로 주식 수익률을 모형화하는데 적합한 확률과정이다.

[그림 3-6] 산술브라운운동(ABM)

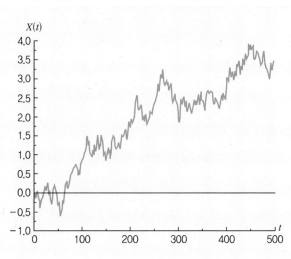

①과 ②의 결과를 요약하면, 다음과 같은 매우 중요한 결과를 얻을 수 있다.

> * 주식가격의 변화(dS) ~ 기하브라운운동(GBM) ~ 대수정규분포
> * 주식수익률(dS/S) ~ 산술브라운운동(ABM) ~ 정규분포

    브라운운동은 [심화학습 3-2]에서 보는 바와 같이 재무금융분야에서 매우 중요한 확률과정이다. 따라서 이에 대한 충분한 이해는 중요한 옵션가격결정모형인 블랙-숄즈-머튼모형을 이해하는데 매우 중요하다.

심화학습 3-2   브라운운동과 금융수학

    브라운운동(Brownian motion)은 생물학자 브라운(Brown)이 찾아낸 운동이다. 현미경이 생긴지 얼마 되지 않아 많은 사람들이 현미경으로 무언가를 관찰하는 것이 가능해지자 브라운은 꽃가루가 생명인지 아닌지 판단하기 위해 물방울에 꽃가루를 떨어뜨리고 현미경으로 관찰하였다. 꽃가루들이 매우 불규칙적으로 움직이는 것을 보고 꽃가루가 생명이라는 판단을 내리고 싶었다. 그는 비교군(群)이 필요했기 때문에, 확실히 생명이 아닌 담뱃재를 물방울에 떨어뜨리고 또 현미경으로 관찰했는데, 거의 똑같은 움직임을 보여주었다.

    이 브라운운동은 어떤 물체가 그 주위에 끊임없이 불규칙적으로 움직이는 분자들과 충돌할 때에 보여주는 운동을 의미한다. 예를 들어, 브라운운동은 공기 속의 연기 입자나 우유 속의 지방 입자가 불규칙하게 운동하는 현상을 말한다. 물질을 이루는 입자들이 밀도차이나 농도차이에 의해 스스로 운동해 다른 곳으로 이동해 가는데, 이는 분자들이 정지해 있지 않고 끊임없이 움직이고 있기 때문에 나타난다. 최초로 브라운 운동의 아이디어를 제시하고 수식화한 사람은 아인슈타인(Einstein)이라고 알려져 있지만 사실은 아인슈타인이 아니라 프랑스의 수학자 루이스 바슐리에(Bachelier)이다.

    주식시장에 관한 최초의 수학적 연구는 지금으로부터 1백여 년 전인 1900년에 바슐리에에 의해 시작됐다고 할 수 있다. 그는 주가의 움직임을 물리학에서 잘 알려져 있던 브라운운동으로 해석할 수 있다는 '투기이론'(Theory of Speculation)이라는 제목의 논문을 발표했다. 바슐리에는 주가의 변동을 이와 같은 분자의 운동으로 파악한 것이다. 바슐리에의 연구는 이제껏 연금술에 가까운 분석으로만 보아온 주식시장의 움직임을 과학적인 시각에서 관찰하고

분석할 수 있게 했다. 또한 이후 주식가격은 물론 이자율, 외환 등 금융시장의 모형에 수학적 확률론이 응용될 수 있는 기초를 제공했다. 이러한 바슐리에의 공적을 인정하여 2년마다 열리는 세계적인 금융수학회의 이름도 '바슐리에 금융학회(BFS: Bachelier Finance Society)'라 불린다.

그렇다면 왜 이런 브라운운동이 주식가격모형에 쓰이게 되었을까? 이는 블랙–숄즈–머튼모형이 옵션가격 예측에 도입되면서부터이다. 블랙–숄즈–머튼은 옵션의 정확한 가격을 측정하기 위한 모델을 찾고 있었다. 그들의 아이디어는, 주식이 있으면 그 주위의 매수자와 매도자들이 마치 꽃가루 주위의 물분자들이 충돌하듯, 끊임없이 불규칙적으로 매도, 매수를 하며 그 결과 꽃가루가 그 충돌의 결과로 끊임없이 흔들리듯이, 주식의 가격도 끊임없이 변하므로 이 브라운운동이 주식의 가격을 예측하고 설명하는 데에 가장 적합한 모델이고, 이를 응용하여 확률미분방정식(SDE: stochastic differential equation)을 만들고 그것을 풀면, 정확한 옵션의 가격을 예측할 수 있다는 것이었다. 이들은 그 방정식을 만들고 동료 물리학자에게 보여주었는데, 그 방정식이 물리학에 나오는 열역학방정식(heat equation)과 매우 유사한 형태를 띠고 있다는 것에서 아이디어를 얻고, 그것을 응용하여 방정식을 풀었는데 현재 옵션의 가격은 기본적으로 블랙–숄즈–머튼 방정식을 이용하여 측정된다.

또한 이러한 브라운운동이 적분변수의 자리를 대신할 때, 적분값을 구하는 방법을 원하게 되었는데, 이것을 만든 것이 일본의 응용수학자 이토(Ito)이다. 그는 이 공로로 최고의 응용수학자에게 주는 Gauss상을 수상했다. 그 결과, 현재 많은 확률론 전공 수학자들은 Ito적분과 브라운운동을 연구하고 있으며 새로운 수학이 개척되었다. 하지만 이러한 노력에도 불구하고, 여전히 주식의 정확한 예측은 매우 어려운 과제로 남아있는데 이는 주식가격에 영향을 미치는 요인이 너무 많고, 투자자들도 반드시 합리적으로만 투자하지는 않기 때문이기도 하다.

(3) 평균회귀과정(MRP)

이토과정의 한 형태로서 이자율이나 환율, 물가상승률 등을 모형화하는데 많이 사용되는 확률과정이 있는데 바로 '평균회귀과정(MRP: mean reverting process)'이다. MRP는 장기적인 평균을 중심으로 상승하거나 하락하는 변수를 모형화하는

데 적합하다. 예를 들어, 금리의 경우 시장에서 금리가 너무 상승하면 신용이 경색되어 경제가 악화될 수 있으므로 국가는 금리를 하락시키기 위해 통화팽창정책(즉, 화폐공급확대)을 통해 금리를 하락시키고자 하며, 반대로 금리가 너무 낮아지면 신용이 너무 확대되어 경제가 과열될 수 있으므로 금리를 상승시키기 위해 통화축소정책(즉, 화폐공급축소)을 통해 시장에 과잉공급된 통화를 회수하여 금리를 상승시키고자 할 것이다. 이러한 일련의 통화정책(monetary policy)은 금리가 적정평균수준을 중심으로 사인곡선(sine curve)처럼 변동하도록 만들게 되는 데, 이러한 확률변수에 적합한 확률과정이 바로 MRP이다. 환율도 비슷한 성격을 가지고 있다. MRP의 일반적인 모형은 다음과 같다.

$$dX = k(\mu - X)dt + \sigma X^{\beta} dW \qquad \text{(식3-20)}$$

(식3-20)에서 k는 조정속도 모수(speed-of-adjustment parameter)로서 변수 X가 얼마나 빨리 평균으로 회귀하는지를 결정하는 모수(단, $k \geq 0$), μ는 변수 X의 장기평균(long-run average), σ는 변수 X의 변동성, β는 임의의 상수로서 확률모형의 성격을 규정한다. 예를 들어, $\beta = 1$인 MRP를 'Ornstein-Uhlenbeck과정'이라 부른다.

[그림 3-7] 평균회귀과정(MRP)

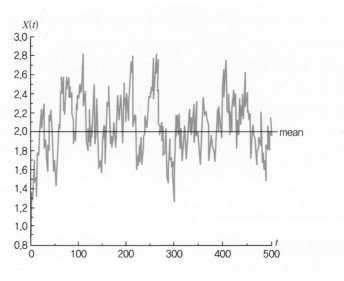

MRP모형을 도형으로 표시한 것이 [그림 3 - 7]인데 이 그림은 조정속도(k)가 0.10, 장기평균(mean=μ)이 2.0, 변동성(σ)이 10%, $\beta=1/2$인 경우이다. 그림에서 보듯이 MRP는 장기평균을 중심으로 상승과 하락을 반복하고, 0보다 큰 값을 갖는 확률변수에 적합한 확률과정이다.

[심화학습 3 - 3]은 주식가격이 GBM을 따를 경우 시뮬레이션을 통해 미래 주가를 예측하는 방법과 적용사례를 소개하고 있다.

심화학습 3-3 몬테 카를로 시뮬레이션

(1) 몬테 카를로 시뮬레이션 방법

모수 시뮬레이션(parametric simulation)의 대표적인 방법으로 몬테 카를로 시뮬레이션(Monte Carlo simulation)이 있다. 모수 시뮬레이션이므로 분포를 가정하게 되는데, 일반적으로 정규분포가 많이 사용된다. 몬테 카를로 시뮬레이션의 구체적이고 일반적인 적용방법 및 절차를 설명하면 다음과 같다.

*Step 1: 사용할 분포를 결정한다(Specify distribution).

　　　(예) 정규분포(normal distribution)

*Step 2: 분포로부터 확률변수 값을 생성한다(Generate values of a ran-dom variable).

　　　(예) 누적확률분포를 활용한다(Use c.d.f. to generate X).[6]

*Step 3: 시뮬레이션을 통해 값을 구한다(Compute the values of simu-lated variables). 그리고 반복한다(Repeat).

　　　(예) 주식가격의 도출

(2) 몬테 카를로 시뮬레이션 적용 사례

몬테 카를로 시뮬레이션을 이용하여 미래 주식가격을 예측하는 사례를 통해 실제 적용방법을 알아보자.

*Step 1: 사용할 분포를 결정한다.

주식의 미래 가격을 예측하기 위해 주식가격이 대수정규분포를 따른다고 가정하자. 대수정규분포는 기하브라운운동(GBM: geometric Brownian mo-

---

6) 누적확률분포(c.d.f.: cumulative distribution function): $-\infty$부터 어떤 특정한 값까지의 모든 확률을 누적한 것으로서 다음과 같이 표시한다: $F(x)=\Pr(X\leq x)$.

tion)을 말한다. 이는 주식수익률이 정규분포를 따른다는 가정과 동일하다. 앞에서 설명한 바와 같이 주식가격이 대수정규분포를 따르면 다음과 같은 식을 만족해야 한다. (식 3-18)참조.

$$dS_t = \mu S_t dt + \sigma S_t dW$$

* Step 2: 분포로부터 확률값을 생성한다.

먼저, 0과 1 사이의 임의의 수를 난수생성기(random number generator)를 이용하여 생성한다.[7] 그런 다음 누적확률분포를 이용하면 변수값 하나를 만들어 낼 수 있다. 즉, 위의 GBM에서 dW는 평균이 0이고 분산이 dt인 정규분포인데, 표준정규분포의 확률변수를 편의상 Z라 하면 위에서 구한 난수(표준정규분포누적확률)에 대응하는 z값을 구할 수 있다.[8] 누적확률분포는 일대일 함수이므로 역함수가 존재하고 누적확률값(난수)을 알면 표준정규분포 표로부터 확률변수값을 구할 수 있는 것이다. 따라서 두 번째 단계에서는 난수를 통해 확률변수값을 생성하는 것이다.

* Step 3: 시뮬레이션으로 값을 구한다.

위의 문제를 조금 단순화하기 위해 평균과 표준편차는 시간에 관계없이 일정하다고 가정하자. 그리고 평균은 제로(즉, $\mu = 0$)라 하고, 표준편차는 전체 구간에서 10%(즉, $\sigma = 0.10$)라 가정하자. 또한, 현재 주가는 \$100, 관심 있는 구간을 $100(=n)$개로 나눈다고 하자. 그러면, 단위구간은 $dt = T/100 = 0.01$이 되며, GBM으로부터 다음 기$(t+1)$ 새로운 주가는 다음과 같다.[9]

$$dS = S_{t+1} - S_t = S_t(\mu dt + \sigma \varepsilon \sqrt{dt})$$
$$\Rightarrow S_{t+1} = S_t(1 + 0.01\varepsilon)$$

위의 식을 이용하여 시뮬레이션을 시행한 예가 다음 [표 3-2]에 나타나 있다.

---

7) EXCEL에도 이 기능이 있는데, 예를 들어 아무 셀에 들어가 '=RAND( )'를 입력하고 엔터 키를 쳐보면 임의의 난수 하나가 생성된다. 필요한 수만큼 복사해서 난수를 생성할 수 있다.

8) z값은 표준정규분포에서 다음과 같이 구한다: $\Pr(Z \leq z) =$ 난수값.

9) 단위구간 표준편차는 $\sigma\sqrt{dt} = 0.10\sqrt{\dfrac{1}{100}} = 0.01$이 된다.

[표3–2]와 같은 100개의 과정을 거쳐 T기간 후의 주가 하나가 생성되었는데 이와 같은 표 하나를 통해 주가생성 경로(path #1)가 하나 생성된 것이다. 이런 과정을 반복하면 여러 개의 경로를 생성할 수 있고, 이런 여러 개의 생성 주가는 미래주가에 대한 분포를 형성하게 되는데 이를 그림으로 표시한 것이 다음 [그림3–8]이다. 참고로 '95% Upper Limit'과 '95% Lower Limit'은 미래 주가 분포로부터 산출한 95% 신뢰구간(CI: Confidence Interval)이다.

[표3–2] 몬테 카를로 시뮬레이션: 주식가격 예측

시행과정 (n)	현재 가격 (S_t)	확률변수값 (ε)	주가변동 (dS)	미래 주가 $(S_{t+1} = S_t + dS)$
1	100.00	0.199	0.199	100.20
2	100.20	1.665	1.668	101.87
3	101.87	−0.445	−0.460	101.41
4	101.41	−0.667	−0.668	100.74
.	.	.	.	.
.	.	.	.	.
.	.	.	.	.
100	92.47	1.153	−1.410	91.06

주) 여기서 확률분포의 평균은 0, 표준편차는 10%이며, $dt = T/100$임.

[그림3–8] 몬테 카를로 시뮬레이션: 주식가격 생성 경로

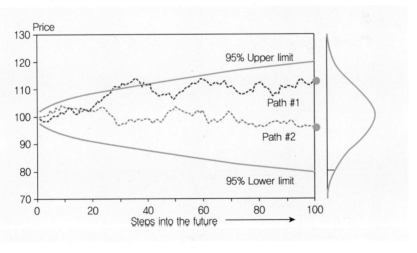

3 | 이토정리

일본의 응용수학자 이토(Ito)는 어떤 확률변수가 특정 확률과정을 따른다면, 이 확률변수의 함수는 어떤 확률과정을 따르게 되는지를 이론적으로 연구하여 1951년 저명한 수학 학술지에 발표하였는데 이를 이토정리(Ito's Lemma: 이토렘마)라 한다.[10] 즉, 확률변수 X가 특정 확률분포를 따른다면, X의 함수인 $f(X)$는 어떤 확률분포를 따르는지 도출하는 이론이 바로 이토정리이다.

이토정리(Ito's Lemma)

임의의 확률변수 X가 다음과 같은 이토과정을 따른다고 하자.

$$dX = a(X, t)dt + b(X, t)dW$$

만일 확률변수 X와 t에 의존하는 함수를 $G(X,t)$라 하면, $G(X,t)$는 다음과 같은 확률과정을 따라야 한다.[11]

$$dG = \left(\frac{\partial G}{\partial X}a + \frac{\partial G}{\partial t} + \frac{1}{2}\frac{\partial^2 G}{\partial X^2}b^2 \right)dt + \frac{\partial G}{\partial X}bdW \qquad \text{(식 3-21)}$$

(식 3-21)에 있는 이토정리로부터 dG는 다음과 같은 특성을 갖는 이토과정의 하나이다.

$$- \quad E(dG) = \left(\frac{\partial G}{\partial X}a + \frac{\partial G}{\partial t} + \frac{1}{2}\frac{\partial^2 G}{\partial X^2}b^2 \right)dt$$

$$- \quad V(dG) = \left(\frac{\partial G}{\partial X}b \right)^2 dt$$

---

10) Kiyosi Ito, "On Stochastic Differential Equations", *Memoirs of the American Mathematical Society*, 4,(1951), 1-51.

11) $\frac{\partial G}{\partial X}$, $\frac{\partial G}{\partial t}$는 $G(X,t)$를 각각 X와 t에 대해 편미분 한 것이고, G_x, G_t로 각각 표시하기도 한다.

이토정리는 다음과 같은 Taylor series를 응용하여 증명할 수 있다.

ⅰ) 독립변수가 1개(x)인 경우 Taylor series

$$\Delta f(x) = f(x_1) - f(x_0)$$

$$= f^{(1)}(x_0)\Delta x^1 + \frac{1}{2!}f^{(2)}(x_0)\Delta x^2 + \frac{1}{3!}f^{(3)}(x_0)\Delta x^3 + \cdots$$

$$= \sum_{n=1}^{\infty} \frac{1}{n!}f^{(n)}(x_0)\Delta x^n \qquad\qquad\text{(식 3-22)}$$

단, $\Delta x = x_1 - x_0$(x의 작은 변화), $f^{(n)}(x_0) = \dfrac{d^n f(x)}{dx^n} = x$에 대한 $f(x)$의 n차 미분, $n!$(n factorial)$= n(n-1)(n-2)\cdots 3\cdot 2\cdot 1$.

ⅱ) 독립변수가 2개$(x,\ t)$인 경우 Taylor series

$$\Delta f(x, t) = f(x_1, t_1) - f(x_0, t_0)$$

$$= \frac{\partial f}{\partial x}\Delta x^1 + \frac{\partial f}{\partial t}\Delta t^1 + \frac{1}{2!}\frac{\partial^2 f}{\partial x^2}\Delta x^2 + \frac{1}{2!}\frac{\partial^2 f}{\partial t^2}\Delta t^2$$

$$+ 2\frac{1}{2!}\frac{\partial^2 f}{\partial x\partial t}\Delta x\Delta t + \cdots$$

$$= \sum_{n=1}^{\infty} \frac{1}{n!}\left(\frac{\partial}{\partial x}\Delta x + \frac{\partial}{\partial t}\Delta t\right)^n f(X_0) \qquad\text{(식 3-23)}$$

이제 (식 3-23)에 있는 독립변수가 2개인 Taylor Series를 적용하여 Ito정리를 증명해보자. 편의상 ΔG 대신 dG를 사용한다.

$$dG = \frac{\partial G}{\partial X}dX^1 + \frac{\partial G}{\partial t}dt^1 + \frac{1}{2!}\frac{\partial^2 G}{\partial X^2}dX^2 + \frac{1}{2!}\frac{\partial^2 G}{\partial t^2}dt^2$$

$$+ 2\frac{1}{2!}\frac{\partial^2 G}{\partial X\partial t}dXdt + \cdots \qquad\qquad\text{(식 3-24)}$$

그런데 일반해석학(ordinary calculus)에서는 dx는 매우 작은 수로 간주되기 때문에 dx^2, dx^3, $\cdots\cdots$, dx^n $\cdots\cdots$ 등은 모두 더 작은 값이 되므로 근사적으로 0으로 간주한다. 그러나, 확률해석학(stochastic calculus)에서는 dx^2은 0이

라 간주할 수 없다. 왜냐하면, 확률과정 dx는 모두 위너과정인 $dW = Z\sqrt{dt}$ 항을 포함하고 있어 dx^2은 $dW^2 = Z^2 dt$가 되어 0이 아니다. 따라서 일반해석학에서는 dx^2, dx^3, $\cdots\cdots$, dx^n $\cdots\cdots$ 등을 모두 0으로 간주하지만, 확률해석학에서는 dx^2은 제외하고, dx^3, $\cdots\cdots$, dx^n $\cdots\cdots$ 등만 0으로 간주한다. 다만 dt는 확률과정이 아니므로 당연히 dt^2은 0으로 간주한다. 이러한 원리를 (식 3-24)에 적용하면 다음과 같은 식을 얻는다.

$$dG = \frac{\partial G}{\partial x}dx + \frac{\partial G}{\partial t}dt + \frac{1}{2}\frac{\partial^2 G}{\partial x^2}dx^2 \qquad \text{(식 3-25)}$$

이제 (식 3-16)의 dX를 (식 3-25)에 대입하여 정리하면 다음과 같은 Ito 정리를 얻는다.[12]

$$dG = (\frac{\partial G}{\partial X}a + \frac{\partial G}{\partial t} + \frac{1}{2!}\frac{\partial^2 G}{\partial X^2}b^2)dt + \frac{\partial G}{\partial X}bdW$$

Q.E.D.

다양한 함수에 대해 이토정리를 적용하면 다음과 같은 몇 가지 유용한 공식을 얻을 수 있다. 여기서 dX, dY는 이토과정이라 하자.

* 확률변수 X만의 함수인 $G(X)$의 경우:

$$dG = \frac{\partial G}{\partial X}dX + \frac{1}{2}\frac{\partial^2 G}{\partial X^2}dX^2 \qquad \text{(식 3-26)}$$

* 확률변수 X와 t의 함수인 $G(X, t)$의 경우:

$$dG = \frac{\partial G}{\partial X}dX + \frac{\partial G}{\partial t}dt + \frac{1}{2}\frac{\partial^2 G}{\partial X^2}dX^2 \qquad \text{(식 3-27)}$$

---

12) (식 3-16)의 dX를 (식 3-25)에 대입하여 정리하는 과정에서 $(dW)(dW) = dt$, $(dW)(dt) = 0$를 활용해야 하는데 이에 대한 증명은 뒤에서 다루기로 한다.

* 확률변수 X, Y, t의 함수인 $G(X, Y, t)$의 경우:

$$dG = \frac{\partial G}{\partial X}dX + \frac{\partial G}{\partial Y}dY + \frac{\partial G}{\partial t}dt$$

$$+ \frac{1}{2}\left(\frac{\partial^2 G}{\partial X^2}dX^2 + 2\frac{\partial^2 G}{\partial X \partial Y}dXdY + \frac{\partial^2 G}{\partial Y^2}dY^2\right) \qquad \text{(식 3-28)}$$

심화학습 3-5 위너과정의 곱셈법칙(multiplication rule)

$dV = Z_1\sqrt{dt}$ 와 $dW = Z_2\sqrt{dt}$ 는 서로 다른 두 개의 위너과정이고, dV 와 dW 사이의 상관계수는 ρ라 하자(즉, Z_1과 Z_2 사이의 상관계수 = ρ). 그리고 dt는 작은 시간간격을 의미하는 상수이다. 그러면 다음과 같은 위너과정들 사이의 곱셈법칙이 성립함을 증명해 보자.

[표 3-3] 위너과정의 곱셈법칙

곱셈(×)	dV	dW	dt
dV	dt	ρdt	0
dW	ρdt	dt	0
dt	0	0	0

┃ 증명 ┃

곱셈법칙을 증명하는데 매우 유용한 다음과 같은 상수분산법칙을 먼저 살펴보기로 하자.

> 상수분산법칙: 만일 $V(X) = 0$이면, $E(X) = X$ 이다.

즉, 어떤 확률변수의 분산이 0이라는 것은 변수의 값이 평균을 중심으로 변동하지 않는 상수(constant)임을 의미한다. 즉, 상수의 평균은 상수이므로 $E(X) = X$ 이다.

이러한 법칙을 이용하여 [표 3-3]에 있는 곱셈법칙을 증명해 보자.

(곱셈법칙1) $(dt)(dt) = dt^2 = 0$

이미 앞에서 설명한 바와 같이 dt는 확률변수가 아니고 단순히 아주 작은 시간을 의미하므로, 일반해석학을 적용하면 되며, 아주 작은 것의 제곱은 더 작아지므로 당연히 $dt^2 = 0$이어야 한다.

(곱셈법칙2) $dV^2 = dt,\ dW^2 = dt$

dV와 dW 둘 다 위너과정(WP)이므로 증명은 동일하다.

분산의 정의에 의하면, 분산$(X) = V(X) = E(X^2)\text{-}[E(X)]^2$. 따라서,

$$V(dV^2) = E(dV^4) - [E(dV^2)]^2 \tag{a}$$

한편, 모든 정규분포의 첨도(kurtosis)는 3이고, 확률변수 X의 평균이 μ이고 분산이 σ^2인 경우 첨도는 다음과 같이 정의된다.

$$첨도(X) = \frac{E\left[(X-\mu)^4\right]}{\sigma^4}$$

그런데 dV의 평균은 0, 분산은 dt이고 위너과정 dV도 정규분포이므로 첨도는 3이다. 즉,

$$첨도(dV) = \frac{E\left[(dV-\mu)^4\right]}{\sigma^4} = \frac{E[dV^4]}{dt^2} = 3 \implies E[dV^4] = 3dt^2 \tag{b}$$

또한,

$$V(dV) = E(dV^2) - [E(dV)]^2 = dt \implies E(dV^2) = dt \tag{c}$$

따라서, (b)와 (c)를 (a)에 대입하면,

$$V(dV^2) = E(dV^4) - [E(dV^2)]^2 = 3dt^2 - [dt]^2 = 2dt^2$$

따라서, (곱셈법칙1)로부터,

$$V(dV^2) = 2dt^2 = 0 \tag{d}$$

상수분산법칙과 (d)로부터, $E(dV^2) = dV^2$ 이어야 하고, (c)로부터 $E(dV^2) = dt$이므로, $E(dV^2) = dV^2 = dt$.

(곱셈법칙3) $dVdW = \rho dt$

$$V(dVdW) = E(dV^2dW^2) - [E(dVdW)]^2 \tag{e}$$

그런데, (곱셈법칙2)로부터, $dV^2 = dW^2 = dt$. 따라서,

$$E(dV^2dW^2) = E(dtdt) = E(dt^2) = dt^2 = 0 \tag{f}$$

한편, 임의의 확률변수 X와 Y 사이의 공분산(covariance)은 다음과 같이 정의된다. $Cov(X, Y) = E(XY) - E(X)E(Y)$. 따라서, dV와 dW의 공분산은,

$$Cov(dV, dW) = E(dVdW) - E(dV)E(dW) = E(dVdW) \tag{g}$$

그리고, 임의의 확률변수 X와 Y 사이의 상관계수(correlation)는 다음과 같이 정의된다.

$$\rho = \frac{Cov(X, Y)}{\sigma_X \sigma_Y} \implies Cov(X, Y) = \rho \sigma_X \sigma_Y. \text{ 따라서, } dV \text{와 } dW \text{ 사이의}$$

공분산은,

$$Cov(dV, dW) = \rho(dV \text{의 표준편차})(dW \text{의 표준편차})$$
$$= \rho(\sqrt{dt})(\sqrt{dt}) = \rho dt \tag{h}$$

$$(g)\text{와 (h)로부터, } E(dVdW) = \rho dt \tag{i}$$

따라서, (f)와 (i)를 (e)에 대입하면,

$V(dVdW) = E(dV^2dW^2) - [E(dVdW)]^2 = 0 - (\rho dt)^2 = 0.$

$dVdW$의 분산이 0이므로 상수분산법칙으로부터, $E(dVdW) = dVdW.$

그런데 (i)로부터, $E(dVdW) = dVdW = \rho dt.$

(곱셈법칙4) $dVdt = 0$, $dWdt = 0$

둘 다 증명방법은 동일하므로, $dVdt = 0$만 증명해 보자.

$V(dVdt) = dt^2 V(dV) = 0$

$dVdt$의 분산이 0이므로 상수분산법칙으로부터, $E(dVdt) = dVdt.$

그런데, $E(dVdt) = dtE(dV) = 0$ (위너과정의 평균은 0이므로)

따라서, $E(dVdt) = dVdt = 0.$

Q.E.D.

위에서 설명한 곱셈법칙들은 이토정리를 이용하여 확률과정의 함수의 확률모형을 구하는 데 매우 유용한 것이므로 잘 숙지할 필요가 있다.

사례 3-3 이토정리 활용

주식가격 S가 다음과 같이 기하브라운운동(GBM)을 따른다고 가정하고 질문에 답하라.

$$dS = \mu S dt + \sigma S dW$$

(i) S와 t의 함수인 $G(S, t)$는 어떤 확률과정을 따르는가?

(ii) 함수 $G(S, t) = Se^{r(T-t)}$로 주어진 선물가격은 어떤 확률과정을 따르는가?

(iii) 함수 $G(S) = \ln S$는 어떤 분포를 따르는가?

┃ 사례분석 ┃

(i) $G(S, t)$

$G(S, t)$는 확률변수 S와 시간 t의 함수이므로 (식 3 – 27)의 이토정리를 적용하면,

$$dG = \frac{\partial G}{\partial S}dS + \frac{\partial G}{\partial t}dt + \frac{1}{2}\frac{\partial^2 G}{\partial S^2}dS^2 \qquad \text{(a)}$$

그런데, $dS^2 = (\mu S dt + \sigma S dW)^2$

$$= \mu^2 S^2 dt^2 + 2\mu S \sigma S (dt dW) + \sigma^2 S^2 dW^2 \qquad \text{(b)}$$

(b)에서 $dt^2 = 0$(곱셈법칙1), $dt dW = 0$(곱셈법칙4),

$$dW^2 = dt(곱셈법칙2) \qquad \text{(c)}$$

(c)를 (b)에 대입하면, $dS^2 = \sigma^2 S^2 dt$ $\qquad$ (d)

이제 dS와 (d)를 (a)에 대입하면,

$$dG = \frac{\partial G}{\partial S}dS + \frac{\partial G}{\partial t}dt + \frac{1}{2}\frac{\partial^2 G}{\partial S^2}dS^2$$

$$= \frac{\partial G}{\partial S}(\mu S dt + \sigma S dW) + \frac{\partial G}{\partial t}dt + \frac{1}{2}\frac{\partial^2 G}{\partial S^2}\sigma^2 S^2 dt$$

$$= \left(\mu S \frac{\partial G}{\partial S} + \frac{\partial G}{\partial t} + \frac{1}{2}\sigma^2 S^2 \frac{\partial^2 G}{\partial S^2}\right)dt + \left(\sigma S \frac{\partial G}{\partial S}\right)dW \qquad \text{(e)}$$

식(e)로부터, 함수 $G(S, t)$는 다음과 같은 속성을 가진 이토과정이다.

$$평균율 = \left(\mu S \frac{\partial G}{\partial S} + \frac{\partial G}{\partial t} + \frac{1}{2}\sigma^2 S^2 \frac{\partial^2 G}{\partial s^2}\right)$$

$$분산율 = \left(\sigma S \frac{\partial G}{\partial S}\right)$$

(ii) $G(S, t) = Se^{r(T-t)}$

$G(S, t)$는 확률변수 S와 시간 t의 함수이므로 (i)에서 구한 dG를 활용해보자.

그런데, $\dfrac{\partial G}{\partial S} = e^{r(T-t)}, \quad \dfrac{\partial G}{\partial t} = Se^{r(T-t)}(-r), \quad \dfrac{\partial^2 G}{\partial S^2} = 0$ (f)

(f)를 (e)에 대입하면,

$$\begin{aligned}
dG &= \left(\mu S \frac{\partial G}{\partial S} + \frac{\partial G}{\partial t} + \frac{1}{2}\sigma^2 S^2 \frac{\partial^2 G}{\partial S^2}\right)dt + \left(\sigma S \frac{\partial G}{\partial S}\right)dW \\
&= \left(\mu Se^{r(T-t)} + Se^{r(T-t)}(-r)\right)dt + \left(\sigma Se^{r(T-t)}\right)dW \\
&= Se^{r(T-t)}(\mu-r)dt + \sigma Se^{r(T-t)}dW \\
&= (\mu-r)Gdt + \sigma GdW
\end{aligned}$$

따라서, $G(S, t)$는 평균율$= (\mu-r)G$, 분산율$= \sigma G$인 기하브라운운동(GBM)을 따른다.

즉, GBM을 따르는 기초자산(S)을 갖는 선물(선도)가격 $G(S, t)$도 GBM을 따르며, 선물의 기대수익률(성장률)은 $(\mu-r)$이다. μ가 기초자산 S의 기대수익률이므로 선물의 기대수익률은 기초자산(S)의 초과수익률($=$기대수익률$-$무위험이자율)과 같다. 다시 말하면,

선물의 기대수익률$=$기초자산의 기대수익률$-$보유비용$= \mu-r$.

(iii) $G(S) = \ln S$

함수 $G(S)$가 기초자산(S)만의 함수이므로 (식 3−26)의 이토정리를 활용하면 된다.

$$dG = \frac{\partial G}{\partial S}dS + \frac{1}{2}\frac{\partial^2 G}{\partial S^2}dS^2 \tag{g}$$

그런데, $\dfrac{\partial G}{\partial S} = \dfrac{1}{S}, \quad \dfrac{\partial^2 G}{\partial S^2} = (-)\dfrac{1}{S^2}$ (h) (h)를 (g)에 대입하면,

$$dG = \frac{\partial G}{\partial S}dS + \frac{1}{2}\frac{\partial^2 G}{\partial S^2}dS^2$$

$$= \frac{1}{S}(\mu S dt + \sigma S dW) + \frac{1}{2}\frac{(-1)}{S^2}\sigma^2 S^2 dt$$

$$= \left(\mu - \frac{\sigma^2}{2}\right)dt + \sigma dW$$

따라서, $G(S)$는 평균율$= \left(\mu - \frac{\sigma^2}{2}\right)$, 분산율$= \sigma$ 인 산술브라운운동(ABM)을 따른다. 즉 정규분포를 따른다. 이는 S가 GBM을 따르면, $G = \ln S$는 ABM을 따르며, 역으로 G가 ABM을 따르면, $S = e^G$는 GBM을 따름을 의미한다.

Tip / 주요 용어 　**변수(X)의 확률분포 vs. 변수의 변화(dX)의 확률분포**

ⅰ) 변수의 초기값이 0일 경우
　　변수(X)의 확률분포 = 변수의 변화(dX)의 확률분포
ⅱ) 변수의 초기값이 0이 아닐 경우
　　변수(X)의 확률분포 ≠ 변수의 변화(dX)의 확률분포

(이유)
변수의 초기값$= X0$, 변수의 기말값$= X1$, 변수의 변화$= dX = X1 - X0$라 하고, 변화의 확률과정이 다음과 같다고 하자.

$$dX = adt + bdW$$

이 경우 변수의 변화(dX)의 확률분포 $\sim n(adt, b^2dt)$ 이다.
그러나, 기말 변수의 확률분포는 다음과 같다.

$$dX = X1 - X0 = adt + bdW \Rightarrow X1 = (X0 + adt) + bdW$$

따라서, 기말 확률변수($X1$)의 분포 $\sim n(X0 + adt, b^2dt)$.
즉, $X0 = 0$이면, dX의 분포와 $X1$의 분포가 동일하지만, $X0 \neq 0$이면, dX의 분포와 $X1$의 분포가 동일하지 않다.

확률과정의 확률변수 $\{X_1, X_2, X_3, \cdots\}$가 어느 시점 t에 대해 다음을 만족할 때 이를 마팅게일 과정이라 한다.

$$E(X_{t+1}|X_1, X_2, X_3, \cdots, X_t) = X_t \tag{a}$$

(단, $E(|X_t|) < \infty$)

식(a)는 현재까지의 모든 정보하에서 다음 시점의 조건부 기대값은 바로 직전의 값과 같다는 것을 의미한다. 이 식을 다시 쓰면 다음과 같다.

$$E(X_{t+1}|X_1, X_2, X_3, \cdots, X_t) - X_t = 0 \text{ 또는} \tag{b}$$
$$E(X_{t+1} - X_t|X_1, X_2, X_3, \cdots, X_t) = 0 \text{ 또는}$$
$$E(\Delta X_{t+1}|X_1, X_2, X_3, \cdots, X_t) = 0 \tag{c}$$

식(b)는 다음 시점($t+1$)의 평균은 지금 시점(t)의 값과 같다는 것으로 마팅게일 과정도 마코브과정의 하나임을 보여준다. 따라서 앞서 설명한 바와 같이 마팅게일 모형은 약형 효율적시장 가설에 부합하는 확률모형이다. 또한, 식(c)는 확률변수 증분(ΔX_{t+1})의 기대값은 0이라는 의미로 '공정게임(fair game)'이라 부르기도 한다. 증분의 평균이 0이므로 평균값은 변함없이 일정하게 유지되며, 변동성은 시간에 따라 변할 수 있다. 어떤 자산의 가치를 나타내는 확률과정이 마팅게일이면 현재까지 주어진 정보 하에서 해당 자산의 미래가치에 대한 최선의 예측은 바로 현재가치가 된다.

마팅게일 과정은 일반적으로 다음 식(d)와 같은 확률과정으로 표시할 수 있다.

$$dX = \sigma dW \tag{d}$$

(단, $dW \sim$ 위너과정)

식(d)는 평균율이 0이고 분산율이 상수(σ)인 위너과정(zero drift stochastic process)이다.

옵션가격결정모형(2): 블랙-숄즈-머튼모형

기 초자산의 확률분포를 어떻게 가정하느냐에 따라 옵션가격결정모형에는 크게 두 가지
가 있다. 하나는 이산확률을 가정하는 경우로 대표적으로 이항분포모형이고, 다른
하나는 연속확률을 가정하는 것으로 본장에서 다룰 블랙-숄즈-머튼모형이 있다. 어떤 책
에서는 블랙-숄즈모형이라고도 하는데, 블랙(Black)과 숄즈(Scholes), 그리고 머튼
(Merton)이 1973년도에 동시에 유사한 논문을 발표하였기에 본서에서는 다른 많은 책에
서와 마찬가지로 블랙-숄즈-머튼모형이라 부르기로 한다. 이 모형이 논문으로 발표된 이
후 옵션거래량이 전 세계적으로 폭증하였고, 파생상품시장의 확대와 경제학에 미친 영향
등은 상상을 초월할 정도이다. 따라서, 이 모형의 중요성은 아무리 강조해도 지나치지 않
을 것이다.

본장에서는 블랙-숄즈-머튼모형에서 사용하는 정규분포와 대수정규분포에 대해 먼저 소
개하고, 이항분포모형과 마찬가지로 차익거래모형과 위험중립모형으로 블랙-숄즈-머튼모
형을 각각 도출하고자 한다. 물론 두 가지 방법으로 도출한 모형은 동일하다. 그 외 기대
수익률과 변동성과 관련된 이슈들에 대해서도 살펴볼 것이다.

1 │ 정규분포와 대수정규분포

1) 정규분포와 표준정규분포

(1) 정규분포

정규분포(normal distribution)는 재무이론에서 가장 많이 이용되는 분포이다. 블랙-숄즈-머튼의 옵션평가모형에서 뿐만 아니라, 최근 리스크 측정에서 많이 사용되는 VaR모형(Value at Risk model)에서도 이용된다. 따라서 재무, 금융분야에서의 정규분포의 중요성은 아무리 강조해도 지나치지 않을 것이다.

정규분포는 시장 리스크를 모형화할 때 유용한 몇 가지 특징을 가지고 있다. 즉, 평균에서 정점분포(peak distribution)를 가지며, 양극단에서 꼬리분포(tail distribution)를 갖는다는 점이다. 평균(μ)과 표준편차(σ)만 알면 분포의 모양을 완전히 결정할 수 있어 매우 단순하고 실용적이다. 또한 평균을 중심으로 좌우 대칭이라는 점은 표준편차 하나만으로도 확률변수의 변동성을 측정할 수 있다는 장점이 있다.

정규분포는 칼 가우스(Karl F. Gauss)가 물리학을 연구하면서 도입한 분포이기에 때로는 가우스 분포(Gauss distribution)라고도 하며, 평균을 중심으로 좌우 대칭인 모습이 종(bell)과 비슷하다고 하여 종모양 분포(bell-shaped distribution)라고도 한다. 현대에 와서는 많은 사회적, 자연적 현상들이 정규분포와 근사한 확률분포를 가지는 것으로 나타나 그 용도는 폭발적으로 증가하였다. 정규분포의 모양은

[그림 4-1] 정규분포의 모양

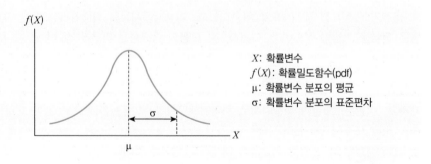

X: 확률변수
$f(X)$: 확률밀도함수(pdf)
μ: 확률변수 분포의 평균
σ: 확률변수 분포의 표준편차

[그림 4–1]과 같다.

이상을 정리해 보면 정규분포는 다음과 같은 중요한 특성을 갖는다.
* 정규분포의 형태는 평균(μ)과 표준편차(σ) 두 개에 의해 결정된다.
* 정규분포의 확률밀도함수는 평균을 중심으로 좌우 대칭이다.
* 정규분포 확률변수는 연속확률변수로서 $-\infty$부터 $+\infty$까지의 실수값을 갖
  는다.
* 정규분포의 왜도(skewness)는 0(좌우대칭)이고, 첨도(kurtosis)는 3이다.

정규분포의 확률밀도함수(pdf)는 다음과 같다.

$$f(x) = \frac{1}{\sigma\sqrt{2\pi}} e^{\frac{-(x-\mu)^2}{2\sigma^2}}, \quad -\infty < x < +\infty \qquad \text{(식 4–1)}$$

단, $f(x)$ = 확률변수 X의 확률밀도함수
$\pi = 3.14\cdots$, e = 자연로그의 밑(base) = $2.718\cdots\cdots$
μ = 확률변수 X의 평균, σ = 확률변수 X의 표준편차

(식 4–1)에 있는 확률밀도함수를 이용하여 발생확률을 표시하면 [그림 4–2]와
같다. 확률변수 X가 평균이 μ, 분산이 σ^2인 정규분포를 따를 때 $X \sim n(\mu,\ \sigma^2)$
라 표기한다.

[그림 4–2] 정규분포의 발생확률

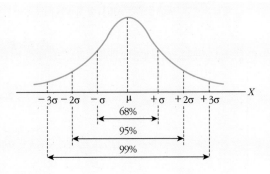

(2) 표준정규분포

앞서 설명한 정규분포에서는 평균과 표준편차에 의해 확률분포의 위치와 모양

이 결정된다. 그런데 수많은 정규분포에서 그것의 평균과 표준편차를 사용하여 확률을 측정한다는 것은 매우 번거롭고 불편한 일이다.

표준정규분포(standard normal distribution)는 정규분포의 성질을 이용하여 모든 종류의 정규분포를 하나의 표준화된 정규분포로 나타낸다. 정규분포(X)를 표준정규분포(Z)로 전환하는 공식은 다음과 같다.

$$Z = \frac{X - \mu}{\sigma}$$ (식 4-2)

단, $X \sim n(\mu, \sigma^2)$

(식 4-2)를 이용하면 모든 정규분포 확률변수를 표준정규분포 확률변수로 변환시킬 수 있다. 즉, 정규분포 확률변수 X에서 평균을 빼고 표준편차로 나눈 값은 표준정규분포를 따라야 한다는 것이다. 표준정규분포의 평균은 항상 0이 되며 표준편차는 1이 된다. 확률변수 Z가 표준정규분포를 따른다고 할 때 $Z \sim N(0, 1)$이라 표기한다.

한편, $-\infty$부터 임의의 점 d까지의 확률을 누적해서 더해 준 확률이 누적확률이고 $N(d)$로 표시한다. 다양한 d에 대한 확률분포를 누적확률분포(c.d.f.: cumulative distribution function)라 하는데, 다음 [그림 4-3]은 표준정규분포의 누적확률분포를 보여주고 있다.

[그림 4-3] 표준정규분포의 누적확률분포

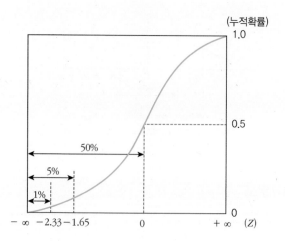

표준정규분포의 확률밀도함수(pdf)는 평균이 0이고 표준편차가 1이므로 다음과 같다.

$$f(z) = \frac{1}{\sqrt{2\pi}} e^{\frac{-z^2}{2}}, \quad -\infty < z < +\infty \tag{식 4-3}$$

재무금융분야에서는 표준편차의 확률밀도함수값인 $f(d)$보다는 누적확률값인 $N(d)$를 더 자주 사용하는데 임의의 값 d까지의 누적확률값은 다음 (식 4-4)와 같이 계산한다.

$$N(d) = \int_{-\infty}^{d} \frac{1}{\sqrt{2\pi}} e^{\frac{-z^2}{2}} dz \tag{식 4-4}$$

그런데 적분값을 구하는 것이 대단히 어려워 표로 만들어 사용하고 있는데 본서 [부록 2]에 있는 표준정규분포의 누적확률값을 참고하기 바란다.[1] [그림 4-4]는 누적확률값 $N(d)$를 그래프로 표시한 것이다.

[그림 4-4] 표준정규분포의 누적확률값

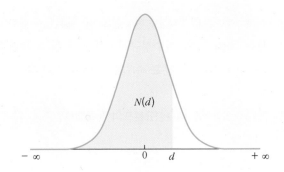

---

1) 표준편차의 누적확률값을 이용하는 대표적인 경우가 Black-Scholes-Merton의 유럽형 옵션가치평가모형이다.

2) 대수정규분포

(1) 대수정규분포의 정의

대수정규분포(log normal distribution)란 정규분포를 따르는 확률변수를 지수를 이용하여 0보다 항상 큰 확률변수로 변환했을 때의 분포를 말한다. 즉, X가 정규분포를 따를 때 $Y = e^X$는 대수정규분포를 따른다. 따라서, 대수정규분포를 따르는 확률변수(Y)는 항상 0보다 큰 값을 가지며, 정규분포함수와 유사한 분포함수를 가지고 있어서 주식가격의 확률분포를 모형화하는데 많이 사용된다.

앞의 확률과정에서 설명한 바와 같이, 대수정규분포를 따른다는 것은 곧 기하브라운운동(GBM)을 따른다는 것과 동일하므로, 주가가 대수정규분포를 따른다고 가정하는 것은 곧 주가가 GBM을 따른다는 것을 의미한다. 블랙-숄즈-머튼모형은 주식옵션의 가치를 평가하기 위해 주식가격이 GBM을 따른다고 가정하고 있다. 만일 확률변수 Y가 대수정규분포를 따른 다면 그 확률밀도함수 $g(y)$는 다음과 같이 정의된다.

$$g(y) = \frac{1}{\sqrt{2\pi}\,\sigma y}\, e^{\frac{-(\ln y - \mu)^2}{2\sigma^2}}\;,\;\; y > 0 \qquad \text{(식 4-5)}$$

[그림 4-5]는 (식 4-5)에 있는 대수정규분포의 확률밀도함수 $g(y)$를 표시하고 있다. 그림에서 보는 바와 같이 대수정규분포를 따르는 확률변수의 확률밀도함수는 우편향(skewed to the right)의 분포(즉, 왜도>0)를 가진다.

[그림 4-5] 대수정규분포의 확률밀도함수

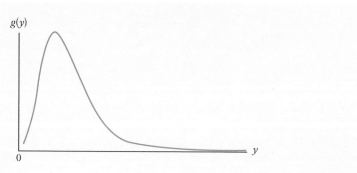

다음 [심화학습4−1]은 대수정규분포와 기하브라운운동(GBM)의 동등성(equivalence)을 증명하는 것이다. 동일한 논리로 정규분포는 산술브라운운동(ABM)과 동등함을 증명할 수 있는 데, 여기서는 전자만 증명해 보기로 하자.

심화학습 4−1 대수정규분포=기하브라운운동(GBM)

대수정규분포와 기하브라운운동(GBM)의 동등성(equivalence)을 간략하게 증명해 보자.

┃ 증명 ┃

(ⅰ) ABM과 GBM

임의의 확률변수 X가 다음과 같이 산술브라운운동(ABM)을 따른다고 하자.

$$dX = adt + bdW \tag{a}$$

$Y = e^X$라 하고, Y를 X에 대해 미분하면,

$$dY = e^X dX = e^X(adt + bdW) = aYdt + bYdW \tag{b}$$

식(b)는 다름 아닌 기하브라운운동(GBM)을 따르는 확률과정이다.
고로, $X \sim ABM \Rightarrow Y = e^X \sim GBM$.

(ⅱ) 정규분포와 대수정규분포

임의의 확률변수 X가 정규분포를 따르면, $Y = e^X$는 대수정규분포를 따른다.
이를 증명하려면 수리통계학(mathematical statistics)에서 다루는 자코비안 변환(Jacobian transformation)방법을 적용하여, 확률변수의 함수의 분포를 구하면 된다.[2]

$$Y는 \ X의 \ 함수이다. \ 즉, \ Y = e^X = h(X) \tag{c}$$

만일 함수 $h(X)$가 X의 일대일 함수이고 역함수(inverse function)를 h^{-1}라 하면, 확률변수 X의 확률분포 $f(x)$로부터 함수 Y의 확률분포

---

2) 수리통계학과 확률론 관련 참고자료: 1) Hogg, R. V., Joseph W. McKean, and Allen Craig, *Introduction to Mathematical Statistics*, 7th Edition, Pearson Custom Publishing, 2) S.M. Ross, *Probability Models*, Academic Press.

$g(y)$를 구하는 자코비안 변환방법은 다음과 같다.[3]

$$g(y) = f\left[x = h^{-1}(y)\right] \left| \frac{dh^{-1}(y)}{dy} \right| \tag{d}$$

$$y = e^x \Rightarrow x = \ln y = h^{-1}(y), \quad \frac{dh^{-1}(y)}{dy} = \frac{1}{y} \tag{e}$$

한편, (식 4-1)로부터 정규분포의 확률밀도함수는,

$$f(x) = \frac{1}{\sigma\sqrt{2\pi}} e^{\frac{-(x-\mu)^2}{2\sigma^2}}, \quad -\infty < x < +\infty \tag{f}$$

식(e)와 (f)를 (d)에 대입하면,

$$g(y) = \frac{1}{\sqrt{2\pi}\,\sigma} e^{\frac{-(\ln y - \mu)^2}{2\sigma^2}} \left| \frac{1}{y} \right| = \frac{1}{\sqrt{2\pi}\,\sigma y} e^{\frac{-(\ln y - \mu)^2}{2\sigma^2}}, \quad y > 0 \tag{g}$$

따라서, 식(g)는 (식 4-5)에 있는 대수정규분포와 일치한다.

고로, $X \sim$ 정규분포 $\Rightarrow Y = e^X \sim$ 대수정규분포

이상의 (i)과 (ii)의 결과를 정리하면,

$X \sim ABM \Rightarrow Y = e^X \sim GBM$

$X \sim$ 정규분포 $\Rightarrow Y = e^X \sim$ 대수정규분포

그런데, $X \sim ABM =$ 정규분포이므로, $Y = e^X \sim GBM =$ 대수정규분포가 된다.

Q.E.D.

(2) 대수정규분포의 성질

대수정규분포의 중요한 성질들을 요약하면 다음과 같다.

---

3) 식(d)에 있는 $\left| \dfrac{dh^{-1}(y)}{dy} \right|$ 은 변수가 1개일 때의 자코비안행렬식이고, 변수가 n개인 경우에는 $(n \times n)$ 자코비안행렬식(Jacobian determinant)이 된다.

X가 정규분포 $n(\mu, \sigma^2)$를 따르며, $Y = e^X$라 하자.

(성질1) X가 정규분포를 따르면, Y는 대수정규분포를 따른다.

역으로, Y가 대수정규분포를 따르면, $X = \ln Y$는 정규분포를 따른다.[4]

(성질2) 대수정규분포를 따르는 확률변수는 항상 0보다 크다.

즉, $y > 0$.

(성질3) $E(Y) = e^{\mu + \frac{\sigma^2}{2}}$, $V(Y) = 분산(Y) = e^{2\mu + \sigma^2}(e^{\sigma^2} - 1)$ (식 4-6)

(성질1)과 (성질2)는 [심화학습 4-1]에서 이미 증명하였고, (성질3)에 대한 증명은 다음 [심화학습 4-2]를 참고하기 바란다.

심화학습 4-2   MGF와 대수정규분포의 평균 및 분산

X가 정규분포 $n(\mu, \sigma^2)$를 따르며, $Y = e^X$라 하자.

(성질3)을 증명하는 데는 '적률생성함수(MGF: moment generating function)'의 개념이 아주 유용하다. 그래서 먼저 적률과 MGF를 잠깐 소개하고자 한다.[5]

(i) 적률(moment)

통계학에서 확률변수 X의 적률은 다음과 같이 정의된다.

     * μ를 중심으로 한 n차 적률(nth moment) $= E[(X - \mu)^n]$ (식 4-7)

     * 0을 중심으로 한 n차 적률(nth moment) $= E(X^n)$

0을 중심으로 한 n차 적률에서, 1차 적률 $= E(X) = 평균 = \mu$.

μ를 중심으로 한 2차 적률(nth moment) $= E[(X - \mu)^2] = 분산 = \sigma^2$.

μ를 중심으로 한 3차 적률(nth moment) $= E[(X - \mu)^3]$

$\rightarrow \dfrac{E[(X - \mu)^3]}{\sigma^3} = 왜도(skewness).$

---

4) 자연로그 $\ln$은 log natural의 약자로서 밑이 e($= 2.718\cdots$)인 로그이다. 즉 $\ln x = \log_e x$를 뜻한다.

5) 참고자료: Hogg, R. V., Joseph W. McKean, and Allen Craig, *Introduction to Mathematical*

μ를 중심으로 한 4차 적률(nth moment) $= E[(X-\mu)^4]$

$$\Rightarrow \frac{E[(X-\mu)^4]}{\sigma^4} = 첨도(kurtosis).$$

평균, 분산, 왜도, 첨도 등은 확률분포의 모양과 특성을 결정짓는 중요한 모수(parameter)들로서 재무금융분야에서 매우 중요하다. 정규분포의 경우 확률분포의 모양이 평균을 중심으로 좌우대칭이므로 평균과 분산만 있으면 충분하지만, 대수정규분포의 경우 오른쪽으로 치우친 우편향(skewed to the right)분포이므로 평균, 분산뿐만 아니라 왜도와 첨도 등을 알아야 정확한 분석이 가능하다. 그러므로 n차 적률은 매우 중요한 역할을 한다고 할 수 있다.

(ii) 적률생성함수(MGF)

위에서 설명한 n차 적률을 효율적으로 구하는 방법 중의 하나가 MGF이다. 물론 기대치의 정의를 이용하면 적률들을 구할 수 있으나 확률분포함수가 복잡한 경우 적률들을 매번 구하려면 많은 시간이 소요될 수 있지만, MGF만 알면 모든 적률들을 아주 빠르고 간단하게 구할 수 있다. 이는 적률함수의 고유성(uniqueness) 때문이다. 즉, 모든 분포는 단 한 개의 MGF를 가지며, 따라서 분포를 알면 MGF를 알 수 있고, 역으로 MGF를 알면 분포를 알 수 있다.

MGF는 다음과 같이 정의된다.

$$확률변수\ X의\ MGF:\ M_X(t) = E(e^{tX}) \qquad (식4-8)$$

그러면 왜 (식4-8)이 적률생성함수(MGF)라 불리는 걸까?

그 이유는 (식4-8)을 이용하면 적률을 쉽게 구할 수 있기 때문이다. 즉,

$$\frac{d^n M_X(t)}{dt^n}(t=0) = E(X^n) \qquad (식4-9)$$

(식4-9)는 MGF인 $M_X(t)$를 t에 대해 n차 미분한 후, $t=0$을 대입하면 0에 관한 n차 적률인 $E(X^n)$을 생성할 수 있음을 의미한다. 예를 들어,

---

Statistics, 7th Edition, Pearson Custom Publishing.

$$\frac{dM_X(t)}{dt} = \frac{dE(e^{tX})}{dt} = E(Xe^{tX}) = E(X) \quad (\text{if} \ t = 0)$$

$$\frac{d^2 M_X(t)}{dt^2} = \frac{dE(Xe^{tX})}{dt} = E(X^2 e^{tX}) = E(X^2) \quad (\text{if} \ t = 0)$$

....

....

$$\frac{d^n M_X(t)}{dt^n} = \frac{dE(X^{n-1} e^{tX})}{dt} = E(X^n e^{tX}) = E(X^n) \quad (\text{if} \ t = 0)$$

따라서, 이러한 MGF의 성질 때문에 어떤 확률분포라도 MGF만 구할 수 있다면 손쉽게 n차적률을 구할 수 있으므로 MGF를 적률생성함수라 하는 것이다.

(iii) (성질3)의 증명: $E(Y) = e^{\mu + \frac{\sigma^2}{2}}$, $V(Y) = $ 분산$(Y) = 2^{2\mu + \sigma^2}(e^{\sigma^2} - 1)$

MGF의 성질을 이용하면 대수정규분포의 적률도 어렵지 않게 구할 수 있다. 먼저, 정규분포를 따르는 확률변수 X의 MGF를 구하고, $Y = e^X$을 활용하면 대수정규분포 Y의 평균(1차적률)과 분산(2차적률)을 쉽게 구할 수 있다.

정규분포 $n(\mu, \sigma^2)$를 따르는 X의 MGF는 다음과 같이 구할 수 있다.

$$M_X(t) = E(e^{tX}) = \int_{-\infty}^{\infty} e^{tx} \frac{1}{\sqrt{2\pi}\,\sigma} e^{\frac{-(x-\mu)^2}{2\sigma^2}} dx$$

$$= \int_{-\infty}^{\infty} \frac{1}{\sqrt{2\pi}\,\sigma} e^{tx + \frac{-(x-\mu)^2}{2\sigma^2}} dx$$

$$= \int_{-\infty}^{\infty} \frac{1}{\sqrt{2\pi}\,\sigma} e^{\frac{-[x-(\mu+\sigma^2 t)]^2}{2\sigma^2} + (\mu t + \frac{\sigma^2 t^2}{2})} dx$$

$$= e^{\mu t + \frac{\sigma^2 t^2}{2}} \int_{-\infty}^{\infty} \frac{1}{\sqrt{2\pi}\,\sigma} e^{\frac{-[x-(\mu+\sigma^2 t)]^2}{2\sigma^2}} dx$$

$$= e^{\mu t + \frac{\sigma^2 t^2}{2}} \qquad \text{(식 4-10)}$$

(식4-10)으로부터,

$t = 1$인 경우:

$$M_X(t=1) = E(e^X) = E(Y) = e^{\mu t + \frac{\sigma^2 t^2}{2}} (t=1) = e^{\mu + \frac{\sigma^2}{2}}$$ (a)

$t = 2$인 경우:

$$M_X(t=2) = E(e^{2X}) = E(Y^2) = e^{\mu t + \frac{\sigma^2 t^2}{2}} (t=2) = e^{2\mu + 2\sigma^2}$$ (b)

그런데, 분산$(Y) = V(Y) = E(Y^2) - [E(Y)]^2$ (c)

따라서, (a)와(b)를 (c)에 대입하면,

$$V(Y) = e^{2\mu + 2\sigma^2} - \left(e^{\mu + \frac{\sigma^2}{2}}\right)^2 = e^{2\mu + 2\sigma^2} - e^{2\mu + \sigma^2} = d^{2\mu + \sigma^2}(e^{\sigma^2} - 1)$$

Q.E.D.

(3) 주식가격과 대수정규분포

제3장 [사례3-3]에서 우리는 주식가격 S가 대수정규분포(GBM)를 따를 때, 함수 $G(S) = \ln S$는 다음과 같이 정규분포(ABM)를 따름을 증명한 바 있다.

$$dG = \left(\mu - \frac{\sigma^2}{2}\right)dt + \sigma dW$$

즉, $G(S)$는 평균 $= \left(\mu - \frac{\sigma^2}{2}\right)dt$, 분산 $= \sigma^2 dt$인 정규분포를 따른다. 이는 S가 GBM을 따르면, $\ln S$는 ABM을 따르며, 역으로 G가 ABM을 따르면, $S = e^G$는 GBM을 따름을 의미한다.

만일 $dt = T$라 정의하면, $dG = d\ln S = (\ln S_T - \ln S_0)$의 확률과정은 다음과 같다.

$$\ln S_T - \ln S_0 = \left(\mu - \frac{\sigma^2}{2}\right)T + \sigma dW$$ (식4-11)

(식4-11)로부터 $(\ln S_T - \ln S_0)$는 정규분포를 따르며, 확률분포는 다음과 같이 표시할 수 있다.

$$\ln S_T - \ln S_0 \sim n[\left(\mu - \frac{\sigma^2}{2}\right)T, \ \sigma^2 T]$$

$$\Rightarrow \ln S_T \sim n[\ln S_0 + \left(\mu - \frac{\sigma^2}{2}\right)T, \ \sigma^2 T] \tag{식 4-12}$$

따라서, $G = \ln S_T$의 평균 $= \ln S_0 + \left(\mu - \frac{\sigma^2}{2}\right)T$, 분산 $= \sigma^2 T$이다.

그런데, 앞에서 설명한 바와 같이 G가 정규분포이므로 $S_T = e^G$는 대수정규분포를 따라야 한다. 이제, (식 4-10)과 (식 4-12)에 있는 정규분포의 MGF를 이용하여 S_T의 평균과 분산을 구해보자. 편의상 G의 평균 $= a$, 분산 $= b^2$이라 하면,

확률변수 G의 MGF: $M_G(t) = E(e^{tG})$

$$= e^{at + \frac{b^2 t^2}{2}} = e^{[\ln S_0 + \left(\mu - \frac{\sigma^2}{2}\right)T]t + \frac{\sigma^2 T}{2}t^2} \tag{식 4-13}$$

(식 4-13)으로부터,

$t = 1$인 경우: $M_G(t=1) = E(e^G) = E(S_T) = S_0 e^{\mu T}$ (식 4-14)

$t = 2$인 경우: $M_G(t=2) = E(e^{2G}) = E(S_T^2) = (S_0 e^{\mu T})^2 e^{\sigma^2 T}$ (식 4-15)

(식 4-14)와 (식 4-15)로부터,

$$분산(S_T) = V(S_T) = E(S_T^2) - [E(S_T)]^2 = (S_0 e^{\mu T})^2 e^{\sigma^2 T} - (S_0 e^{\mu T})^2$$

$$= S_0^2 e^{2\mu T}(e^{\sigma^2 T} - 1) \tag{식 4-16}$$

즉, T기간 후 주가 S_T는 평균 $= S_0 e^{\mu T}$, 분산 $= S_0^2 e^{2\mu T}(e^{\sigma^2 T} - 1)$인 대수정규분포를 따른다. 그러나, $\ln S_T$는 평균 $= \ln S_0 + \left(\mu - \frac{\sigma^2}{2}\right)T$, 분산 $= \sigma^2 T$인 정규분포를 따른다. 이는 주가를 사용할 때 중요한 시사점을 준다. 만일 시장에 있는 주가자료를 그냥 사용하면 이는 사용자료에 대해 '대수정규분포'를 가정하는 것이지만, 주가에 자연로그를 취하여 ln(주가)를 사용하면 이는 사용자료에 대해 '정규분포'를 가정하는 것이다.

2 | 기대수익률과 변동성

1) 대수정규분포와 연속복리

앞에서 우리는 T기간 후의 주가 S_T가 대수정규분포(GBM)를 따른다고 가정하였다. 이러한 가정과 연속복리와는 어떤 관련이 있는지 알아보자.

만일 주식이 T기간 동안 연간 R이라는 수익률을 실현하며, 복리계산은 연속적으로 한다고 가정하자. 그러면, 현재 주가를 S_0, T기간 후 주가를 S_T라 할 때 다음 식이 만족되어야 한다.

$$S_T = S_0 e^{RT}$$

$$\Rightarrow R = \frac{1}{T} \ln\left(\frac{S_T}{S_0}\right) \qquad\qquad (식 4-17)$$

그런데 (식 4−11)로부터 $\ln(S_T/S_0) = \ln S_T - \ln S_0$는 평균 $= \left(\mu - \frac{\sigma^2}{2}\right)T$, 분산 $= \sigma^2 T$인 정규분포를 따르므로 (식 4−17)에 있는 R은 평균 $= \left(\mu - \frac{\sigma^2}{2}\right)$, 분산 $= \frac{\sigma^2}{T}$인 정규분포를 따른다. 즉,

$$R = \frac{1}{T} \ln\left(\frac{S_T}{S_0}\right) \sim n\left(\mu - \frac{\sigma^2}{2}, \ \frac{\sigma^2}{T}\right) \qquad\qquad (식 4-18)$$

(식 4−18)에서 보는 바와 같이 주식수익률(R)의 분산은 시간의 길이(T)에 반비례한다. 즉, 수익률을 평가하는 기간이 길수록 변동성(불확실성)이 줄어든다는 것은, 예컨대, 1년간 수익률 보다 10년간의 수익률의 변동성이 더 작으므로 10년간 평균수익률의 불확실성이 1년간 평균수익률의 불확실성보다 더 작다고 할 수 있다. 따라서 10년간의 평균수익률이 1년간의 수익률보다 더 신뢰할 만하다.

이자계산을 이산복리로 할 것인가 혹은 연속복리로 할 것인가는 연간 복리 지급횟수나 복리기간에 따라 신중하게 결정해야 할 문제이나, 여러 기간의 수익률을 합산해야 하는 경우에는 연속복리가 이산복리보다 더 정확하다.

다음과 같은 사례를 통해 살펴 보자.

t시점의 가격 $= St$, $t1$시점부터 $t2$시점까지의 수익률 $= R(t1, t2)$라 하자.

이산복리와 연속복리의 경우 두 기간의 수익률의 합이 전체기간의 수익률과 같은지 분석하라.

┃ 사례분석 ┃

ⅰ) 이산복리의 경우

$$S1 = S0[1 + R(0, 1)] \Rightarrow R(0, 1) = (S1/S0)\text{-}1 = \frac{S1 - S0}{S0}$$

$$S2 = S1[1 + R(1, 2)] \Rightarrow R(1, 2) = (S2/S1)\text{-}1 = \frac{S2 - S1}{S1}$$

$$R(0, 2) = \frac{S2 - S0}{S0} = \frac{S2 - S1 + S1 - S0}{S0}$$

$$= \frac{S2 - S1}{S0} + \frac{S1 - S0}{S0} = \frac{S2 - S1}{S1}\left(\frac{S1}{S0}\right) + \frac{S1 - S0}{S0}$$

$$= R(1, 2)\left(\frac{S1}{S0}\right) + R(0, 1)$$

따라서, 일반적으로 이산복리의 경우, $R(0, 2) \neq R(0, 1) + R(1, 2)$

즉, 서로 다른 두 기간, (0, 1)과 (1, 2) 사이의 수익률의 합은 두 기간을 합산한 (0,2)기간의 수익률과 일치하지 않는다. 예를 들어,

2012년 수익률(1년간) + 2013년 수익률(1년간)

    $\neq$ (2012년~2013년)수익률(2년간)

따라서, 이산복리로 수익률을 측정할 경우 기간이 다른 수익률을 합산해서 전체기간 수익률로 표시하는 것은 오류가 될 수 있다.

ⅱ) 연속복리의 경우

$$S1 = S0 e^{R(0, 1)} \Rightarrow R(0, 1) = \ln\left(\frac{S1}{S0}\right)$$

$$S2 = S1 e^{R(1, 2)} \Rightarrow R(1, 2) = \ln\left(\frac{S2}{S1}\right)$$

$$R(0,\,2) = \ln\left(\frac{S2}{S0}\right) = \ln\left[\left(\frac{S2}{S1}\right)\left(\frac{S1}{S0}\right)\right] = \ln\left(\frac{S1}{S0}\right) + \ln\left(\frac{S2}{S1}\right)$$
$$= R(0,\,1) + R(1,\,2)$$

즉, 서로 다른 두 기간, (0, 1)과 (1, 2) 사이의 수익률의 합은 두 기간을 합산한 (0,2)기간의 수익률과 일치한다. 따라서, 연속복리로 수익률을 측정할 경우 기간이 다른 수익률을 합산해서 전체기간 수익률로 표시하는 것은 적절하다.

2) 주식의 기대값과 기대수익률

지금까지 주식가격과 주식수익률에 관한 확률과정들을 살펴보았다. 주식가격은 대수정규분포(기하브라운운동)를 가정하였고, 주식수익률에 대해서는 정규분포(산술브라운운동)를 가정하였다. 여기서 한 가지 혼동할 수 있는 것이 있는데 다름 아닌 기대값 μ와 기대값 $(\mu - \frac{\sigma^2}{2})$이다. 이에 대해 살펴보기로 하자.

앞의 (식 4-14)로부터, 대수정규분포를 따르는 S_T의 기대값은 다음과 같다.

$$E(S_T) = S_0 e^{\mu T}$$

위의 식을 다시 μ에 대해 정리하면 다음과 같다.

$$\mu = \frac{1}{T} \ln E\left(\frac{S_T}{S_0}\right) \qquad\qquad (식\,4-19)$$

한편, (식 4-11)로부터, 함수 $G(S) = \ln S$는 다음과 같이 정규분포(ABM)를 따른다.

$$\ln S_T - \ln S_0 = \left(\mu - \frac{\sigma^2}{2}\right)T + \sigma dW$$

위의 식에서 $E(\ln S_T - \ln S_0) = E\left[\ln\left(\dfrac{S_T}{S_0}\right)\right] = \left(\mu - \dfrac{\sigma^2}{2}\right)T$ 이므로,

$$\mu - \frac{\sigma^2}{2} = \frac{1}{T}E\left[\ln\left(\frac{S_T}{S_0}\right)\right] \qquad \text{(식 4-20)}$$

(식 4-19)와 (식 4-20)은 비슷하지만 다음과 같은 차이가 있다.

* 자연로그함수인 $\ln(X)$는 비선형(non-linear)이므로, $\ln[E(X)] \neq E[\ln(X)]$. 일반적으로, 함수 $G(X)$가 위로 볼록한 함수(concave function)이면,

$$G[E(X)] > E[G(X)] \qquad \text{(식 4-21)}$$

(식 4-21)을 '젠센의 부등식(Jensen's inequality)'이라 한다.

* (식 4-19)의 μ는 원래 다음과 같은 매우 짧은 기간(dt) 동안의 기대수익률이다.

$dS = \mu S dt + \sigma S dW$

따라서, $\mu =$ 매우 짧은 기간 동안의 기대수익률.

이런 방법으로 구한 기대수익률은 수익률의 '산술평균(AA: arithmetic average)'이라 할 수 있다.

* (식 4-20)의 $\left(\mu - \dfrac{\sigma^2}{2}\right)$은 긴 기간($T$) 동안의 기대수익률이다.

이런 방법으로 구한 기대수익률은 수익률의 '기하평균(GA: geometric average)'이라 할 수 있다. 주지하는 바와 같이 산술평균 ≥ 기하평균이다.

[표 4-1] 기대수익률 μ와 $\left(\mu - \dfrac{\sigma^2}{2}\right)$

기대수익률	계산식	의미	평균의 종류
μ	$\mu = \dfrac{1}{T}\ln E\left(\dfrac{S_T}{S_0}\right)$	매우 짧은 기간(dt) 동안의 기대수익률	산술평균 (AA)
$\mu - \dfrac{\sigma^2}{2}$	$\mu - \dfrac{\sigma^2}{2} = \dfrac{1}{T}E\left[\ln\left(\dfrac{S_T}{S_0}\right)\right]$	긴 기간(T) 동안의 기대수익률	기하평균 (GA)

이상으로부터 두 개의 기대수익률인 μ 와 $\left(\mu - \dfrac{\sigma^2}{2}\right)$ 을 비교 요약하면 [표 4-1] 과 같다.

사례 4-2 | **투자수익률의 산술평균과 기하평균**

최근 5년간 주식포트폴리오 펀드매니저가 실현한 수익률(R_t)이 매년 다음 과 같다고 하자.

$$15\%, \quad 20\%, \quad 30\%, \quad -20\%, \quad 25\%$$

이 매니저의 평균수익률(기대수익률)을 산술평균과 기대평균으로 분석하라. (단, 이자계산은 연간복리로 한다고 하자)

| 사례분석 |

ⅰ) 산술평균(AA): μ

$$산술평균(AA) = \frac{\displaystyle\sum_{t=1}^{T} R_t}{T} = \frac{15 + 20 + 30 - 20 + 25}{5} = 14$$

만일 이 매니저가 자신의 실적을 설명하면서 매년 연평균 14%의 수익률 을 기록했다고 투자자들에게 보고한다면 이는 명백한 과대평가라 할 수 있다.

왜냐하면, 총투자금이 $10,000라 가정하면, 실제 5년후 투자원리금은 다음 과 같다.

$10,000(1+0.15)(1+0.20)(1+0.30)(1-0.20)(1+0.25) = $17,940 (실제 투 자원리금)

그러나, 산술평균인 연간 14%의 수익률을 실현했다면 다음과 같이 투자원 리금이 과대평가된다.

$10,000(1+0.14)^5 = \ $19,254

ⅱ) 기하평균(GA): $\mu - \dfrac{\sigma^2}{2}$

$$기하평균(GA) = \sqrt[T]{\prod_{t=1}^{T} (1+R_t)} - 1$$

$$= \sqrt[5]{(1.15)(1.20)(1.30)(1.80)(1.25)} - 1 = 12.40\%$$

이는 다음과 같이 연평균수익률 12.40%로 투자원리금을 구한 결과와 동일하다.

즉, $\$10,000(1+0.1240)^5 = \$17,940$

ⅰ)과 ⅱ)로부터, 투자자들에게 오해 없이 정확한 투자성과를 보고하기 위해서는 '지난 5년간 투자성과는 연평균 12.4%다'라고 해야 한다. 즉, 장기간의 평균수익률을 계산 할 때는 기하평균(GA) 혹은 $\left(\mu - \dfrac{\sigma^2}{2}\right)$을 사용해야 정확하다. 반면, μ는 아주 짧은 기간 동안의 투자수익률의 평균을 구할 때 적합하다. 그래서 실제로 미국의 경우 이러한 정확한 투자성과보고를 법적으로 의무화(규제)하는 곳도 있다.

3) 변동성

지금까지 ABM, GBM 등의 확률과정에서 사용된 변동성(σ)이란 주식수익률의 불확실성을 측정하는 것이었다. 앞에서 이미 설명한 바와 같이 주식가격의 변동(dS)은 대수정규분포(GBM)를, 주식수익률($R = dS/S$)은 정규분포(ABM)를 따른다고 가정하였고, 그러한 가정이 현실적으로 잘 부합하는 이유도 이미 살펴보았다. 따라서, 반드시 기억해야 할 것은 우리가 옵션가격결정모형에서 말하는 변동성이란 '주식수익률의 변동성'이지 주가 자체의 변동성이 아니라는 것이다.

그렇다면 실제 옵션가격결정모형을 적용함에 있어 변동성은 어떻게 구할 수 있는가?

변동성을 구하는 방법에는 크게 두 가지가 있는데, 하나는 과거 주식수익률자료로부터 표준편차를 구하여 이를 변동성으로 하는 방법인데 이를 '역사적 변동성(historical volatility)'이라 하고, 다른 하나는 옵션가격결정이론에서 구한 옵션가격이 시장에서 수요와 공급에 의해 형성된 균형옵션가격이라고 가정하고 옵션결정모형으로부터 역으로 변동성을 추정하는 방법인데, 이는 '내재변동성(implied volatility)'이라 한다. 내재변동성은 블랙-숄즈-머튼모형을 알아야 이해할 수 있기 때문에 뒤에서 설명하기로 하고 여기서는 역사적 변동성을 구하는 방법을 간략하게 소개하고자 한다.

(1) 역사적 변동성

앞에서 설명한 (식 12-11)로부터, $\ln\left(\dfrac{S_T}{S_0}\right)$의 확률과정은 다음과 같다.

$$\ln S_T - \ln S_0 = \ln\left(\frac{S_T}{S_0}\right) = \left(\mu - \frac{\sigma^2}{2}\right)T + \sigma dW$$

즉, $\ln\left(\dfrac{S_T}{S_0}\right)$는 산술브라운운동(ABM)을 따르므로 평균이 $\left(\mu - \dfrac{\sigma^2}{2}\right)T$이고 표준편차가 $\sigma\sqrt{T}$인 정규분포를 따른다. 측정에서 사용할 몇 가지 기호를 소개하면 다음과 같다.

$N+1$ = 측정에 사용할 과거 주식가격(S_j) 자료 수$(j=1,2,3,\cdots\cdots,N+1)$

N = 주식수익률 자료 수(처음에 주식가격 2개가 있어야 수익률 1개가 계산되므로)

$R_j = \ln\left(\dfrac{S_{j+1}}{S_j}\right) = j$ 번째 수익률$(j=1,2,3,\cdots\cdots,N)$

$\overline{R} = \dfrac{\sum\limits_{j=1}^{N} R_j}{N}$ = 주가수익률 N개의 산술평균

S = 주가수익률(R_j)의 표준편차 추정치로서, 다음과 같이 구한다.

$$S = \sqrt{\frac{1}{N-1}\sum_{j=1}^{N}(R_j - \overline{R})^2}$$

(식 4-22)

그런데, $\ln\left(\dfrac{S_T}{S_0}\right)$의 표준편차가 $\sigma\sqrt{T}$이므로, (식 4-22)와 비교하면, 역사적 변동성의 추정치 σ^*는 다음과 같다.

$$\sigma^* \sqrt{T} = S \Rightarrow \sigma^* = \frac{S}{\sqrt{T}} \qquad \text{(식 4-23)}$$

이상을 요약하면, 역사적 변동성은 실무에서 다음과 같은 절차로 측정하게 된다.

역사적 변동성 측정

(1단계) $(N+1)$개의 과거 주식가격자료를 수집: $S_j (j = 1,2,3, \cdots\cdots, N+1)$

(2단계) N개의 주식수익률 계산: $R_j = \ln\left(\dfrac{S_{j+1}}{S_j}\right)(j = 1,2,3, \cdots\cdots, N)$

(3단계) N개의 R_j로부터 평균($\overline{R}$)과 표준편차(S) 계산

(4단계) 변동성의 추정치 계산: $\sigma^* = \dfrac{S}{\sqrt{T}}$

---

(2) 변동성의 특징

변동성의 추정치(σ^*)를 정확하게 구하기 위해 몇 개의 과거자료($N+1$)가 필요한 지에 대해 이론적으로 정확히 말하기는 어려운 일이지만, 실무적으로는 대략 옵션의 만기와 일치시킨다. 즉, 옵션의 만기가 1년이면 1년치 주식가격 자료를 이용한다.

또한, 많은 연구결과에 의하면 변동성은 주가의 변동 때문에 생기고, 주가의 변동은 주식의 거래가 이루어져야 발생한다. 이런 이유 때문에 1년 중 실제 주식이 거래되는 거래일(trading day)수와 달력일(calendar day)수는 다르다. 달력일수는 1년에 365일이지만, 미국과 같이 공휴일이 고정되어 있는 경우(즉, 공휴일이 일요일과 겹치지 않도록 조정됨)에는 1년 주식거래일이 252일이다. 따라서, 옵션의 만기가 1년인 경우 변동성을 추정하기 위해 사용되는 주가자료수는 252개이다.

Tip / 주요 용어

주가변동성 측성에 사용뇌는 자료수＝거래일수(≠날력일수)

---

3 | 블랙-숄즈-머튼모형: 차익거래모형

1) 블랙-숄즈-머튼모형에 사용되는 가정[6]

(가정1) 주가는 기하브라운운동(대수정규분포)을 따른다.

(가정2) 증권의 공매가 허용되며, 공매대금은 전액 사용 가능하다.

(가정3) 거래비용과 세금이 없다.

(가정4) 파생상품 만기까지 기초자산에 배당이 없다.

(가정5) 증권의 거래는 연속적으로 이루어진다.

(가정6) 무위험이자율(r)은 변하지 않으며, 모든 만기에 대해 일정하다.

(가정7) 증권은 완전히 분할될(perfectly divisible) 수 있다.

(가정8) 시장에 차익거래기회가 존재하지 않는다(no arbitrage opportunity).

이러한 가정들은 추후 많은 연구를 통해 보다 현실에 적합하도록 보완되어 왔다. 예를 들어, 뒤에서 설명하겠지만, (가정4)를 완화하여 배당이 있는 경우의 모형으로 확장할 수 있고, (가정6)을 완화하여 무위험이자율이 시간이 지남에 따라 변하는 경우로 확장가능하며, 심지어 (가정1)을 완화하여 주가의 점프(jump)가 있는 점프-확산모형(jump-diffusion model)으로 확장할 수 있다. 이렇게 가정들을 완화하여 보다 현실적인 모형을 만드는 것은 본서의 범위를 넘으므로 여기서는 다루지 않는다. 자세한 유도와 설명은 참고문헌에 있는 관련 자료들을 참고하기 바란다.

2) 미분방정식유도

(1) 기본 원리

블랙-숄즈-머튼모형의 미분방정식은 배당을 지급하지 않는 주식을 기초로 하는 모든 파생상품 가격이 만족해야 하는 방정식이다. 이러한 미분방정식을 도출

---

6) 블랙-숄즈-머튼모형과 관련한 내용들은 다음 2개의 논문을 참조바람: 1) F. Black and M. Scholes, "The Theory of Options and Corporate Liabilities", *Journal of Political Economy*, 81(May-June 1973): 637-659. 2) R. C. Merton, "Theory of Rational Option Pricing", *Bell Journal of Economics and Management Science*, 4(Spring 1973): 141-183.

하기 위한 기본 원리는 이항분포모형의 차익거래모형과 유사하다. 즉, 주식가격과 주식옵션가격이 동일한 불확실성(즉, 주식의 변동성)에 의존하므로 주식가격과 주식옵션가격 사이에 완전한 상관계수(perfect correlation)가 존재한다. 따라서, 주식과 옵션을 잘 결합하면 무위험포트폴리오(riskless portfolio)를 구성할 수 있으며, 무위험포트폴리오는 수익률이 무위험이자율(r)이어야 하므로 r을 할인율로 하여 현재 포트폴리오의 가치와 현재 옵션가치를 구할 수 있다.

예를 들어, 짧은 기간(Δt) 동안의 주식가격의 변화(ΔS)와 유러피언 콜옵션가격의 변화(Δc) 사이에 다음과 같은 관계가 성립한다고 하자.

$$\Delta c = 0.5 \Delta S \qquad\qquad (식 4-24)$$

이 경우, 이항분포모형에서와 마찬가지로, 콜옵션 1개를 매도하고 주식 0.5주를 매입하면 다음과 같이 포트폴리오 P를 구성할 수 있다.

$$P = 0.5S - c \qquad\qquad (식 4-25)$$

(식 4-25)에서 주가가 조금 변동하면(ΔS) 콜옵션과 포트폴리오 모두 Δc, ΔP만큼 변하므로 다음과 같은 결과를 얻게 된다.

$$\Delta P = 0.5 \Delta S - \Delta c \qquad\qquad (식 4-26)$$

(식 4-24)를 (식 4-26)에 대입하면,

$$\Delta P = 0.5 \Delta S - \Delta c = 0.5 \Delta S - 0.5 \Delta S = 0$$

즉, (식 4-25)에 있는 포트폴리오 $P = 0.5 S - c$는 무위험포트폴리오가 된다. 즉, 주가가 상승하면 주식에서 이익을 얻고 콜옵션매도에서는 손실을 입게 되며, 반대로 주가가 하락하면, 주식에서 손실을 입고 콜옵션매도에서는 이익을 얻게 된다. 여기서 이익과 손실이 정확히 상쇄되므로 완전한 헷지가 되는 무위험포트폴리오가 되는 것이다.

따라서, 블랙-숄즈-머튼모형에서 미분방정식을 유도하는 기본 원리는 기초자산과 파생상품사이에 존재하는 동일한 변동성(불확실성)을 서로 상쇄시켜 제거함으로써 무위험포트폴리오를 생성하고, 무차익거래논리(no arbitrage argument)를 적용하여 방정식을 유도하는 것이다.

(2) 미분방정식

(가정1)로부터 짧은 기간(Δt) 동안 기초자산인 주식의 가격변화(ΔS)는 다음과 같이 기하브라운운동(GBM)을 따른다.

$$\Delta S = \mu S \Delta t + \sigma S \Delta W \qquad\qquad\qquad\qquad (\text{식}\,4-27)$$

만일 위의 주식을 기초자산으로 하는 파생상품가격을 f 라 하면 이는 기초자산 가격 S와 시간 t의 함수가 된다. 즉, $f = f(S, t)$. 이러한 $f(S, t)$를 3장의 이토 정리에 적용하면 짧은 기간(Δt) 동안 $f(S, t)$의 변화(Δf)에 관해 다음과 같은 확률과정을 얻을 수 있다.

$$\Delta f = \left(\frac{\partial f}{\partial s}\mu S + \frac{\partial f}{\partial t} + \frac{1}{2}\frac{\partial^2 f}{\partial S^2}\sigma^2 S^2 \right)\Delta t + \frac{\partial f}{\partial S}\sigma S \Delta W \qquad\qquad (\text{식}\,4-28)$$

(식 4−27)과 (식 4−28)로부터 ΔS와 Δf의 확률과정은 공통된 불확실성 (ΔW)에 노출되어 있다. 따라서, 이러한 공통된 불확실성을 제거하면 무위험포트 폴리오(P)를 생성할 수 있다.

즉, 무위험포트폴리오 P는 다음과 같다. 여기서 한 가지 아주 중요한 사실은 이러한 무위험상태가 현재부터 만기까지 지속되는 것은 아니고, 단지 Δt 동안만 유지된다는 것이다. 따라서, 무위험상태를 계속 유지하기 위해서는 시시각각 변하는 주식가격 변동에 대한 옵션가격의 민감도(즉, $\frac{\partial f}{\partial S}$)를 계속적으로 재산출하여 다음 식에 적용해야 한다.

$$P = \frac{\partial f}{\partial S}S - f = \text{무위험포트폴리오} \qquad\qquad\qquad (\text{식}\,4-29)$$

따라서, 무위험포트폴리오의 변화(ΔP)를 산출하기 위해 (식 4−27)과 (식 4−28)을 연립방정식으로 놓고, $[(\text{식}4-27) \times \frac{\partial f}{\partial S} - (\text{식}4-28)]$을 풀면, 다음과 같이 불확실성($\Delta W$)을 없앨 수 있다.

$$\frac{\partial f}{\partial S}\Delta S = \frac{\partial f}{\partial S}(\mu S\Delta t + \sigma S\Delta W)$$

$$-\Delta f = -\left(\frac{\partial f}{\partial S}\mu S + \frac{\partial f}{\partial t} + \frac{1}{2}\frac{\partial^2 f}{\partial S^2}\sigma^2 S^2\right)\Delta t - \frac{\partial f}{\partial S}\sigma S\Delta W$$

$$\Delta P = \frac{\partial f}{\partial S}\Delta S - \Delta f = -\left(\frac{\partial f}{\partial t} + \frac{1}{2}\frac{\partial^2 f}{\partial S^2}\sigma^2 S^2\right)\Delta t \qquad \text{(식 4-30)}$$

(식 4-30)에서 보듯이 $\left(\frac{\partial f}{\partial S}\Delta S - \Delta f\right)$의 확률과정에는 불확실성($\Delta W$)항목이 포함되어 있지 않다. 다시 말해 불확실성이 사라진 것이므로, $P = \left(\frac{\partial f}{\partial S}S - f\right)$는 무위험포트폴리오가 되는 것이다.

한편, 연간 무위험이자율이 r 이라 하면, 짧은 기간(Δt) 동안 무위험포트폴리오 P 의 수익률은 무위험이자율이어야 하므로 다음을 만족해야 한다.

$$\Delta P = rP\Delta t = r\left(\frac{\partial f}{\partial S}S - f\right)\Delta t \qquad \text{(식 4-31)}$$

(식 4-31)에 대한 자세한 설명은 [심화학습 4-3]을 참조하기 바란다.
따라서, (식 4-30)과 (식 4-31)은 서로 같으므로 다음 식을 얻는다.

$$\Delta P = r\left(\frac{\partial f}{\partial S}S - f\right)\Delta t = -\left(\frac{\partial f}{\partial t} + \frac{1}{2}\frac{\partial^2 f}{\partial S^2}\sigma^2 S^2\right)\Delta t$$

$$\Rightarrow \frac{\partial f}{\partial t} + rS\frac{\partial f}{\partial S} + \frac{1}{2}\sigma^2 S^2\frac{\partial^2 f}{\partial S^2} = rf \qquad \text{(식 4-32)}$$

(식 4-32)를 '블랙-숄즈-머튼의 편미분방정식(PDE: partial differential equation)'이라 부른다. 어떤 책에서는 S에 관한 함수 f 의 편미분을 $f_S(= \frac{\partial f}{\partial S})$라 표현 하기도 하는데, 이 경우 (식 4-32)는 다음과 같이 표시되기도 한다.

$$f_t + rSf_S + \frac{1}{2}\sigma^2 S^2 f_{SS} = rf$$

$$\Delta P = rP\Delta t \tag{a}$$

| 증명 |

Δt기간 동안 P가 P^*로 변동했다고 하면,

$$\Delta P = P^* - P$$

i) 이산복리(discrete compounding)로 이자를 계산할 경우

P는 무위험포트폴리오이므로 Δt기간 후 P는 다음과 같이 무위험이자율 만큼 성장한다.

$P^* = P(1 + r\Delta t) = P + rP\Delta t$. 즉,

$P^* - P = \Delta P = rP\Delta t = $식(a)

ii) 연속복리(continuous compounding)로 이자를 계산할 경우

　i)과 동일한 논리를 적용하되 이자계산을 연속복리로 하면,

$$P^* = Pe^{r\Delta t} \tag{b}$$

그런데, Taylor series를 적용하면,

$$e^{r\Delta t} = 1 + r\Delta t + \frac{1}{2!}(r\Delta t)^2 + \frac{1}{3!}(r\Delta t)^3 + \cdots \tag{c}$$

그런데, Δt는 매우 작으므로,

$$\Delta t^2 \to 0, \ \Delta t^3 \to 0, \ \cdots \ \Delta t^n \to 0 \ \cdots\cdots (n \geq 2) \tag{d}$$

(d)를 (c)에 대입하면,

$$e^{r\Delta t} \approx 1 + r\Delta t \tag{e}$$

이제 (e)를 (b)에 대입하면,

$P^* = Pe^{r\Delta t} \approx P(1 + r\Delta t)$. 따라서,

$P^* - P = \Delta P \approx rP\Delta t = $식(a)

Q.E.D.

3) 블랙-숄즈-머튼 공식: 유러피언 옵션가격

(1) 블랙-숄즈-머튼 공식

(식 4 – 32)에 있는 편미분방정식(PDE)은 앞에서 주어진 가정들 하에서 GBM을 따르는 기초자산을 갖는 모든 파생상품에 대해 성립한다. 따라서, 편미분방성식을 만족하는 수많은 파생상품 중에서 특정 상품의 가격을 구하기 위해서는 위의 PDE 를 풀기 위해 특정상품에 대한 경계조건(boundary condition)이 주어져야 한다. 경계조건 중에는 만기(T) 시 파생상품가치 등이 있다.

따라서, (식 4 – 32)에 있는 편미분방정식(PDE)으로부터 옵션의 가치를 구하려면 옵션을 행사 할 때의 옵션가치를 경계조건으로부터 추정해야 하는데, 아메리칸 옵션에 대해서는 행사시점의 옵션가치 예측이 불가능하고 유러피언에 대해서만 가능하다. 고로, 블랙-숄즈-머튼모형은 아메리칸 옵션에는 적용이 불가능하고, 유러피언 옵션에 대해서만 적용할 수 있는 것이다.

유러피언 옵션에 대한 블랙-숄즈-머튼공식을 유도하기 위한 PDE의 경계조건은 다음과 같다.

콜옵션의 경우: $f = \max(S_T - K, 0)$ (식 4 – 33)

풋옵션의 경우: $f = \max(K - S_T, 0)$

(식 4 – 32)에 있는 편미분방정식(PDE)을 (식 4 – 33)에 있는 경계조건을 이용하여 풀면, 다음과 같은 유러피언 콜옵션과 풋옵션의 현재가치를 구하는 블랙-숄즈-머튼 공식을 유도힐 수 있다. 식에시, S – 현재 주가, K – 행사가격, σ – 주식의 변동성, T = 옵션만기이다.

$c = SN(d_1) - Ke^{-rT}N(d_2)$ (식 4 – 34)

$$p = Ke^{-rT}N(-d_2) - SN(-d_1) \qquad \text{(식 4-35)}$$

$$\text{단, } d_1 = \frac{\ln\left(\dfrac{S}{K}\right) + \left(r + \dfrac{\sigma^2}{2}\right)T}{\sigma\sqrt{T}}$$

$$d_2 = \frac{\ln\left(\dfrac{S}{K}\right) + \left(r - \dfrac{\sigma^2}{2}\right)T}{\sigma\sqrt{T}} = d_1 - \sigma\sqrt{T}$$

$$N(d) = \Pr(Z \le d) = -\infty \text{ 부터 } d \text{ 까지의 표준정규분포의 누적확률([그림 4-4])}$$

심화학습 4-4 열역학방정식과 블랙-숄즈-머튼의 미분방정식

파생상품의 위험분석과 가격결정에 획기적인 기여를 한 업적은 1973년 블랙-숄즈-머튼의 '옵션가격결정이론'이다. 이들은 바슐리에와 같이 주식가격이 브라운운동을 한다는 모형을 설정하고, 시장에 무위험차익거래기회가 없다는 가정 아래 옵션의 가격이 만족하는 미분방정식을 유도했다. 그런데 이 방정식이 놀랍게도 도체에서의 열전달을 기술하는 물리학의 열역학방정식(heat equation)과 형태가 유사했다. 금융 속에서 다시 한번 물리학의 법칙이 발견된 것이다.

이 방정식의 해는 물리학자들이 이미 1백여 년 전에 풀어놓았다. 그러나 블랙과 숄즈는 이 사실을 몰랐기 때문에 한동안 그 해를 구하려고 무던히 애를 썼다고 한다. 이 방정식을 푼 결과가 현재 옵션가격분석의 세계적인 표준이 된 '블랙-숄즈-머튼 옵션가격결정모형'이다. 금융분야에서 이 이론은 물리학에서 뉴턴이나 아인슈타인의 업적에 견줄 수 있을 정도로 혁명적이다. 이후 금융산업 전체를 획기적으로 바꿔놓는 기술상의 변화를 가져왔다고 해도 과언이 아니다.

(2) 모형의 특징

(식 4-34)와 (식 4-35)에 있는 블랙-숄즈-머튼 공식은 다음과 같은 몇 가지 중요한 특징을 가지고 있다.

① 풋-콜 패리티

블랙-숄즈-머튼 공식은 유러피언 옵션들의 가치에 관한 것이므로 앞에서 배운 '풋-콜 패리티'를 만족한다. 즉, (식 4-34)와 (식 4-35)에 있는 옵션가치들은 배당이 없는 경우로서 다음의 풋-콜 패리티를 만족해야 한다.

$$p + S = c + Ke^{-rT}$$

② S가 매우 클 경우 옵션가치

시장에서 현재 주가가 매우 커진다면, d_1, d_2값은 매우 커질 것이고, 이 경우 $N(d_1)$과 $N(d_2)$는 1에 가까워진다. 따라서, (식 4-34)에 $N(d_1) = N(d_2) = 1$을 대입하면, 다음 식을 얻는다.

$$c = S(d_1) - Ke^{-rT}N(d_2) = S - Ke^{-rT}$$

즉, S값이 매우 커지면, 콜옵션은 깊은 내가격(deep ITM)이 되므로 현재옵션의 가치는 현재 내재가치와 같게 된다.

한편, d_1, d_2값이 매우 커져서 $N(d_1)$과 $N(d_2)$가 1에 가까워 지면, $N(-d_1)$과 $N(-d_2)$는 모두0에 가까워진다. 이는 다음과 같은 정규분포의 성질 때문이다.

$$N(d) = \Pr(Z \le d) = 1 - N(-d) \tag{식 4-36}$$

따라서, (식 4-35)에 $N(-d_1) = N(-d_2) = 0$을 대입하면, 다음 식을 얻는다.

$$p = Ke^{-rT}N(-d_2) - SN(-d_1) = 0$$

즉, S값이 매우 커지면, 풋옵션은 깊은 외가격(deep OTM)이 되므로 현재옵션의 가치는 거의 없다고 볼 수 있다.

③ S가 매우 작을 경우 옵션가치

위에서 설명한 ②와 반대로 생각하면 되며, 다음과 같은 결과를 얻는다.

$$(S \to 0) \implies (c \to 0) \text{ and } p = Ke^{-rT} - S$$

④ σ가 매우 작을 경우의 옵션가치

σ가 매우 작아지면, 주식가격은 거의 변동하지 않으므로 무위험자산에 근접한다. 즉, 주식의 수익률은 무위험이자율(r)이라 간주할 수 있고, 따라서 만기 시 주

가는 Se^{rT}가 되어야 한다. 이 경우 콜옵션의 만기 시 가치는 다음과 같다.

$$c_T = \max(S_T - K, 0)$$

$$\Rightarrow c = e^{-rT}\max(Se^{rT} - K, 0) = \max(S - Ke^{-rT}, 0) \qquad \text{(식 4-37)}$$

(식 4-37)을 다음과 같이 두 가지 경우로 나누어 분석해 보자.

ⅰ) $S > Ke^{-rT}$인 경우

$S > Ke^{-rT} \Rightarrow S/K > e^{-rT} \Rightarrow \ln(S/K) > -rT \Rightarrow \ln(S/K) + rT > 0.$

그런데, (식 4-34)에서 $d_1 = \dfrac{\ln\left(\dfrac{S}{K}\right) + rT}{\sigma\sqrt{T}} + \dfrac{1}{2}\sigma\sqrt{T}$이므로,

$(\sigma \to 0) \Rightarrow (d_1 \to \infty)$ and $(d_2 \to \infty) \Rightarrow N(d_1) = N(d_2) = 1 \Rightarrow c = S - Ke^{-rT}$ and $p = 0.$

ⅱ) $S < Ke^{-rT}$인 경우

$S < Ke^{-rT} \Rightarrow S/K < e^{-rT} \Rightarrow \ln(S/K) < -rT \Rightarrow \ln(S/K) + rT < 0.$

그런데, (식 4-34)에서 $d_1 = \dfrac{\ln\left(\dfrac{S}{K}\right) + rT}{\sigma\sqrt{T}} + \dfrac{1}{2}\sigma\sqrt{T}$이므로,

$(\sigma \to 0) \Rightarrow (d_1 \to -\infty)$ and $(d_2 \to -\infty) \Rightarrow N(d_1) = N(d_2) = 0 \Rightarrow p = Ke^{-rT} - S$ and $c = 0.$

ⅰ)과 ⅱ)로부터, σ가 매우 작을 경우의 콜옵션가치$= \max(S - Ke^{-rT}, 0)$이고, 마찬가지 논리로 σ가 매우 작을 경우의 풋옵션가치$= \max(Ke^{-rT} - S, 0)$이다.

⑤ $N(d_1)$과 $N(d_2)$

(식 4-34)와 (식 4-35)에 있는 블랙-숄즈-머튼공식을 다시 쓰면 다음과 같다.

$$c = SN(d_1) - Ke^{-rT}N(d_2)$$

$$p = Ke^{-rT}N(-d_2) - SN(-d_1)$$

i) $N(d_1)$

콜옵션가격 c와 풋옵션가격 p를 기초자산가격 S로 편미분하면 다음과 같다.[7]

$$\frac{\partial c}{\partial S} = N(d_1), \ \ \frac{\partial p}{\partial S} = -N(-d_1) = -[1-N(d_1)] = N(d_1)-1 \qquad \text{(식 4-38)}$$

즉, $N(d_1)$은 델타(delta)와 밀접한 관련이 있다. 콜옵션의 경우 $N(d_1)$ 자체가 델타로서 무위험포트폴리오(P)를 구성할 때 매도한 콜옵션 1개당 매입해야 하는 주식의 수를 말한다. 풋옵션의 경우에는 델타가 $[N(d_1)-1]$이며, 이 또한 의미가 콜옵션과 동일하다.

ii) $N(d_2)$

결론부터 말하면, 유러피언 콜옵션에 대해 $N(d_2)$는 다음과 같은 의미를 가진다.

$$N(d_2) = \Pr(S_T > K) = \Pr(\text{만기 시 ITM}) = \Pr(\text{옵션행사}) \qquad \text{(식 4-39)}$$

왜 유러피언 콜옵션에서 $N(d_2)$가 만기(T) 시 옵션이 행사될 확률(즉, 콜옵션이 내가격(ITM)이 될 확률)인지는 Cox and Ross(1976)의 연구결과에 근거한다. 이에 대한 자세한 설명은 [심화학습 4-5]를 참조하기 바란다.

마찬가지 논리로, 유러피언 풋옵션에서는 만기 시 옵션이 행사될 확률이 다음과 같다.

$$\Pr(S_T < K) = \Pr(\text{만기 시 ITM}) = \Pr(\text{옵션행사})$$
$$= N(-d_2) = 1 - N(d_2) \qquad \text{(식 4-40)}$$

심화학습 4-5　　콜옵션의 $N(d_2) = \Pr(S_T > K)$

Cox and Ross(1976)는 복잡한 수학을 이용하지 않고 비교적 쉬운 방식으로 (식 4-34)와 (식 4-35)에 있는 블랙-숄즈-머튼모형과 동일한 공식을 유도하였다.[8] 이에 대해 간략히 소개하고자 한다.

---

7) 델타공식에 대한 자세한 설명은 뒤에서 배우는 옵션가격의 민감도(그릭 문자)를 참조 바람.

8) Cox, J.C. and S.A. Ross, "The Valuation of Options for Alternative Stochastic Processes", *Journal of Financial Economics* 3, 1976, 145-166.

만기(T) 시 유러피언 콜옵션의 기대가치는 다음과 같다.

$$E(c_T) = p \times (\text{기대 내재가치}) + (1-p) \times (\text{기대 외재가치})$$
$$= p \times E[(S_T \mid S_T > K) - K] + (1-p) \times 0$$
$$= p \times E[(S_T \mid S_T > K) - K] \qquad \text{(식 4-41)}$$

단, $p = \Pr(S_T > K) = $ 만기 시 콜옵션이 내가격(ITM)이 될 확률

(식 4-41)에서 기대외재가치가 0인 이유는 만기(T) 시 외재가치는 0이어야 하기 때문이다. Cox and Ross(1976)는 주가가 기하브라운운동(GBM)을 따른다는 가정으로부터, 다음과 같은 중요한 두 가지 식을 유도하였다.

$$p = \Pr(S_T > K) = N(d_2) \qquad \text{(식 4-42)}$$

$$E[(S_T \mid S_T > K)] = Se^{rT} \frac{N(d_1)}{N(d_2)} \qquad \text{(식 4-43)}$$

(단, d_1과 d_2는 블랙-숄즈-머튼공식에 있는 것과 동일함)

(식 4-41), (식 4-42), 그리고 (식 4-43)을 이용하면, 앞에서 구한 블랙-숄즈-머튼 공식과 동일한 다음과 같은 결과를 얻는다.

$$c = E(c_T)e^{-rT} = p \times E[(S_T \mid S_T > K) - K]e^{-rT}$$
$$= N(d_2) \times [Se^{rT} \frac{N(d_1)}{N(d_2)} - K]e^{-rT}$$
$$= SN(d_1) - Ke^{-rT}N(d_2)$$

⑥ 배당금을 지급하는 기초자산

지금까지는 배당금을 지급하지 않는다는 가정 아래에서 블랙-숄즈-머튼모형을 유도하였다. 기초자산이 배당금을 지급하는 경우에는 다음과 같이 두 가지로 나누어 블랙-숄즈-머튼모형을 조정하면 된다.

ⅰ) 옵션 만기 이전에 현금배당을 지급하는 경우

만기 이전에 지급되는 배당을 예측할 수 있고, 이 배당의 총 현재가치가 D 라면, 배당락 때문에 기초자산가격이 하락하므로, 이 경우 기존의 블랙−숄즈−머튼모형에서 기초자산가격을 다음과 같이 조정하면 된다.

즉, $S \Rightarrow (S-D)$. 따라서, 조정된 모형은 다음과 같다.

$$c = (S-D)N(d_1) - Ke^{-rT}N(d_2) \qquad \text{(식 4−44)}$$

$$p = Ke^{-rT}N(-d_2) - (S-D)N(-d_1) \qquad \text{(식 4−45)}$$

단, $d_1 = \dfrac{\ln\left(\dfrac{S-D}{K}\right) + \left(r + \dfrac{\sigma^2}{2}\right)T}{\sigma\sqrt{T}}$

$d_2 = \dfrac{\ln\left(\dfrac{S-D}{K}\right) + \left(r - \dfrac{\sigma^2}{2}\right)T}{\sigma\sqrt{T}} = d_1 - \sigma\sqrt{T}$

ⅱ) 옵션 만기까지 일정한 배당률로 배당을 지급하는 경우

만일 배당을 만기 전에 몇 회 현금으로 지급하지 않고 주가지수처럼 만기까지 일정한 배당률(q)로 연속적으로 지급하는 경우에는 기초자산가격의 배당락이 연속적으로 발생한다고 할 수 있다. 따라서, 이 경우 기존의 블랙−숄즈−머튼모형에서 기초자산가격을 다음과 같이 조정하면 된다.

즉, $S \Rightarrow Se^{-qT}$. 따라서, 조정된 모형은 다음과 같다.

$$c = Se^{-qT}N(d_1) - Ke^{-rT}N(d_2) \qquad \text{(식 4−46)}$$

$$p = Ke^{-rT}N(-d_2) - Se^{-qT}N(-d_1) \qquad \text{(식 4−47)}$$

단, $d_1 = \dfrac{\ln\left(\dfrac{Se^{-qT}}{K}\right) + \left(r + \dfrac{\sigma^2}{2}\right)T}{\sigma\sqrt{T}} = \dfrac{\ln\left(\dfrac{S}{K}\right) + \left(r - q + \dfrac{\sigma^2}{2}\right)T}{\sigma\sqrt{T}}$

$d_2 = \dfrac{\ln\left(\dfrac{Se^{-qT}}{K}\right) + \left(r - \dfrac{\sigma^2}{2}\right)T}{\sigma\sqrt{T}} = \dfrac{\ln\left(\dfrac{S}{K}\right) + \left(r - q - \dfrac{\sigma^2}{2}\right)T}{\sigma\sqrt{T}} = d_1 - \sigma\sqrt{T}$

⑦ 내재변동성

앞에서 변동성 측정에 관해 설명할 때 역사적 변동성과 내재변동성을 설명한 바 있다. 역사적 변동성은 이미 자세히 설명한 바 있으므로 여기서는 내재변동성에 대해 설명하고자 한다.

내재변동성(implied volatility)이란 시장에서 옵션수요와 공급에 의해 형성되는 옵션가격에 내재해 있는 변동성을 말한다. 옵션가격에 영향을 미치는 6가지 주요 변수(S, K, r, σ, T, D) 중 시장에서 직접 자료로 구할 수 없는 변수는 변동성(σ)뿐이다. 따라서 이 변동성을 추정하고자 과거자료를 이용한 역사적 변동성을 사용하기도 하지만, 역사적 변동성의 한계(즉, 과거와 현재, 미래는 다를 수 있음)때문에 실제 시장에서 옵션을 거래하는 거래자들은 내재변동성을 기준으로 거래하고 있다.

(식 4－34)에 있는 블랙－숄즈－머튼의 콜옵션가격을 예로 들어 살펴보자.

지금까지 우리는 옵션가격에 영향을 미치는 6가지 주요 변수(S, K, r, σ, T, D)들의 값을 안다고 가정하고, 이론적인 콜옵션가격을 구하였다. 그런데, 이제는 역으로 시장에서 옵션수요와 공급에 의해 형성된 콜옵션가격이 공정한 가격(fair price: 차익거래기회가 없는 균형가격)이라 가정하고, 변동성(σ)을 구할 수 있다. 즉, 이제는 콜옵션가격과 5가지 주요 변수(S, K, r, T, D)들의 값을 이용하여, 나머지 변수인 변동성(σ)을 구하면 이것이 바로 내재변동성인 것이다.

예를 들어, (식 4－34)에 있는 블랙－숄즈－머튼모형에서, $S = \$30$, $K = \$25$, $r = 5\%$, $T = 0.5$년, D(배당의 현재가치)$= 0$, 현재 옵션가격$= \$3$라 하자. 그러면, 이 옵션의 시장가격이 공정한 균형가격이라면, 이 옵션은 다음과 같이 블랙－숄즈－머튼공식을 만족해야 한다.

$$\$3 = \$30 N(d_1) - \$25 e^{-0.05(0.5)} N(d_2)$$

단, $d_1 = \dfrac{\ln\left(\dfrac{\$30}{\$25}\right) + \left(0.05 + \dfrac{\sigma^2}{2}\right)(0.5)}{\sigma\sqrt{0.5}}$

$d_2 = \dfrac{\ln\left(\dfrac{\$30}{\$25}\right) + \left(0.05 - \dfrac{\sigma^2}{2}\right)(0.5)}{\sigma\sqrt{0.5}} = d_1 - \sigma\sqrt{0.5}$

따라서, 위의 식에서 미지수는 1개(즉, 변동성인 σ), 방정식도 1개이므로 방정식의 해(solution)는 단 1개 존재하게 된다. 다만, 위의 방정식은 단순한 함수가 아니라 $N(d)$ 속에 적분을 포함하는 등 매우 복잡한 함수이므로 변동성(σ)에 대해 식으로 표현할 수는 없다. 따라서, 변동성(σ)은 0보다 작을 수 없으므로, 아주 작은 수(예컨대, $\sigma = 0.01$)부터 시작하여, 조금씩 σ의 크기를 늘려나가 위의 방정식의 등식이 성립할 때까지 실험을 반복하는 반복탐색법(iterative search method)이나, σ는 옵션가치에 정(+)의 영향을 주므로 임의의 σ를 대입하여 공식의 우변 > \$3이면 σ를 조금 줄이고, 우변 < \$3이면 σ를 조금 늘리는 실험을 반복하는 시행착오법 (trial and error method)을 통해 내재변동성(σ)을 구할 수 있다.

4 | 블랙–숄즈–머튼모형: 위험중립모형

앞에서 이미 설명한 바와 같이 이항분포모형에서 위험선호도(risk preference)와 관련된 어떤 변수도 모형에 포함되어 있지 않다. 즉, 주가상승확률(p)은 미래 옵션 가격의 불확실성에 영향을 주고 이러한 불확실성은 투자자에게 위험(risk)요인이 된다. 그러나 다행스럽게도 이러한 불확실성이 모형에 포함되지 않으므로 이항분 포모형으로 옵션가격을 구할 때 투자자의 위험선호도를 고려할 필요가 없고, 따라서 위험중립세계(risk neutral world)를 가정하고 옵션가격을 구할 수 있었다.

위험중립세계에서는 투자자들이 위험에 대한 보상을 요구하지 않으므로 증권에 대한 수익률로 무위험이자율을 사용할 수 있고, 무위험이자율은 시장에서 쉽게 구할 수 있으므로 할인율을 별도로 구하는 번거로움을 피할 수 있다는 큰 장점이 있다.

이와 같은 위험중립가정을 블랙–숄즈–머튼모형에도 그대로 적용가능하다. 즉, (식 4-32)에 있는 블랙–숄즈–머튼의 편미분방정식(PDE)에서 보듯이 주식의 기대수익률인 μ가 미분방정식에 포함되어 있지 않다. μ는 투자자의 위험선호도와 직접적인 관련이 있는데 이것이 미분방정식에 포함되어 있지 않다는 것은 블랙– 숄즈–머튼모형을 위험중립모형으로도 도출할 수 있음을 의미한다.

위험중립모형으로 블랙-숄즈-머튼공식을 유도하는 것은 이항분포모형과 유사하다. 일반적으로 다음과 같이 3단계로 구할 수 있다.

(1단계) 기초자산의 기대수익률이 무위험이자율(r)이라 가정한다(즉, $\mu = r$).
(2단계) 옵션의 만기(T) 시 기대가치(expected value)를 구한다.
(3단계) 위에서 구한 기대가치를 무위험이자율로 할인하여 현재 옵션가치를 구한다.

이러한 3단계를 거쳐 구한 옵션가격결정공식은 앞에서 차익거래모형으로 구한 블랙-숄즈-머튼공식(즉, (식4-34))과 정확히 일치한다. 위험중립모형에 대한 자세한 산출절차는 [심화학습4-6]을 참고하기 바란다.

심화학습4-6   블랙-숄즈-머튼공식: 위험중립모형

위에서 설명한 위험중립방법으로 블랙-숄즈-머튼공식을 유도해 보자.
(여기서는 유러피언 콜옵션가격에 대해 설명한다. 풋옵션가격도 동일한 방법으로 구할 수 있다)

(1단계) 기초자산의 기대수익률이 무위험이자율(r)이라 가정한다(즉, $\mu = r$).
(2단계) 콜옵션의 만기(T) 시 기대가치(expected value: $E(c_T)$)를 구한다.

먼저, 주가의 변화가 GBM을 따른다고 가정하면, 주가(S_T)는 대수정규분포를 따르고, 만기 시 로그주가($\ln S_T$)의 분포는 (식4-12)에 있는 것처럼 다음과 같은 정규분포를 따른다.

$$
\begin{aligned}
\ln S_T &\sim n\left[\ln S + \left(\mu - \frac{\sigma^2}{2}\right)T,\ \sigma^2 T\right] \\
&= n\left[\ln S + \left(r - \frac{\sigma^2}{2}\right)T,\ \sigma^2 T\right] \quad \text{(왜냐하면 } \mu = r \text{이므로)} \quad \text{(a)}
\end{aligned}
$$

편의상 $\ln S_T$의 평균을 $m = \ln S + \left(r - \frac{\sigma^2}{2}\right)T$, 분산을 $v^2 = \sigma^2 T$라 하자. 이러한 정규분포는 (식4-2)를 이용하여 다음과 같이 표준정규분포(Z)로 변환할 수 있다.

$$Z = \frac{\ln S_T - m}{v} \quad \sim \quad N(0, 1) \tag{b}$$

이 표준정규분포의 확률밀도함수(pdf)를 $f(z)$라 하자.

이제 만기 시 콜옵션의 기대가치를 구해보자.

$$E(c_T) = E[\max(S_T - K, 0)] = \int_K^\infty (s_T - K)g(s_T)ds_T \tag{c}$$

식(c)에 있는 $g(s_T)$는 대수정규분포의 확률밀도함수여서 다루기가 복잡하므로, 식(b)를 이용하여 표준정규분포로 전환해보자. 식(b)로부터 $S_T = e^{vZ+m}$이다. 이제, 식(c)를 표준정규분포의 함수로 전환하면 다음과 같다.

$$
\begin{aligned}
E(c_T) &= \int_K^\infty (s_T - K)g(s_T)ds_T \ . \\
&= \int_{\frac{\ln K - m}{v}}^\infty (e^{vz+m} - K)f(z)dz \\
&= \int_{\frac{\ln K - m}{v}}^\infty e^{vz+m}f(z)dz - K\int_{\frac{\ln K - m}{v}}^\infty f(z)dz
\end{aligned}
\tag{d}
$$

그런데, $f(z)$는 표준정규분포의 확률밀도함수이므로,

$$
\begin{aligned}
e^{vz+m}f(z) &= e^{vz+m}\frac{1}{\sqrt{2\pi}}e^{\frac{-z^2}{2}} \\
&= \frac{1}{\sqrt{2\pi}}e^{\frac{-z^2+2vz+2m}{2}} \\
&= \frac{1}{\sqrt{2\pi}}e^{\frac{-[(z-v)^2+2m+v^2]}{2}} \\
&= \frac{e^{m+v^2/2}}{\sqrt{2\pi}}e^{\frac{-[(z-v)^2]}{2}} = e^{m+\frac{v^2}{2}}f(z-v)
\end{aligned}
\tag{e}
$$

식(e)에서, $f(z-v)$도 표준정규분포의 확률밀도함수이다.

이제 식(e)를 (d)에 대입하면,

$$E(c_T) = e^{m + \frac{v^2}{2}} \int_{\frac{\ln K - m}{v}}^{\infty} f(z - v) dz - K \int_{\frac{\ln K - m}{v}}^{\infty} f(z) dz \qquad \text{(f)}$$

식(f)에서, 첫 번째 적분을 표준정규분포의 누적확률함수인 $N(d)$를 사용하여 표현하면,

$$\int_{\frac{\ln K - m}{v}}^{\infty} f(z - v) dz = 1 - N\left[\frac{(\ln K - m)}{v} - v\right]$$

$$= N\left[\frac{-(\ln K - m)}{v} + v\right] \qquad \text{(g)}$$

(참조: $z = k \implies z - v = k - v : k = \dfrac{(\ln K - m)}{v}$)

$m = \ln S + \left(r - \dfrac{\sigma^2}{2}\right) T$와 $v^2 = \sigma^2 T$를 식(g)에 대입하면,

$$\int_{\frac{\ln K - m}{v}}^{\infty} f(z - v) dz = N\left[\frac{-[\ln K - \ln S - \left(r - \frac{\sigma^2}{2}\right) T]}{v} + v\right]$$

$$= N\left[\frac{\ln\left(\dfrac{S}{k}\right) + \left(r + \dfrac{\sigma^2}{2}\right) T}{\sigma \sqrt{T}}\right] = N(d_1) \qquad \text{(h)}$$

마찬가지로, 식(f)에서, 두 번째 적분을 표준정규분포의 누적확률함수인 $N(d)$를 사용하여 표현하면,

$$\int_{\frac{\ln K - m}{v}}^{\infty} f(z) dz = 1 - N\left[\frac{(\ln K - m)}{v}\right]$$

$$= N\left[\frac{-(\ln K - m)}{v}\right]$$

$$= N\left[\frac{(\ln\left(\dfrac{S}{K}\right) + \left(r - \dfrac{\sigma^2}{2}\right) T}{\sigma \sqrt{T}}\right] = N(d_2) \qquad \text{(i)}$$

식(h)와 (i)를 (f)에 대입하면,

$$E(c_T) = e^{m + \frac{v^2}{2}} \int_{\frac{\ln K - m}{v}}^{\infty} f(z - v)dz - K \int_{\frac{\ln K - m}{v}}^{\infty} f(z)dz$$

$$= e^{m + \frac{v^2}{2}} N(d_1) - KN(d_2) \tag{j}$$

$m = \ln S + \left(r - \dfrac{\sigma^2}{2}\right)T$와 $v^2 = \sigma^2 T$를 식(j)에 대입하면,

$$E(c_T) = e^{\ln S + rT}N(d_1) - KN(d_2) = Se^{rT}N(d_1) - KN(d_2) \tag{k}$$

(3단계) 콜옵션의 만기 시 기대가치를 무위험이자율로 할인하여 현재 옵션가
치를 구한다. 식(k)로부터 현재 옵션가치를 구하면 다음과 같다.

$$c = E(c_T)e^{-rT} = [Se^{rT}N(d_1) - KN(d_2)]e^{-rT} = SN(d_1) - Ke^{-rT}N(d_2)$$

단, $d_1 = \dfrac{\ln\left(\dfrac{S}{K}\right) + \left(r + \dfrac{\sigma^2}{2}\right)T}{\sigma\sqrt{T}}$

$$d_2 = \dfrac{\ln\left(\dfrac{S}{K}\right) + \left(r - \dfrac{\sigma^2}{2}\right)T}{\sigma\sqrt{T}} = d_1 - \sigma\sqrt{T}$$

이는 차익거래모형으로 구한 (식 4-34)의 블랙-숄즈-머튼공식과 정확히
일치한다.

5 | 변동성 미소

변동성 미소(volatility smile)란 옵션에서 특정 만기에 대해 내재변동성(implied
volatility)을 행사가격의 함수로 표시한 것을 말한다.[9] 옵션거래자들이 블랙-숄즈
-머튼모형을 실제 거래에서 사용하기는 하지만 보영과는 다른 방식으로 사용하

---

9) 변동성 미소에 대한 자료는 John C. Hull, *Options, Futures, and Other Derivatives*, 8th Ed.,
   Pearson을 주로 인용함.

는 데, 특히 변동성을 행사가격과 만기에 따라 달리 적용한다. 따라서, 여기서는 주식옵션과 통화옵션을 중심으로 변동성 미소에 대해 살펴보는데, 특히 변동성미소가 미래 자산가격의 분포로 가정한 확률분포(예컨대, 대수정규분포)와 어떤 관계를 갖는지, 그리고 옵션거래자들은 변동성을 어떻게 옵션 만기의 함수로 나타내는지, 그리고 거래자들은 옵션가격을 결정하는 데 변동성 미소를 어떻게 활용하는지 등을 중심으로 설명하고자 한다.

1) 변동성 미소와 풋-콜 패리티

앞에서 이미 설명한 바와 같이 풋-콜 패리티는 행사가격과 만기가 동일한 경우 유러피언 콜옵션과 풋옵션 가격사이에 성립하는 관계식이다. 그런데 이 식에서는 기초자산 가격의 확률분포에 대해서는 가정하지 않는다. 즉, 기초자산 가격의 분포가 대수정규분포를 따르든 정규분포를 따르든 풋-콜 패리티는 성립해야 한다. 이는 주어진 만기와 행사가격에 대해 유러피언 콜옵션 가치평가에 사용되는 내재변동성과 유러피언 풋옵션 가치평가에 사용되는 내재변동성이 같아야 함을 의미하며, 풋-콜 패리티로부터 변동성 미소가 유러피언 콜옵션과 풋옵션의 경우 동일함을 알 수 있다.

2) 통화옵션의 변동성 미소

옵션거래자들이 통화옵션의 가치를 평가하는데 이용하는 변동성 미소의 일반적인 형태는 다음 [그림 4-6]과 같다. 그림을 설명하자면, 가운데 부분인 등가격(ATM)에서 내재변동성이 가장 낮고, 내가격(ITM)이나 외가격(OTM)상태로 중앙에

[그림 4-6] 통화옵션의 변동성 미소

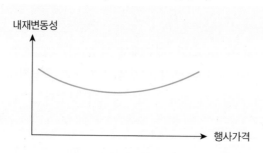

[그림 4-7] 통화옵션의 내재분포와 대수정규분포

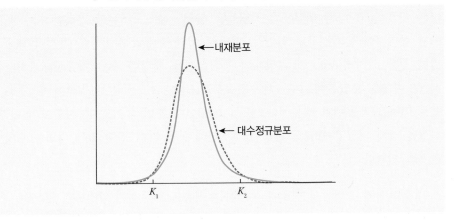

서 좌우로 이동함에 따라 내재변동성은 커지는 형태를 보여주고 있다.

한편, [그림 4-7]은 [그림 4-6]의 내재변동성과 일관성을 갖는 내재분포 (implied distribution)와 대수정규분포를 보여주고 있는데, 여기서 대수정규분포는 내재분포와 동일한 평균과 표준편차를 갖고 있다. 내재분포는 대수정규분포보다 두터운 꼬리(fatter tail)을 가지고 있어 첨도(kurtosis)가 더 크다는 걸 알 수 있다.

[그림 4-7]에서 내재분포가 왜 [그림 4-6]의 내재변동성과 일관성이 있는지 살펴보기로 하자. 통화콜옵션의 경우 행사가격이 K_2라 할 때, 환율이 K_2보다 높은 경우에만 이득을 보게 되는 데 이렇게 될 확률은 대수정규분포보다 내재분포일 경우 더 높다는 것을 알 수 있고, 이는 내재분포를 적용할 경우 옵션가격이 더 높게 계산된다는 것을 의미한다. 즉, 높은 옵션가격은 높은 내재변동성을 가지므로 [그림 4-6]의 내재변동성이 [그림 4-7]의 내재분포와 일관성이 있음을 알 수 있다. 낮은 행사가격 K_1을 갖는 통화풋옵션도 같은 논리로 설명할 수 있는데, 환율이 K_1보다 작을 경우 이득이 생기며 이렇게 될 확률은 대수정규분포보다 내재분포에서 더 높으며 따라서 내재분포를 적용하면 상대적으로 옵션가격이 더 높게나오고 이는 내재변동성이 더 높음을 의미하므로 두 분포가 일관성이 있음을 보여준다.

통화옵션에서 거래자들이 변동성 미소를 사용한다는 것은 대수정규분포를 적용할 경우 환율이 극단적으로 움직일 확률을 과소평가하는 점을 인식하고 있음을 의미하며, 많은 실증연구들은 변동성 미소와 두터운 꼬리의 존재를 확인해 주고 있다.[10] 1980년대 중반에는 소수의 거래자들만이 환율분포가 두터운 꼬리를 갖는다는 것을 알고 다른 대부분의 사람들은 블랙-숄즈-머튼이 가정한 대수정규분포가 합리적이라 가정하고 있었다. 따라서 이런 소수의 사람들은 가격이 매우 저렴한 깊은 외가격(deep OTM)상태의 통화옵션을 매입한 후 내가격상태로의 전환시 큰 이득을 보았는데, 이는 대수정규분포(블랙-숄즈-머튼)가정보다 더 높은 확률로 이득을 제공했기 때문이다. 물론, 1980년대 후반 들어 많은 사람들이 이러한 사실을 알게 되었고 효율적 시장원리로 인해 돈을 많이 벌수 있는 기회는 점차 사라지게 되었다.

통화옵션에서 변동성 미소가 존재하는 이유는 변동성이 일정하지 않으며, 중앙은행의 환율정책 등으로 환율에 자주 점프(jump)가 발생하기 때문인데, 이로 인해 극단적인 결과가 발생할 가능성이 높다. 환율변동성이 일정하지 않거나 점프가 발생할 경우 그 영향은 옵션만기에 따라 다르게 나타날 수 있는데, 이는 옵션만기가 증가함에 따라 변동성이 가격에 미치는 영향이 보다 확실하게 나타나기 때문이다. 다만, 점프가 가격이나 변동성에 미치는 영향은 상대적으로 작아 변동성 미소가 덜 확실하게 나타나는데 이는 만기가 충분히 긴 옵션의 경우 점프는 서로 상쇄되고(average out) 확률분포가 유연하게 변하는 경우와 별 차이가 없기 때문이다.

3) 주식옵션의 변동성 미소

주식옵션의 변동성 미소는 1987년 이전에는 명확하게 존재하지 않았고, 그 이후 거래자들이 개발주식옵션과 주가지수옵션의 가치평가에 사용한 변동성 미소는 다음 [그림 4-8]과 같은데 이를 변동성 왜도(volatility skewness)라고도 한다.[11]

[그림 4-8]에서 보듯이 주식옵션의 내재변동성은 행사가격이 증가함에 따라 감소하는데, 행사가격이 낮은 옵션(OTM풋옵션, ITM콜옵션)에 사용되는 변동성은

---

10) 대표적인 실증연구로 J.C. Hull and A. White, "Value at Risk When Daily Changes in Market Variables are not Normally Distributed", *Journal of Derivatives 5*, No.3(Spring 1998), 9-19.

11) 주식옵션 변동성 미소에 관한 주요 연구는 다음 논문을 참조 바람: J.C. Jackwerth and M. Rubinstein, "Recovering Probability Distributions from Option Prices", *Journal of Finance*, 51(Dec. 1996), 1611-31; M. Rubinstein, "Nonparametric Tests of Alternative Option Pricing Models Using All Reported Trades and Quotes on the 30 Most Active CBOE Option Classes fron August 23, 1976, Through August 31, 1978", *Journal of Finance*, 40(June. 1985), 455-80; M. Rubinstein, "Implied Binomial Trees", *Journal of Finance*, 49(July. 1994), 771-818.

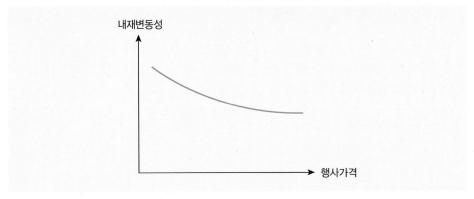

[그림 4-8] 주식옵션의 변동성 미소

내재변동성

행사가격

[그림 4-9] 주식옵션의 내재분포와 대수정규분포

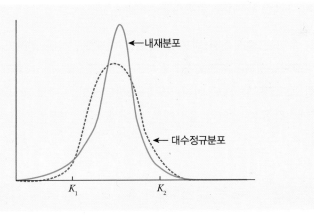

내재분포

대수정규분포

K_1 K_2

행사가격이 높은 옵션(ITM풋옵션, OTM콜옵션)의 가치평가에 사용되는 변동성보다 훨씬 크다. 이러한 주식옵션의 내재변동성과 다음 [그림 4-9]의 내재분포는 일관성을 갖는다.

[그림 4-9]에서 보듯이 내재분포와 동일한 평균과 표준편차를 갖는 대수정규분포가 점선으로 표시되어 있는데, 내재분포는 대수정규분포보다 더 두터운 왼쪽 꼬리와 덜 두터운 오른쪽 꼬리를 갖는다. 내재변동성과 내재분포가 왜 일관성을 갖는지 살펴보기 위해 깊은 외가격(deep OTM)옵션을 살펴보기로 하자. 행사가격이 K_2인 깊은 외가격 콜옵션의 경우, 대수정규분포일 때 보다 내재분포일 때 콜옵션가격이 더 낮을 확률이 높고, 이는 행사가격이 높을 때 내재변동성이 더 낮아

져 옵션가격이 낮아지는 [그림 4-8]의 결과와 일치한다. 마찬가지로, 행사가격이 K_1인 깊은 외가격 풋옵션의 경우, 대수정규분포일때 보다 내재분포일때 풋옵션이 이득을 볼 확률이 더 높고 따라서 내재분포를 적용할 때 상대적으로 더 높은 풋옵션가격(즉, 상대적으로 더 높은 내재변동성)으로 계산된다는 것이기 때문에 [그림 4-8]과 일치한다.

이러한 주식옵션의 변동성 미소가 존재하는 이유는 레버리지(leverage)와 관련이 있다. 레버리지를 부채비율(＝부채/자기자본)로 정의할 경우, 자기자본가치가 감소하면 레버리지는 증가하고, 이는 자기자본이 보다 위험해지고, 위험이 커지면 변동성은 증가한다고 볼 수 있다. 자기자본가치가 증가하면 그 반대가 된다. 이러한 논리에 따르면 자기자본의 변동성은 주식가격과 반비례관계를 갖게 되며, 이는 [그림 4-8], [그림 4-9]와 일관성을 갖는다.

참고로, 우리는 본서에서 변동성 미소를 내재변동성과 행사가격의 함수로 정의했으나, 내재변동성과 주당행사가격(K/S)으로 정의하거나, 내재변동성과 옵션델타 간의 함수로 정의하기도 한다. 특히 옵션델타의 함수로 정의할 경우에는 유러피언과 아메리칸옵션 이외의 옵션에도 변동성 미소 적용을 가능하게 해준다는 장점이 있다.

| 심화학습 4-7 | 변동성 미소로부터 위험중립분포의 추정 |

브리든과 리첸버거(Breeden and Litzenberger)는 위험중립확률분포를 변동성 미소로부터 추정할 수 있는 결과를 논문으로 발표하였다.[12] 그 주요내용을 간략히 요약, 정리하면 다음과 같다.

행사가격이 K이고 잔존만기가 T인 유러피언콜옵션의 현재가치 c는 다음과 같다.

$$c = e^{-rT}[\max(S_T - K, 0)] = e^{-rT} \int_K^\infty (s_T - K)g(s_T)ds_T \qquad \text{(a)}$$

여기서 r은 이자율이고 만기까지 일정하다고 가정한다. S_T는 만기시 기

---

12) Breeden, D.T. and R.H. Litzenberger, "Prices of State-Contingent Claims Implicit in Option Prices", *Journal of Business*, 51(1978), 621-51.

초자산가격, $g(s_T)$는 S_T의 위험중립확률밀도함수(risk-neutral pdf)이다. 식 (a)의 양변을 K에 대해 한번 미분하면,

$$\frac{\partial c}{\partial K} = (-)e^{-rT}\int_{K}^{\infty} g(s_T)\,ds_T \qquad \text{(b)}$$

식(b)의 양변을 K에 대해 한 번 더 미분하면,

$$\frac{\partial^2 c}{\partial K^2} = e^{-rT}g(K) \qquad \text{(c)}$$

식(c)로 부터 위험중립확률밀도함수 $g(K)$는 다음과 같이 유도할 수 있다.

$$g(K) = e^{rT}\frac{\partial^2 c}{\partial K^2} \qquad \text{(d)}$$

식(d)는 변동성 미소로부터 위험중립확률분포를 추정할 수 있음을 보여준다. 다음과 같은 사례를 통해 이 같은 결과를 쉽게 이해할 수 있다.

┃ 사례 ┃

c_1, c_2, c_3는 만기가 T이고 행사가격이 각각 $K-\delta$, K, $K+\delta$인 유러피언콜옵션가격이라 하자. δ가 아주 작다고 가정하고 이와 같은 정보를 기초로 다음과 같이 $g(K)$를 추정할 수 있다. 우선, 주어진 세 개의 콜옵션을 이용하여 나비형스프레드(butterfly spread)[13]전략을 구성해 보자. 즉, 행사가격이 비교적 낮은($K-\delta$) 콜옵션 1개와 비교적 높은($K+\delta$) 콜옵션 1개를 매입하고 동시에 앞의 두 콜옵션 행사가격의 중간(K) 행사가격을 갖는 콜옵션 2개를 매도한다. 이러한 전략의 현재가치는 $(c_1 + c_3 - 2c_2)$이며, 이 가치는 시장에 아비트라지 기회가 없다면 이 전략의 만기시 이득을 무위험이자율로 할인하여 얻은 값과 같아야 한다. 그런데 이 전략의 만기시 이득은 아래 그림에서와 같이 삼각형의 넓이와 같고 이는 $\frac{1}{2}\delta(2\delta) = \delta^2$이다.

---

13) 나비형스프레드(butterfly spread)는 행사가격이 다른 3개의 옵션을 이용하여 구성하는 투자전략이다. 예를 들어, 만기는 모두 같고 행사가격이 비교적 낮은(K1) 콜옵션 1개와 비교적 높은(K3) 콜옵션 1개를 매입하고 동시에 앞의 두 콜옵션 행사가격의 중간(K2 = (K1+K3)/2) 행사가격을 갖는 콜옵션 2개를 매도하는 전략이 있다.

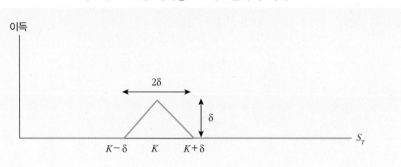

[그림 4-10] 나비형스프레드전략의 이득

이득

2δ

δ

$K-\delta$ K $K+\delta$ S_T

즉, $c_1 + c_3 - 2c_2 = e^{-rT}[E(\text{만기시 이득})] = e^{-rT}[g(K)\delta^2]$.　(e)

식(e)에서 확률이 $g(K)$인 이유는 δ 값이 아주 작은 수라 가정했기 때문에 3개의 확률 $g(K-\delta)$, $g(K)$, $g(K+\delta)$가 거의 같은 값으로 수렴하기 때문이다.

식(e)를 $g(K)$에 대해 정리하면 다음과 같이 위험중립확률밀도함수 $g(K)$가 얻어진다.

$$g(K) = e^{rT}\frac{c_1 + c_3 - 2c_2}{\delta^2}$$　(f)

6 │ 상태가격결정이론과 옵션가격

1) 상태가격결정이론

상태가격결정이론(state pricing theory)이란 상태가격을 이용하여 자산이나 상품의 가격을 결정하는 이론이다. 여기서 상태(state)란 미래시점의 특정한 상황을 의미하는데, 미래의 불확실성을 표시하는 방법이다. 예를 들어 미래의 경제불확실성을 표시하기 위해 경제상태를 호황(boom), 평균수준(average), 불황(recession) 등 3개로 구분하여 표시할 수 있다. 이 경우 우리는 3개의 상태(state)로 미래 경제의 불확실성을 표시하는 것이다.

앞으로 논의의 편의를 위해 다음과 같은 기호(notation)를 사용하고자 한다.

$s \equiv$ 상태(state)를 표시하는 확률변수($s = 1, 2, 3, \cdots n$)

$p(s) \equiv$ 상태 s가 발생할 확률

$\pi(s) \equiv$ 상태 s에서 Arrow증권의 가격($=$ state price)($s = 1, 2, 3, \cdots n$)

$y(s) \equiv$ 상태 s에서 자산 y가 지급하는 금액($s = 1, 2, 3, \cdots n$)

$r \equiv$ 무위험이자율

Arrow증권이란 경제학자인 Kenneth Arrow의 이름을 인용한 증권으로 특정 상태 s에서만 현금 1단위를 지급하고 다른 상태에서는 아무런 지급이 없는 증권을 말한다. Arrow−Debreu증권이라고도 하는데 본 서에서는 편의상 간략하게 Arrow증권이라 표시한다. 만일 시장에서 상태의 수와 독립적인 자산의 수가 같을 경우, 그러한 시장을 '완전시장(complete market)'이라 한다.[14] 시장이 완전한 경우 상태가격을 통해 일반 증권이나 자산의 균형가격을 구할 수 있는데 이를 상태가격 결정이론(state pricing theory)이라 하며, 옵션가격도 예외가 아니다. 지금까지는 이항분포모형이나 Black−Scholes−Merton모형을 통해 옵션의 가치를 평가하였으나 여기서는 상태가격을 통해 옵션가격을 구하고자 하는 것이다.

2) 확률할인요인과 위험중립가치평가

확률할인요인(SDF: stochastic discount factor)이란 가격결정 시 미래현금을 할인하여 현재가치를 구할 때 사용되는 할인율로 정의되며, 하나의 상수가 아니라 미래 상태(s)의 불확실성을 반영한다는 의미에서 확률이라는 용어가 사용된다. 즉, 확률할인요인은 상수가 아니라 상태의 확률이 반영된 할인요인이다. 확률할인요인은 수학적으로는 가격결정이론(asset pricing theory)에서 핵심적인 부분으로 가격결정 시 기대값을 구하는 적분에서 적분의 핵(kernel) 역할을 하기 때문에 가격결정 핵(pricing kernel)이라 불리기도 한다.

위에서 정의한 기호를 이용하여 상태가격결정이론을 살펴보고자 한다.

---

14) 완전시장을 수학적으로 표현하면, 자산들 지급행렬(payoff matrix)의 행렬식(determinant)이 0이 아니라는 것이다. 이는 상태별 지급액(payoff)들이 서로 독립적이어서 어느 특정 자산의 지급액이 다른 자산들의 지급액으로 복제될 수 없음을 의미한다. 즉, 모든 자산들의 지급액이 모든 상태에 대해 서로 독립적임을 의미한다.

먼저, 완전시장을 가정하면, Arrow증권을 이용하여 증권 y 의 가격 $p(y)$는 다음 (식4-48)과 같이 표현할 수 있다.

$$p(y) = \sum_{s=1}^{n} \pi(s)y(s) \tag{식4-48}$$

(식4-48)을 이용하면, 어느 상태에서든 항상 1을 지급하는 무위험자산의 가격 B는 다음 (식4-49)와 같이 표현할 수 있다.

$$B = \sum_{s=1}^{n} [\pi(s) \times 1] = \frac{1}{1+r} \tag{식4-49}$$

(식4-49)로부터, 상태가격의 합($\equiv \pi(0)$)은 무위험자산의 가격과 같다. 즉,

$$\pi(0) = \sum_{s=1}^{n} \pi(s) = B = \frac{1}{1+r} \tag{식4-50}$$

상태가격과 위험중립확률(risk neutral probability)과의 관계를 살펴보기 위해 (식4-48)을 이용해 보자.

$$
\begin{aligned}
p(y) &= \sum_{s=1}^{n} \pi(s)y(s) \\
&= \pi(0) \sum_{s=1}^{n} \frac{\pi(s)}{\pi(0)} y(s) \\
&= \frac{1}{1+r} \sum_{s=1}^{n} q(s)y(s) \\
&= \frac{1}{1+r} E^{Q}[y]
\end{aligned}
\tag{식4-51}
$$

(식4-51)에서 $q(s) \equiv \dfrac{\pi(s)}{\pi(0)}$ 를 위험중립확률이라 정의한다. 즉, 위험중립확률은 상태가격을 무위험자산가격으로 나눈 것이다. 우리가 여기서 $q(s)$ 를 확률이라 부르는 이유는 합이 1이고 개별 값이 0보다 작지 않은 즉 비음수이기 때문이고, '위험중립'이라 하는 이유는 이 확률을 이용해서 모든 자산들의 기대수익률을 계

산하면 무위험이자율이 되기 때문이다. 즉, (식 4−51)을 다시 쓰면,

$$1 + r = \frac{E^Q[y]}{p(y)} = 1 + \text{기대수익률}$$
$$\Rightarrow \text{기대수익률} = r \, (= \text{무위험이자율})$$

여기서 기대치를 표시할 때 $E^Q[\,\bullet\,]$로 표시한 것은 기대값을 구할 때 실제 확률을 사용하지 않고 무위험중립확률을 사용하기 때문이다. 이러한 이유로 상태가격결정모형은 위험중립가치평가(risk neutral pricing)모형이고 옵션가치도 이 방법으로 평가할 수 있다.

사례 4-3 Arrow증권을 이용한 자산 가격결정

시장에 2개의 증권 A, B가 존재하고, 다음 기에 경제상황은 2개의 상태(호황, 불황)가 존재한다고 하자. 각 상태 별 증권들의 지급액(payoff)과 균형가격은 다음 표와 같다.

증권	가격	지급액(payoff)	
		상태1(호황) ($s=1$)	상태2(불황) ($s=2$)
A	$P(A) = 1.65$	3	1
B	$P(B) = 1.00$	2	0.5

(1) Arrow증권 가격을 구해보자.

(식 4−48)로부터, $\begin{cases} P(A) = 1.65 = 3\pi(1) + 1\pi(2) \\ P(B) = 1.00 = 2\pi(1) + 0.5\pi(2) \end{cases}$

식이 2개이고 미지수가 2개 이므로, 위 연립방정식은 유일한 해를 갖는다. 연립방정식을 풀면, $\pi(1) = 0.35$, $\pi(2) = 0.60$.

(* 참조: 2개의 증권 지급액이 상호 독립이고 증권수가 상태의 수와 같은 이런 시장을 '완전시장'이라 한다)

(2) 위험중립확률을 구해보자.

상태가격의 합, $\pi(0) = \pi(1) + \pi(2) = 0.35 + 0.60 = 0.95$.

따라서, 위험중립확률은 $q(1) \equiv \dfrac{\pi(1)}{\pi(0)} = \dfrac{0.35}{0.95} = \dfrac{7}{19}$,

$$q(2) \equiv \frac{\pi(2)}{\pi(0)} = \frac{0.60}{0.95} = \frac{12}{19}.$$

(3) 증권A를 기초자산으로 하고, 행사가격이 2인 콜옵션 C의 가치를 구해보자.

호황 시 콜옵션 지급액: $\max(A - K, \ 0) = \max(3 - 2, \ 0) = 1$.

불황 시 콜옵션 지급액: $\max(A - K, \ 0) = \max(1 - 2, \ 0) = 0$.

(식 4-48)을 이용하면, $C = 1(0.35) + 0(0.60) = 0.35$.

이상의 결과로부터 확률할인요인(SDF)은 다음 (식 4-52)와 같이 정의된다.

$$SDF \equiv m(s) = \frac{\text{상태가격}}{\text{상태확률}} = \frac{\pi(s)}{\Pr(s)} \tag{식 4-52}$$

이제 현금흐름이 $y(s)$인 증권y의 공정가격 $P(y)$를 SDF를 이용하여 표시하면 다음과 같다.

$$
\begin{aligned}
p(y) &= \sum_s \pi(s)y(s) \\
&= \sum_s \Pr(s)[\frac{\pi(s)}{\Pr(s)}]y(s) \\
&= \sum_s \Pr(s)m(s)y(s) \\
&= E[m(s)y(s)] = E[m(s)]E[y(s)] + cov[m(s), y(s)] \tag{식 4-53}
\end{aligned}
$$

무위험채권 B의 경우 상태가 어떻게 되든 항상 1을 지급하므로 무위험이자율을 r이라 하면, $P(B) = \frac{1}{1+r}$이 된다. (식 4-53)과 결합하면,

$$P(B) = E[m(s)y(s)] = E[m(s) \times 1] \Rightarrow E[m(s)] = \frac{1}{1+r}.$$

여기서는 이산확률과정, 단일 기간에 대해 상태가격결정이론을 소개하였으나, 이를 좀 더 확장하면 연속확률과정, 다기간 등에 대해서도 적용할 수 있지만, 적분을 사용해야 하는 등 좀 더 복잡하고 고급 수학을 필요로 하므로 관심 있는 독자들은 고급 자산가격결정이론을 참조하기 바란다.

Chapter 05

주요 옵션

세계 파생상품시장에서 거래되는 옵션의 종류는 대단히 많기 때문에 제한된 지면으로 이를 다 소개하기는 거의 불가능하다. 시장에 발행되고 나서 지속적으로 거래되는 옵션도 많지만, 도입되고 나서 얼마 지나지 않아 투자자의 외면을 받고 사라지는 옵션들도 부지기수이다. 지금도 전 세계 곳곳에서 많은 금융공학자(financial engineer)들과 투자전문가들이 고객의 수요에 부응하기 위해 수많은 옵션들을 만들어 내고 있지만 시장에서 꾸준하게, 널리 거래되는 상품은 제한적이다.

5장에서는 거래소시장에서 지속적으로 거래되고 있는 대표적인 옵션들을 주로 소개하고자 한다. 즉, 개별 주식옵션, 주가지수옵션, 금리옵션, 통화옵션, 선물옵션 등에 대해 옵션의 거래명세, 거래방법, 종류, 옵션가치평가, 그리고 이들 옵션을 이용한 투자전략 등에 대해 살펴보고자 한다.

1 | 주식옵션

1) 주식옵션 개요

주식옵션(stock option)은 개별주식을 기초자산으로 하는 옵션을 말하며 금융옵션 중에서 가장 오래된 상품이며 가장 활발히 거래되는 옵션이다. 미국의 경우 1973년 주식옵션이 처음 거래되기 시작했고 CBOE, AMEX, PHLX 등이 활발하게 주식옵션이 거래되는 거래소들이다. 현재 미국에서는 500여개 이상의 주식옵션의 거래가 활발히 이루어지고 있으며, IBM, GM(General Motors) 주식에 대한 옵션이 활발히 거래되는 대표적인 주식옵션들이다. 우리 나라에서도 2002년 처음 도입되어 현재 삼성전자, 포스코, KT주식 등 30여개 이상의 개별주식에 대한 옵션이 거래되고 있으며, 주식에 대한 헷지, 투기, 다양한 투자전략 등에 활용되고 있다.

거래소가 일정한 요건을 갖춘 주식에 대하여 행사가격과 인도월(혹은 만기월)을 정하여 상장을 하면 투자자가 옵션거래 대상으로 주식에 대하여 콜이나 풋을 발행함으로써 옵션거래가 이루어진다. 이와 같이 옵션거래의 대상이 되는 개별주식을 기초주식(underlying stock) 또는 기본주식이라 한다.

2) 거래 방법

주식옵션의 계약단위(contract size)는 나라마다 다소 차이가 있다. 미국을 비롯한 대부분의 나라의 경우 주식옵션 1계약단위는 주식 100주인 반면, 영국 및 호주에서는 1,000주가 1계약단위이다. 옵션이 발행된 후 계약단위당 주식 수는 주식배당, 주식분할 등에 의해 조정된다. 예를 들어 장외시장(OTC: over-the-counter)옵션들은 배당에 대해 보호를 받는데, 기업이 현금배당을 공시하면 그 주식에 대한 옵션의 행사가격은 배당락일에 배당금액만큼 하향 조정된다. 그러나 거래소 옵션의 경우 앞에서 이미 설명한 바와 같이 현금배당에 대해서는 일반적으로 조정을 하지 않으며, 주식분할(stock split)과 주식배당(stock dividend)에 대해서는 조정을 한다. 다만 현금배당의 경우에도 주당 배당금액이 클 경우 조정하는 경우도 있다. 기타 자회사의 주식을 모회사 주주에게 분배하는 경우나 기업합병, 기업결합 등의 경우에도 행사가격, 계약단위 등을 조정하기도 한다.

미국 주식옵션의 행사가격은 1주당 달러로 표시되며 주식옵션의 프리미엄도 1주당 달러로 표시된다. 주식을 보유하고 그 보유분만큼의 옵션을 발행한 보호된 옵션(covered option)의 발행자는 당해 옵션의 행사 전에 보유주식에서 발생한 현금배당을 받는다. 그러나, 콜옵션매입자가 주식의 배당락 전에 옵션을 행사하면 옵션발행자가 배당락 이후 일정기간 동안 배정통지를 받지 못하더라도 배당금은 옵션매입자가 받게 된다.

거래소는 옵션이 거래되는 주식별로 포지션한도(position limit)를 명시한다. 포지션한도란 동일방향(the same side of the market)의 포지션에서 투자자가 소유할 수 있는 최대한의 옵션계약수를 말한다. 예를 들어, 콜옵션 매입포지션과 풋옵션 매도포지션은 둘 다 주식을 매입해야 하므로 동일방향의 포지션으로 간주된다. 권리행사한도(exercise limit)도 포지션한도와 동일한 개념이며, 연속 5거래일 동안 권리를 행사할 수 있는 최대 계약수를 말한다. 포지션한도 또는 권리행사한도는 보통 소기업 주식의 경우 3,000 혹은 5,500계약이며, 활발히 거래되는 대기업 주식의 경우 8,000계약이다. 이러한 한도는 개인 또는 한 기관이 시장에서 지나친 영향력을 행사하는 것을 방지하는데 목적이 있으나, 그러한 제한이 자유 경쟁시장에서 꼭 필요한 제도인가에 대해 논란의 여지가 있다.

옵션이 행사될 때 결제방법은 거래소마다 다소의 차이가 있는데, 주식으로 결제하는 경우도 있고 현금으로 결제하는 경우도 있다. 한국거래소의 경우, 주식옵션의 행사 시 현금결제가 원칙이지만, 미국 시카고옵션거래소(CBOE)의 경우, 오늘 행사되면 내일 주식을 인도하게 되어있다.

3) 특별한 주식옵션: 임직원 스톡옵션

주식옵션의 특별한 형태로서 임직원 스톡옵션(employee stock option)이 있다. 이는 기업의 임직원에게 보상(remuneration)의 일환으로 지급하며 자사주식을 기초자산으로 하는 콜옵션으로서, 기업의 주가를 상승시키는 방향으로 일하도록 유도하는 인센티브의 일환으로 도입되었다. 즉, 스톡옵션으로 콜옵션을 받은 임직원은 회사의 주가가 상승하여야 보상이 커지므로 주가가 상승하도록 일하게 될 것이다.

이를 통해 회사의 가치는 높아지고 스톡옵션을 받은 임직원들의 보상은 커질 것이므로 이론적으로 보면 회사와 임직원 모두에게 유익이 되는 전략이라 할 수 있다. 원래는 벤처기업과 중소기업들이 자금의 한계 등으로 우수한 전문인력을 채용하기가 힘들어 회사가 성장하면 큰 보상이 임직원들에게 돌아가도록 하여 우수인력을 유치하기 위한 제도로 도입되었으나, 점차 대기업이나 금융기관들이 회사의 주가를 끌어올리려는 동기부여제도로 널리 활용하게 되었다.

임직원 스톡옵션은 통상 등가격(ATM: at the money)으로 발행되며, 2~5년 정도는 행사를 못하도록 하고, 그 이후에는 자유롭게 행사 할 수 있게 설계된다. 그리고 스톡옵션 소유자가 옵션을 행사하면 회사는 새로운 주식을 발행하여 옵션소유자에게 인도하게 된다. 따라서 회사주식의 신규발행 때문에 기존 주가가 하락하는 주가의 희석효과(dilution effect)가 발생할 수 있다. 이는 뒤에서 설명할 워런트(warrant)도 마찬가지이다. 일반적인 주식콜옵션의 경우에는 옵션이 행사되면 신주를 발행하는 것이 아니고 시장에 있는 기존 주식을 매입하여 인도하기 때문에 옵션행사로 인한 희석효과는 없다. 희석효과는 결국 기존주주(existing shareholder)들에게 피해가 가기 때문에 일반적으로 임직원 스톡옵션제도나 워런트가 도입되기 전에 기존 주주들의 의견을 듣고 반영하도록 제도화 되어 있다. 일반적으로 스톡옵션은 기업의 손익계산서상에 비용으로 처리된다.

임직원 스톡옵션제도는 2000년대 이후 이용기업이 급격히 줄어들고 있는데, 가장 대표적인 이유로서 성과평가제도의 문제점이 지적되고 있다. 즉, 기업의 주가가 상승할 때 그 상승의 원인이 스톡옵션을 받은 임직원들의 노력 덕분인지, 아니면 시장상황이 회사에 우호적이었기 때문인지 구분하기가 쉽지 않다는 것이다. 이러한 문제점을 해결하기 위해 기업들은 임직원들의 성과를 정확히 평가하기 위한 보상위원회나 성과평가위원회를 운영하기도 하지만 정확한 성과평가가 어렵다는 현실적인 문제가 있다. 또한 주가를 높이려는 동기부여로서 임직원들에게 자기회사주식을 매입하게 하는 방법도 있기에 굳이 스톡옵션을 일부의 임직원에게만 무상으로 부여하여 임직원들 사이에 위화감을 조성할 필요도 없어 보인다. 그리고 스톡옵션을 부여할 경우 주가는 일반적으로 상승하는 경향이 있지만, 다른 한 편으로 부작용도 보고되고 있다. 즉, 콜옵션손익의 비대칭성(즉, 주가가 오르면 막대한 이익이 가능하지만, 주가가 하락해도 손실은 옵션가격으로 제한되는 성질) 때문에 스톡옵션을 부여받은 임직원들이 과도한 위험추구성향을 보이기도 하고, 주가하락을 막기 위해 배당을 줄이기도 하는 등 채권자와 기존 주주들의 비용으로 자신들의 이익을 추구하는 도덕적 해이(moral hazard) 현상도 보고되면서 사회적인 지탄의 대상이 되기도 하였다.[1] 심지어 우리나라의 경우 일부 금융기관이 부실화되어 국민의 세금으로 공적자금이 투입되었음에도 경영진에게 막대한 스톡옵션 차익을 안겨주는 등의 문제가 발생하여 스톡옵션 폐지여론이 조성되기도 하였다. 이러한 문제점들로 인해 임직원 스톡옵션의 활용은 일부 벤처기업 등을 제외하고 최근 많이 줄어들고 있다.

4) 주식옵션 가치평가

주식옵션의 가치평가에 대해서는 이미 충분 설명한 바 있다. 이항분포모형과 블랙-숄즈-머튼모형을 참고하기 바란다.

2 | 주가지수옵션

1) 주가지수옵션 개요

(1) 주가지수옵션의 개념

주가지수옵션(stock index option)이란 주가지수(stock index)를 기초자산으로 하는 옵션을 말한다. 주가지수옵션의 기초자산으로는 현물지수와 지수선물 모두 가능하며, 현물지수옵션은 옵션의 매입자에게 특정주가지수를 특정가격에 매입 혹은 매도할 수 있는 권리를 부여한다. 주가지수는 현물이 아니어서 실물을 주고받을 수 없으므로 옵션의 행사에 따른 손익계산은 '현금결제(cash settlement)'를 통해 이루어진다. 즉, 행사일의 최종 지수와 행사가격의 차이에 미리 정해진 지수승수

---

1) 이에 대한 저자의 다음 논문들을 참조 바람; 1) 원재환, "스톡옵션제도의 도입이 배당정책에 미치는 영향", 경영학연구, 제33권 (제4호), 2004, pp. 1073-1096. 2) 원재환, 김재필, "스톡옵션도입의 재무적 효과", 대한경영학회지, 제16권 (제7호), 2003, pp. 2295-2317. 3) 원재환, "스톡옵션제도의 공시효과와 위험에 관한 연구", 증권학회지, 제28집, 2001, pp. 579-623. 4) 원재환, "주식과 연계된 보상정책이 배당에 미치는 영향: Marsh and Merton모형을 이용한 은행과 일반기업의 비교연구", 금융안정연구, 제3권 (제1호), 2002, pp. 105-127.

(index multiplier)를 곱한 금액을 현금으로 결제한다.[2]

(2) 주가지수옵션의 특징과 주요 주가지수옵션

주가지수옵션은 일반옵션과 마찬가지로 다음과 같은 특징을 갖는다.
* 계약성: 계약기간(만기) 내에만 권리행사가 가능하다.
* 손익의 비대칭성: 옵션투자이익은 무한대이고, 손실은 프리미엄에 한정된다.
* 시간가치의 체감성: 시간이 경과할수록 옵션의 시간가치는 기하학적으로 줄
  어든다.

세계적으로 잘 알려진 대표적인 주가지수옵션에는 시카고옵션거래소(CBOE)에
서 거래되는 S&P100아메리칸 옵션(OEX)과 유러피언 옵션(XEO), S&P500유러피언
옵션(SPX), 다우존스산업평균(DJIA), 유러피언 옵션(DJX), 나스닥100유러피언 옵션
(NDX) 등이 있다.

2) 거래 방법

(1) 계약 단위

주식옵션의 1계약단위가 주식 100주인 반면, 지수옵션의 계약단위는 주가지수
에 지수승수(거래승수)를 곱하면 된다. 지수승수는 지수에 따라 다른데 예컨대 시
카고옵션거래소(CBOE)에서 거래되는 S&P500지수옵션은 $100, KOSPI200지수옵션
은 25만원, 코스닥150지수옵션은 1만원 등이다.

1계약의 주가지수옵션 총 행사가격은 행사가격에 지수승수를 곱하면 된다. 거
래소시장에서 거래되고 있는 주가지수옵션에 대한 프리미엄은 포인트(point) 혹은
포인트의 분수로 표시되며, 호가의 최소단위는 1/16포인트이다.

> 예 투자자가 S&P500 지수옵션을 $2⅝의 프리미엄으로 매입했다면 1계약의 프리미엄
> 합계는 $2⅝ x $100 = $262.50이다.

(2) 지수옵션거래 현황

현재 미국에서는 다양한 지수옵션이 거래되고 있고 거래가 가장 활발한 지수

---

2) 우리나라 한국거래소(KRX)에서는 지수승수를 '거래승수'라 한다.

옵션으로 CBOE에서 거래되는 S&P500지수옵션(유러피언 옵션)과 S&P100지수옵션(아메리칸 옵션, 유러피언옵션) 등이 있다.

한국에서 거래되는 지수옵션에는 코스피200옵션(거래승수 25만원), 미니코스피200옵션(거래승수 5만원), 코스닥150옵션(거래승수 1만원) 등이 있으며, 이들 옵션의 거래방법과 명세에 대해서는 한국거래소(KRX)에서 공시하는 시장정보를 참조하기 바란다.

3) 주가지수옵션과 주가지수선물과의 차이

(1) 결제방법

주가지수옵션에는 반대매매와 권리행사 등 두 가지 결제방법이 있으나, 주가지수선물은 반대매매로만 결제할 수 있다.

(2) 차금결제 정산시기

주가지수옵션의 경우 반대매매나 만기 전에 차금결제가 이루어지지 않지만, 주가지수 선물은 차금결제한다. 여기서 차금결제(making up difference)란 선물거래의 결제방법으로 실물을 주고받지 않고 주로 반대매매에 의해 매수나 매도대금의 차액만을 결제하는 것을 말한다. 선물시장에서는 장래의 일정시점에 특정자산을 주고받는 것을 전제로 거래가 이루어지지만 매매약정 후 시세변동에 따라 결제기일 이전이라도 언제든지 반대매매를 하고 그 차액만을 결제할 수 있다.

(3) 증거금제도

주가지수옵션 발행자는 증거금을 납부하나, 옵션매입자는 증거금 없이 프리미엄만 지불한다. 그러나, 주가지수 선물의 경우, 매입자, 매도자 모두 증거금을 납부한다.

4) 주가지수옵션 가치평가

유러피언 주가지수옵션의 가치평가는 앞에서 설명한 블랙－숄즈－머튼모형을 조정하여 사용하면 되는데, 주가지수는 수많은 주식들로 구성되므로 연속적으로 배당을 지급하는 '연속배당률(q)'모형을 적용하면 된다. 즉, 블랙-숄즈-머튼모형에서 현재주가를 다음과 같이 조정한다.

$$S \Rightarrow Se^{-qT}$$

단, q = 주가지수의 연속배당률

따라서, 주가지수옵션의 가치평가를 위한 조정된 모형은 다음과 같다.

$$c = Se^{-qT}N(d_1) - Ke^{-rT}N(d_2) \qquad \text{(식 5-1)}$$

$$p = Ke^{-rT}N(-d_2) - Se^{-qT}N(-d_1) \qquad \text{(식 5-2)}$$

단, $d_1 = \dfrac{\ln(\frac{Se^{-qT}}{K}) + (r + \frac{\sigma^2}{2})T}{\sigma\sqrt{T}} = \dfrac{\ln(\frac{S}{K}) + (r - q + \frac{\sigma^2}{2})T}{\sigma\sqrt{T}}$

$d_2 = \dfrac{\ln(\frac{Se^{-qT}}{K}) + (r - \frac{\sigma^2}{2})T}{\sigma\sqrt{T}} = \dfrac{\ln(\frac{S}{K}) + (r - q - \frac{\sigma^2}{2})T}{\sigma\sqrt{T}} = d_1 - \sigma\sqrt{T}$

3 | 금리옵션

1) 금리옵션 개요

금리옵션(interest rate option)은 이자율을 기초자산으로 하는 옵션으로서 통상 채권옵션(bond option), 채권선물옵션(bond futures option), 금리스왑옵션(interest rate swap option) 등을 포함한다. 거래소에서 거래되는 금리옵션 중에서 가장 거래가 활발한 것은 T-bond선물옵션과 T-note선물옵션 등의 장기금리옵션, 그리고 T-bill옵션과 유로달러선물옵션 등의 단기금리옵션 등이 있다.

채권의 가격이 상승하면(즉, 금리가 하락하면) 금리선물의 가격은 상승하고, 채권의 가격이 하락하면(즉, 금리가 상승하면) 금리선물의 가격은 하락한다. 따라서 단기금리가 상승할 것으로 예상하는 투자자는 유로달러선물 풋옵션을 매입하여 투기포지션을 취할 수 있고, 단기금리가 하락할 것으로 예상하는 투자자는 유로달러선물 콜옵션을 매입하여 투기포지션을 취할 수 있다. 반면에, 장기금리가 상승할 것으로 예상하는 투자자는 T−bond 또는 T−note에 대한 선물 풋옵션을 매입할 수 있고, 장기금리가 하락할 것으로 예상하는 투자자는 T−bond 또는 T−note에 대한 선물 콜옵션을 매입할 수 있다.

2) 거래소에서 거래되는 채권옵션

(1) 단기금리옵션

① T−bill옵션

T−bill옵션은 만기가 13주인 것으로 계약단위는 액면금액 $1,000,000이다. T−bill옵션이 행사되었을 때 결제되는 기초자산은 미리 만기일이 정해진 특정 T−bill이 아니고 권리행사에 의하여 결제가 이루어진 시점에서 만기가 13주인 T−bill이다. T−bill의 행사가격은 동 증권이 매매되는 연간 할인율을 기준으로 하되 (100−연간 할인율)로 표시하는 데, 이는 옵션의 행사가격을 유통시장에서 T−bill의 호가와 연결시키기 위해서다.

> 예 행사가격이 90인 콜옵션 보유자는 연간 할인율 10%로 T−bill을 매수할 수 있는 권리를 가지고 있다.

T−bill옵션의 프리미엄 매입, 매도 호가는 1%의 1/100인 베이시스 포인트(bp: basis point)로 표시한다. 이를 달러금액으로 전환하기 위해서는 실제만료기간 13주로 조정하여 계산한다.

> 예 프리미엄 호가가 1.50(혹은 150 basis point)이라면 달러금액은 $3,750(1.50% ×$1,000,000×13주/52주)가 된다.

② Eurodollar선물옵션

1계약은 액면가 $1,000,000의 선물계약의 인도를 의미하며, 다른 조건들은 T−bill옵션과 유사하다.

(2) 장기금리옵션

장기금리옵션이란 T−bond선물옵션과 T−note선물옵션을 말하며, 가격은 1%의 1/64단위로 표시되며, 1계약은 액면가 $100,000 선물계약의 인도를 의미한다.

  T-bond와 T-note의 선물은 1%의 1/32단위로 표시하지만, 옵션은 1/64로 표시한다.

  다음과 같은 사례를 살펴보자.

| 사례분석 |

ⅰ) CME에서 행사가격이 96.25이고 9월이 만기인 유로달러선물 콜옵션의 가격이 0.42라면, 이는 액면가의 0.42%임을 의미하므로 1계약의 비용은 $4,200이다.

  왜냐하면, 0.42%×$100만＝0.0042×$1,000,000＝$4,200

ⅱ) CBOT에서 만기가 9월이고 행사가격이 112일 때 T-bond선물 콜옵션의 프리미엄이 4-17이라면, 이는 옵션가격이 원금의 4.26563%(왜냐하면 4-17＝4+17/64＝4.26563)이므로 1계약의 비용은 $4,265.63이다.

  왜냐하면, 4.26563%×$10만＝0.0426563×$100,000＝$4,265.63

3) 금리옵션 투자전략

이자율과 채권가격은 반비례하므로,

 * 단기금리의 상승이 예상될 경우: 유로달러선물 풋옵션 매입

 * 단기금리의 하락이 예상될 경우: 유로달러선물 콜옵션 매입

 * 장기금리의 상승이 예상될 경우: T-bond 혹은 T-note선물 풋옵션 매입

 * 장기금리의 하락이 예상될 경우: T-bond 혹은 T-note선물 콜옵션 매입

4) 옵션이 부가된 채권

  다음과 같이 일부 채권은 콜옵션과 풋옵션의 성격을 포함한다. 비록 시장에서 명시적으로 옵션으로 거래되지는 않지만 옵션의 성격을 내재하고 있다는 점에서 옵션이 부가된(첨가된) 채권이라 할 수 있다.

(1) 수의상환채권

수의상환채권(callable bond)이란 채권 발행회사가 미래 어느 시점에 미리 약정된 가격에 채권을 되살 수 있는 권리를 갖는 채권을 말한다. 수의상환채권의 소유자는 발행회사에 '콜옵션을 매도'한 효과가 있다. 콜옵션의 가치는 수의상환채권의 수익률에 반영된다. 즉, 채권투자자가 채권발행회사에 권리를 부여했으므로 채권자에게 더 많은 수익을 보장해야 투자할 것이다. 따라서, 수의상환채권의 수익률은 비수의상환채권(non-callable bond)의 수익률보다 높다.

(2) 상환요구채권

상환요구채권(puttable bond)이란 채권소유자가 미래의 어느 시점에 미리 약정된 가격에 채권상환을 요구할 수 있는 권리를 갖는 채권을 말한다. 채권의 소유자는 채권과 함께 '풋옵션을 매입'한 효과가 있다. 풋옵션의 가치는 상환요구채권의 수익률에 반영된다. 즉, 채권투자자가 채권발행회사로부터 권리를 부여받았으므로 채권자는 회사에 수익의 일부를 보상해야 한다. 따라서, 상환요구채권의 수익률은 비상환요구채권(non-puttable bond)의 수익률보다 낮다.

5) 기타 채권관련 옵션

(1) 주택저당증권

① 개념

주택저당증권(MBS: mortgage backed securities)이란 주택자금 수요자가 주택자금 대출기관(은행 등 금융기관)에 주택에 대한 저당권을 설정해 준 대가로 융자를 받아 주택을 구입하고, 주택자금 대출기관은 저당권을 담보로 대출금을 회수할 권리 즉, 대출채권을 가지게 되는데(이를 주택저당채권이라 함), 이 주택저당채권을 담보로 하여 발행하는 증권을 말한다.

② 운영

우리 나라에서 주택저당증권이 운영되는 방법에 대해 살펴보자.

주택자금 수요자에게 주택을 담보로 주택구입자금을 대출해준 은행, 보험회사 등 금융 회사들은 주택저당채권(mortgage loan)을 한국주택금융공사에 양도하며,

한국주택금융공사는 금융회사로부터 양도 받은 주택저당채권의 유동화 계획, 양도, 신탁을 금융감독 위원회에 등록하고 이를 기초자산으로 하여 주택저당증권이나 주택저당담보부채권(MBB: mortgage backed bond)을 발행, 자본시장에서 투자자에게 판매한다. 주택저당채권을 양도한 금융회사는 한국주택금융공사로부터 지급받은 MBS나 MBB의 판매대금으로 자금을 마련하게 되어 새로운 주택구입자들에게 주택자금을 대출할 수 있는 기금을 조성하게 된다.

③ MBS의 효과와 내재 금리옵션

ⅰ) 주택 구입수요자

주택금융이 확대 공급됨으로써 주택건설이 촉진되며, 주택건설이 촉진되면 국민들의 주택수요를 충족시켜 주거안정을 꾀할 수 있고, 자본시장과 주택금융시장의 연계를 통하여 비주택부문의 여유자금을 주택금융시장으로 유도하여 활용 할 수 있게 된다.

ⅱ) 대출금융회사

주택저당증권 유동화 제도를 통하여 주택자금 대출기관은 장기간 묶여있는 자산을 단기간에 유동화(liquidation)시켜 자본시장으로부터 자금을 확보하여 대출여력을 확대 할 수 있는 기금을 추가로 마련하게 된다. 이러한 기금을 구성하는 담보는 보험에 들어있어 투자자는 채무불이행위험으로부터 보호된다. 주택구입수요자가 추후 주택담보융자의 원리금을 상환하게 되면, 주택담보는 소멸되므로 주택저당증권 또한 기초자산이 없어지므로 투자자로부터 약속된 수익을 보상하고 환매된다. 그러므로 대출금융회사 입장에서 보면 시장금리의 변동에 따라 주택구입자가 융자금을 상환하면, 투자자에게 매도한 MBS를 되살 수 있는 금리옵션을 가졌다고 볼 수 있고, 이러한 옵션가치는 MBS의 수익률에 반영된다.

ⅲ) 투자자

경제정책의 측면에서 보면 투자자들은 비교적 안전한 주택저당증권 이라는 새로운 금융상품에 투자할 수 있는 기회를 얻게 되어 투자상품의 다양화가 가능하게 되고 자본시장이 보다 발전 할 수 있는 계기가 된다. 결국 이러한 투자자(주택저당증권의 소유자)들은 자금의 차입자(대출금융회사)에게 일련의 내재 금리옵션을 부여한 것과 같다.

(2) 스왑옵션(스왑션)

스왑옵션(swap option) 혹은 스왑션(swaption)은 금리스왑(interest rate swap)에 대한 옵션으로 금리옵션의 한 형태이다. 스왑옵션의 소유자는 미래의 어느 시점에서 특정의 금리스왑에 참여할 수 있는 권리를 갖는다. 스왑(swap)이란 미리 약정한 대로 미래에 현금흐름을 교환하는 두 거래자간의 사적인 계약이다. 대표적으로 금리스왑과 통화스왑이 있다.

(3) 금리캡

금리캡(interest rate cap)이란, 이자율이 정해진 수준보다 높으면 이득이 발생하는 옵션으로 여기서 이자율은 정기적으로 조정되는 변동금리이다. 미래 어느 시점에서 대출에 적용할 이자율의 상한을 캡금리라 한다. 캡금리는 금리가 어느 수준 이상으로 올라가는 것에 대해 보험기능을 수행 하므로 캡금리는 행사가격의 역할을 한다.

> 예 캡금리 10%로 자금을 대출 받을 경우, 이자를 갚을 때 시장이자율이 12%라면, 대출자는 10%만 갚고 나머지 2%는 대출해준 금융기관이 대신 지불해야 한다. 시장이자율이 높아질수록 차입자에게 유리하므로 차입자는 금리콜옵션을 가진 것과 동일하다. 금리캡은 자금대출자가 발행한다.

(4) 금리플로어

금리플로어(interest rate floor)는 이자율이 정해진 수준보다 낮으면 이득이 발생하는 옵션으로, 이자율은 정기적으로 조정되는 변동금리이다. 금리플로어는 금리캡과 반대의 개념으로 금리의 하한선을 규정하는 것이다. 시장이자율이 낮아질수록 대출자에게 유리하므로 대출자는 금리풋옵션을 가진 것과 동일하다. 금리플로어는 자금차입자가 발행한다.

(5) 금리칼러

금리칼러(interest rate collar)는 금리캡과 금리플로어가 결합된 옵션으로 금리의 상한선과 하한선을 모두 규정하는 것이다. 일반적으로 캡의 가격과 플로어의 가격이 일치하도록 구성한다. 따라서, 순비용(net cost)은 0이다.

6) 금리옵션의 가치평가

(1) 기초자산이 채권인 경우

채권이 기초자산인 경우 채권옵션의 형태로 가치를 구하는 것으로, 블랙－숄즈－머튼모형을 이용하면 다음과 같은 유러피언 채권콜옵션과 채권풋옵션의 가격공식을 유도할 수 있다.

$$c = BN(d_1) - Ke^{-rT}N(d_2) \qquad\qquad (식 5-3)$$

$$p = Ke^{-rT}N(-d_2) - BN(-d_1) \qquad\qquad (식 5-4)$$

$$단, \ d_1 = \frac{\ln(\frac{B}{K}) + (r+\frac{\sigma^2}{2})T}{\sigma\sqrt{T}}$$

$$d_2 = \frac{\ln(\frac{B}{K}) + (r-\frac{\sigma^2}{2})T}{\sigma\sqrt{T}} = d_1 - \sigma\sqrt{T}$$

c = 유러피언 채권콜옵션의 가격

p = 유러피언 채권풋옵션의 가격

B = 현재 채권가격

(2) 기초자산이 채권선도인 경우

위의 (1)에서는 기초자산으로 채권자체를 이용했지만, 만일 채권시장의 유동성이 낮아 채권시가가 형성되기 어렵거나 채권가격산출이 어려울 때는 채권대신 채권선도(선물)를 기초자산으로 활용할 수 있다. 그런데 채권선도가격은 $F = Be^{rT}$이므로, $B = Fe^{-rT}$이다. 이렇게 구한 B값을 (식 5-3)과 (식 5-4)에 대입하면 다음과 같이 블랙－숄즈－머튼모형을 이용한 유러피언 채권선도 콜옵션과 채권선도 풋옵션의 가격공식을 도출할 수 있다.

$$c = e^{-rT}[FN(d_1) - KN(d_2)] \qquad\qquad (식 5-5)$$

$$p = e^{-rT}[KN(-d_2) - FN(-d_1)] \qquad\qquad (식 5-6)$$

$$단, \ d_1 = \frac{\ln(\frac{F}{K}) + \frac{\sigma^2}{2}T}{\sigma\sqrt{T}}$$

$$d_2 = \frac{\ln(\frac{F}{K}) - \frac{\sigma^2}{2}T}{\sigma\sqrt{T}} = d_1 - \sigma\sqrt{T}$$

c = 유러피안 채권선도 콜옵션의 가격

p = 유러피안 채권선도 풋옵션의 가격

F = 현재 채권선도가격

4 | 통화옵션

1) 통화옵션 개요

두 나라간의 환율을 기초자산으로 하는 옵션을 통화옵션(currency option)이라 한다. 즉, 통화옵션은 특정통화 일정액을 미리 일정기간 내 또는 특정일에 정해진 환율에 의해 다른 통화로 매입 또는 매도할 수 있는 권리이다. 통화옵션은 옵션시장을 개설하고 있는 나라의 통화와 세계 주요 통화간의 환율을 기초자산으로 한다.

필라델피아거래소(PHLX)가 1982년에 최초로 통화옵션을 거래하기 시작한 이래 통화옵션의 규모는 급속히 성장하였다. 거래대상 통화로는 유로(€), 캐나다 달러(C$), 스위스 프랑(SF), 호주 달러(A$), 영국 파운드(£), 일본 엔(¥) 등이 있다. 통화옵션의 상당량이 거래소 밖(즉, 장외시장)에서 거래되며, 많은 은행과 금융기관들이 통화옵션을 매입 또는 매도하는데 이 경우 행사가격과 만기 등은 고객의 필요에 따라 조정된다.

통화옵션의 가치는 자국화폐에 대하여 외화의 가치가 상승하면 콜프리미엄은 상승하고 풋프리미엄은 하락한다.

2) 거래 방법

통화옵션의 계약단위는 옵션이 거래되는 거래소규정과 통화에 따라 나른다. 미국 최대의 통화옵션시장인 PHLX에서의 통화옵션은 유러피언 옵션이며 통화옵션의 행사가격은 옵션을 행사함으로써 당해 외환을 매입하거나 매도할 수 있는 통화

단위당 가격이며 센트(￠)로 표시한다. 또한 통화옵션의 프리미엄은 일본 엔화의 경우 1/100센트로 표시하고, 다른 통화에 대해서는 모두 센트로 표시한다.

특정 통화가 기존 통화를 교체하거나, 환율의 변경, 또는 새로운 화폐를 발행할 경우 옵션청산회사(OCC)는 관련 통화의 옵션조건을 조정할 수 있다. 그러나, 환율의 절상 혹은 절하에 따른 통화옵션의 조건은 조정되지 않는다.

3) 통화옵션의 가치평가

(1) 통화를 기초자산으로 할 경우

통화자체를 기초자산으로 하는 경우 현재의 환율을 가격처럼 간주해 다음과 같이 블랙-숄즈-머튼모형을 응용하여 유러피언 통화옵션가격 결정 모형을 도출할 수 있다.

$$c = Se^{-r_f T}N(d_1) - Ke^{-rT}N(d_2) \qquad (식5-7)$$

$$p = Ke^{-rT}N(-d_2) - Se^{-r_f T}N(-d_1) \qquad (식5-8)$$

단, $d_1 = \dfrac{\ln(\dfrac{S}{K}) + (r - r_f + \dfrac{\sigma^2}{2})T}{\sigma\sqrt{T}}$

$d_2 = \dfrac{\ln(\dfrac{S}{K}) + (r - r_f - \dfrac{\sigma^2}{2})T}{\sigma\sqrt{T}} = d_1 - \sigma\sqrt{T}$

c = 유러피언 통화 콜옵션의 가격
p = 유러피언 통화 풋옵션의 가격
S = 현재 환율, r_f = 외국무위험이자율

(2) 선도환율을 기초자산으로 할 경우

만일 기초자산이 통화자체가 아니고 선도환율인 경우 다음과 같이 블랙-숄즈-머튼모형을 응용한 유러피언형 통화옵션가격 결정모형을 유도할 수 있다. 선도가격결정이론으로부터 환율선도가격은 $F = Se^{(r - r_f)T}$이므로, $S = Fe^{(r_f - r)T}$를 (식5-7)과 (식5-8)에 대입하면 된다.

$$c = e^{-rT}[FN(d_1) - KN(d_2)] \qquad\qquad \text{(식 5-9)}$$

$$p = e^{-rT}[KN(-d_2) - FN(-d_1)] \qquad\qquad \text{(식 5-10)}$$

$$\text{단, } d_1 = \frac{\ln(\frac{F}{K}) + \frac{\sigma^2}{2}T}{\sigma\sqrt{T}}$$

$$d_2 = \frac{\ln(\frac{F}{K}) - \frac{\sigma^2}{2}T}{\sigma\sqrt{T}} = d_1 - \sigma\sqrt{T}$$

c = 유러피언 통화선도 콜옵션의 가격

p = 유러피언 통화선도 풋옵션의 가격

F = 현재 선도환율

주식옵션의 가치를 계산하는 모형을 통화옵션의 가치를 계산할 수 있도록 변형한 모형을 보통 가먼-콜하겐(Garman-Kohlhagen)옵션가격결정모형이라 하는데, 자세한 내용은 그들의 논문을 참조하기 바란다.[3]

5 | 선물옵션

1) 선물옵션 개요

선물옵션(option on futures 혹은 futures option)이란 선물을 기초자산으로 하는 옵션으로서 옵션을 행사하면 옵션소유자가 약정된 가격으로 미래시점에서 자산을 사거나 팔 수 있는 권리를 갖는다. 다시 말해 현물옵션의 경우 옵션의 행사는 즉시 현물인 기초자산의 인도 혹은 인수를 유발하나, 선물옵션의 행사는 현물이 아닌 선물을 매입(long futures)하거나 매도(short futures)하는 포지션을 취하게 되므로 옵션행사 이후 미래 선물 만기에 실제로 기초자산을 거래하게 된다.

상품선물거래위원회(CFTC; Commodity Futures Trading Commission)는 1982년에 시험적으로 선물옵션의 거래를 승인했으며 본격적인 선물옵션거래는 1987년에 시

---

3) Garman, Mark B. and Steven W. Kohlhagen, "Foreign Currency Option Values", *Journal of International Money and Finance*, 2(December 1983), pp.231-237.

작되었고 그 이후 **빠른** 속도로 거래량이 늘고 있다.

2) 거래 방법

선물 콜옵션(call option on futures)은 행사가격으로 선물계약에 매입포지션을 취할 수 있는 권리이고, 선물 풋옵션(put option on futures)은 행사가격으로 선물계약에 매도포지션을 취할 수 있는 권리이다. 그리고 대부분의 선물옵션은 아메리칸형이다.

사례 5-2 ▌ 금선물 콜옵션 매입

선물 콜옵션을 예로 거래방법을 살펴 보기로 한다. 어떤 투자자가 행사가격이 금 1온스(oz)당 $600인 7월만기 금선물 콜옵션에 매입포지션을 취했다고 하자. 통상 금선물 콜옵션의 1계약의 기초자산은 금 100온스이다. 다른 옵션계약처럼 투자자는 금선물옵션계약을 체결할 때 옵션매입비용을 지불해야 한다. 만일 금선물 콜옵션을 행사하면 투자자는 선물계약 매입(long)포지션을 갖게 되고, 행사가격과 투자자의 포지션을 비교하여 현금정산을 하게 된다. 금선물옵션이 행사될 때 금의 가격이 $645이고, 최근 금선물의 정산가격(settlement price)이 $650라 할 때, 이러한 매입포지션에 대한 이득을 분석하라.

▌ 사례분석 ▌

매입포지션을 취했으므로 옵션매입자가 취하는 이득은 다음과 같다.

$$
\begin{aligned}
\text{콜옵션매입자 총이득(payoff)} &= \max(F-K,\ 0)/\text{온스} \times 100\text{온스} \\
&= \max(\$650-\$600,\ 0) \times 100 \\
&= \$50 \times 100 = \$5,000.
\end{aligned}
$$

따라서 $5,000가 투자자의 선물증거금 계좌에 입금된다. 물론 총이익(profit)은 위에서 구한 총이득에서 옵션매입비용을 차감하면 된다. 만일 위에서 옵션이 풋옵션이었다면 선물매도포지션이므로 이득은 없고 옵션매입비용만큼의 손실을 입게 된다.

만일 위의 [사례 5-2]에서 옵션행사 직후 7월만기 금선물계약을 반대매매로 마감하면, 선물계약으로부터의 이득은 $500(즉, $(F-S) \times 100 = (\$650 - \$645) \times 100$)이다. 따라서 이 경우 금선물옵션을 행사하고 얻은 총이득은 $5,500(즉, 옵션행사이득 + 선물마감이득 = $5,000 + $500)이 된다. 선물 풋옵션도 콜옵션과 마찬가지 방법으로 거래된다.

3) 현물옵션과 선물옵션의 비교[4]

현물옵션이 많이 있음에도 굳이 선물옵션이 거래되는 이유는 무엇일까?

가장 중요한 이유는 선물계약이 기초자산인 현물보다 대체로 유동성이 높고 거래하기가 쉽기 때문이다. 또한 때로는 일부 채권가격처럼 기초자산가격을 시장에서 즉시 얻기 어려운 경우에도 선물가격은 선물거래소에서 즉시 얻을 수 있기 때문이기도 하다. 실제로 미국에서 T-bond보다도 T-bond선물의 거래가 훨씬 활발하며, T-bond선물가격은 선물거래소에서 즉시 확인할 수 있지만, T-bond 가격은 딜러와 접촉하여 확인해야 가능하다.

현물옵션과 비교할 때 선물옵션이 갖는 중요한 장점들을 소개하면 다음과 같다.

첫째, 선물옵션의 행사는 대체로 기초자산의 인도로 이어지지 않는다. 그 이유는 대부분의 경우 기초선물계약을 인도 전에 마감하기 때문이다. 따라서 선물옵션은 보통 최종적으로는 현금으로 정산되므로 거래가 편리하다. 기초자산의 직접적인 인수도가 필요 없다는 사실은 초기 인수자금의 준비가 어려운 투자자에게 매력적일 수밖에 없다.

둘째, 선물과 선물옵션의 거래가 동일한 거래소의 거래피트(trading pit)에서 이루어지기 때문에 선물옵션을 이용한 헷지, 차익거래, 투기거래가 용이하며 이는 시장을 좀 더 효율적으로 만들 수 있다.

셋째, 대부분의 경우 선물옵션은 현물옵션에 비해 거래비용이 저렴하다.

---

4) 참조 자료: John C.. Hull, *Options, Futures, and Other Derivatives*, 8th Edition, Pearson.

4) 선물옵션의 가치평가

(1) 유러피언 선물옵션의 가치평가

① 현물옵션과 선물옵션의 이득

만기가 T, 만기 시 현물가격이 S_T, 현물옵션의 행사가격이 K인 유러피언 현물 콜옵션의 이득은 다음과 같다.

$$\max(S_T - K,\, 0) \tag{식 5-11}$$

또한, 만기 시 선물가격이 F_T, 행사가격이 K, 만기가 T인 유러피언 선물 콜옵션의 이득은 다음과 같다.

$$\max(F_T - K,\, 0) \tag{식 5-12}$$

그런데, 만일 유러피언 콜선물옵션의 만기와 기초자산인 선물의 만기가 T로 동일하다면, 선물가격과 현물가격의 수렴원리로부터 $F_T = S_T$가 된다. 이를 (식 5-11)과 (식 5-12)에 대입하면 다음과 같이 현물옵션이득=선물옵션이득이 되므로 가치도 같게 된다.

$$
\begin{aligned}
\text{유러피언 현물 콜옵션의 이득} &= \max(S_T - K,\, 0) \\
&= \max(F_T - K,\, 0) \\
&= \text{유러피언 선물 콜옵션의 이득}
\end{aligned}
$$

② 선물옵션의 풋-콜 패리티

선물옵션에 대한 풋-콜 패리티는 (무배당)현물옵션의 풋-콜 패리티로부터 쉽게 유도할 수 있다. 즉,

$$\text{현물옵션의 풋-콜 패리티: } p + S = c + Ke^{-rT}$$

위의 현물옵션의 풋-콜 패리티 공식에 선물가격공식인 $F = Se^{rT}$(즉, $S = Fe^{-rT}$)을 대입하면 다음과 같은 선물옵션의 풋-콜 패리티 공식을 도출할 수 있다.

$$\text{선물옵션의 풋-콜 패리티: } p + Fe^{-rT} = c + Ke^{-rT} \tag{식 5-13}$$

③ 블랙−숄즈−머튼 모형의 적용

선물가격공식인 $F = Se^{rT}$(즉, $S = Fe^{-rT}$)를 이용하면 다음과 같이 유러피언 선물옵션에 대한 블랙−숄즈−머튼 모형을 유도할 수 있다.

$$c = e^{-rT}[FN(d_1) - KN(d_2)] \qquad\qquad (식5-14)$$

$$p = e^{-rT}[KN(-d_2) - FN(-d_1)] \qquad\qquad (식5-15)$$

$$단, \quad d_1 = \frac{\ln(\frac{F}{K}) + \frac{\sigma^2}{2}T}{\sigma\sqrt{T}}$$

$$d_2 = \frac{\ln(\frac{F}{K}) - \frac{\sigma^2}{2}T}{\sigma\sqrt{T}} = d_1 - \sigma\sqrt{T}$$

c = 유러피안 콜선물옵션의 가격

p = 유러피안 풋선물옵션의 가격

F = 현재 선물가격

(2) 아메리칸 선물옵션의 가치평가

이미 언급한 바와 같이 대부분의 선물옵션은 아메리칸 옵션이다. 따라서, 앞에서 배운 이항분포모형이 아메리칸 선물옵션의 가치를 평가하는 데 매우 유용하다. 다만 이항분포모형에서도 이미 설명한 바와 같이 선물옵션의 경우 기초자산인 선물가격의 위험중립 상승확률(p)은 $p = \frac{1-d}{u-d}$ 로 표현되므로 이항분포모형 적용 시 이 부분에 주의해야 한다.

옵션을 이용한 거래전략

옵 션은 현물이나 선물과는 달리 매우 다양한 결합이 가능하기 때문에 현물이나 선물로
는 불가능한 독특한 전략을 구사할 수 있다. 현물이나 선물시장에서는 현물가격 또
는 선물가격의 변동추세를 고려한 추세전략만 구사할 수 있는 반면, 옵션시장에서는 기초자
산가격의 변동추세뿐만 아니라 그 변동폭까지 고려한 변동성 전략까지 구사할 수 있다.

옵션은 헷지를 위해서만 사용되는 것이 아니라 이익을 목적으로 한 적극적 투기방법으로
도 많이 사용된다. 그러나 헷지를 위한 시점과 투기를 위한 시점은 상황을 잘 파악하고 결
정해야 할 것이다. 여기서는 어떤 상황에서 어떤 투기전략을 사용할 수 있는지에 대해 자
세히 살펴보고자 한다. 다양한 증권들과 옵션들을 결합하거나, 기존의 증권이나 파생상품
을 분해하여 새로운 금융상품이나 거래과정을 개발하는 것을 금융공학(financial en-
gineering)이라 하는데, 여기서 우리는 기초적인 금융공학 기법들을 다루게 된다.

특히 옵션을 이용한 거래전략 중에서 다음과 같이 가장 대표적인 3가지 거래전략을 중심
으로 살펴보고자 한다. 첫째, 증권과 옵션을 결합한 거래전략: 채권과 옵션이 결합, 주식
과 옵션의 결합 등. 둘째, 스프레드(spread) 거래전략: 같은 유형의 옵션들의 결합으로서
콜옵션과 콜옵션의 결합 등. 셋째, 콤비네이션(combination) 거래전략: 다른 유형의 옵
션들의 결합으로서 콜옵션과 풋옵션의 결합 등.

1 │ 증권과 옵션을 결합한 거래전략

1) 채권과 옵션의 결합

옵션의 기초자산가격이 어떻게 변하든 상관없이 채권의 원금을 전액 보장받을 수 있는 거래전략으로 액면가보호채권(PPN: principal protected note)이 있다. 이는 옵션과 채권을 결합하여 채권 만기 시 채권의 액면가를 안전하게 보호하기 위해 만들어진 합성채권이다. 이러한 거래전략은 투자자로 하여금 위험이 있는 포지션을 통해 채권의 원금을 무위험하게 만드는 전략으로 다음 (식6-1)과 같이 표현할 수 있다. 식에서 B는 액면가 F, 만기 T, 표면이자가 전혀 없는 순수할인채권 (zero coupon bond)의 현재가격을 표시하며, c 는 만기 T, 행사가격 F, 현재 등가격(ATM)상태에 있는 유러피언 주식옵션의 현재가격을 표시한다.

$$PPN = +B + c \qquad\qquad\text{(식6-1)}$$

이러한 거래전략에서 어떻게 채권의 액면가가 보장되는 지 분석한 것이 다음 [표6-1]이다.

[표6-1] 액면가보호채권(PPN)

투자전략	만기(T) 시 현금흐름	
	$S_T < F$	$S_T \geq F$
채권매입($+B$)	$+F$	$+F$
콜옵션매입($+c$)	0	$+S_T - F$
액면가보호채권($+B+c$)	$+F$	$+S_T$

[표6-1]에서 보듯이 콜옵션의 기초자산가격(S_T)이 만기(T)에 어떻게 되든지 상관없이 이러한 거래전략의 투자자는 최소한 채권의 액면가는 확보할 수 있다. 채권가격과 옵션가격은 이자율, 주식배당, 주식의 변동성 등으로 인해 변동할 수 있으므로 리스크를 포함하고 있지만 채권의 액면가는 확실하게 보장되므로 액면가에 관한 한 위험이 없으며, 옵션의 기초자산인 주식가격이 상승하면 액면가 보다 큰 수익도 기대할 수 있다는 특징이 있다. 즉, 이 전략은 등가격(ATM) 상태에

있어 가격이 저렴한 콜옵션을 채권에 추가함으로써 약간의 추가비용을 부담하면 최소한 채권액면가는 보장받으면서도 주식가격 상승에 따른 추가이익을 기대할 수 있다는 장점이 있는 것이다.

2) 주식과 옵션의 결합

주식옵션과 주식을 결합하여 다양한 거래전략을 생성할 수 있는 데 이러한 전략으로부터 얻을 수 있는 이익패턴은 [그림 6 - 1]에 묘사되어 있다. 이 장에서는 옵션을 이용한 여러 가지 거래전략을 분석하기 위해 손익(profit or loss)을 표시하는 많은 그래프를 사용하게 되는데, 점선은 옵션의 결합에 사용되는 개별자산의 이익과 주가와의 관계를, 그리고 굵은 실선은 전체 거래전략(혹은 옵션결합으로 만들어진 전체 포트폴리오)의 손익과 주가와의 관계를 나타낸다. 이하에서 C와 P는 콜옵션과 풋옵션의 가격을 표시한다. 그리고 분석의 편의를 위해 만기 동안의 돈의 시간적 가치(time value of money)는 무시하기로 한다.

[그림 6 - 1]의 (a)는 주식의 매입포지션과 콜옵션의 매도포지션이 결합된 포트폴리오를 묘사하고 있는데 이러한 투자전략을 '보호된 콜옵션(covered call option)' 전략이라 한다. 이는 콜옵션 매도자(발행자)가 주식가격의 상승으로 인해 커지는 손실을 헷지하기 위해 기초자산인 주식을 동시에 매입하여 콜옵션매도포지션을 보호(cover)하기에 붙여진 명칭이다. 그림(b)는 주식의 공매(short selling)포지션과 콜옵션 매입포지션과의 결합으로 얻어진 포트폴리오의 손익을 설명하고 있는데 이는 (a)와 반대되는 전략이다.

(c)는 풋옵션 매입포지션과 주식의 매입포지션을 결합한 투자전략이며 '방어적 풋옵션(protective put option)' 전략이라 한다. 이는 주식을 매입한 투자자가 주가하락으로 인한 손실을 헷지하기 위해 풋옵션을 동시에 매입하여 주식매입포지션을 방어(protect)하기 때문에 붙여진 이름이다. (d)는 풋옵션 매도포지션과 주식의 공매포지션이 결합된 투자전략으로서 (c)와 반대되는 전략이다.

왜 이러한 손익선(profit profile)을 갖게 되는지 (a)의 경우를 예를 들어 현금흐름과 손익을 분석한 것이 [표 6 - 2]이다.

[표 6 - 2]의 손익분석에서 돈의 시간적 가치를 무시한다고 가정하였는데, 만일

[표6-2] 보호된 콜옵션의 이익계산

투자전략	만기(T) 시 현금흐름	
	$S_T < K$	$S_T \geq K$
콜옵션 매도($-C$)	$\min(K-S_T, 0) = 0$	$\min(K-S_T, 0) = K-S_T$
주식 매입($+S$)	$+S_T$	$+S_T$
보호된 콜옵션($-C+S$) 이득	$+S_T$	$K-S_T+S_T = K$
보호된 콜옵션($-C+S$) 이익	$+S_T-(S-C)$	$+K-(S-C)$

주) 1) 이익(profit) = 이득(payoff) − 비용(costs)
   2) 초기비용 = $+C-S$(단, S = 초기 주가, C = 초기 콜옵션 가격)

돈의 시간적 가치를 고려하였다면 만기($t=T$) 시 \$1의 현금가치와 초기($t=0$) 증권 매입 시 \$1의 현금가치는 약간 다를 수 있다. 즉, 연속복리를 적용한다면 $S_T \leq K$일 때, 만기 시 손익은 $+S_T-(S-C)e^{rT}$와 같이 표시해야 하는데, 현실적으로 r은 1보다 훨씬 작고, T도 1년 미만인 경우가 많아 1보다 작은 수이기에 rT가 매우 작아지므로 돈의 시간적 가치를 무시해도 큰 문제는 없으며, 분석도 훨씬 간편해진다. 그림 (b), (c), (d)도 [표6-2]와 같이 분석할 수 있다.

그러면 위의 각각의 전략은 어떤 상황에서 적용할 수 있을까? [그림6-1]의 손익선으로부터 전략 (a)와 (c)는 향후 주식가격이 상승할 것이라고 예상될 때 사용할 수 있는 거래전략이고, 반면에 전략 (b)와 (d)는 앞으로 주식가격이 하락할 것이라고 예상될 때 사용할 수 있는 거래전략임을 알 수 있다.

한편, 위에서 설명한 주식과 옵션의 결합전략들은 앞에서 배운 유러피언 옵션의 무배당 풋−콜 패리티(즉, $p+S=c+Ke^{-rT}$)를 이용하여 다음과 같이 설명이 가능하다.

(a) 보호된 콜 = $-c+S = -p+Ke^{-rT}$ = 풋옵션매도 + 무위험할인채권매입(=예금)

(b) ($-$)보호된 콜 = $+c-S = +p-Ke^{-rT}$ = 풋옵션매입 + 무위험할인채권공매

(c) 방어적 풋 = $+S+p = +c+Ke^{-rT}$ = 콜옵션매입 + 무위험할인채권매입(=예금)

(d) ($-$)방어적 풋 = $-S-p = -c-Ke^{-rT}$ = 콜옵션매도 + 무위험할인채권공매

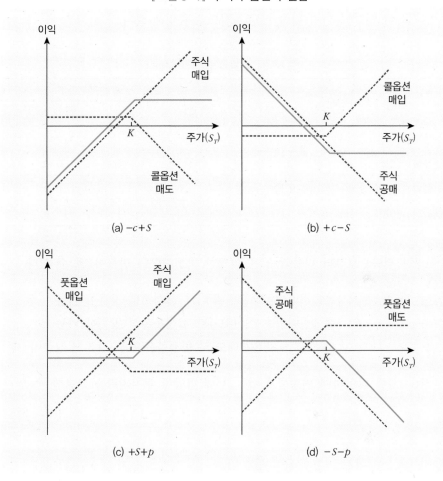

[그림 6-1] 주식과 옵션의 결합

(a) $-c+S$

(b) $+c-S$

(c) $+S+p$

(d) $-S-p$

3) 선물과 옵션의 결합

앞에서는 채권이나 주식과 같은 증권과 옵션을 결합하여 얻을 수 있는 거래전략을 소개하였다. 여기서는 선물과 옵션을 결합하여 만들 수 있는 거래전략을 설명하고자 한다. 선물과 옵션을 결합하기 위해서 선물과 옵션의 기초자산(S), 만기(T), 인도가격(K)과 행사가격(K)이 같다고 가정하자. 그러면 다음 (식6-2)와 같은 합성콜(synthetic call) 결합전략을 얻을 수 있다.

$$+F+p=+c \qquad \text{(식 6-2)}$$

즉, (선물매입＋풋옵션매입)전략＝(콜옵션매입)전략.

이 전략이 왜 가능한지 다음 [표6-3]으로 증명해 보자.

[표6-3] 선물과 옵션의 결합

투자전략	만기(T) 시 현금흐름	
	$S_T < K$	$S_T \geq K$
선물 매입($+F$)	$S_T - K$	$S_T - K$
풋옵션 매입($+p$)	$K - S_T$	0
선물과 옵션의 결합($+F+p$) 이득	0	$S_T - K$
콜옵션 매입($+c$)이득	0	$S_T - K$

이러한 전략으로부터 다음과 같은 다양한 파생전략을 만들어 낼 수 있다.

* $+F=+c-p$: (콜옵션매입＋풋옵션매도)로 합성선물 창출이 가능

* $+p=+c-F$: (콜옵션매입＋선물매도)로 합성풋옵션 창출이 가능

* $-c=-F-p$: (선물매도＋풋옵션매도)로 합성콜옵션매도포지션 창출이 가능

(식6-2)를 다양하게 변형함으로써 그 외 다양한 투자전략을 창출할 수 있다.

2 | 스프레드 거래전략

앞에서는 다양한 증권들과 옵션의 결합으로 얻어지는 전략들을, 이제부터는 옵션과 옵션의 결합으로부터 얻을 수 있는 거래전략들을 설명하고자 한다. 즉, 만기일이나 행사가격이 서로 다른 콜옵션이나 풋옵션을 결합하여 다양한 투자전략들을 창출할 수 있다. 옵션을 결합한 투자전략의 적용은 옵션시장뿐만 아니라 주식시장의 유동성을 증가시키는 긍정적인 역할을 한다. 옵션들을 결합한 투자전략은 크게 스프레드와 콤비네이션으로 나눌 수 있는데, 여기서는 먼저 스프레드에 대해 살펴보기로 한다.

옵션 스프레드(option spread)란 기초자산은 동일하지만 행사가격이나 만기일이 다른 동일유형옵션(same type option)들을 결합하여 창출한 포트폴리오를 의미한다. 여기서 주의해야 할 사항은 스프레드는 동일유형옵션으로만 결합되어야 한다는 사실이다. 즉, 콜옵션은 콜옵션과, 풋옵션은 풋옵션과만 결합될 수 있다.

스프레드는 옵션의 결합형태에 따라 크게 수직스프레드, 수평스프레드, 대각스프레드, 그리고 나비형스프레드로 구분할 수 있으며, 주요 특징은 다음과 같다.

* 수직스프레드: 한 옵션을 매입하고, 행사가격만 다른 동일한 옵션을 매도하는 전략
* 수평스프레드: 한 옵션을 매입하고, 만기만 다른 동일한 옵션을 매도하는 전략
* 대각스프레드: 한 옵션을 매입하고, 행사가격과 만기가 다른 동일한 옵션을 매도하는 전략
* 나비형스프레드: 만기일은 동일하나 행사가격이 다른 3개의 옵션을 결합하는 전략

1) 수직스프레드

수직스프레드(vertical spread)는 한 옵션을 매입하고 행사가격만 다른 동일한 옵션을 매도하는 전략이다. 행사가격이 큰 것을 매입하고 작은 것을 매도 할 것인지, 혹은 그 반대로 결합 할 것인지에 따라 다음과 같이 다시 강세스프레드와 약세스프레드로 나눌 수 있다.

(1) 강세스프레드

강세스프레드(bull spread)는 만기와 기초자산이 같은 동일한 유형의 옵션 2개 중 행사가격이 낮은 옵션을 매입하고 행사가격이 높은 옵션을 매도하는 전략이다. 콜옵션 2개를 이용할 경우 강세 콜스프레드(bull call spread), 풋옵션 2개를 이용할 경우 강세 풋스프레드(bull put spread)라 한다. 콜옵션의 경우 행사가격이 낮은 옵션이 높은 옵션 보다 가격이 비싸므로 강세 콜스프레드는 초기에 비용이 발생하고, 풋옵션의 경우 행사가격이 낮은 옵션이 높은 옵션 보다 가격이 싸므로 강세 풋스프레드는 초기에 이익이 발생한다.

거래전략의 손익을 분석하기 위해 다음과 같이 몇 가지 기호(notation)를 정의하기로 한다.

K_1 = 매입옵션의 행사가격

K_2 = 매도옵션의 행사가격(단, $K_1 < K_2$)

S_T = 옵션 만기일의 기초자산 가격

C_1 = 행사가격이 K_1인 콜옵션가격

C_2 = 행사가격이 K_2인 콜옵션가격($K_1 < K_2$이므로, $C_1 > C_2$)

P_1 = 행사가격이 K_1인 풋옵션가격

P_2 = 행사가격이 K_2인 풋옵션가격($K_1 < K_2$이므로, $P_1 < P_2$)

[표6-4]는 여러 가지 상황에서 강세 콜스프레드와 강세 풋스프레드의 손익을 보여준다.

[표6-4] 강세 콜스프레드와 강세 풋스프레드의 손익

스프레드 구분	옵션 포지션	만기 시 손익		
		$S_T \leq K_1$	$K_1 \leq S_T < K_2$	$S_T > K_2$
강세 콜스프레드 ($+C_1 - C_2$)	콜옵션매입(K_1)	$0 - C_1$	$(S_T - K_1) - C_1$	$(S_T - K_1) - C_1$
	콜옵션매도(K_2)	$0 + C_2$	$0 + C_2$	$(K_2 - S_T) + C_2$
	합계	$C_2 - C_1$	$(S_T - K_1)$ $+ (C_2 - C_1)$	$(K_2 - K_1)$ $+ (C_2 - C_1)$
강세 풋스프레드 ($+P_1 - P_2$)	풋옵션매입(K_1)	$(K_1 - S_T) - P_1$	$0 - P_1$	$0 - P_1$
	풋옵션매도(K_2)	$(S_T - K_2) + P_2$	$(S_T - K_2) + P_2$	$0 + P_2$
	합계	$(K_1 - K_2)$ $+ (P_2 - P_1)$	$(S_T - K_2)$ $+ (P_2 - P_1)$	$P_2 - P_1$

[표6-4]에서 얻어진 손익을 그래프로 그리기 위해 S_T구간별 부호(sign)를 분석하면 다음과 같다.

(ⅰ) 강세 콜스프레드의 부호

＊$S_T \leq K_1$일 때: $C_2 - C_1 < 0$(왜냐하면, $C_1 > C_2$)

* $K_1 \leq S_T < K_2$일 때: $(S_T - K_1) + (C_2 - C_1) \leq 0$ 혹은 > 0

* $S_T > K_2$일 때: $(K_2 - K_1) + (C_2 - C_1) > 0$(왜냐하면, $(K_2 - K_1) > (C_1 - C_2)$)

(ii) 강세 풋스프레드의 부호

* $S_T \leq K_1$일 때: $(K_1 - K_2) + (P_2 - P_1) < 0$(왜냐하면, $(K_2 - K_1) > (P_2 - P_1)$)

* $K_1 \leq S_t < K_2$일 때: $(S_T - K_2) + (P_2 - P_1) \leq 0$ 혹은 > 0

* $S_T > K_2$일 때: $P_2 - P_1 > 0$ (왜냐하면, $P_2 > P_1$)

따라서, 이를 그림으로 표시하면 [그림 6-2]와 같다.

[그림 6-2] 강세스프레드

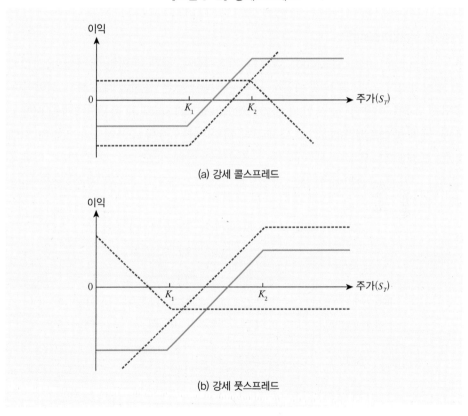

(a) 강세 콜스프레드

(b) 강세 풋스프레드

[그림 6-2]에서 보는 바와 같이 강세스프레드는 기초자산의 가격이 상승할 것으로 예상되는 경우, 예컨대 향후 주식시장이 강세(bull market)일 것이라 예상하는

경우 사용하는 투자전략이다. 그림의 (a)에서 보듯이 높은 행사가격의 콜옵션을 매도하여 얻은 프리미엄으로 낮은 행사가격의 콜옵션을 매입하는 데 지급하는 프리미엄의 일부를 커버하므로 초기비용을 줄일 수 있으며, 일정 구간(예를 들어, $S_T < K_2$)에서는 강세 콜스프레드 전략의 손익이 단순히 콜옵션을 매입하는 전략보다 손익이 항상 우위에 있다. (b)의 경우도 같은 논리로 해석할 수 있다.

강세스프레드에도 약점은 있는데, 기초자산의 가격이 어느 수준이상(예를 들어, $S_T > K_2$)으로 상승하는 경우 이익이 고정되므로 단순 콜옵션 매입으로부터 얻을 수 있는 이익보다 적은 이익을 얻게 된다는 점이다. 왜냐하면 바로 그 수준부터 옵션매입으로부터 얻는 이익이 옵션매도로부터 입는 손실과 정확히 상쇄되어 일정한 수준의 이익만 실현할 수 있기 때문이다.

(2) 약세스프레드

약세스프레드(bear spread)는 만기와 기초자산이 같은 동일한 유형의 옵션 2개 중 행사가격이 높은 옵션을 매입하고 행사가격이 낮은 옵션을 매도하는 전략이다. 콜옵션 2개를 이용할 경우 약세 콜스프레드(bear call spread), 풋옵션 2개를 이용할 경우 약세 풋스프레드(bear put spread)라 한다. 이는 강세 스프레드와 정확히 반대되는 포지션으로서 손익선도 강세 스프레드와 반대의 모양을 갖게 된다. 앞에서 정의한 기호를 사용하여 동일한 방법으로 약세스프레드의 손익을 분석한 것이 [표

[표6-5] 약세 콜스프레드와 약세 풋스프레드의 손익

스프레드 구분	옵션 포지션	만기시 손익		
		$S_T \leq K_1$	$K_1 \leq S_T < K_2$	$S_T \geq K_2$
약세 콜스프레드 $(-C_1+C_2)$	콜옵션매도(K_1)	$0+C_1$	$(K_1-S_T)+C_1$	$(K_1-S_T)+C_1$
	콜옵션매입(K_2)	$0-C_2$	$0-C_2$	$(S_T-K_1)-C_2$
	합계	C_1-C_2	(K_1-S_T) $+(C_1-C_2)$	(K_1-K_2) $+(C_1-C_2)$
약세 풋스프레드 $(-P_1+P_2)$	풋옵션매도(K_1)	$(S_T-K_1)+P_1$	$0+P_1$	$0+P_1$
	풋옵션매입(K_2)	$(K_2-S_T)-P_2$	$(K_2-S_T)-P_2$	$0-P_2$
	합계	(K_2-K_1) $+(P_1-P_2)$	(K_2-S_T) $+(P_1-P_2)$	P_1-P_2

[그림 6-3] 약세스프레드

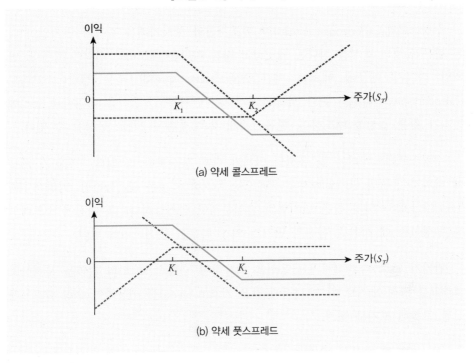

(a) 약세 콜스프레드

(b) 약세 풋스프레드

6-5]이며, 이를 그래프로 표시한 것이 [그림 6-3]이다.

[그림 6-3]에서 보는 바와 같이 약세스프레드는 기초자산의 가격이 하락할 것으로 예상되는 경우, 예컨대 향후 주식시장이 약세(bear market)일 것이라 예상하는 경우 사용하는 투자전략이다. 그림의 (a)에서 보듯이 낮은 행사가격의 콜옵션을 매도하여 얻은 프리미엄으로 높은 행사가격의 콜옵션을 매입하는 데 지급하는 프리미엄의 전부를 커버하고도 남으므로 초기에 비용없이 이익을 얻을 수 있다는 장점이 있으며, (b)의 경우에도 매도한 풋옵션으로 매입한 풋옵션 비용의 일부를 충당할 수 있다는 장점이 있다. 약세스프레드의 약점은 기초자산의 가격이 어느 수준 이하(예를 들어, $S_T < K_1$)로 하락하는 경우 이익이 고정되므로 단순 풋옵션 매입으로부터 얻을 수 있는 이익보다 적은 이익을 얻게 된다는 사실이다.

2) 수평스프레드(시간스프레드, 캘린더스프레드)

수평스프레드(horizontal spread)란 기초자산과 행사가격은 같으나 만기일이 다른 같은 유형의 옵션을 하나는 매입하고 다른 하나는 매도하는 전략을 말한다. 만기만 다르기 때문에 때로는 시간스프레드(time spread) 혹은 캘린더스프레드 (calendar spread)라고도 한다. 수평스프레드는 만기가 긴 옵션을 매입함과 동시에 만기가 짧은 옵션을 매도하며, 콜옵션 2개 혹은 풋옵션 2개로 구성할 수 있다.

수평스프레드에서는 한 옵션의 만기가 다른 옵션보다 더 일찍 도달하기 때문에 나머지 옵션의 만기일까지 스프레드를 유지하는 것은 불가능하다. 따라서 [표 6-4]나 [표6-5]와 같은 만기일의 손익분석이 불가능하다. 그 대신에 스프레드를 구성하는 데 사용된 옵션의 만기일 이전 특성을 분석하여야 한다.

만기가 서로 다른 2개의 콜옵션을 이용하여 수평스프레드의 손익을 분석하고 그래프를 그려 보기로 하자. 다음과 같은 기호(notation)를 이용하여 수평 콜스프레드를 고찰해 보기로 하자.

T_1 = 매도한 옵션의 만기

T_2 = 매입한 옵션의 만기(단, $T_1 < T_2$)

TV = 옵션의 시간가치(rime value of option)

IV = 옵션의 내재가치(intrinsic value of option)

C_1 = 만기가 짧은 옵션의 가격

C_2 = 만기가 긴 옵션의 가격($T_1 < T_2$이므로, $C_1 < C_2$)

앞에서 설명한 바와 같이 옵션의 총가치는 내재가치(IV)와 시간가치(TV)의 합이다. 옵션이 만기에 이르면 시간가치는 사라지고 내재가치만 남게 되지만, 일반적으로 만기이전에는 시간가치와 내재가치 둘 다 존재한다. 수평스프레드의 경우 만기가 다른 두 개의 옵션을 이용하므로 짧은 만기 시점(T_1)에 이르면 만기가 T_1인 옵션은 내재가치만 갖게 되지만, 만기가 긴 옵션은 아직 만기에 이르지 않았으므로 시간가치와 내재가치를 둘 다 가지게 된다. 이러한 사실 때문에 시점 T_1에서 만기가 짧은 매도콜옵션의 손익선은 '직선의 형태'(즉, 옵션의 손익=$-\max(S_{T_1} - K, 0)$ $+ C_1 = \min(K - S_{T_1}, 0) + C_1$)를 갖지만, 만기가 긴 매입콜옵션의 손익선은 '곡선의 형태'(즉, 옵션의 손익=시간가치+내재가치-옵션가격 $=TV+\max(S_{T_1}-K,\,0)-C_2$)를 갖게 된다. 시점 T_1에서 분석한 손익이 [표6-6]이고 이를 그래프로 그린 것이 [그림6-4]이다.

[표6-6] 수평스프레드의 손익분석(시점 T_1에서)

구분	시점 T_1에서의 손익	
	$S_{T_1} \le K$ 일 때	$S_{T_1} > K$ 일 때
콜옵션(T_1) 매도	$\min(K-S_{T_1},\,0)+C_1=0+C_1$	$\min(K-S_{T_1},\,0)+C_1=K-S_{T_1}+C_1$
콜옵션(T_2) 매입	$\max(S_{T_1}-K,\,0)+TV-C_2$	$\max(S_{T_1}-K,\,0)+TV-C_2$
수평 스프레드	$\max(S_{T_1}-K,\,0)+TV+(C_1-C_2)$	$\max(S_{T_1}-K,\,0)+$ $TV+(K-S_{T_1})+(C_1-C_2)$

[표6-6]에서 볼 수 있는 바와 같이 $S_{T_1} \le K$ 일 때나 $S_{T_1} > K$ 일 때 만기가 긴 옵션의 시간가치(TV)가 스프레드의 가치에 영향을 미침을 알 수 있다. T_1시점에서 주가가 매우 극단적인 값을 갖는 경우를 고려해 보자. 즉, S_{T_1}이 K에 비해 매우 작다면 만기가 짧은 옵션의 가치는 옵션발행가격과 같게 되고, 만기가 긴 옵션의 가치는 $(TV-C_2)$가 되어 수평스프레드의 가치는 $(TV+C_1-C_2)$과 같다. 즉, 초기에 스프레드를 구성하는 데 드는 비용(즉, C_1-C_2)보다 약간 큰 값을 갖게 된다. 반대로, 이 K에 비해 매우 크다면 만기가 짧은 옵션의 가치는 $(K-S_{T_1}+C_1)$이 되어 손실이 발생하고(S_{T_1}이 매우 크므로), 만기가 긴 옵션의 가치는 $(S_{T_1}-K+TV-C_2)$가 되어 수평스프레드의 가치는 $(TV+C_1-C_2)$가 되므로 마찬가지로 초기에 스프레드를 구성하는 데 드는 비용(즉, C_1-C_2)보다 약간 큰 값을 갖게 된다. 만일 주가가 T_1시점에 행사가격(K)에 근접하는 경우에는 만기가 짧은 매도옵션의 손해가 매우 작거나 0인 반면, 만기가 긴 매입옵션의 가치는 0보다 커서 스프레드의 가치는 0보다 크게 된다.

이상의 분석으로부터, 수평스프레드의 손익은 주가가 T_1시점에 두 옵션의 공통된 행사가격인 K에 근접할 때 0보다 큰 이익을 얻는 반면, 주가가 K보다 크거

[그림 6-4] 캘린더스프레드(시점 T_1 기준)

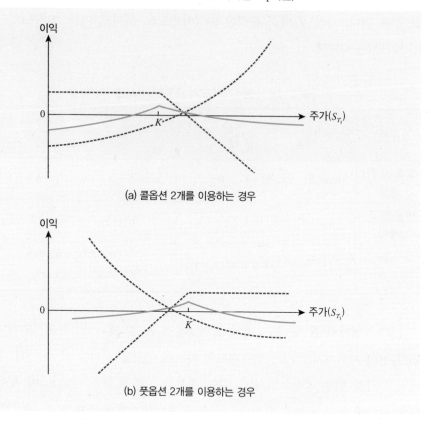

(a) 콜옵션 2개를 이용하는 경우

(b) 풋옵션 2개를 이용하는 경우

나 작을 때는 0보다 작은 이익(즉, 손실)을 실현하게 되어 [그림 6-4]와 같은 형태를 가지게 된다. 풋옵션 2개를 이용하는 경우에도 [표 6-6]과 같은 방법으로 분석할 수 있다.

수평스프레드는 [그림 6-4]에서 보는 바와 같이 행사가격(K)을 중심으로 이익이 발생하므로 향후 주가가 행사가격 근처에 머물 것으로 예상될 때 사용하는 투자전략이다. 즉, 주가의 변동이 그리 크지 않고 안정적일 때 사용할 수 있는 전략임을 알 수 있다.

역수평스프레드(reverse horizontal spread)는 [그림 6-4]와 반대의 경우로서 만기가 짧은 옵션을 매입하고 만기가 긴 옵션을 매도하는 전략이다.

3) 대각스프레드

대각스프레드(diagonal spread)란 행사가격과 만기일이 모두 다른 두 옵션을 결합하는 투자전략이다. 수직스프레드(vertical spread)는 행사가격만 다른 두 옵션을, 수평스프레드(horizontal spread)는 만기만 다른 두 옵션을 결합하는 전략인 반면, 여기서 설명할 대각스프레드는 행사가격과 만기가 둘 다 다른 두 옵션을 결합하는 투자전략이다. 따라서 손익의 분석이 훨씬 복잡하고 어렵다고 할 수 있다.

몇 가지 유형이 있으나 [그림6-5]에 대표적인 두 가지 경우가 있는데, (a)는

[그림6-5] 대각스프레드

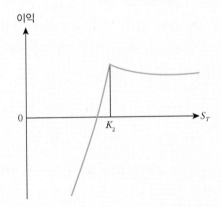

(a) (큰행사가격, 단기)콜옵션 매도+(작은행사가격, 장기)콜옵션 매입

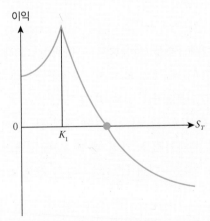

(b) (작은행사가격, 단기)콜옵션 매도+(큰행사가격, 장기)콜옵션 매입

행사가격(K_2)은 크지만 만기(T_1)가 짧은 콜옵션을 매도하고, 행사가격(K_1)이 작고 만기(T_2)가 긴 콜옵션을 매입하는 대각스프레드전략인 반면, (b)는 행사가격(K_1)도 작고 만기(T_1)도 짧은 콜옵션을 매도하고, 행사가격(K_2)도 크고 만기(T_2)도 긴 콜옵션을 매입하는 대각스프레드전략이다. 여기서 $T_1 < T_2$이고 $K_1 < K_2$이다.

[그림 6-5]에 있는 대각스프레드는 서로 독특한 상황에서 적용할 수 있는 투자전략이다. (a)의 경우, 강세시장(bull market)하에서 이익을 낼 수 있다는 점에서 수직스프레드의 성격을 가지고 있다. 한편, 최대이익이 기초자산가격이 정확히 K_2일 때 발생하는데 이는 기초자산의 가격수준이 만기가 짧은 옵션의 행사가격과 동일할 때 시간가치(TV) 감소효과가 수평스프레드에서처럼 유리하게 작용함을 반영하고 있다. 이로부터 전략(a)의 경우 수평스프레드와 수직스프레드의 효과가 혼합되어 있음을 알 수 있다. 반면, 전략(b)의 경우 그림에서 보는 바와 같이 약세시장(bear market) 지향적이며, 최대이익은 기초자산가격이 정확히 K_1일 때 발생한다는 점에서 전략(a)와 차이가 있다.

4) 나비형스프레드

나비형스프레드(butterfly spread)란 행사가격이 상이한 3개의 옵션을 결합한 투자전략을 말한다. 지금까지 설명한 다른 스프레드들이 2개의 같은 유형의 옵션이 결합되어 구성된 전략이라면, 나비형은 3개의 같은 유형의 옵션을 이용한다는 차이점이 있다.

3개의 서로 다른 행사가격을 이용하므로 나비형스프레드의 손익을 분석하기 위해서 3개의 행사가격(K_1, K_2, K_3; $K_1 < K_2 < K_3$)과 3개의 옵션가격(콜옵션의 경우 C_1, C_2, C_3; $C_1 > C_2 > C_3$; 풋옵션의 경우 P_1, P_2, P_3; $P_1 < P_2 < P_3$)이 필요하다. 즉, 행사가격이 제일 작은 옵션(K_1)과 행사가격이 제일 큰 옵션(K_3)에 1개씩의 매입포지션을 취하고, 중간의 행사가격을 가진 옵션(K_2)에 2개의 매도포지션을 취하면 나비형스프레드가 된다. [표 6-7]과 [그림 6-6]은 각각 나비형스프레드의 손익분석과 손익선을 보여주고 있다.

[표 6-7] 나비형스프레드의 손익분석

구분	옵션 포지션	만기시 손익			
		$S_T \le K_1$	$K_1 \le S_T < K_2$	$K_2 \le S_T < K_3$	$S_T > K_3$
나비형 콜 스프레드	콜옵션 매입 (K_1)	$0 - C_1$	$(S_T - K_1) - C_1$	$(S_T - K_1) - C_1$	$(S_T - K_1) - C_1$
	콜옵션 매도 ($2K_2$)	$2(0 + C_2)$	$2(0 + C_2)$	$2(K_2 - S_T + C_2)$	$2(K_2 - S_T + C_2)$
	콜옵션 매입 (K_3)	$0 - C_3$	$0 - C_3$	$0 - C_3$	$(S_T - K_3) - C_3$
	합계	$2C_2 - (C_1 + C_3)$	$(S_T - K_1) + 2C_2 - (C_1 + C_3)$	$(K_3 - S_T) + 2C_2 - (C_1 + C_3)$	$2C_2 - (C_1 + C_3)$
나비형 풋 스프레드	풋옵션 매입 (K_1)	$(K_1 - S_T) - P_1$	$0 - P_1$	$0 - P_1$	$0 - P_1$
	풋옵션 매도 ($2K_2$)	$2(S_T - K_2 + P_2)$	$2(S_T - K_2 + P_2)$	$2(0 + P_2)$	$2(0 + P_2)$
	풋옵션 매입 (K_3)	$(K_3 - S_T) - P_3$	$(K_3 - S_T) - P_3$	$(K_3 - S_T) - P_3$	$0 - P_3$
	합계	$2P_2 - (P_1 + P_3)$	$(S_T - K_1) + 2P_2 - (P_1 + P_3)$	$(K_3 - S_T) + 2P_2 - (P_1 + P_3)$	$2P_2 - (P_1 + P_3)$

단, $K_2 = (K_1 + K_3)/2$ 혹은 $2K_2 = K_1 + K_3$ 혹은 $2K_2 - K_1 = K_3$ 혹은 $-K_1 = K_3 - 2K_2$
그러나, $C_2 \ne (C_1 + C_3)/2$; $P_2 \ne (P_1 + P_3)/2$(왜냐하면, 옵션가격은 행사가격에 대해 비선형 함수이므로)

[표 6-7]을 이용하여 그린 나비형스프레드의 손익선이 [그림 6-6]이다. [그림 6-6]으로부터 유추할 수 있는 바와 같이, 나비형스프레드는 캘린더스프레드와 유사한 손익형태를 갖는다. 따라서, 미래의 주가가 K_2를 중심으로 크게 변동하지 않을 것이라고 예측되는 경우 유용하게 사용할 수 있는 투자전략이다. 나비형스프레드를 발행하는 경우, 즉 K_1과 K_3를 행사가격으로 하는 옵션을 1개씩 매도하고, K_2를 행사가격으로 갖는 옵션을 2개 매입하면 손익선이 [그림 6-6]과 반대의 모양을 갖는 투자전략을 구성할 수 있으니, 이러한 전략은 주가가 K_2로부터 많은 변동을 보일 것이라 예측되는 경우 구사할 수 있는 투자기법이다.

[그림 6-6] 나비형스프레드

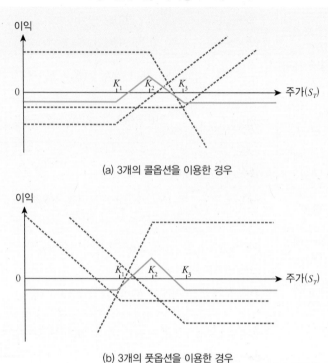

(a) 3개의 콜옵션을 이용한 경우

(b) 3개의 풋옵션을 이용한 경우

5) 박스스프레드

박스스프레드(box spread)란 강세 콜스프레드(bull call spread)와 약세 풋스프레
드(bear put spread)를 결합한 거래전략이다. 이 전략의 가장 큰 특징은 수익
(payoff)이 직사각형 모양의 박스(box) 형태를 갖는다는 것이다. 물론 수익이 박스
모양이고 초기비용도 상수$[(C_1 - C_2) + (P_2 - P_1)]$이므로 손익도 박스 형태가 된
다. [표 6-8]과 같이 박스스프레드의 손익을 분석해 보자. 표에서 보듯이 만기 시
주가와 상관없이 항상 박스스프레드의 수익은 $(K_2 - K_1)$으로 일정하며, 손익도
$(K_2 - K_1) - [(C_1 - C_2) + (P_2 - P_1)]$로 일정함을 알 수 있다. 그래서 [그림 6-7]
에서 보듯이 수익의 그래프가 직사각형의 박스(box)형태를 가지고 있다. 이러한
박스스프레드는 미래 주가와 관계없이 일정한 수익이나 손익을 기대하는 투자자
에게 적합한 전략이다. 그러나, 이러한 박스스프레드는 유러피언 옵션에서만 성립
하며, 아메리칸 옵션들의 경우 옵션의 조기행사가 가능하므로 반드시 박스 모양의

손익을 보여주지는 않는다. 또한, 박스스프레드 분석 시 우리는 돈의 시간적 가치와 거래수수료, 세금 등을 고려하지 않았다. 이들을 고려할 경우 박스스프레드의 수익과 손익의 모양은 달라 질 수 있다.

[표 6-8] 박스스프레드의 손익분석

스프레드 구분	옵션 포지션	만기시 현금흐름		
		$S_T \leq K_1$	$K_1 \leq S_T < K_2$	$S_T > K_2$
강세 콜스프레드 $(+C_1 - C_2)$	콜옵션 매입 (K_1)	0	$S_T - K_1$	$S_T - K_1$
	콜옵션 매도 (K_2)	0	0	$K_2 - S_T$
	수익 합계(A)	0	$S_T - K_1$	$K_2 - K_1$
약세 풋스프레드 $(-P_1 + P_2)$	풋옵션 매도 (K_1)	$S_T - K_1$	0	0
	풋옵션 매입 (K_2)	$K_2 - S_T$	$K_2 - S_T$	0
	수익 합계(B)	$K_2 - K_1$	$K_2 - S_T$	0
박스 스프레드	수익(A+B)	$K_2 - K_1$	$K_2 - K_1$	$K_2 - K_1$
	손익	$(K_2 - K_1) -$cost	$(K_2 - K_1) -$cost	$(K_2 - K_1) -$cost

주) cost = 초기비용 = $(C_1 - C_2) + (P_2 - P_1)$

[그림 6-7] 박스스프레드의 수익

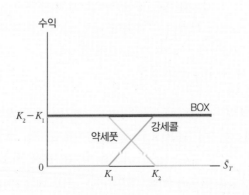

6) 현금유입스프레드와 현금유출스프레드

현금유입스프레드(credit spread)란 가격이 높은 옵션을 발행하고 가격이 낮은 옵션을 매입하므로 초기에 현금유입(credit)이 되는 거래전략이다. 반면에, 현금유출스프레드(debit spread)란 가격이 낮은 옵션을 발행하고 가격이 높은 옵션을 매입하므로 초기에 현금유출(debit)이 되는 전략이다. 예를 들어, 약세 콜스프레드와 강세 풋스프레드는 현금유입스프레드이고, 강세 콜스프레드와 약세 풋스프레드는 현금유출스프레드이다.

7) 비율스프레드와 역비율스프레드

(1) 비율스프레드

비율스프레드(ratio spread)란 매입 또는 매도하는 옵션의 비율을 달리하되 매입하는 옵션보다 매도하는 옵션 수가 더 많은 스프레드를 말한다. 앞에서 배운 스프레드들은 매입하는 옵션과 매도하는 옵션의 수를 동일하게 하는 1:1 비율을 사용하고 있는 반면, 비율 스프레드들은 비율을 달리하는 것이다. 비율 콜스프레드와 비율 풋스프레드가 있다.

비율 콜스프레드(ratio call spread)란 특정 행사가격(K_1)의 콜옵션을 매입하고 이보다 행사가격이 더 높은(K_2) 콜옵션을 더 많이 매도하는 거래전략이다. 매입과 매도의 비율을 1:2로 한 비율 콜스프레드의 만기 시 손익을 표시한 것이 [그림 6-8]의 (a)이다. 그림에서 보듯이 기초자산 가격이 하락 시에는 손실이 일정 수준으로 한정되고, 가격이 매도옵션의 행사가격일 때 최대이익이 발생하며, 가격이 이 이상으로 커지면 이익이 하락하여 가격이 너무 높아지면 손실이 한정되지 않는다. 따라서, 이러한 투자전략은 향후 기초자산 가격이 크게 오르지 않을 거라 예상될 때 구사할 수 있는 거래전략이다.

한편, 비율 풋스프레드(ratio put spread)란 특정 행사가격(K_2)의 풋옵션을 매입하고 이보다 행사가격이 더 낮은(K_1) 풋옵션을 매도하는 투자전략이다. [그림 6-8]의 (b)는 매입수량과 매도수량의 비율을 1:2로 하는 비율 풋옵션의 손익을 표시한 것이다. 그림에서 보듯이 비율 풋은 비율 콜과 대조적인 손익을 보여주고 있다. 즉, 기초자산가격이 큰 행사가격(K_2) 보다 더 상승하면 손실은 일정수준으로 한정되고, 최대이익은 작은 행사가격(K_1)에서 발생되며, 가격이 더 하락하면 손실을 볼 수 있는 손익패턴을 보여주고 있다. 다만 비율 콜스프레드에서는 무한한 손실이 가능하지만, 비율 풋스프레드에서는 유한책임(limited liability)의 원리에 의해 주식가격은 0보다 작을 수 없으므로 기초자산이 주식인 경우 최대손실은 일정금액으로 제한된다.

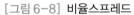

[그림 6-8] 비율스프레드

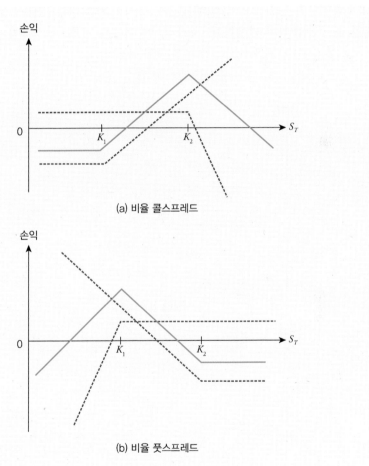

(a) 비율 콜스프레드

(b) 비율 풋스프레드

(2) 역비율스프레드

역비율스프레드(reverse ratio spread)란 매입 또는 매도하는 옵션의 비율을 달리하되 매도하는 옵션보다 매입하는 옵션 수가 더 많은 스프레드를 말한다. 때로는

백 스프레드(back spread)라고도 한다. 역비율 콜스프레드와 역비율 풋스프레드가
있다.

　역비율 콜스프레드는 특정 행사가격(K_1)의 콜옵션에 매도포지션을 취하고, 이
보다 행사사격기 더 높은(K_2) 콜옵션을 더 많이 매입하는 옵션거래전략이다. [그
림 6−9]의 (a)는 매도수량과 매입수량의 비율이 1:2인 역비율 콜스프레드의 손익
을 표시한 것이다. 그림에서 보듯이 기초자산가격이 크게 상승하거나 하락할 경우
이익이 발생하며 이익에 제한이 없다. 반면, 기초자산가격이 매입옵션의 행사가격
(K_2)일 때 최대손실이 발생한다. 따라서, 이 전략은 기초자산가격이 큰 폭으로 변

[그림 6−9] 역비율스프레드

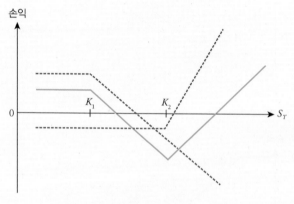

(a) 역비율 콜스프레드

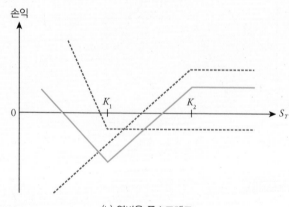

(b) 역비율 풋스프레드

동할 때, 특히 큰 폭으로 상승할 때 이익을 얻을 수 있는 거래전략이다.

역비율 풋스프레드는 특정 행사가격(K_2)의 풋옵션에 매도포지션을 취하고, 이보다 행사가격이 더 낮은(K_1) 풋옵션을 더 많이 매입하는 옵션거래전략이다. [그림 6-9]의 (b)는 매도수량과 매입수량의 비율이 1:2인 역비율 풋스프레드의 손익을 표시한 것이다. 그림에서 보듯이 기초자산가격이 크게 상승하거나 하락할 경우 이익이 발생한다. 반면, 기초자산가격이 매입옵션의 행사가격(K_1)일 때 최대손실이 발생한다. 따라서, 이 전략은 기초자산가격이 큰 폭으로 변동할 때, 특히 큰 폭으로 하락할 때 큰 이익을 얻을 수 있는 거래전략이다.

3 | 콤비네이션 거래전략

스프레드가 같은 종류의 옵션(즉, 콜옵션과 콜옵션 혹은 풋옵션과 풋옵션)을 결합하는 투자전략인 반면, 콜옵션과 풋옵션을 함께 사용하는 전략을 콤비네이션 (combination)이라 한다. 콤비네이션전략에는 스트래들, 스트립과 스트랩, 스트랭글 등이 있다.

콤비네이션전략의 특징은 변동성(volatility)을 이용한다는 점이다. 여기서 말하는 변동성이란, 금리가 급변하거나 갑작스런 통화의 평가절하와 같이 자산의 시장가격이 급격하게 움직이는 경우를 의미하기도 하고, 옵션의 내재변동성(implied volatility)의 변화를 의미하기도 한다.

1) 스트래들

콤비네이션전략에서 가장 많이 사용되는 전략이 스트래들이다. 스트래들 (straddle)이란 기초자산, 만기, 행사가격이 동일한 콜옵션과 풋옵션을 결합하는 것이다. 스트래들은 취하는 포지션에 따라 스트래들 매입(straddle purchase)과 스트래들 매도(straddle write)로 나눈다. 스트래들 매입은 하한 스트래들(bottom straddle)이라고도 하는데 기초자산, 만기, 행사가격이 동일한 콜옵션과 풋옵션을 동시에 매입하여 구성한다. 스트래들 매도는 상한 스트래들(top straddle)이라고도 하며

[표6-9] 스트래들의 손익분석

구분	옵션 포지션	만기시 손익	
		$S_T \leq K$	$S_T > K$
스트래들 매입	콜옵션 매입	$0 - C$	$(S_T - K) - C$
	풋옵션 매입	$(K - S_T) - P$	$0 - P$
	합계	$(K - S_T) - (C + P)$	$(S_T - K) - (C + P)$
스트래들 매도	콜옵션 매도	$0 + C$	$(K - S_T) + C$
	풋옵션 매도	$(S_T - K) + P$	$0 + P$
	합계	$(S_T - K) + (C + P)$	$(K - S_T) + (C + P)$

[그림6-10] 스트래들

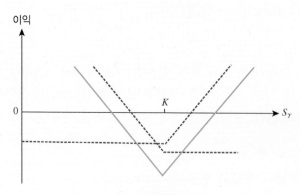

(a) 스트래들 매입

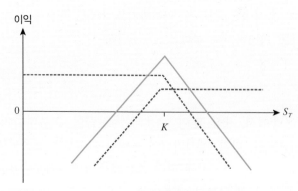

(b) 스트래들 매도

기초자산, 만기, 행사가격이 동일한 콜옵션과 풋옵션을 동시에 매도함으로써 구성한다. 스트래들의 손익을 분석한 것이 [표6-9]이고 이를 그래프로 그린 것이 [그림6-10]이다.

스트래들의 손익분석으로부터 스트래들 매입은 주가의 변동이 심할 것이라 예상될 때 적합한 전략이고, 스트래들 매도는 주가가 행사가격에 근접할 것이라 예상될 때 적합한 전략이다. 스트래들 매입으로부터 얻을 수 있는 이익에는 제한이 없으며, 노출되는 손실은 $(C+P)$로 한정된다. 반면에 스트래들 매도로부터 얻을 수 있는 이익은 $(C+P)$로 한정되며, 노출되는 손실에는 제한이 없다. 따라서 스트래들 매도는 매우 위험이 큰 전략임을 알 수 있다.

2) 스트립과 스트랩

스트립과 스트랩은 결합에 사용되는 콜옵션과 풋옵션의 수가 서로 다른 투자전략이다. 즉, 스트립(strip)은 기초자산, 만기, 행사가격이 동일한 콜옵션 1개와 풋옵션 2개를 매입하여 만들므로 풋옵션에 더 비중을 두는 전략이며, 스트랩(strap)은 기초자산, 만기, 행사가격이 동일한 콜옵션 2개와 풋옵션 1개를 매입하여 만들므로 콜옵션에 좀 더 비중을 주는 전략이다. 스트립과 스트랩의 손익분석이 [표6-10]에 있고, 손익선이 [그림6-11]에 묘사되어 있다.

[표6-10]의 손익분석에서 알 수 있는 바와 같이 주가가 큰 폭으로 변할 것으로 기대하는 동시에 주가가 하락할 가능성이 상승할 가능성보다 크다고 판단될 경

[표6-10] 스트립과 스트랩의 손익분석

구분	옵션 포지션	만기시 손익	
		$S_T \leq K$	$S_T > K$
스트립	콜옵션 매입(K)	$0-C$	$(S_T-K)-C$
	풋옵션 매입($2K$)	$2[(K-S_T)-P]$	$2[0-P]$
	합계	$2(K-S_T)-(C+2P)$	$(S_T-K)-(C+2P)$
스트랩	콜옵션 매입($2K$)	$2(0-C)$	$2[(S_T-K)-C]$
	풋옵션 매입(K)	$(K-S_T)-P$	$0-P$
	합계	$(K-S_T)-(2C+P)$	$2(S_T-K)-(2C+P)$

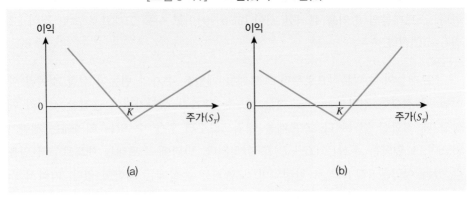

[그림 6-11] 스트립(a)과 스트랩(b)

우에는 스트립전략을 이용한다. 반면에 주가가 큰 폭으로 변할 것으로 기대하지만 주가가 상승할 가능성이 하락할 가능성보다 크다고 판단될 경우에는 스트랩전략을 사용한다.

3) 스트랭글

스트랭글(strangle)이란 기초자산과 만기일은 같으나 행사가격이 다른 콜옵션과 풋옵션을 동시에 매입하는 전략을 말하는 것으로 하한수직콤비네이션(bottom vertical combination)이라고도 한다. 스트랭글의 손익분석이 [표6-11], 손익그래프가 [그림6-12]에 각각 나타나 있다.

스트랭글은 스트래들과 유사한 전략이나, 주가가 아주 큰 폭으로 변할 때는 스트랭글이 스트래들보다 더 큰 이익을 얻을 수 있고, 주가의 변화가 그리 크지 않

[표6-11] 스트랭글의 손익분석

옵션 포지션	만기시 손익		
	$S_T \leq K_1$	$K_1 \leq S_T < K_2$	$S_T > K_2$
풋옵션 매입(K_1)	$(K_1 - S_T) - P$	$0 - P$	$0 - P$
콜옵션 매입(K_2)	$0 - C$	$0 - C$	$(S_T - K_2) - C$
합계	$(K_1 - S_T) - (C + P)$	$-(C + P)$	$(S_T - K_2) - (C + P)$

주) K_2 = 매입콜옵션의 행사가격; K_1 = 매입풋옵션의 행사가격; $K_2 > K_1$;
　　C= 매입콜옵션의 가격; P= 매입풋옵션의 가격

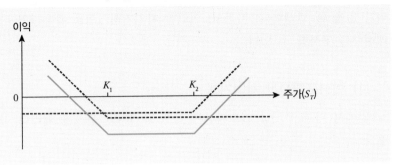

[그림 6-12] 스트랭글

을 때는 스트래들이 스트랭글보다 더 큰 이익을 실현할 수 있다는 차이가 있다. 또한 주가가 중간값으로 끝날 시에는 스트랭글의 손실이 스트래들 보다 더 작다는 특징이 있다.

4 | 헷지 및 차익거래전략

본 장의 옵션거래전략에서는 주로 스프레드 거래전략을 소개하였으나, 옵션을 결합한 다양한 헷지전략과 차익거래전략들도 창출할 수 있다.

1) 헷지전략

옵션을 이용한 다양한 헷지전략들을 구성할 수 있는데, 앞에서 이미 설명한 보호된 콜(covered call)이나 방어적 풋(protective put)은 일종의 헷지전략으로 볼 수 있다. 또한 앞에서 이미 설명한 바 있는 델타헷지 역시 옵션의 민감도를 활용한 헷지전략의 일환으로 볼 수 있다. 뒤에서 배우게 될 여러 가지 옵션 민감도(그릭문자) 역시 옵션헷지를 위해 사용될 수 있다. 따라서, 여기서는 더 이상 옵션 헷지거래에 대해 자세히 설명하지 않으므로 해당되는 부분을 참조하기 바란다.

2) 차익거래전략

여기서는 옵션을 이용한 몇 가지 차익거래전략을 소개하고자 한다. 차익거래기회는 기본적으로 시장가격이 균형이 아닐 때 혹은 시장가격과 이론가격 사이에 괴리가 있을 때 발생한다. 따라서, 이러한 차익거래기회를 활용하면 다양한 차익거래전략을 구사할 수 있다.

(1) 합성포지션과 차익거래

앞에서 다룬 무배당 기초자산에 대한 유러피언 풋-콜 패리티 공식은 다음과 같다.

$$p + S = c + Ke^{-rT}$$
$$\Rightarrow \text{합성매입: } +S = c - p + Ke^{-rT} \quad \text{(식6-3)}$$
$$\Rightarrow \text{합성매도: } -S = p - c - Ke^{-rT} \quad \text{(식6-4)}$$

(식6-3)은 콜옵션을 매입하고 풋옵션을 매도하여 합성한 기초자산으로 합성매입(synthetic long)이라 하고, (식6-4)는 풋옵션을 매입하고 콜옵션을 매도하여 합성한 기초자산으로 합성매도(synthetic short)라 한다. 따라서, (식6-3)과 (식6-4)로부터 얻어진 합성가격과 실제 시장에서 구한 가격 사이에 괴리가 발생하면 차익거래기회가 존재한다. 예를 들어, 시장에서 결정된 주식가격을 S^*라 하고, 위 (식6-3)으로 구한 합성주가를 S라 할 때, $S^* = S$가 성립하지 않으면 차익거래기회가 발생한다. 만일, $S^* > S$라 하면, 시장에서 해당주식을 공매하고, 그 자금으로 (콜옵션매입+풋옵션매도+Ke^{-rT}예금)포지션을 취하면 ($S^* - S = S^* - c + p - Ke^{-rT}$)만큼의 무위험 차익을 실현할 수 있다.

Tip / 주요 용어   **전환과 역전환**

합성매도(synthetic short)를 이용하는 차익거래를 전환(conversion)이라 하고, 합성매입(synthetic long)을 이용하는 차익거래를 역전환(reverse conversion)이라 한다.
실무에서는 주식을 공매하는 데 규제가 있을 수 있으므로 때로는 주식선물을 이용하기도 하는데 이때는 주식선물로 표시된 풋-콜 패리티를 적용해야 한다.

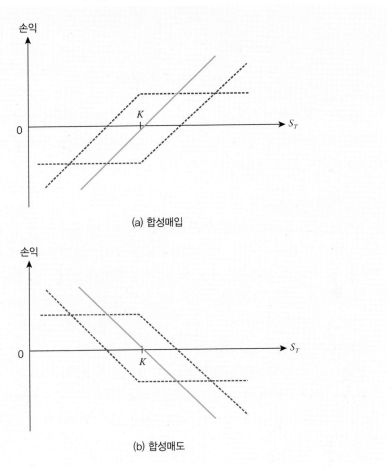

[그림 6-13] 주식 합성포지션

(a) 합성매입

(b) 합성매도

[그림 6-13]에서 (a)는 (식 6-3)에 있는 합성매입(synthetic long)포지션을, (b)는 (식 6-4)에 있는 합성매도(synthetic short)포지션을 각각 표시하고 있다.

(2) 박스스프레드

앞에서 이미 설명한 박스스프레드(box spread)를 이용하여 차익거래를 할 수도 있다. [표 6-8]에서 분석한 박스스프레드는 다음과 같이 구성된다.

박스스프레드＝강세 콜스프레드＋약세 풋스프레드

$$= [+C_1(K_1) - C_2(K_2)] + [P_2(K_2) - P_1(K_1)]$$

$$= [+C_1(K_1) - P_1(K_1)] + [P_2(K_2) - C_2(K_2)]$$

$$= 합성매입(K_1) + 합성매도(K_2) \qquad\qquad (식6-5)$$

(식6-5)로부터 박스스프레드는 행사가격이 K_1인 합성매입과 행사가격이 K_2인 합성매도로 분리할 수 있다. 두 개의 행사가격의 상대적인 크기에 따라 박스스프레드는 다음과 같이 구분된다.

ⅰ) $K_1 > K_2$인 경우

이러한 박스스프레드를 초기 현금유입 박스(credit box)라 하며, [표6-8]에서 보듯이 만기 시 항상 (-)의 수익 혹은 손실을 실현한다. 그런데 콜옵션가격은 행사가격에 반비례하고, 풋옵션가격은 행사가격에 정비례하므로 이 경우 옵션의 가격은 $C_1(K_1) < C_2(K_2)$, $P_2(K_2) < P_1(K_1)$이 되므로, 초기투자비용 = $[+C_1(K_1) - C_2(K_2)] + [P_2(K_2) - P_1(K_1)] < 0$. 즉, 초기비용이 음(-)이라는 것은 초기에 순현금유입이 된다는 것을 의미한다.

만일 시장에 차익거래 기회가 없다면, 초기현금유입의 만기 시 가치 = 만기 시 박스 손실이 되어야 한다. 그러나, 옵션가격들이 균형에서 벗어나, 현금유입의 가치가 박스 손익과 달라지면 차익거래기회가 생기는 것이다.

ⅱ) $K_1 < K_2$인 경우

이러한 박스스프레드를 초기 현금유출 박스(debit box)라 하며, [표6-8]에서 보듯이 만기 시 항상 (+)의 수익 혹은 이익을 실현한다. 그런데 콜옵션가격은 행사가격에 반비례하고, 풋옵션가격은 행사가격에 정비례하므로 이 경우 옵션의 가격은 $C_1(K_1) > C_2(K_2)$, $P_2(K_2) > P_1(K_1)$이 되므로, 초기투자비용 = $[+C_1(K_1) - C_2(K_2)] + [P_2(K_2) - P_1(K_1)] > 0$. 즉, 초기비용이 양(+)이라는 것은 초기에 순현금유출이 된다는 것을 의미한다.

만일 시장에 차익거래 기회가 없다면, 초기현금유출의 만기 시 가치=만기 시 박스 이익이 되어야 한다. 그러나, 옵션가격들이 균형에서 벗어나, 현금유입의 가치가 박스손익과 달라지면 차익거래기회가 생기는 것이다.

Chapter 07

옵션가격의 민감도: 그릭(Greek)문자

우리는 앞에서 옵션가격에 영향을 미치는 6개 주요 변수에 대해 배운 바 있다. 이러한 6개 변수들은 동시에 변할 수도 있고 한 번에 하나만 변할 수 도 있다. 6개 변수가 거의 동시에 연속적으로 변동하는 것이 현실적이지만, 6개를 동시에 분석하면 각 변수가 옵션가격에 어떻게 영향을 미치는지 이해하는 것이 대단히 어렵고 복잡해 진다. 따라서, 경제학이나 경영학에서는 한 번에 하나의 독립변수만 변동하고 나머지 독립변수들은 일정하다고 가정하여 각 독립변수들이 종속변수의 균형가격에 어떻게 영향을 미치는지 분석하는 경우가 많은데 이를 민감도분석(sensitivity analysis)이라고 한다.

민감도분석을 통해 우리는 옵션의 균형가격에 영향을 미치는 주요 요인들에 대해 요인과 옵션가격 사이의 관계를 좀 더 체계적으로 파악할 수 있고, 이러한 관계가 옵션의 헷지나 투자전략에 어떻게 활용될 수 있는지도 이해할 수 있다. 6개의 주요 요인 중 배당(D)과 상수인 행사가격(K)을 제외한 4개 요인, 즉 기초자산가격(S), 무위험이자율(r), 기초자산의 변동성(σ), 만기까지 남은 시간($T-t$)에 대해 분석하고자 한다. 이때 이들 4개의 주요 요인들과 옵션가격 사이의 민감도를 일반적으로 델타, 감마 등 그리스어로 표시하기 때문에 흔히 옵션가격민감도를 '그릭(Greek)'이라고 부르기도 한다.

1 | 델타

1) 델타의 개념

델타(delta, Δ)란 기초자산의 가격변동에 따라 옵션가격이 어느 정도 민감하게 반응하는지를 보여주는 것이다. 이항분포모형과 블랙-숄즈-머튼모형에서 무위험포트폴리오 구성시 콜옵션 1개 매도할 때 매입주식의 수가 바로 델타였다. 역으로 주식 1개를 매입할 때 옵션 (1/델타)개를 매도하면 무위험포트폴리오를 구성할 수 있다. 따라서 델타는 수학적으로 설명하면 주가가 1단위 변동할 때 옵션가격이 얼마나 변동하는지를 보여주는 1차미분, 즉, 옵션가격을 종속변수로 하고 기초자산가격을 독립변수로 할 때 접선의 기울기가 된다. 다음과 같은 식으로 표시할 수 있다.

$$\text{델타} = \Delta = \frac{\text{옵션가격의 변동}}{\text{기초자산가격의 변동}} = \frac{\partial f}{\partial S} \qquad \text{(식7-1)}$$

(식7-1)에 있는 델타의 의미를 그래프로 표시하면 [그림7-1]과 같다. 편의상 기초자산을 주식이라 하면, 현재 주가(A)에서의 델타는 점A에서 옵션가격을 표시하는 곡선의 접선(tangent line)의 기울기(slope)와 같다. 그림에서는 기울기가 0.6으로서 이 값이 곧 델타인데, 델타가 0.6이라는 것은 주식가격이 $1변동하면, 옵션가격은 $0.6변동함을 의미한다. 그림에서 점 B는 주가가 A일 때의 옵션의 가격이

[그림7-1] 델타의 의미

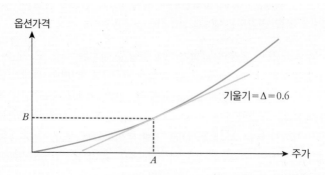

다. 주가가 변동하면 옵션가격도 변동하고 옵션가격함수는 곡선이므로 곡선의 각 점에서 기울기는 서로 다르다. 즉, 주가가 변동하면 이에 따라 기울기가 변하므로 델타도 변하게 된다.

2) 델타와 기초자산

이론적으로 옵션의 가치는 기초자산의 가치보다 상승 또는 하락의 폭이 클 수가 없다. 따라서 콜옵션 델타의 범위는 0과 1 사이가 되며, 풋옵션의 경우 기초자산의 가격변동방향과 그 가치가 반비례하므로 그 범위는 -1과 0 사이가 된다.

블랙-숄즈-머튼모형으로부터 배당이 없는 경우 유러피언 콜옵션과 풋옵션의 델타는 다음과 같다.

$$\Delta(콜옵션) = N(d_1) \qquad\qquad (식7-2)$$

$$\Delta(풋옵션) = N(d_1) - 1 \qquad\qquad (식7-3)$$

(식7-2)와 (식7-3)으로부터, $N(d_1)$은 확률이므로 $0 \leq N(d_1) \leq 1$을 만족해야 하며, 따라서 $0 \leq \Delta(콜옵션) \leq 1$, $-1 \leq \Delta(풋옵션) \leq 0$이 되어야 한다. (식7-2)와 (식7-3)에 대한 증명은 [심화학습7-1]을 참조하기 바란다. 콜옵션과 풋옵션의 델타는 [그림7-2]에서와 같이 기초자산인 주가에 대해 S-자 곡선의 형태를 갖는다.

[그림 7-2] 델타와 기초자산과의 관계

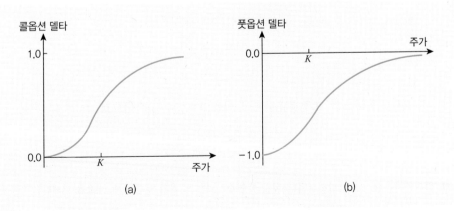

(a) (b)

블랙−숄즈−머튼모형으로부터,

$$c = SN(d_1) - Ke^{-rT}N(d_2) \tag{a}$$

$$p = Ke^{-rT}N(-d_2) - SN(-d_1) \tag{b}$$

$$d_1 = \frac{\ln(\frac{S}{K}) + (r + \frac{\sigma^2}{2})T}{\sigma\sqrt{T}} , \quad d_2 = d_1 - \sigma\sqrt{T} \tag{c}$$

(1) 무배당 유러피언 콜옵션의 델타: $\Delta(콜옵션) = N(d_1)$

(식 7−1)에 있는 델타의 정의와 식(a)로부터,

$$\Delta(콜옵션) = \frac{\partial c}{\partial S} = N(d_1) + S\frac{\partial N(d_1)}{\partial S} - Ke^{-rT}\frac{\partial N(d_2)}{\partial S} \tag{d}$$

그런데, 확률론에서 누적분포함수(cdf) $F(x)$를 x에 대해 미분하면 확률밀도함수(pdf) $f(x)$가 되는 성질, 즉, $\dfrac{dF(x)}{dx} = f(x)$와 연쇄법칙(chain rule)[1]으로부터,

$$\frac{\partial N(d_1)}{\partial S} = (\frac{\partial N(d_1)}{\partial d_1})(\frac{\partial d_1}{\partial S}) = n(d_1)(\frac{\partial d_1}{\partial S}) \tag{e}$$

$$\frac{\partial N(d_2)}{\partial S} = (\frac{\partial N(d_2)}{\partial d_2})(\frac{\partial d_2}{\partial S}) = n(d_2)(\frac{\partial d_1}{\partial S})(\because \frac{\partial d_2}{\partial S} = \frac{\partial d_1}{\partial S}) \tag{f}$$

따라서, 식(e)와 (f)를 식(d)에 대입하면,

$$\Delta(콜옵션) = \frac{\partial c}{\partial S} = N(d_1) + Sn(d_1)(\frac{\partial d_1}{\partial S}) - Ke^{-rT}n(d_2)(\frac{\partial d_1}{\partial S}) \tag{g}$$

그런데, $n(d_1)$은 표준정규분포의 확률밀도함수(pdf)이므로,

---

1) 연쇄법칙(chain rule): 함수 $f(d)$가 d의 함수이고, d는 또 S의 함수일 때, 다음을 연쇄법칙이라 한다: $\dfrac{\partial f(d)}{\partial S} = (\dfrac{\partial f(d)}{\partial d})(\dfrac{\partial d}{\partial S})$.

$$n(d_1) = \frac{1}{\sqrt{2\pi}} e^{-\frac{d_1^2}{2}} \tag{h}$$

$$n(d_2) = \frac{1}{\sqrt{2\pi}} e^{-\frac{d_2^2}{2}} = \frac{1}{\sqrt{2\pi}} e^{-\frac{(d_1 - \sigma\sqrt{T})^2}{2}}$$

$$= e^{-\frac{d_1^2}{2}} \frac{1}{\sqrt{2\pi}} e^{\frac{2\sigma\sqrt{T}d_1 - \sigma^2 T}{2}}$$

$$= n(d_1) e^{\sigma\sqrt{T}d_1 - \frac{\sigma^2 T}{2}} \tag{i}$$

그런데, 식(c)로부터,

$$\sigma\sqrt{T}d_1 - \frac{\sigma^2 T}{2} = \ln\left(\frac{S}{K}\right) + rT$$

$$\Rightarrow \quad e^{\sigma\sqrt{T}d_1 - \frac{\sigma^2 T}{2}} = e^{\ln\left(\frac{S}{K}\right) + rT} = \left(\frac{S}{K}\right) e^{rT} \tag{j}$$

식(h), (i), (j)로부터,

$$Sn(d_1)\left(\frac{\partial d_1}{\partial S}\right) - Ke^{-rT}n(d_2)\left(\frac{\partial d_1}{\partial S}\right)$$

$$= \left(\frac{\partial d_1}{\partial S}\right) n(d_1) \left[S - Ke^{-rT}\left(\frac{S}{K}\right) e^{rT} \right]$$

$$= \left(\frac{\partial d_1}{\partial S}\right) n(d_1)(S - S) = 0 \tag{k}$$

따라서, 식(k)를 식(g)에 대입하면,

$$\Delta(\text{콜옵션}) = \frac{\partial c}{\partial S} = N(d_1) + Sn(d_1)\left(\frac{\partial d_1}{\partial S}\right) - Ke^{-rT}n(d_2)\left(\frac{\partial d_1}{\partial S}\right)$$

$$= N(d_1) + 0 = N(d_1).$$

(2) 무배당 유러피언 풋옵션의 델타: $\Delta(\text{풋옵션}) = N(d_1) - 1$

식(b)로부터,

$$\Delta(\text{풋옵션}) = \frac{\partial p}{\partial S} = Ke^{-rT}\frac{\partial N(-d_2)}{\partial S} - N(-d_1) - S\frac{\partial N(-d_1)}{\partial S} \quad (l)$$

그런데, 위 (1)의 콜옵션 델타를 구할 때 사용한 방법으로 다음을 증명할 수 있다.

$$Ke^{-rT}\frac{\partial N(-d_2)}{\partial S} - S\frac{\partial N(-d_1)}{\partial S} = 0 \quad (m)$$

따라서, 식(m)을 식(l)에 대입하면,

$$\Delta(\text{풋옵션}) = \frac{\partial p}{\partial S} = Ke^{-rT}\frac{\partial N(-d_2)}{\partial S} - N(-d_1) - S\frac{\partial N(-d_1)}{\partial S}$$
$$= -N(-d_1) \quad (n)$$

그런데, 정규분포의 대칭성으로부터,

$$N(-d_1) = 1 - N(d_1) \quad (o)$$

고로, 식(o)를 식(n)에 대입하면,

$$\Delta(\text{풋옵션}) = N(d_1) - 1.$$

Q.E.D.

3) 델타와 만기

콜옵션의 경우 옵션이 깊은 내가격(deep in the money)을 갖는다면 $N(d_1) \to 1$ 이 되므로, 콜옵션의 가격변화(dc)는 기초자산의 가격변화(dS)와 같게 된다. 반대로 콜옵션이 깊은 외가격(deep out of the money)을 갖는다면 기초자산의 큰 변화와 관계없이 콜옵션의 가격은 소폭의 변화를 갖게 된다. 이처럼 기초자산의 변화와 옵션의 가치변화가 얼마나 밀접한 관계를 갖는가를 알려주는 것이 델타이다.

예를 들어, 콜옵션 델타가 1이라는 것은 기초자산의 가치가 1 포인트 상승하면 옵션의 가치도 1 포인트 상승함을 말하는 것이다. 또한 델타가 0.75이면 옵션의 가치가 기초자산의 변화에 75%만큼 같은 방향으로 움직인다는 것을 의미한다. 콜

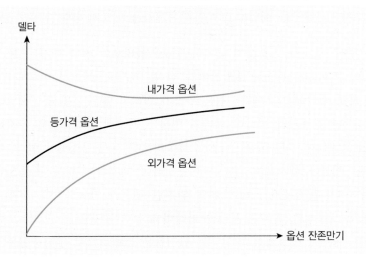

[그림7-3] 유러피언 콜옵션 델타와 만기와의 관계

델타

내가격 옵션

등가격 옵션

외가격 옵션

옵션 잔존만기

옵션이 등가격(ATM)이면 델타는 0.5에 가까워지며, 이것은 옵션의 가치변화는 기초자산 변화의 50%만큼만 움직인다는 것을 의미한다.

풋옵션의 경우 기초자산의 가치변화 방향과 풋옵션의 가치변화 방향이 반대이므로 풋옵션 델타는 음(-)의 부호를 갖게 된다. 깊은 내가격을 갖는 풋옵션의 경우 델타는 -1에 가까워진다. 풋옵션의 델타에 대한 해석은 콜옵션의 경우와 같으나 기초자산이 상승하면 델타만큼 풋옵션의 가치가 하락한다는 점만 유의하면 된다. 풋옵션이 등가격(ATM)을 갖는다면 델타는 -0.5가 된다. [그림7-3]은 콜옵션 델타와 만기와의 관계를 표시한다.

4) 델타헷지

델타는 옵션헷지에 있어서 헷지비율을 말해준다. 기초자산 자체의 델타(즉, Δ(기초자산)$= dS/dS$)는 1이어야 하므로, 델타를 이용한 헷지비율을 구하기 위해서는 1을 옵션의 델타로 나누어 주면 된다. 등가격(ATM) 콜옵션인 경우 델타가 0.5라 되었으므로 헷지비율은 (1/0.5) 또는 2:1이 된다. 이것은 2개의 옵션을 매입함과 동시에 1개의 기초자산을 매도함을 의미한다. 이렇게 하여 중립적(neutral) 헷지 포지션을 갖게 된다. 만일 옵션의 델타가 0.4라면 (1/0.4) 또는 5:2 가 되어 5개의 옵션계약을 매입하고 2개의 기초자산계약을 매도하여야 중립적 헷지 포지션을 가질 수 있다는 것이다. 풋옵션의 경우 델타가 −0.75이면 중립적 헷지 포지션을 갖기 위해 기초자산 3계약을 매입하고 풋옵션 4계약을 매도하여야 한다(1/ 0.75 = 4:3).

이와 같이, 델타를 이용하여 헷지하면 포트폴리오의 전체 델타는 0이 되는 데, 이를 '델타중립(delta neutral)'포지션이라 한다. 그러나, 여기서 한 가지 유념해야 할 점은 특정 주가에서의 델타중립은 주가가 변하지 않는 기간 동안에만 성립한다는 것이다. 만일 주가가 변하면 델타도 변하기 때문에 델타중립을 유지하기 위해서는 새로운 델타를 이용하여 무위험포트폴리오를 다시 구성해야 한다. 이렇게 주가가 변할 때마다 헷지포지션을 다시 구성하여 헷지하는 것을 동적헷지(dynamic hedge)라 한다. 동적헷지를 해야 거의 완전한 헷지가 가능하지만, 문제는 헷지포트폴리오를 재구성할 때마다 시간과 거래비용 등이 발생할 수 있다는 것이다. 이러한 이유 때문에 실무에서 파생상품 딜러들은 일반적으로 델타중립을 유지하기 위해 하루에 한 번 정도 포지션을 조정한다.

⒠ 어떤 옵션의 델타가 0.6, 옵션가격이 $10, 주가가 $100라 하자. 투자자가 주식옵션 20계약(즉, 주식 2,000주에 해당)을 매도했다면, 투자자는 주식 1,200주(왜냐하면, 델타×옵션수)를 매입하면 앞의 이항분포모형에서 설명한 것처럼 헷지(무위험 포트폴리오)할 수 있다. 즉, 옵션포지션의 이익(혹은 손실)과 주식포지션의 손실(혹은 이익)이 정확히 상쇄된다.

2 | 감마

1) 감마의 개념

감마(gamma, Γ)는 기초자산의 변동에 대한 델타의 변동을 의미한다. 이는 기초자산가격에 대한 옵션가격의 2차미분으로 표시할 수 있음을 의미한다. 델타가 채권의 듀레이션(duration)에 해당된다면, 감마는 채권의 컨벡시티(convexity)에 해당된다고 할 수 있다. 그래서 실무에서는 감마를 곡률(curvature)이라고도 한다. 감마는 다음과 같이 정의되며, 감마가 클수록 위험이 크다는 것을 의미한다.

$$감마 = \Gamma = \frac{델타의\ 변동}{기초자산가격의\ 변동} = \frac{\partial \Delta}{\partial S} = \frac{\partial}{\partial S}\left(\frac{\partial f}{\partial S}\right) = \frac{\partial^2 f}{\partial S^2} \qquad (식7-4)$$

(식7-4)를 이용하여 무배당 유러피언 콜옵션과 풋옵션의 감마를 구하면 다음과 같이 동일한 결과를 얻는다. 자세한 유도는 [심화학습7-1]의 방법을 참조하기 바란다.

$$\Gamma(콜옵션) = \frac{\partial \Delta(콜옵션)}{\partial S} = \frac{\partial N(d_1)}{\partial S} = n(d_1)\frac{\partial d_1}{\partial S} = \frac{n(d_1)}{S\sigma\sqrt{T}} \qquad (식7-5)$$

$$\Gamma(풋옵션) = \frac{\partial \Delta(풋옵션)}{\partial S} = \frac{\partial [N(d_1)-1]}{\partial S}$$

$$= n(d_1)\frac{\partial d_1}{\partial S} = \frac{n(d_1)}{S\sigma\sqrt{T}} \qquad (식7-6)$$

(식7-5)와 (식7-6)에서 보듯이 $n(d_1)$, S, σ, T 모두 0보다 큰 양수(+)이므로 무배당 유러피언 콜옵션과 풋옵션의 감마는 역시 양수(+)이어야 하며, 두 옵션의 감마는 같다.

2) 감마와 기초자산

감마는 기초자산 1포인트 변화 당 델타의 변화를 나타내는데, 이는 기초자산의 가격이 오르면 델타는 감마만큼 상승하고, 기초자산의 가격이 떨어지면 델타는 감마만큼 하락한다는 것을 의미한다. 왜냐하면, $\Gamma = \frac{\partial \Delta}{\partial S}$ 이므로, $\partial \Delta = \Gamma \partial S$.

> 옵션의 감마가 0.05라면 기초자산의 가격이 1포인트 상승할 때 옵션의 델타는 0.05만큼 상승하게 된다. 따라서, 이 경우 만일 원래의 옵션 델타가 0.25였고 기초자산의 가격이 1포인트 상승했다면, 옵션의 새 델타는 0.3이 된다.

감마는 옵션의 가치가 어느 방향으로 얼마나 빨리 변하는가를 측정하기도 한다. 방향성으로 인한 위험이 중요한 만큼 감마는 위험도를 측정하는데 중요하게 쓰인다. 감마의 (절대)값이 크면 높은 수준의 위험을 뜻하며 반대로 작은 (절대)값을 가지면 낮은 수준의 위험을 뜻한다.

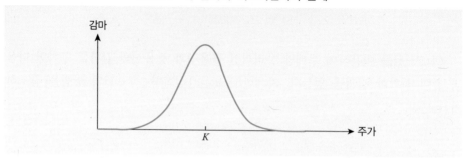

[그림 7-4] 감마와 기초자산과의 관계

3) 감마와 만기

외가격(OTM), 등가격(ATM), 내가격(ITM) 옵션의 만기와 감마의 관계가 [그림 7-5]에 나타나 있다. 그림에서 보듯이 등가격옵션의 경우 잔존만기가 짧을수록 감마가 매우 크며 이는 만기가 짧은 등가격 옵션의 경우 옵션가치가 주가변화에 대단히 민감함을 의미한다.

[그림 7-5] 감마와 만기와의 관계

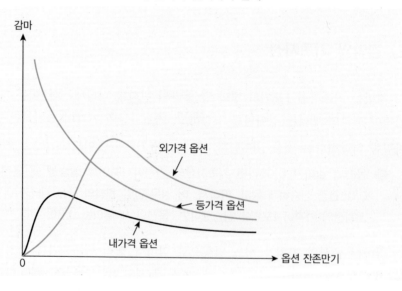

4) 감마와 헷지

(1) 감마와 헷지효과

만일 감마가 작으면 델타는 천천히 변하며 포트폴리오가 델타중립을 유지하기 위해서 비교적 드물게 재조정된다. 그러나 감마의 절대치가 크면 델타는 기초자산 가격변화에 대단히 민감해진다. 이 경우 델타중립의 포트폴리오를 재조정하지 않고 일정 기간 방치하는 것은 매우 위험하다. 따라서 감마값이 큰 경우에는 헷지효 과성(hedge effectiveness)을 유지하기 위해 자주 헷지포지션을 재조정해야 한다.

(2) 감마와 헷징오차

[그림 7-6]에서 보는 바와 같이 기초자산가격이 S_0에서 S_1으로 변동하면 델 타헷징은 1차미분을 이용하므로 S_0에서의 접선을 따라 옵션가치가 C_0에서 C_1으 로 변동한다고 간주한다. 그러나 실제 옵션가치는 C_0에서 C_2로 변동하므로 델타중 립에 의한 헷징으로 오차 $(C_2 - C_1)$이 발생한다. 이러한 오차를 헷징오차(hedging error)라 한다. 헷징오차는 채권가격에서 볼록성(컨벡시티) 때문에 가격오차가 생기 는 원리와 유사하다.

[그림 7-6] 감마에 의해 생기는 헷징오차

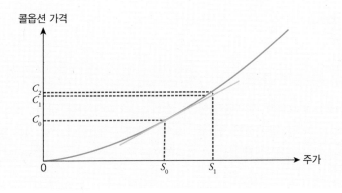

(3) 감마중립헷지

기초자산 자체의 델타는 1(즉, dS/dS)이고, 선도(선물)의 델타도 상수(즉, dF/dS $= e^{rT}$)이므로 기초자산과 선도(선물)의 감마($= d\Delta/dS$)는 모두 0이다. 따라서, 포트폴리오의 감마를 변화시키기 위해서는 기초자산이나 선도(선물)를 사용 할 수 없다. 포트폴리오의 감마를 변화시키기 위해서는 기초자산과 선형(linearity)관계를 가지지 않는 옵션 같은 파생상품을 포트폴리오에 추가해야 한다. 왜냐하면 선형으로 의존하는 경우 감마를 구하기 위해 2차미분하면 감마가 0이 되기 때문이다.

이제 포트폴리오를 감마중립(즉, 포트폴리오 감마=0)으로 만들어 감마중립헷지(gamma neutral hedge)를 시행하는 방법에 대해 알아보자.

현재 델타중립인 포트폴리오 P의 감마가 Γ이고, 시장에서 거래되는 옵션의 감마가 Γ_T라 하며, 이 옵션의 수를 N이라 하자. 그러면, 옵션이 추가된 새로운 포트폴리오의 감마는 $(N\Gamma_T + \Gamma)$가 된다. 그러면 새로운 포트폴리오를 감마중립으로 만들려면 새로운 감마가 다음과 같이 0이 되어야 한다:

$$N\Gamma_T + \Gamma = 0 \Rightarrow N = \frac{-\Gamma}{\Gamma_T}$$

즉, 감마중립으로 만들기 위해 $N = \dfrac{-\Gamma}{\Gamma_T}$개의 옵션을 포트폴리오에 추가해야 한다. 그런데 옵션이 포트폴리오에 추가되면 새로운 포트폴리오의 델타도 변동되므로 델타중립을 유지하기 위해서는 기초자산에 대한 포지션도 조정되어야 한다. 명심해야 할 것은 델타중립과 마찬가지로 감마중립도 짧은 기간 동안에만 중립이라는 것이다. 시간이 지남에 따라 옵션에 대한 포지션도 계속 조정해 주어야 감마중립이 유지된다.

사례 7-1 감마중립헷지

현재 포트폴리오가 델타중립이고, 감마는 −3,000이라 하자. 시장에서 거래되고 있는 어떤 콜옵션의 델타는 0.50, 감마는 2.0이다. 이 콜옵션을 기존 포트폴리오에 추가하여 새로운 포트폴리오를 감마중립으로 만들어 보라.

| 사례분석 |

ⅰ) 추가되는 콜옵션의 수

$$N = \frac{-\Gamma}{\Gamma_T} = \frac{-(-3,000)}{2.0} = 1,500$$

즉, 이 콜옵션 1,500개를 기존 포트폴리오에 추가하면 새로운 포트폴리오는 감마중립(즉, 감마＝0)이 된다.

ii) 델타중립을 유지하기 위한 기초자산 조정
위에서 콜옵션을 추가하면 새로운 포트폴리오의 델타＝1,500×0.5＝750이 된다.
따라서 새로운 포트폴리오에 대해 델타중립을 유지하려면, 델타가 1인 기초자산 750개를 매도(공매)하여야 한다.

---

3 | 쎄타

1) 쎄타의 개념

쎄타(theta, Θ)는 시간의 경과에 따른 옵션의 가치변화를 의미한다. 즉, 시간의 경과에 따른 옵션 시간가치(외재가치)의 하락(time decay)을 뜻한다. 옵션의 가격은 내재가치와 시간가치의 합인데, 시간가치는 시간이 경과할수록 줄어든다. 쎄타가 0.05라 함은 시간이 경과함에 따라 단위시간당 옵션가치가 0.05만큼씩 하락한다는 것을 의미한다.

쎄타는 다음과 같이 수학적으로 정의할 수 있다.

$$쎄타 = \Theta = \frac{옵션가치의\ 변동}{시간의\ 변동} = \frac{\partial f}{\partial t} \tag{식7-7}$$

현재시점을 t 라 하면 잔존만기는 $(T-t)$가 되며, 여기서 옵션가치를 t 에 대해 미분하면 쎄타를 구할 수 있다. 그런데 우리는 현재시점을 보통 $t=0$ 으로 하므로 쎄타를 구한 후 $t=0$ 을 대입하면 다음과 같은 무배당 유러피언 콜옵션과 풋옵션의 쎄타를 구할 수 있다. 실제로 유도하는 과정에서는 앞의 [심화학습7-1]과 같은 다소 복잡한 과정을 거쳐야 한다.

$$\text{쎄타(콜옵션)} = (-)\frac{Sn(d_1)\sigma}{2\sqrt{T}} - rKe^{-rT}N(d_2) \qquad \text{(식7-8)}$$

$$\text{쎄타(풋옵션)} = (-)\frac{Sn(d_1)\sigma}{2\sqrt{T}} + rKe^{-rT}N(-d_2) \qquad \text{(식7-9)}$$

$$\text{단, } n(x) = \text{표준정규분포의 확률밀도함수} = \frac{\partial N(x)}{\partial x} = \frac{1}{\sqrt{2\pi}}e^{\frac{-x^2}{2}}$$

2) 쎄타와 주가

쎄타는 일반적으로 하루를 단위로 사용하며 쎄타가 −0.05라 함은 시간이 지나 만기에 가까워지면 하루당 0.05만큼씩 옵션가치가 하락함을 뜻한다. 만일 오늘의 옵션가치가 2.75라면 내일은 2.70, 그 다음 날은 2.65가 된다는 뜻이다. 대부분의 옵션에서 쎄타는 음수(−)이지만, 예외적으로 무배당 유러피언 풋옵션, 이자율이 매우 높은 통화에 대한 내가격 유러피언 콜옵션은 양수(+)를 가질 수 있다. 감마가 큰 양(+)의 값을 가지면 쎄타는 큰 음(−)의 값을 가지며, 감마가 큰 음(−)의 값을 가지면 쎄타는 큰 양(+)의 값을 갖는 관계가 있다. 이러한 쎄타와 감마 사이의 관계에 대해서는 뒤에서 좀 더 자세히 설명하게 될 것이다. [그림7-7]은 유러피언 콜옵션의 쎄타와 기초자산가격과의 관계를 보여주고 있는데, 쎄타의 절대값은 기초자산가격이 행사가격과 같을 때 가장 크다.

[그림7-7] 쎄타와 기초자산과의 관계(유러피언 콜옵션)

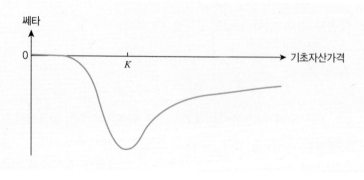

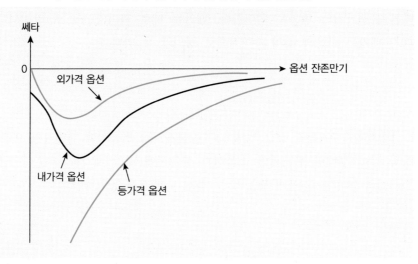

[그림 7-8] 쎄타와 만기와의 관계(유러피언 콜옵션)

3) 쎄타와 만기

[그림 7-8]에서 보듯이 유러피언 콜옵션의 경우, 쎄타는 등가격 옵션이 만기에 가까워 질수록 급격히 커지게 된다. 따라서 쎄타가 큰 음(-)의 값을 갖는다는 것은 시간의 경과에 따른 위험이 크다는 것을 뜻한다. 기초자산 가격은 변동할 수 있으므로 불확실성이 존재하고 따라서 헷징이 정당화될 수 있다. 그러나 시간에 대해서는 불확실성이 없으므로 시간에 대해 헷징하는 것은 전혀 논리적이지 않다. 다만, 델타중립포트폴리오의 경우 쎄타가 감마의 대용치(proxy)로 사용되기도 하기 때문에 거래자들은 쎄타를 포트폴리오의 현재 상태를 설명하는 중요한 변수로 간주하기도 한다.

4 │ 베가

1) 베가의 개념

지금까지 우리는 기초자산의 변동성이 일정하다고 가정하였다. 그러나 실제로는 변동성도 시간이 지남에 따라 변할 수 있다. 이러한 변동성의 변화에 대한 옵션가치의 민감도가 바로 베가이다. 즉, 베가(vega, V)란 기초자산변동성의 변화에 따른 옵션가치의 변동을 의미한다. 베가는 때로 카파(kappa: K)라 부르기도 한다.[2] 베가는 다음과 같이 수학적으로 정의할 수 있다.

$$베가 = V = \frac{옵션가치의\ 변동}{변동성의\ 변동} = \frac{\partial f}{\partial \sigma}$$
(식 7-10)

[심화학습 7-1]과 같은 방법으로 옵션가치를 변동성에 대해 1차 미분하면 다음과 같이 무배당 유러피언 콜옵션과 풋옵션에 대한 베가를 구할 수 있다. (식 7-11)과 (식 7-12)에서 보듯이 두 옵션의 베가가 동일하다.

$$베가(콜옵션) = S\sqrt{T}n(d_1)$$
(식 7-11)

$$베가(풋옵션) = S\sqrt{T}n(d_1)$$
(식 7-12)

2) 베가와 기초자산

등가격(ATM)에서 옵션이 변동성에 민감하므로 베가가 가장 크다. 또한 베가는 만기에 가까워질수록 작아진다. 기초자산의 변동성이 증가함에 따라 옵션의 가치가 상승하므로 콜옵션과 풋옵션의 베가는 모두 양(+)의 값을 갖는다. [그림 7-9]는 베가와 기초자산가격 사이의 관계를 표시하고 있다.

[그림 7-9] 베가와 기초자산과의 관계

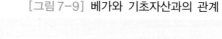
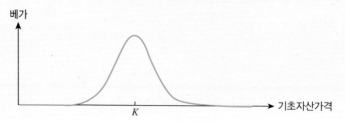

---

2) 여기서 파생상품이론 관례상 '베가'라는 용어를 사용했으나, 원래 그리스문자에 베가라는 문자는 없다. 따라서 그리스문자인 카파가 더 적절한 용어일 수 있으나 변동성(volatility)의 이니셜인 'v'를 연상케 하는 베가(vega)를 본서에서도 그대로 사용하였다.

3) 베가와 만기

가장 큰 베가를 갖는 옵션은 등가격(ATM)에 있는 옵션이다. 이것은 등가격 옵션이 변동성에 가장 민감하다는 것을 의미한다. 베가는 만기에 가까워질수록 작아진다. 따라서 만기가 오래 남은 옵션일수록 변동성에 민감해진다. 옵션의 가치는 변동성 및 시간과 상관관계가 있다고 할 수 있다. 옵션의 잔존만기가 길수록 기초자산의 가격이 변할 가능성이 높다. 따라서 잔존만기가 길수록, 그리고 변동성이 클수록 옵션의 가치는 커지게 된다.

4) 베가중립헷지

기초자산 변동성의 변화에 대한 옵션가격의 변동위험을 헷지하기 위해서는 포트폴리오의 베가값이 0이 되도록 베가중립(vega neutral)포지션을 만들어야 한다. 감마와 마찬가지로 기초자산의 베가도 0이므로 포트폴리오의 베가는 옵션포지션을 이용하여 변화시킬 수 있다. 만일 v가 기존 포트폴리오의 베가이고, v_T는 거래되는 옵션의 베가라 하면, 옵션이 추가된 포트폴리오를 베가중립으로 만들려면 앞에서 설명한 감마중립처럼 $N = -v/v_T$만큼의 옵션을 추가해야 한다. 그러나, 일반적으로 베가중립이라고 해서 감마중립이 되는 것은 아니다. 즉, 베가중립은 실현되더라도 감마중립은 실현되지 않으므로 또 다른 옵션이 필요하게 된다. 즉, 감마중립을 만들기 위해서는 옵션 1개만 추가하면 충분했지만, 베가중립을 만들기 위해서는 최소한 서로 다른 옵션 2개가 필요하다. 다음 [사례 7-2]는 베가중립헷지 방법을 소개하고 있다.

| 사례 7-2 | (델타중립, 감마중립, 베가중립) 동시 헷지 |

델타중립이고 감마가 -5,000, 베가가 -8,000인 포트폴리오가 있다. 그리고 시장에서는 다음 표와 같은 옵션들이 거래되고 있다. 이 포트폴리오를 동시에 감마중립과 베가중립으로 만들기 위한 전략을 설명하라.

구분	델타	감마	베가
포트폴리오	0.0	-5000.0	8000.0
옵션1	0.6	0.5	2.0
옵션2	0.5	0.8	1.2

▌ 사례분석 ▐

i) 옵션 1개를 사용할 경우

예를 들어 옵션1을 포트폴리오에 추가하는 경우를 고려해 보자.

이 경우, 베가중립으로 만들기 위해 4,000개의 옵션이 필요하므로 옵션1에 4000개의 매입포지션을 취하면, 새 포트폴리오의 베가 $= -8,000 + 2 \times 4,000 = 0$.

그러나, 이 경우 새 포트폴리오의 델타 $= 0.6 \times 4,000 = 2,400$.

따라서, 새 포트폴리오를 델타중립으로 하려면 2,400개의 기초자산을 매도(공매)해야 하는데, 이렇게 되면 델타와 베가는 모두 0이 되어 델타중립과 베가중립은 실현되지만, 문제는 감마이다.

즉, 감마는 당초 $-5,000$에서 옵션1 4,000개 추가로 감마는 $0.5 \times 4000 = 2,000$ 증가하게 되므로 새 포트폴리오의 감마는 $-3,000$이 되어 감마중립에는 실패하게 된다.

옵션2를 포트폴리오에 추가하는 경우도 동일한 방법으로 분석할 수 있고, 이 경우에도 감마중립과 베가중립을 동시에 달성할 수 없음을 알 수 있다.

ii) 옵션 2개를 사용할 경우

이번에는 옵션1과 옵션2를 동시에 추가하여 델타중립을 유지하면서 감마중립과 베가중립을 동시에 달성할 수 있는지 살펴보자.

M과 N을 옵션1과 2의 매입포지션 수라 하자.

이 경우 감마중립을 위해 다음 식(a)가, 베가중립을 위해 다음 식(b)가 성립해야 한다.

$$-5,000 + M \times 0.5 + N \times 0.8 = 0 \qquad \text{(a): 감마중립공식}$$
$$-8,000 + M \times 2.0 + N \times 1.2 = 0 \qquad \text{(b): 베가중립공식}$$

연립방정식 (a)와 (b)는 미지수 2개, 식 2개이므로 유일한 해를 가진다.

이 연립방정식을 풀면, $M = 400$, $N = 6,000$.

따라서, 옵션1에 400개 매입포지션, 옵션2에 6,000개 매입포지션을 취하여 기존 포트폴리오에 추가하면 감마중립과 베가중립을 달성할 수 있다.

그러나, 문제는 델타이다.

새 포트폴리오의 델타 $= 0 + 400 \times 0.6 + 6,000 \times 0.5 = 3,240$.

따라서 새 포트폴리오를 델타중립으로 만들기 위해서는 감마와 베가가 0

인 기초자산 3,240개에 매도(공매)포지션을 취하면 기초자산가격이 변하기 전까지 델타중립도 달성할 수 있다.

결론적으로, ⅰ)과 ⅱ)의 분석으로부터 이 포트폴리오의 델타중립을 유지하면서 동시에 감마중립과 베가중립을 달성하기 위해서는 1개의 옵션으로는 불가능하고, 2개의 옵션과 기초자산을 당초 포트폴리오에 추가하여야 한다. 즉, 새로운 포트폴리오 전략은 다음과 같다.

$$새\ 포트폴리오 = 기존\ 포트폴리오 + 400 \times (옵션1) + 6000 \times (옵션2)$$
$$- 3240 \times (기초자산)$$

5 | 로

지금까지 우리는 무위험이자율이 일정한 상수라고 가정하였다. 그러나 실제로 시장에서는 무위험이자율도 약간의 변동이 있을 수 있다. 이렇게 이자율이 변동할 때 옵션가치의 변동을 보여주는 것이 바로 로이다. 즉, 로(rho, ρ)는 이자율(r)의 변화에 따른 옵션 가치의 변화를 의미한다. 다음과 같이 로를 수학적으로 정의할 수 있다.

$$로 = \rho = \frac{옵션가치의\ 변동}{무위험이자율의\ 변동} = \frac{\partial f}{\partial r} \tag{식7-13}$$

[심화학습 7-1]과 같은 방법으로 옵션가치를 무위험이자율에 대해 1차 미분하면 다음과 같이 무배당 유러피언 콜옵션과 풋옵션에 대한 로를 구할 수 있다.

$$로(콜옵션) = KTe^{-rT}N(d_2) \tag{식7-14}$$

$$로(풋옵션) = (-)KTe^{-rT}N(-d_2) \tag{식7-15}$$

(식7-14)와 (식7-15)에서 보듯이 무배당 유러피언 콜옵션은 양(+)의 로값을, 풋옵션은 음(-)의 로값을 가진다. 왜냐하면, 콜옵션의 경우 이자율이 상승하

면 옵션을 보유하는 것이 현금으로 주식을 사는 것 보다 비용면에서 더 유리하기 때문이다. 그러나 풋옵션의 경우에는 이자율이 상승하면 주식을 팔아 현금화하는 것이 옵션을 보유하는 것보다 더 유리하기 때문이다. 깊은 내가격(deep ITM)상태에 있는 옵션은 큰 로값을 가지며, 만기까지의 잔존일수가 길수록 로값은 커진다. 로는 다른 민감도(Greek)와 달리 일반화시켜 설명할 수는 없다. 로의 값은 기초자산의 종류와 정산과정에 따라 다르기 때문이다. 기초자산과 옵션 계약이 선물(future)과 같은 일일정산의 성격을 가지면 로는 0이 된다. 그러나 일반적으로 이자율은 옵션가격에 대해 매우 비탄력적이므로 옵션의 가격에 영향을 미치는 변수들 중 이자율의 영향이 가장 작다.

이상에서 우리는 옵션가격에 영향을 미치는 4가지 주요 요인들에 대한 5가지 중요한 민감도를 살펴 보았는데 이를 요약하면 [표7−1]과 같다.

[표7-1] 옵션의 민감도 요약

민감도	의미	콜옵션	풋옵션
델타(Δ)	$\partial f / \partial S$	$N(d_1)$	$N(d_1) - 1$
감마(Γ)	$\partial^2 f / \partial S^2$	$n(d_1)\dfrac{\partial d_1}{\partial S} = \dfrac{n(d_1)}{S\sigma\sqrt{T}}$	$n(d_1)\dfrac{\partial d_1}{\partial S} = \dfrac{n(d_1)}{S\sigma\sqrt{T}}$
쎄타(Θ)	$\partial f / \partial t$	$(-)\dfrac{Sn(d_1)\sigma}{2\sqrt{T}} - rKe^{-rT}N(d_2)$	$(-)\dfrac{Sn(d_1)\sigma}{2\sigma\sqrt{T}} + rKe^{-rT}N(-d_2)$
베가(V)	$\partial f / \partial\sigma$	$S\sqrt{T}\,n(d_1)$	$S\sqrt{T}\,n(d_1)$
로(ρ)	$\partial f / \partial r$	$KTe^{-rT}N(d_2)$	$(-)KTe^{-rT}N(-d_2)$

주) 1) 여기서는 편의상 무배당 유러피언 옵션에 대해 분석한 것임.
　　 만일 배당률 q가 있는 경우 S를 Se^{-qT}로 바꾸면 됨.
　2) $f =$ 옵션의 가치, $S =$ 기초자산가격, $t =$ 현재시점, $\sigma =$ 기초자산 변동성, $r =$ 무위험이자율, $T =$ 만기, $K =$ 행사가격, $n(d) =$ 표준정규분포의 확률밀도함수(pdf), $N(d) =$ 표준정규분포의 누적확률분포함수(cdf).

6 민감도 사이의 관계

앞에서 배운 옵션가격결정 이론으로부터 임의의 파생상품은 블랙－숄즈－머튼 모형의 편미분방정식을 만족해야 하며, 이러한 파생상품의 포트폴리오 P도 다음과 같이 미분방정식을 만족해야 한다.

$$\frac{\partial P}{\partial t} + rS\frac{\partial P}{\partial S} + \frac{1}{2}\sigma^2 S^2 \frac{\partial^2 P}{\partial S^2} = rP \qquad \text{(식 7－16)}$$

그런데, 앞에서 배운 민감도공식들로부터,

$$\frac{\partial P}{\partial t} = \Theta, \quad \frac{\partial P}{\partial S} = \Delta, \quad \frac{\partial^2 P}{\partial S^2} = \Gamma \qquad \text{(식 7－17)}$$

따라서, (식 7－17)을 (식 7－16)에 대입하면, 다음과 같은 민감도 사이의 관계식을 얻는다.

$$\Theta + rS\Delta + \frac{1}{2}\sigma^2 S^2 \Gamma = rP \qquad \text{(식 7－18)}$$

그런데 만일 이 포트폴리오가 델타중립이라면 $\Delta = 0$이므로 (식 7－18)은 다음과 같이 된다.

$$\Theta + \frac{1}{2}\sigma^2 S^2 \Gamma = rP \qquad \text{(식 7－19)}$$

(식 7－19)로부터, 만일 쎄타(Θ)값이 매우 큰 양수이면, 감마(Γ)는 절대값이 큰 음수(－)가 되는 경향이 있음을 알 수 있다. 역으로 감마(Γ)가 절대값이 큰 음수(－)이면, 쎄타(Θ)는 매우 큰 양수가 되는 경향이 있다. 이와 같은 사실은 쎄타가 위험중립포트폴리오에서 감마의 대용치(proxy)로 사용될 수 있음을 시사한다.

포트폴리오보험(portfolio insurance)이란 기초자산가격이 유리하게 변동함으로 인해 발생하는 이익은 극대화하되, 기초자산가격이 불리하게 변동하더라도 포트폴리오의 가치가 일정수준 이하로 하락하지 않도록 자산을 운용하는 전략을 말한다. 이러한 포트폴리오에 투자한 경우 마치 보험에 든 것 같은 효과가 있다는 의미로 명칭이 붙여졌다.

포트폴리오보험 기법은 1970년대 말 Leland와 Rubinstein에 의해 본격적으로 개발되기 시작했으며, 1980년대 초 주가지수선물의 등장과 더불어 폭발적인 인기를 얻게 되었고, 1987년 10월 19일 블랙 먼데이(Black Monday: 하루에 20% 이상 주가 대폭락) 직전에는 미국 내에서만 약 900억 달러 규모의 포트폴리오가 이 기법으로 운영되었던 것으로 전해지고 있다. 그러나, 포트폴리오 보험기법이 블랙 먼데이 주가 대폭락의 주요 원인의 하나로 지목한 미국 의회의 브래디 특별위원회 보고서(Brady Commission Report)로 인해 이 기법 사용에 여러 규제가 생기게 되었고 이로 인해 보험전략 사용이 많이 위축되기는 하였으나 여전히 펀드운영이나 투자에 널리 사용되고 있다. 당시 브래디 보고서는 많은 기관투자자들이 포트폴리오보험 전략에 의거 과도하게 매도포지션을 취하여 주가 대폭락을 촉발하였다고 평가한 바 있다.

특히 연기금이나 보험회사 등과 같은 기관의 포트폴리오는 최소한의 수익을 보장하면서 가능하면 높은 수익을 추구해야 하기 때문에 포트폴리오보험 기법은 여전히 중요하고 유효하다. 이 기법의 수익구조는 앞에서 이미 배운 방어적 풋(protective put: $+S+P$)과 아주 유사하다. 즉, 주식을 매입($+S$)한 투자자가 주가하락을 염려하여 풋옵션을 매입($+P$)하면, 손실은 일정부분으로 제한하면서 주가가 오르면 큰 이익을 실현할 수 있으므로 포트폴리오보험 전략과 일치한다.

그런데, 이렇게 풋옵션을 이용하면 비교적 쉽게 포트폴리오보험 전략을 구사할 수 있으나, 실무적으로 몇 가지 문제점이 있다. 첫째, 필요로 하는 풋옵션의 유동성 문제이다. 선물과 달리 옵션은 여러 개의 행사가격과 만기를 갖기 때문에 거래가 분산되어 특정한 행사사격과 만기를 갖는 풋옵션의 거래량이 비교적 적은 규모이고 따라서 유동성이 낮아 원하는 시점에 원하는 수량을 확보하기가 쉽지 않다. 이미 설명한 바와 같이 포트폴리오보험 전략을 구사하는 투자자가 대부분 연기금이나 보험회사 같이 헷지대상 펀드의 규모가 매우 큰 포트폴리오를 운영하는 경우 유동성 문제는 매우 심각한 고려요인이다. 둘째, 대부분의 연기금이나 보험회사 펀드들은 그 성격상 장기간 운영되어야 하는 반면, 풋옵션의 만기는 매우 단기이므로 만기 불일치(mismatch)의 문제도 있다. 물론 만기를 계속 연장시키는 롤 오버(roll over)전략으로 일부 보완 할 수는 있으나 이 또한 실무적으로 유동성과 비용문제가 있다. 셋째, 사용할 풋옵션의 프리미엄이 과대평가되어 많은 비용이 소요될 수도 있다. 이러한 문제점들로 인해 방어적 풋옵션 전략으로 포트폴리오 보험기법을 적용하는 것은 실무적으로 문제가 있어 그 대안으로 동적자산배분전략(dynamic asset allocation strategy)나 동적헷지전략(dynamic hedge strategy)이 많이 활용되고 있다.

동적자산배분전략은 주식과 무위험채권의 적절한 결합으로 방어적 풋옵션을 합성하는 포트폴리오보험 전략이다. 즉, 주식과 무위험자산을 결합한 포트폴리오(즉, $+S+B$)의 델타를 방어적 풋 포지션(즉, $+P+S$)의 델타와 일치시키는 기법이다. 그런데 방어적 풋 포지션의 델타는 $\frac{\partial(P+S)}{\partial S} = \frac{\partial P}{\partial S} + \frac{\partial S}{\partial S}$ $= [N(d_1)-1]+1 = N(d_1)$이므로 주식과 무위험자산을 결합한 포트폴리오의 델타를 $N(d_1)$으로 만들면 된다. 즉, $N(d_1)$만큼의 주식을 매입하고 나머지는 무위험자산을 매입하면 포트폴리오보험 전략이 된다. 주식가격이 상승하면 $N(d_1)$이 커지므로 주식매입비율을 늘려야 하고, 주가가 하락하면 주식매입비율을 줄여야 하지만, 수시로 변동하는 주가에 따라 계속해서 주식매입비율을 조정하는 것은 거래비용 등의 측면에서 어려우므로 실무적으로는 주가변동폭을 미리 정해 놓고(예를 들어 현재가격대비 3%), 변동폭 이상으로 주가가 변동할 때만 조정하는 전략을 구사한다.

동적헷지전략은 주가지수선물을 이용한 포트폴리오보험 전략이다. 동적자산배분 방법이 정확하기는 하나 거래비용이 많이 들어 실무적으로 이용하기 어렵기 때문에 앞에서 배운 주가지수선물을 이용하여 헷지하는 것이 바로 동적헷지전략이다. 그러나 이 방법도 두 가지 중요한 문제가 있다. 첫째, 보유하고 있는 포트폴리오가 주가지수와 밀접한 관련성(상관관계)이 없으면 추적오차(tracking error)가 발생한다. 둘째, 주가지수선물의 실제가격과 이론가격 사이에 괴리가 커지면 그 만큼 포트폴리오보험 효과도 작아진다.

이와 같은 포트폴리오보험 전략의 가장 큰 문제점은 주가가 오르면 주식매입 혹은 주가지수선물 매입포지션을 늘리므로 주식수요가 늘어나 주가가 추가로 상승하는 효과가 있는 반면, 주가가 하락할 경우에는 주식매도 혹은 주가지수선물 매도포지션을 늘리므로 주식공급이 늘어나 추가적으로 주가가 하락하여 결과적으로 시장의 변동성을 커지게 하며, 주식시장이 하락할 때 시장을 더 악화시켜 주가 폭락을 유발할 수 있어 포지션한도의 확대 등 적절한 규제장치가 필요한 것이다.

특별옵션

경제, 금융활동과 환경이 다양해지면서 경제주체들의 요구도 다양해지고, 이로 인해 기존 전통적 개념의 옵션계약들이 충족시킬 수 없는 새로운 다양한 위험, 손익구조를 갖는 상품들에 대한 수요가 증가하는 추세이다.

이에 부응하여 기존옵션들과는 구별되는 새로운 형태의 옵션들이 금융공학(financial engineering)적 기법에 의해 설계되어 상품화되고 있다. 따라서 본 장에서는 앞에서 설명한 뉴러씨인 옵션, 이메리칸 옵션 등 기본형 옵션(plain vanilla option)과는 상이한 계약구조를 가지고 있는 특별옵션(special option) 혹은 특이옵션(exotlc option)들을 소개하고자 한다. 전통적 옵션들이 주로 거래소에서 거래되는 반면, 대부분의 특별옵션들은 장외(OTC)시장에서 거래되고 있다.

1 | 워런트

1) 워런트의 개념

워런트(warrant)란 일정수의 보통주(common stock)를 행사가격에 살 수 있는 옵션을 말하며, 따라서 콜옵션이라 볼 수 있다. 워런트는 '신주인수권'이라고도 불린다. 재무전공자나 실무자들 사이에 워런트라는 용어가 많이 사용되고 있어 본서에서도 신주인수권이라는 용어보다는 워런트라는 용어를 주로 사용한다. 워런트는 주식이나 채권과 마찬가지로 거래소뿐만 아니라 금융기관 또는 개인에 의해 발행되어 매매될 수 있으며 양도가 가능하다.

워런트의 행사자는 워런트의 최초 발행기관을 상대로 결제를 요구하며 이 때 장내거래와 달리 결제불이행 위험에 대비한 청산소(clearing house) 같은 보증기관은 없다. 워런트의 거래대상(기초자산)으로는 주식, 주가지수, 통화, 일반상품 등이 있다. 이 중 가장 대표적인 것이 주식워런트로서 주식회사가 자사주식을 기초자산으로 하여 발행한다.

주식워런트와 주식옵션 사이에는 다음과 같은 차이가 있다. 첫째, 주식워런트의 발행은 주식발행기관에서 하는데 비해 일반 주식옵션은 임의의 경제주체가 할 수 있다는 점이다. 둘째, 워런트의 경우 발행수량이 법적 혹은 경영관리면에서 제한을 받는 반면, 주식옵션의 경우 제한이 없다는 점이다.

주식옵션과 마찬가지로 다른 기초자산 대상 워런트도 콜워런트와 풋워런트로 발행될 수 있으며, 결제방식은 실물인수도보다는 현금결제(cash settlement)가 일반적이다. 그리고 워런트의 만기는 통상 옵션보다 길다.

2) 워런트의 희석효과

(1) 워런트 발행에 따른 주가의 희석

일반 주식옵션의 경우 콜옵션매입자가 옵션을 행사하면 시장에서 거래되고 있는 주식으로 인도하므로 총 발행주식수에 영향을 주지 않는다. 즉, 콜옵션발행자가 주식을 이미 보유하고 있으면 보유한 주식으로 인도하면 되고, 주식을 보유하고 있지 않으면 시장에서 주식을 매입하여 인도하면 되기 때문에 기업이 발행한 총 주식수에는 영향을 주지 않는다. 그러나, 앞에서 이미 설명한 대로 임직원 스톡옵션(employee stock option)이나 워런트의 경우 옵션이 행사되면 기업은 신주를 발행하여 인도하게 된다는 점이 일반 주식옵션과 크게 다른 점이다. 만일 워런트의 행사가격이 주식의 시장가격보다 낮으면 워런트가 행사되어 기존 주주들의 이익이 침해될 수 있는 것이다. 즉, 워런트의 행사로 주식수가 늘어나면 기업의 이익 등 다른 조건이 변하지 않을 경우 주당 주가는 시장에서 하락할 수 있는데 이를 희석효과(dilution effect)라 한다.

희석효과가 얼마나 되는지 계산해 보도록 하자.

기업의 주가가 현재 S_0, 이미 발행되어 있는 주식수는 N, 발행하고자 하는 유러피언 워런트의 수는 M, 워런트의 행사가격은 K, 워런트 1개당 신주 λ개를 매입하는 권리가 부여되었다고 하자.

그러면, 현재 기업의 시장가치, $V_0 = NS_0$이다. 이 가치는 워런트를 발행해도 변하지 않는다. 만일 워런트가 발행되지 않을 경우 워런트 만기 시 주가를 S_T라 하면, 워런트 만기 시 기업의 시장가치, V_T(행사 전) $= NS_T$가 된다. 만일 워런트가 발행되고 행사되면 워런트 발행기업은 신주 λM개를 발행하게 되므로 λMK만큼의 행사가격이 기업으로 유입되고 워런트 행사 후 기업의 총가치는 다음과 같게 된다.

$$V_T(\text{행사 후}) = V_T(\text{행사 전}) + \text{행사가치} = NS_T + \lambda MK \qquad (\text{식}8-1)$$

그런데 워런트가 행사되면 λM개의 신주가 발행되므로, 워런트 행사 후 기업의 총발행주식수는 $(N + \lambda M)$개가 된다. 따라서, 워런트 행사 후 기업의 주당가치는 (식8-1)의 총가치를 새로운 주식발행수로 나누어야 하므로 다음과 같이 된다.

$$\text{주당 가치(행사 후)} = = \frac{\text{행사 후 총가치}}{\text{행사 후 총 주식수}} = \frac{NS_T + \lambda MK}{N + \lambda M} \qquad (\text{식}8-2)$$

그런데, 워런트는 콜옵션이므로 $K < S_T$라야 행사되고, 따라서 (식8-2)로부터, 다음과 같은 부등식을 유도할 수 있다.

$$\frac{NS_T + \lambda MK}{N + \lambda M} = \frac{1}{N + \lambda M}(NS_T + \lambda MK) < \frac{1}{N + \lambda M}(NS_T + \lambda MS_T) = S_T$$

(식 8-3)

(식 8-3)은 워런트가 행사될 경우 주가가 하락되는 희석효과의 원리를 잘 보여주고 있다. 즉, 워런트가 발행되지 않았다면 기업의 주가는 S_T가 되었을 텐데, 워런트의 발행과 행사로 주가는 $\dfrac{NS_T + \lambda MK}{N + \lambda M}$로 하락하게 되는 것이다.

한편, 같은 논리로 다음 부등식도 성립한다.

$$\frac{NS_T + \lambda MK}{N + \lambda M} = \frac{1}{N + \lambda M}(NS_T + \lambda MK) > \frac{1}{N + \lambda M}(NK + \lambda MK) = K$$

(식 8-4)

따라서, (식 8-2)에 있는 워런트 행사 후 주당 가치는 다음 부등식을 만족한다.

$$K < \frac{NS_T + \lambda MK}{N + \lambda M} < S_T \qquad \text{(식 8-5)}$$

(2) 워런트의 가치평가

시장이 효율적이라면 워런트나 임직원 스톡옵션의 공시 당시 이미 잠재적 희석효과가 주가에 반영되기 때문에, 예상되는 희석효과가 워런트의 가치평가에는 영향을 미치지 않는다. 즉, 시장이 효율적이면 워런트 행사에 따른 희석효과는 이미 공시시점에 주가에 반영되므로 워런트의 가치를 평가할 때 다시 고려할 필요가 없다는 것이다. 워런트의 가치평가에 대해 살펴 보도록 하자.[1]

워런트가 행사되면 기업의 실제 주당가치는 (식 8-2)가 되므로, 워런트를 행사한 투자자의 이득(payoff)은 다음과 같이 된다.

$$\text{워런트행사자의 이득} = \max\left(\frac{NS_T + \lambda MK}{N + \lambda M} - K, \ 0\right)$$

---

[1] 워런트 가치평가에 대해서는 다음 논문들을 참조: Galai, D. and M. Schneller, "Pricing Warrants and the Value of the Firm", *Journal of Finance*, 33(1978), 1339-1342., Lauterbach, B. and P. Schultz, "Pricing Warrants: An Empirical Study of the Black-Scholes Model and Its Alternatives", *Journal of Finance*, 45(1990), 1181-1209.

$$= \frac{N}{N+\lambda M} \max(S_T - K, \ 0) \qquad \text{(식 8-6)}$$

그런데, (식 8-6)에서 $\max(S_T - K, \ 0)$는 주식 콜옵션의 만기 시 이득함수이
므로 이를 C_T로 표시하면 (식 8-6)은 다음과 같이 다시 쓸 수 있다.

$$\text{워런트행사자의 이득} = \frac{N}{N+\lambda M} C_T \qquad \text{(식 8-7)}$$

(식 8-7)은 워런트의 가치가 워런트가 없을 때의 보통 주식콜옵션가치의
$\dfrac{N}{N+\lambda M}$ 배로 작아짐을 보여주는데 이는 주가의 희석효과를 잘 보여주고 있다.

이상으로부터, 워런트의 가치는 일반 콜옵션가치(C_T)를 블랙-숄즈-머튼모형
으로 먼저 구한 후, (식 8-7)을 이용하여 $\dfrac{N}{N+\lambda M}$ 를 곱해주면 구할 수 있다.

3) 신주인수권부 채권

신주인수권부 채권(BW: bond with warrant)이란 워런트가 부가된 채권이다. 이
러한 채권은 투자자의 입장에서 보면 채권뿐만 아니라 신주인수권도 가지므로 동
일한 조건의 일반 채권보다 가격이 높아야 한다. 즉, 신주인수권부 채권의 가치는
다음과 같이 구할 수 있다.

$$\text{신주인수건부 채권}(BM)\text{의 가치} = \text{채권가치} + \text{워런트 가치} \qquad \text{(식 8-8)}$$

(식 8-8)에서 워런트가치는 (식 8-7)을 적용하면 된다. 참고로 신주인수권부
채권의 보유자는 채권으로부터 신주인수권(워런트)을 분리하여 별도로 매도할 수
있다.

2 | 장기옵션

장기옵션(LTO; long-term option)은 거래소에서 거래되는 만기가 긴 옵션을 말

한다. 기존의 상장 옵션들이 대부분 1년 이내의 만기를 갖고 있는 반면, 장기옵션의 만기는 1년 이상 3년 혹은 5년까지이다.

장기옵션은 기존의 단기옵션들과 마찬가지로 헷지 등 다양하게 투자에 활용되고 있지만 장기적인 관점에서 이루어진다는 특징이 있다. 이러한 장기적 특성 때문에 옵션의 시간가치(TV: time value)가 단기옵션보다 더 느리게 감소하는 특성이 있다.

장기옵션의 기초자산에는 개별주식이나 주가지수 같은 주식관련 자산이 대부분이며, 미국의 거래소에서 거래되는 주식관련 장기옵션을 LEAPS(long-term equity anticipation securities)라 한다.

3 | 유연옵션

유연옵션(flexible option)이란 옵션의 계약조건들(행사가격, 만기, 행사방식 등)이 고정되어 있지 않고 거래자들 사이에 협의하여 결정되는 옵션을 말한다. 유연옵션은 장내에서 거래되며, 장내옵션의 단점중의 하나인 고정된(혹은 표준화된) 계약조건을 수요자의 선호에 부응하는 조건으로 융통성 있게 조정하게 함으로써 경쟁상대인 장외옵션에 대응하기 위해 고안된 옵션이다.

4 | 내재옵션

거래소나 장외시장에서 공식적으로 거래되는 옵션은 아니지만 옵션계약의 성격을 내포하고 있는 옵션을 내재옵션(implied option)이라 한다. 예를 들어 주식 자체도 기업의 자산을 기초자산으로 하고 행사가격이 부채인 콜옵션으로서 내재옵션으로 볼 수 있으며, 채권 중에서도 전환사채(convertible bond) 등은 내재옵션의 성격을 가지고 있다. 다양한 종류의 내재옵션이 존재하나 여기서는 다음과 같은 대표적인 두 가지 경우를 살펴보기로 한다.

1) 전환권

(1) 전환권의 개념

전환권(right of conversion)이란 기본 증권의 성격에 증권보유자가 자신의 의사에 따라 원한다면 증권을 일정기간(전환기간) 동안에 일정한 조건으로 증권발행기관이 사전에 지정한 회사의 증권으로 전환할 수 있는 권리를 말한다. 전환대상증권이 보유증권과 동일한 회사의 증권일 경우 전환증권(convertible security)이라 하고, 다른 회사의 증권일 경우 교환증권(exchangeable security)이라 한다. 전환권은 옵션에 비유한다면 전환대상증권을 기초자산으로 하고, 전환기간을 만기로 하며, 사전에 정한 전환가격을 행사가격으로 하는 '내재 콜옵션'이라 할 수 있다. 대표적으로 다음과 같이 전환사채가 있다.

(2) 전환사채

전환사채(CB: convertible bond)는 보유하고 있는 채권을 특정 기간 내에 미리 정해진 수량의 주식으로 전환할 수 있는 권리를 채권보유자에게 부여하는 채권이다. 전환권이 행사되기 이전에는 표면이자가 지급되는 채권으로 존재하고, 일단 전환권이 행사되면 발행기업 입장에서는 추가적인 자금유입 없이 전환규모만큼의 부채가 자기자본으로 전환되는 효과가 있으며, 투자자의 입장에서는 채권이 소멸되고 주식을 소유하므로 채권자에서 주주로 포지션이 전환되는 효과가 있다. 물론, 전환권은 권리이므로 채권자는 본인이 원하면 주식으로 전환하지 않고 채권을 계속 보유해도 된다.

전환사채(CB)와 신주인수권부 채권(BW)의 차이점은, 전환사채의 경우 전환권이 행사되면 채권이 소멸되고 주식으로 전환되는 반면, 신주인수권부 채권의 경우 채권이 소멸되지 않고 신주인수권을 행사하여 주식을 취득한다는 것이다. 전환사채든 신주인수권부 채권이든 권리가 행사되면 신주가 발행되므로 주식가격 희석 효과(dilution effect)가 있다는 점은 동일하나.

전환사채를 이해하기 위해 몇 가지 용어를 정의하기로 하자.

* 전환비율(conversion ratio): 전환사채 1개를 포기하고 받는 주식의 수를 말

한다.

* 전환가격(conversion price): 채권 1개를 주식 1주로 전환하기 위해 포기해
야 하는 채권의 액면가로서 다음과 같이 구한다.

$$전환가격 = \frac{채권\ 액면가}{전환비율}$$

* 전환프리미엄(conversion premium): 주식 1주를 얻기 위하여 포기해야 하
는 전환사채의 가치, 즉 전환가격이 현재 주가를 초과하는 정도로서 다음과
같이 계산할 수 있다.

$$전환프리미엄 = \frac{전환가격 - 현재주가}{현재주가}$$

* 전환가치(conversion value): 전환사채가 주식으로 전환될 경우 전환사채의
가치로서 다음과 같이 계산한다.

$$전환가치 = 현재주가 \times 전환비율$$

[그림 8-1]은 전환가치를 그림으로 표시한 것인데, 점선은 기울기가 1(즉, 45
도 기울기)로서 주식가격 희석효과가 없을 때의 전환가치이고, 실선은 희석효과 때
문에 하락한 실제 전환가치이다. 그림에서 전환가치는 전환사채가격의 하한선이
된다. 왜냐하면, 만일 전환사채의 시장가격이 전환가치보다 낮으면, 전환사채를 매
입하여 주식으로 전환하고 이 주식을 즉시 매도하면 차익을 얻는 차익거래기회가
발생하기 때문이다. 따라서 전환사채 가격은 항상 전환가치보다 크거나 같아야 한
다. 또한 당연히 전환사채가치는 전환권이 없는 일반채권(straight bond)가치보다도
커야 하므로 다음 식이 성립되어야 한다.

$$전환사채의\ 가치 \geq \max(전환가치,\ 일반채권가격) \qquad (식 8-9)$$

전환사채에 내재된 전환권은 채권의 권리를 포기하고 미리 정한 전환가격(즉,
행사가격)으로 주식을 매입할 수 있는 권리라는 점에서 내재 콜옵션의 성격을 갖는
다. 따라서, 전환사채의 현재가치는 다음과 같이 구할 수 있다.

[그림 8-1] 전환가치

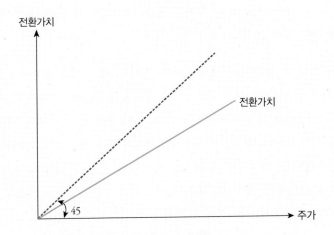

전환사채 가치＝일반채권가치＋전환권의 옵션가치 　　　　　　　(식 8-10)

(식 8-10)에서, 일반채권가치는 전환권 행사 시 전환권이 없는 동일 조건의 채권의 현재가치이고, 전환권의 옵션가치는 유러피언 전환옵션인 경우 블랙-솔즈-머튼모형으로 구하되 옵션행사 시점의 채권가치를 행사가격으로 하고, 현재 주가를 기초자산가격으로 하여 구하면 된다.

[그림 8-2] 전환사채의 가치

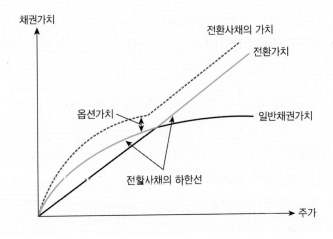

[그림 8-2]는 전환사채의 가치를 표시한 것이다. 그림에서 보듯이 전환사채가치의 하한선은 (식 8-9)에 있는 것처럼 max(전환가치, 일반채권가격)이다. 따라서, 이 하한선에 옵션가치를 더한 것이 전환사채의 가치가 된다.

이상에서 설명한 전환권의 내재옵션을 평가할 때 블랙-숄즈-머튼모형을 적용할 수는 있으나 다음과 같은 점들을 주의해야 한다. 첫째, 주식에 배당이 지급되는 경우에는 배당을 조정하고 블랙-숄즈-머튼모형을 적용해야 한다. 둘째, 전환권이 행사되면 신주가 발행되어 주가의 희석효과가 있으므로 앞에서 설명한 워런트처럼 희석효과를 반영해야 한다. 셋째, 전환시기가 고정되어 있지 않은 아메리칸 타입의 전환사채의 경우 더 이상 블랙-숄즈-머튼모형을 적용할 수 없으며, 전환기간이 매우 길게 약정된 경우 이자율이나 기초자산의 변동성이 변화될 수 있으므로 단순히 블랙-숄즈-머튼모형을 적용하기가 어렵다.

2) 환매권

(1) 환매권의 개념

환매권(right of repurchase or resale)이란 증권의 발행기관(발행자)이나 매입자가 증권판매 후 원한다면 만기 전 일정기간 동안에 증권을 재매입(repurchase)하거나 재매도(resale)할 수 있는 권리를 말한다. 여기서 재매입할 수 있는 권리(call provision)는 콜옵션에 해당하는 것으로서 발행자의 입장에서는 증권을 발행하는 동시에 그 증권에 대한 콜옵션을 매입한 것과 같은 효과가 있다. 반면에 증권 매입자가 발행자에게 재매도할 수 있는 권리(put provision)는 풋옵션에 해당하는 것으로서 매입자의 입장에서는 증권구매 시 그 증권에 대한 풋옵션을 동시에 매입한 효과가 있다.

대표적으로 다음과 같은 옵션부 채권에 대해 살펴보자.

(2) 옵션부채권

옵션부채권은 대표적인 환매권 내재옵션으로서 다음과 같이 수의상환채권, 상환청구권부채권, 그리고 옵션부채권이 있다.

① 수의상환채권

수의상환채권(callable bond)은 채권발행회사가 채권 만기 이전에 약정된 가격으로 채권을 상환할 수 있는 권리를 갖고 있는 채권이다. 이 경우 수의상환권을 행사하기 위해 지급하는 상환가격은 채권의 액면가 이상인 경우가 일반적이며, 만기에 접근함에 따라 액면가에 접근하도록 설계되어 있다.

채권발행자가 수의상환권을 갖는 이유는 발행회사가 이자율 변동 등 리스크에 대비하기 위함이다. 예를 들어 시장에서 이자율이 현저히 하락할 것으로 예상되는 경우 이표이자율(coupon rate)이 높은 채권을 상환하고 이표이자율이 낮은 채권을 발행함으로써 기업의 자본비용을 줄일 수 있다. 따라서, 수의상환권은 발행자인 기업에게는 유리하지만 채권투자자에게는 불리한 계약조건이 되므로 수의상환채권의 가격은 수의상환권이 없는 동일 조건의 일반채권보다 할인되어 거래되어야 한다. 이러한 수의상환권은 발행자의 입장에서는 콜옵션을 갖는 것과 같다. 따라서, 수의상환채권의 현재가치(BC_0)는 다음과 같은 식으로 구할 수 있다. 식에서 B_0는 수의상환채권과 계약조건이 동일하지만 수의상환권이 없는 일반 채권의 현재가치를, C_0는 수의상환권의 콜옵션가치를 각각 표시한다.

$$BC_0 = B_0 - C_0 \qquad \text{(식 8-11)}$$

(식 8-11)을 그림으로 표시한 것이 [그림 8-3]이다. 그림에서 x-축은 일반

[그림 8-3] 수의상환채권의 가치

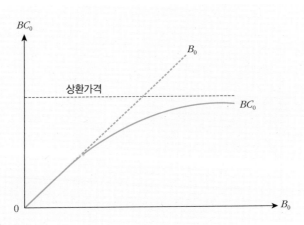

채권의 가격을 나타낸다. 시장이자율이 하락하여 채권 가격이 상승하게 되어 상환 가격에 도달하면 발행회사는 수의상환권을 행사하게 된다. 따라서, 수의상환채권 가치의 상한선은 상환가격이 되며, 수의상환채권의 가치와 일반채권 가치와의 차이가 곧 수의상환옵션의 가치가 된다.

② 상환청구권부채권

상환청구권부채권(puttable bond)은 채권보유자가 만기 이전에 채권 원리금의 상환을 채권발행자에게 청구할 수 있는 권리가 부여된 채권이다. 채권자의 입장에서는 자신에게 불리하게 채권가격이 형성되면 상환청구권을 행사하여 더 이상의 손실을 막을 수 있는 풋옵션을 매입한 것과 같은 효과가 있다. 채권자에게 유리한 계약조건이므로 상환청구권이 있는 채권의 가격은 청구권이 없는 동일 조건의 일반 채권보다 비싸게 형성된다. 이러한 채권은 시장에서 이자율이 상승하여 채권가격이 하락하게 되는 상황에서 옵션이 행사된다. 따라서, 이러한 상환청구권이 부가된 채권의 가치(BP_0)는 다음과 같은 식으로 평가할 수 있다. 식에서 B_0는 상환청구권부채권과 조건이 동일하지만 상환청구권이 없는 일반채권의 현재가치를, P_0는 상환청구권의 풋옵션가치를 각각 표시한다.

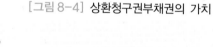

$$BP_0 = B_0 + P_0 \qquad \text{(식 8-12)}$$

(식 8-12)를 그림으로 표시한 것이 [그림 8-4]이다. 그림에서 보듯이 시장에

[그림 8-4] 상환청구권부채권의 가치

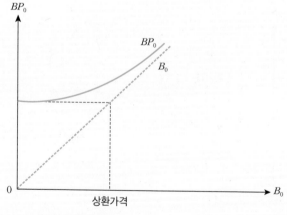

서 이자율이 상승하면 채권가격은 하락하게 되는데 상환가격 이하로 하락하게 되면 상환옵션을 행사하여 더 이상의 채권가격하락으로 인한 손실을 막을 수 있다.

③ 옵션부채권

옵션부채권(bond with option)이란 수의상환권과 상환청구권이 둘 다 부가되어 있는 채권을 말한다. 따라서 옵션부채권의 가치(BO_0)는 옵션이 부가되어 있지 않은 동일한 계약조건의 일반채권가격에서 발행자의 콜옵션가치를 빼고, 동시에 채권자가 갖는 풋옵션가치를 더해주면 된다. 다음 식과 같이 표시할 수 있다.

$$BO_0 = B_0 - C_0 + P_0 \qquad\qquad \text{(식 8-13)}$$

(식 8-13)을 그림으로 표시한 것이 [그림 8-5]인데, 그림에서 K_P는 채권투자자가 상환청구권을 행사할 때의 상환가격이고, K_C는 채권발행회사가 수의상환권을 행사할 때의 상환가격이다. 일반적으로 낮은 금리(즉, 높은 채권가격)에서 수의상환권이 행사되고, 높은 금리(즉, 낮은 채권가격)에서 상환청구권이 행사되므로 $K_C > K_P$는 당연하다.

그림에서 보듯이 일반채권의 가격(B_0)이 K_P와 K_C 사이에 있을 때는 옵션부채권의 가치와 일반채권의 가치가 거의 비슷하게 형성되며, 나머지 구간에서는 앞에서 설명한 옵션가치만큼 차이가 나게 된다.

[그림 8-5] 옵션부채권의 가치

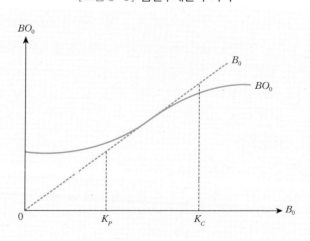

이상에서 설명한 수의상환권, 상환청구권 등의 내재옵션을 평가할 때 블랙-솔즈-머튼모형을 적용할 수는 있으나 다음과 같은 점들을 주의해야 한다. 첫째, 표면이자지급의 문제이다. 이러한 이자는 주식의 배당과 유사하므로 옵션행사 이전에 표면이자의 지급이 있었다면, 배당이 있는 경우와 마찬가지로 블랙-솔즈-머튼모형의 조정이 필요하다. 둘째, 행사가격이 고정되어 있지 않은 경우도 있다. 즉, 수의상환권의 행사가격은 행사시기에 따라 다르게 결정되도록 약정되어 있는 것이 일반적이므로 블랙-솔즈-머튼모형을 바로 적용하기 어려운 점이 있다.

5 | 특이옵션

특이옵션(exotic options)이란 기존의 전통적 옵션의 계약조건이나 속성 중 일부를 변형시켜 개발한 새로운 형태의 옵션들을 말한다.[2] 특이옵션은 일반적으로 투자수익률 제고, 특별형태의 헷지, 옵션거래비용의 절감 등을 목적으로 개발되고 있다.

특이옵션들은 대부분 고객의 주문에 따라 개발되어 장외에서 거래되는 상품이므로 그 종류가 매우 다양하고, 이론적으로 개발에 그 한계가 없다. 따라서 현재 거래되고 있는 특이옵션들을 모두 설명한다는 것은 쉬운 일이 아니며 또 그럴 필요도 없다. 왜냐하면, 중요한 것은 특이옵션의 대표적 유형을 통해 특이옵션의 정의와 활용법을 이해하면 어떤 상황에서도 필요 시 특이옵션을 개발할 수 있기 때문이다. 특히, 새로운 형태의 옵션 혹은 선물 등 파생상품들을 어떻게 개발하여 활용할 수 있는지 연구하는 분야를 금융공학(financial engineering)이라 한다. 따라서, 여기서는 대표적인 유형의 특이옵션들을 중심으로 소개하고자 한다.

1) 계약조건 변형옵션

계약조건 변형옵션이란 거래소에서 거래되는 표준형옵션(standard option)의 계약조건 중 한 가지 이상이 변형된 옵션을 말하며 다음과 같은 것들이 대표적이다.

---

2) 특이옵션을 어떤 책에서는 '이색옵션'이라고도 한다.

(1) 비표준형 아메리칸 옵션

표준형 아메리칸 옵션을 변형한 것으로 여러 가지 형태가 가능하나 다음과 같은 두 가지가 대표적이다.

- 옵션의 조기행사(early exercise)가 만기 전 몇몇 특정일이나 일부 기간 중에만 가능하도록 제한한 아메리칸 옵션으로 버뮤다옵션(Bermudan option)이라 불린다.[3]
- 옵션의 행사가격이 시간경과에 따라 옵션만기까지 단계적으로 상승하거나 하락하는 형태의 옵션이 있다.

이와 같은 특성을 가진 대표적인 옵션으로 앞에서 살펴본 워런트(신주인수권)가 있다. 예를 들어, 어떤 워런트는 만기를 5년으로 하되, 행사는 3년후부터 만기까지만 가능하게 한다든지, 행사가격을 3년부터 4년 사이는 $50, 4년부터 만기까지는 $55로 상승하도록 설정할 수 있다. 이러한 특성 때문에 비표준형 아메리칸 옵션의 가치평가는 블랙－숄즈－머튼모형을 적용할 수 없고, 이항분포모형을 적용해야 한다.

(2) 이원옵션

이원옵션(binary option 혹은 digital option)이란 옵션으로부터 얻는 이득이 표준형옵션처럼 연속적인 함수의 형태가 아닌 사전에 서로 약정한 일정금액을 지급하는 불연속적인(discontinuous) 이득패턴을 가진 옵션을 말한다. 이원옵션은 옵션의 이득을 어떻게 정의하느냐에 따라 다음과 같은 여러 가지 종류가 있다.

① 현금이원옵션(all-or-nothing option 혹은 cash-or-nothing option)

만기(T) 시 옵션이 내가격(ITM)에 있으면 고정된 금액 A를 지급하고, 그렇지 않으면 이득이 영(0)이 되는 옵션으로서 수학적으로는 다음과 같이 표시된다(단, A는 사전에 결정된 고정금액임).

$$현금이원옵션의\ 이득 = \begin{cases} A, & \text{if } S_T \geq K \\ 0, & \text{if } S_I < K \end{cases} \tag{식8-14}$$

---

3) 버뮤다는 지리적으로 유럽과 미국의 중간에 위치한 지역으로 버뮤다옵션은 유러피언옵션과 아메리칸옵션의 '중간'형태 옵션이라는 의미를 갖는다.

[그림 8-6]은 현금이원콜옵션의 손익을 표시한 것이다. 기초자산가격이 행사가격인 K보다 크거나 같으면 이득이 A인데 옵션가격을 f라 하면 $(A-f)$의 이익이 생기고, 기초자산가격이 K보다 작으면 이득이 0이므로 옵션가격인 f만큼의 손실(즉, $-f$)이 생긴다.

[그림 8-6] 현금이원콜옵션의 손익

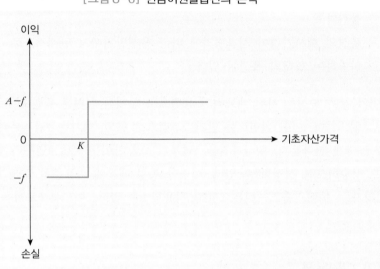

그런데 블랙-숄즈-머튼모형에서 설명한 바와 같이, 유러피언 콜옵션이 만기 시 내가격(ITM)이 될 확률은 $N(d_2)$, 유러피언 풋옵션이 만기 시 내가격(ITM)이 될 확률은 $N(-d_2)$이므로 현금이원옵션의 현재가치는 다음과 같이 표시할 수 있다.

유러피안 현금이원콜옵션의 현재가치 $= Ae^{-rT}N(d_2)$ 　　　　(식 8-15)

유러피안 현금이원풋옵션의 현재가치 $= Ae^{-rT}N(-d_2)$ 　　　　(식 8-16)

② 자산이원옵션(asset-or-nothing option)

현금이원옵션과 동일하나 한 가지 차이점은 내가격(ITM) 상태로 만료되면, 고정금액이 아닌 기초자산의 시가(market value), 즉 S_T를 지불한다는 사실이다. 따라서 자산이원옵션의 이득함수는 다음과 같다.

$$\text{자산이원옵션의 이득} = \begin{cases} S_T, & \text{if } S_T \geq K \\ 0, & \text{if } S_T < K \end{cases} \tag{식 8-17}$$

자산이원옵션의 현재가치는 다음과 같이 평가할 수 있다(단, S=기초자산의 현재가치임).

$$\text{자산이원콜옵션의 현재가치} = SN(d_1) \tag{식 8-18}$$
$$\text{자산이원풋옵션의 현재가치} = SN(-d_1) \tag{식 8-19}$$

현금이원옵션과 자산이원옵션을 결합하면 일반 옵션을 합성할 수 있다. 예를 들어, 행사가격이 A인 유러피언 자산이원콜옵션을 매입하고 현금이원콜옵션을 매도하면 일반 유러피언 콜옵션이 된다. 즉,

$$+\text{자산이원콜옵션} - \text{현금이원콜옵션} = \text{일반콜옵션}$$
$$\Rightarrow +SN(d_1) - Ae^{-rT}N(d_2) = +c \tag{식 8-20}$$

마찬가지로, 행사가격이 A인 유러피언 현금이원풋옵션을 매입하고 자산이원풋옵션을 매도하면 일반 유러피언 풋옵션이 된다. 즉,

$$+\text{현금이원풋옵션} - \text{자산이원풋옵션} = \text{일반풋옵션}$$
$$\Rightarrow +Ae^{-rT}N(-d_2) - SN(-d_1) = +p \tag{식 8-21}$$

③ 구간옵션(range option)

기초자산 가격이 사전에 정한 특정구간 내에 위치하면 약정된 고정금액을 지급하며, 그 외에는 무가치한 옵션을 말한다.

[그림 8-7]은 기초자산이 구간 $[a, b]$에 있을 때만 고정금액을 지불하고, 그 외 구간에 있을 때는 지급하지 않는 현재가격 f인 구간옵션의 손익을 보여주고 있다.

그 이에도 만기 전에 한번이라도 내가격(ITM) 상태에 도달한 적이 있으면 고정된 약정금액을 지불하는 원터치 옵션(one-touch option), 옵션기간 중 내가격(ITM) 상태에 있던 시간의 길이에 비례하여 이득을 계산하는 시간옵션(time option) 등이 있다.

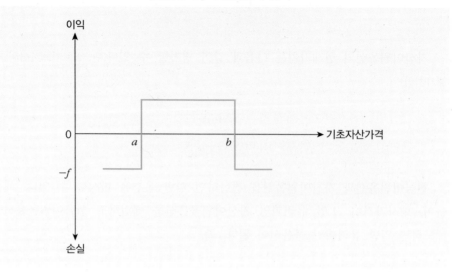

[그림 8-7] **구간옵션의 손익**

(3) 선택자옵션

선택자옵션(chooser option 혹은 as−you−like−it option)은 특정시점(즉, choice date)에 매입자가 옵션의 종류를 콜옵션으로 할지 혹은 풋옵션으로 할지 결정할 수 있는 옵션을 말한다. 예를 들어, 옵션매입자는 일정시점에 기초자산가격이 상승할 것으로 예상하면 옵션을 콜옵션으로 정하고, 가격이 하락할 것으로 예상하면 옵션을 풋옵션으로 선택할 수 있다.

스트래들매입과 투자효과가 비슷하나 스트래들전략보다 투자비용이 저렴하다는 장점이 있다. 그러나, 유동성이 낮은 장외상품으로서 옵션만기 전에 유리한 상황이 되어도 중도매매가 쉽지 않다는 단점이 있다.

선택자옵션의 가치는 다음과 같이 평가한다. 단, 선택자옵션의 만기는 T_2, 옵션의 종류를 결정하는 선택시점은 T_1, T_1시점에서의 기초자산의 가치를 S_1, 행사가격은 K, 그리고 선택자옵션의 기초가 되는 콜옵션과 풋옵션이 모두 유러피언옵션이라고 하고, 행사시점(T_1)에서의 옵션가치를 각각 c, p라 하자. 그러면, 선택자옵션의 가치는 다음과 같이 평가할 수 있다. 단, 기초자산에 배당이 없다고 하자.

$$T_1 \text{시점에서의 선택자옵션의 가치} = \max(c, \; p) \qquad\qquad (\text{식}8-22)$$

그런데, T_1 시점에서 유러피언 풋-콜 패리티는 다음과 같다.

T_1 시점에서의 무배당 풋-콜 패리티 :

$$p + S_1 = c + Ke^{-r(T_2 - T_1)} \qquad\qquad (\text{식}8-23)$$

따라서, (식8-23)을 (식8-22)에 대입하면,

$$\text{선택자옵션의 가치} = \max(c, \; p) = \max(c, \; c + Ke^{-r(T_2 - T_1)} - S_1)$$
$$= c + \max(0, \; Ke^{-r(T_2 - T_1)} - S_1)$$

$$(\text{식}8-24)$$

(식8-24)는 선택자옵션이 다음과 같이 두 가지 옵션포지션의 합성임을 알 수 있다.

* 콜옵션 c: 만기가 T_2, 행사가격 K인 유러피언 콜옵션 1개 매입포지션
* 풋옵션 $\max(0, \; Ke^{-r(T_2 - T_1)} - S_1)$: 만기가 T_2, 행사가격 $Ke^{-r(T_2 - T_1)} - S_1$ 인 유러피언 풋옵션 1개 매입포지션

(4) 조건부후불옵션

조건부후불옵션(contingent-premium option)은 옵션가격의 지불을 매입시점에 하지 않고 옵션이 행사되는 경우에만 하는 옵션이다. 그런데 이 옵션의 경우 유러 피언 옵션이면 만기 시, 아메리칸 옵션이면 만기 전 내가격 상태에 있을 때는 반 드시 옵션을 행사해야 한다. 옵션이 내가격 상태에 있지 않을 경우에는 옵션을 행 사할 필요가 없으므로 옵션프리미엄도 지불할 필요가 없다는 장점이 있다. 이 옵션 은 cash-on-delivery option, money-back option 혹은 refundable-premium option이라고도 불린다. 조건부후불 콜옵션의 손익이 [그림8-8]에 있다. 단, f 는 옵션 프리미엄이다.

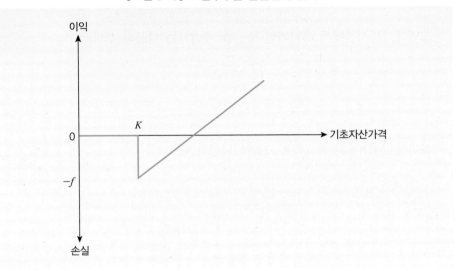

[그림 8-8] 조건부후불 콜옵션의 손익

(5) 연기옵션

연기옵션(delayed option) 혹은 선도유효옵션(forward start option)이란 옵션프리미엄의 지불은 지금 하지만 옵션계약의 효력발생은 미래 일정시점으로 연기하는 옵션을 말한다. 행사가격은 효력발생시점(grant date)에 결정하는데 대개 그 시점에서의 기초자산가격으로 한다. 즉, 효력발생시점에서의 옵션은 등가격(ATM)옵션이 된다. 이는 앞에서 설명한 바 있는 임직원 스톡옵션과 유사하다. 즉, 옵션의 부여는 지금 하지만 옵션의 효력은 미래 효력발생시점부터 발생하며, 효력발생시점에 부여되는 행사가격은 통상 효력발생시점의 기초자산가격으로 한다.

(6) 파워옵션

파워옵션(power option)은 이득발생 시 그 크기가 대폭 증가되도록 고안된 옵션을 말하는 것으로서, 지수옵션(exponential option), 다항옵션(polynomial option) 혹은 제곱옵션(squared option)이라고 불린다.

파워 콜옵션의 이득함수(payoff function)에는 통상 다음과 같은 두 가지 형태가 있다.

$$\text{파워 콜옵션의 이득함수} = \max[0, \, (S_T - K)^n] \text{ 또는}$$

$$\max(0, \, S_T^{\,n} - K) \qquad\qquad \text{(식 8-25)}$$

이러한 이득함수에서 n은 다양하게 정의되나, $n = 2$인 경우 옵션의 이득이 [그림 8-9]에 표시되어 있다. 그림에서 보는 바와 같이 파워옵션은 이득을 표준옵션보다 확대시켜 줄 뿐만 아니라, 비선형가격위험(non-linear price risk)의 헷지에 효율적인 옵션이다. 표준형옵션을 이용한 위험헷지는 선형가격위험에 대한 것인데, 여기서 선형가격위험이란 자산의 가격변화가 자산의 매매수량에 영향을 미치지 않을 때의 위험을 말한다. 그러나, 비금융자산의 경우 기초자산의 가격이 그 자산의 수급수량에 영향을 미치는 경우가 대부분이므로 비금융자산의 경우 비선형위험이 보다 현실적이라 할 수 있다. 이러한 위험을 경제적 혹은 경쟁적 노출(economic or competitive exposure)라고도 한다. 따라서, 파워옵션은 비금융자산의 가격위험헷지에 적합한 옵션이라 할 수 있다.

[그림 8-9] 파워옵션의 이득

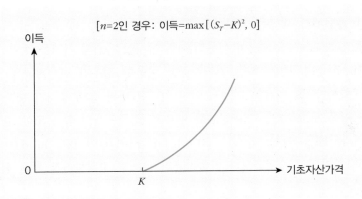

$$[n=2\text{인 경우: 이득}=\max[(S_T-K)^2, \, 0]]$$

2) 경로종속 옵션

옵션의 이득이 옵션행사 시 기초자산가격에만 의존하는 표준옵션들과는 달리, 옵션 전체 기간 동안의 기초자산가격의 변화과정(history)을 반영하여 계산되는 옵션을 경로종속 옵션(path-dependent option)이라 한다. 표준옵션들은 기초자산의 경로가 반영되지 않고 행사시점의 기초자산가격만 반영되므로 경로독립 옵션(path-independent option)이라 할 수 있다. 대표적인 경로종속 옵션 몇 가지를 소개하고자 한다.

(1) 아시안 옵션

아시안 옵션(Asian option)이란 옵션의 이득이 만기 시점의 자산가격으로 결정
되지 않고 옵션만기 내 특정기간 동안의 평균가격(average price)에 의하여 결정되
는 옵션이다.[4] 기초자산가격을 평균가격으로 하는 옵션을 평균가격 옵션이라 하
고, 행사가격을 평균가격으로 하는 옵션을 평균행사가격 옵션이라 하며, 아시안
옵션의 이득함수를 요약하면 다음과 같다.

평균가격 콜옵션의 이득 $= \max(S_M - K, \ 0)$ (식8-26)

평균가격 풋옵션의 이득 $= \max(K - S_M, \ 0)$ (식8-27)

평균행사가격 콜옵션의 이득 $= \max(S_T - S_M, \ 0)$ (식8-28)

평균행사가격 풋옵션의 이득 $= \max(S_M - S_T, \ 0)$ (식8-29)

단, $S_M =$ 만기 내 특정기간 동안의 기초자산의 평균값

아시안 옵션에서 평균을 계산하기 위해 산술평균(AA: arithmetic average)과 기
하평균(GA: geometric average)이 이용되는데, 아시안 옵션의 가격을 정확히 해석적
으로(analytically) 평가하는 데는 기하평균을 이용한 경우가 산술평균의 경우보다
더 쉽고 정확하다. 그 이유는 앞에서 이미 설명한 바와 같이 주가가 대수정규분포
를 따르는 경우 로그주가는 정규분포를 따르고, 정규분포의 합은 또한 정규분포이
기 때문이다. 예를 들어, $\ln(A + B) \neq \ln(A) + \ln(B)$이지만, $\ln(AB) = \ln A + \ln B$이므로 주가의 산술평균보다 기하평균의 분포를 정의하기가 훨씬 쉽다.

n개의 주가를 이용하여 산술평균과 기하평균을 구하는 방법은 다음과 같다.

$$산술평균 = \frac{S_1 + S_2 + \cdots + S_n}{n} = \frac{\sum_{j=1}^{n} S_j}{n}$$ (식8-30)

---

4) 여기서 아시아(Asia)라는 용어는 아시아의 지리적 위치와는 아무런 상관이 없고, 단지 유러피언 옵
션과 아메리칸 옵션과 대비시키기 위하여 사용된 것이다.

$$\text{기하평균} = \sqrt[n]{S_1 S_2 \cdots S_n} = \sqrt[n]{\prod_{j=1}^{n} S_j} \qquad \text{(식 8-31)}$$

아시안 옵션은 일반적으로 표준옵션들 보다 저렴하며, 기업재무담당자의 요구에 더 잘 부응할 수 있다. 예를 들어, 우리나라의 수출기업이 미국에 상품을 수출하고 향후 1년간 미국달러를 균등하게 받을 예정이라면, 이 기업의 재무담당자는 향후 1년 동안 일정수준 이상의 평균환율을 보장해 주는 옵션에 관심을 가질 것이다. 이러한 목적을 달성하는 데 아시안 옵션은 매우 유용하다.

아시안 옵션의 가치평가는 표준옵션들 보다 더 복잡하다. 관심 있는 독자들은 Kemna and Vorst(1990)의 논문을 참조하기 바란다.[5]

(2) 룩백옵션

룩백옵션(lookback option)은 이득이 옵션만기 동안의 기초자산의 최고가격(max) 혹은 최저가격(min)에 의해 결정되는 옵션을 말한다. 즉, 룩백옵션의 이득은 다음과 같다.

$$\text{룩백 콜옵션의 이득} = \max(S_T - S_{min}, 0) \qquad \text{(식 8-32)}$$
$$\text{룩백 풋옵션의 이득} = \max(S_{max} - S_T, 0) \qquad \text{(식 8-33)}$$

단, S_{max} = 만기까지의 기초자산의 최대값
S_{min} = 만기까지의 기초자산의 최소값

룩백옵션은 아메리칸 옵션의 단점인 최적옵션행사시점을 언제로 할 것인지 걱정할 필요가 없다는 장점이 있다. 왜냐하면 만기 시에 단순히 옵션기간 중 최대성과를 낸 기초자산가격을 적용하면 되기 때문이다. 따라서 항상 아메리칸 옵션 이상의 성과를 낼 수 있으며, 이러한 이유로 룩백옵션 가격이 아메리칸옵션 가격보다 더 높다.

룩백옵션의 가치평가모형은 다음과 같이 이미 개발되어 있다. 자세한 평가모형 유도는 Goldman, Sosin, and Gatto(1979) 논문을 참조하기 바란다.[6] 룩백 콜옵션

---

5) Kemna, A. and A, Vorst, "A Pricing Method for Options Based on Average Asset Values", *Journal of Banking and Finance*, 14(March 1990), pp.113-129.

의 현재가치(C_{LB})와 풋옵션의 현재가치(P_{LB})는 각각 다음과 같다. 단, 기초자산이 배당률 q로 연속배당을 지급한다고 가정한다.

$$C_{LB} = Se^{-qT}N(a_1) - Se^{-qT}\frac{\sigma^2}{2(r-q)}N(-a_1)$$

$$-S_{\min}e^{-rT}[N(a_2) - \frac{\sigma^2}{2(r-q)}e^{\theta_1}N(-a_3)] \qquad \text{(식 8-34)}$$

$$P_{LB} = S_{\max}e^{-rT}[N(b_1) - \frac{\sigma^2}{2(r-q)}e^{-\theta_2}N(-b_3)]$$

$$+ Se^{-qT}N(-b_2)\frac{\sigma^2}{2(r-q)} - Se^{-qT}N(b_2) \qquad \text{(식 8-35)}$$

단, $a_1 = \dfrac{\ln(\dfrac{S}{S_{\min}}) + (r-q+\dfrac{\sigma^2}{2})T}{\sigma\sqrt{T}}$

$a_2 = a_1 - \sigma\sqrt{T}$

$a_3 = \dfrac{\ln(\dfrac{S}{S_{\min}}) + (-r+q-\dfrac{\sigma^2}{2})T}{\sigma\sqrt{T}}$

$\theta_1 = -\dfrac{\ln(\dfrac{S}{S_{\min}})2(r-q-\dfrac{\sigma^2}{2})}{\sigma^2}$

$\theta_2 = \dfrac{\ln(\dfrac{S_{\max}}{S})2(r-q-\dfrac{\sigma^2}{2})}{\sigma^2}$

$b_1 = \dfrac{\ln(\dfrac{S_{\max}}{S}) + (-r+q+\dfrac{\sigma^2}{s})T}{\sigma\sqrt{T}}$

$b_2 = b_1 - \sigma\sqrt{T}$

$b_3 = \dfrac{\ln(\dfrac{S_{\max}}{S}) + (r-q-\dfrac{\sigma^2}{2})T}{\sigma\sqrt{T}}$

$S_{\max}$ = 현재까지 기초자산가격의 최대값

$S_{\min}$ = 현재까지 기초자산가격의 최소값

---

6) Goldman, B., H. Sosin, and M. A. Gatto, "Path Dependent Options: Buy at the Low, Sell at the High", *Journal of Finance*, 34(Dec., 1979), pp.1111-1127.

(3) 장애물옵션

장애물옵션(barrier option)이란 기초자산가격이 사전에 정한 일정기간(장애물기간: barrier period)동안 일정수준(장애물가격: barrier level)에 도달하는지 여부에 따라 옵션의 이득이 결정되는 옵션을 말한다. 장애물옵션은 전통적 표준옵션에 비해 값이 저렴하다는 장점이 있어 일부 시장참여자에게 인기를 끌고 있는데, 이는 옵션이 도중에 소멸되거나 발효되지 않을 가능성이 있기 때문이다. 대표적으로 다음과 같이 실격옵션과 진입옵션 두 가지가 있다.

① 실격옵션(knock-out option)

기초자산가격이 장애물가격에 도달하면 옵션이 더 이상 존재하지 옵션을 말한다.

② 진입옵션(knock-in option)

기초자산가격이 장애물가격에 도달하면 그 때부터 옵션이 효력을 발생하는 옵션을 말한다.

실격옵션과 진입옵션에는 네 가지 유형이 있다. 하향실격 콜옵션(down-and-out call)은 장애물가격이 현재의 기초자산가격보다 낮은 실격 콜옵션이고, 하향진입 콜옵션(down-and-in call)은 장애물가격이 현재의 기초자산가격보다 낮은 진입 콜옵션이다. 상향실격 콜옵션(up-and-out call)은 장애물가격이 현재의 기초자산가격보다 높은 실격 콜옵션이고, 상향진입 콜옵션(up-and-in call)은 장애물가격이 현재의 기초자산가격보다 높은 진입 콜옵션이다. 실격 풋옵션과 진입 풋옵션도 동일한 방법으로 네 가지를 정의할 수 있다.

장애물옵션에 대한 가치평가는 매우 복잡하여 여기서는 생략하고자 한다. 자세한 설명은 Broadie, Glasserman, and Kou(1997)의 연구논문을 참조하기 바란다.[7]

(4) 행사가격변동옵션

대표적인 행사가격변동옵션에는 클리켓옵션(cliquet option) 혹은 래칫옵션(ratchet option)이 있는데 만기 동안에 사전에 정해진 시점들에서 행사가격이 등가격(ATM)

---

7) Broadie, M, P. Glasserman, and S. G. Kou, "A Continuity Correction for Discrete Barrier Options", *Mathematical Finance*, Vol. 7, No.4(October, 1997), pp.325-349.

으로 재조정되는 옵션을 말한다. 즉, 행사가격은 조정시점의 기초자산가격과 같다. 그러나 행사가격이 조정될 때 직전 조정시점과 현 조정시점에 실현된 옵션의 내재가치는 지급이 보장된다.

클리켓옵션은 옵션계약기간 중 얻어지는 내재가치를 만기 시점의 내재가치와 관계없이 최대한 확보할 수 있다는 장점이 있지만, 이러한 장점 때문에 전통적 표준옵션보다 가격이 비싸다.

그 외의 행사가격변동옵션에는 시점이 아닌 기초자산의 수준에 따라 행사가격을 조정하는 사다리옵션(ladder option)과 옵션보유자가 원하는 시점에 행사가격을 조정하는 선언옵션(shout option)이 있다. 사다리 옵션은 행사가격이 등가격 상태로 재확정된다는 점에서 클리켓옵션과 비슷하지만 기초자산의 가격이 정하여 둔 일련의 계단(ladder) 가격에 도달할 때마다 이에 맞춰 행사가격이 재확정되고 실현된 내재가치가 지급되는 옵션이다.

선언옵션은 만기 동안 단 한번 발행자에게 선언(shout)할 수 있는 옵션으로 옵션만기일에 옵션소유자는 유러피언 표준옵션의 이득 혹은 선언한 시점에서의 내재가치 중 큰 금액을 수령한다. 예를 들어, 행사가격이 $50이고 기초자산 가격이 $60일 때, 콜옵션 소유자가 선언했다고 하자. 만기일에 기초자산의 최종가격이 $60이하이면 소유자의 이득은 선언 시 내재가치인 $10가 된다. 그러나 만일 만기일에 기초자산의 최종가격이 $60 이상이면 소유자의 이득은 (최종가격－$50)가 된다.

3) 복수기초자산 옵션

옵션의 손익이 두 종류 이상의 기초자산 가격에 의존하는 옵션을 복수기초자산 옵션(multi-underlying asset option)이라 한다.

(1) 무지개옵션

무지개옵션(rainbow option)이란 옵션행사나 만료 시 여러 개의 기초자산 중에서 상대적 가치나 성과면에서 특정수준에 있는 기초자산을 선택할 수 있는 옵션을 말한다. 예를 들어, 무지개 콜옵션 보유자는 여러 개의 기초자산 중 가격이 가장 높은 자산을 기초자산으로 선택하고, 무지개 풋옵션 보유자는 여러 개의 기초자산 중 가격이 가장 낮은 자산을 기초자산으로 선택하게 될 것이다. 따라서 무지개옵션의 이득은 다음과 같이 표시할 수 있다.

$$무지개\ 콜옵션의\ 이득 = \max[\max(S_1,\ S_2,\ ...,\ S_n) - K,\ 0] \qquad (식 8-36)$$

$$무지개\ 풋옵션의\ 이득 = \max[K - \min(S_1,\ S_2,\ ...,\ S_n),\ 0] \qquad (식 8-37)$$

단, $S_j = j$번째 기초자산의 가격

(2) 바스켓옵션

바스켓옵션(basket option)은 옵션의 이득이나 성과가 여러 기초자산의 종합적 성과(예컨대, 가중평균 등)로 결정되는 옵션을 말한다. 기존의 지수옵션도 바스켓옵션의 한 형태이지만 통상 바스켓옵션은 고유의 투자포트폴리오를 대상으로 한다.

바스켓옵션은 개념적으로 개별기초자산의 옵션들의 포트폴리오와 마찬가지이지만, 옵션가격 면에서는 더 저렴하다. 그 이유는 기초자산의 가격변동이 개별옵션에 미치는 영향이 기초자산들의 포트폴리오 가격변동이 바스켓옵션에 미치는 영향보다 더 크기 때문이다.

(3) 스프레드옵션

스프레드옵션(spread option)이란 옵션의 이득이 두 개의 기초자산의 가격차이로 결정되는 옵션을 말한다. 이 때, 대상이 되는 두 개의 기초자산은 서로 수요 면에서 대체관계에 있거나 생산과정 상 전후관계에 있는 자산들 중에서 선택하는 것이 일반적이다. 예를 들어, 장기금리와 단기 금리, 두 개의 주가지수, 두 개의 통화 등으로 기초자산을 구성할 수 있다. 스프레드옵션은 두 경제변수에 대해 각각의 절대적 변동위험이 아닌 양자간의 상대적 변동위험을 헷지하고자 할 때 사용된다.

그 밖에 옵션이득이 하나의 기초자산에 의해 결정되나 그 위험의 노출규모는 다른 기초자산의 가격의 함수로 표시되는 퀀토옵션(quanto option: quantity-adjusted option)과 옵션행사 시 하나의 자산을 다른 자산과 교환하는 교환옵션(exchange option)도 복수기초자산옵션에 속한다. 퀀토옵션은 주로 한 통화로 표시된 기초자산에 대한 옵션의 수익을 다른 통화로 결제하는 형태가 일반적이다. 교환옵션은 한 유형의 자산을 다른 유형의 자산과 교환할 수 있는 권리가 부여된 옵션을 말한다. 예를 들어, 주식의 공개매수(tender offer)는 어떤 기업의 주식을 다른 기업의 주식과 교환하는 옵션이라 할 수 있다. 이 옵션이 기존의 표준옵션들과 다른 가장 중요한 특징은 행사가격도 기초자산가격처럼 상수가 아닌 확률변수라는 것이다. 즉, 한 자산을 다른 자산으로 교환할 때 두 자산의 가격은 모두 변동할 수 있는 변수인 것이다. 교환옵션에 대한 가치평가는 Margrabe(1978)에 의해 처음으로 도출되었는데, 그 결과를 요약하면 다음과 같다.[8] 단, T시점에 두 자산을 서로 교환하는데, T시점에 포기(매도)하는 자산의 가격을 U_T, 대신 받게 되는(매입) 자산의 가치를 V_T라 하자. 두 자산은 둘 다 변동성이 각각 σ_U, σ_V인 기하브라운 운동(GBM)을 따른다고 하고, U_T와 V_T 사이의 순간 상관관계가 ρ라고 하자. 그러면, 이러한 유러피언 교환옵션의 이득함수는 $\max(V_t - U_T, 0)$이고 현재가치 (f)는 다음과 같다.

$$f = VN(d_1) - UN(d_2)$$

(식 8-38)

$$\text{단, } d_1 = \frac{\ln(\frac{V}{U}) + \frac{\sigma^2}{2}T}{\sigma\sqrt{T}}$$

$$d_2 = d_1 - \sigma\sqrt{T}$$

$$\sigma = \sqrt{\sigma_U^2 - 2\rho\sigma_U\sigma_V + \sigma_V^2}$$

4) 그 외 특이옵션

이상에서 분류되지 않은 그 외 특이옵션으로 복합옵션과 스왑션이 있는데 이에 대해 간략히 설명하고자 한다.

(1) 복합옵션

복합옵션(compound option)이란 옵션에 대한 옵션이다. 즉, 옵션이 기초자산인 옵션이다. 따라서, 복합옵션에는 일반적으로 행사가격과 만기가 각각 2개이다. 이는 다음과 같이 크게 4가지 유형으로 구분할 수 있다.

---

8) Margrabe, W., "The Value of an Option to Exchange One Asset for Another", *Journal of Finance*, 33(March 1978), pp.177-186.

- 콜옵션에 대한 콜옵션(call on call)
- 콜옵션에 대한 풋옵션(put on call)
- 풋옵션에 대한 콜옵션(call on put)
- 풋옵션에 대한 풋옵션(put on put)

대표로 콜옵션에 대한 콜옵션에 대해 살펴보자. 첫 번째 옵션 행사일인 T_1에 복합옵션 소유자는 행사가격 K_1을 지불하고 콜옵션을 매입할 권리를 행사할 수 있다. 이렇게 매입한 콜옵션은 옵션소유자에게 두 번째 옵션 행사일인 T_2에 행사가격 K_2를 지불하고 기초자산을 매입할 수 있는 권리를 가지게 된다. 결국 복합옵션은 첫 번째 옵션 행사일에 첫 번째 옵션의 가치가 첫 번째 행사가격보다 높은 경우에만 행사된다.

이러한 4가지 유형의 복합옵션에 대한 가치평가는 매우 복잡하여 여기서는 생략하기로 한다. 관심 있는 독자들은 Geske(1979) 연구논문을 참조하기 바란다.[9]

(2) 스왑션

여기서 스왑션은 스왑(swap)과 옵션(option)의 합성어이다. 스왑션(swaption)이란, 정해진 고정금리가 변동금리와 교환되는 금리스왑을 기초자산으로 하는 옵션을 말한다. 즉, 스왑션은 미래시점에 기준이 되는 변동금리에 대해 미리 정한 고정금리를 주거나 받는 금리스왑계약을 할 것인지를 결정할 수 있는 옵션이다. 이때 고정금리를 스왑계약에서 스왑률(swap rate)이라 하는데, 이것을 수취하면 수취자 스왑션(receiver's swaption)이라 하고, 지불하면 지불자 스왑션(payer's swaption)이라 한다. 수취자 스왑션에서는 옵션 보유자가 옵션을 행사하면 미리 정한 고정금리(스왑률)를 수취하고 변동금리를 지불하는 스왑계약을 체결하게 되고, 반면에 지불자 스왑션에서는 옵션을 행사하면 고정금리를 지불하고 변동금리를 수취하는 스왑이 체결된다.

스왑션과 유사한 특이옵션으로 금리캡(cap) 또는 금리플로어(floor)에 대한 옵션도 있다. 금리캡을 기초자산으로 하는 옵션을 캡션(caption)이라 하고, 플로어를 기초자산으로 하는 옵션을 플로어션(floortion)이라 한다. 캡션은 미래시점에 정해

---

9) Geske, R., "The Valuation of Compound Options", *Journal of Financial Economics*, 7(1979), pp.63–81.

진 최고금리와 만기를 갖는 금리캡을 미리 정한 프리미엄에 매입할 것인지를 선택할 수 있는 옵션이고, 플로어션은 미래시점에 정해진 최저금리와 만기를 갖는 금리플로어를 미리 정한 프리미엄에 매입할 것인지를 선택하는 옵션이다.

실물옵션

지금까지 우리는 금융자산(주식, 채권, 통화 등)이나 상품자산(농산물, 임산물, 축산물 등)을 기초자산으로 하는 옵션에 대해서 살펴보았다. 이제 다소 새로운 영역에 지금까지 배운 옵션이론들을 적용하고자 한다. 즉, 토지, 건물, 생산설비, 신약개발, 자원개발 등과 같은 실물자산(real asset)에의 투자기회를 옵션이론으로 해석하고 평가하는 방법에 대해 살펴보고자 한다. 실물자산에의 투자기회에는 여러 가지 형태의 옵션들이 내재하거나 부가되는 경우가 많은데, 예를 들면 투자를 확대하는 옵션, 투자기회를 종료하는 옵션, 투자를 연기할 옵션, 투자하기 전에 기다리면서 상황을 관찰하는 옵션, 생산방식을 변경하는 옵션 등 매우 다양한 옵션들이 있다. 이렇게 다양한 투자변경 옵션이 내재된 실물자산들은 전통적인 가치평가기법인 현금흐름할인(DCF: discounted cash flow)기법만으로는 정확한 평가가 어렵다. 따라서, 본 장에서는 최근 활발한 연구와 실무에의 적용이 이루어지고 있는 실물옵션의 개념, 종류, 그리고 가치평가기법 등에 대해 살펴보고자 한다.

1 | 실물옵션의 개념

1) 실물옵션의 정의

실물옵션(real option)이란 토지, 건물, 생산설비 등 실물자산(real asset)에 내재되어 있는 투자안의 전략적 선택권(option)을 말한다. 좁은 의미에서 보면 실물옵션은 금융옵션이론을 실물(비금융)자산에 확대한 것이다. 따라서 금융옵션의 조건이 계약 시에 상세하게 정의되는 것과 마찬가지로 전략적 투자에 내재되어 있는 실물옵션도 개별적으로 인식되고 선택조건들이 구체화되어야 한다.

Myers(1984)는 전략적 계획과 재무활동의 차이점을 설명하기 위해 다음과 같이 실물옵션이라는 용어를 도입하였다.[1]

"전략적 계획을 위해서는 재무계획이 필요하다. 전략적 분석에 대한 검토를 위해 현재가치 계산이 필요하고, 현재가치 계산을 위해서도 전략적 분석에 대한 검토가 필요하다. 그러나, 일반적인 현금흐름할인(DCF)법은 사업의 수익성 증가에 수반하는 옵션가치를 과소평가하는 경향이 있다. 재무관리이론은 이러한 '실물옵션'을 다루기 위해 확장되어야 한다."

2) 실물옵션의 예

(1) 스노우 주식회사의 확장옵션

스노우(Snow) 주식회사는 스키생산을 고려 중이다. 일단 스키를 생산하면 이 회사는 스키 부츠(신발)의 생산과 판매에 유용한 정보를 입수할 것이고, 그 결과 스키부츠 시장에도 진출하기를 원할 수 있다. 즉, '확장옵션'이 존재한다. 이 확장옵션 가치를 평가하기 위해 스키부츠 산업의 경기변동성에 대한 정보가 필요하다. 이러한 경기변동성과 관련된 불확실성이 크면 클수록 확장옵션의 가치는 더 커질 것이다.

---

1) Myers, S., "Financial Theory and Financial Strategy", *Interface*, Vol.14(1984), Jan.－Feb., pp.126－137.

(2) AT&T의 성장옵션

미국 AT&T는 루슨트 테크놀로지를 분사(spin-off)시켰다. 분사 전 현재 수익을 보면 루슨트의 주가는 주당 약 $8정도가 적정가격이다. 그런데 분사 후 루슨트의 주가는 지속적으로 주당 $60 이상에 거래되고 있다. 이러한 현상은 루슨트의 기술기반과 연구개발 능력에서 발생할 수 있는 새로운 '성장옵션'에 대한 시장의 평가와 기대가 반영된 것이다.

(3) 실물옵션 분석이 필요한 상황

실물옵션 접근법이 항상 필요한 것은 아니다. 투자가치가 매우 크거나 매우 작을 경우에는 실물옵션가치를 계산하지 않아도 쉽게 투자의사결정을 할 수 있다. 그러나 대부분의 투자의사결정은 복잡한 실물옵션이 내재해 있어 DCF 등 전통적인 투자가치 평가방법만으로는 불충분하며 실물옵션분석이 필요하다. 즉, 전통적인 투자분석법은 옵션이 전혀 내재해 있지 않거나, 있더라도 불확실성이 매우 미약한 경우에 효과적이다.

일반적으로 실물옵션 분석이 필요한 상황은 다음과 같다.

* 비확정적인 투자결정을 내리는 경우: 다른 접근법을 가지고는 유동적인 투자결정이 갖는 가치를 정확히 평가할 수 없다.
* 불확실성이 크고 투자가 변경 불가능한 경우: 손실 가능성을 줄이기 위해 좀 더 많은 정보를 기다리는 게 효과적이다.
* 미래 성장이 기대되는 경우: 현금흐름보다는 미래 성장옵션의 가능성이 가치를 가진다고 판단되면 정확한 평가를 위해 성장옵션을 추가해야 한다.
* 투자의 탄력성이 있는 경우: 투자의 불확실성이 대단히 커서 투자의 탄력성을 고려할 필요가 있는 경우에는 실물옵션 분석만이 탄력성을 정확히 평가할 수 있다.
* 전략수정이 필요한 경우: 투자안을 갱신하거나 전략수정이 필요한 경우 수정선택옵션에 대한 평가가 필요하다.

2 | 실물옵션의 종류

실물자산에 내재된 실물옵션은 매우 다양하다. 여기서는 대표적인 몇 가지를 소개하고자 한다.

1) 운영옵션

운영옵션은 자산을 이용하거나 운영하는 동안 불확실성에 대응하기 위한 '전략적 유연성(flexibility)'과 관련된 옵션을 말한다. 예를 들어 투입전환 시기(timing), 산출전환 시기, 일시적인 조업중단 시기와 관련된 옵션들이다.

대표적인 운영옵션들을 몇 가지 소개하면 다음과 같다.

(1) 타이밍옵션

타이밍옵션(timing option)은 투자시점을 연기하거나 선택할 수 있는 권리를 말한다. 연기옵션(option to delay) 혹은 시기선택권이라고도 한다. 타이밍옵션을 포함하고 있는 대표적인 투자안의 형태로는 천연자원 개발권, 특허권 등이 있다.

투자시기를 연기해서 투자여부를 선택할 수 있다고 가정할 경우, 투자안 실행시점(T: 옵션만기)에서 투자안의 가치를 V_T, 투자안 실행시점에서 투자금액을 K라 하면, 실행시점에서의 타이밍 옵션을 고려한 투자안의 순현재가치(NPV_T)는 다음과 같다.

$$NPV_T = \begin{cases} 0, & \text{if } V_T \leq K \\ V_T - K, & \text{if } V_T > K \end{cases} \tag{식 9-1}$$

$$\Rightarrow NPV_T = \max(V_T - K, \ 0) \tag{식 9-2}$$

즉, (식 9-2)로부터 타이밍옵션은 행사가격이 투자금액이고, 기초자산이 투자안인 콜옵션과 같다. 따라서, 콜옵션 가격결정모형을 적용하면 타이밍옵션이 있는 투자안의 현재시점에서의 순현재가치(NPV)를 구할 수 있다.

이 경우 타이밍옵션의 가치(VTO: value of timing option)는 다음과 같이 구할
수 있다.

$$VTO = NPV(타이밍옵션이\ 있는\ 투자안) - NPV(타이밍옵션이\ 없는\ 투자안)$$
$$= NPV_T - NPV_0 (현재시점에\ 투자할\ 경우) \qquad\qquad (식9-3)$$

여기서 한 가지 유의할 것은 투자안의 실행을 연기하면 경쟁상대의 출연 등으
로 인해 이익이 감소 할 수도 있다는 점이다. 이를 지연비용(cost of delay)이라 하
는데, 타이밍옵션의 가치를 구할 때 지연비용을 고려해야 한다. 이는 마치 주식에
서 배당이 있는 것과 유사하므로 배당이 있는 경우의 옵션가격결정모형을 적용하
여 평가하면 된다.

(2) 생산유연성

생산유연성(flexibility of production)이란 수요 또는 가격의 변동에 반응하여 입
력요소(input)나 생산물(output)을 변경시킬 수 있는 능력을 의미한다. 즉, 기업은
생산시설에 유연성을 추가함으로써 가장 저렴한 원료를 활용하거나 또는 가장 가
치 있는 산출물을 생산할 수 있다. 이 경우 기업은 효과적으로 한 자산을 다른 자
산과 교환할 수 있는 옵션을 획득한 것과 동일하다. 이러한 옵션의 가치는 앞에서
설명한 특이옵션 중 교환옵션의 평가기법을 응용하여 구할 수 있다.

2) 투자옵션

투자옵션이란 투자규모에 대한 의사결정, 즉 투자의 확장, 투자의 축소, 투자의
처분 혹은 포기 등과 관련된 선택권을 말한다. 또한 투자대상의 유형과 규모의 선
택을 포함하여 자산운용을 변화시킬 수 있는 옵션도 포함한다.

어떤 투자는 차후에 실행 가능한 의사결정범위를 변경하여 실행 가능한 투자
전략을 바꿀 수 있는 옵션을 발생시키기도 한다. 예를 들어, 단기적인 제품 사이
클을 가진 산업에 시설투자를 할 때 하나의 제품사이클에 대한 투자는 다른 제품
시이클에 대한 투자기회를 발생시키기도 한다.

다음과 같이 몇 가지 대표적인 투자옵션을 살펴보자.

(1) 확장옵션

확장옵션(option to expand)이란 기존의 투자로 인해 유발되는 후속투자(follow-on investment)기회를 활용할 권리를 말하며, 그래서 후속 투자기회옵션이라고도 한다. 예를 들어, 반도체를 단순 조립하는 기업에서 반도체를 제조하는 시설을 확장하고자 할 때, 또는 등산용 배낭을 제조하는 기업이 학생용 배낭을 만드는 공정을 추가하거나 확장하고자 할 때 가질 수 있는 선택옵션들이다.

확장옵션의 가치평가를 위해 후속 투자안 실행시점(T)의 후속 투자안의 가치를 V_T, 투자안 실행시점에서의 투자금액을 K라 하면, 실행시점(T)에서의 확장옵션 가치(VOE: value of option to expand)는 다음과 같다.

$$VOE_T = \begin{cases} 0, & \text{if } V_T \leq K \\ V_T - K, & \text{if } V_T > K \end{cases} \qquad \text{(식9-4)}$$

$$\Rightarrow VOE_T = \max(V_T - K, \ 0) \qquad \text{(식9-5)}$$

(식9-5)로부터 확장옵션은 행사가격이 투자금액이고, 기초자산이 후속 투자안인 콜옵션과 같다. 따라서, 콜옵션 가격결정모형을 적용하면 확장옵션의 현재시점에서의 가치를 구할 수 있다.

(2) 포기옵션

포기옵션(option to abandon)은 이미 실행된 투자안을 일정한 대가에 처분 또는 포기할 수 있는 권리를 말한다. 어떤 사업은 일단 투자가 이루어지면 상황이 변하여 불리해지더라도 사업을 유지하는 것이 더 적절할 수도 있지만, 어떤 사업은 일정한 대가를 받고 처분하는 것이 추가적인 손실을 막고 더 좋은 사업을 시작할 수 있는 기회를 발생시켜 기업에 더 이익이 되는 경우도 있다. 따라서 투자안에 대한 처분이나 포기옵션의 적절한 행사는 기업의 가치와 직결되는 문제이다.

포기옵션의 가치평가를 위해 투자안을 포기하는 시점(T)에서 투자안의 가치를 V_T, 투자안을 처분해서 받을 수 있는 금액을 K라 하면, 포기시점(T)에서의 포기옵션 가치(VOA: value of option to abandon)는 다음과 같다.

$$VOA_T = \begin{cases} 0, & \text{if } V_T > K \\ K - V_T, & \text{if } V_T \leq K \end{cases} \qquad \text{(식9-6)}$$

$$\Rightarrow VOA_T = \max(K - V_T,\ 0) \qquad\qquad \text{(식 9-7)}$$

(식 9-7)로부터 포기옵션은 행사가격이 처분가치, 기초자산이 투자안인 풋옵션과 같다. 즉, 포기옵션은 처분가치를 받고 현재 투자안을 매도할 수 있는 권리를 가진 풋옵션이라 할 수 있다. 처분가치가 커지면 커질수록 포기옵션은 깊은 내가격이 되므로 행사가능성이 커지지만, 처분가치가 현재 투자안의 가치보다 작으면 깊은 외가격이 되므로 포기하는 것 보다는 현재투자안을 유지하는 것이 더 바람직하다. 풋옵션 가격결정모형을 적용하면 포기옵션의 현재시점에서의 가치를 구할 수 있다.

3) 거래옵션

거래옵션이란 자산소유자가 직면하는 위험의 형태 또는 노출 정도를 변화시키는 특정 거래조항에 대한 선택권을 말한다. 예를 들어, 벤처기업에 투자한 투자자는 이 벤처기업이 파산하여 청산절차를 진행하는 과정에서 변제우선 청구권을 자신에게 부여하는 거래조항(축소 시 방어권)을 선택할 수 있고, 기업이 추가적으로 자본을 증가시킬 때 증자에 참여할 수 있는 권리(성장잠재력의 희석 방지권)를 거래내용에 포함시킬 수 있다.

3 | 실물옵션의 가치평가

1) 4단계 평가과정

실물옵션의 가치평가는 일반 옵션의 가치평가에 비해 대단히 복잡하고 어렵다. 각 실물투자의 내용과 만기, 옵션의 성격 등이 표준화되어 있지 않기 때문에 그 투자에 대해 잘 알지 못하는 사람은 옵션설계 자체가 대단히 어려운 일이다. 따라서, 실물옵션이 가치를 평가하기 위한 일반적이고 통일적인 모형은 존재하지 않으며, 단지 앞에서 설명한 대로 몇 가지 실물옵션의 유형을 파악하여 기존의 일반옵션 평가법을 적용하는 방법을 많이 사용한다.

여기서는 실물옵션의 가치를 평가하기 위한 4단계 평가과정을 설명하고자 한다.[2] 이러한 4단계과정은 블랙-숄즈-머튼모형과 같은 표준화된 평가모형은 아니고, 실물옵션을 평가하기 위한 기본적인 접근방법 혹은 평가의 틀(framework)이다. 결국, 실물옵션의 가치를 정확히 평가하기 위해서는 실물투자의 내용을 잘 파악하여 어떤 옵션(선택권)들이 내재해 있는지 분석하고, 이를 토대로 어떤 옵션평가법을 적용할지와 어떤 자료를 활용해야 할지를 결정하여야 한다.

[그림 9-1]은 실물옵션을 평가하기 위한 4단계 과정을 그림으로 표시하고 있다. 제1단계에서는 분석틀을 구축하고, 2단계에서는 앞에서 설명한 다양한 옵션평가법을 적용하여 옵션가치를 평가하며, 3단계에서 평가결과를 검토한 후, 검토결과를 토대로 마지막 4단계에서는 분석틀을 재설계할 지 여부를 결정해야 한다. 재설계가 필요하면 1단계부터 다시 시작하고, 재설계가 불필요하면 2단계에서 구한 옵션가치를 확정하면 된다. 4단계 평가과정에서 금융시장정보를 최대한 활용한다.

[그림 9-1] 실물옵션 4단계 평가과정

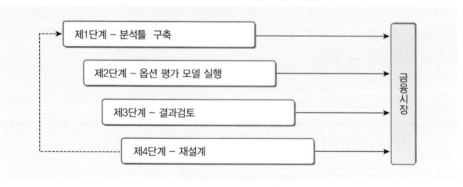

이제 실물옵션 4단계 평가과정을 각 단계별로 좀 더 자세히 살펴보도록 하자.

(1) 제1단계: 분석틀 구축

실물옵션에서 다루는 자산들은 거래를 통해 정보가 명확하게 명시되는 것이 아니며, 경험과 분석, 그리고 판단을 통해 식별해야 한다. 따라서, 훌륭한 분석틀은 실물옵션 접근법의 가장 중요한 단계이다. 분석틀이 너무 현실적(realistic)이면

---

2) 실물옵션의 4단계 평가과정은 Amram and Kulatilaka(1999)에서 인용함.

분석과정과 평가모형이 너무 복잡해 져서 직관적으로 판단할 수 있는 여지를 잃게 되고, 반대로 너무 이상적(ideal)이면 분석과 평가모형이 지나치게 단순화되어 현실을 제대로 반영하기 어려워진다. 따라서, 실물옵션 분석이 최대한 성공하기 위해서는 현실적이면서도 이상적인 분석틀의 구축이 필요하다.

분석틀을 효과적으로 구축하기 위해 Amram and Kulatilaka(1999)은 다음 [표 9-1]과 같은 가이드라인을 제시하고 있다. 표에서 보는 바와 같이 의사결정의 목표와 내용, 불확실성의 원천, 의사결정규칙 확립, 금융시장정보의 활용방안, 그리고 분석틀의 단순성과 투명성 등에 대해 검토해야 한다.

[표9-1] 제1단계: 분석틀 구축 방법

고려 요인	검토 내용
의사결정	− 가능한 의사결정의 내용 − 의사결정의 시기 − 의사결정의 주체와 권한관계
불확실성	− 불확실성(리스크)의 원천과 시간경과에 따른 변동 관찰 − 불확실성의 모형화: 적합한 확률과정 탐색 − 현금흐름과 수익률 추정
의사결정규칙	− 의사결정 규칙(rule)의 계량화 및 수학적 표현 − 의사결정규칙의 세분화
금융시장정보	− 고유위험과 시장위험의 분류 − 객관적인 금융시장정보의 적극 활용방안
명확성과 단순성	− 분석틀이 너무 복잡하면 경영진의 이해와 지원이 어려움 − 가급적 단순화시켜 직관을 최대한 활용하도록 유도

이와 같은 분석틀 구축은 상당부분 경험으로 노하우가 축적되고 학습되므로 분석틀구축 담당자들은 가급적 많이, 다양한 상황을 경험할 필요가 있다. 다음은 분석틀 구축 시 발생할 수 있는 일반적인 오류들이므로 잘 숙지하여 시행착오를 줄여야 할 것이다.

 * 불확실성의 노출에 대한 이해의 결여: 실물옵션에서 발생하는 손익은 일반옵션에서 발생하는 손익보다 훨씬 복잡하다. 불확실성이 기업의 손익에 어떤 영향을 미치는지 철저히 분석해야 한다.
 * 복잡한 옵션을 평가하는데 빠르고 일반적인 방법 적용: 블랙−숄즈−머튼모

형을 적용하면 쉽고 빠르게 옵션가치를 얻을 수 있지만, 실물옵션의 세계는 아주 복잡하여 블랙-숄즈-머튼모형에서 가정하는 세계와 많이 다를 수 있다. 너무 일반적인 방법을 특수한 실물투자 세계에 손쉽게 적용하려다 보면, 오류가 발생할 수 있다.

* 시장위험보다 고유위험에 지나치게 더 집중: 시장에서 유가증권을 통해 형성된 객관적이고 공정한 정보를 바탕으로 하는 시장위험기반 모형이 개별 투자의 특성에 근거한 고유위험기반 모형보다 훨씬 중요하다. 그러나, 많은 실물옵션 분석가들은 고유위험에 지나치게 민감하게 대응하고 반응하여 과잉분석 하는 경향이 있다.

(2) 제2단계: 옵션평가모형 실행

앞에서 설명한 제1단계의 분석틀 구축이 완료되면 실물옵션의 가치를 평가하기 위한 구체적인 평가실행 절차를 추진해야 한다. 이항분포모형, 블랙-숄즈-머튼모형 등 다양한 옵션평가기법들을 어떻게 활용할지에 대해 검토하고 실제 실물옵션가치를 계산해야 하는 게 2단계의 주요내용이다.

먼저, 옵션평가모형을 실행하기 위해서 투입해야 하는 정보나 자료를 수집하고 검토해야 한다. 특별히 옵션가치에 영향을 미치는 6가지 주요 변수들에 대해 어떤 정보를 투입해야 하는지 결정해야 한다. [표9-2]에 가이드라인이 제시되어 있다.

[표9-2] 실물옵션평가 투입 정보

옵션변수	심볼	투입정보 탐색
기초자산의 현재가치	S	실물옵션의 종류에 따라 적절한 기초자산을 결정하고, 미래의 현금흐름을 예상하여 현재가치로 할인
기초자산의 변동성	σ	역사적 변동성, 시장자료 활용
무위험이자율	r	만기 3개월 이내 단기 국채(T-bill)수익률
실물옵션의 행사가격	K	실물옵션의 종류에 따라 적절한 행사가격 결정
실물옵션의 만기	T	실물옵션의 종류에 따라 적절한 만기 결정
배당 등 가치의 손실	D	배당, 이자, 보유편익(선물가격활용) 등을 추정

[표9-2]와 같이 실물옵션평가에 필요한 투입정보들이 결정되면, 어떤 옵션평가모형을 적용할지 결정한다. 유러피언 표준형 옵션의 경우 블랙-숄즈-머튼모형을

적용하면 되고, 아메리칸 표준형 옵션의 경우에는 이항분포모형을 적용 할 수 있다. 그 외 비표준형 옵션의 경우 특이옵션에서 설명한 방법론들을 활용할 수 있다.

(3) 제3단계: 결과 검토

지금부터 설명하는 제3단계와 제4단계는 투자전략의 가치를 향상시키기 위해 활용될 수 있다. 제2단계에서 구한 실물옵션의 가치평가결과로 얻어진 투자가치를 할인현금흐름(DCF)방법 등 기존의 다른 가치평가방법으로 구한 투자가치와 비교하면 실물투자에 내재되어 있는 옵션가치를 구할 수 있다. 예를 들어, DCF로 구한 투자가치가 60이고 실물옵션평가방법으로 구한 투자의 총 가치가 100이라면 내재 옵션가치는 40이 되는 것이다. [그림 9-2]에서 보는 바와 같이 제3단계 결과검토의 첫 번째 작업이 바로 평가결과를 다른 가치평가법과 비교, 분석하는 것이다.

제3단계 두 번째 작업은 전략적 의사결정에 변동을 줄 수 있는 중요한 가치를 검토하는 것이다. 이 때 중요하게 사용되는 것이 투자전략의 임계가치(critical value)이다. 임계가치란 투자(자산)를 포기하는 것이 최적인 기초자산가치의 수준(level)을 말한다. 즉, 투자(자산)의 가치가 임계가치보다 크면 투자(자산)를 유지하고, 그렇지 않으면 투자를 포기하는 것이 최적의 의사결정이다. 따라서 임계가치를 고려하여 평가결과 산출된 실물옵션의 가치가 투자를 유지하기에 적절한 가치인지 여부를 검토하게 된다.

[그림 9-2] 실물옵션 평가 3단계와 4단계

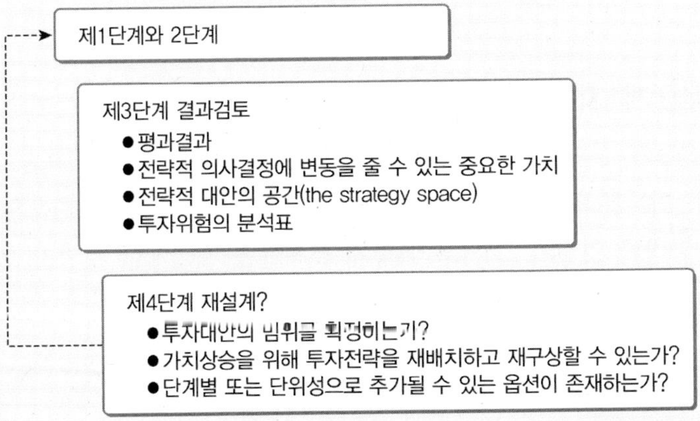

제3단계의 세 번째 작업은 투입정보의 수준을 달리하여 투자가치를 시뮬레이션 해보고 투자를 지속할 것인지, 포기할 것인지, 확대할 것인지를 결정하는 것이다. [그림 9-3]의 (a)에서 보듯이 투자정보 #1, 투자정보 #2 등 다양한 투입 정보를 입력하여 실물옵션가치를 평가한 후 투자의사결정을 판단한다. 그리고 그림에서 (b)는 40%의 가능성으로 투자를 포기할 수 있음을 보여준다.

[그림 9-3] 전략적 대안공간과 투자위험분석표

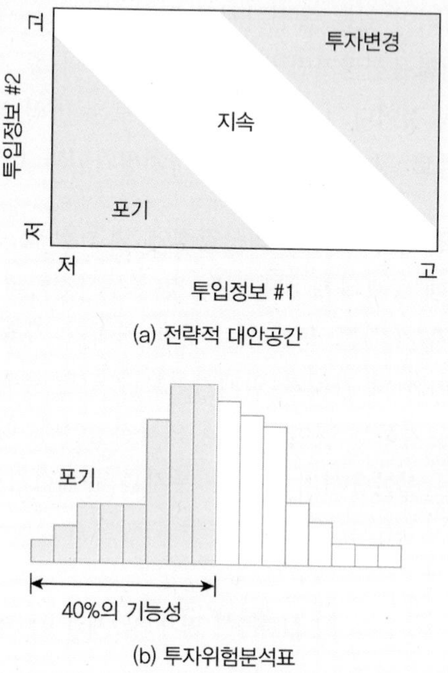

(a) 전략적 대안공간

(b) 투자위험분석표

(4) 제4단계: 재설계

실물옵션평가 결과를 검토할 때 마지막으로 해야 할 일은 투자를 확장하느냐 마느냐이다. 기본분석틀을 개발하고 평가결과를 검토한 후 다음과 같은 질문을 통해 투자를 확장할 것인지, 그리고 어떻게 분석틀을 재설계할 것인지 면밀하게 검토해야 한다.

  * 새로운 옵션기회를 창출할 수 있는가?
  * 더 빠르게 산출결과의 형태를 알 수 있는가?
  * 똑 같은 잠재력을 창출할 수 있는 투자대안은 없는가?

이러한 과정을 몇 차례 반복함으로서 투자전략의 가치를 향상시킬 수 있는 내재옵션을 상당수 추가할 수 있다.

2) 실물옵션 평가 사례

여기서는 몇 가지 대표적인 실물옵션 평가사례를 소개하고자 한다.[3]

(1) 벤처기업평가: 성장옵션

① 기업 현황

[그림 9-4]는 한 벤처기업의 사업계획을 보여준다. 이 회사는 맥주를 제조하는 양조회사이며, 회사착수에 400만달러, 제품출시를 위해 1,200만달러의 추가자금이 필요하다. 현재 투자자들은 이 벤처기업이 직면하고 있는 시장의 불확실성에 대해 우려하고 있다. 그러나, 이 기업의 창업자들은 자신들의 사업기회를 대단히 낙관적으로 전망하며 성장가능성이 큰 신생기업이라 확신하고 있다.

[그림 9-4] 벤처기업의 사업계획

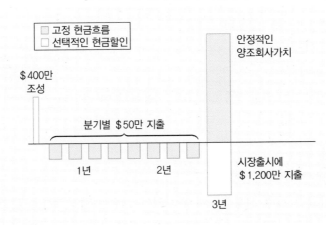

회사의 창업자들은 이 회사가 일단 유통과 판매를 시작하면 다른 소규모 양조업자들과 마찬가지의 한계이익(marginal profit)을 가질 것이고 여기서 발생하는 이익으로 미래 성장을 유지할 수 있는 능력을 얻으리라 예상하고 있다. 그러나, 계

---

3) 이곳에서 소개하는 실물옵션 평가사례는 Amram and Kulatilaka(1999)에서 인용함.

속해서 경쟁자들이 새로 시장에 진입하고 있으며, 제품판매량도 계속 변하고 있어 불확실성이 존재한다. 창업자들은 우선 현금흐름할인(DCF)방법으로 기업가치를 평가하였는데 현재가치가 음(−)이었다. 그러나, 창업자들은 현재의 400만달러 투자와 2년뒤 1,200만달러의 투자를 유치하여 안정적인 소규모 양조업자가 되기 위한 성장옵션(growth option)의 가치가 크기 때문에 투자가치가 충분하다고 주장하고 있다.

이 신생 벤처기업의 가치는 얼마나 될지 평가해 보자.

② 가치평가의 구조

만일 이 기업 창업자들의 예상대로 상황이 전개될 경우, 이 기업은 2년 후에 완전한 제품라인을 갖추고 제품을 유통업자에 공급하는 유망한 기업으로 성장하여 안정적인 소규모 양조기업이 될 것이다. 또한 안정적인 기업이 되기 이전에도 성장옵션을 가지고 있다. 다음과 같이 투입정보를 추정하였다.

* 2년 후 안정적인 사업이 전개될 경우 연간 600만달러의 매출액이 기대됨
* 현재 이 기업과 비슷한 규모의 양조기업들의 평균 PER(Price−Earnings Ratio: Price/Earnings)는 3.66임.
* 이러한 정보로부터, 이 벤처기업이 안정화되는 2년 후의 가치, $S_2 = (P/E) \times 600$만달러 = 약 2,200만달러임.
* 비슷한 규모의 안정적인 3곳의 양조장의 평균주가변동성(σ)은 증권시장에서 40%로 측정됨.
* 무위험이자율은 연간 5%, CAPM을 적용하니 이 기업의 기대수익률(할인율)은 21%로 추정됨.

③ 가치평가

ⅰ) DCF법에 의한 기업가치

이 기업이 2년 뒤의 시장상황에 관계없이 완전한 성장요건을 갖춘 소규모 양조업체로 확장한다는 고정전략을 가정하면(즉, 2년 뒤 1,200만달러의 추가투자는 옵션이 아니고 반드시 해야 되는 확정된 전략인 경우), 투입정보로부터 이 기업의 현재가치(NPV)는 −23만달러가 된다고 한다. 단, 여기서는 매출액 정보만 주어졌지 자세한 현금흐름은 주어지지 않아 세부적인 계산과정은 생략하기로 한다.

ii) 투자기회를 포함한 기업가치

실물옵션분석에는 2년후 제품출시 의사결정이 갖는 비확정적 옵션이 포함되어 있다. 기업을 확장하는 옵션은 2년후에만 가능한 유러피언 옵션이라고 간주하고 블랙－숄즈－머튼모형을 이용하여 옵션이 포함된 현재 기업가치를 계산해 보자.

옵션가치계산을 위해 필요한 정보는 다음과 같다. 단, 옵션의 행사가격은 1,200만달러인데, 왜냐하면 투자자들은 2년후 기업가치가 1,200만달러보다는 커야 제품출시에 필요한 1,200만달러를 투자할 것이기 때문이다.

$$S = S_2' e^{-rT} = 2,200만 e^{-0.21(2년)} = \$1,446만$$
$$K = \$1,200만$$
$$r = 0.05$$
$$\sigma = 0.40$$
$$T = 2년$$

이 자료를 블랙－숄즈－머튼모형에 대입하면, 성장옵션의 가치는 496만달러이다. 그런데 향후 2년동안 지출되는 400만달러를 현재가치로 환산하면 383만달러이므로, 기업의 순현재가치(NPV)는 113만달러(＝496만달러－383만달러)가 된다.

참고로, 만일, 처음 2년동안 매 분기마다 이 투자를 지속하느냐 아니면 포기하느냐를 결정할 수 있는 포기옵션이 포함되어 있다고 가정하고 아메리칸 옵션평가모형으로 기업가치를 구하면 176만달러로 가치가 상승한다.

iii) 성장옵션의 가치

ⅰ)과 ⅱ)에서 얻은 결과로부터 다음과 같은 관계식을 도출할 수 있다.

실물옵션으로 구한 기업가치＝DCF로 구한 가치＋성장옵션(2년 뒤)
⇒ \$113만 ＝ －\$23만 ＋ 성장옵션

따라서, 성장옵션의 가치는 136만달러가 된다. 즉, 실물옵션방법으로 성장옵션의 가치를 포함하여 벤처기업의 가치를 구하면 (＋)의 순현재가치(NPV)가 되어 투자를 채택하게 되지만, 성장옵션을 고려하지 않고 고정된 투자전략으로부터 발생하는 현금흐름만 고려하여 DCF방법으로 기업가치를 구하면 음(－)의 순현재가치가 되어 투자를 기각하게 된다. 이는 실물옵션가치방법이 정확한 의사결정을 위해 얼마나 중요한지 잘 보여주고 있다.

이러한 성장옵션이 내재된 다른 투자사례로서 연구개발(R&D), 기반사업 프로젝트, 기업의 인수합병(M&A), 조인트 벤처(joint venture) 등이 있다.

(2) 석유탐사: 대기옵션, 확장옵션

석유탐사와 같은 자원탐사에는 다양한 옵션들이 내재해 있어 실물옵션을 적용하는 대표적인 사례이다. 석유탐사는 일반적으로 다음과 같은 불확실성을 포함하고 있다.

* 탐사되지 않은 땅에서 석유를 생산하는 데는 6~15년의 시간이 필요하다.
* 탐사와 개발을 위해 수백만달러의 비용이 요구된다.
* 탐사노력이 실제 석유생산으로 연결될 확률은 10% 정도로 매우 낮다.

이러한 불확실성이 있지만, 불확실성의 대부분은 생산이 시작되기 전에 해소된다. 탐사와 개발은 학습효과를 갖는 투자이며, 유전에서 얻어낼 수 있는 석유량에 대한 불확실성을 해결해 주는 일련의 옵션활동이다.

석유탐사는 다음과 같은 수순을 따른다.
첫째, 투자가 탐사지속옵션이나 개발활동으로의 확장옵션을 창출한다.
둘째, 지진파를 이용한 지질검사나 유정시추를 통해 규모에 대한 불확실성을 해소한다.
셋째, 지질학적 자료만을 바탕으로 한 탐사의사결정은 불완전하다, 땅속에 매장되어 있는 석유의 가치는 석유가격이라는 시장위험에 노출된다. 따라서, 석유가격에 대한 예측이나 분석이 필요하다.

다음 [그림 9-5]는 연속적인 석유탐사 투자의사결정의 예를 보여준다. 각 의사결정 단계마다 5가지의 대안, 즉 유보, 시추, 지진파 탐색, 지진파와 시추, 그리고 개발이 있다.

[그림 9-5]에서 유보란 현재의 석유가격으로는 석유를 탐사할 가치가 없어 탐사를 보류하는 옵션이다.

[그림 9-5] 석유탐사 평가

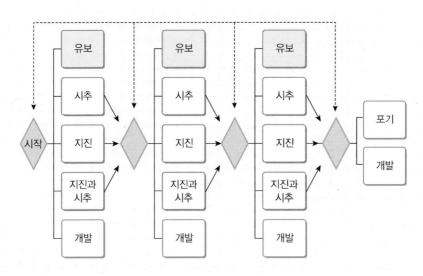

이제 주어진 땅에 대해 탐사를 시작해야 하는지, 그리고 탐사를 시작한다면 어떤 탐사전략을 사용해야 하는지 살펴보자.

① 가치평가 분석틀

유전의 가치는 3가지 불확실성(석유가격, 준비규모, 성공가능성)에 의해 달라지며, 유전의 가치는 곧 일련의 투자옵션에 대한 가치이다. 석유가격은 시장위험이고, 준비규모와 성공가능성은 개별 유전에 따라 달라지는 고유위험이라 할 수 있다. 매일의 석유현물가격은 시장에서 얻을 수 있으며, 보유편익은 석유선물가격에서 얻을 수 있다. 일반적으로 지질학적 매장량의 분포는 대수정규분포(GBM)를 따르며, 불확실성의 초기 측정값은 유전을 인수하는 시점에서 얻을 수 있다고 가정한다.

② 가치평가 결과

[그림 9-6]은 석유탐사에 내재해 있는 두 가지 형태의 대기옵션을 잘 보여주고 있다.

ⅰ) 탐사대기옵션

추정매장량과 석유가격이 둘 다 낮을 경우에는 탐사를 시삭하시 말고 상황이 좋아질 때까지 대기하는 것이 최적 전략이다. 최소한 석유가격이 상승하여 경제적 타당성을 가질 때까지 기다려야 할 것이다.

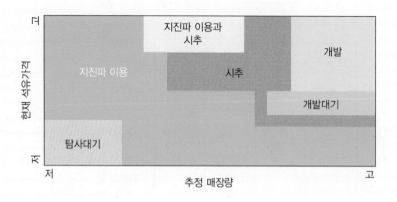

[그림 9-6] 석유탐사투자에 대한 전략공간

(그림 내 텍스트)
지진파 이용과 시추
개발
지진파 이용
시추
개발대기
탐사대기
현재 석유가격 (고 / 저)
추정 매장량 (저 / 고)

ii) 개발대기옵션

매장량의 추정치는 높지만 석유가격이 낮은 경우에는 탐사, 시추 등은 진행하되 개발생산은 보류하고 석유가격이 상승할 때까지 대기하는 것이 바람직하다.

[그림 9-6]은 석유산업이 갖는 중요한 특징, 즉 석유가격의 상승은 전략을 유보에서 탐사단계로 전환시키고, 유전 관련 서비스(탐사와 개발을 행하는 기업)에 대한 수요를 창출해 준다는 점을 잘 설명해 주고 있다.

석유탐사에 대한 실물옵션 가치평가는 자원탐사에 대한 지질학적 지식과 옵션평가기법을 결합하여 이루어지기 때문에 매우 복잡하고 전문적인 영역이다. 따라서 여기서는 개념적인 방법론만 제시하고 세부적인 가치평가는 생략하기로 한다.

(3) 신약개발: 포기옵션

① 신약개발의 특징

일반적으로 신약개발의 순현재가치(NPV)는 0에 가깝다고 알려져 있으며, 개발부터 판매까지의 기간이 매우 길고, 성공확률도 10%내외로 알려져 있다. 한 신약개발 제약회사의 사례를 통해 실물옵션이 신약개발의 가치평가에 어떻게 활용될 수 있는지 살펴보자.

신약개발과 개발 성공 후 마케팅을 위해서는 대단히 많은 비용과 시간이 소요된다. [그림 9-7]은 신약의 개발 및 판매기간 동안의 일반적인 연간 지출액을 보

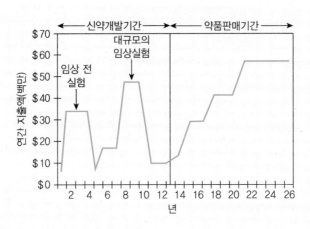

[그림 9-7] 신약개발과 마케팅비용

여주고 있다. 처음 약 14년 동안 성공적으로 개발된 약품은 다양한 임상 전 실험
과 임상실험단계를 거쳐 최종적으로 식품의약관리기관의 등록과 승인을 얻는다.
승인 후 약품이 판매되기 시작하며 마케팅비용은 대략적으로 판매금액에 따라 결
정된다. 이러한 오랜 과정에서 신약의 가치에는 상당한 불확실성이 존재하게 된
다. 따라서, 신약을 개발하는 제약회사들은 긴 약품의 제품수명기간 동안 개발중
단이나 마케팅중단 등의 보류옵션, 포기옵션 등을 가지고 있다. 즉, 개발을 중지
할 경우, 약품자체를 포기할 수도 있고 다른 기업에 라이센스를 제공할 수도 있으
며, 지금까지의 개발프로젝트를 매각할 수도 있다.

② 신약개발에 내재되어 있는 위험

ⅰ) 고유위험

신약개발에는 다음과 같은 고유위험이 존재한다.

첫째, 개발신약이 약효를 발휘하고 생산 시 수익이 있는지의 여부

둘째, 큰 지출비용을 감당할 만한 큰 시장이 존재하는지의 여부

ⅱ) 시장위험

제약시장에서 발생할 수 있는 여러 위험요소로서 의료보험회사의 관행, 기업들
이 직원들에게 제공하는 의료지원, 정부의 의료정책 준비금 규모 등 제약산업 전
체에 영향을 미칠 수 있는 요소들이다.

③ 가치평가의 분석틀

신약개발과 마케팅과정은 연속적인 학습투자와 포기옵션으로 모형화 할 수 있다. 각 기간 마다 신약개발회사는 후속개발과 마케팅을 위해 예산을 지출할 것인지, 아니면 개발을 포기할 것인지 결정할 수 있다. 개발을 계속할 경우에는 그 다음 단계의 옵션을 고려해야 한다.

다음과 같이 4가지 불확실성 원천의 관점에서 가치평가를 위한 분석틀을 구성할 수 있다.

ⅰ) 제약산업의 주가지수

제약산업 전체를 대표하는 평균 주가지수는 시장위험을 반영하고 있다. 이는 정부의 규제변화, 의료보험관리공단의 약품정책 변화 등에 의해 변동할 수 있는 위험이다. 이러한 주가지수를 통해 제약회사가 직면하는 시장위험을 추적할 수 있다.

ⅱ) 개발이 완료된 약품의 시장규모

이는 개발 제약회사만이 직면하는 고유위험이며, 신약개발과 마케팅노력으로 해결할 수 있다. 잠재적 환자의 수, 발병환자의 수와 발병기간, 하루당 약품 필요량 등을 산출하는 모형을 수립함으로써 미래의 매출액을 추정할 수 있다. 약품이 가지는 시장가치(S)는 약품단위당 가격에 시장규모를 곱하여 구할 수 있다.

ⅲ) 약품의 제품수명기간 유지를 위한 비용

이는 고유위험으로서 미래신약개발 비용과 마케팅비용의 현재가치이다. 시장기회와 함께 존속비용에 대한 불확실성을 경비지출로 해결하는 방식으로 모델링할 수 있다.

ⅳ) 규제기관의 검사 통과 확률

과거의 통계를 통해 각 단계의 규제기관 검사를 통과하는 확률을 추정할 수 있다. 통계에 따르면 모든 임상실험에 합격한 후 최종적으로 기관 승인을 얻게 될 확률은 대략 10% 내외로 알려져 있다.

④ 평가 결과

약품의 제품수명 각 단계에서 실물옵션 적용방식을 선택한다. 즉, 포기옵션, 후속투자옵션 등을 분석에 포함한다. 일반적으로 할인현금흐름(DCF)방법에 의하면 신약개발이 0의 순현재가치(NPV)를 갖는다고 분석되고 있으나, 약품의 제품수명기간 동안의 모든 옵션을 고려하여 보다 정확하게 평가하면 0보다 큰 순현재가치를 가짐을 알 수 있다. 신약개발과 관련한 실무적인 복잡성 등을 고려하여 구체적인 가치평가결과는 생략하기로 한다.

(4) 유휴지평가: 연기옵션, 대기옵션

① 유휴지평가의 개념

현재 특별한 용도로 사용되고 있지 않은 토지나, 낮은 수익률을 올리고 있는 토지의 경우 보다 수익이 큰 용도로 개발이 가능하다면 현재 토지는 개발을 위한 대기옵션 혹은 연기옵션이 내재하고 있다고 할 수 있다.

예를 들어, 대도시 근교에 과수원이 있는데 과일을 생산하여 연간 $10,000의 매출을 올리고 있다고 하자. 그런데 도시개발로 토지사용 제한이 완화되어 택지로 개발이 가능해졌다고 한다. 즉시 개발을 위해서는 200만달러가 소요되며, 개발된 토지는 220만달러의 가치를 갖게 된다고 한다. 그러나 토지와 주택가격이 변동하기 때문에 개발가치도 변동할 수 있다. 이러한 개발가치의 변동은 부동산투자신탁인 REITs(real estate investment trusts)로 추적할 수 있다고 한다. 그렇다면, 이 과수원의 주인은 즉시 개발하는 것이 좋은가 아니면 좀 더 기다리는 것이 좋은가? 이를 실물옵션방법으로 분석해 보자.

② 가치평가의 분석틀

연기옵션은 생산라인의 확장연기, 새로운 시장진출 대기, 낡은 건물을 철거하고 재건축의 연기 등 다양한 상황에 적용될 수 있다. 포기옵션 역시 대기옵션으로 간주할 수 있는데, 포기옵션에는 즉각적인 청산가치를 기대하는 현재의 포기와 일정기간 기다린 후 불확실한 청산가치를 기대하는 포기로 구분된다.

만일 과수원 주인이 지금 당장 개발하기로 결정하면, 200만달러의 개발비용을 지출해야 할 뿐만 아니라, 개발을 연기할 경우 가질 수 있는 연기옵션이나 포기옵션 등을 버리는 결과를 가져온다. 따라서, 매 기간 마다 개발가치와 연기옵션가치를 비교하여 큰 쪽으로 의사결정을 하면 이익을 최대화할 수 있을 것이다. 자세한 평가절차는 실무적인 복잡성과 어려움을 감안하여 여기서는 생략하기로 한다.

③ 가치평가 결과

개발되는 토지의 현재가치를 볼 때, 개발을 유보하는 것이 더 적절하다는 결과를 얻었다. 현재 토지의 연기옵션 가치는 180만달러로 평가되었다. 따라서 지금 당장 개발에 착수하면 개발비용 200만달러와 연기옵션포기에 따른 기회비용 180만달러를 합친 380만달러가 소요된다.

[그림 9-8]은 개발되는 토지에 내재된 연기옵션의 가치를 보여주고 있다. 대기옵션의 최적행사는 대기옵션과 즉각 개발의 가치가 만나는 교차점에서 결정된다. 개발가치의 불확실성이 커질수록 옵션의 가치는 커지므로 교차점이 오른쪽으로 이동한다.

[그림 9-8] 유휴지평가

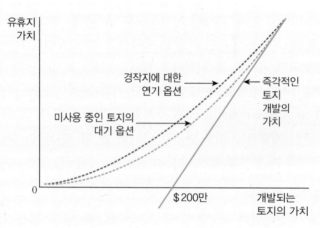

P·A·R·T 02

선물(futures)과
선도(forward)

theory of derivatives

파 생 상 품 투 자 론

선물과 선도의 개요

10장 에서는 파생상품 중 선물과 선도에 대해 살펴보고자 한다. 우선 선물과 선도
란 무엇인지 그 개념에 대해 정의하고, 선물과 선도를 이해하기 위한 주요
용어들과 기호들에 대해서도 정리한다.

또한, 오랜 역사를 가지고 있는 농산물선물과 선도의 유래와 도입배경에서부터 최근에 괄
목할 만한 발전을 보이고 있는 금융선물과 선도에 이르기까지 선물과 선도시장의 발전과
정을 살펴볼 것이다. 마지막으로 선물과 선도시장에 참여하는 주요 주체들, 즉, 헷저
(hedger), 투기자(speculator), 스프레드거래자(spreader), 차익거래자(arbitrageur)
의 기능과 역할. 그리고 선물과 선도의 경제적 기능에 대해서도 자세히 설명하고자 한다.

1 선물과 선도의 개념

1) 선물

선물(先物: futures)이란 선물시장에 상장된 특정 기초자산(underlying asset)을 미래 어느 시점에 미리 정해진 가격과 수량으로 인수도 할 것을 지금 계약하는 금융상품이다.

2) 선도

선도(先渡: forward)란 특정 기초자산(underlying asset)을 미래 어느 시점에 미리 정해 진 가격과 수량으로 인수도 할 것을 지금 계약하는 금융상품이라는 점에서는 선물과 개념이 같으나, [표 10-1]에서 보는 바와 같이 선물거래소에서 거래되지 않고 고객과 금융기관사이 혹은 금융기관과 금융기관사이에 장외에서 거래되며 상품이 표준화되어 있지 않다는 점 등이 다르다.

3) 선물과 선도의 차이

선물과 선도의 기본구조나 역할에는 큰 차이가 없다. 다만 선물과 선도가 몇 가지 세부측면에서 차이가 있는데 이를 요약한 것이 다음 [표 10-1]이다.

표에서 보는 바와 같이 선물과 선도는 거래장소, 거래조건, 참가자, 시장에서의 규제, 시장의 성격, 가격형성, 양도와 보증, 증거금 납부 여부, 중도청산의 용이성, 결제일자 등에서 차이가 있지만 그 외에는 동일한 파생상품 종류라 볼 수 있다.

[표 10-1] 선물과 선도의 차이

구분	선물	선도
거래장소	법에 의해 설립된 거래소	장외시장(OTC)
거래조건	거래단위, 품질 등이 표준화 됨	거래당사자간 합의, 비표준화
참가자	불특정 다수	한정된 실수요자 중심
규제	선물거래규정에 의해 거래소가 규제	거래 당사자간 자율규제
시장성격	완전경쟁시장	불완전 경쟁시장
가격형성	경쟁호가, 매일 공시	계약 시 단 한 번 형성
양도	반대매매로 양도 가능	양도 불가능
보증	청산소가 보증, 신용위험 거의 없음	보증이 없음, 당사자간 신용이 중요
증거금	납부 의무	납부의무 없음, 합의로 납부 가능
중도청산	반대매매로 쉽게 청산 가능	불가능
결제일자	표준화된 일자	쌍방 합의된 일자

2 | 주요 용어

선물과 선도를 이해하기 위해서는 먼저 주요 용어와 그 개념들을 이해 할 필요가 있다. 여기서는 중요하고 대표적인 용어들을 중심으로 정리하고자 한다.

1) 기초자산

기초자산(underlying assets)이란 선물거래에서 거래의 대상이 되는 자산을 말한다. 기초자산은 크게 상품자산과 금융자산으로 구분할 수 있다. 전 세계에서 거래되고 있는 주요 기초자산의 종류들을 요약하면 다음 [표 10-2]와 같다.

[표10-2] 선물시장에서 거래되는 주요 기초자산

대분류	소분류	기초자산
상품선물	농산물	옥수수, 쌀, 밀, 면화, 콩, 보리, 커피, 코코아, 설탕, 오렌지주스, 대두유, 대두 밀, 코코넛유, 팜유
	축산물	소, 돼지, 칠면조, 양모, 버터
	임산물	목재, 생고무, 합판
	광산물	금, 은, 동, 백금, 알루미늄
	에너지	원유, 난방유, 휘발유, 프로판 가스, 전력
	부동산	공장, 사무실, 주택
금융선물	주가지수	(한국) KOSPI 200, (미국) S&P 500, NYSE 지수, Value Line 지수, Major Market 지수 (일본) Nikkei 225, TOPIX, (캐나다) TSE 300 지수, (프랑스) CAC 40 지수 등
	외환(통화)	미국 달러화, 영국 파운드화, 일본 엔화, EU 유로화, 스위스 프랑화, 캐나다 달러화 등
	금리	(한국) 3년, 5년, 10년 국고채 (미국) T-Bond(장기국채), 지방채(Municipal and Local Bond), T-Note(중기국채), T-Bill(단기국채), CP(상업어음), Ginnie Mae (영국) 장기국채(20년), 중기국채(7~10년), LIBOR, 단기국채(3~5년) (일본) 장기국채(20년), 중기국채(10년) (프랑스) 장·단기국채, PIBOR, 단기채(T-Bill) (유로) 유로(EURO)금리
	보험	건강보험, 손해보험
	기타	공해(公害)선물, 기타 금융선물에 대한 옵션

2) 수익과 손익

파생상품거래의 경제적 성과를 파악하는 데는 두 가지 용어가 존재하는데, 하나는 수익(payoff)이고 다른 하나는 손익(profit or loss)이다. 그 차이점은 다음과 같다.

* 수익: 거래결과에 대한 경제적 이득으로서 투자비용은 고려하지 않는 개념이다. 회계의 손익계산서에서 매출액(revenue)의 개념과 유사하다.
* 손익: 수익에서 거래에 필요한 투자비용을 공제한 것으로서 손익계산서에서 순이익(NI: Net Income)과 같은 개념이다.

한 가지 유의해야 할 사항은 선물(선도)은 계약 시 투자비용이 들지 않으므로 수익이 손익과 같지만, 옵션은 계약 시 프리미엄을 지불해야 하므로 '옵션의 손익 =수익－옵션가격(프리미엄)'이 된다는 것이다. 즉, 선물(선도)에서는 수익이나 손익이 같지만, 옵션에서는 서로 다르다.

3) 선물계약의 2가지 포지션

선물이나 선도에서 사용하는 포지션(position)이라는 용어는 계약이 아직 마감되지 않고 유효한 상태임을 의미하며, 다음과 같은 두 가지 포지션이 있다.

* 매입(long)포지션: 선물(선도)을 통해 기초자산을 사고자(buy) 체결하는 계약
* 매도(short)포지션: 선물(선도)을 통해 기초자산을 팔고자(sell) 체결하는 계약

통상 매입(long)포지션은 'L'로 표시하고, 매도(short)포지션은 'S'로 표시한다. 또한, 선물(선도) 두 가지 포지션의 만기일 손익은 다음과 같이 계산하며, 이를 그래프로 표시한 것이 [그림 10－1]이다.

* 매입(long)포지션 손익＝만기 시 현물가격－선물계약가격(인도가격) $= S_T - K$
* 매도(short)포지션 손익＝선물계약가격(인도가격)－만기 시 현물가격 $= K - S_T$

[그림 10-1] 선물(선도)포지션의 손익

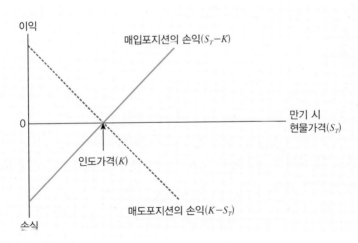

4) 증거금

증거금(margin)이란 선물계약의 이행을 보증하기 위한 일종의 보증금 혹은 담보금으로서 선물거래를 위해서 반드시 필요하다. 선물계약에만 공식적인 증거금제도가 있고 선도계약에는 공식적으로는 없다. 그러나 선도에서도 점차 신용리스크(credit risk: 거래상대방이 계약을 이행하지 않아 발생하는 손실위험)를 줄이기 위해 증거금과 유사한 보증금제도를 거래당사자 사이에 도입되고 있는 추세이다.

선물은 포지션을 취하는 계약 당사자가 모두 의무를 가지므로 양 당사자가 당연히 증거금을 납부해야 거래가 가능하지만, 옵션의 경우에는 매도포지션을 취한 사람만 의무를 가지므로 증거금을 납부하고 매입포지션을 취한 사람은 의무가 아닌 권리를 가지므로 증거금 납부의무가 없다.

증거금에는 개시증거금, 유지증거금, 추가증거금(변동증거금) 등 3가지가 있으며 이에 대한 자세한 설명은 다음 장에서 다룬다.

5) 일일정산

일일정산(daily settlement 혹은 marking to market)이란 선물거래의 손익을 매일 거래종료 시점에 정산하여 증거금계좌에 기록하는 것을 말한다. 일일정산의 기본 목적은 손익을 매일 정산함으로써 큰 손실을 방지하고 이를 통해 신용리스크를 줄이려는 데 있다. 자세한 일일정산 방법과 사례는 다음 장에서 다룬다.

6) 반대매매

반대매매(offsetting transaction)란 가지고 있는 선물포지션을 종료 혹은 마감(close-out)하기 위해 반대의 포지션을 취하는 것을 말한다. 예를 들어 매입포지션을 가지고 있는 자가 동일한 선물계약을 매도하거나, 매도포지션을 가지고 있는 자가 동일한 선물계약을 매입하면 포지션이 마감된다. 대표적인 반대매매로 다음과 같은 두 가지가 있다.

* 전매(轉賣; resale): 매입포지션을 마감(close-out)하기 위해 동일한 선물을 매도하는 것(=전매도)
* 환매(還買; repurchase or redeem): 매도포지션을 마감(close-out)하기 위해 동일한 선물을 매입하는 것(=환매수)

7) 거래소거래와 장외거래

선물과 선도, 그리고 그 외 주요 파생상품이 거래되는 장소와 주요 거래상품을 요약한 것이 [그림 10 − 2]이다.

> **Tip / 주요 용어**
>
> * pyramiding: 투자자가 조금씩 포지션의 크기를 계속 늘려 가는 투자 전략
> * switching or roll-over: 근월물에 포지션을 취한 자가 만기에 근월물을 마감하고 동시에 원월물에 비슷한 포지션을 취하는 투자 전략
> * hair cut: 위험한 자산을 담보물(증거금)로 사용할 경우, 자산의 위험을 감안해 자산의 시장가치 보다 적은 액수를 담보가치(collateral value)로 인정하는 것

[그림 10-2] 거래소거래와 장외거래

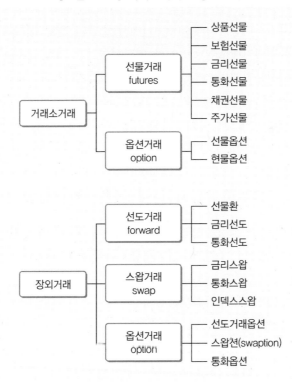

3 │ 선물시장의 역사

1) 선물과 선도거래의 기원

유럽에서는 18세기경 곡물, 면화 등이 선도거래의 형태로 거래되기 시작되었고, 한국에서도 아주 오래 전부터 '밭떼기'라는 이름으로 농작물에 대해 선도형태의 거래가 있었다고 전해 내려오나 정확한 시작연도는 알려진 바가 없다.

2) 현대적 의미의 선물시장

* 세계 최초의 선물시장: 1848년 미국 시카고상품거래소(CBOT) – 곡물현물이 주로 거래 됨
* 1851년: CBOT에서 곡물이 선도거래형식으로 거래되기 시작함
* 1856년: 캔사스시티상품거래소(KCBT)에서 소맥과 원당 선물거래 시작
* 1870년: 뉴욕원면거래소(NYCE)에서 면화선물거래 시작
* 1974년: 상품선물거래법(CFTA: Commodity Futures Trading Act) 제정
  ⇒ 감독기관: 상품선물거래위원회(CFTC: Commodity Futures Trading Commission)
* 1970년: 최초의 금융선물시장－국제상업거래소(ICE)－외환선물
* 1975년: 최초의 금리선물시장－CBOT－정부보증 주택저당채권
* 1982년 2월: 최초의 주가지수선물시장－KCBT－Value Line 주가지수선물
* 1983년 1월: 최초의 주가지수옵션시장－CME－S&P500 주가지수옵션

한편, 한국의 경우 파생상품시장 역사를 간략히 정리하면 다음과 같다.
* 1996년 5월: 한국의 주가지수선물시장－한국증권거래소(KSE)－KOSPI200지수선물
* 1997년 7월: 한국의 주가지수옵션시장－한국증권거래소(KSE)－KOSPI200지수옵션
* 1999년 4월: 한국선물거래소(KOFEX)－금선물, CD선물, 달러선물, 달러옵션
* 1999년 9월: 한국선물거래소(KOFEX)－3년 만기 국고채선물
* 2002년 1월: 한국선물거래소(KOFEX)－개별주식옵션

* 2005년 1월: 한국증권선물거래소(KRX) 출범
* 2006년 6월: 한국증권선물거래소(KRX) – 엔·유로선물
* 2008년 5월: 한국증권선물거래소(KRX) – 주식선물
* 2008년 7월: 한국증권선물거래소(KRX) – 돈육선물
* 2009년 4월: 한국증권선물거래소(KRX)를 한국거래소(KRX)로 명칭변경
* 2010년 9월: 한국거래소(KRX) – 미니금선물
* 2013년 7월: 코넥스(KONEX: Korea New Exchange:초기, 중소기업전용 신시장) 개설
* 2014년 11월: 상장지수증권(ETN: Exchange Traded Note) 개설
* 2015년 1월/8월: 온실가스배출권거래시장 개설/ KOSDAQ주식선물시장 개설
* 2016년 11월: KRX스타트업시장(KSM) 개설
* 2017년 6월: ETF선물 상장
* 2018년 3월: KRX300선물, KOSDAQ150옵션 상장
* 2019년 9월: KOSPI200위클리옵션 상장

3) 세계 주요 선물거래소 현황

세계적으로 거래가 활발한 주요 선물거래소는 [표10-3]과 같다.

[표10-3] 세계 주요 선물거래소

거래소명	약자	국가	위치	비중이 큰 거래자산
시카고 상품거래소	CBOT	미국	시카고	곡물, 장기채권, 주가지수
시카고 상업거래소	CME	미국	시카고	통화, 단기채권, 주가지수
영국 선물거래소	LIFFE	영국	런던	금융선물
프랑스국제상품거래소	MATIF	프랑스	파리	통화, 장기채권
뉴욕 상품거래소	NYMEX	미국	뉴욕	원유
브라질 볼사상업거래소	BM&F	브라질	상파울로	농산물일반(커피)
영국상품교환소	LME	영국	런던	비철금속
오사카증권거래소	OSE	일본	오사카	통화, 장기채권
시드니증권 및 선물거래소	SFE	호주	시드니	곡물, 금융선물
동경국제금융선물거래소	TIFFE	일본	동경	금융선물
한국거래소	KRX	대한민국	부산	주가지수선물, 금융선물

4 | 선물시장의 참여자

1) 헷저

 * 헷저(hedger): 현재 자산을 보유하고 있거나 앞으로 보유할 예정인 사람으로서 자신에게 불리한 가격변동에 의한 손실을 예방하기 위해 선물을 거래하는 자

헷저는 가격위험(price risk)을 회피하는 대신, 베이시스 위험(basis risk)을 갖게 된다. 그러나, 베이시스는 가격에 비해 변동성이 작기 때문에 전체위험(overall risk)은 줄어든다(베이시스 위험에 대해서는 뒤에서 자세히 다룬다). 헷저의 목적은 위험을 다른 사람(투기자)에게 전가하여 위험을 최소화하는 것이지 이익을 최대화하는 것이 아니다.

사례 10-1 　헷지

한국 A회사는 미국 B회사로부터 물건을 수입하고 3개월 후 그 대금을 달러로 지급하기로 하였다. 그런데 3개월 후 달러화 가격이 상승할 것을 우려하여 달러화 선물계약에 매입(long)포지션을 취하여 원-달러환율 변동위험을 헷지하고자 한다.

┃ 사례분석 ┃ A회사의 헷지전략을 분석해 보자.

i) 달러화가 강세가 되는 경우

달러화가 강세가 되면 선물 매입포지션의 가치는 증가하므로 A회사는 선물거래에서는 이익을 얻게 되지만, 현물시장에서 원화를 달러화를 바꿀 때는 비용이 증가하게 되므로 선물이익과 현물추가비용이 상쇄된다. 따라서 환율변동위험을 헷지할 수 있다.

ii) 달러화가 약세가 되는 경우

달러화가 약세가 되면 선물 매입포지션의 가치는 감소하므로 A회사는 선물거래에서는 손실을 보게 되지만, 현물시장에서 원화를 달러화를 바꿀 때는

비용이 감소하게 되므로 선물손실과 현물비용감소가 상쇄된다. 따라서 환율변동위험을 헷지할 수 있다.

※ 헷지펀드(hedge fund)

공매도(short-selling) 등 헷지전략을 구사하여 이익을 추구하는 투자펀드. 그러나 최근에는 헷지라는 말이 무색하게 개발도상국의 환율이나 주식시장 등에 투기목적으로 투자하는 경우가 많아 국제시장을 교란하고 금융위기를 초래하는 등의 문제가 많아 미국, 유럽 등 많은 국가에서 적극적으로 규제에 나서고 있다.

⇒ 헷지펀드의 종류: Long/Short Equities, Convertible arbitrage, Distressed securities, Emerging markets, Global macro, Merger arbitrage

2) 투기자

* 투기자(speculator): 위험을 감수하고 단순히 선물의 가격변동 방향에만 주목하여 선물을 매입 또는 매도함으로써 시세차익을 얻으려 하는 자(주로 많은 자료와 정보를 이용하여 미래 가격의 변화방향을 예측하여 투자)

※ 선물시장에서 투기자의 역할 2가지

* 헷저로부터 위험을 넘겨 받는 것
* 시장에 유동성(liquidity)을 제공하는 것
그 대가로 그의 예측이 옳을 경우 높은 수익을 얻는다.

※ 투기자가 없는 시장: '비유동적 시장'('thin market' 혹은 'illiquid market')
※ 투기자는 헷저의 위험을 부담하는 대가로 이익을 얻게 되므로 투기자가 없으면 헷저도 존재할 수 없다.
※ 파생상품에 투자하는 경우 적은 비용으로 투자가 가능하므로 레버리지(leverage)효과가 발생하여 이익과 손실도 더 확대되므로 파생상품이 기본자산보다 더 위험하다.

어떤 투자자가 시장가격에 대한 많은 정보를 가지고 있고 이를 바탕으로 적극적으로 주식에 투자하고 있다. 현재 200만원의 투자자금을 가지고 있으며 자신의 정보에 의하면 향후 2개월간 주식A의 가격이 상승할 것이라 확신하고 있다. 현재 이 주식가격은 2만원이다. 이 투자자는 이 주식 100주를 지금 매입함으로써 주시가격상승에 대해 투기적으로 투자할 수 도 있고, 주식가격이 오를 때 이익이 되는 콜옵션(call option)을 매입하여 투자할 수도 있다.

┃ 사례분석 ┃ 이 투자자의 투기전략을 분석해 보자.

ⅰ) 2개월 후 주식가격이 예상대로 상승할 경우

이 투기자는 주식가격상승만큼의 이익을 얻거나, 콜옵션에 투자한 경우 더 큰 이익을 얻을 수 있다.

ⅱ) 2개월 후 주식가격이 예상과 달리 하락할 경우

이 투기자는 주식가격하락만큼의 손실을 보거나, 콜옵션에 투자한 경우 더 큰 손실을 보게 된다.

3) 차익거래자

* 차익거래자(arbitrageur): 선물의 이론가격과 시장가격의 차이(괴리)가 선물거래비용보다 클 경우 자신의 자본을 투입하지 않고 위험이 없이 차익을 얻으려 하는 자

* 스프레드 거래자(spreader): 같은 시장 혹은 관련시장에서 다른 두 선물을 동시에 사고 팔아 위험을 관리하면서 차익을 얻으려 하는 자(차익거래자의 한 형태임)

※ 무위험차익거래(아비트라지: arbitrage)의 3가지 조건

ⅰ) 자신의 자본을 투자하지 않음(no investment)

ⅱ) 위험을 부담하지 않음(no risk)

ⅲ) 0보다 큰 순이익(positive profit)을 얻음

A주식가격이 한국거래소(KRX)에서는 50,000원에 거래되고 있고, 이 주식이 미국 뉴욕주식거래소(NYSE)에서는 $55에 거래되고 있다. 현재 외환시장에서 원달러 환율은 달러당 1,000원이다. 이 경우 차익거래기회가 존재하는지 분석하라(단, 주식거래비용과 세금, 원달러 환전수수료, 단기차입이자는 무시해도 될 정도로 작다고 하자).

┃ 사례분석 ┃ A주식에 대해 차익거래기회가 있는지 분석해 보자.

현재 환율을 적용해 보면 한국시장에서 거래되는 A주식의 달러가치는 $50(50,000/1,000)가 되므로, 한국시장에서의 주가는 미국에서의 $55보다 낮게 거래되고 있다. 따라서 상대적으로 가격이 낮은 한국에서 주식을 매입하여 미국에서 매도하면 위험 없이 차익을 얻을 수 있다. 즉, 다음과 같은 차익거래전략을 통해 무위험 차익을 얻을 수 있으므로 차익거래기회가 존재한다.

ⅰ) 은행에서 50,000원을 차입한다(no investment).

ⅱ) 차입한 자금으로 한국거래소에서 주식을 1주 매입하고 즉시 미국거래소에서 $55에 매도한다.

ⅲ) 매도자금 $55를 원달러환율 1,000으로 원화로 환전하면 55,000원이 되고 이중 50,000원은 은행에 즉시 상환한다.

ⅳ) 아무런 위험 없이(no risk), 5,000원의 이익을 얻는다(positive profit).

※ 참고: 선물시장에서 특히 상품선물은 대부분 만기직전에 마감되는데, 그 이유는 실제 기초자산인 상품을 인수도 할 경우 운반이나 보관 등이 번거롭고 비용이 들기 때문이다. 실제로 시장에서 상품선물의 경우 실제 인수도되는 비율이 3%도 채 안 되는 경우가 대부분이다.

선물시장의 구조 및 거래

선물시장은 크게 거래소시장과 장외시장으로 구분되는데, 거래소시장은 선물거래소를 의미하며 장외시장은 거래소 이외의 시장을 의미한다. 여기서는 선물거래소를 중심으로 거래소의 구조와 거래소에서 중요한 역할을 담당하는 중개인들에 대해 살펴보고자 한다. 특히, 파생상품은 리스크가 크기 때문에 선물시장에 대한 규제가 더욱 강화되고 있는 추세이며, 선물거래에서 생길 수 있는 신용리스크를 최소화하기 위해 청산소를 설치하여 운영하기도 하므로 청산소의 기능과 역할에 대해서도 이해할 필요가 있다. 또한 투자자들이 어떻게 선물거래를 시작할 수 있는지 선물거래절차와 방법, 그리고 선물이나 선도거래에 대한 회계기준과 세금에 대해서도 살펴보고자 한다.

1 ┃ 선물거래소

1) 선물거래소의 성격

* 선물거래소는 통상 선물거래와 관련된 사업을 하는 회원들에 의해 운영 된다. 회원들은 자본금을 공동으로 출자하여 선물거래소를 설립하게 되는데 우리나라의 경우 선물거래는 한국거래소(KRX)에서 이루어지며, [표 11 – 1]에서 보는 바와 같이 한국거래소는 84개 회원사로 구성되어 있다.

[표 11-1] 한국거래소 회원 현황

참가시장	회원종류	회원사 수
증권시장	증권회원	51
	지분증권전문회원	2
	채무증권전문회원	26
	외국은행	10
(소계)		(89)
파생상품시장	파생상품회원	34
	주권기초파생상품전문회원	10
	통화금리기초파생상품전문회원	1
(소계)		(45)
합계*		84

* 총회원사 134개중 중복으로 분류된 50개를 1개씩으로 간주하면 실제 회원수는 84개임(2020년 현재).

* 선물거래소는 직접 선물거래를 하지 않는다.
* 선물거래소는 선물계약을 보유하지 않는다.
* 한국거래소(KRX)는 증권거래소, 선물거래소, 코스닥위원회, (주)코스닥증권시장 등 기존 4개기관이 통합되어 2005년 1월 27일 설립되었으며, 「자본시장과 금융투자업에 관한 법률」에 의거 증권 및 장내파생상품의 공정한 가격 형성과 그 매매, 그 밖의 거래의 안정성 및 효율성을 도모하기 위함을 설립 목적으로 하고 있다.

＊한국거래소의 주요 역할은 다음과 같다.

- 유가증권시장·코스닥시장 및 파생상품시장의 개설·운영에 관한 업무
- 증권 및 장내파생상품의 매매에 관한 업무
- 증권의 매매거래 및 파생상품거래에 따른 청산 및 결제에 관한 업무
- 증권의 상장에 관한 업무
- 장내파생상품 매매의 유형 및 품목의 결정에 관한 업무
- 상장법인의 신고·공시에 관한 업무
- 시장감시, 이상거래의 심리 및 회원에 대한 감리에 관한 업무
- 증권의 경매업무
- 유가증권시장·코스닥시장 및 파생상품시장 등에서의 매매거래와 관련된 분쟁의 자율조정에 관한 업무
- 시장정보(지수를 포함한다)의 제공 및 판매에 관한 업무
- 시장과 관련된 전산시스템의 개발 및 운영에 관한 업무
- 부동산 및 전산장비 임대업무
- 외국거래소(그 지주회사를 포함한다) 및 증권파생상품관련기관과의 제휴·연계·협력 등에 관한 업무
- 외국거래소 및 증권파생상품관련기관 등에 대한 시스템 수출·업무자문 등에 관한 업무
- 그 밖에 법령에 따라 부여된 업무 또는 상기 업무에 수반되는 부대업무

2) 선물거래소의 주요 기능

＊선물거래를 위한 규칙의 제정
＊상장하고자 하는 선물상품의 연구 및 표준화
＊선물계약이 효율적으로 이루어지도록 제반의 서비스 제공
＊선물시장의 조직화와 시장참여자에게 편의 제공

3) 선물거래소의 조직과 기능

미국 등 주요 선진국들의 선물거래소는 다음과 같이 조직되어 있다

(1) 이사회(BOD: Board of Directors): 최고 의사결정 기구

(2) 위원회(Committee)

- 입회위원회(Committee on Admission): 신규회원 가입자의 적격성을 검토하여 이사회에 추천
- 중재위원회(Arbitration Conduct Committee): 회원간 혹은 비회원간의 선물거래에서의 분쟁을 중재
- 업무수행위원회(Business Conduct Committee): 거래소의 업무수행과 관련한 내부통제
- 통제위원회(Control committee): 시장조작행위를 방지하기 위해 거래행위 등 거래소에서 발생하는 제반 행위를 감시
- 신상품위원회(New Products Committee): 각 거래소의 특성을 살릴 수 있는 새로운 상품을 개발하고 이들의 적합성을 연구
- 감독위원회(Supervisory Committee): 업무수행위원회가 상정한 안건에 대해 규정 위반이 발생했는지 여부를 결정
- 장내위원회(Floor Committee): 장내중개인과 장내거래인의 행위를 감독하며 부정 행위에 대해서 자체적으로 규제조치

4) 선물거래소의 회원

* 회원자격의 취득: 이사회의 승인을 받은 후 회원권(exchange membership 또는 seats)을 매입해야 한다(회원권은 매매가 가능하다).
* 회원의 권리: 거래소 내에서 거래를 할 수 있는 권리와 거래소 운영에 참가할 수 있 는 권리
* 회원의 분류
  - 업무에 따른 분류
    ⅰ) 거래소회원(exchange member): 선물거래업무를 수행한다.
    ⅱ) 청산소회원(clearing member): 선물거래 체결 후 결제업무를 수행한다.
  - 기능에 따른 분류
    ⅰ) 장내거래자(floor trader): 자신의 계좌로 헷지 또는 투기를 통해 이익 혹은 손실을 실현한다.

ii) 장내중개인(floor broker): 일반 고객의 주문을 중개하거나 자기가 소속된 선물중개회사(FCM: Futures Commission Merchant)의 주문을 처리한다.

Tip / 주요 용어

* 이중거래(dual trading): 장내중개인이 고객의 주문을 중개함과 동시에 자기의 계좌를 통해 선물거래에 직접 참여하는 것을 말한다.
* 프런트러닝(front running): 이중거래를 하는 장내중개인이 고객의 주문에 앞서 자신의 주문을 유리한 가격에 먼저 성사시키는 행위로서, 규제의 대상이다.
* 양도(Give-up): 브로커가 다른 브로커 고객의 거래를 대신 체결시키는 것을 말한다.

---

2 │ 선물중개인

1) 선물중개인의 등록

선물협회(NFA)에 등록하여야 한다.

2) 선물중개인의 분류

(1) FCM(Futures Commission Merchants)

* 기능: 개인 또는 단체로서 매매주문을 받아 체결하며, 주문의 체결에 따른 고객의 현금이나 유가증권을 관리한다.
* 종류: 청산회원(clearing member)과 비청산회원(non-clearing member)
청산회원인 FCM은 직접 결제업무를 수행할 수 있으나, 비청산회원인 FCM은 청산회원인 FCM을 통해서만 결제업무를 수행할 수 있다.

(2) IB(Introducing Broker)

* 고객들에게 선물거래를 권유, 주문을 받는 독립된 브로커
* 고객으로부터 받은 거래에 필요한 자금(현금 혹은 유가증권)은 직접 관리할 수 없고, 계약관계에 있는 FCM에 즉시 예치해야 한다.

(3) CPO(Commodity Pool Operator)

* 선물시장에서 거래되는 선물상품에 투자할 목적으로 자금이나 유가증권 등을 모집하여 투자한 후, 그 대가로 일정 수수료를 받거나 거래이익의 일정부분을 보상으로 받는 개인이나 기업
* CPO는 공시약관(disclosure statement)이 고객에게 전달되기 전에는 자금을 유치할 수 없다.

(4) CTA(Commodity Trading Advisor)

* 선물거래와 관련한 '투자자문'을 하는 개인이나 집단
* 고객의 선물거래와 관련하여 고객에게 직접 또는 보고서, 출판물 등을 통해 투자자문을 제공함으로써 이에 대해 수수료 또는 거래이익의 일부를 수입으로 함

(5) AP(Associated Person)

* 고객으로부터 선물거래 관련 주문, 자금, 그리고 고객을 FCM, IB, CTA, 또는 CPO를 위해 유치하는 일을 하는 중개인

3 | 선물시장의 규제와 규제기관

여기서는 전 세계 선물거래국가 중 선진국으로 평가받는 미국을 중심으로 살펴보고자 한다.

1) 선물거래의 기본법

1936년 제정된 상품거래법(CEA: Commodity Exchange Act)

2) 법적규제와 자율규제

(1) 법적규제

미국 선물시장의 법적규제에서 가장 중요한 역할을 하는 기관은 상품선물거래위원회이다. 상품선물거래위원회(CFTC: Commodity Futures Trading Commission)는 미국의 선물거래를 통일적으로 감독하는 독립정부기관(대통령직속)으로 1974년 설립되었으며, 본부는 워싱턴DC에 있다. CFTC는 미국내의 선물거래인가권을 가지고 있으며, 상품거래소의 상장상품, 금리, 파생상품(derivatives) 전반을 감독한다. 또한, 시장참가자의 보호를 목적으로 사기, 시장조작 등의 부정행위를 추적하는 시장의 거래감독권한을 갖고 있다. 미국에 거점을 두고 있는 선물거래업자(FCM)는 CFTC에의 등록이 의무화되어 있으며, 정기적으로 전 자산 및 고객거래구좌 자금 등을 보고할 의무가 있다.

각 거래소는 매주 화요일 거래종료 후 포지션 수를 CFTC에 보고하며, CFTC는 집계하여 금요일 오후 3시 30분(미국동부시각)에 홈페이지상에 공표하고 있다. 여기에서 다루는 4통화(파운드, 유로, 엔, 호주달러)는 시카고상업거래소(CME)내의 국제통화시장(IMM: International Monetary Market)에 상장되어 있는 상품이다.[1] 일반적으로 투기세력(non-commercial)의 Long(매수)과 Short(매도)의 매매가 주목되고 있다. 헷지펀드, CTA등 투기세력의 포지션변화에 의해서 시세의 방향성을 보는 투자가가 많아졌다. 단, 대형헷지펀드 등은 수법이 공개되는 것을 피하기 위해 통화선물을 이용하지 않는 것으로 알려져 있으므로 반드시 투기세력의 동향이 반영된다고 볼 수 없으므로 주의할 필요가 있다.

이상으로부터, 미국 선물거래 법적규제에서 가장 중요한 역할을 하는 CFTC의

---

1) IMM은 시카고상업거래소 내부에 있는 독립된 거래소를 말하는 것으로 이곳에 상장되어 있는 상품은 금 이외에 영국 파운드화, 유로, 일본 엔화 등의 주요 통화와 채권 등이나. 미국에서 1974년에 개인의 보유가 인정된 금은 현재 시카고 IMM 외에 뉴욕 상품거래소(COMEX)와 시카고상품거래소(CBOT), 중부지역의 5개 거래소에 상장되어 있지만 거래액은 시카고 IMM과 뉴욕상품거래소가 가장 많다. 최근에는 통화가치의 불안정성을 반영하여 주요 통화의 거래가 크게 늘어나고 있어 외환시장의 선행지표로도 이용되고 있다.

규제 내용을 요약하면 다음과 같다.

    ⅰ) 선물거래에 참여하는 각종 중개인들에 대한 면허업무(licensing)

    ⅱ) 새로운 파생상품계약의 인가(approving new contracts)

    ⅲ) 투자자 및 시장참가자 보호(protecting public interests)

CFTC외에 증권거래위원회(SEC), 연방준비제도이사회(FRB), 연방 재무부(Department of Treasury) 등도 선물거래의 법적규제에 참여하고 있는 데 이들은 주로 선물거래가 현물거래에 미치는 영향에 대해 관심을 가지고 규제하고 있다. 특히 SEC는 주가지수나 주식 및 채권과 관련된 파생상품에 대한 규제 및 감독권을 가지고 있다.

(2) 자율규제

국가에서 선물시장을 법으로 규제하는 데에는 한계가 있으므로 많은 국가가 규제권한을 민간기구에 위임하고 있는 추세이다. 특히 선물시장에 참여하고 있는 개인이나 기관들로 구성된 미국선물협회(NFA: National Futures Association)는 자율규제기관으로서 매우 중요한 역할을 수행한다. NFA는 1982년에 설립되었으며, 사기거래를 방지하고 선물거래가 공공의 이익에 부합하도록 자율적으로 규제하는 것이 주 목적이다. 정부는 NFA로 하여금 거래를 모니터하고 필요 시 적절한 시정조치를 취할 수 있는 권한을 부여하고 있으며, 거래자들 사이에 발생하는 분쟁을 조정하는 역할을 수행하고 있다

3) 규제기관별 주요 규제대상

    * 증권거래위원회(SEC: Securities and Exchange Commission): 주식옵션과 주가지수 옵션 등 현물옵션 규제

    * 상품선물거래위원회(CFTC: Commodity Futures Trading Commission): 주식옵션과 주가지수옵션 등 현물옵션을 제외한 모든 선물 및 선물옵션

4) 주요 규제기관

(1) 상품선물거래위원회(CFTC)

    * 연방 정부기관으로 1명의 위원장과 4명의 위원으로 구성된다.

    * 규제 목적: 선물시장의 참여자들을 보호하고 선물시장의 경제적 기능 극대화

⇒ 주요 규제 내용: 사기 및 부정행위 금지, 가격조작금지, 지나친 투기거래 금지, 매점과 매석 금지, 허위정보 유포 금지

* 주요기능: 선물 계약조건 인준, 규정의 변경 및 추가 등 인준, 회원권의 적정성과 고객 불평 검토, 가격조작 방지, 선물거래기록 보관, 거래량 보고수준(reporting level)과 포지션 한도(position limit)를 설정하고 감시한다.

(2) 선물협회(NFA: National Futures Association)

* 1974년 CFTC Act에 의해 탄생된 유일의 자율규제기관(SRO: Self−Regulatory Organization)
* 설립취지
  − CFTC의 과중한 업무 경감
  − 비거래소회원인 선물거래 종사자들에 대해 자율규제 강화
    (단, 거래소에 대해서는 규제할 수 없음)
* 주요 규제 내용
  − 회원의 부정행위 금지
  − 고객과의 손익 분배
  − 공정거래 원칙
  − 일임매매계좌: 고객으로부터 '위임장'을 서면으로 받으면 가능
  − 총괄계좌(omnibus account)
  − 기타: 감독, 기록 보관, 옵션거래, 대중과의 정보교류, 고객정보 및 위험 공시 등

(3) 선물거래소(Futures Exchange)

* CFTC, NFA와 더불어 거래소도 중요한 규제기관이다.
* 규제대상: 선물거래소 회원
* 주요 규제내용
  − 계좌 관리   − 불법거래 방지
  − 인수도 절차   − 정내중개인 관리
  − 보증금 관리

5) 우리나라의 규제 시스템

우리나라의 경우에도 미국과 유사한 규제시스템을 갖추고 있으며, 미국의 CFTC에 해당되는 증권선물위원회가 중요한 법적 규제를 담당하고 있다. 증권선물위원회는 증권 및 선물시장의 불공정거래를 조사하고, 증권선물시장에 대한 관리 및 감독 등의 업무에 대한 주요 사항을 사전심의하기 위하여 설립된 금융위원회 소속의 합의제 행정기관이다. 차관급 위원장 1인을 포함한 5인의 위원으로 구성된다. 위원장을 제외한 위원 중 1인은 상임(고위공무원단에 속하는 별정직공무원)으로 하고 위원장은 금융위원회 부위원장이 겸임하며, 증권선물위원회 위원은 금융위원회 위원장의 추천으로 대통령이 임명한다. 증권선물위원회의 주요업무는 다음과 같다.

- 증권·선물시장의 불공정거래 조사
- 기업회계 기준 및 회계감리에 관한 업무
- 금융산업 및 기업의 구조조정 추진
- 증권·선물시장의 관리감독 및 감시 등을 통해 금융감독원으로부터 위임받은 업무
- 기타 다른 법령에서 증권선물위원회에 부여한 업무

자율규제의 경우 미국의 NFA와 마찬가지로 금융투자협회(KOFIA)에서 담당하고 있다.

Tip / 주요 용어

* 거래량 보고수준(reporting level): 거래자들이 특정 상품선물 및 선물옵션에 대해 CFTC와 거래소에 보고해야 하는 계약수준으로, 이를 초과 시 특별계좌(special account)로 취급하고 해당 거래소는 최소한 매주 CFTC에 보고해야 한다(헷저, 투기자, 스프레드거래자 모두 해당된다).
* 포지션 한도(position limit): 특정 상품선물 및 선물옵션에 대해 거래자들이 보유할 수 있는 최대한의 계약 보유수량을 말하며, 지나친 투기와 가격조작 가능성을 배제하기 위해 설정한다(단, 진정한 헷저(bona fide hedger)라 심사되면 포지션한도에 제한을 받지 않는다).

4 │ 청산소(Clearing House)

1) 청산소의 역할

* 선물계약에 따른 거래자들간의 계약이행을 보장한다.
* 청산소는 모든 선물매입자와는 매도포지션을, 모든 선물매도자와는 매입포지션을 취한다. 따라서, 선물시장에서 모든 거래자는 청산소에 대해서만 의무를 지며, 거래상대방에게는 관심을 가질 필요가 없고 청산소 자체의 신뢰성에만 주의를 기울이면 된다.

2) 청산소의 조직

* 청산소는 선물거래소의 엄격한 설립요건 하에서 설립되며, 해당 선물거래소의 부속기관(혹은 부서)으로 존재하거나 별도의 독립기관으로 존재할 수 있다.
* 청산소의 청산회원(clearing member)이 되면, 고객이 선물거래와 관련하여 청산업무를 수행한다(회원은 개인, 파트너, 기업 형태로 가입가능).

3) 청산소의 주요기능

① **관리기능**: 청산소 이용자들을 관리하여 청산소 자체의 신용을 유지하며 선의의 거래피해자를 미연에 방지하는 기능이다.
   (예 거래의 기록, 거래비교, 청산)
② **정산보장기능**: 선물거래에서 보다 원활한 정산기능을 가능하게 한다.
   (예 국제 선물거래 시 중간자적 입장으로 지불, 인수도 등의 역할을 담당한다)
③ **상품의 인수/인도에 관한 보증 기능**: 실물인수도가 원활하고 공정하게 이루어지도록 절차 주선 및 업무의 관리, 서류상 처리를 한다.
④ **일일정산(daily settlement)기능**: 선물거래에 있어 가격의 변화에 따라 거래자의 손익을 매일 정산한다.
   (일일정산 시 선물손익은 전일(前日)과 당일(當日)의 결제가격 차이로 결정된다.)
⑤ **증거금(margin)의 책정기능**: 개시증거금(initial margin), 유지증거금(maintenance margin) 등을 결정한다.

⑥ **공시기능**: 거래량과 미청산계약수를 공시한다.

    * 거래량(market volume): 특정 거래 인도월에 거래되는 매수와 매도의 계약 수

    * 미청산계약수(open interest): 어느 특정일까지 미청산된 계약 수

⑦ **기타 기능**: 청산회원에게 회원권의 대가로 보증금(guarantee fund)을 부과하며, 선물거래가 청산될 때마다 청산수수료(clearing fee)를 부과한다.

4) 청산소의 기금(Fund)

    * 보증기금(Guarantee fund): 청산소회원들이 총수익금의 일정 비율을 적립
    * 잉여기금(Surplus fund): 청산소회원들의 회비 중 일부를 적립

5) 증거금과 일일정산

(1) 증거금 제도

① 증거금(margin)

선물계약의 이행을 보증하기 위한 일종의 보증금 혹은 담보금으로서 선물거래를 위해서는 반드시 필요하다. 선물계약에만 공식적인 증거금제도가 있고 선도계약에는 공식적으로는 없다. 그러나 선도에서도 점차 신용리스크(credit risk: 거래상대방이 계약을 이행하지 않아 발생하는 손실 위험)를 줄이기 위해 증거금과 유사한 보증금제도를 거래당사자 사이에 도입하고 있는 추세이다.

② 증거금 부과대상

선물은 포지션을 취하는 계약 당사자가 모두 의무를 가지므로 양 당사자가 당연히 증거금을 납부해야 거래가 가능하지만, 옵션의 경우에는 매도포지션을 취한 사람만 의무를 가지므로 증거금을 납부하고, 매입포지션을 취한 사람은 의무가 아닌 권리를 가지므로 증거금 납부의무가 없다.

③ 증거금의 종류

증거금에는 개시증거금, 유지증거금, 추가증거금(변동증거금) 등 3가지가 있다.

  i) 개시증거금(initial margin: IM): 선물계약시점에 예치해야 하는 자금

     (통상 계약액의 5%~15%)

ii) 유지증거금(maintenance margin: MM): 증거금계좌의 잔액이 마이너스(−)가 되지 않도록 하기 위해 설정한 증거금(통상 개시증거금의 약 70% 수준)

iii) 추가증거금(variation margin: VM): 추가증거금요청(margin call)을 받을 경우 납입해야 하는 금액(추가할 때는 현금 혹은 증권 등 사용 가능). '변동증거금' 이라고도 함.

※ 추가증거금＝개시증거금−현재 증거금 잔액(유지증거금 보다 작을 경우)

※ 추가증거금요청(margin call): 증거금 잔액이 유지증거금을 하회할 경우 다음 날 까지 개시증거금 수준으로 증거금을 보충하도록 투자자에게 요청하는 것

⇒ 납입요청에 응하지 않을 경우, 브로커가 임의로 반대매매로 선물계약을 마감할 수 있음.

④ 매매증거금과 위탁증거금

※ 매매증거금(clearing margin): 중개회사(brokerage firm)가 청산소(clearing house)에 납부하는 증거금

※ 위탁증거금: 고객이 중개회사에 납부하는 증거금

※ 한국에는 위탁증거금에 개시 및 유지증거금 외에 기본예탁금제도가 있다.

⑤ 증거금의 성격

증거금은 '계약 시 초기할부금(down payment)'이 아니고, 증거금은 보증금(earnest money or good faith money or a performance bond)의 의미를 갖는다.

⑥ 증거금 계좌(margin account)

선물거래를 위해 투자자가 브로커(broker)에게 증거금 납부를 위해 만드는 계좌를 말한다.

※ 증거금으로 예치 가능한 자산: 현금 및 현금화가 용이한 유가증권

i) 현금(cash)

ii) 단기 국채(T−bill 등)

iii) 거래소에서 거래되는 유가증권(주식 등)

⇒ Hair cut: 현금 이외의 자산으로 증거금을 납부할 경우, 액면가나 시가 보다 낮게 평가되는 것으로, 가격변동성이 클수록 낮게 평가된다.

※ 거래 유형별 증거금 액수: 위험이 낮은 거래일수록 증거금요구액이 적어진다.
 – 위험의 크기: 스프레드거래 < 헷지거래 < 투기거래
  ⇒ 스프레드거래 증거금 < 헷지거래 증거금 < 투기거래 증거금

⑦ 증거금의 현금흐름
 – 선물가격 상승 시: 선물매입자 이익, 선물매도자 손실
  선물매도자(S) ⇒ 매도자 브로커 ⇒ 청산소회원 ⇒ 청산소 ⇒ 청산소회원
  ⇒ 매입자 브로커 ⇒ 선물매입자(L)
 – 선물가격 하락 시: 선물매도자 이익, 선물매입자 손실
  선물매입자(L) ⇒ 매입자 브로커 ⇒ 청산소회원 ⇒ 청산소 ⇒ 청산소회원
  ⇒ 매도자 브로커 ⇒ 선물매도자(S)

(2) 일일정산

* 일일정산(marking to market 혹은 daily settlement)이란 선물거래의 손익을 매일 거래종료 시점에 정산하여 증거금계좌에 기록하는 것을 말한다.
* 일일정산 방법
 – 증거금 잔액이 개시증거금을 상회할 경우: 초과하는 금액을 언제든 인출 가능
 – 증거금 잔액이 유지증거금을 하회할 경우: 다음 날 장 개시 전 까지 개시 증거금 수준으로 증거금을 보충하도록 추가증거금요청(margin call)을 받음

사례 11-1 일일정산

한 투자자가 6월 5일 뉴욕상품거래소(NYMEX)에서 12월 금선물(gold futures) 2계약에 매입(long) 포지션을 취하였다. 금선물 1계약규모는 100온스(oz.)이며, 계약 당시 선물가격은 온스당 $1,250이다. 이 계약을 체결하기 위해서는 1계약당 $6,000의 개시증거금이 필요하며, 유지증거금은 계약당 $4,500이다. 이 경우 선물가격변동에 따른 일일정산의 예는 다음 [표 11-2]와 같다. 총개시증거금은 $12,000이고 총유지증거금은 $9,000이다.

[표 11-2] 일일정산

날짜	선물가격(oz당)	손익	누적손익	증거금잔액	추가증거금	인출가능액
6/5	1,250			12000		
6/6	1,241	−1800	−1800	10200	없음	없음
6/7	1,238.30	−540	−2340	9660	없음	없음
6/8	1,234.20	−820	−3160	8840	3160	없음
6/9	1,242.90	+1740	−1420	13740	없음	1740
6/10	1,243.80	+180	−1240	13920	없음	1920
6/11	1,250.90	+1420	+180	15340	없음	3340

* 인출이 가능할 때, 인출을 실제 하지 않았다고 가정함.
* 총손익＝누적손익＝$180＝증거금잔액−총투자＝15,340−(12,000＋3,160)＝+180.

5 | 선물의 거래

1) 계좌개설

선물거래 신규 참가자는 선물을 거래하기 위해 적절한 선물중개회사(FCM)를 선택한 후, 그 회사에 계좌를 개설해야 한다. 선물거래의 위험 때문에 계좌개설에 앞서 선물중개회사는 고객에 대한 인적, 재정적 상태를 파악하고, 고객이 선물거래에 적합한지를 판단해야 한다.

※ 계좌개설 시 의무 이행사항

ⅰ) 위험공시약관(Risk Disclosure Statement)을 고객에게 설명한 후 서명을 받아야 한다.

ⅱ) 고객인지수칙(Know-Your-Customer Rule)에 따라 고객의 인적, 재정상황을 조사하고 선물거래자로 적합한지 판단한다.

ⅲ) 고객계약서(Customer Agreement)를 작성한다.

2) 계좌의 종류(Types of Account)

① 일반계좌(Individual Customer Account)

선물거래와 관련한 일체의 의사결정이 고객의 책임 하에 이루어지는 계좌

② 총괄계좌(Omnibus Account)

비청산회원인 선물중개회사가 청산회원인 선물중개회사의 이름으로 자신의 고객의 선물거래 정산을 위해 개설한 계좌로서, 2인 이상의 고객의 거래가 별도로 처리되지 않고 비청산회사의 모든 고객들을 회사이름으로 일괄적으로 처리하는 계좌

③ 일임매매계좌(Discretionary Account)

'Account with Power of Attorney'라고도 불리는 것으로서 스스로 계약을 체결할 수 있는 자격을 가진 개인이 특정 행위를 대행할 제3자를 지정할 수 있는 계좌이다. 위임하는 정도에 따라 완전일임(full discretionary: 자금관리와 거래의사결정 모두를 위임)과 부분위임(limited discretionary: 거래의사결정만을 위임)으로 구분된다.

(단, 일임매매계좌의 최종 책임자는 고객 자신이다.)

④ 합작계좌(Partnership Account)

2인 이상이 공동소유자의 자격으로 운영하는 계좌이며, 공동소유자 상대방이 대리인으로 간주된다.

⑤ 법인계좌(Corporation Account)

정부로부터 법인으로서의 영업허가를 받은 고객이 이용하는 계좌

⑥ 헷지계좌(Hedge Account)

실제로 보유하고 있는 상품이나 금융자산에 발생할 수 있는 위험회피를 목적으로 개설되는 계좌

3) 주문의 전달 과정과 계약 체결

거래자 → 주문서를 선물중개회사에 접수 → (회사는 Time stamp를 찍고) 거래소 내 중개회사 직원에게 주문서 전달 → 장내브로커(pit broker)에게 전달 → 다른 장내브로커와 공개호가(open outcry)방식으로 계약 체결

4) 주문의 종류

① 시장가주문(혹은 성립가주문)(Market Order)

다른 조건 없이 가능한 한 빨리 시장에서 가장 유리한 조건에 매입 혹은 매도하라는 주문이다. 가장 우선적으로 주문이 집행된다는 장점이 있으나, 유동성이 작고 가격변동이 심할 때에는 희망가격에 체결되지 않을 수도 있다.

⑩ Buy July Corn at the Market

② 지정가주문(Limit Order or Resting Order)

고객이 정한 지정가나 그 보다 더 좋은(OB: Or Better)가격에 매입하거나 매도하고자 할 때 이용하는 주문이다.

－ 지정가 매입(Buy Limit Order): 시장가보다 낮은 금액으로 주문하여 시장가격이 지정된 가격보다 같거나 낮을 때 계약이 체결된다.
－ 지정가 매도(Sell Limit Order): 시장가보다 높은 금액으로 주문하여 시장가격이 지정된 가격보다 같거나 높을 때 계약이 체결된다.

⑩ Buy July Corn 273 Limit(OB)

③ 역지정가주문(혹은 특정가주문)(Stop Order or Stop-Loss Order)

시장가격이 특정가격(stop price)에 도달하면 Market Order가 되는 주문이다. 'Stop price'는 가격의 변동성에 비례하여 설정한다.

－ 역지정가 매입(Buy Stop Order): 현재의 시장가격보다 높은 가격으로 주문을 내며, 가격이 stop price보다 높거나 같으면 Market Order로 전환된다.
　⇒ 매도자가 향후 선물가격이 더 상승할 것에 대비하여 손실을 제한하고자 할 때나, 쉽게 매입포지션을 취하고자 할 때 이용하는 주문이다.
－ 역지정가 매도(Sell Stop Order): 현재의 시장가격보다 낮은 가격으로 주문을 내며, 선물가격이 stop price보다 낮거나 같으면 Market Order로 전환된다.
　⇒ 매입자가 향후 선물가격이 더 하락할 것에 대비하여 손실을 제한하고자 할 때나, 쉽게 매도포지션을 취하고자 할 때 이용하는 주문이다.

⑩ Buy 2 July Oats at 123 stop

④ 지정폭주문(Stop Limit Order)

역지정가주문(Stop Order)과 지정가주문(Limit Order)을 결합한 주문 형태로, stop price 또는 그 보다 불리한 가격으로 시장가격이 형성되면 곧바로 지정가주문이 되는 주문이다. 가격변동 특히 급변하는 가격에 대하여 어느 정도의 보호막 역할은 해 주지만, 시장가격이 너무 급격히 변동할 때는 어떤 주문도 체결이 보장되지 않는다.

> ⓔ Buy 2 Corn 271 stop 273 limit

> ⇒ 시장가격이 271에 도달하면 주문을 실행하되, 273보다 낮은 가격에 계약을 체결하라는 주문이다. (여기서 stop price는 271이고, limit price는 273이다)

⑤ MIT주문(Market-If-Touched or Board Order)

시장가격이 주문서에 지정된 가격에 도달하면 시장가주문(Market Order)으로 전환되는 주문을 말한다.

- MIT 매입(Buy MIT Order): 시장가격이 특정가격 이하가 되면 시장가주문이 된다.
- MIT 매도(Sell MIT Order): 시장가격이 특정가격 이상이 되면 시장가주문이 된다.

ⓔ Sell 2 Dec Oats at 118 MIT

⑥ 성립-취소주문(FOK: Fill or Kill Order)

장내중개인이 주문서 접수 시 주문가격 또는 그 보다 좋은 가격으로 즉시 집행하거나 그렇지 못하면 자동적으로 취소되는 주문이다. 주문이 자동적으로 취소되는 경우, 장내중개인은 고객에게 최종적인 시장가격 수준과 함께 주문이 체결되지 못했음을 알려야 한다.

⑦ 대규모주문(Scale Order)

대량의 포지션을 단계적으로 집행할 때 사용되는 주문이며, 2단위 이상의 동일한 선물계약의 매입 또는 매도주문을 지정된 가격차를 두고 집행할 것을 지시하는 주문이다.

⑧ 조합주문(Combination Order)

2개 이상의 주문이 복합되어 있는 주문이다.

ⅰ) OCO(One-Cancels-the-Other-Order): 2개의 주문이 동시에 접수되는 주문으로, 둘 중 하나가 체결되면 다른 하나는 자동적으로 취소되는 주문이다.

ⅱ) Contingent Order: 2개의 주문이 동시에 접수되는 주문으로, 둘 중 하나가

체결되는 것을 전제로 다른 주문이 유효하게 된다.

⑨ 시간분류에 따른 주문

ⅰ) Day Order: 고객이 취소하거나 계약이 체결되지 않을 경우 주문을 낸 당일에 한 하여 유효한 주문이다(통상 고객이 별도로 기간을 언급하지 않으면 Day Order로 간주된다).

ⅱ) GTC(Good−Till−Cancelled) Order: 고객이 취소할 때까지 계속 유효한 주문이다.

ⅲ) Time−of−the−Day Order: 특정한 시간 또는 시간대에만 주문을 집행하도록 거래체결 시간에 제한을 두는 주문이다.

ⅳ) Off−at−a−Specific−Time Order: 하루의 거래시간 중 지정된 시간에만 유효하며, 지정시간 전에 집행 또는 취소되지 않는 한 지정시간까지는 유효성이 지속된다.

ⅴ) 기타: GTW(Good−Till−Week), GTM(Good−Till−Month), CFO(Cancel Former Order)

⑩ 기타 주문

ⅰ) MOO(Market−on−the−Opening Order)(개장가주문): 개장시 가장 유리한 가격에 계약을 체결하는 주문

ⅱ) MOC(Market−on−the−Close Order)(폐장가주문): 폐장시 가장 유리한 가격에 계약을 체결하는 주문

※ 한국거래소(KRX)에서 선물거래 시 가능한 주문 유형: 시장가주문, 지정가주문, 마감 시가 제한 주문(시장 주문으로 전환하라는 지시와 함께 발주 된 지정가 주문으로, 마감 가격이 결정될 때 단일 가격 경매에 포함되며, 주어진 거래일에 지속적인 경매가 종료됨), 즉시 실행 가능한 지정가 주문(가격이 명시되어 있지 않다는 점에서 시장가주문이지만, 일치하는 가격이 입력 시점에 가장 좋은 가격으로 고정된다는 점에서 시장가주문과 다르며, 실행되지 않은 베스트 오더는 초기 베스트 가격으로 오더 북에 대기함), Fill or Kill주문, 즉시 또는 취소(주문은 실행 가능한 모든 주문이 실행되고 나머지 주문은 취소됨) 등이 있음.

5) 만기 시 기초자산의 인수도(delivery)

선물 만기에 실제 인도되는 선물은 극히 드물다. 이는 선물 계약이 실제 상품의 인수도를 위해 거래되기보다는 헷지나 투기 등 투자목적으로 이용되고 있음을 의미한다.

※ 선물계약 인수도 절차

ⅰ) 매도자가 인도일을 결정하여 청산소에 통보
ⅱ) 청산소는 다음을 고려하여 현물인수자를 선정
  - 장부상에 매입포지션을 가장 오래 보유한 청산회원을 선택하고, 청산회원은 자신의 고객 중 가장 오래 보유하고 있는 매입자순으로 현물인수자를 선정
  - 장부상에 총매입포지션(gross open long position)을 가장 많이 보유한 청산회원을 선택하고, 청산회원은 자신의 고객 중 총매입포지션을 가장 오래 보유하고 있는 매입자순으로 현물인수자를 선정
  - 장부상에 순매입포지션(net open long position)을 가장 많이 보유한 청산회원을 선택하고, 청산회원은 자신의 고객 중 순매입포지션을 가장 오래 보유하고 있는 매입자순으로 현물인수자를 선정
ⅲ) 청산소는 매도자에게 인수한 기초자산을 매입자에게 전달하고, 매입자로부터 인수한 대금을 매도자에게 전달한다.

※ 인수도 관련 선택권(option)

- 선물기초자산을 인도해야 하는 사람은 선물매도자이므로 매도자에게는 다음과 같이 인수도에서의 재량권이 부여된다.
  ⅰ) 시기선택권(timing option)
  ⅱ) 수량선택권(quantity option)
     (농산물과 금선물 계약은 인도될 양에 융통성이 있다)
  ⅲ) 품질선택권(quality option)
  ⅳ) 인도장소 선택권(location option)

※ 상품소유권(title)의 이전 시기: 기초자산인 상품이 인도되고 대금이 지불될 때.

※ 상품인도의 다양한 방법

＊곡물(grains)인도는 창고영수증(warehouse receipts)이 사용된다.

＊냉동브로일러(frozen broiler) 같은 부패가능식품(perishables)은 요구증서(Demand certificate)가 사용된다.

＊귀금속(precious metals)의 인도에는 예금영수증(Depository or Vault receipts)이 사용된다.

※ 장외거래(Ex-pit transaction): 거래소의 거래 피트(trading pit)이외의 장소에서 이루어지는 모든 거래

📗 현물거래, 인수도 절차, 중개회사(brokerage firm)의 변경(미결제포지션이 있는 고객)

※ 스프레드거래의 유형

＊만기간 스프레드(inter-delivery spread): 같은 거래소, 같은 상품, 다른 인도월

＊시장간 스프레드(inter-market spread): 다른 거래소, 같은 상품, 같은 인도월

＊상품간 스프레드(inter-commodity spread): 같은 거래소, 다른 상품, 같은 인도월

＊강세 스프레드(bull spread): 근월물 매입, 원월물 매도
(제한된 위험, 무제한 이익 가능: 스프레드가 narrow(strengthen)될수록 이익 증가)

＊약세 스프레드(bear spread): 근월물 매도, 원월물 매입
(무제한 위험, 제한된 이익 가능: 스프레드가 widen(weaken)될수록 이익 증가)

6 │ 선물거래 회계기준과 세금

선물거래에 관한 회계기준은 헷지를 제외하고 모든 선물거래에 대해 발생주의 원칙에 의거 선물계약의 시장가치변화가 생기는 시점을 손익의 인식시점으로 하고 있다. 다만 헷지거래의 경우는 헷지대상자산(기초자산)에서 발생하는 손익과 같은 시점에 손익을 인식하는 것으로 한다(헷지회계: hedge accounting). 다음 [사례 11-2]는 헷지거래와 투기거래의 회계와 세금 계산방법을 설명하고 있다.

사례 11-2 ‖ 헷지와 투기의 회계 및 과세

두 명의 투자자가 2××3년 3월이 만기인 옥수수선물(corn futures) 1계약에 투자하고 있다. 한 사람은 헷저이고 다른 한 사람은 투기자이다. 옥수수선물의 1계약 단위는 5,000부쉘(bushel: 미국의 경우 약 35.24리터)이다. 2××2년 9월 선물계약 체결 시 시장에서 옥수수선물의 부쉘당 가격은 250센트(cent)이고, 2××2년 12월에는 270센트, 2××3년 2월에는 280센트가 되었다고 한다. 두 사람 모두 이 계약을 2××3년 2월에 마감할 경우, 각각의 손익 인식시점에 대해 살펴보자. 단, 회계연도는 1월부터 12월까지라 가정한다.

‖ 사례분석 ‖

1) 투기자의 경우

비록 기초자산의 거래는 선물을 마감하는 2××3년 2월에 이루어지지만, 회계규정상 회계년도말인 2××2년 12월에 한 번 정산하고 마감이 이루어진 2××3년 2월이 속한 2××3년 12월에 또 한 번 손익에 대해 정산해야 한다. 즉,

2××2년 12월 정산: (270−250)cents/bu.×5,000bu.=$1,000이익(세금납부)
2××3년 12월 정산: (280−270)cents/bu.× 5,000bu.=$500이익(세금납부)

2) 헷저의 경우

헷저의 경우에는 기초자산의 손익실현시점에 한 번 정산하므로,

2××3년 12월 정산: (280−250)cents/bu.×5,000bu.=$1,500이익(세금납부)

Chapter 12

선물을 이용한 헷징전략

선물은 헷지거래, 투기거래, 스프레드거래, 차익거래 등 다양한 목적으로 사용될 수 있는데, 특히 헷지(hedge)는 선물이 처음 만들어지게 된 주된 동기였고 지금도 단순 투자자가 아닌 실수요자 입장에서는 가장 중요한 선물 거래전략이라 할 수 있다. 따라서 12장에서는 헷지의 개념과 종류, 그리고 구체적인 헷지 실행절차에 대해 살펴보고자 한다. 그리고 포트폴리오 전체의 리스크를 줄이기 위해 어떻게 주가지수를 활용할 수 있는지, 베이시스 리스크와 유효가격(실질가격)은 무엇이고 어떻게 산출하는지에 대해서도 자세히 고찰하고자 한다. 한편, 선물을 이용한 헷지에 대해 부정적이거나 반대하는 의견도 있는데 그 이유는 무엇이고 과연 그러한 논리가 현실적으로 타당성이 있는지에 대해서도 검토하고자 한다.

1 │ 헷지의 개념

헷지(hedge)란 투자자가 자신에게 노출된 리스크를 다른 투자자에게 전가시켜 리스크를 줄이고자 하는 투자전략을 말한다. 현재 보유하고 있거나 앞으로 보유할 자산의 현물포지션과 정반대의 포지션을 선물시장에서 취하는 것을 말한다.

일반적으로 헷저(hedger)는 리스크를 투기자(speculator)에게 전가하고자 하며, 투기자는 헷저의 리스크를 떠맡는 대신 높은 이익을 추구한다. 이러한 헷저와 투기자의 상호관계가 선물시장을 발전시켜 왔으며, 둘 다 선물시장이 성립하기 위해 반드시 필요한 존재들이다.[1]

앞에서 살펴본 파생상품의 역사에서 볼 수 있듯이 파생상품이 처음 등장하게 된 배경에 리스크에 대한 헷지 필요성이 자리잡고 있다. 즉, 파생상품이 처음으로 시장에 도입된 이유가 바로 헷지 때문인 것이다. 최근 파생상품에 대해 일반인들이 높은 수익률 혹은 일확천금 같은 투기상품으로 이해하는 것은 매우 위험한 일이다. 파생상품의 용도로 가장 중요한 것은 헷지라는 사실을 잊어서는 안되며, 따라서 파생상품을 이용한 헷지에 대한 정확한 이해가 매우 중요하다.

본 장에서는 헷지의 다양한 형태, 헷지실행 절차, 주가지수를 이용한 포트폴리오 헷지, 헷지에 관한 찬반이론, 베이시스와 유효가격 등에 대해 살펴보고자 한다.

---

1) '투기자(speculator)'라는 용어에 '투기'라는 말이 포함되어 있어 자칫 부정적으로만 이해될 수 있어 아쉬운 측면이 있다. 파생상품시장에서 'speculator'라는 말은 *자신의 정보, 자료, 경험 등을 기반으로 미래에 대해 예측하고 이익을 목표로 적극적, 공격적으로 투자하는 사람*'을 의미하므로 '투기자' 보다는 '공격적 투자자', '모험적 투자자' 혹은 '이익 추구자' 등으로 번역하는 것이 더 적절하다고 판단된다. 투기자가 없으면 헷지가 불가능하므로 '투기는 나쁘다'는 단순한 선입관으로는 선물시장을 이해할 수 없는 것이다. 그런데, 이미 국내에서는 'speculator'가 '투기자'로 널리 번역되어 사용되고 있으므로 본서에서도 그대로 사용하고자 한다.

2 | 헷지의 분류

1) 매입헷지와 매도헷지

(1) 매입헷지

매입헷지(long hedge or short−the−basis)란 앞으로 매입하고자 하는 자산의 가격상승위험을 제거하기 위해 선물계약에 매입포지션을 취하여 헷지하는 것을 말한다. 가격이 오를 때 이익을 얻을 수 있는 선물 매입포지션을 취함으로써 불리한 현물가격변화를 선물에서의 이익으로 상쇄하고 가격을 현재 선물가격수준으로 고정(lock−in)시켜 미래 가격 변화로 인해 생기는 리스크를 제거하고자 하는 헷지전략이다.

다음 [표 12−1]에서 보는 바와 같이 매입헷지의 경우, 현물 매입 시점($t=2$: 선물 마감 시점)에 매입하고자 하는 기초자산가격과 선물가격이 상승할 경우 현물 매입 시 가격상승으로 인한 불리함을 선물매입포지션에서의 이익으로 상쇄하여 실질매입비용을 현재선물가격($F1$)으로 고정시킬 수 있다. 현물 매입 시점에 가격이 하락할 경우에는 반대로 해석하면 된다. 그러나 무헷지(no hedge)의 경우 현물 매입비용이 $S2$이므로 가격변화위험에 그대로 노출된다.

[표 12−1] 매입헷지 효과분석

전략	포지션	매입시점($t=2$) 가격상승 ($\uparrow S$, $\uparrow F$)	매입시점($t=2$) 가격하락 ($\downarrow S$, $\downarrow F$)
매입헷지 (long hedge)	$+F$(선물매입)	이익($=\Delta F=F2-F1$)	손실($=-\Delta F=F1-F2$)
	현물 (매입비용변화)	손실($=-\Delta S=S2-S1$) (매입비용증가)	이익($=\Delta S=S1-S2$) (매입비용감소)
	실질매입비용 ($t=2$)	$S2-(F2-F1)=F1$ (매입비용 고정)	$S2+(F1-F2)=F1$ (매입비용 고정)
무헷지 (no hedge)	실질매입비용	$S2$ (매입비용증가)	$S2$ (매입비용감소)

주) * 선물가격과 현물가격은 만기에 가까워질수록 서로 수렴함. 즉, $F2=S2$로 가정함
  * Ft와 St는 각각 t시점에서의 선물가격과 현물가격을 의미하며, $t=1$은 선물계약시점, $t=2$는 선물 마감시점(=현물매입시점)을 의미함.

사례 12-1   매입헷지

㉱서강은 5월 15일 100,000파운드(lb.)의 구리(copper)를 필요로 한다. 미국 뉴욕상품거래소(NYMEX)에서 거래되는 구리선물의 1계약단위는 25,000파운드이며, 1월 1일 현재 구리현물 가격은 파운드당 340센트(cent)이고, 5월만기 구리선물가격은 파운드당 320센트이다. 선물인수도의 번거로움을 피하기 위해 선물 만기(T) 직전에 선물포지션을 마감하고자 한다. 마감 당시 현물가격 및 선물가격이 상승할 때와 하락할 때 각각의 경우 매입헷지전략을 분석하라(단, $S1$과 $F1$은 각각 현재($t=1$)의 현물 및 선물가격이고, $S2$와 $F2$는 각각 마감 시($t=2$) 현물 및 선물가격이며, $S2=F2$로 수렴한다고 가정함).

┃ 사례분석 ┃

1) 파운드당 350센트로 상승하는 경우

선물포지션 손익(파운드당) $= F2 - F1 = 350 - 320 = +30$센트(이익)

선물마감 시 실제 매입비용(파운드당) $= S2 -$ 선물이익 $= 350 - 30 = 320$센트
$$= F1$$

2) 파운드당 310센트로 하락하는 경우

선물포지션 손익(파운드당) $= F2 - F1 = 310 - 320 = -10$센트(손실)

선물마감 시 실제 매입비용(파운드당) $= S2 +$ 선물손실 $= 310 + 10 = 320$센트
$$= F1$$

(2) 매도헷지

매도헷지(short hedge or long-the-basis)란 이미 보유하고 있거나 앞으로 보유하게 될 자산의 가격하락위험을 제거하기 위해 선물계약에 매도포지션을 취하여 헷지하는 것을 말한다. 선물매도포지션을 취하여 가격이 하락하면 생기는 이익으로 현물가격하락으로 인한 현물손실을 상쇄함으로써 실질현물매도가격을 현재의 선물가격으로 고정시켜 미래 가격변화로 인한 리스크를 제거하는 헷지전략이다.

[표 12-2]에서 보는 바와 같이 매도헷지를 한 경우, 보유자산의 매도시점에 가격이 상승하는 경우 선물매도포지션은 손실을 보게 되지만 현물매도가격이 상승하므로 실질 매도가격은 현재 선물가격($F1$)으로 고정되며, 가격이 하락하는 경

[표 12-2] 매도헷지 효과분석

전략	포지션	매도시점($t=2$) 가격상승 ($\uparrow S$, $\uparrow F$)	매도시점($t=2$) 가격하락 ($\downarrow S$, $\downarrow F$)
매도헷지 (short hedge)	$-F$(선물매도)	손실($=-\Delta F=F2-F1$)	이익($=\Delta F=F1-F2$)
	$+S$(현물보유)	이익($=\Delta S=S2-S1$)	손실($=-\Delta S=S1-S2$)
	실질매도가격	$S2-(F2-F1)=F1$ (매도가격 고정)	$S2+(F1-F2)=F1$ (매도가격 고정)
무헷지 (no hedge)	실질매도가격 ($t=2$)	$S2$ (매도가격상승)	$S2$ (매도가격하락)

주) * 선물가격과 현물가격은 만기에 가까워질수록 서로 수렴함. 즉, $F2=S2$로 가정함
　　* Ft와 St는 각각 t시점에서의 선물가격과 현물가격을 의미하며, $t=1$은 선물계약시점,
　　$t=2$는 선물 마감시점(＝현물매도시점)을 의미함.

우는 그 반대로 해석할 수 있고 역시 실질매도가격은 현재 선물가격으로 고정된다. 그러나 무헷지(no hedge)의 경우 실질매도가격은 매도시점의 현물가격($S2$)에 의해 전적으로 결정되므로 현재시점에서는 가격변동 리스크가 고스란히 남아있게 된다.

따라서, 매도헷지의 경우 매도시점에 가격이 상승하면 헷지로 인해 손실이 발생하지만, 가격이 하락하면 이익이 발생한다. 자산을 보유하고 있는 사람의 입장에서는 향후 가격하락을 우려하므로 가격하락에 대해 적절한 헷지효과를 보게 되는 것이다.

결국, 매입헷지든 매도헷지든 중요한 것은 미래 실질매도가격이나 실질매입비용이 현재 선물가격($F1$)으로 고정되는 효과가 있으므로 헷저는 미래 가격변동에 대한 걱정없이 자신의 본업에 충실할 수 있게 된다. 또 한 가지 중요한 사실은, 헷지의 목표는 가격변동리스크를 줄이는 것이지 이익을 극대화하는 것이 아니라는 사실이다.

사례 12-2 　매도헷지

㈜서강은 원유(oil)를 생산하는 기업이다. 오늘은 5월 15일이니, 3개월 뒤인 8월 15일에 이미 생산된 원유를 판매하고자 한다. 그런데 원유를 판매하려는 시점에 원유가격이 하락하여 손해를 볼까 걱정하고 있다. 따라서 이 회사

는 3개월 후 원유현물가격의 하락리스크를 줄이고자 8월만기 원유선물 매도 헷지전략을 구사하고자 한다. 상품선물 인수도의 불편함을 피하고자 만기 직전에 매도선물계약을 마감하고자 한다. 현재 미국 뉴욕상품거래소(NYMEX)에서 원유선물계약 단위는 1,000배럴(ba.)이며, 현물가격은 배럴당 $100, 선물가격은 배럴당 $95이다. 3개월 후 가격이 상승하거나 하락할 경우 각각에 대해 분석하라.

┃ 사례분석 ┃

1) 가격이 하락하는 경우

선물 마감 시 선물과 현물가격이 모두 $90로 하락했다고 가정하자.

선물포지션 손익(배럴당)= $F1 - F2 = 95 - 90 = \$5$ (이익)

실질매도가격 = $S2 +$ 선물이익$(= F1 - F2) = 90 + 5 = \$95 = F1$

2) 가격이 상승하는 경우

선물 마감 시 선물과 현물가격이 모두 $110로 상승했다고 가정하자.

선물포지션 손익(배럴당)= $F1 - F2 = 95 - -110 = -\$15$ (손실)

실질매도가격= $S2 -$ 선물손실$(= F1 - F2) = 110 - 15 = \$95 = F1$

2) 완전헷지와 불완전헷지

(1) 완전헷지

완전헷지(perfect hedge)란 선물계약을 통해 가격리스크를 완전히 제거하여 가격변동 리스크가 0이 되게 하는 것을 말한다. 완전헷지가 되기 위해서는 다음과 같은 조건들이 충족되어야 한다.

ⅰ) 현물가격 변동이 매출수익 혹은 매입원가에 미치는 영향의 예측이 가능할 것

ⅱ) 헷지대상 자산과 선물 기초자산이 일치 할 것

ⅲ) 선물계약의 만기가 원하는 헷지 기간과 일치 할 것

ⅳ) 선물계약 수량과 헷지대상 현물의 수량이 일치 할 것

ⅴ) 현물가격과 선물가격사이의 상관계수가 1일 것

그런데 현실적으로 이러한 조건이 모두 만족되기는 매우 어려우므로 완전헷지는 실제로 거의 불가능하다고 할 수 있다.

(2) 불완전헷지

불완전헷지(imperfect hedge)란 선물계약을 통해 가격위험을 부분적으로만 제거하는 것을 말한다. 실제 현실에서는 완전헷지가 거의 불가능하기 때문에 불완전헷지가 대부분이며, 따라서 현실적인 헷지의 목적은 완전헷지에 가깝도록 헷지전략을 구사하는 것이다.

3) 정적헷지와 동적헷지

(1) 정적헷지

정적헷지(static hedge 혹은 hedge-and-forget)란 일단 헷지가 시작되면 헷지가 종료될 때까지 헷지포지션을 변화시키지 않는 헷지전략을 말한다. 정적헷지의 장점은 헷지비용이 적게 들고, 헷지가 간편하다는 것이다. 그러나, 시간의 흐름에 따라 선물가격과 헷지 대상 자산가격 사이의 격차가 일정하지 않고 변화할 때 헷지효과가 감소할 수 있다는 단점이 있다. 따라서 정적헷지는 선물가격과 헷지 대상 자산가격 사이의 격차가 크게 변하지 않을 때 유용한 헷지전략이다.

(2) 동적헷지

동적헷지(dynamic hedge)란 헷지를 시작한 이후 시간이 지남에 따라 선물가격과 헷지 대상 자산가격 차이에 변화가 생기면 헷지포지션을 변화시켜 헷지효과를 극대화하고자 하는 전략을 말한다. 헷지효과가 커지는 장점이 있으나, 헷지포지션 변화로 인한 헷지비용이 커지고 가격 관련 데이터와 정보를 지속적으로 수집하고 모니터해야 하는 등 헷지가 더 복잡하고 어려워진다는 단점도 있다. 따라서 동적헷지로 인한 헷지비용을 줄이기 위해서 헷지포지션 변화주기를 조정하여 다소 긴 주기로 하는 것도 고려할 필요가 있다. 즉, 헷지효과 증대와 헷지비용 사이에는 상충관계(trade-off)가 있으므로 헷저의 자금상황을 고려하여 최적의 헷지전략을 구사할 필요가 있다.

4) 교차헷지

교차헷지(cross hedge)란 헷지 대상자산과 헷지에 이용될 선물의 기초자산이 완전히 일치하지 않거나, 헷지대상 기간과 선물의 만기시점이 일치하지 않을 경우, 제3의 유사한 선물을 선택해 헷지하는 것을 말한다. 물론 교차헷지를 하지 않고 헷지를 할 수 있다면 좋겠지만, 부득이 교차헷지를 하고자 할 경우에는 헷지 대상 자산가격과 상관관계가 가장 높은 기초자산을 가진 선물을 택하는 것이 헷지효과를 극대화 할 수 있는 방법이다.

예를 들어, 항공기 회사가 항공기 연료가격을 헷지하고자 하는 데, 선물시장에 항공기연료를 기초자산으로 하는 선물이 상장되어 있지 않을 경우, 항공기가격과 상관관계가 높은 원유를 기초자산으로 하는 선물을 이용하여 헷지한다면 이는 교차헷지이다.

3 | 헷지실행 절차

1) 리스크 노출정도 결정

리스크노출이 적을수록(즉, 헷지를 많이 할수록) 기대수익률은 낮아진다. 즉, 리스크와 기대수익은 비례하므로 완전헷지에 가까울수록 리스크가 작아져 기대수익은 작아지고, 리스크노출이 많으면 그 만큼 기대수익은 커진다. 따라서 투자자가 자신의 리스크선호도(risk preference)를 고려하여 적정 헷지수준을 결정해야 한다.

2) 헷지수단의 선택

헷지수단의 선택이란 리스크에 노출된 자산의 헷지에 적합한 대상 선물과 만기를 선택하는 것을 말한다. 기본적으로 리스크에 노출된 자산과 동일한 기초자산을 갖는 선물을 선택하는 것이 바람직하지만, 시장에 그런 선물이 존재하지 않을 경우 앞에서 설명한 대로 교차헷지를 고려해야 한다. 또한 리스크에 노출되는 기간이 선물만기보다 짧아야 적절한 위험헷지가 되는 것은 당연하겠으나, 만일 원하는 헷지기간이 선물 만기보다 길 경우 헷징연장(roll-over)전략을 사용할 수 있다.

Tip / 주요 용어   **헷지연장(stack-and roll 혹은 roll-over hedge)**

원하는 헷지기간이 헷지에 이용되는 선물만기보다 더 길 경우 완전헷지가 어려워진다. 이 경우 선물만기가 다가오면 기존 선물계약은 마감하고, 늦은 인도월을 갖는 선물에 동일한 포지션을 취하는 전략을 헷지연장이라 한다.

예를 들어, 원하는 헷지기간을 T라 하고 T_j시점에 헷지연장을 한다면 다음과 같은 헷지연장전략이 가능하다. 매도헷지라 가정하면,

T_1시점: 선물계약1에 매도포지션

T_2시점: 선물계약1을 마감하고, 선물계약2에 매도포지션

T_3시점: 선물계약2를 마감하고, 선물계약3에 매도포지션

⋮

T_n시점: 선물계약$(n-1)$을 마감하고, 선물계약 n에 매도포지션(헷지종료)

(단, $T_1 < T_2 < T_3 < \ \cdots \ < T_n$; $T_n \geq T$; $T_1 < T_2$는 T_2시점이 T_1시점보다 나중임을 의미)

---

3) 헷지비율의 결정

(1) 헷지비율

헷지비율(HR: Hedge Ratio; h)이란 리스크에 노출된 현물규모에 대한 선물포지션규모의 비율을 말한다. 즉, 위험에 노출된 현물 1단위당 선물포지션의 크기를 말한다. 이를 식으로 표시하면 다음과 같다.

$$\text{헷지비율}(h) = \frac{\text{선물포지션 규모}}{\text{헷지대상 현물의 규모}} = \frac{N_F}{N_A} \tag{식12-1}$$

(2) 최적헷지비율

헷지의 기본목적은 리스크를 최소화하는 것이다. 따라서 헷지포트폴리오의 총 리스크를 최소화하는 헷지비율을 정하면 최선이고 이를 최적헷지비율(optimal hedge ratio) 혹은 최소분산헷지비율(minimum variance hedge ratio)이라 한다. 왜냐 하면 총리스크의 크기가 분산으로 측정되기 때문이다. 최소분산헷지비율을 식으로 표시하면 다음과 같다.

$$\text{최소분산헷지비율(minimum variance HR)} = \rho \frac{\sigma_S}{\sigma_F} \qquad \text{(식 12−2)}$$

단, $\rho = \Delta S$와 ΔF간의 상관계수(correlation coefficient)

$\sigma_S = \Delta S$의 표준편차(즉, 변동성: volatility)

$\sigma_F = \Delta F$의 표준편차(즉, 변동성: volatility)

$\Delta S =$ 현물가격변화$= S2 - S1$

$\Delta F =$ 선물가격변화$= F2 - F1$

심화학습 12−1 | 최소분산헷지비율의 유도

(식 12−2)에 있는 최소분산헷지비율을 유도해 보자.

자산을 보유하고 있는 투자자가 자산가격하락을 우려하여 매도헷지를 취하 였다고 하자.

그리고 매도헷지포지션 시작시점의 현물가격과 선물가격을 각각 $S1$과 $F1$이 라 하고, 헷지포지션 마감시의 현물가격과 선물가격을 각각 $S2$와 $F2$라 하자.

헷지비율 $h = N_F/N_A$라 하고, 이 매도헷지포트폴리오의 마감시 가치를 P라 하면,

$$\begin{aligned}
P &= S2N_A - (F2 - F1)N_F \\
&= S2N_A - (S1 - S1)N_A - (F2 - F1)N_F \\
&= S1N_A + (S2 - S1)N_A - (F2 - F1)N_F \\
&= S1N_A + \Delta SN_A - \Delta FN_F \qquad (1)
\end{aligned}$$

그런데, $h = N_F/N_A$이므로,

$$N_F = hN_A \tag{2}$$

(2)를 (1)에 대입하면,

$$P = S1N_A + \Delta SN_A - \Delta FhN_A \tag{3}$$

(3)의 양변에 분산을 취하면,

$$\sigma_P^2 = (\sigma_S^2 - 2h\rho\sigma_S\sigma_F + h^2\sigma_F^2)N_A^2 \tag{4}$$

(4)는 결국 매도헷지포트폴리오의 총리스크(분산)이며, (4)를 최소화시키는 h^*를 구하면 이것이 곧 최소분산헷지비율이 된다. (4)의 최소값을 구하기 위해 미분법을 이용해보자.

ⅰ) 최소값이 되기 위한 필요조건(necessary condition)[2]: 1차미분 = 0

$$0 = \frac{d\sigma_P^2}{dh} = -2\rho\sigma_S\sigma_F + 2h\sigma_F^2$$

$$\Rightarrow h^* = \rho\frac{\sigma_S}{\sigma_F}$$

ⅱ) 최소값이 되기 위한 충분조건(sufficient condition)[3]: 2차미분 > 0

$$\frac{d^2\sigma_P^2}{dh^2} = 2\sigma_F^2 > 0$$

따라서 ⅰ)과 ⅱ)로부터 최소분산헷지비율은 $h^* = \rho\dfrac{\sigma_S}{\sigma_F}$ 이다.

(식 12-2)에 있는 최소분산헷지비율은 다음 [그림 12-1]과 같이 표현할 수 있다.

---

2) 수학에서는 '필요조건'을 '1차조건(FOC: First Order Condition)'이라고도 한다.
3) 수학에서는 '충분조건'을 '2차조건(SOC: Second Order Condition)'이라고도 한다.

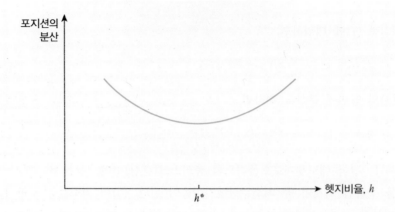

[그림 12-1] 최소분산 헷지비율

포지션의 분산

헷지비율, h

h^*

최소분산헷지비율의 의미

(식 12-2)에 있는 최소분산헷지비율의 의미를 좀더 고찰해 보자.

통계학에서 두 개의 확률변수 S와 F 사이의 상관계수는 다음과 같이 표시된다.

$$상관계수(\rho) = \frac{S와\ F\ 사이의\ 공분산}{(S의\ 표준편차)(F의\ 표준편차)} = \frac{\sigma_{SF}}{\sigma_S \sigma_F} \tag{1}$$

따라서, (1)을 최소분산 헷지비율에 대입하면 다음과 같이 표시할 수 있다.

$$h^* = \rho \frac{\sigma_S}{\sigma_F} = \frac{\sigma_{SF}}{\sigma_S \sigma_F} \frac{\sigma_S}{\sigma_F} = \frac{\sigma_{SF}}{\sigma_F^2} \tag{2}$$

그런데 (2)는 회귀분석(regression analysis)의 관점에서 보면 회귀식의 기울기에 해당된다. 즉, [그림 12-2]에 있는 회귀선의 기울기로 최소분산헷지비율(h^*)을 구할 수 있다.

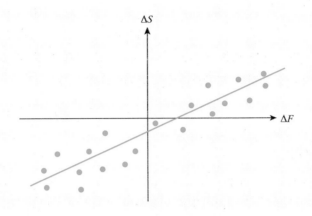

[그림12-2] 최소분산헷지비율과 회귀선

[그림 12−2]에 있는 회귀선을 1차식으로 표현하면 다음과 같다.

$$\Delta S = \alpha + \beta \Delta F + \varepsilon \qquad (식12-3)$$

단, ΔF = 선물가격변화
  ΔS = 현물가격변화
  α = y축 절편
  β = 직선(회귀선)의 기울기
  ε = 실제값과 회귀선 사이의 오차항(error term)

따라서, [심화학습12−2]는 최소분산헷지비율(h^*)이 (식12−3)의 β와 같다는 것을 의미한다. 즉, $h^* = \beta$. 이는 곧 최소분산헷지비율이 선물가격변화에 대한 현물가격변화의 민감도(sensitivity)와 같음을 의미한다. 즉,

$$h^* = \beta = \frac{\Delta S}{\Delta F} \qquad (식12-4)$$

(3) 헷지효과성

헷지효과성(hedge effectiveness)이란 헷지포트폴리오 전체 리스크(분산)가 헷지에 의해 감소되는 리스크의 비율을 의미하며, 다음과 같이 계산한다.

$$\text{헷지효과성} = \rho^2 = h^{*2}\frac{\sigma_F^2}{\sigma_S^2} \tag{식 12-5}$$

헷지효과성이 크다는 것은 헷지를 통해 리스크를 크게 줄일 수 있다는 것을 의미한다. 회귀이론에 의하면 헷지효과성은 회귀분석결과 산출되는 R^2와 동일한 의미이다.

(4) 최적계약수

최적계약수(optimal number of contract)란 최적헷징을 위한 선물계약수를 말한다. 위에서 구한 최소분산헷지비율을 이용하여 표시하면 다음과 같다.

$$\text{최적계약수} = N^* = \frac{h^{*2}Q_A}{Q_F} \tag{식 12-6}$$

단, Q_A = 헷지대상현물의 규모 = N_A
Q_F = 선물 1계약 단위

(식 12-6)은 다음과 같이 쉽게 유도할 수 있다.

$$h^* = \frac{N_F}{N_A} = \frac{N^* Q_F}{Q_A}$$
$$\Rightarrow N^* = \frac{h^* Q_A}{Q_F}$$

선도와 달리 선물을 헷지도구로 사용할 경우 일일정산(daily settlement)의 영향을 고려해 조정을 해주어야 하는데 이를 '헷지계약수의 조정(tailing the hedge)'이라 하며, 이 경우 최적계약수는 다음과 같이 산출한다. 가격이 변하면 헷지계약수도 변한다.

$$\text{최적계약수} = N^* = \frac{h^* V_A}{V_F} \tag{식 12-7}$$

단, V_A = 헷지대상현물의 가치
V_F = 선물 1계약의 가치 = 선물가격 $\times Q_F$

㈜강서기업은 겨울철 난방유가격 폭등을 우려해 헷지하고자 한다. 뉴욕상품거래소(NYMEX)에서 난방유선물의 1단위는 42,000갤론이다. 이 회사의 올겨울 난방유필요량은 약 200만갤론이라 한다. 과거 난방유현물가격과 선물가격자료를 분석해 본 결과 다음과 같은 자료를 얻었다.

난방유 현물가격변화(ΔS)의 표준편차 = σ_S = 0.0263

난방유 선물가격변화(ΔF)의 표준편차 = σ_F = 0.0313

현물가격변화와 선물가격변화 사이의 상관계수 = ρ = 0.928

갤론당 선물가격 = $1.99

갤론당 현물가격 = $1.94

┃ 사례분석 ┃

이 경우 최소분산헷지비율, 최적계약수를 각각 구해보자.

(1) 최소분산헷지비율

$$h^* = \rho \frac{\sigma_S}{\sigma_F} = 0.928 \frac{0.0263}{0.0313} = 0.7798$$

(2) 최적계약수

(i) 헷지계약수를 조정하지 않을 경우(no tailing the hedge)

$$N^* = \frac{h^* Q_A}{Q_F} = \frac{0.7789 \times 2,000,000갤론}{42,000갤론} = 37.13(약 37계약)$$

(ii) 헷지계약수를 조정할 경우(tailing the hedge)

$$N^* = \frac{h^* V_A}{V_F} = \frac{0.7789 \times (\$1.94 \times 2,000,000갤론)}{\$1.99 \times 42,000갤론}$$

$$= 36.20(약 36계약)$$

4 │ 주가지수를 이용한 헷지

1) 개념

앞에서 설명한 최적헷지의 개념을 주식포트폴리오에도 적용할 수 있다. 특히 주식포트폴리오의 분산투자가 잘 되어 있는 경우 주가지수선물을 이용하여 헷지할 수 있다. 이 경우 최소분산헷지비율(h)로 포트폴리오 베타(β)를 이용하면 된다. 왜냐하면, 앞서 설명한 바와 같이 h는 선물가격변화에 대한 현물가격변화의 민감도를 의미하는데, 베타 또한 주식시장변화에 대한 포트폴리오가치변화의 민감도이기 때문이다. 즉, $\beta = \dfrac{dV_P}{dV_M}$. 여기서 dV_P와 dV_M는 각각 포트폴리오의 가치변화와 시장(주가지수)가치의 변화를 의미한다.

따라서, 최소분산헷지비율을 이용한 최적계약수 공식(즉, (식 12-7))을 이용하면 주식포트폴리오 헷지를 위한 최적계약수는 다음과 같이 구할 수 있다.

$$\text{최적계약수} = N^* = \beta\frac{V_A}{V_F}$$

(식 12-8)

단, β = 포트폴리오 베타

V_A = 헷지대상 주식포트폴리오의 가치

V_F = 주가지수선물 1계약의 가치 = 주가지수선물가격 × 주가지수승수(IM)

주가지수승수(IM: Index Multiplier) = 주가지수를 금액으로 전환시키기 위해 곱해주는 값[4]

사례 12-4 　주가지수를 이용한 최적헷지

㈜서강증권은 잘 분산투자된 주식포트폴리오에 300억원을 투자하고 있다. 이 투자위험을 헷지하기 위해 KOSPI200주가지수선물을 이용하려고 한다. 현재 한국거래소(KRX)에서 KOSPI200선물가격은 2,000포인트이고, 지수승수는 포인트당 25만원, 그리고 이 주식포트폴리오의 베타는 1.2라 한다. 이 증권회

---

4) 예를 들어, 미국 S&P500주가지수선물의 경우 지수승수가 주가지수 1포인트당 $250이며, 한국의 KOSPI200선물의 1포인트당 지수승수는 25만원이다. 지수승수를 한국에서는 '거래승수'라고 한다.

사의 최적헷지에 대해 살펴보자.

우선, 최적계약수를 구해보면,

$$최적계약수 = N^* = \beta \frac{V_A}{V_F} = 1.2 \frac{300억 원}{2,000 \times 25만 원} = 72계약$$

즉, 서강증권은 주식포트폴리오 가치의 하락을 대비하기 위한 헷지를 해야 하므로 매도헷지포지션을 취해야 하고, 따라서 KOSPI200주가지수선물 72계약을 매도하면 된다.

2) 포트폴리오 베타의 조정

주식포트폴리오에 투자한 사람이 주식시장의 변화에 대응하기 위해 포트폴리오 베타를 조정하고자 현물주식을 매매할 경우 많은 시간과 비용이 소요될 수 있다. 예를 들어, 주식투자자가 향후 시장상황이 좋아질 것이라 예상되는 경우에는 보유주식들의 베타를 높여 주가상승에 의한 수익률 상승을 기대할 것이고, 반대로 시장상황이 나빠질 것으로 예상되면 보유주식들의 베타를 줄여 주가하락에 의한 손실을 최소화하고자 할 것이다. 그런데 보유한 주식포트폴리오의 베타를 조정하려면 보유한 주식들을 매도하거나 신규주식매입이 필요하며 이 때 매매수수료가 발생한다. 또한 매매하고자 하는 주식의 유동성 정도에 따라 매매에 많은 시간이 소요되어 적시에 베타를 조정하지 못할 수도 있다.

이러한 시간과 매매비용문제를 해결할 수 있는 한 가지 방법은 주가지수선물을 활용하는 것이다. 즉, 현물주식의 매매 없이 주가지수선물의 매입 혹은 매도만으로 주식포트폴리오 베타를 조정할 수 있는데 그 방법은 다음과 같다.

ⅰ) 포트폴리오 베타를 감소시키고자 할 때

현재 보유중인 주식포트폴리오의 베타가 β인데 이를 β^*로 감소시키고자 할 때(즉, $\beta^* < \beta$)는 다음 N^*만큼 주가지수선물에 '매도'포지션을 취하면 된다.

$$N^* = (\beta - \beta^*) \frac{V_A}{V_F} \qquad (식 12-9)$$

단, V_A = 헷지대상 주식포트폴리오의 가치

V_F = 주가지수선물 1계약의 가치＝주가지수선물가격×주가지수승수(IM)

ii) 포트폴리오 베타를 증가시키고자 할 때

현재 보유중인 주식포트폴리오의 베타가 β인데 이를 β^*로 증가시키고자 할 때(즉, $\beta^* > \beta$)는 다음 N^*만큼 주가지수선물에 '매입'포지션을 취하면 된다.

$$N^* = (\beta^* - \beta)\frac{V_A}{V_F}$$

(식12-10)

사례12-5 주가지수선물을 이용한 베타조정

현재 보유하고 있는 주식포트폴리오의 베타가 1.5이다.

현재 S&P500주가지수선물가격이 1,000포인트이고, 보유하고 있는 포트폴리오의 가치가 $5,000,000이다. S&P500선물의 지수승수가 포인트당 $250라 한다.

(1) 향후 주식시장이 나빠질 것으로 예상되어 주가지수선물을 이용하여 베타를 0.75로 줄이려 한다면 다음과 같이 N^*만큼의 S&P500주가지수선물을 '매도'하면 된다.

$$N^* = (\beta - \beta^*)\frac{V_A}{V_F} = (1.5 - 0.75)\frac{\$5,000,000}{1,000 \times \$250} = 15$$

즉, S&P500주가지수선물 15계약에 매도포지션을 취하면, 보유중인 주식포트폴리오 베타를 1.5에서 0.75로 줄일 수 있다.

(2) 향후 주식시장이 좋아질 것으로 예상되어 주가지수선물을 이용하여 베타를 2.0으로 늘리려 한다면 다음과 같이 N^*만큼의 S&P500주가지수선물을 '매입'하면 된다.

$$N^* = (\beta^* - \beta)\frac{V_A}{V_F} = (2.0 - 1.5)\frac{\$5,000,000}{1,000 \times \$250} = 10$$

즉, S&P500주가지수선물 10계약에 매입포지션을 취하면, 보유중인 주식포트폴리오 베타를 1.5에서 2.0으로 늘릴 수 있다.

5 | 베이시스와 유효가격

1) 베이시스

(1) 베이시스의 정의

베이시스(basis)란 현물가격과 선물가격의 차이를 말한다. 일반적으로 베이시스는 다음식과 같이 정의된다.[5]

$$베이시스(basis) = 현물가격 - 선물가격 = S - F \qquad (식 12-11)$$

베이시스가 증가하는지 혹은 감소하는지에 따라 헷저에게 이익이 되기도 하고 손실이 되기도 한다. 예를 들어, 베이시스가 증가한다는 것은 베이시스가 양(+)이 된다는 것을 의미하며, 이는 선물가격에 비해 현물가격이 더 증가하므로 매도포지션을 취하는 자에게 유리하며, 반대로 베이시스가 감소한다는 것은 베이시스가 음(-)이 된다는 것을 의미하며 이는 현물가격에 비해 선물가격이 상대적으로 더 증가함을 의미하므로 매입포지션을 취한 자에게 이익이 된다. 이를 정리하면 다음과 같다.

베이시스의 증가(strengthening of the basis, positive) ⇒ 매도헷저 이익
베이시스의 감소(weakening of the basis, negative) ⇒ 매입헷저 이익

참고로 제로 베이시스 헷지(zero basis hedge)란 만기까지 현물과 선물을 동시에 보유하여 베이시스 위험을 없애는 헷지를 말한다.

(2) 베이시스 리스크

[그림 12-3]에서 보는 바와 같이 시간이 경과함에 따라 현물가격변화와 선물가격변화가 다르기 때문에 베이시스는 시간에 따라 변하게 된다.

---

5) '베이시스=선물가격-현물가격=$F-S$'로 정의되기도 하는데 특히 기초자산이 금융자산인 경우에 종종 사용된다. 어떻게 정의하든 상관없으며 해석만 유의하면 된다.

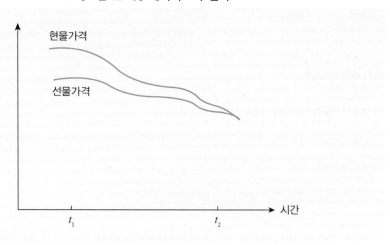

[그림 12-3] 베이시스의 변화

현물가격

선물가격

시간

t_1 t_2

다음과 같은 용어를 사용하여 베이시스의 변화에 대해 살펴보자.

$S1 = t_1$ 시점에서의 현물가격

$F1 = t_1$ 시점에서의 선물가격

$S2 = t_2$ 시점에서의 현물가격

$F2 = t_2$ 시점에서의 선물가격

$b1 = t_1$ 시점에서의 베이시스 $= S1 - F1$

$b2 = t_2$ 시점에서의 베이시스 $= S2 - F2$

매도헷징을 t_1 시점에서 시작하고, t_2 시점에서 마감한다고 가정하면,

마감시점에서의 실제 매도가격
$$= S2 + (F1 - F2) = F1 + (S2 - F2) = F1 + b2.$$

즉, 마감시점(t_2)에서 매도헷저의 실제 매도가격은 현재 선물가격($F1$)과 마감시점의 베이시스($b2$)의 합이다. 그런데 현재시점(t_1)에서 볼 때 $F1$은 이미 알고 있는 상수값이지만, $b2$는 마감시점(t_2)에 가야 알 수 있는 미지수이다. 만일 $b2$값을 미리 알 수 있다면 미래 베이시스에 대한 리스크가 없지만, 미리 알 수 없다면 미지수 $b2$ 때문에 미래 실제매도가격은 예측할 수 없게 된다. 이러한 리스크를

'베이시스 리스크(basis risk)'라 한다.

참고로, 선물만기에는 현물가격이 선물가격에 수렴하므로(뒤에서 자세히 설명함) 만기시점에서의 베이시스는 0이 된다. 이 경우에는 베이시스 리스크가 존재하지 않으며 미래 실제매매가격을 정확히 예측할 수 있으며 완전헷지가 가능하다. 따라서 미래 매매시점에서의 베이시스가 예측가능하면 완전헷지가 가능하지만, 그렇지 않을 경우 불완전헷지가 된다.

2) 유효가격

(1) 유효가격의 개념

선물을 이용하여 헷지를 할 경우, 헷지 마감시점에 헷지포지션에서 손익이 발생하기 때문에 실제 매입가격 혹은 매도가격은 마감시점(매매시점)의 현물가격이 아니라 마감시점의 현물가격에 선물손익을 더해주어야 한다. 즉, 매입헷지를 한 투자자의 경우 실제로 현물을 매입하게 되는 시점에서는 선물포지션을 마감하고 현물을 매입하게 된다. 따라서 선물마감 시 손익을 현물매입 시 활용할 수 있으므로 실제 매입가격은 달라지게 된다. 매도헷지의 경우도 마찬가지이다. 예를 들어, 매입헷지를 한 투자자가 현물을 매입하고자 하는 시점에서 선물을 마감하니 $10의 이익이 있었다고 가정하고, 매입 시 시장에서 현물가격이 $100라 하면, 이 투자자는 $90만 추가하면 현물을 매입할 수 있으니 실제로 이 투자자가 지불하는 매입가격은 $90가 되는 것이다. 이러한 실제매매가격을 '유효가격(EP: effective price)'혹은 '실질가격'이라 한다. 본서에서는 유효가격이라는 용어를 주로 사용하고자 한다.

(2) 유효가격의 산출방법

① 매입헷지의 경우

앞에서 정의한 용어를 사용하여 유효가격 산출방법에 대해 알아보도록 하자.

[표 12−3]에서 보는 바와 같이 매입포지션을 취한 경우 현물을 실제 매입하는 시점에 지불해야 하는 유효매입가격은 현물가격에서 선물손익을 차감한 가격이다. 선물매입에서 이익을 얻었다면(즉, $F2 - F1 > 0$) 그만큼 유효매입가격은 작아질 것

[표 12-3] 매입헷지의 유효가격

구분	수식
매입 시 현물가격(A)	$S2$
선물손익(B)	$F2 - F1$
유효매입가격($A - B$)	$S2 - (F2 - F1) = F1 + (S2 - F2) = F1 + b2$

이고, 선물매입에서 손실을 입었다면(즉, $F2 - F1 < 0$) 그만큼 유효매입가격은 커질 것이다.

② 매도헷지의 경우

매입헷지와 마찬가지 방법으로 유효가격을 산출할 수 있다.

[표 12-4] 매도헷지의 유효가격

구분	수식
매도 시 현물가격(A)	$S2$
선물손익(B)	$F1 - F2$
유효매도가격($A + B$)	$S2 + (F1 - F2) = F1 + (S2 - F2) = F1 + b2$

[표 12-4]에서 보는 바와 같이 매도포지션을 취한 경우 현물을 실제 매도하는 시점에 받을 수 있는 유효매도가격은 현물가격에서 선물손익을 합산한 가격이다. 선물매도에서 이익을 얻었다면(즉, $F1 - F2 > 0$) 그만큼 유효매도가격은 커질 것이고, 선물매도에서 손실을 입었다면(즉, $F1 - F2 < 0$) 그만큼 유효매도가격은 작아질 것이다.

6 | 헷지에 관한 찬반논쟁

1) 찬성입장의 논리

헷지를 찬성하는 측의 논리는 일반기업이나 투자자는 리스크관리의 전문가가 아니라는 점에서 출발한다. 이자율, 환율, 물가상승률 등 거시경제 변수들은 미래에 어떻게 변할지 예측하기도 힘들고 관리하기도 힘들다. 이러한 시장변수들에 의해 야기되는 리스크들은 기업이나 투자자의 이익에 큰 영향을 미치지만 리스크관리 전문가가 아니면 관리하기 힘들 뿐만 아니라 리스크관리에는 많은 시간과 비용이 수반된다. 따라서 체계적이고 과학적인 리스크관리에 전문성이 없는 기업이나 투자자 입장에서는 리스크관리는 리스크 전문가들에게 맡기고 자신들은 자신의 고유업무에 집중하는 것이 훨씬 합리적이다. 이것이 헷지에 찬성하는 측의 가장 중요한 논리적 근거이다. 예를 들어, 반도체를 만들어 수출하는 기업이 다른 경쟁기업들에 비해 뛰어난 경쟁력을 가지기 위해서는 반도체 제조기술이나 판매노하우가 가장 중요하다. 따라서, 반도체수출에서 경쟁력을 갖기 위해서 연구개발 등에 집중하고 투자해야 할 것이다. 반도체기업이 수출대금을 관리하기 위해 환율이 시장에서 어떻게 변하는지 환율 연구에 집중한다고 하면 기술에도 집중하지 못하고 전문성이 없는 환율리스크관리에도 실패하여 결국 생존을 위협받게 될 것이다. 환율리스크는 헷지로 관리하고 회사는 기술개발과 시장개척에 전념할 때 가장 경쟁력 있는 회사가 될 것이라는 것이 헷지를 찬성하는 측의 핵심논리이다.

2) 반대입장의 논리

(1) 헷지와 주주

회사의 주주들이 스스로 분산투자를 통해 각자 리스크를 관리 할 수 있으므로 기업입장에서는 헷지가 필요하지 않다는 주장인데 일견 그럴 듯하지만 몇 가지 문제점이 있다. 첫째, 이러한 논리가 성립되려면 주주들이 가지고 있는 정보의 질과 양이 기업이 가지고 있는 것과 거의 같아야 한다. 즉, 정보의 비대칭성(asymmetry of information)이 없어야 하지만, 이는 매우 비현실적이다. 둘째, 거래비용문제이다. 주주 개인이 분산투자를 위해 지불해야 하는 거래수수료는 기업이나 기관투자자(투자회사, 연금, 기금 등)가 대량으로 매매할 때 지불하는 거래수수수료에 비해 훨씬 높다. 따라서, 이러한 두 가지 문제점만 보더라도 주주들이 스스로 분산투자 할 수 있으므로 헷지가 필요 없다는 주장은 현실성이 약하다고 볼 수 있다.

(2) 헷지와 경쟁자

경쟁자는 헷지를 하지 않고 나만 할 경우 오히려 나의 리스크가 커진다는 주장이다. 예를 들어, 금(gold)을 원료로 하는 보석(jewelry) 제조기업을 생각해 보자.

대부분의 보석제조회사들은 금가격에 대해 헷지를 하지 않는데 한 회사만 금선물을 이용하여 헷지한다고 하자. 금가격을 헷지하지 않은 기업들의 경우 원료인 금가격이 변동하면 보석가격도 변동시켜 원가변동충격을 보석가격변동으로 흡수하게 되어 이익의 변동성은 없어져 리스크는 없게 된다. 그러나 헷지한 기업의 경우 원가인 금가격변동성은 없어지지만 보석가격변동성은 그대로 남아 이익의 변동성이 생기고 따라서 리스크가 생기게 된다.

이를 도식으로 설명하면 [표 12-5]와 같다.

[표 12-5] 헷지와 경쟁자

금가격	보석가격	헷지하지 않은 기업 손익변동	헷지한 기업 손익변동
상승	상승	변동 없음	증가
하락	하락	변동 없음	감소

주) 이익=보석가격－금가격
  1) 헷지하지 않은 기업: △이익=△보석가격－△금가격=0 (금가격변동분만큼 보석가격을 변동시키므로)
  2) 헷지한 기업: △이익=△보석가격－△금가격=△보석가격 (왜냐하면, 금헷지 때문에 △금가격=0이므로)

그러나, 대부분의 기업들은 미래원자재의 가격변동에 대해 어떤 식으로든 대비하기 마련이다. 원자재의 재고를 이용하든 파생상품을 이용하든 헷지를 하기 때문에 대부분의 기업들이 헷지를 하지 않고 우리 기업만 한다는 가정 자체가 비현실적이라 할 수 있다.

(3) 헷지와 경영자

헷지를 반대하는 또 다른 논리는 경영자들의 헷지에 대한 이해부족이다. 즉, 헷지는 이익을 최대화하는 전략이 아니고 리스크를 최소화하는 전략이기 때문에 때로는 헷지로 인해 손실을 볼 수도 있기 때문이다. 따라서 이익을 최대화하는 것이 목표인 경영자입장에서는 헷지를 잘해 이익이 나는 것은 당연시 하지만, 헷지를 잘못해 손실이 발생하는 것은 이해하지 못하는 경향이 있다는 것이다. 이런 이유로 재무담당자는 헷지를 기피하는 경향이 있다는 것이다. 그러나, 헷지의 본질은 리스크를 최소화하고 회사의 고유 사업에 집중하여 이익을 최대화하는 것이므로 이러한 헷지의 본질을 경영자에게 설득하는 것이 바람직하지, 경영자의 헷지에 대한 이해부족을 이유로 헷지가 필요할 때 헷지를 기피하는 것은 바람직한 태도로 보기 어렵다.

 이상의 3가지 헷지반대논리는 현실적으로 타당성이 부족하며, 따라서 헷지는 리스크를 줄이기 위해 꼭 필요한 전략이라 할 수 있다.

선물과 선도의
가격결정모형

파 생상품이론에서 가격결정이론의 중요성은 아무리 강조해도 지나치지 않을 것이다. 시장에 차익거래기회가 없다고 가정하거나 시장이 균형상태에 있다고 가정하고 이론적으로 구한 가격이 시장에서 수요와 공급에 의해 결정된 시장가격과 다소의 차이가 있을 수 있으나, 이론적인 모형으로 구한 가격이 갖는 의미는 매우 크다. 이론적인 모형들은 최대한 이상적인 시장상황을 가정하므로 시장에서 형성되는 가격이 공정한 가격(fair price)인지에 대한 좋은 비교기준(benchmark)을 제공한다. 이론적인 가격을 알지 못한다면 현재 시장에서 형성된 시장가격이 과연 적절한 수준인지, 본질가치를 충분히 반영하고 있는 것인지, 그리고 고평가되어 있는지 아니면 저평가되어 있는지 등에 대해 판단할 합리적인 근거를 찾기가 힘들어진다. 또한 가격결정모형들은 미래 시장가격이나 시장가격의 변화방향을 예측하는 것을 가능하게 해주기 때문에 시장참여자들의 다양한 의사결정에 도움을 준다.

이러한 이론적인 가격결정모형의 중요성을 감안하여, 여기서는 선물과 선도의 이론적인 가격을 결정하는 보유비용모형(cost of carry model)에 대해 분석하고자 한다. 특히, 파생상품의 경우 대부분 균형이론(equilibrium theory)보다는 무차익거래이론(no arbitrage theory)을 적용하여 가치를 평가하기 때문에 기초자산이 소비자산인지 아니면 투자자산인지의 분류도 아주 중요하다. 또한 선물의 경우 일일정산(daily settlement)제도가 있어 선도의 가격결정방법과 다소 다를 수 있는데 둘 사이의 차이점에 대해서도 자세히 고찰할 필요가 있다. 그 외에도 공매도(short selling)의 개념, 보유비용의 의미, 선도계약 자체의 가치평가 등도 이번 장에서 다루게 되는 중요한 주제들이다.

1 │ 소비자산과 투자자산

선물과 선도의 가격결정모형을 유도하기 위해서는 기초자산이 소비자산인지 투자자산인지 구분할 필요가 있다. 왜냐하면 가격결정모형을 유도할 때 차익거래(arbitrage) 논리를 사용하는데 소비자산을 기초자산으로 하는 선물이나 선도의 경우 차익거래논리를 사용할 수 없기 때문이다.[1] 따라서 소비자산과 투자자산의 개념을 정확히 이해할 필요가 있다.

1) 소비자산

소비자산(consumption asset)이란 소비를 주목적으로 보유하는 자산을 말한다. 따라서 소비자산은 투자목적이 아니라 소비목적으로 보유하는 자산으로서 대표적으로 농산물(옥수수, 콩, 오렌지 주스 등), 축산물(돼지고기, 생우, 생돈 등), 광산물(원유, 구리, 천연가스 등), 임산물(목재 등), 그리고 에너지(전기 등) 등이 있다. 소비자산의 경우 시간과 공간의 제약, 변질가능성 등으로 공매도가 어렵고 따라서 차익거래논리를 적용하기 어렵다. 또한 보유편익(convenience yield)이라는 측정하기 어려운 추가소득이 존재하는 경우가 많아 가격모형을 구축하는 것이 투자자산보다 훨씬 어렵다.[2]

2) 투자자산

투자자산(investment asset)이란 불특정다수에 의해 소비가 아닌 투자를 목적으로 보유되는 자산을 말한다. 때로는 투자자산이 소비목적으로 사용되기도 하는데, 예컨대 금과 은의 경우가 그렇다. 금은 보석으로 만들어 소비목적으로 사용하기도 하고, 건강을 위해 식용으로 첨가하기도 한다. 은도 공장에서 소비재의 공업

---

1) 재무금융분야에서 가격결정모형을 구축하기 위해서 일반적으로 사용되는 이론은 크게 두 가지로 나눌 수 있다. 첫째, 균형이론(equilibrium theory)이 있는데, 이는 수요와 공급이 일치되는 안정적인 시장상황하에서 가격모형을 세우는 것이며 대표적인 것으로 '자본자산가격결정모형(CAPM: Capital Asset Pricing Model)이 있다. 둘째, 무차익거래이론(no arbitrage theory)이 있는데, 이는 무위험차익거래기회가 없는 안정적인 시장상황을 가정하여 가격모형을 세우는 것으로서 대표적으로 본서에서 다루게 될 선물가격결정이론이나 블랙-숄즈-머튼 옵션가격결정모형(Black-Scholes-Merton Option Pricing Model) 등이 있다.
2) 공매도(short selling)나 보유편익(convenience yield) 등의 개념에 대해서는 뒤에서 자세히 다룬다.

용 재료로 사용되기도 한다. 따라서 투자자산으로 분류되기 위해서는 상당한 수의 투자자들이 오직 투자목적으로만 그 자산을 보유해야 한다는 조건이 충족되어야 한다. 대표적인 투자자산으로서 주식, 채권과 같은 금융자산을 들 수 있다. 투자자 산의 경우 공매도가 가능하여 차익거래논리로 가격결정모형을 도출할 수 있다.

2 | 공매

1) 공매의 개념

가격결정모형을 유도하기 위해 사용하는 차익거래이론에서 공매라는 개념은 매우 중요하게 사용된다. 공매(空賣: short selling 혹은 selling short)란 '없는 것을 판 다'라는 의미인데, 자기가 소유하지 않는 자산(주식이나 채권 등)을 매도하는 것을 말한다. 공매의 정식 이름은 '공매도(空賣渡)'이다.[3] 즉, 자신이 소유하지 않는 자 산을 다른 사람에게 실제로 빌리거나, 실제로는 빌리지 않고 서류상 빌린 것으로 하여 시장에서 매도하는 투자기법이다. 주식을 빌려 매도하였으므로 추후 반드시 주식을 매입하여 주식으로 상환하여야 한다. 헷지펀드(hedge fund)들이 리스크를 줄 이면서 이익을 내기 위한 방편으로 적극적으로 이용하면서 널리 알려지게 되었다.

공매는 주가가 향후 하락할 것으로 예상될 때 사용되는 투자기법으로서, 예상 대로 주가가 하락하면 이익을 얻지만, 그렇지 않을 경우 손실을 보게 된다. 일반 적인 주식투자에서는 주가가 올라야 이익을 보지만, 주가가 하락할 때도 이익을 얻을 수 있는 투자방법으로 공매가 활용될 수 있다는 점에서 많은 투자자들의 관 심을 받고 있다.

| Tip / 주요 용어 | 헷지펀드 |

1) 개념
헷지펀드(hedge fund)는 처음 도입되었을 때는 공매전략을 잘 활용하여 비교적 안전한 투자상품이었으나, 지금은 적극적으로 저평가된 자산들을 전세계에서 발굴

---

3) 본서에서는 편의상 공매도 대신 공매라는 용어를 주로 사용한다.

하여 공격적으로 투자하게 되면서 많은 나라들이 규제하고 있는 위험상품으로 변질되고 있다.

2) 헷지펀드와 뮤추얼펀드의 차이
일반적으로 뮤추얼펀드(mutual fund)의 경우 헷지펀드에 없는 다음과 같은 규제들이 있다.
　ⅰ) 투자정책에 대한 공개
　ⅱ) 투자자가 원하는 시점에 환매(redemption) 가능
　ⅲ) 레버리지(부채) 사용의 제한
　ⅳ) 공매불가 등

3) 헷지펀드의 종류
주식 매입/매도(long/short equities), 전환가능차익거래(convertible arbitrage), 부도위험증권(distressed securities), 신흥시장(emerging markets), 세계거시변수(global macro), 합병차익거래(merger arbitrage) 등이 있다.

2) 공매 방법

공매절차를 주식 공매의 예를 통해 순서대로 설명하면 다음과 같다.
* 공매를 원하는 측은 자신의 중개인(딜러 혹은 브로커)에게 공매의사를 전한다.
* 공매의사를 전달받은 중개인은 자신의 고객들 중 주식을 빌려줄 고객을 찾는다.
* 빌려줄 고객을 찾으면 공매주식수, 공매기간, 공매조건(수수료 등) 등을 협의하여 정한다.
* 공매조건이 정해지면 이를 공매를 원하는 측과 협의하여 확정하고 공매계약을 체결한다.
* 공매로 주식을 넘겨받은 측은 주식을 시장에서 매도하고 매도자금을 적절한 투자처에 공매기간 동안 투자한다.
* 공매기간 안에 발생하는 중도수익금(배당금, 이자 등)은 주식을 빌려준 측 계좌에 입금한다.
* 공매만기가 되면 공매한 측이 시장에서 동일한 주식을 매입하여 주식을 빌려준 측에 전달해야 하고, 공매수수료도 함께 지급한다. 이 때, 시장에서 주식을 매입하여 공매계약을 마감하는 것을 '환매수(short covering)'라 한다.

사례 13-1	공매 현금흐름

한 투자자가 향후 A주식의 가격이 하락할 것으로 예상하고 100주를 $100에 공매하였다. 공매기한은 3개월이고 공매기한 도중 한 차례 주당 $3의 배당이 예정되어 있다. 3개월 후 공매만기일에 시장에서 주당 $90에 공매를 마감하였다고 한다. 공매투자자의 현금흐름과 공매대신 주식을 매입하였을 경우 현금흐름을 비교하라.

┃ 사례분석 ┃

[표 13-1] 공매 현금흐름

시간	공매	주식매입
$t=1$(공매시)	100주×$100/주=+$10,000	100주×(−$100)/주=−$10,000
$t=2$(배당시)	100주×(−$3)/주=−$300	100주×$3/주=+$300
$t=3$(마감시)	100주×(−$90)/주=−$9,000	100주×$90/주=+$9,000
손익	+$700(이익)	−$700(손실)

* [표 13-1]에서 보는 바와 같이 예상대로 주가가 $100에서 $90로 하락할 경우 공매투자자는 총$700의 이익을, 단순 주식매입자는 $700의 손실을 보게 된다.
* 그러나, 예상과 달리 주식가격이 상승한다면 반대의 현금흐름이 생기게 된다.
* 위 사례분석에서는 편의상 공매수수료를 포함시키지 않았으나, 현실적으로는 수수료를 감안하여야 한다. 만일 공매투자자가 공매시 주식을 시장에서 매도하고 매도금액을 투자해서 얻은 투자수익금이 수수료보다 크면 이익은 더 커지고, 반대로 투자수익금이 수수료보다 작으면 이익은 줄어들게 된다. 최소한 공매자는 무위험이자만큼의 투자수익은 얻을 수 있다.

3) 공매관련 주요 제도

(1) 공매와 대주

일반적으로 공매는 주식을 실제 빌리지 않고 계약상으로만 빌려 매도히는 무대차공매(naked short selling)와 주식을 실제로 주고받으면서 매도하는 대차공매(covered short selling)로 구분된다. 무대차공매를 흔히 '공매'라 부르며, 대차공매도를 '대주(貸株)'라 부르기도 한다. 무대차공매의 허용 여부는 나라마다, 시장마다 다르므로 확인한 후 활용할 필요가 있다.

(2) 공매 호가 가격제한 규정

시장에서 공매가 이루어지면 일반 투자자들은 향후 그 주식의 가격이 하락할 것으로 예상하게 된다. 그러면 그 주식 보유자들은 주가가 하락하기 전에 주식을 매도하여 손실을 줄이려 하기 때문에 일시에 시장에 매도물량이 급증하고 이는 그 주가의 추가하락을 가져올 수 있다. 이러한 공매로 인한 주가폭락을 예방하기 위한 제도적 장치로 공매 시 매도호가를 제한하는 규정이 있는 데 이를 '공매호가 가격제한규정' 혹은 '업틱 룰(up-tick rule)'이라고 한다.

업틱 룰은 1938년 미국에서 처음 도입되었는데, 그 당시에는 공매를 '주가 상 승시'에만 할 수 있도록 제한을 둠으로써 시장에서의 연쇄적인 주가하락을 방지하고자 하였다. 그러다 2010년 '대안 업틱 룰(alternative up-tick rule)'이 도입되었는데, 주요 규제내용을 보면, 첫째, 주가가 10% 이상 하락할 경우 당일과 익일에는 공매를 금지한다는 것이고, 둘째, 공매 시 매도 가격은 최근 주가 중 최고치보다 작을 수 없다는 것이다.

---

3 | 보유비용, 선도가격, 선물가격

1) 보유비용

보유비용은 선도와 선물가격에서 매우 중요한 개념이다. 보유비용(cost of carry) 이란 자산을 일정기간 보유하는 데 드는 비용을 말한다. 이를 수식으로 표현하면 다음과 같다.

$$보유비용 = 자산을 \ 일정기간 \ 보유하는데 \ 드는 \ 비용$$
$$= 투자비용 - 투자수익$$
$$= (자본비용 + 보관비용) - (배당소득 + 보유편익) \qquad (식13-1)$$

(식 13-1)에서 보는 바와 같이 보유비용은 투자비용에서 투자수익을 차감한 것인데, 투자비용은 자산구입으로 발생하는 자본비용(cost of capital)에 자산보관비용(storage cost)을 더한 것이고, 투자수익은 자산을 보유함으로써 발생하는 수익으로서 배당소득(dividend income), 이자소득(interest income), 보유편익(convenience yield) 등을 더한 값이다. 자산별로 위의 5가지 항목이 모두 포함되는 경우도 있고, 어떤 자산의 경우에는 5가지 항목 중 일부만 포함되는 경우도 있다. 예를 들어, 주식을 보유하는 경우, 투자비용에는 자본비용이 있고, 투자수익에는 배당소득이 있다. 옥수수처럼 상품을 보유하는 경우, 투자비용에는 자본비용, 보관비용이 포함되고, 투자수익에는 보유편익 등이 포함된다. 보유편익에 대해서는 뒤에서 좀 더 자세히 살펴볼 것이다. 본서에서 선도가격이나 선물가격을 구하는 모형은 일반적으로 보유비용을 활용하기 때문에 흔히 '보유비용모형(cost of carry model)'이라고 부른다.

2) 선도가격과 선물가격

일반적으로 선도가격(forward price)을 구하는 것이 선물가격(futures price)을 구하는 것보다 더 쉽다. 그 주된 이유는 선도계약은 일일정산을 하지 않고 오직 만기일에 한번 정산하지만, 선물계약은 일일정산을 하기 때문이다. 그러나, 일반적으로 선도계약과 선물계약의 만기가 같다면 동일한 기초자산에 대해, 선도가격이 선물가격에 근접한다. 따라서, 보통 선도가격을 구하는 모형을 선물가격을 구하는 모형으로 그대로 사용한다.

선도가격과 선물가격 사이의 관계를 만기까지 이자율이 변동하지 않는 경우와 변동하는 경우 둘로 나누어 고찰해 보자.

(1) 만기까지 이자율이 변동하지 않는 경우

선물과 선도의 만기가 동일하고, 만기까지 무위험이자율(r)이 일정하다고 가정하면 선도가격과 선물가격이 항상 같아야 함을 이론적으로 증명할 수 있다([심화학습 13-1] 참조).

증명을 위해 다음과 같은 기호를 사용한다.

$r =$ 일일 무위험이자율(daily risk−free rate),

$T =$ 선물과 선도의 만기,

$S_T =$ 만기(T)시 현물가격,

$F_i = i$일(day i)의 선물가격,

$G_i = i$일(day i)의 선도가격,

$e =$ 자연로그(log natural: ln)의 밑(base) $=$ 2.718282...

그리고 이자계산은 연속복리로 한다고 가정한다.

(i) **투자포트폴리오 1: 채권포지션+선물포지션**

> (채권포지션) 현재가격이 F_0인 무위험채권 매입
> (선물포지션) (매일) i일에 e^{ir}만큼의 선물 매입포지션

⇒ 선물포지션의 i일 이익 $= (F_i - F_{i-1})e^{ir}$

⇒ 선물포지션 i일 이익의 만기(T)시 가치 $= [(F_i - F_{i-1})e^{ir}]e^{(T-i)r}$

$= (F_i - F_{i-1})e^{Tr}$

⇒ 선물포지션의 만기(T)시 총가치 $= \sum_{i=1}^{T}(F_i - F_{i-1})e^{Tr}$

$$= e^{Tr}\sum_{i=1}^{T}(F_i - F_{i-1})$$

$$= e^{Tr}(F_T - F_0) \tag{1}$$

⇒ 채권포지션의 만기(T)시 가치 $= F_0 e^{Tr}$ $\qquad$ (2)

⇒ 만기(T)시 투자포트폴리오 1의 총가치 $= (1) + (2)$

$$= e^{Tr}(F_T - F_0) + F_0 e^{Tr}$$

$$= F_T e^{Tr}$$

$$= S_T e^{Tr} \text{(현물가격과}$$

$$\text{선물가격의 수렴)}$$

(ii) 투자포트폴리오 2: 채권포지션+선도포지션

> (채권포지션) 현재가격이 G_0인 무위험채권 매입
>
> (선도포지션) e^{Tr}만큼의 선도 매입포지션

⇒ 채권포지션의 만기(T)시 가치 $= G_0 e^{Tr}$ (3)

⇒ 선도포지션의 만기(T)시 가치 $= e^{Tr}(G_T - G_0)$ (4)

⇒ 만기(T)시 투자포트폴리오 2의 총가치 $=(3)+(4)$

$$= G_0 e^{Tr} + e^{Tr}(G_T - G_0)$$

$$= G_T e^{Tr} = S_T e^{Tr}$$

(iii) 투자포트폴리오 1과 2의 가치 비교

(i)과 (ii)로부터, 투자포트폴리오 1과 2의 만기(T)시 가치는 $S_T e^{Tr}$로 동일하다.

따라서 차익거래기회가 없다면 투자포트폴리오 1과 2의 현재가치도 같아야 한다.

그런데, 투자포트폴리오 1의 초기가치(투자액) $= F_0 =$ 현재 선물가격

투자포트폴리오 2의 초기가치(투자액) $= G_0 =$ 현재 선도가격

결론적으로, 만기 시까지 무위험이자율(r)이 일정하다면, 현재 선물가격= 현재 선도가격이 된다.

주) 증명의 출처: Cox, J.C., J.E. Ingersoll, and S.A. Ross, "The Relation between Forward Prices and Futures Prices", *Journal of Financial Economics*, Vol.9(Dec. 1981), pp.321－346.

(2) 만기까지 이자율이 변동하는 경우

선물과 선도 만기까지 무위험이자율이 변동한다면 이자율리스크에 노출되고 따라서 선물가격과 선도가격 사이의 관계를 정확히 예측하는 것은 불가능하다. 즉, 선물의 경우 매일 일일정산을 하여 증거금잔액이 유지증거금보다 작으면 마진 콜(margin call)을 받게 되어 추가증거금을 납입해야 하며, 반면 증거금잔액이 개시 증거금보다 많으면 초과금액을 인출하여 어딘가에 재투자할 수 있다. 그런데 일일

이자율(r)이 변동하게 되면 추가증거금 납입을 위한 자본조달비용이나 재투자수익률이 변동하게 되므로 만기 시 투자전략 1의 정확한 가치가 얼마가 될지 예측할 수 없다.

그러나, 무위험이자율이 변동되는 경우 선물가격과 선도가격 사이의 관계를 전혀 알 수 없는 것은 아니고, 이자율과 기초자산인 현물가격 사이의 상관관계를 통해 대략의 관계를 유추할 수 있다. t 시점의 이자율(r_t)과 현물가격(S_t) 사이의 상관계수를 ρ라 하자.

① $\rho > 0$ 경우
상관계수가 양수라는 것은 이자율과 현물가격이 같은 방향으로 변동함을 의미한다. 즉, 이자율이 상승하면 현물가격도 상승하고, 이자율이 하락하면 현물가격도 하락한다는 것이다. 선물에 매입포지션을 취한 경우를 생각해보자.

현물가격 상승 ⇒ 선물매입포지션 이익 ⇒ 재투자 수익 상승(∵ 이자율도 상승)
현물가격 하락 ⇒ 선물매입포지션 손실 ⇒ 추가증거금비용 하락(∵ 이자율도 하락)

따라서, 선물이 선도보다 유리하다.
그러므로, 상관계수가 양수(+)이면, 선물가격 > 선도가격이 된다.

② $\rho < 0$ 경우
상관계수가 음수라는 것은 이자율과 현물가격이 반대 방향으로 변동함을 의미한다. 즉, 이자율이 상승하면 현물가격은 하락하고, 이자율이 하락하면 현물가격은 상승한다는 것이다. 선물에 매입포지션을 취한 경우를 생각해보자.

현물가격 상승 ⇒ 선물매입포지션 이익 ⇒ 재투자 수익 하락(∵ 이자율은 하락)
현물가격 하락 ⇒ 선물매입포지션 손실 ⇒ 추가증거금비용 상승(∵ 이자율은 상승)

따라서, 선물이 선도보다 불리하다.
그러므로, 상관계수가 음수(−)이면, 선물가격 < 선도가격이 된다.

다만, 상관계수가 0보다 작은 경우, 재투자수익의 크기와 추가증거금비용의 크기 중 어느 것이 더 크냐에 따라 결과는 달라지므로 일률적으로 선물가격과 선도가격의 크기를 비교하기는 쉽지 않다. 대략적인 관계로 이해하는 것이 바람직하다.

3) 선물가격 결정원리

선물과 선도의 만기는 통상 1년 미만으로 비교적 짧으므로 이 기간 동안 이자율의 변동도 그리 크지 않으며, 따라서 선도가격과 선물가격은 근접한다고 볼 수 있다. 그러므로 지금부터는 선물과 선도의 만기까지 금리가 크게 변동하지 않는다는 가정하에 선도가격을 구하는 공식을 선물가격에도 그대로 적용하여 사용하고자 한다.

돈의 시간적 가치(time value of money)를 이용하여 미래가치를 구할 때 다음과 같은 원리를 적용한다.

미래가치 = 현재가치 + 이자   (식 13-2)

(식 13-2)에서 이자는 현금을 보유하는 데 따른 수익이므로 보유수익으로 간주할 수 있고, 따라서 이와 같은 원리를 선물이나 선도가격을 구하는 공식에 적용할 수 있다. 즉, 선물(선도)가격은 미래의 현물가격을 미리 정하는 것이며 선물(선도)가치는 미래가치이고, 현물가격은 현재가치이므로 (식 13-2)와 같은 원리를 다음 (식 13-3)과 같은 선물(선도)가격결정에 적용할 수 있는 것이다.

선물(선도)가격 = 현물가격 + (현물)보유비용   (식 13-3)

(식 13-3)은 (식 13-1)에 있는 보유비용을 활용하고 있는바, 이는 다음과 같은 논리로 쉽게 설명할 수 있다. 선물(선도)가격은 현물의 미래가격이므로 현재 시장에서 현물을 구입하여 선물(선도) 만기까지 보유하면 만기 시 현물가격이 곧 지금의 선물(선도)가격과 같아야 한다. 그런데 만기 시까지 현물을 보유한다는 것은 첫째, 현물을 지금 매입해야 하므로 현재 현물가격만큼의 자금이 필요하고, 둘째, 매입한 현물을 만기까지 보유하기 위해서는 자산의 종류에 따라 (식 13-1)에 있는 만큼의 보유비용이 발생하는 것이다. 따라서 현물가격과 보유비용을 합한 것이

곧 지금의 선물(선도)가격이라고 볼 수 있는 것이다. 이것이 다름아닌 선물(선도)가격의 '보유비용모형'인 것이다.

4) 선물가격(F)과 미래 현물가격의 기대치

현재의 선물가격은 미래 현물가격에 대한 투자자들의 예측치임은 앞서 이미 설명한 바 있다. 즉, 시장이 완전히 효율적이라면 현재(t)의 선물가격은 선물 만기(T) 시점의 현물가격의 기대치와 동일해야 한다. 이를 식으로 표현하면 다음과 같다.

$$F_t = E(S_T)$$

(식13-4)

그런데, 일반적으로 시장은 완전하게 효율적이지 못하므로 실제 시장에서 (식13-4)가 성립하기는 거의 불가능하고 선물가격은 기대현물가격보다 크거나 작다.

(1) $F_t > E(S_T)$ 경우: 콘탱고

현재 선물가격이 만기 시 기대현물가격보다 큰 경우를 '콘탱고(contango)'라 부른다. 콘탱고인 시장의 경우 [그림 13-1]에서 보듯이 선물가격이 계속 하락하여 선물만기에는 기대현물가격과 같아짐을 알 수 있다. 따라서, 시장이 콘탱고인 경우에는 선물에 매도포지션을 취해야 이익을 얻을 수 있다.

(2) $F_t < E(S_T)$ 경우: 정상백워데이션

현재 선물가격이 만기 시 기대현물가격보다 큰 경우를 정상백워데이션(normal backwardation)이라 한다. 경제학자 힉스(Hicks)와 케인즈(Keynes)는 투기자의 투자동기를 분석해 본 결과, 대부분의 투기자들은 선물에 매입포지션을 취하는 것을 발견하였다. 투기자들은 이익극대화가 목적이므로 투기자들이 매입포지션을 주로 취한다는 것은 매입포지션을 취해야 선물시장에서 이익을 얻음을 알 수 있다. 그런데 선물에서 매입포지션이 이익을 얻으려면 선물가격이 상승해야 하므로 [그림 13-1]에서 보는 바와 같이 정상백워데이션이 선물시장에서는 보다 정상적임을 유추할 수 있다. 정상(normal)이라는 말도 그래서 붙여진 이름이다.

[그림 13-1] 콘탱고와 정상백워데이션

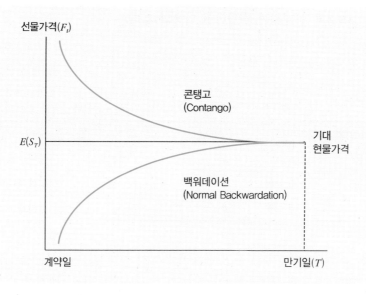

(3) 콘탱고, 정상백워데이션, 체계적 위험

체계적위험이 콘탱고나 정상백워데이션과 어떤 관계를 가지고 있는지 살펴보자.

어떤 투자자가 특정 자산에 투자하는데, 이 자산의 리스크를 감안했을 때 최소 k의 요구수익률(RRR: Required Rate of Return)을 원한다고 하자. 그리고 다음과 같은 투자포트폴리오를 구성하였다.

$$포트폴리오(P) = F_0 e^{-rT} 예금(이자율은 \ r)$$
$$+ 만기가 \ T인 \ 선물 \ 매입(L)포지션(인도가격 = F_0)$$

이러한 포트폴리오는 선물 만기(T)시점에 예금원리금 F_0를 찾아 기초자산을 한 단위 F_0에 매입할 수 있는 기회를 제공한다. 따라서, 다음과 같은 관계식이 성립한다.

$$P의 \ 현재 \ 가치 = F_0 e^{-rT} = E(S_T)e^{-kT} = 만기 \ 시 \ 매입할 \ 자산의 \ 현재가치$$
$$\Rightarrow F_0 = E(S_T)e^{(r-k)T}$$

이제 현재선물가격(F_0)과 미래기대현물가격($E(S_T)$)과의 관계를 자본자산가격결정모형(CAPM)과 연계하여 설명하면 다음과 같다.

$$CAPM: \quad k = r + \beta(ER_M - r) \quad \Rightarrow \quad F_0 = E(S_T)e^{(r-k)T}$$

[표13-2] 선물가격, 기대현물가격, CAPM

체계적 위험	베타	CAPM	F_0와 $E(S_T)$	선물가격
없음	$\beta = 0$	$k = r$	$F_0 = E(S_T)$	불편추정치
양($+$)	$\beta > 0$	$k > r$	$F_0 < E(S_T)$	정상백워데이션
음($-$)	$\beta < 0$	$k < r$	$F_0 > E(S_T)$	콘탱고

[표 13-2]에서 보는 바와 같이 체계적 위험이 전혀 없으면 선물가격은 미래현물가격에 대한 완전한 불편추정치(unbiased estimator)가 되고, 체계적 위험이 0보다 큰 양수의 경우 정상백워데이션(normal backwardation)이 되며, 체계적 위험이 음수인 경우 콘탱고(contango)가 됨을 알 수 있다. 당연히 가장 일반적이고 정상적인 상황은 베타가 양수인 경우이다.

종종 콘탱고와 정상시장, 그리고 정상백워데이션과 역조시장이라는 용어가 혼동되어 사용되기도 하지만, 본서에서는 보다 널리 사용되고 있는 용어를 사용하고 있다. 중요한 것은 콘탱고나 정상백워데이션은 현재선물가격(F_t)을 기대현물가격($E(S_T)$)과 비교하는데 반해, 정상시장과 역조시장은 현재선물가격(F_t)을 현재현물가격(S_t)과 비교하는 개념이라는 것이다.

[그림 13-2]에서 왼쪽 그림 (a)가 $F_t > S_t$인 '정상시장(normal market or premium market)'이고, 오른쪽 그림 (b)가 $F_t < S_t$인 '역조시장(inverted market or discount market)'이다(단, $F_t = t$시점의 선물가격, $S_t = t$시점의 현물가격).

시장에서는 일반적으로 '정상시장'이 정상상황이라 볼 수 있는 데, 그 이유는 현재 선물가격은 미래 현물가격의 예측치이므로 현재 현물가격보다 높기 때문이다. 즉, 물가상승(인플레이션)을 감안해 볼 때 미래 현물가격이 현재 현물가격보다 높은 것이 정상이다. 예외적으로 역조시장은 현재의 공급부족, 현재의 수요과다,

혹은 예상되는 잉여 등의 이유로 발생한다. 즉, 물가상승이 아닌 물가하락(디플레이션)이 역조시장의 원인이다.

[그림 13-2] 정상시장과 역조시장

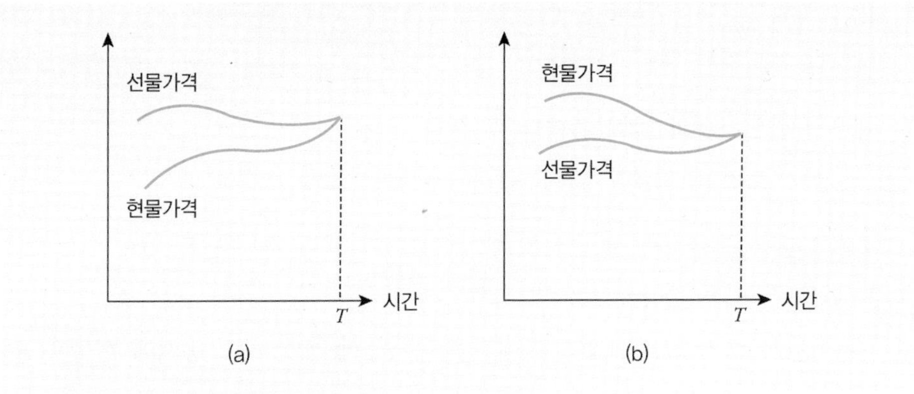

(a)   (b)

5) 선물가격과 현물가격의 수렴

선물만기에는 현물가격과 선물가격이 수렴(즉, 일치)해야 하는데, 이를 '현물가격의 선물가격에의 수렴(convergence of spot price to futures price)'이라 하며, 수렴하지 않을 경우 차익거래기회가 발생한다. [그림 13-2]는 정상시장이든 역조시장이든 만기시점에서는 현물가격과 선물가격이 수렴(일치)해야 함을 보여준다.

선물만기에는 현물가격이 선물가격에 수렴해야 됨을 증명해 보자.
우리가 증명하고자 하는 것은 다음과 같은 명제이다.

명제: 시장에 차익거래기회가 없다 ⇒ 만기 시 선물가격＝현물가격   (식 13-5)

그런데 이 명제를 증명하려면 시장에 차익거래기회(arbitrage opportunity)가 없음이 전제되어야 하는데, 이 전제조건이 시장에서 충족되는지 증명하기는 거의 불가능하다. 이를 증명하려면 시장에서 거래되는 모든 선물과 현물가격을 조사해 둘 사이에 차익거래기회가 전혀 없음을 입증해야 하기 때문이다.

이럴 때 유용한 이론이 바로 명제와 대우명제는 항상 같다는 논리를 이용하는 것이다. 따라서 위의 명제에 대한 다음과 같은 대우명제를 증명하는 것이 훨씬 용이하다.

대우명제: 만기 시 선물가격≠현물가격 ⇒ 시장에 차익거래기회가 있다

(식 13−6)

대우명제는 다음과 같이 증명할 수 있다.
(단, F_T = 만기 시 선물가격, S_T = 만기 시 현물가격, T = 선물 만기)

┃ 대우명제 증명 ┃

(i) $F_T > S_T$인 경우
(투자전략) T시점 매매종료 전에 선물을 F_T에 매도하고, 동시에 현물을 S_T에 매입
(마감전략) T시점 매매종료 전에 매입한 현물을 선물매도포지션 마감을 위해 인도
(손익정산) 이익 = 인도가격(F_T) − 현물매입가격(S_T) > 0. 즉, 차익거래기회 존재.

(ii) $F_T < S_T$인 경우
(투자전략) T시점 매매종료 전에 선물을 F_T에 매입하고, 동시에 현물을 S_T에 공매도
(마감전략) T시점 매매종료 전에 현물을 매입하여 공매도 포지션 마감
(손익정산) 이익 = 공매도가격(S_T) − 현물매입가격(F_T) > 0. 즉, 차익거래기회 존재.

따라서, (i)과 (ii)로부터 만기(T) 시 선물가격과 현물가격이 일치하지 않으면 차익거래기회가 존재함을 알 수 있고 대우명제인 (식 13−6)은 참임이 증명되었다. 고로 원래 명제인 (식 13−5)도 참이다. 즉, 시장에 차익거래기회가 없다면, 만기 시 선물가격과 현물가격은 수렴(일치)되어야 한다.

Q.E.D.[4]

---

4) *Q.E.D.* = *Quod Erat Demonstrandum*: 라틴어로 '증명 끝'이라는 의미의 수학 용어임.

1. 사이드 카(side-car)

주식선물시장에서는 거래의 많은 부분이 사전에 컴퓨터에 대량으로 어떤 종목을 얼마에 거래한다는 것을 미리 입력시켜 놓은 프로그램매매(program trading)라는 거래 방식을 통해 일어난다. 그런데 선물가격이 급락하거나 급등할 경우, 특정 시점에서 매도 혹은 매수 주문이 일방적으로 많아지는 프로그램매매가 이루어질 수 있다.

특히, 선물가격이 떨어지면 시장에 현물매도 물량이 지나치게 많이 나오면서 현물시장도 함께 급락할 위험이 커진다. 이런 상황을 막기 위해 선물가격이 일정기준 이상 급락할 경우, 프로그램매매를 일시 정지시키는 것을 '사이드 카'라고 한다. 사이드 카 제도는 프로그램매매에 따른 주식선물시장의 급등락과 그에 따른 부작용에 대응하기 위해 1998년부터 도입되어 시행되고 있다.

선물가격이 전일 종가 대비 코스피는 5%, 코스닥은 6% 이상 급등락하는 상황이 1분 이상 계속되면 거래 시스템에 의해 사이드 카가 자동으로 발동된다. 이 시점부터 5분간 거래가 정지되며, 5분이 지나고 나면 매매체결이 재개된다. 사이드 카는 1일 1회에 한해 발동될 수 있지만, 매매 종료 40분 전인 오후 2시 50분 이후에는 발동되지 않는다. 사이드 카는 프로그램매매에만 적용되기 때문에 직접거래 등은 포함되지 않는다.

2. 서킷 브레이커(circuit-breaker)

서킷 브레이커는 전기장치에 과전류가 흘러 화재가 날 위험이 생길 때 전기 회로를 자동으로 끊어주는 부품의 이름에서 따온 경제용어이다. 서킷 브레이커는 주식시장에서 주가의 급등락으로 주식시장의 불안정성이 확대될 때 시장의 냉정을 되찾기 위해 만들어진 강제적인 안전장치이다.

서킷 브레이커는 코스피지수나 코스닥지수가 전일 대비 10% 이상 하락이 1분간 지속되는 경우에 발동된다. 현물시장에서 발동될 경우 선물시장과 옵션시장도 모두 정지된다. 선물시장의 서킷 브레이커는 별도로 지수선물등락률 상하 5%, 또는 괴리율이 상하 3%가 되면 발동되는데 이 경우 선물시장과 옵선시장에만 적용된다. 서킷 브레이커가 발동되면 주식매매는 20분간 전면 중단되며, 이후 10분간은 호가만 접수해 단일가격으로 거래를 체결시킨다. 서킷 브레이커의 발동은 주식시장 시작 후 5분 이후, 즉 9시 5분부터 가능하며 하루에 단 한 번만 발동시킬 수 있다. 또한 장 마감 40분 전인 오후 2시 50분 이후에는 주가가 아무리 폭락하더라도 서킷 브레이커는 발동되지 않는다.

서킷 브레이커는 미국에서 1987년 10월 19일 하루 동안 주가가 22% 대폭락한 블랙먼데이(Black Monday) 이후 뉴욕증권거래소에서 처음 도입되었고, 이후 세계 각국에서 도입하기 시작했다. 한국에서는 1998년 개별종목 주가의 일일 가격제한폭이 12% 이상 확대되는 등 주식시장의 불안정성에 문제가 제기되자 코스피에 먼저 서킷 브레이커 제도가 도입되었고, 코스닥에는 2001년 도입되었다. 한국에서 서킷 브레이커가 처음 발동된 것은 미국 주식시장 폭락의 영향으로 코스피 지수가 90포인트 이상 하락했던 2000년 4월 17일이다.

4 | 선물의 가격결정

앞서 설명한 대로 만기가 수개월로 짧을 경우 선도와 선물가격은 거의 같기 때문에 지금부터는 선물가격결정이론을 선도가격결정이론과 동일하게 간주하며, 용어 상 선물가격결정이론으로 통일하고자 한다. 또한 선물을 크게 금융선물과 상품선물로 나누어 가격결정이론을 소개하는데 그 이유는 금융선물은 보유비용이론으로 충분히 설명이 되지만, 상품선물은 보유비용뿐만 아니라 보유편익도 고려해야 하기 때문이다.

선물가격결정이론을 소개하기에 앞서 가격결정모형에 사용되는 기호(notation)들을 먼저 소개하고자 한다.

$S_t = t$ 시점의 현물(기초자산)가격

$F_t = t$ 시점의 선물가격

T = 선물의 만기(maturity)

    (통상 $t = 0$을 현재(today)시점으로 사용한다)

r = 만기까지 적용되는 무위험이자율(risk-free interest rate)

$\tau = T - t = t$시점부터 만기(T)까지 남은 시간(=time to maturity)

e = 자연로그의 밑(base)으로서 2.718282......

1) 금융선물의 가격결정

금융선물에는 보관비용과 보유편익이 없고, 자본비용(r)과 배당소득 및 이자소득만 존재하므로 다음과 같이 3가지로 분류하여 선물가격결정모형을 만들 수 있다.

* 배당소득이 없는 경우: 중간 무소득자산(예 무배당 주식, 무이표채)
* 예정 소득(I)이 있는 경우: 예정 소득자산(예 배당 주식, 이표채)
* 예정 소득율(q)이 있는 경우: 예정 배당수익률 자산(예 주가지수, 환율, 통화)

(1) 중간 무소득자산에 대한 선물가격

만기 이전에 배당이나 이자 등 중간소득이 전혀 없는 중간 무소득자산(non-dividend paying asset)의 경우, 시장에 차익거래기회가 없다면 (식 13-1)에 있는 보유비용개념을 이용하여 다음과 같이 이론적인 선물(선도)가격을 구할 수 있다.

  ⅰ) 연속복리의 경우:

$$F_t = S_t e^{r(T-t)} = S_t e^{r\tau} \qquad\qquad \text{(식 13-7)}$$

  ⅱ) 이산복리의 경우:

$$F_t = S_t(1+r)^{(T-t)} = S_t(1+r)^{\tau} \qquad\qquad \text{(식 13-8)}$$

시장선물가격이 위에서 제시된 이론선물가격과 차이가 나면 차익거래(arbitrage)기회가 발생한다. 거래비용이 없는 완전시장(perfect market)을 가정할 경우 차익거래 방법과 현금흐름은 다음 [표 13-3]과 같다(연속복리를 적용하는 경우).

[표 13-3] 중간무소득자산의 차익거래기회 및 현금흐름

$F_t > S_t e^{r(T-t)}$인 경우			$F_t < S_t e^{r(T-t)}$인 경우		
	현재(t)	만기(T)		현재(t)	만기(T)
선물 매도	0	$F_t - S_T$	선물 매입	0	$S_T - F_t$
자금 차입 현물 매입	$+S_t$ $-S_t$	$-S_t e^{r(T-t)}$ $+S_T$	현물 공매 자금 예치	$+S_t$ $-S_t$	$-S_T$ $+S_t e^{r(T-t)}$
차익	0	$F_t - S_t e^{r(T-t)} > 0$	이익	0	$S_t e^{r(T-t)} - F_t > 0$

(2) 예정 소득자산에 대한 선물가격

만기 이전에 배당이나 이자 등 중간소득이 예정되어 있고 그 소득을 예측할 수 있는 예정 소득자산(known dividend-paying asset)의 경우, 시장에 차익거래기회가 없다면 이론적인 선물(선도)가격은 다음과 같이 구할 수 있다(단, $I=$ 중간소득의 현재가치).

 i) 연속복리의 경우:

$$F_t = (S_t - I)e^{r(T-t)} = (S_t - I)e^{r\tau}$$

(식13-9)

 ii) 이산복리의 경우:

$$F_t = (S_t - I)(1+r)^{(T-t)} = (S_t - I)(1+r)^{\tau}$$

(식13-10)

시장선물가격이 위에서 제시된 이론선물가격과 차이가 나면 차익거래(arbitrage) 기회가 발생한다. 차익거래를 하는 방법은 [표 13-3]과 동일하다.

(3) 예정 배당수익률 자산에 대한 선물가격

만기 이전에 일정 배당률(q)로 연속적으로 배당을 지급하는 예정 배당수익률 자산(known dividend yield asset)의 경우, 시장에 차익거래기회가 없다면 이론적인 선물(선도)가격은 다음과 같이 구할 수 있다(단, $q=$ 예정된 배당수익률).

ⅰ) 연속복리의 경우:

$$F_t = S_t e^{(r-q)(T-t)} = S_t e^{(r-q)\tau} \qquad \text{(식 13-11)}$$

ⅱ) 이산복리의 경우:

$$F_t = S_t \left[1 + (r-q)\right]^{(T-t)} = S_t \left[1 + (r-q)\right]^{\tau} \qquad \text{(식 13-12)}$$

시장선물가격이 위에서 제시된 이론선물가격과 차이가 나면 차익거래(arbitrage) 기회가 발생한다. 차익거래를 하는 방법은 [표 13-3]과 동일하다.

2) 상품선물의 가격결정

일반적으로 상품선물의 가격은 금융선물의 가격과 다음의 2가지 면에서 다르다.

ⅰ) 창고비용, 보험료 등과 같은 보관비용(storage cost)이 발생한다.

ⅱ) 가뭄, 홍수 등으로 인해 갑작스런 현물의 고갈이 발생하면 그 현물을 가지고 있을 경우 추가 이익이 발생할 수 있는데 이를 보유편익(convenience yield)이라 하며, 상품선물에서 발생한다. 보유편익은 미래의 상품확보가능성(future availability)에 대한 시장참여자들의 기대를 반영하며, 선물계약 기간 중에 상품부족현상이 나타날 가능성이 클수록 커지게 된다.

따라서, 상품선물의 경우 이와 같은 추가적인 보유비용을 감안하여 이론적인 가격을 계산해야 한다.

ⅰ) 연속복리의 경우:

$$F_t = S_t e^{(r+s-y)(T-t)} = S_t e^{(r+s-y)\tau} \ \text{혹은}$$

$$F_t = (S_t + U)e^{(r-y)(T-t)} = (S_t + U)e^{(r-y)\tau} \qquad \text{(식 13-13)}$$

ⅱ) 이산복리의 경우:

$$F_t = S_t \left[1 + (r+s-y)\right]^{(T-t)} = S_t \left[1 + (r+s-y)\right]^{\tau} \ \text{혹은}$$

$$F_t = (S_t + U)\left[1 + (r-y)\right]^{(T-t)} = (S_t + U)\left[1 + (r-y)\right]^{\tau} \qquad \text{(식 13-14)}$$

단, $s=$ 보관비용(storage cost)(비율)

$y=$ 보유편익(convenience yield)(비율)

$U=$ 보관비용의 현재가치(금액)

(식 13−13)과 (식 13−14)에서 앞에 있는 식은 보관비용이 비율(%)로 표시될 때의 모형이고, 뒤의 것은 보관비용이 금액으로 표시될 때의 모형이다.

사례 13−2 선물가격결정

앞서 설명한 보유비용모형을 통화선물과 주가지수선물 가격결정에 적용한 사례를 살펴보도록 하자. 이자계산은 연속복리로 하기로 한다(이산복리의 경우도 방법은 동일함).

ⅰ) 통화선물가격결정 사례

외국화폐를 보유한 자가 은행에 외환예금을 할 경우 외국이자율로 이자를 받으므로 이는 '예정 배당수익률 자산'에 해당된다. 따라서, 통화선물가격결정은 (식 13−11)을 적용하면 된다.

$$F_t = S_t e^{(r-R)(T-t)} = S_t e^{(r-R)\tau}$$

(식 13−15)

단, $F_t =$ 선물 환율, $S_t =$ 현물 환율

$r =$ (국내)무위험이자율, $R =$ 외국의 무위험이자율

(식 13−15)를 국제금융분야에서는 '금리평가이론(IRP: Interest Rate Parity)'이라고도 하는데, [그림 13−3]과 같은 현금흐름도를 이용하여 설명할 수도 있다. 즉, 현재 1000단위의 외국통화(FC: Foreign Currency)를 가지고 있는 투자자가 통화선물 만기(T)시점에 외국통화(FC)를 미국달러($)로 환전하고 싶다. 그러면 다음과 같은 두 가지 방법을 고려할 수 있다.

첫째, 선물시장을 이용하는 경우:

선물매도(F_0) + 현물은 외화예금에 이자율 R로 예금

$\Rightarrow$ 만기 시(T)총 현금 $= (1000 e^{R(T-t)} FC) F_t (\$/FC)$

$= \$1000 e^{R(T-t)} F_t$ ([그림 13−3] 왼쪽)

둘째, 현물시장을 이용하는 경우:

현물환전(S_0)+달러를 국내예금에 이자율 r로 예금

$\Rightarrow$ 만기 시(T)총 현금 $= [1000FC \times S_t(\$/FC)]e^{r(T-t)}$

$$= \$1000 S_t e^{r(T-t)} \text{ ([그림 13-3] 오른쪽)}$$

시장에 차익거래기회가 없다면 위의 두 가지 결과는 같아야 하므로,

$$\$1000\, e^{R(T-t)} F_t = \$1000 S_t e^{r(T-t)}$$

$$\Rightarrow F_t = S_t e^{(r-R)(T-t)} = S_t e^{(r-R)\tau} : IRP$$

[그림 13-3] 통화선물가격결정 흐름도

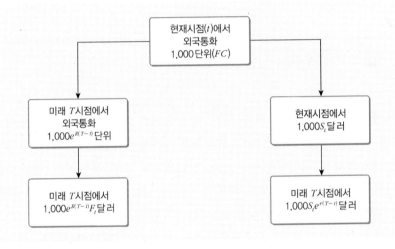

ii) 주가지수선물가격결정 사례

주가지수의 경우 지수에 포함되어 있는 주식들로부터 거의 연속적으로 배당을 받으므로 이는 '예정 배당수익률 자산'에 해당된다. 따라서, 주가지수선물가격결정은 (식 13-11)을 적용하면 된다.

$$F_t = S_t e^{(r-q)(T-t)} = S_t e^{(r-q)\tau} \tag{식 13-16}$$

단, F_t = 지수선물 가격, S_t = 현물 지수, q = 지수 배당수익률

3) 선물(선도)가격결정모형 요약: 보유비용모형(Cost of carry model)

지금까지의 결과들을 바탕으로 선물가격결정모형을 요약하면 다음과 같다.[5]

$$F_t = S_t e^{c(T-t)} = S_t e^{c\tau}$$

(식 13-17)

단, 보유비용(c)=자산을 일정기간 보유하는데 드는 비용
= 투자비용−투자수익
= (자본비용+보관비용)−(배당소득+보유편익)
= $(r+s)-(q+R+y)$

5 | 선도계약의 가치

선도계약(forward contract)의 가치는 계약이 처음 체결될 때에는 0이어야 한다. 왜냐하면 계약을 처음 체결할 때 가치가 0이 아니라면 누군가는 이익을 보고 누군가는 손실을 본다는 의미이기 때문이다. 선도계약의 경우 양측 모두 계약시점에는 어떤 비용도 지불하지 않고 오직 의무만 가지게 된다. 따라서, 선도계약 체결시점에서는 계약의 가치가 0이어야 합리적이다. 계약 시 선도계약의 가치가 0이라는 것은 이때의 인도가격(K)이 시장선도가격과 같게 설정됨을 의미한다. 즉, 계약시점(t)에서는 $F_t = K$.

그러나, 계약이 체결된 직후부터는 시장에서 선도가격이 변동하므로 누군가는 이익을 보고 누군가는 그만큼 손실을 보게 된다. 따라서 선도계약의 가치도 시간이 흐름에 따라 변동하게 된다. 예를 들어, 선도가격이 상승한다면 매입포지션을 취한 자의 계약가치는 상승하고, 매도포지션을 취한 자의 가치는 하락하게 된다. 선도가격이 하락하면 그 반대가 될 것이다. 이제 선도계약의 가치를 평가하는 공식을 유도하기 위해 다음과 같이 기호를 정의하기로 한다.

---

5) 보유비용모형에는 세금(tax), 거래비용(transaction cost), 증거금(margin) 처리 등은 반영되어 있지 않다.

$f_t = (t=0)$시점에 계약된 선도의 임의의 t시점$(0 < t < T)$에서의 계약가치

$f_t^* =$ 임의의 t시점$(0 < t < T)$에서 계약된 선도계약의 t시점의 가치

$F_t = t$시점의 선도가격

$T =$ 선도계약의 만기

$S_t = t$시점의 현물가격

$K = (t=0)$시점에 계약된 선도의 인도가격(delivery price)

$K^* =$ 임의의 t시점$(0 < t < T)$에 계약된 선도의 인도가격(delivery price)

선도계약의 가치를 유도하기 위해 다음과 같이 두 개의 선도계약을 가정해 보자.

ⅰ) (선도1) $t=0$시점에 계약된 선도: 인도가격 $= K = F_0$
ⅱ) (선도2) 임의의 t시점$(0 < t < T)$에 계약된 선도: 인도가격 $= K^* = F_t$

이 두 가지 선도계약을 이용하여 일반적인 선도계약의 가치를 구해보자([표 13-4] 참조).

[표13-4] 선도계약의 가치

선도계약 (매입포지션)	t시점에서의 가치		
	$t=0$	임의의 t $(0 < t < T)$	$t=T$
(선도1) $t=0$시점에 계약한 선도	$f_0=0$ $(K=F_0)$	f_t	$V_1 = S_T - K$
(선도2) 임의의 t시점에 계약한 선도		$f_t^*=0$ $(K^*=F_t)$	$V_2 = S_T - K^*$

[표 13 – 4]로부터 임의의 t 시점에서 두 선도가치의 차이를 구하면 다음과 같다.

(시점 t 에서) 선도1의 가치 − 선도2의 가치

$$= f_t - f_t^*$$

$$= (V_1 - V_2)e^{-r(T-t)}$$

$$= [(S_T - K) - (S_T - K^*)]e^{-r(T-t)}$$

$$= (K^* - K)e^{-r(T-t)}$$

$$= (F_t - K)e^{-r(T-t)} \quad (\text{왜냐하면, } K^* = F_t)$$

따라서, $f_t = (F_t - K)e^{-r(T-t)}$ (왜냐하면, $f_t^* = 0$)

즉, t 시점 선도매입계약의 가치 $= (F_t - K)r^{-r(T-t)}$ (식13–18)

동일한 논리로 선도매도계약의 가치도 다음과 같이 구할 수 있다.

t 시점 선도매도계약의 가치 $= (K - F_t)e^{-r(T-t)}$ (식13–19)

금리선물

이번 장에서는 전세계적으로 가장 거래량이 많고 시장참여자들의 경제활동에 가장 중요하고 민감한 금리와 금리선물에 대해 다루게 된다. 금리선물은 다른 선물들과는 달리 두 개의 만기를 가지고 있는데, 하나는 금리선물 자체의 만기이고 다른 하나는 금리선물의 기초자산인 채권의 만기이다. 이러한 2중 만기구조 때문에 금리선물은 다른 선물들보다 분석이 더 복잡하고 어려운 것이 사실이다. 따라서 금리선물을 이해하기 위해서는 금리선물의 기초자산인 채권의 가치평가, 채권가격에 영향을 주는 금리 및 금리의 기간구조 등에 대한 이해가 아주 중요하다. 금리선물에 대한 이해를 돕기 위해 금리선물을 기초자산의 만기에 따라 단기와 장기로 나누어 살펴보고자 하며, 다양한 금리선물을 이용한 헷지전략, 스프레드전략에 대해서도 자세히 다루게 될 것이다. 한국거래소에서 거래되는 금리선물들에 대해서도 간략히 살펴본다.

1 | 금리선물의 개요와 이자율

1) 금리선물의 개념과 특징

금리선물(interest rate futures)이란 가격이 금리(이자율)수준에 의해서만 결정되는 기초자산을 대상으로 하는 선물을 말한다. 금리선물은 미래 정해진 시점에서의 예상금리를 현재시점에서 사고파는 거래를 말하며, 실제 거래에서는 금리 자체보다는 이자를 발생시키는 금융자산을 대상물로 선물거래를 하게 된다. 경제 활동의 많은 부분이 이자율과 밀접한 관련을 갖고 있기 때문에 금리선물은 가장 활발히 거래되는 선물중의 하나이다.

일반적으로 이자율위험을 헷지하는 것이 다른 자산을 헷지하는 것보다 훨씬 복잡 한데, 그 이유는 다른 자산의 가격은 단일 숫자로 설명할 수 있는 반면에 이자율 수준은 이자율의 전체적인 기간구조(term structure)를 알아야 하기 때문이다. 이자율 위험을 헷지하려는 투자자는 헷지대상 자산이 이자율 변동에 노출되는 기간을 예측하여 헷징기간을 결정하고 적절한 금리선물을 선택해야 한다.

금리선물의 특징 중 하나는 선물과 기초자산 둘 다 만기(maturity)를 가지고 있다는 점이다. 다른 선물들의 경우, 선물자체에는 만기가 있으나 기초자산에는 만기가 없다. 그러나 금리선물의 경우 기초자산에도 만기가 있으며, 기초자산의 만기에 따라 금리선물을 구분한다. 즉,

- 단기금리선물: 선물 기초자산의 만기가 1년 이하
- 장기금리선물: 선물 기초자산의 만기가 1년 초과

2) 금리와 채권의 이해

(1) 금리의 구조

① 금리의 정의

금리란 돈을 빌리거나 빌려주는 가격이다(Interest rate is the rental price of money). 파생상품 거래자들에게 가장 중요한 금리는 아마도 국채금리와 LIBOR (London Interbank Offer Rate)일 것이다. 국채금리는 정부가 자금을 차입하기 위해

투자자들에게 지급하는 금리이며, LIBOR는 국제금융시장에서 매우 중요한 금리로서 뒤에 나오는 단기금리선물 부분에서 자세히 설명한다. 파생상품 거래자들은 보통 LIBOR를 무위험이자율로 가정한다.

② 금리의 결정요인

금리도 시장에서 수요와 공급의 원리에 의해 결정된다. 금리는 금융시장에서 자금을 필요로 하는 자금수요총액과 여유자금을 공급하는 시장전체의 자금공급총액이 균형(equilibrium)을 이루는 점에서 결정된다.

③ 금리결정 모형

금리를 결정하는 모형의 하나로 다음과 같은 식이 있다.

$$R = r + INF + LP + DRP + MRP \tag{식 14-1}$$

단, R = 명목 이자율(nominal interest rate)
　r = 실질 이자율(real interest rate)
　INF = 기대 물가 상승률(expected inflation)
　LP = 유동성 보상 (liquidity premium)
　DRP = 채무 불이행 위험 보상 (default risk premium)
　MRP = 만기 위험 보상 (maturity risk premium)

(식 14-1)에 따르면, 금리는 자금의 수요와 공급의 균형에 의해 금융시장에서 결정되며, 구체적으로는 예상물가상승률이 높을수록, 유동성이 작을수록, 채무불이행 가능성이 클수록, 그리고 만기가 길수록 금리는 높아지게 된다.

(2) 금리의 이해

① 단리와 복리

단리(simple interest)란 원금에만 이자가 가산되는 것을 말한다. 즉,

$$\text{단리의 원리금 합계} = \text{원금} \times (1 + nr) \tag{식 14-2}$$

단, n = 연수(年數), r = 연간 이자율(APR)

복리(compound interest)는 원금뿐만 아니라 이자에도 이자가 가산되는 것을 말한다.

$$(\text{연1회})복리의\ 원리금\ 합계 = 원금 \times (1+r)^n \qquad (식14-3)$$

만일 1년에 m번 복리로 이자를 계산 할 경우에 원리금합계는 다음과 같다.[1]

$$(\text{연}m번)복리의\ 원리금\ 합계 = 원금 \times (1+r/m)^{mn} \qquad (식14-4)$$

만일 이자계산이 복리로 매우 짧은 순간마다(연속적으로) 이루어지는 경우[2](즉, $m \to \infty$),

$$연속복리의\ 원리금\ 합계 = 원금 \times e^{nr} \qquad (식14-5)$$

단, e = 자연로그의 밑(base) = 2.7182818……

Tip / 주요 용어   **이산복리와 연속복리의 전환(conversion)**

이산복리를 연속복리로 혹은 연속복리를 이산복리로 동등한 이자로 전환하는 방법은 다음과 같다. 연속복리 기준으로 계산한 이자율을 R_c 라 하고, 연간 m 번 복리계산하되 R_c와 동등한 이자율을 R_m이라 하자. 그러면, 현재가치를 P라 할 때 연속복리와 m번복리의 1년후 미래가치는 각각 다음과 같다.

연속복리 미래가치: $FV_C = Pe^{R_C}$ (1)

m번복리 미래가치: $FV_m = P(1 + \dfrac{R_m}{m})^m$ (2)

두 가지 복리가 동등한 미래가치를 가져온다면, 식(1)과 (2)로부터, $FV_C = FV_m$이므로,

$$Pe^{R_C} = P(1 + \frac{R_m}{m})^m$$

$$\Rightarrow R_C = m \cdot \ln(1 + \frac{R_m}{m}),\ R_m = m(e^{R_C/m} - 1) \qquad (3)$$

(여기서, ln은 자연로그(natural log)함수를 의미함)

---

1) 연간 m번복리에서 $m=1$일 때를 '동등 연간이자율(equivalent annual interest rate)'이라 한다.
2) 파생상품분야에서 연속복리는 매우 중요하고 널리 사용된다. 초단기거래자(scalper), 1일 거래자(daily trader) 등에서 보듯 투자기간이 매우 짧은 거래가 다반사이기 때문에 파생상품투자에서 연간 투자수익률을 계산할 때나 이론적으로 파생상품가격을 결정할 때 연속복리는 매우 유용하다. 참고로, 보험계리학(actuarial science)분야에서는 연속복리를 '강화이자율(force of interest)'이라 부르기도 한다.

반년(6개월)복리 기준의 연10% 이자율을 연속복리 기준의 이자율로 전환해 보자. 이경우, $m=2$, $R_m=0.10$이므로 식(3)으로부터,

$$R_C = m \cdot \ln\left(1+\frac{R_m}{m}\right) = 2 \cdot \ln\left(1+\frac{0.10}{2}\right) = 0.09758 \text{ 혹은 } 9.758\%.$$

즉, 연2회 10%복리는 연9.758%의 연속복리로 전환가능함을 알 수 있으며, 따라서 동등한 이자율임을 알 수 있다.

어떤 은행이 예금이자로 연8%의 연속복리를 제시하였으나, 실제로는 분기별로 예금이자를 지급한다고 할 때, 동등한 분기이자율은 얼마일까?

이경우, $m=4$, $R_C=0.08$이므로 식(3)으로부터,

$$R_m = m(e^{R_C/m}-1) = 4(e^{0.08/4}-1) = 0.0808 \text{ 혹은 } 8.08\%.$$

즉, 연8%의 연속복리는 연4회 8.08% 이산복리로 전환될 수 있으며, 만일 예금원금이 100원이라면, 연간이자는 80.80원이고 실제로는 분기별로 80.80/4=20.20원의 이자가 지급됨을 알 수 있다.

② 채권 만기수익률과 수익률곡선

만기수익률(YTM: yield to maturity)이란 채권을 구입하여 만기까지 보유할 경우 미래현금흐름의 현재가치와 현재 시장가격을 같게 만드는 할인율을 의미한다. 즉, 채권을 구입하여 만기까지 매도하지 않고 보유할 경우 투자자가 얻게 되는 채권수익률을 말한다. 이는 채권의 순현재가치(NPV: net present value)를 영(零)으로 만들기 때문에 채권의 내부수익률(IRR: internal rate of return)이라고도 부른다.

ⅰ) 만기수익률 구하는 방법

다음 식을 만족하는 Y가 만기수익률이다.

$$B_0 = \sum_{t=1}^{T}\frac{C}{(1+Y)^t} + \frac{F}{(1+Y)^T} = \sum_{t=1}^{T}\frac{C_t}{(1-Y)^t} \qquad \text{(식14-6)}$$

단, B_0 = 채권의 현재 가격

Y = 만기수익률(YTM)

T = 채권의 만기(maturity)

$C_t = t$ 시점의 현금흐름

$C =$ 채권의 표면이자(coupon)

$F =$ 만기에 받는 채권 액면가(face value)

ii) 수익률곡선(yield curve)

수익률곡선이란 표면이자(coupon)가 주어질 때 위에서 구한 Y를 다양한 만기(T)에 대해 선으로 연결한 그래프를 말한다. 수익률곡선의 형태에 따라 다음과 같이 3가지 유형이 있는데 가장 일반적인 유형은 상향수익률곡선이다.

⇒ 수익률곡선의 3가지 유형:

상향수익률곡선(normal yield curve): 장기채권 수익률＞단기채권 수익률

수평수익률곡선(flat yield curve): 장기채권 수익률＝단기채권 수익률

하향수익률곡선(inverted yield curve): 장채권 수익률＜단기채권 수익률

[그림14-1] 수익률 곡선

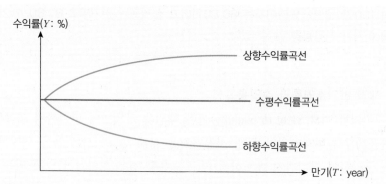

Tip / 주요 용어　**이자율의 기간구조와 수익률곡선**

이자율의 기간구조(term structure)란 무이표채권(zero coupon bond)의 수익률(r_n)과 만기(n)와의 관계를 말하며, 이 관계를 그래프로 표시한 것이 수익률곡선(yield curve)이다. 좀 더 정확하게 표현하면, 기간구조와 수익률곡선은 만기가 다른 '무이표채권'의 만기수익률(즉, 현물이자율)을 사용하여 나타내야 하지만, 장기채권의 대부분이 이표채권(coupon bond)이므로 기간구조와 수익률곡선을 표시할 때 이표채를 사용한다.

③ 현물이자율과 선도이자율

ⅰ) n년 현물이자율(spot interest rate)

현재부터 n년 동안 지속되는 투자에 대한 이자율(수익률)을 말한다. n년 무이표채 이자율(n-year zero coupon rate)이라고도 한다. 여기서 n년 무이표채란 n년 동안 표면이자(coupon)를 지급하지 않는 대신 현재 가격이 할인되어 거래되는 채권을 의미한다.

ⅱ) n년 현물이자율의 계산

$$B = \frac{F}{(1+r_n)^n}$$

(식14-7)

    단, r_n = n년 현물이자율(연간%)

        B = 무이표채의 현재 시장가격

        F = 채권의 액면가

ⅲ) 선도이자율(forward interest rate)

현재시점의 현물이자율을 기준으로 추정된 미래 특정기간의 이자율이다. 즉, 미래 어느 시점부터 또 다른 미래시점까지 적용되는 미래이자율이다.

ⅳ) 현물이자율과 선도이자율의 관계

현물이자율에 내재된 선도이자율(implied forward rate)은 시장에 차익거래기회가 없다는 가정하에 유도할 수 있다. [그림 14-2]로부터 시장에 차익거래기회가 없다면 미래구간인 $t=2$부터 $t=3$까지의 선도이자율 $f_{2,3}$와 현물이자율 r_2, r_3 사이에 (식14-8)과 같은 관계가 성립되어야 한다(이산복리의 경우).[3]

$$(1+r_3)^3 = (1+r_2)^2(1+f_{2,3})$$

$$\Rightarrow f_{2,3} = \frac{(1+r_3)^3}{(1+r_2)^2} - 1$$

(식14-8)

---

3) 여기서 주의해야 할 것은 r_2, r_3는 각각 2년간, 3년간 현물이자율이지만, 실제 표시할 때는 연간이자율(APR: annual percentage rate)로 표시한다는 것이다. 즉, r_3 = 5%라는 것은 연간 5%의 이자율이 향후 3년간 적용된다는 의미이다.

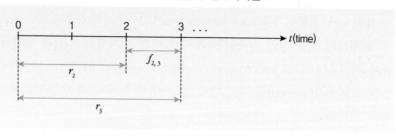

[그림14-2] 현물이자율과 선도이자율

(식14-8)을 임의의 m과 n에 대해($n>m$) 일반화하면, 다음과 같은 공식을 얻을 수 있다.

$$f_{m,n} = \left[\frac{(1+r_n)^n}{(1+r_m)^m} \right]^{\frac{1}{n-m}} - 1 \qquad\qquad \text{(식14-9)}$$

(식14-9)를 연속복리에 대해 적용하면 다음과 같은 식을 얻는다.

$$e^{nr_n} = e^{mr_m} e^{(n-m)f_{m,n}}$$

$$\Rightarrow f_{m,n} = \frac{nr_n - mr_m}{n-m} \qquad\qquad \text{(식14-10)}$$

[그림14-3]은 지금까지 설명한 이표채(이자부채권)수익률, 무이표채수익률, 선도이자율 사이의 관계를 그래프로 표시한 것이다.

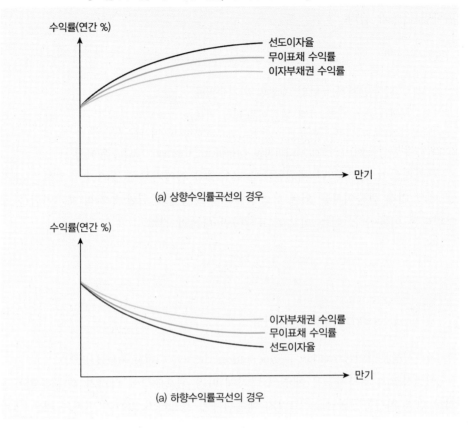

[그림14-3] 이표채수익률, 무이표채수익률, 선도이자율

수익률(연간 %)

선도이자율
무이표채 수익률
이자부채권 수익률

만기

(a) 상향수익률곡선의 경우

수익률(연간 %)

이자부채권 수익률
무이표채 수익률
선도이자율

만기

(a) 하향수익률곡선의 경우

④ 이자율의 기간구조 이론

이자율의 기간구조이론(term structure theory)이란 다른 조건은 같고 만기까지의 기간만 다를 경우 남아 있는 만기와 채권수익률간의 관계를 설명하는 이론을 말한다. 기간의 차이 때문에 생기는 수익률의 차이를 기간프리미엄(term premium)이라 하며, 만기가 다르면 왜 다른 수익률을 가져야 하는지를 설명하는 기간구조이론에는 다음과 같은 4가지가 있다.

ⅰ) 순수기대이론(pure expectation theory; Fisher(1896))[4]

채권의 만기수익률이 미래 현물이자율(future spot rate)에 대한 투자자들의 예상을 그대로 반영한다는 이론이다. 이 이론에 의하면, 매년 재부사를 하는 경우와

---

4) 순수기대이론은 불편기대가설(unbiased expectation hypothesis)이라고도 한다.

n년 만기의 채권에 투자하였을 때의 수익률이 일치해야 한다. 이를 수식으로 표현하면 다음과 같다.

$$(1 + Y_n)^n = [1 + E(r_1)][1 + E(r_2)].....[1 + E(r_n)]$$

(식14-11)

단, Y_n =만기가 n년인 채권의 만기수익률

$E(r_t)$ =t기의 미래 현물이자율의 기대치

ii) 유동성프리미엄이론(liquidity premium theory; Hicks(1946))

투자자들이 만기가 긴 채권일수록 유동성이 떨어지므로 장기간 투자하는 대가로 예상 미래 현물이자율 외에 유동성위험을 보상받기 위한 추가적 프리미엄을 요구한다는 이론이다. 이를 식으로 표시하면 다음과 같다.

$$(1 + Y_n)^n = [1 + E(r_1) + L_1][1 + E(r_2) + L_2].....[1 + E(r_n) + L_n]$$

(식14-12)

단, L_t = t기의 유동성프리미엄

iii) 시장분할이론(market segmentation theory; Culberstone(1957))

채권시장의 투자자들은 채권의 만기에 따라 선호대상이 다르기 때문에 만기가 서로 다른 자산들 사이에는 그다지 대체관계가 존재하지 않으며 만기가 다른 채권이 매매되는 독립된 하위 시장에서 각각의 수익률이 결정된다는 이론이다. 이 이론에 따르면 단기, 중기, 장기 채권시장이 독립적으로 존재하고 서로 다른 수요, 공급 체계에 따라 균형 수익률이 결정된다.

iv) 선호영역이론(preferred habitat theory; Modigliani & Shiller(1973))

어떤 투자집단이 특정한 만기의 채권만을 선호하기 때문에 다른 만기의 채권에는 투자하지 않는다는 이론이다. 투자자들은 특정한 만기를 선호하지만, 충분한 대가가 주어진다면 다른 만기의 채권에 투자 할 수 있다는 것이 선호영역이론이다.

(3) 채권의 이해

① 채권

채권(bond)이란 발행자가 일정한 이자를 지급함과 동시에 만기에 원금을 상환하기로 약속한 일종의 차용증서로서 채무를 표시한 유가증권이다. 채권은 원금과 이자의 지급시기와 금액이 약정되어 있는 전형적인 '고정소득증권(fixed income security)'이다(고정소득증권이란 매기마다 또는 만기에 일정한 고정소득을 지급하는 증권을 말한다). 채권이 고정소득증권이라고 해서 위험이 없다는 것은 아니다. 채권의 원리금 지급이 약정대로 이행되지 않을 수도 있고, 예상치 못한 이자율의 변동이나 예상 외의 물가상승 때문에 채권의 가치가 변동할 수도 있기 때문이다.

② 금리와 채권가격과의 관계

[정리 1] 채권가격은 이자율과 반비례한다.

[정리 2] 이자율의 변동에 따른 채권가격의 변동폭은 만기가 길수록 커진다.

[정리 3] 이자율 변동이 발생 할 때 만기까지의 기간이 길수록 채권가격은 체감(遞減)적으로(in the decreasing rate) 증가한다.

[정리 4] 이자율의 하락은 같은 폭의 상승보다 채권가격을 더 크게 변동시킨다.

[정리 5] 채권의 표면이자율이 높을수록 시장이자율 변동에 대한 채권가격의 변동폭은 작아진다.

이상의 5가지 정리로부터 채권의 가격은 시장이자율의 움직임 때문에 변동하게 되며, 따라서 채권에 대한 투자에서의 성공여부는 시장이자율에 대한 예측능력 혹은 적절한 이자율변동에 대한 위험 헷지능력에 달려 있음을 알 수 있다. 일반적으로, 장기채권가격 변동성이 단기채권가격 변동성보다 크다.

※ 표면이자율과 시장이자율에 따른 채권의 분류

* 할증채권(premium bond): 채권가격＞액면가: 표면이자율이 시장이자율보다 높을 때

* 액면가채권(par bond): 채권가격＝액면가: 표면이자율이 시장이자율과 같을 때

* 할인채권(discount bond): 채권가격＜액면가: 표면이자율이 시장이자율보다 낮을 때

3) 듀레이션과 면역화

(1) 이자율위험과 듀레이션

① 이자율 위험

이자율위험(interest rate risk)은 시장이자율의 변동으로 발생하는 위험을 의미한다. 이자율위험은 다음의 2가지로 구성된다.

ⅰ) 가격위험(price risk): 시장이자율의 변동으로 채권가격이 변동하게 될 위험
ⅱ) 재투자수익률위험(re-investment rate risk): 시장이자율의 변동으로 이자지급액의 재투자 시 얻게 되는 수익률이 변동하게 될 위험

⇒ 시장이자율 상승 시: 재투자수익은 증가하나 채권가격은 하락
  시장이자율 하락 시: 재투자수익은 감소하나 채권가격은 상승

⇒ 가격위험과 재투자수익률위험을 정확하게 상쇄시킬 수 있다면 채권투자의 경우 이자율위험이 제거 될 수 있을 것이다. 채권을 어떤 기간만큼 보유하면 이자율위험을 거의 완전하게 제거 할 수 있는가에 대한 이론이 듀레이션과 면역화이다.

② 듀레이션의 정의

이자율위험을 제거하기 위해 두 가지 상반되는 위험(가격위험과 재투자수익률위험)이 정확하게 상쇄되도록 하는 수단이 Macaulay(1938)가 개발한 듀레이션이라는 개념이다. 채권의 듀레이션(duration)이란 채권투자자가 채권 원리금을 회수하는데 걸리는 '가중평균만기(weighted average term to maturity)'이다. 즉, 채권에 투자한 금액을 회수하는 데 드는 평균기간을 의미한다. 무이표채의 경우 만기에 한번 액면가에 해당하는 금액을 일시에 받으므로 듀레이션은 만기와 동일하다. 그러나, 만기이전에 이자를 지급하는 이표채의 경우 만기 전에 현금흐름이 있으므로 듀레이션은 만기보다 작다.

* Macaulay가 사용한 듀레이션의 정의:

$$D = \sum_{t=1}^{T} (t \cdot w_t)$$

(식14-13)

단, $w_t = \dfrac{\dfrac{C_t}{(1+Y)^t}}{B} = t$기의 가중치(weight)

$C_t = t$기의 채권현금흐름

$Y = $ 만기수익률(YTM)

$T = $ 채권의 만기

$B = $ 채권의 현재가격

(연속복리의 경우에는 가중치를 $w_t = [C_t e^{-Y \cdot t}]/B$로 바꾸면 된다)

사례14-1 Macaulay듀레이션 계산

액면가가 10만원, 만기 3년, 표면이자율 연10%(이자는 분기마다 복리계산), 채권 만기수익률이 12%인 채권의 Macaulay듀레이션을 구하라.

┃ 사례분석 ┃

매 분기(3개월)마다 표면이자가 액면가의 10%/4(즉, 1만원/4=2500원)지급되고, 1분기는 0.25년이므로 매 0.25년마다 2500원의 현금흐름이 발생한다. 그리고 만기인 3년말에는 이자 2500원과 액면가 10만원의 현금흐름이 동시에 발생한다. 이를 자세히 설명한 것이 [표14-1]이다. 표에서 보는 바와 같이 현금이 발생하는 기간은 매 분기(0.25년)이며, 현금지급액은 현금발생액이고, 지급액의 현재가치는 현금발생액을 채권수익률(Y)로 할인하여 현재가치를 구한 것이다. 지급액의 현재가치를 모두 합하면 현재채권가치가 되는데 95,023원이다. 표면이자율(10%)이 채권수익률(12%)보다 작기 때문에 현재 채권가격이 액면가보다 작은 할인채권이 된 것이다. 가중치의 합은 1이어야 하고, 마지막 열에 있는 (기간×가중치)를 모두 더하면 Macaulay듀레이션이 되는데 2.6169년이다. 즉, 이 채권에 지금 투자하면 투자금(채권가격인 95,023원)을 모두 회수하는 데 평균 2.6169년이 소요된다는 의미이다.

[표14-1] Macaulay듀레이션의 계산

기간(년)	현금지급액 [C_t]	지급액의 현재가치 [$C_t/(1+Y)^t$]	가중치 (w_t)	기간×가중치 (년)
0.25	25,000	2,427	0.0255	0.0064
0.5	25,000	2,356	0.0248	0.0124
0.75	25,000	2,288	0.0241	0.0181
1.00	25,000	2,221	0.0234	0.0234
1.25	25,000	2,156	0.0227	0.0284
1.50	25,000	2,094	0.0220	030330
1.75	25,000	2,033	0.0214	0.0374
2.00	25,000	1,974	0.0208	0.0415
2.25	25,000	1,916	0.0202	0.0455
2.50	25,000	1,860	0.0196	0.0490
2.75	25,000	1,806	0.0190	0.0523
3.00	102,500	71,891	0.7565	2.2697
합계		95,023	1	2.6169

③ 듀레이션의 특성

* 듀레이션은 보통 만기보다 짧다.
* 만기가 짧을수록 듀레이션도 짧아진다.
* 표면이자가 높을수록 듀레이션은 짧아진다.
* 만기수익률이 높을수록 듀레이션은 짧아진다.
* 만기까지 표면이자의 지급빈도가 높을수록 듀레이션은 짧아진다.
* 영구채권(perpetual bond)의 듀레이션은 $(1+Y)/Y$와 같다([심화학습 14-1] 참조).
* 여러 개의 채권으로 구성된 채권 포트폴리오(P)의 듀레이션은 다음과 같다.

$$D_P = \sum_{j=1}^{N} x_j D_j \qquad \text{(식 14-14)}$$

　단, x_j = 채권 j의 구성비율

$D_j =$ 채권 j의 듀레이션

$N =$ 포트폴리오를 구성하는 채권 수(數)

미분으로 듀레이션을 계산하는 방법

앞에서 설명한 (식 14−13)으로 Macaulay듀레이션을 구할 수도 있지만 영구재권(perpetual bond)처럼 만기가 무한대인 경우에는 (식 14−13)으로 듀레이션을 구할 수 없고 미분방법으로 구할 수 있다.

먼저, 채권가격을 구하는 공식은 (식 14−6)에서 설명한 바와 같이 다음과 같다.

$$B = \sum_{t=1}^{T} \frac{C_t}{(1+Y)^t}$$

이 채권가격공식을 채권수익률(Y)로 미분하면,

$$\frac{dB}{dY} = \sum_{t=1}^{T}(-t)\frac{C_t}{(1+Y)^t}\frac{1}{1+Y} = (-)\frac{B}{1+Y}\sum_{t=1}^{T}(t)\frac{\frac{C_t}{(1+Y)^t}}{B}$$

$$= (-)\frac{B}{1+Y} \times D = (-)\frac{D}{1+Y} \times B$$

$$\Rightarrow D(\text{Duration}) = (-)\frac{dB}{dY}(1+Y)\frac{1}{B}$$

예를 들어, 영구채권(perpetual bond)의 듀레이션을 미분법으로 구해보자.

$$\text{영구채권의 가격, } B = \frac{C}{Y}$$

$$\Rightarrow \frac{dB}{dY} = (-)\frac{C}{Y^2}$$

$$\Rightarrow D(\text{Duration}) = (-)\frac{dB}{dY}(1+Y)\frac{1}{B}$$

$$= (-)[(-)\frac{C}{Y^2}](1+Y)\frac{Y}{C} = \frac{1+Y}{Y}$$

* 참고: 연속복리의 경우: $\frac{dB}{dY} = (-)D \times B$

(2) 채권가격의 이자율탄력성과 듀레이션

듀레이션이 중요한 이유 중의 하나는 듀레이션이 채권가격의 이자율탄력성 (interest rate elasticity)을 의미하며, 따라서 이자율위험의 척도로 사용될 수 있기 때문이다.

* 듀레이션=이자율탄력성: $D = (-)\dfrac{\Delta B/B}{\Delta Y/(1+Y)}$

⇒ 듀레이션이 길수록 채권의 금리탄력성이 증가한다.

(3) 듀레이션과 면역화전략

① 면역화전략

면역화전략(immunization strategy)이란 시장금리가 변동할 때 가격위험과 재투자위험이 서로 반대방향으로 변동하는 원리를 이용하여 금리변동으로 인한 이득이나 손실을 영(零)이 되도록 함으로써 금리위험을 제거하는 전략을 말한다.

– 방법: 투자기간(H)과 듀레이션(D)을 일치($H=D$)시킨다.

⑩ 투자기간을 5년으로 계획하고 있을 경우 듀레이션이 5년인 채권에 투자하면 금리위험이 면역화된다.

② 듀레이션 매칭전략

듀레이션 매칭전략(duration matching strategy)이란 은행과 같은 금융기관에서 금리위험으로부터 순자산가치를 보호하기 위해 자산포트폴리오의 듀레이션과 부채포트폴리오의 듀레이션을 일치시키는 전략을 말한다. 이 전략은 자산포트폴리오의 만기와 부채포트폴리오의 만기를 일치시키는 '만기매칭전략(maturity matching strategy)'보다 더 효과적인 헷지방법이다.

(4) 채권가격의 볼록성과 듀레이션

채권가격의 볼록성(convexity)이란 채권가격대비 수익률곡선이 원점을 향해 볼록한 모양을 가지는 현상으로 다음과 같이 정의된다.

* 볼록성 $= \dfrac{\Delta^2 B}{\Delta Y^2}\dfrac{1}{B}$

(식14-15)

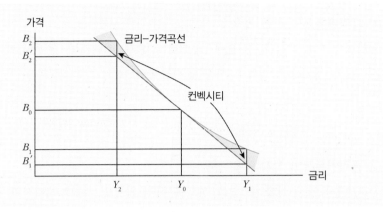

[그림 14-4] 채권의 볼록성

채권의 볼록성(컨벡시티)은 다음과 같이 공식을 이용하여 측정할 수도 있고 미분을 이용하여 측정할 수도 있다. 한 가지 주의해야 할 것은 듀레이션의 단위는 년(年, t)이지만 컨벡시티의 단위는 년의 제곱(t^2)으로 표시해야 한다는 점이다.

① 공식을 이용하는 경우

컨벡시티(C)를 측정하는 공식은 다음과 같다.

$$C = \sum_{t=1}^{T} \frac{t(t+1)}{(1+Y)^2} w_t$$ (식 14-16)

단, w_t = 듀레이션의 가중치와 동일

② 미분을 이용하는 경우

미분을 이용하여 컨벡시티를 구하는 방법은 다음과 같다.

$$\frac{d^2 B}{d Y^2} = C \cdot B$$ (식 14-17)

즉, (식 14-17)에서 보는 바와 같이 채권가격 B를 할인율 Y로 두 번 미분한 후 식번을 정리하였을 때 B를 제외한 나머지 부분이 컨벡시티가 된다.

(5) 채권가격 변동의 측정

채권의 가격변동을 측정하기 위해서는 다음과 같은 두 가지 경우를 고려해야

한다.[5]

① 금리변동폭이 작을 경우

금리변동폭이 무시할 수 있을 정도로 작으면 컨벡시티 없이 듀레이션만으로 다음과 같이 채권가격 변동폭 추정이 가능하다.

$$B(Y_1) \cong B(Y_0) + \frac{dB(Y_0)}{dY} \Delta Y = B(Y_0) - B(Y_0) \cdot MD \cdot \Delta Y \quad \text{(식14-18)}$$

② 금리변동폭이 작지 않을 경우

금리변동폭이 무시할 수 있을 정도로 작지 않으면 수정듀레이션과 컨벡시티를 모두 사용하여 다음과 같이 채권가격 변동폭을 추정할 수 있다.[6]

$$B(Y_1) \cong B(Y_0) + \frac{dB(Y_0)}{dY} \Delta Y + \frac{1}{2} \frac{d^2 B(Y_0)}{dY^2} \Delta Y^2$$

$$= B(Y_0) - B(Y_0) MD \Delta Y + \frac{1}{2} CB(Y_0) \Delta Y^2 \quad \text{(식14-19)}$$

2 | 단기금리선물

금리선물(interest rate futures)은 금리자산(CD, 국고채, 회사채, T-bill, T-note, T-bond 등)을 대상으로 하는 선물계약이다. 기초자산인 금리자산의 만기에 따라 단기금리선물과 장기금리선물로 구분되며, 오늘날 전세계 선물시장에서 큰 비중을 차지하고 있다.

단기금리선물의 시초는 1976년 1월 2일에 시카고상업거래소(CME)안에 있는 국제통화시장(IMM: International Monetary Market)에서 도입된 3개월 T-bill(미국 재무성 단기채권)선물이다. 그리고 대표적 단기금리선물로서는 IMM에서 1981년에 도

---

5) Taylor근사식을 이용하여 구할 수 있다.
6) 금리변동이 어느 정도 되어야 무시할 수 있을 정도로 작은 것인지에 대한 절대적인 기준은 없으나, 실무에서는 1bp(=0.01%)를 기준으로 사용하기도 한다. 수정듀레이션(MD: modified duration)은 Macaulay의 듀레이션(D)을 $(1+Y)$로 나누어 구한다: $MD = D/(1+Y)$.

입한 3개월 유로달러(Eurodollar)선물, 1개월 LIBOR(London InterBank Offer Rate)선물, 1년 T-bill 선물 등이 있다. [표14-2]는 세계 주요 거래소에서 거래되고 있는 단기금리선물을 거래소별로 요약한 것이다.

[표14-2] 주요 단기금리선물

국명	거래소	거래대상 증권
미국	CME	T-bill(90일), LIBOR(30일), T-bill(1년) 유로달러(3개월), $/£ Diff(3개월)
	MidAm	T-bill(3개월)
캐나다	TFE	캐나다 T-bill(90일)
영국	LIFFE	유로달러(3개월), 유로마르크(3개월), 스털링 금리(3개월), ECU(3개월)
프랑스	MATIF	프랑스 국채(90일), PIBOR(3개월), 유로마르크(3개월)
독일	DTB	FIBOR(3개월)
일본	TIFFE	유로엔(3개월), 유로달러(3개월), 유로엔(1년)
홍콩	HKFE	HIBOR(91일)
싱가포르	SIMEX	유로달러(3개월), 유러엔(3개월), 유로마르크(3개월)
호주	SFE	Bank-bill(90일)
뉴질랜드	NZFE	Bank-bill(90일)
브라질	BM&F	Cruzeiro 금리

본서에서는 가장 대표적인 단기금리선물인 T-bill선물과 유로달러선물을 중심으로 살펴보고자 한다.

1) T-bill선물

(1) T-bill현물시장

T-bill(Treasury bill)은 미국 재무성이 발행하는 만기 1년 이하의 단기채권으로서, 민기 건에 이자를 지급하지 않는 대신 액면가에서 할인된 가격으로 발행하는 '순수할인채권(pure discount bond)'이다. T-bill은 미국 정부가 지급을 보증아기 때문에 채무불이행위험이 거의 없는 무위험증권(risk-free security)에 속한다. 현재 T-bill은 미국 재무성증권시장의 중요한 부분을 차지하고 있고, 수익에 대해서 주

정부 세금은 면제되지만 연방소득세는 부과된다.

T-bill발행에 대해 좀 더 자세히 살펴보면 다음과 같다.

* 액면가: 최소 $10,000부터 $5,000 단위로 증가되어 최대 $100만까지 가능
* 만기: 3개월, 6개월, 1년의 세 종류
* 공시방법: T-bill은 표면이자가 지급되지 않는 대신 할인되어 발행되므로 1년을 360일 기준으로 '할인수익률(DY: discount yield)'로 공시되며, 할인수익률은 다음과 같이 계산한다.

$$DY = (\frac{F-B}{F})(\frac{360}{DTM}) \qquad \text{(식14-20)}$$

단, B=채권의 현재 가격
F=채권의 액면가
DTM=잔존만기일수(days to maturity)

* 할인수익률이 주어지면 채권의 현재가격은 다음과 같이 쉽게 계산할 수 있다.

$$B = F(1 - DY\frac{DTM}{360}) \qquad \text{(식14-21)}$$

* 채권등가수익률(BEY): T-bill시장에서는 관행상 1년을 360일로 계산하지만 실제 투자일수는 365일이므로 정확한 수익률은 표에서 찾을 수 없고 계산해야 하는데 이를 채권등가수익률(BEY: bond equivalent yield)이라 하고 다음과 같이 계산한다.

$$BEY = (\frac{F-B}{B})(\frac{365}{DTM}) \qquad \text{(식14-22)}$$

(2) T-bill선물시장

T-bill선물은 1976년 1월 2일에 CME의 국제통화시장(IMM)에서 처음 거래가 시작되었고, 유로달러선물과 달리 만기일에 기초자산인 T-bill을 실제로 인도한다. T-bill 중에서 잔존만기가 13주 이상 남은 것은 모두 인도대상이 되며, 액면금액이 $100만인 T-bill을 기초상품으로 한다. T-bill선물의 최소가격변동폭(혹

은 호가단위: tick)은 가격지수의 1bp로서, 금액으로 환산하면 $25($100만×0.01%× 90/360)이다.[7] T-bill선물의 거래명세를 요약한 것이 다음 [표14-3]이다.

[표14-3] T-bill선물 거래명세

구분	내역
기초자산	T-bill
거래소	CME(Chicago Mercantile Exchange)
거래단위	$1,000,000의 액면가
가격표시	IMM 지수
호가단위	계약당 $25(1bp)
가격제한폭	계약당 $2500(100bp)
인도월	3, 6, 9, 12월
인도일	최종거래일 다음 날부터 연속 3일간의 영업일
최종거래일	인도월의 최초인도일 직전 영업일
인도방법	최종거래일 다름 날부터 연속 3일간의 영업일에 신규 13주 T-bill 또는 잔존만기가 90, 91, 92일 남은 기존 T-bill을 각각 현물인도
인도가능 T-bill	신규 13주 T-bill 또는 잔존만기가 90, 91, 92일 남은 기존 T-bill

Tip / 주요 용어 **탈중개기관화(Disintermediation)**

대부분의 정부채권은 '금융기관'(은행, 보험회사, 투자회사 등)들이 보유하고 있으나, 개인의 보유비중이 점차 증가하고 있는데 이러한 현상을 '탈중개기관화'라 한다.

---

(3) T-bill선물가격 결정

T-bill현물과 T-bill선물간의 '무차익거래 조건(no arbitrage condition)'을 이용하여 T-bill선물의 균형가격을 구할 수 있다. 즉, 선도이자율($f_{T,\,T+90}$)을 이용하면 T-bill선물의 무차익거래 조건하에서의 균형가격은 ($T+90$)일 시점에서 받을 액면가 $100만를 내게 선도이자율로 할인한 값이 되어야 한다. [그림 14-5]에서 보는 바와 같이 선물만기는 T이고, T시점에 기초자산인 T-bill이 인도되면 이

---

7) 1bp(basis point)=0.01%

[그림 14-5] T-bill 선물 가격결정모형

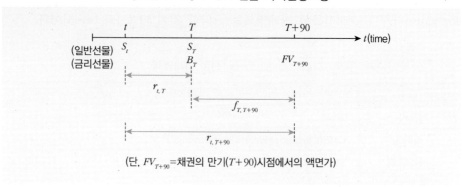

(단, FV_{T+90}=채권의 만기($T+90$)시점에서의 액면가)

채권의 만기인 $(T+90)$시점에 액면가인 $\$1,000,000$을 받게 된다. 이를 이용하여 현재($t$)시점에서의 선물가격을 구하면 다음과 같다.

$$F_{t,T} = \frac{\$1,000,000}{1+f_{T,T+90}}$$

(식14-23)

2) 유로달러선물

(1) 유로달러현물시장

유로커런시(Eurocurrency)란 통화발행국 국경 밖의 다른 국가 은행에 통화발행국 화폐로 예치되어 있는 정기예금(time deposit)을 말한다. 유로커런시를 지칭할 때 유로(Euro)라는 말은 '유럽(Europe)'이라는 지리적 위치와는 아무 상관이 없다. 미국달러가 유럽은행에 예치되어 있든 아시아 은행에 예치되어 있든 지리적 위치에 상관없이 그곳이 미국 이외의 지역이라면 유로달러라 한다.

　예 유로달러(Eurodollar), 유로엔(Euroyen), 유로파운드(Europound) 등

유로달러시장은 유로커런시시장에서 가장 중요한 시장이고, 주로 런던과 유럽은행에 예치되어 있으며, 양도가 불가능하고 고정금리를 지급한다. 유로달러시장에 적용되는 고정금리는 런던은행간대출금리(LIBOR: London Inter-Bank Offer Rate)에 일정한 스프레드를 가산하여 결정하는 가산수익률(AY: add-on yield)로 계산한다. LIBOR의 이자는 T-bill과 마찬가지로 1년을 360일 기준으로 계산한다 (1bp=$100만×0.0001×(90/360)=$25).

⊙ 90일 LIBOR가 3%라면 $100만의 3개월 이자는 다음과 같다.
   이자=$100만×3%×90/360=$7,500.

(2) 유로달러선물시장

유로달러선물(Eurodollar futures)은 유로달러정기예금을 기초자산으로 하는 단기금리선물이다. 유로달러정기예금은 양도가 불가능하므로 선물의 만기가 도래하더라도 정기예금이 실제로 인도되지 않고 현금으로 정산한다.

유로달러선물은 1981년 12월 9일에 CME의 IMM에서 처음 도입되었고, 그 후 [표 14−2]에서보는 바와 같이 영국(LIFFE: 1982년 9월), 싱가포르(SIMEX: 1984년 9월), 일본(TIFFE: 1989년 6월) 등에도 상장됨으로써, 전세계적으로 24시간 거래가 가능하게 되었다. 1995년에는 장기금리선물인 T−bond선물을 제치고 모든 선물 중에서 가장 거래량이 많은 선물의 하나로 발전하였다.

(3) 유로선물의 가격 결정

유로선물가격은 위에서 설명한 T−bill 선물가격과 동일한 방법으로 계산할 수 있다.

(4) 유로달러선물이자율과 선도이자율

선물은 선도와 달리 일일정산을 하기 때문에 금리가 변동하면 선물가격과 선도가격은 다소 차이가 있을 수 있음을 앞에서 살펴본 바 있다. 마찬가지 이유로 유로달러선물에서 구하는 선물이자율(Eurodollar futures rate)과 선도이자율(forward rate)은 다소 다른데 이 차이를 조정하는 것을 '볼록성 조정(convexity adjustment)'이라 하며, 다음과 같은 식을 이용한다. 즉,

$$\text{선도이자율} = \text{선물이자율} - (1/2)\sigma^2 T_1 T_2 \qquad \text{(식14−24)}$$

단, σ = 단기이자율 변동성
   T_1 = 선물계약의 만기
   T_2 = 선물기초자산의 만기

LIBOR(London Inter-Bank Offer Rate)는 국채금리와 더불어 파생상품분야에서 매우 중요한 금리의 하나이다. 런던 국제금융시장에서 S&P신용등급이 통상 AA등급(Moody's의 경우 Aa등급) 이상의 금융기관들 사이에 적용되는 대출금리를 LIBOR라 한다. 은행들은 모든 주요 통화에 대해 1개월, 3개월, 6개월, 그리고 12개월 LIBOR를 공시하는데, 예컨대 1개월LIBOR는 1개월 만기 대출에 적용되는 금리이다. LIBOR가 신용위험이 전혀 없는 것은 아니지만 통상 파생상품 거래자들은 국채이자율보다는 LIBOR를 무위험이자율로 간주한다.

대형은행들은 LIBOR 외에도 '런던은행간예금금리(LIBID: London Inter-Bank Bid Rate)'를 공시하기도 하는데, LIBOR가 은행간 대출금리라면, LIBID는 은행간 예금금리이다. 따라서 일반적으로 LIBOR가 LIBID보다 높은데 그 차이를 스프레드(spread)라 한다. LIBOR와 LIBID는 유로통화시장(Eurocurrency market)에서도 중요하게 적용되므로 국제금융거래에서 매우 중요한 금리라 할 수 있다.

3 │ 장기금리선물

　　미국의 T-bond선물을 중심으로 한 장기금리선물은 미국의 시카고상품거래소(CBOT)를 비롯한 세계 유명 선물시장에서 가장 활발하게 거래되는 선물계약 중의 하나이다. 미국 최초의 장기금리선물은 1975년 10월 20일 CBOT가 도입한 주택저당채권(GNMA: Government National Mortgage Association)선물이다. 전세계적으로 거래되는 주요 장기금리선물을 요약하면 다음과 같다.

　* CBOT는 1977년 8월 22일에 T-bond 선물을 도입

　* 영국의 국제금융선물거래소(LIFFE)와 일본의 동경증권거래소(TSE)도 각각 1984년과 1989년에 T-bond 선물을 도입

　* 중기금리선물: CBOT는 T-note, 지방채(municipal bonds), 무이표채 등 중기 금리선물도 성공적으로 도입함

　* CME=단기금리선물의 중심지; CBOT=중장기금리선물의 중심지로 발전

1) T-bond현물시장

(1) T-bond현물시장 개요

1980년대 이후 미국 정부는 연방 재정적자를 충당하기 위해 T-bill, T-note, T-bond 등 재무성채권을 대규모로 발행하였다. 재무성채권은 뉴욕의 연방준비은행(FRB: Federal Reserve Board)이 개최하는 정기 경매(auction)를 통해 투자자에게 매각되며, 이 경매에는 약 40여명의 정부 채권딜러들이 참가한다. 채권딜러들은 경매에 참가하여 채권을 매입한 다음, 이를 다른 중개기관이나 투자자에게 재매각함으로써 발행시장 형성뿐만 아니라 유통시장 형성에도 기여하고 있다.

(2) T-bond와 T-note의 계약조건

* T-bond의 만기: 10년 이상 30년 미만
* 표면이자: 매 6개월마다 지급
* T-note의 만기: 1년에서 10년으로 T-bond보다 짧아 보통 중기채권이라 함
* T-bond와 T-note의 차이: T-bond가 잔존만기 5년 이내에 정부에 의해 수의상환(callable)될 수 있는데 반해, T-note는 그렇지 않다는 점
  (단, 1985년 이후 발행된 T-bond에는 수의상환규정(call provisions)이 없음)

Tip / 주요 용어   **경과이자(AI: accrued interest)**

이자지급일(예를 들어, 매 6개월)과 채권매매일(연중 수시)이 일치하지 않을 때, 직전 이자지급일 이후 매매일까지 쌓여진 이자를 경과이자(AI)라 하며, 다음과 같은 식으로 계산한다.

$$경과이자(AI) = (표면이자) \times \frac{직전표면이자\ 지급후\ 매매일까지\ 경과일수}{표면이자지급간의\ 총일수} \quad (식14-25)$$

---

2) T-bond신물시장

(1) T-bond선물의 개요

T-bond선물이란 T-bond를 기초자산으로 하는 장기금리선물을 말한다.

① 기초자산의 표준물

표준물: 표면금리 6%, 만기 20년, 액면가 $100,000인 T-bond

현실적으로 표준물의 조건을 모두 갖춘 T-bond를 구하기 쉽지 않고, 만기 5년 전부터 수의상환 되는 경우가 있으므로 실제로는 가격조정을 거쳐 결제월의 첫 영업일 기준으로 만기 또는 수의상환 가능일까지 15년 이상 남은 T-bond는 모두 인도가 가능하다. T-bond선물의 주요 거래명세가 [표 14-4]에 요약되어 있다.

[표 14-4] T-bond선물 거래명세

구분	내역
기초자산	T-bond
거래소	CBOT
거래단위	액면가 $100,000
인도월	3, 6, 9, 12월
표준물	표면금리 6%, 20년물 T-bond
인도가능물	잔존만기가 15년 이상이거나 수의상환일까지 15년 이상 남은 T-bond
가격표시	백분율(%) 및 1/32%
호가단위	1틱 또는 1/32%($31.25)
가격제한폭	정상시장의 경우 전일 결제가격 기준으로 상하 각각 3%(96틱, $3,000)
최초인도일	인도월의 최초영업일
최종인도일	인도월의 최종영업일
최종거래일	인도월의 최종영업일로부터 7일 전 영업일 오전
인도방법	미국 연방기금전산시스템(Fed Funds Wire System)을 통한 전산이채

② T-bond선물가격의 공시

액면가 $100,000에 대한 백분율(%)로 공시되며, 소숫점 이하는 1%의 1/32단위로 나타낸다. 이를 호가단위, 즉 1틱(tick)이라고 하며 금액으로는 $31.25(=$100,000 ×1%×1/32)가 된다.

⑩ 선물공시가격이 95-27이라면 이는 액면가의 95.8438%(95+27/32)인 $95,844를 의미

③ 하루 동안의 최대 변동폭

상하 각각 3%(즉, $3,000＝$100,000×3%)

④ 인도월

3, 6, 9, 12월이고 인도월 중 어느 날에도 인도 가능

(2) T-bond의 인도

① 인도 절차

선물의 인도월이 도래하면 선물매도자는 선물매입자에게 선물의 기초자산인 T-bond현물을 인도하게 된다(단, 선물 최종거래일은 인도월 최종영업일 7일전). 자세한 인도절차는 [표14-5]에 요약되어 있다.

[표14-5] T-bond선물 인도절차

인도 절차	가능 시점	내용
최초 의사표시일 (first position day)	인도월 최초 영업일 2일전	선물매입자가 청산소에 실물인수 의사 표시
제1일: 의사표시일 (position day)	인도월 최초 영업일 2일전부터 최종영업일 2일전	선물매도자가 청산소에 실물인도 의사 표시 (최초의사 표시일과 겹칠 수 있음)
제2일: 통지일 (notice day)	인도월 최초 영업일 1일전부터 최종영업일 1일전	청산소는 현물인수자를 선정하고 양 당사자 에게 통지(선물매도자는 선물매입자에게 대 금 청구)
제3일: 인도일 (delivery day)	인도월 최초 영업일부터 최종영업일	선물매도자는 선물매입자에게 T-bond 인도 (선물매입자는 선물매도자에게 대금 지불)

(단, 선물 최종거래일은 인도월 최종영업일 7일 전)

② 매도자의 인도선택권

T-bond선물 매도자는 T-bond 인도과정에서 인도시기, 인도상품등급 등 인도조건을 선택할 수 있는 '인도옵션(delivery option)'을 가지고 있다. 인도옵션은 선물매도자가 인도조건을 자신에게 유리하게 선택하여 T-bond를 인도하는 권리이므로 내재풋옵션(implied put option)으로 간주할 수 있으며, 실제 선물가격은 내재풋옵션에 해당되는 가치만큼 낮게 형성된다.

선물매도자의 인도선택권에는 다음과 같은 것들이 있다.

 * 인도시기 선택권(timing option)
 * 인도상품등급 선택권(quality option)
 * 와일드카드옵션(wild card option)[8]

③ 전환계수와 청구금액

T-bond선물의 인도가능물은 최초 의사표시일에서 잔존만기가 최소 15년 이상이거나, 수의상환되지 않는(non-callable) 모든 T-bond이다.

ⅰ) 전환계수(CF: conversion factor)

CBOT에서는 어떤 특정 T-bond에 수요가 집중되는 것을 방지하기 위해 청구금액을 조정하는데 이때 사용되는 조정계수를 전환계수라 한다. 전환계수는 다음과 같이 계산한다.

$$전환계수(CF) = \frac{비표준물 \, T\text{-}bond가격}{표준물 \, T\text{-}bond가격}$$

(식14-26)

CBOT에서는 수익률곡선이 6%로 수평하다(flat yield curve)는 가정 하에서, 모든 비표준물T-bond의 액면가를 $1라 가정하고 표면이자를 액면가 $1당 연간 표면이자로 환산한 다음, 이를 표준물T-bond의 표면이자율인 6%로 할인하여 전환계수를 계산한다.

ⅱ) 청구금액

현물인도 시 선물매도자가 매입자에게 실제 청구할 수 있는 조정가격을 말하며, 다음과 같이 계산한다.

$$청구금액 = (선물가격)(전환계수) + 경과이자$$
$$= F_t \cdot CF + AI$$

(식14-27)

④ 최저가인도채권

최저가인도채권(cheapest-to-deliver bond)이란 인도가능한 채권 중 인도가격이 가장 낮은 채권을 말한다. 다음 식에서 구한 인도비용이 가장 낮은 채권이 최

---

8) CBOT의 T-bond 선물시장은 오후 2시에 폐장되지만 인도의사는 오후 8시까지 청산소에 통지하면 되기 때문에 6시간 동안의 재량권이 생기는데 이를 '와일드카드옵션'이라 한다.

저가인도채권이다.

$$
\begin{aligned}
\text{매도자 인도비용} &= \text{채권매입비용} - \text{인도 시 청구금액} \\
&= (\text{채권시가} + \text{경과이자}) - [(\text{선물가격})(\text{전환계수}) + \text{경과이자}] \\
&= \text{채권시가} - (\text{선물가격})(\text{전환계수}) \\
&= B_t - F_t \cdot CF \quad\quad\quad\quad\quad\quad\quad\quad\quad (\text{식}14-28)
\end{aligned}
$$

사례14-2 최저가인도채권

T−bond선물에 매도포지션을 취한 한 투자자가 선물 만기가 되어 T−bond를 인도해야 하는데, 현재 시장에서 구입하여 인도할 수 있는 T−bond는 다음 [표14−6]에서와 같이 3개가 있다고 한다. 이 투자자는 어느 채권을 인도할 때 가장 비용이 적게 드는지 분석하라.

단, 현재 T−bond선물가격은 93−08이다.

[표14−6] 인도가능 T−bond선물

채권(T-bond)	현물공시가격	전환계수(CF)
A	99.50	1.0382
B	143.50	1.5188
C	119.75	1.2615

| 사례분석 |

최저가인도채권이 어느 것인지 결정하기 위해서는 각각의 채권에 대해 매도자 인도비용을 구해야 한다. (식14−28)을 이용하여 구해보도록 하자.

먼저, 현재 선물가격(F_t) = 93−08 = 93 + 8/32 = 93.25%. 즉, 액면가격대비 93.25%인데, [표14−6]에 있는 현물공시가격도 액면가 대비 백분율(%)이므로 편의상 액면가를 $100로 가정하면 계산이 쉬워진다. 즉, 각 T−bond채권의 인도가격을 구하면 다음과 같다.

채권A: $99.50 - (93.25)(1.0382) = \$2.69$

채권B: $143.50 - (93.25)(1.5188) = \$1.87$

채권C: $119.75 - (93.25)(1.2615) = \$2.12$

따라서 인도비용이 가장 적은 채권B가 최저가인도채권이므로 이를 인도하면 된다.

3) 장기금리선물의 가격결정

T-bond 등 장기금리선물의 이론가격을 정확히 결정하는 것은 단기금리선물에 비해 더 어렵고 복잡하다. 왜냐하면, 최저가인도채권이 무엇이고, 인도시기가 언제가 될지 사전에 정확히 알 수 없기 때문이다. 다만, 최저가인도채권과 인도시기를 알고 있다고 가정할 때 T-bond를 중심으로 한 장기금리선물의 가격을 구하는 방법은 다음과 같다.

(1) 보유비용모형을 이용하는 경우

$$F_{t,T} = (S_t - I_{t,T})e^{r(T-t)}$$

(식 14-29)

단, $F_{t,T} = t$시점에서의 선물현금가격

$S_t = t$시점에서의 현물현금가격(최저가 인도 T-bond)

$I_{t,T} =$ 선물계약 존속기간 동안의 이자지급액의 현재가치

$r =$ 선물계약 존속기간 동안에 적용되는 무위험이자율

$T =$ 선물계약의 만기

(식 14-29)를 이용하여 장기금리선물의 이론적인 가격을 구하는 절차는 다음과 같다.

ⅰ) 채권의 공시가격으로부터 최저가인도채권 현금가격 계산

ⅱ) 채권 현금가격을 (식 14-29)에 대입하여 선물 현금가격 계산

ⅲ) 선물현금가격으로부터 선물공시가격 계산

ⅳ) 선물공시가격을 전환계수로 나누어 최저가인도채권과 표준채권 간의 차이를 반영

(2) 근월물과 원월물을 이용하는 경우

$$F_{t,T2} = (F_{t,T1} - I_{T1,T2})e^{r(T2-T1)}$$ (식14-30)

단, $F_{t,T2}$ = 원월물(遠月物)의 현금가격

$F_{t,T1}$ = 근월물(近月物)의 현금가격

$I_{T1,T2}$ = 원월물과 근월물 기초자산의 이자차이의 $(T2-T1)$간의 현재가치

원월물의 현금가격과 근월물의 현금가격 차이$(F_{t,T1} - F_{t,T2})$를 스프레드(spread)라 하고, $F_{t,T2} > F_{t,T1}$이면(즉, 음의 spread) 정상시장(normal market), $F_{t,T2} < F_{t,T1}$이면(즉, 양의 spread) 역조시장(inverted market)이라 부른다.

4 | 금리선물을 이용한 헷지 및 스프레드거래

1) 금리선물헷지 개요

금리선물에서의 헷지거래란 금리변동위험에 노출된 현물의 가치보전을 위해 선물시장에서 현물포지션과 반대의 선물포지션을 취하는 것을 말한다. 금리헷지의 종류를 간략히 설명하면 다음과 같다.

① 매입헷지(long hedge)

미래 금리하락에 따른 채권가격 상승이 예상될 때 이에 따른 위험을 회피하기 위해서 선물에 매입포지션을 취하는 것을 말한다.

② 매도헷지(short hedge)

미래 금리상승에 따른 채권가격 하락이 예상될 때 이에 따른 위험을 회피하기 위해서 선물에 매도포지션을 취하는 것을 말한다.

③ 교차헷지(cross hedge)

헷지하고자 하는 현물을 기초자산으로 하는 선물이 존재하지 않을 경우 현물자산과 유사한 가격변동 패턴을 갖는 선물계약을 사용하여 가격변동위험을 회피

하는 것을 말한다.

④ 스트립헷지(strip hedge)

자금의 이용기간은 장기간인데 비해 이자의 지급이나 수취가 단기금리에 연동되어 있는 경우 금리선물의 만기마다 금리선물을 연속적으로 이용하여 금리변동의 위험을 헷지하는 것을 말한다.

⑤ 스택헷지(stack hedge)

가장 가까운 인도월의 선물계약을 헷지에 필요한 계약수 만큼 매도하고 기간이 경과함에 따라 계속 가까운 인도월의 선물계약으로 교체해 가는 방법을 말한다.

2) 금리선물 헷지전략

일반적으로 금리현물과 금리선물 사이에는 완벽한 가격변동 상관관계가 존재하지 않는다. 이러한 경우 적절한 헷지비율을 산정하기 위해 현물가격과 선물가격이 어떤 관계를 가지고 움직이는지를 알아야 한다. 금리위험에 효과적으로 대처하기 위해서는 다음과 같은 다섯 가지 사항을 고려해야 한다.

　ⅰ) 헷지대상 자산과 선물기초자산의 만기

　ⅱ) 표면금리의 구조

　ⅲ) 헷지 기간

　ⅳ) 금리 위험구조(상품간의 위험을 고려한 수익률 차이)

　ⅴ) 금리의 기간구조(즉, 수익률곡선의 모양)

(1) 단순 헷지전략

현물자산의 가치와 선물기초자산의 가치를 단순하게 일치시켜 헷지하는 전략으로 최적선물계약수(N)는 다음과 같이 계산한다.

$$N = \frac{현물의\ 총\ 액면금액(총시장가치)}{선물계약의\ 액면금액(선물기초자산의\ 시장가치)}$$

(식 14-31)

단순 헷지전략의 장, 단점은 다음과 같다.

＊장점: 이용이 간편하다.

＊단점: 표면금리와 만기가 거의 일치하는 기초상품의 선물계약을 선택할 뿐

헷지기간, 금리의 기간구조 및 위험구조 등을 고려하지 못하므로 헷지성과가 만족스럽지 못하다.

(2) 듀레이션을 이용한 헷지전략

듀레이션에 근거한 최적선물계약수(N)는 다음과 같다. 이는 가격민감도 헷지(price sensitivity hedge)라고도 한다. 단, 수익률곡선이 평행이동한다고 가정한다.

$$N = \frac{P \cdot D_P}{V \cdot D_F}$$

단, P=헷지대상 현물가치

V=금리선물 1계약가치 = 선물가격(백분율)/100×\$100,000

D_P=헷지대상 현물의 헷지만기 시 듀레이션

D_F=금리선물 기초자산의 만기 시 듀레이션

선물에 최적선물계약수(N)만큼 포지션을 취하면 전체 포지션의 듀레이션은 0이 된다. 그러나, 다음과 같은 문제점도 있다.

ⅰ) ΔY가 모든 수익률에 대해 동일(즉, 수익률곡선의 평행이동)하다는 가정이 비현실적일 수 있다.

ⅱ) D_P와 D_F 사이에 큰 차이가 있다면 헷지성과는 만족스럽지 못할 수도 있다.

ⅲ) 수익률곡선의 볼록성(convexity)도 헷지 성과에 영향을 준다.

ⅳ) T-bond나 T-note의 경우 D_F를 계산하기 위해 최저가인도채권을 알아야 하는데 최저가인도채권의 듀레이션이 변한다면 선물의 최적계약수도 변하기 때문에 완전헷지가 어려워 진다.

3) 금리선물 스프레드거래

(1) 만기간 스프레드거래

만기간 스프레드거래(inter-delivery spread)란 다른 거래조건은 동일하나 만기만 다른 두 선물을 이용하는 헷지를 말한다. 강세스프레드와 약세스프레드로 구분할 수 있다.

① 강세스프레드

강세스프레드(bull spread)란 만기가 짧은 근월물(nearby futures)의 선물을 매입하고, 동시에 만기가 긴 원월물(distant futures)의 선물을 매도하는 거래를 말하며 '매입스프레드'라고도 한다. 근월물 선물가격이 원월물 선물가격에 비해 상대적으로 더 많이 상승하거나 혹은 더 적게 하락할 것이라 예상될 경우 이용하는 스프레드 거래전략이다.

② 약세스프레드

약세스프레드(bear spread)란 근월물의 선물을 매도하는 동시에 원월물의 선물을 매입하는 거래를 말하며 '매도스프레드'라고도 한다. 원월물 선물가격이 근월물 선물가격에 비해 상대적으로 더 많이 상승하거나 혹은 더 적게 하락할 것이라 예상될 경우 사용하는 스프레드 거래전략이다.

(2) 상품간 스프레드거래

상품간 스프레드거래(inter-commodity spread)란 다른 거래조건은 동일하나 기초자산만 다른 두 선물을 이용하는 헷지를 말한다.

① TED 스프레드

TED(T-bill/Eurodollar) 스프레드란 T-bill선물과 Eurodollar선물간의 스프레드 변동을 이용하여 이익을 얻기 위해 T-bill선물과 유로달러선물에 동시에 반대포지션을 취하는 것을 말한다.

$$\text{TED 스프레드} = \text{T-bill선물가격} - \text{유로달러선물가격} \qquad \text{(식14-33)}$$

유로달러정기예금은 T-bill 보다 채무불이행 위험이 크기 때문에 유로달러선물가격은 T-bill선물 가격 보다 낮게 형성된다. 따라서 TED 스프레드는 항상 양(+)의 값을 갖는다. TED 스프레드의 변동은 베이시스 포인트(bp)로 표시하며 1bp는 \$25에 해당된다. TED 스프레드 매입자는 TED 스프레드가 향후 확대될 경우에 이익을 얻고 축소될 경우에 손해를 보는 반면에, 매도자의 경우는 그 반대가 된다.

② NOB 스프레드

NOB(Note Over Bond) 스프레드는 T-note선물과 T-bond선물간의 스프레드

변동을 이용하여 이익을 얻고자 하는 거래이다. T-note선물과 T-bond선물이 모두 CBOT에서 거래되며, 매입주문과 매도주문을 별도로 하지 않고 한꺼번에 스프레드주문으로 처리할 수 있다. 두 선물의 거래단위가 액면가 $100,000로 동일하며 호가단위도 1/32%로 같다는 특징 때문에 NOB 스프레드는 금리선물간 스프레드 중에서 가장 활발히 이용되고 있다.

NOB 스프레드를 이용한 투자전략은 다음과 같다.

* 수익률곡선이 평행하게 상승할 것으로 예상되면 1 : 1 NOB 스프레드를 매입
* 수익률곡선이 평행하게 하락할 것으로 예상되면 1 : 1 NOB 스프레드를 매도

③ Turtle 스프레드

Turtle(T-bill Over T-bond) 스프레드는 NOB스프레드 거래와 유사한 거래로서 T-bill수익률과 T-bond수익률간의 차이의 변동에 따른 매매차익을 기대하는 거래이다.

* T-bond수익률이 T-bill수익률보다 더 빠르게 상승할 것으로 예상되면 Turtle을 매입(즉, T-bill선물 매입, T-bond선물 매도)함으로써 이익을 얻을 수 있다.
* T-bond수익률이 T-bill수익률보다 더 빠르게 하락할 것으로 예상되면 Turtle을 매도(즉, T-bill선물 매도, T-bond선물 매입)해야 한다.

④ MOB 스프레드

MOB(Municipal Over Bond) 스프레드는 Muni-bond(지방정부 발행 채권)선물과 T-bond선물 간의 스프레드 변동을 이용하여 이익을 얻고자 하는 거래이다.

* MOB 스프레드 매입: Muni-bond선물을 매입하고 T-bond선물을 매도하는 것
* MOB 스프레드 매도: Muni-bond선물을 매도하고 T-bond선물을 매입하는 것

Muni-bond와 T-bond는 만기가 서로 비슷하고 정부가 보증하므로 채무불이행 위험이 거의 없는 무위험 채권들이다. 두 채권간의 중요한 차이점은 Muni-bond는 세금이 면제되기 때문에 T-bond 보다 가격이 높다는 점이다.

* MOB 스프레드가 확대될 것으로 예상되면 MOB 스프레드를 매입해야 이익
* MOB 스프레드가 축소될 것으로 예상되면 MOB 스프레드를 매도해야 이익

5 │ 국내 금리선물

현재 한국거래소(KRX)에서 거래되고 있는 금리선물에는 3년국채선물, 5년국채 선물, 10년국채선물 등 3가지가 있다. 한국거래소에서 제공하는 자료를 중심으로 각각에 대해 살펴보고자 한다.

1) 3년국채선물

3년국채선물은 만기일 기준으로 잔존기간 3년의 국고채를 대상으로 거래하는 계약을 말한다. 국고채는 정부가 발행하는 채권으로 유가증권시장본부와 같은 장 내유통시장 또는 증권회사 등을 통한 장외유통시장에서 거래되고 있다. 다음 [표 14-7]은 3년국채선물의 계약명세를 요약한 것이다.

[표14-7] 3년국채선물의 계약명세

거래대상	표면금리 5%, 6개월단위 이자지급방식의 3년만기 국고채
거래단위	액면 1억원
결제월	3, 6, 9, 12월
상장결제월	6월 이내의 2개 결제월
가격의 표시	액면 100원당 원화(백분율방식)
호가가격단위	0.01 포인트
최소가격변동금액	10,000원(1억원×0.01×1/100)
거래시간	09:00~15:45(최종거래일 09:00~11:30)
최종거래일	결제월의 세 번째 화요일(공휴일인 경우 순차적으로 앞당김)
최종결제일	최종거래일의 다음거래일
결제방법	현금결제
가격제한폭	기준가격 대비 상하 ±1.5%
단일가격경쟁거래	개장시(08:30~09:00) 및 최종거래일 이외의 거래종료시(15:35~15:45)

자료: 한국거래소(KRX).

2) 5년국채선물

　5년국채선물은 만기일 기준으로 잔존기간 5년의 국고채를 대상으로 거래하는 계약을 말한다. [표 14−7]의 3년국채선물과 [표 14−8]의 5년국채선물의 계약명세를 비교해 보면, 다른 부분은 유사하나 거래대상(기초자산)과 가격제한폭에서 차이가 있다.

[표 14-8] 5년국채선물의 계약명세

거래대상	표면금리 5%, 6개월단위 이자지급방식의 5년만기 국고채
거래단위	액면 1억원
결제월	3, 6, 9, 12월
상장결제월	6월 이내의 2개 결제월
가격의 표시	액면 100원당 원화(백분율방식)
호가가격단위	0.01 포인트
최소가격변동금액	10,000원(1억원×0.01×1/100)
거래시간	09:00~15:45(최종거래일 09:00~11:30)
최종거래일	결제월의 세 번째 화요일(공휴일인 경우 순차적으로 앞당김)
최종결제일	최종거래일의 다음거래일
결제방법	현금결제
가격제한폭	기준가격 대비 상하 ±1.8%
단일가격경쟁거래	개장시(08:30~09:00) 및 최종거래일 이외의 거래종료시(15:35~15:45)

자료: 한국거래소(KRX).

3) 10년국채선물

　10년국채선물은 만기일 기준으로 잔존기간 10년의 국고채를 대상으로 거래하는 계약을 말한다. 장기국채의 수익률이 변동함에 따라 장기국채의 가격은 변동하게 되는데 10년국채선물은 이러한 장기국채의 가격 변동으로부터 수익을 얻거나 이를 헷지하기 위한 상품이다.

　투자자들은 현재의 거래시점에 예측한 장기국채의 가격과 만기일의 장기국채 가격 간의 차액을 주고받게 된다(현금결제방식). 10년국채선물을 활용하여 투자자들은 장기국채의 가격변동에 따른 위험을 효과적으로 관리할 수 있을 것으로 예상된다. 다음 [표 14–9]는 10년국채선물의 계약명세를 요약한 것이다.

[표 14-9] 10년국채선물의 계약명세

대상자간	만기 10년, 표면금리 연5%, 6개월단위로 이자를 지급하는 가상의 채권
거래단위	액면 1억원(1계약 당)
가격표시 방법	액면 100원당 원화
거래승수	100만(1계약의 약정금액은 가격×승수)
호가가격단위	0.01(1호가 금액: 1만원=0.01×승수)
결제월	분기월물 2개(3, 6, 9, 12월 중 2개)
최장거래기간	6개월
최종거래일	각 결제월의 세 번째 화요일
거래개시일	최종거래일의 다음 거래일
거래시간	09:00~15:45(최종거래일: 09:00~11:30)
호가접수시간	08:00~15:15(최종거래일: 09:00~11:30)
단일가거래시간	08:30~09:00(시가결정) 15:35~15:45(종가결정) (최종거래일 종가 단일가 거래 없음)
가격제한폭	기준가격 ± (기준가격×2.7%)
스프레드거래	제1Spread: 최근월물+次근월물 (스프레드가격: 근월물가격－원월물가격)
증거금율	거래증거금율: 1.8%(유지위탁증거금율 동일) 위탁증거금율: 2.7%
미결제약정수량 제한	최근월물의 최종거래월 중 5,000계약
결제시한	최종거래일(T)＋1일 16:00시
최종결제가격 산출방법	최종거래일 금융투자협회에서 산출한 최종결제기준채권 수익률로 결제수익률을 산출한 후, 이를 최종결제가격 산출식에 대입 (파생상품시장 업무규정 제42조)
최종결제방법	현금결제

자료: 한국거래소(KRX)

일수계산관례(Day Count Convention)

채권이나 금리선물에서 경과날짜를 계산하는 데는 나라마다 다소 다른 관례를 가지고 있는데 이를 '일수계산관례(Day Count Convention)'라 부른다.

(예) X/Y = 실제 경과일 / 표면이자지급일 사이의 경과일

ⅰ) 미국의 경우

　　* T-bond: X/Y = actual/actual

　　* 회사채(corporate bond): X/Y = 30/360

　　* 화폐시장(money market) 채권: X/Y = actual/360

ⅱ) 호주, 뉴질랜드, 캐나다의 화폐시장 채권: X/Y = actual/365

ⅲ) 영국 LIBOR: X/Y = actual/360

　　(단, actual = 달력에서 계산하는 실제 경과일수)

주가지수선물과 주식선물

주 가지수는 주식시장의 전체적인 가격수준을 보여주는 지표이며, 주식시장에서 거래되
는 모든 주식을 포함하는 포트폴리오이기 때문에 개별주식보다는 다수의 주식으로
구성된 포트폴리오를 헷지하거나 평가하는 데 아주 유용하다. 전통적인 투자이론에 따르
면 비체계적인 위험(기업고유의 위험)은 분산투자 등을 통해 헷지가 가능하나 체계적 위험
(시장위험)은 헷지가 불가능하다. 그러나 주가지수선물을 이용하면 시장위험도 헷지가 가
능하기 때문에 주가지수선물의 존재는 대단히 중요하다고 할 수 있다. 따라서, 이 장에서
는 주가지수선물을 이용한 헷지거래, 스프레드거래, 투기거래 등에 대해 자세히 살펴보고
자 한다.

한편, 개별 주식선물은 주가지수선물에 비해 역사도 짧고 거래량도 많지 않지만, 최근 들
어 그 활용도가 커지고 있다. 미국에서는 이미 상당수의 상장주식에 대해, 그리고 우리나
라에서노 짐짐 디 많은 수외 주식에 대해 주식선물이 발행되고 있다. 일반적으로 선물이
옵션보다 유동성이 높기 때문에 앞으로 주식선물의 거래량이 대폭 늘어날 것으로 진밍퇴
며, 개별 주식과 주식선물이 결합된 다양한 투자전략이 활성화되어 개별 주식에 대한 헷
지와 주식선물을 이용한 스프레드거래. 투기거래 등이 널리 활용될 것으로 기대된다.

1 | 주가지수선물

1) 주가지수의 정의와 종류

(1) 주가지수

주가지수(stock index)는 시시각각 변하는 주식시장의 전체 또는 특정 종목의 움직임을 알기 쉽도록 일정한 방식에 의해 하나의 수치로 작성된 지표이다. 즉, 주가지수는 어떤 기준시점을 결정하고 이 때의 시장전체의 주가를 기준수치로 정하여 비교시점의 수가를 기준수치의 상대가치로 표현하는 방법이다.

> **예** 우리 나라의 종합주가지수(KOSPI)는 1980년 1월 4일이 기준일로 이 때의 시장가격 수준을 100으로 하였다. 현재 종합주가지수가 2,000이라면 이는 1980년에 비해 20배가 되었다는 것을 의미한다.

주가지수가 갖는 의미는 다음과 같이 크게 네 가지로 분류할 수 있다.

ⅰ) 주가지수는 특정 시점의 경제상황을 대표하는 지표이다.

주가지수의 변화는 상장된 기업들의 내적 요인인 이익, 성장, 경영능력 등의 특성을 종합적으로 반영해 줄 뿐만 아니라, 거시적인 면에서 정치, 사회, 심리적 요인까지 고려된 국가 전체적인 경제상황을 말해주고 있다. 국내 경제의 여건뿐만 아니라 국제적인 경제 상황까지 주가에 반영되고 있다.

ⅱ) 주가지수는 미래의 경제예측을 반영한다.

주가지수는 미래에 대한 투자자의 기대와 예상까지 반영하기 때문에 미래의 경제상황을 미리 예측할 수 있게 해주는 선행지표(leading indicator)이다. 현재의 경제상황을 반영하는 지표를 현행지표라고 하는데 국민총생산(GNP)과 같은 국민소득이 이에 해당된다.

ⅲ) 주가지수는 주식투자자의 투자성과를 평가하는 기준(benchmark)이 된다.

투자자가 일정기간 동안 주식 또는 주식 포트폴리오에 투자하였을 때, 과연 투자결정이 잘 되었는가는 보통 같은 기간 동안의 주가지수의 변화와 비교하여 평가한다.

iv) 과거 주가지수의 변화양상은 미래주가의 변화양상에 대한 정보를 제공하여 주기 때문에 주가지수는 미래의 주가예측에 도움이 될 수도 있다.

(2) 주가지수 계산방법 및 주요 주가지수

① 주가지수 계산방법

주가지수는 다양한 방법으로 계산될 수 있으므로 동일한 시장에 대해서도 여러 가지 다른 주가지수가 작성될 수 있다. 그러나 이는 작성방법의 차이로 인하여 발생하는 것으로 어느 방법이 절대적으로 우월하다고 말하기는 힘들다. 작성방법의 차이란 크게 다음과 같은 두 가지 요인에 의해 생겨난다.

ⅰ) 표본 선택상의 문제이다.

이는 주식시장에 상장되어 있는 주식들 중에서 몇 개의 주식을 표본으로 선정하는가 하는 문제이다. 모든 주식을 표본으로 선정할 수도 있으나 계산의 편의, 주식시장의 대표성 등을 감안 일부 주식을 표본으로 선정하는 것이 일반적이다. 예를 들어 미국 S&P500지수는 500개의 대표적인 기업으로 구성되어 있다.

ⅱ) 가중방법상의 문제이다.

이는 가중치를 두는 방법으로서 주가지수의 계산에 포함되는 각 종목의 가중치를 어떻게 부여하는가의 문제이다. 주가, 거래량, 시가총액 등에 대해 어떻게 가중하는 것이 시장대표성의 측면에서 가장 바람직할 것인가에 관한 문제로서 일반적으로 시가총액에 가중하는 것이 가장 대표성이 좋은 방법으로 알려져 있다.

표본방법과 가중방법에 따라 여러 가지 주가지수가 가능하겠으나 여기서는 다음과 같이 대표적인 두 가지 주가지수에 대해 살펴보기로 한다.

ⅰ) 단순주가지수

단순주가지수(EWSI: equally weighted stock index)는 표본으로 채택된 주식가격의 단순합계를 기준시점과 비교시점 별로 따로 계산하고 비교시점의 가격합계를 기준시점의 가격합계로 나누어 그 상대치를 구하여 주가지수로 삼는 방법이다. 이를 식으로 나타내면 다음과 같다.

$$단순주가지수(EWSI) = \frac{\sum_{i=1}^{N} P_{i,t}}{\sum_{i=1}^{N} P_{i,0}} \times 100 \qquad \text{(식 15-1)}$$

단, N = 표본으로 선택된 주식 수

$P_{i,0}$ = 기준시점($t=0$)에서의 표본주식 i의 가격($i=1,2,3,...,N$)

$P_{i,t}$ = 비교시점(t)에서의 표본주식 i의 가격($i=1,2,3,...,N$)

ii) 가중주가지수

단순주가지수가 각 주식의 상대적 중요도(예컨대 거래량, 시가총액 등)를 반영하지 않는 반면, 가중주가지수(WSI: weighted stock index)는 각 주식의 상대적 중요도를 가중치로 한 주가지수이다. 이 때에 가중치로 사용하는 것은 거래금액, 상장주식수, 또는 시장가치 등이다. 특히 각 주식의 시장가치(=주식수×주가)를 가중치로 하여 계산된 주가지수를 가치가중주가지수(VWSI: value weighted stock index)라 한다. 일반적으로 가중주가지수(WSI)는 다음 식과 같이 계산한다.

$$가중주가지수(WSI) = \frac{\sum_{i=1}^{N} W_{i,t} \cdot P_{i,t}}{\sum_{i=1}^{N} W_{i,0} \cdot P_{i,0}} \times 100 \qquad \text{(식 15-2)}$$

단, N = 표본으로 선택된 주식 수

$W_{i,0}$ = 기준시점($t=0$)에서의 표본주식 i의 가중치($i=1,2,3,...,N$)

$W_{i,t}$ = 비교시점(t)에서의 표본주식 i의 가중치($i=1,2,3,...,N$)

예 미국의 S&P 지수는 (식 15-2)에서 가중치를 구할 때 $W_{i,t}$ = 발행주식수를 사용하는 가중주가지수(즉, 가치가중주가지수)이며, 1983년 이후 우리나라의 종합주가지수도 이 방법을 사용하고 있다.

가중주가지수는 가중에 사용되는 수량을 어느 시점 것을 사용하느냐에 따라 다음과 같이 둘로 구분된다.

※ 라스파이레스(Laspeyres) 방식

* 가중치를 계산할 때 '기준시점의 수량'을 사용한다.

$$\text{라스파이레스지수}(L_t) = \frac{\sum_{i=1}^{N} P_{i,t} \cdot Q_{i,0}}{\sum_{i=1}^{N} P_{i,0} \cdot Q_{i,0}} \times 100 \qquad \text{(식 15-3)}$$

단, N = 표본으로 선택된 주식 수

$P_{i,0}$ = 기준시점($t=0$)에서의 표본주식 i 의 가격($i=1,2,3,...,N$)

$P_{i,t}$ = 비교시점(t)에서의 표본주식 i 의 가격($i=1,2,3,...,N$)

$Q_{i,0}$ = 기준시점($t=0$)에서의 표본주식 i 의 수량($i=1,2,3,...,N$)

* 장점: 지수를 계산할 때마다 매번 수량을 조사할 필요가 없다.
* 단점: 기준시점으로부터 많은 시간이 흐르면 비현실적 지수가 된다.
* 용도: 매 시점마다 수량을 매번 조사하기 어려울 때
* 대표적 사례: 소비자물가지수(CPI: consumer price index)

※ 파셰(Paasches) 방식

* 가중치를 계산할 때 '비교시점의 수량'을 사용한다.
* 계산방법

$$\text{파셰지수}(P_t) = \frac{\sum_{i=1}^{N} P_{i,t} \cdot Q_{i,t}}{\sum_{i=1}^{N} P_{i,0} \cdot Q_{i,t}} \times 100 \qquad \text{(식 15-4)}$$

단, $Q_{i,t}$ = 비교시점(t)에서의 표본주식 i 의 수량($i=1,2,3,...,N$)

* 장점: 현재(비교시점)의 수량을 사용하므로 현실성이 있다.
* 난심. 지수를 계산할 때마다 매번 수량을 추정해야 한다.
* 대표적 사례: 한국의 종합주가지수 등 전세계의 대부분의 주가지수

② 주요 주가지수

ⅰ) 다우존스산업평균(DJIA)지수

다우존스산업평균(DJIA: Dow-Jones industrial average)지수는 1884년에 월 스트리트 저널의 편집장인 Charles Dow가 처음 창안한 것이다. 이 지수는 뉴욕증권거래소에 상장되어 있는 주식 가운데 30개의 우량주를 표본으로 하여 시장가격을 평균하는 계산방법을 쓰고 있으며, 주식분할, 주식배당 등의 변화에 대하여 제수(除數: divisor)를 조정하여 사용하며, 산출식은 다음과 같다.

$$DJIA = \dfrac{\sum\limits_{i=1}^{30} P_{it}}{D}$$

(식 15-5)

단, D = 조정된 제수(除數: divisor)

DJIA는 세계적으로 가장 많이 알려진 지수이지만, 다음과 같은 몇 가지 문제점을 가지고 있다.

첫째, 표본으로 채택된 30개의 주식이 오직 대규모의 우량기업 주식만으로 구성되어 있기 때문에 이 지수가 전반적인 시장의 동향을 반영하기는 어렵다. 둘째,

가중치를 쓰지 않고 단순히 주당가격을 사용하는 것에 대한 문제점이다. 즉, 선택 종목들 중에서 주가가 높은 주식의 비중이 주가가 낮은 주식에 비하여 높다는 것에 대한 비판이다. 셋째, 표본구성에 문제가 있다. 선정된 30개 종목이 과연 전체 산업을 대표 할 수 있는지에 대해 비판 받고 있다. 넷째, 주가가 높은 주식들로 주로 구성된 DJIA는 변동폭이 상대적으로 크므로 주식시장의 위험을 과대평가하는 문제점이 있다.

ⅱ) S&P500지수

S&P500지수(Standard & Poor 500 index)는 뉴욕증권거래소(NYSE)에 상장된 주식 중 S&P가 선정한 보통주 500개의 종목(400개의 제조(industrials)관련 주식, 20개의 운수(transportations)관련 주식, 전기, 전화, 가스 등 40개의 공공사업(utilities)관련 주식, 40개의 금융(financial)관련 주식)으로 산출된다.

이 지수는 시가총액에 기준을 두고 계산하고 있으며(즉, (식 15−2)에서 $W =$ 발행주식수), 1941년부터 1943년까지의 평균시가 총액을 10으로 하여 사용하고 있다. 이 지수는 DJIA에 비해 여러 가지 장점이 있기 때문에 학문적인 연구에 가장 많이 사용되고 있다. 예를 들어 표본의 수가 커서 시장의 전반적인 동향을 잘 설명해 줄 수 있으며, 주식분할 등을 조정하는 문제도 없다. 그러나, 이 지수는 총 주식가치에 가중하기 때문에 규모가 큰 대형주가 주가지수에서 너무 큰 비중을 차지한다는 비판도 있다.

ⅲ) NYSE지수

NYSE지수(NYSE Composite index)는 NYSE에서 거래되고 있는 모든 보통주로 구성되며, 계산방법은 S&P500지수와 같은 발행주식의 시장가치를 가중하여 사용한다. 이는 1965년 NYSE에서 시작한 것으로 1965년 12월 31일을 기준시점으로 하여 50을 기준가격으로 시작하였다. NYSE지수는 유·무상증자, 감자, 신규상장, 또는 합병 등이 발생할 때 기준시점의 시가총액을 수정한다. NYSE지수에는 S&P500지수에 포함되어 있는 대형주들이 포함되어 있으므로 두 지수간의 상관계수가 높다. 그 외에 NYSE지수는 S&P500지수가 포함하고 있지 않은 소형주들을 더 포함하고 있어서 소형주들의 움직임을 잘 반영하고 있다.

ⅳ) 밸류라인평균(VLA)지수

밸류라인평균(VLA: Value Line Average)지수는 NYSE, ASE(American Stock

Exchange) 및 장외시장(OTC)에서 거래되는 주요 주식들(1985년 당시 1685개 주식으로 이들 주식은 NYSE에서 거래되는 주식들의 80%에 해당)로 구성된다. VLA지수는 NYSE지수와 S&P500지수와는 산출방식이 다르고 다소 복잡하다. 다른 지수들이 산술평균(arithmetic average)의 개념을 사용하는 반면, VLA는 다음과 같이 기하평균(geometric average)의 개념을 사용하여 계산한다.

$$VLA_t = \sqrt[N]{\prod_{j=1}^{N} \frac{P_{j,t}}{P_{j,t-1}} \times VLA_{t-1}}$$ (식 15-6)

기준 연도는 1961년 6월 30일이고, 이 때의 기준시가는 100으로 하였다. VLA 지수는 대형주와 소형주의 구분 없이 이들에 똑같은 비중을 주어 S&P500지수와 NYSE지수의 문제점인 소형주 경시 경향을 제거하였다.

ⅴ) MMI지수

MMI지수(Major Market Index)는 NYSE에서 거래되는 20개의 주요 우량주의 성과를 측정하는 주가지수이다. 이들 20개 주식에는 기계, 컴퓨터, 석유 및 가스, 화학, 제약, 그리고 소비재를 포함하는 산업 중 지명도가 높은 주식이 포함된다. MMI는 개별주식의 가격을 합하고 주식분할과 배당금을 고려하여 산출된다. MMI가 주요 산업에서 대표적인 대형주의 흐름을 반영하고 있어 자본금 규모를 고려하지 않고 있으며 S&P500와 높은 상관관계를 보여주고 있다.

2) 주가지수선물과 이론가격

(1) 주가지수선물

① 주가지수선물의 개요

주가지수선물이란 주식시장의 전체 또는 일부 상장 주식의 평균적 변동을 반영하는 주가지수를 대상으로 하는 선물을 말한다. 주가지수는 실제로 거래되는 자산이 아니기 때문에 인도가 불가능하고, 따라서 만기일이 되면 주가지수를 인도하는 대신에 만기일과 선물거래일 간의 주가지수의 차이를 현금으로 결제한다. 다른 선물과 마찬가지로 만기일전에 반대매매를 통해 선물포지션을 청산할 수 있다.

주가지수선물은 주식시장에서 분산투자(diversification)를 통해서는 제거할 수 없는 체계적 위험(systematic risk)까지 제거시키는 헷지수단으로 사용되며, 이러한 위험헷지기능 때문에 주식시장에서 적극적인 포트폴리오투자가 가능하게 되어 투자규모도 증가하게 되었다. 또한 선물시장과 현물시장간의 지수를 통한 차익거래가 활발하게 이루어져 주식시장의 유동성증가로 인한 주가안정화에 기여하고 있다.

[표15-1] 세계의 주요 주가지수선물

국명	거래소	주요 주가지수선물
미국	CBOT	MMI-Maxi, NASDAQ 100 Index
	CME	S&P 500 Index, Nikkei 225 Index FTSE 100 Index
	KCBT	VLI, Mini-VLI
	COMEX	Euro Top 100 Index
	NYFE	NYSE Composite Index, CRB Index
	NYCE	U$ Index National OTC Index
캐나다	TFE	TSE 300 Index, TSE 35 Index
영국	LIFFE	FTSE 100 Index
프랑스	MATIF	CAC 40 Index
독일	DTB	DAX Index
네덜란드	EOE	EOE Index, Dutch Tops Index
덴마크	CSE	KFX Stock Index
스웨덴	SOFE	SX 16 Index
핀란드	FOB	Finnish Options Index
일본	OSE	株先 50 指數, Nikkei 225 Index
	TSE	TOPIX
홍콩	HKFE	Hang Seng Index
싱가포르	SIMEX	Nikkei 225 Index
호주	ASE	ASX Securities Index
	SFE	All Ordinaries Share Price Index
뉴질랜드	NZFE	Barclays Share Price Index
브라질	BM&F	Bovespa 12 Index
한국	KRX	KOSPI 200 Index, KOSDAQ 150 Index

주가지수선물은 적은 증거금으로 대규모의 거래를 가능하게 만들기 때문에 높은 수익률과 높은 위험을 동시에 수반하는 투자수단이며, 주식시장에서의 대주(short selling)거래나 신용거래보다 거래비용이 저렴하므로 적은 비용으로 대규모의 포트폴리오를 복제하는 효과가 있어 경제 전체의 위험을 최적 배분함으로써 자원배분의 효율성을 제고시킨다.

이러한 주가지수선물은 1982년 2월 미국 캔사스시티상품거래소(KCBT: Kansas City Board of Trade)에서 (식 15-6)에 있는 VLA(Value Line Average)를 대상으로 선물거래를 시작함으로써 처음 도입되었다. 같은 해 4월 CME는 S&P500지수를, 5월에는 NYFE(New York Futures Exchange)가 NYSE지수를 대상으로 각각 지수선물거래를 시작하였다. 그 후 CBOT가 1984년 7월에 MMI지수를 이용한 주가지수선물을 성공적으로 도입하였고, 현재는 S&P500주가지수선물이 가장 활발하게 거래되고 있다. 미국을 비롯한 전세계의 주가지수선물 거래상황이 [표 15-1]에 나타나 있다.

② 주가지수선물 거래방법

앞에서 설명한 바와 같이 주가지수선물에 이용되고 있는 지수는 S&P500지수를 비롯하여, MMI, VLA, NYSE 지수 등 여러 가지가 있으나, 거래방법은 대동소이하므로 가장 거래가 활발한 CME의 S&P500 주가지수선물을 중심으로 선물거래방법을 설명하고자 한다. S&P500지수는 대부분 우량주에 속하는 500개의 주식으로 구성된 시가총액가중지수로서 미국의 주요 산업에 있는 주식을 골고루 포함하고 있다. S&P500주가지수선물은 지수포인트(index point)당 $250의 가치를 갖는다. [표 15-2]에 S&P500주가지수선물에 대한 대략적인 거래명세가 요약되어 있다.

[표 15-2] S&P500주가지수선물 거래명세서

거래소	CME Group[1)
계약단위	$250 × S&P500포인트
거래시간	공개호가: 09:30~16:15
	Globex(전자거래): 09:15~16;30
호가단위	$25(0.10지수포인트 × $250)
결제방법	현금결제(financially settled)
계약종료	공개호가: 만기월 셋째금요일 직전 목요일 16:15
	Globex(전자거래): 만기월 둘째금요일 직전 목요일 09:15
만기월	Globex(전자거래): 3,6,9,12월

어떤 투자자가 8월 21일에 12월물 S&P500지수선물 1계약을 830.40포인트에 매입했다고 하자. 이날 고시된 12월물 S&P500지수선물 1계약의 가치를 시장가치로 환산하면 $207,600가 된다.

즉, S&P500지수선물 1계약 가치

= 지수포인트 × $250/포인트 = 830.40포인트 × $250/포인트 = $207,600.

┃ 사례분석 ┃

ⅰ) 만기일의 S&P500지수선물가격이 840포인트로 상승할 경우

선물매입자 손익 = (매도지수 − 매입지수) × $250

= (840 − 830.40) × $250 = $2,400(이익)

ⅱ) 만기일의 S&P500지수선물가격이 825포인트로 하락할 경우

선물매입자 손익 = (매도지수 − 매입지수) × $250

= (825 − 830.40) × $250 = − $1,350(손실)

(2) 주가지수선물의 가격결정

① 주가지수선물 이론가격

앞에서 이미 설명한 바와 같이 선물의 이론가격은 현물거래와 선물거래 사이의 차익거래조건을 이용하여 구할 수 있는데, 주가지수선물의 이론가격도 같은 원리로 구할 수 있다. 예를 들어, 만일 현물가격이 선물만기에 선물가격에 정확히 수렴한다면, 만기 1년의 주가지수선물을 구입하는 것과 현물(주식들)을 매입하여 1년간 보유하는 것은 이론적으로 동일한 거래이다. 다만 보유비용에서 차이가 있다. 주가지수선물의 경우 지수를 구성하는 주식들로부터 받는 배당(dividend)수입이 있으므로 마이너스(−) 보유비용을 가지며, 현물의 경우 주식보관비용은 무시할 수 있을 정도로 미미하다.

---

1) CME Group은 1848년 세계 최초의 선물거래소로서 최초의 금리선물도입(1975), 최초의 수가시수선물인 S&P500지수선물 도입(1982), 전자거래 플랫폼인 CME Globex 개발(1987), 최초의 날씨선물 도입(1999) 등 세계 파생상품 거래에 선도적 역할을 해왔으며, 2007년 시카고상품거래소(CBOT)를 시작으로 뉴욕상업거래소(NYMEX), 캔사스시티상품거래소(KCBT) 등 세계적인 파생상품거래소들을 합병함으로서 지금은 전세계 대표적인 파생상품 거래소가 되었다.

이와 같은 원리를 구체적으로 설명하기 위해 다음과 같은 포트폴리오 전략을 분석해 보기로 하자. (단, 현재시점은 t, 만기는 T라 가정)

A. 평균 배당률 d만큼 제공하는 주가지수를 $e^{-d(T-t)}$단위만큼 매입
   (단, 배당소득은 d의 수익률로 재투자 되며 이자는 연속복리로 계산)
B. 주가지수선물 1계약을 매도

이러한 투자전략은 다음과 같은 현금흐름을 발생시킨다.

ⅰ) 주가지수는 d의 수익률로 만기 T까지 재투자되므로 매입한 주가지수는 다음과 같이 $(T-t)$기간 후에는 1단위가 된다.

$$T\text{기간 후 주가지수} = (e^{-d(T-t)}\text{단위})(e^{d(T-t)}) = 1 \text{단위}$$

ⅱ) 주가지수선물 1계약을 T시점에서 마감(close out)하면 F가격으로 1단위의 주가지수를 매도할 수 있다.

다시 말해, 전략A로부터 $(T-t)$기간 후에 얻어지는 1단위의 주가지수를 전략B의 선물매도계약을 이용하여 T시점에서 F가격으로 매도할 수 있게 된다. 이러한 전략은 무위험차익거래(arbitrage)기회가 존재하지 않는다면 다음과 같이 영(zero)의 이익을 생성해야 한다.

$$\begin{aligned}
\text{No arbitrage} &= \text{No profit (만일 위험과 투자가 없다면)} \\
&= \text{현금유입의 현가} - \text{현금유출의 현가} \\
&= \text{전략B의 현금흐름의 현재가치} - \text{전략A의 현금흐름의 현재가치} \\
&= F_{t,T}\,e^{-r(T-t)} - S_t\,e^{-d(T-t)} = 0
\end{aligned}$$

따라서, 다음과 같은 주가지수선물 이론가격을 도출할 수 있다.

$$F_{t,T} = S_t\,e^{(r-d)(T-t)} \tag{식 15-7}$$

단, $F_{t,T}$ = 만기가 T인 주가지수선물의 현재(t) 이론가격
   S_t = 현재(t) 주가지수
   r = 연간 무위험이자율
   d = 주가지수의 연간 배당수익률

(식 15-7)로부터, $F_{t,T} > S_t$이면 주가지수를 구성하는 주식들을 무위험이자율로 자금을 차입하여 매입하고, 주가지수선물을 매도함으로써 무위험차익을 얻을 수 있다. 반대로, $F_{t,T} < S_t$이면 주가지수를 구성하는 주식들을 공매(short selling)하고, 주가지수선물을 매입함으로써 무위험차익을 얻을 수 있다. 이와 같이 주가지수선물을 이용하여 차익을 실현하는 것을 '지수차익거래(index arbitrage)'라 한다.

② 선물이론가격과 실제선물가격과의 관계

실제로 시장에서 형성된 선물가격과 이론적 선물가격은 거의 유사하다. 그러나 실제선물가격과 이론선물가격간에 다소 차이가 발생하는데 그 이유는 다음과 같다.

ⅰ) 선물이론가격결정 모형에 오류가 있을 수 있다.

예컨대 이론적모형을 만들기 위해서는 다소 비현실적 가정(assumption)을 이용할 경우가 있다. 무위험 이자율이 가정과 다를 수 있고, 연간 배당률이 예상과 다를 수 있으며, 주가지수가 선물가격의 변동을 동시적으로 반영하지 못할 수 있다.

ⅱ) 무위험 차익거래기회가 존재할 수 있다.

차익거래기회가 실제 존재하더라도 차익거래자들이 금방 그 기회를 포착, 이익을 취하므로 그러한 기회는 아주 짧은 시간에만 존재하며 사실상 차익거래기회는 거의 존재하지 않는다. 따라서 이론가격을 구하기 위해 이용한 무차익거래조건은 현실적으로 합리적인 것 같아 보인다. 그러나, 실제로 주가지수선물의 경우 차익거래를 한다는 것은 많은 비용을 필요로 한다. 예컨대, 앞에서 설명한 것처럼 $F_{t,T} > S_t$이면, 주가지수를 구성하는 주식들을 무위험이자율로 자금을 차입하여 매입하고, 주가지수선물을 매도함으로써 무위험차익을 얻을 수 있다. 그러나, 주가지수를 구성하는 주식은 S&P500지수의 경우 500개나 되어 이들을 매입하는 데는 현실적으로 많은 거래비용이 발생하며, 때로는 매입자체가 짧은 시간 내에 성사되지 않을 수도 있다. 따라서, 차익거래기회가 다소 오랜 기간 동안 노출될 수 있으며, 이는 이론가격과 실제가격 사이에 괴리가 생기게 하는 원인이 된다.

ⅲ) 발표되는 주가지수 자체가 잘못된 호가로 인하여 왜곡될 수 있다.

주가지수의 호가는 구성종목의 마지막 거래가격에 의해 계산되는데, 이는 현시점의 매수 혹은 매도 호가를 잘못 반영할 경우 주가지수 계산에 오류가 생길 수 있다.

3) 주가지수선물을 이용한 거래

(1) 헷지거래

① 헷지의 목적 및 필요 선물계약수

주가지수선물거래에서 헷지거래란 주식시장의 전체적인 가격변동에 따른 투자위험을 효과적으로 회피하기 위하여 주가지수선물시장에서 주식시장과 반대되는 거래를 행하는 것을 말한다. 개별주식이 아닌 주가지수를 대상으로 하는 투자와 관련이 있기 때문에 개인투자자보다는 대규모의 주식을 보유하고 있는 기관투자자들이 주로 이용하는 헷지 방법이다.

주가지수선물에 대한 헷지는 통상 다음과 같은 세 가지 단계로 시행한다.

ⅰ) 헷지대상 포트폴리오의 총규모를 결정

헷지대상 주식포트폴리오의 총규모(S)는 개별주식의 시가(市價)와 주식수를 곱해 얻어진 포트폴리오 시가총액을 말한다.

ⅱ) 헷지에 필요한 선물계약수 결정

헷지에 필요한 선물계약수는 다음의 식으로 계산할 수 있다.

$$N = h\frac{S}{F}$$

(식 15-8)

    단, N = 필요한 선물계약수
        h = 헷지비율(hedge ratio)
        S = 헷지대상 포트폴리오의 총 규모(금액)
        F = 주가지수선물가격(포인트)을 현금으로 환산한 금액

> 例 헷지대상 포트포리오의 총규모(S)가 $500,000이고, 헷지비율이 2.0, S&P500지수선물가격이 400이라면 F=$100,000(=400×$250)이므로, 필요선물계약수(N)는 10계약(N=(2×$500,000)/$100,000)이 된다.

ⅲ) 선물의 매입 혹은 매도 포지션 결정

선물의 매입 혹은 매도 결정은 향후 시장상황을 예측함으로써 결정된다. 만일 앞으로 시장이 약세(bear market)로 전환될 것으로 예상되면 매도포지션을 취함으로써 현물시장에서의 손실을 선물시장에서의 이익으로 상쇄하여 손실위험을 회피

할 수 있을 것이다. 반대로, 미래에 일정 규모의 포트폴리오를 구성하고자 하는 투자자의 입장에서 향후 주식시장이 강세(bull market)로 전환될 것으로 예상될 경우 매입포지션을 취함으로써 매입비용 상승으로 인한 손실위험을 회피할 수 있다.

② 최적헷지비율

헷지전략을 수행하기 위해서는 가장 중요한 개념이 헷지비율이다. 헷지비율(h: hedge ratio)이란 헷지하고자 하는 현물자산(주가지수)가치에 대하여 헷지하는 선물가치의 비율로써, 다음과 같이 구해진다((식 15-8) 참조).

$$h = N\frac{F}{S}$$

(식 15-9)

이 식에서 주어진 원리를 이용하여 다음과 같은 세 가지 상황에서의 헷지비율 (h) 혹은 선물계약수(N)를 구해 보자.

ⅰ) 단순헷지

단순헷지의 목적은 주식포트폴리오의 위험을 최소화하는 것, 즉, 위험의 완전제거(perfect hedge)가 목적이다. 그러나 헷지를 통해서도 위험은 완전히 제거되지 않는데, 왜냐하면 헷지비율은 과거자료를 사용하여 도출하는데 이러한 비율을 미래에도 그대로 적용하는 데는 무리가 있으며, 헷지 만기 시의 베이시스(즉, 현물가격-선물가격)가 처음에 예상한 바와 일치하지 않을 수도 있기 때문이다. 즉, 매입헷지의 경우 베이시스가 예상보다 작거나 매도헷지의 경우 베이시스가 예상보다 크면 손실이 발생한다. 이러한 이유로 선물시장의 가격변동과 현물시장의 가격변동은 완전히 일치하지 않는다.

전통적인 1대 1의 단순헷지전략은 현물시장에서의 가격변동위험을 완전히 제거하지 못하고, 대부분의 경우에 헷지하지 아니한 현물의 보유에서 오는 손실을 줄일 수 있을 뿐이다. 따라서 선물과 현물의 가격변동이 다른 경우 주식포트폴리오를 헷지할 때 선물계약수(N)는 포트폴리오의 베타로 조정해야 한다. 즉, 헷지비율과 선물계약수는 다음과 같다.

$$h = \beta$$

$$\grave{N} = h\frac{S}{F} = \beta\frac{S}{F}$$

(식 15-10)

단, h = 헷지비율(hedge ratio)

$\quad$ S = 헷지대상 포트폴리오의 총 규모(금액)

$\quad$ F = 주가지수선물가격(포인트)을 현금으로 환산한 금액

$\quad$ β = 주식포트폴리오의 베타

사례 15-2 | 주가지수선물 거래의 헷지

어떤 기관투자자가 5월 1일 현재 \$1,000,000에 상당하는 주식포트폴리오를 보유하고 있다. 이 포트폴리오의 베타는 1.3이고, 헷지를 위해 9월물 S&P500 지수선물을 400포인트에 계약하고자 한다면, 필요한 최적계약수는 다음과 같이 계산할 수 있다.

│ 사례분석 │

$$N = \beta\frac{S}{F} = 1.3\frac{\$1,000,000}{400(\$250)} = 13계약$$

즉, 이 기관투자자는 13계약의 S&P500지수선물을 매도함으로써 포트폴리오가격 하락 위험을 헷지할 수 있다.

---

ii) 베타(β)조정헷지

베타조정헷지란 베타를 이용하여 전체포트폴리오의 시장위험을 조정하는 헷지방법이다. 단순헷지의 목적이 보유하고 있는 주식포트폴리오의 위험을 완전히 제거하는데 있는 반면, 베타조정헷지는 위험회피 목적 이외에 시장상황에 따라 보유포트폴리오의 위험노출정도를 조정하여 수익도 얻고자 하는 적극적인 투자전략이다. 예를 들어 주가가 하락할 것으로 예상될 경우 주식포트폴리오와 주가지수선물을 포함하는 전체 포트폴리오의 베타를 낮추어줌으로써 주가하락에 따른 손실을 상대적으로 줄여주고, 반대로 주가가 상승할 것으로 예상될 경우 전체 포트폴리오의 베타를 높여 줌으로써 주가상승 시 이익을 취하고자 하는 것이다.

베타를 조정하기 위해서는 다른 베타값을 갖고 있는 주식으로 포트폴리오 종목을 교체함으로써 가능하지만, 주가지수선물을 이용하면 보유종목의 교체 없이 주식포트폴리오의 베타값을 조정할 수 있어 비용과 시간을 절감할 수 있을 뿐만 아니라, 의도하는 대로 정확한 헷지가 가능하다는 장점이 있다. 베타헷지는 전체 포트폴리오를 원하는 수준의 베타만큼 헷지비율을 조정하는 것이다. 주가지수선물과 주식포트폴리오의 수익률을 알면 다음과 같이 전체 포트폴리오의 수익률을 계산할 수 있다.

$$R_P = R_S + hR_F \qquad\qquad \text{(식 15-11)}$$

단, R_P = 전체 포트폴리오의 수익률
　　R_S = 주식포트폴리오의 수익률
　　R_F = 주가지수선물의 수익률
　　h = 헷지비율

(식 15-11)과 분산(variance) 및 공분산(covariance)의 성질을 이용하면 다음과 같은 베타관계식을 얻을 수 있다.

$$\beta_P = \beta_S + h\beta_F = \beta_S + h \qquad\qquad \text{(식 15-12)}$$

단, β_P = 전체 포트폴리오의 베타
　　β_S = 주식포트폴리오의 베타
　　β_F = 주가지수선물의 베타 = 1
　　h = 헷지비율

(식 15-12)에서 $\beta_F = 1.0$이 되어야 하는데, 그 이유는 베타의 정의에 의해 주가지수선물의 베타가 주가지수선물시장과 비교되어 구해지기 때문이다. 즉, 주가지수선물의 변동은 주가지수선물시장의 변동과 같으므로 베타는 1.0이 된다. (식 15-12)를 다시 쓰면 다음과 같은 헷지비율을 구할 수 있다.

$$h = \beta_P - \beta_S \qquad\qquad \text{(식 15-13)}$$

(식 15-13)의 헷지비율을 (식 15-10)에 적용하면 적정 선물계약수(N)도 계산할 수 있다. 지금까지 설명한 헷지비율을 이용해 어떻게 베타조정헷지를 할 수 있

는지 다음 사례를 통해 살펴 보기로 한다.

사례 15-3   주가지수선물의 베타조정헷지

7월말 현재 30개의 주식으로 구성된 주식포트폴리오(시장가치는 $1,000만, 베타는 1.3)를 보유하고 있는 한 기관투자자가 앞으로 주가가 하락할 것으로 예상되어 주가하락에 따른 보유주식의 가치하락위험을 최소화하기 위해 베타를 0.5로 낮추고자 한다. 현재 S&P500지수선물가격은 400포인트라고 한다.

▌사례분석▐

이러한 상황하에서 베다조징헷지는 다음과 같이 단계별로 시행할 수 있다.

* 헷지비율: $h = \beta_P - \beta_S = 0.5 - 1.3 = -0.8$

* 선물계약수: $N = h\dfrac{S}{F} = (-0.8)\dfrac{\$10,000,000}{400(\$250)} = -80$ 계약

* 선물포지션: 향후 주가가 하락할 것으로 예상하므로 40계약의 S&P500주가지수선물 매도(마이너스 부호는 매도를 의미)

따라서 이와 같은 전략을 구사할 경우 주식포트폴리오의 베타를 0.5로 조정하는 것과 동일한 효과를 갖는다. 만일 선물을 이용하지 않고 주식포트폴리오의 베타를 변동시키려면 많은 거래비용과 시간이 필요할 것이다.

---

iii) 최소분산헷지

선물포지션과 현물포지션으로 구성된 포트폴리오를 보유하고 있을 때 보유하고 있는 선물계약수에 대하여 포트폴리오에 대한 분산을 최소화함으로써 포트폴리오의 위험을 감소시킬 수 있다. 헷지된 포트폴리오의 수익률은 다음과 같이 계산할 수 있다.

$$R_h = \frac{기말가치}{기초가치} = \frac{(S_T - S_0 + D_S) - N(F_T - F_0)}{S_0}$$

$$= \frac{(S_T - S_0 + D_S)}{S_0} - \left(\frac{N \cdot I_0}{S_0}\right)\left(\frac{F_T - F_0}{I_0}\right)$$

$$= R_S - hR_F \tag{식 15-14}$$

단, I_0 =기초(期初)의 주가지수

S_0, S_T =기초(期初), 기말(期末)의 주식포트폴리오 가치

F_0, F_T =기초(期初), 기말(期末)의 주가지수선물 가격

D_S =주식포트폴리오의 배당

R_h, R_S, R_F =헷지된 포트폴리오, 주식포트폴리오, 선물의 수익률

(식 15-14)로부터 헷지된 포트폴리오의 기대수익률과 분산을 구하면 다음과 같다.

$$E(R_h) = E(R_S) - h \cdot E(R_F)$$

$$\sigma^2(R_h) = \sigma^2(R_S) + h^2\sigma^2(R_F) - 2h\rho_{SF}\sigma(R_S)\sigma(R_F) \tag{식 15-15}$$

단, $E(\cdot)$ =기대치

$\sigma(\cdot)$ =표준편차

ρ_{SF} = R_S와 R_F간의 상관계수(correlation coefficient)

분산을 최소화시키는 헷지비율은 (식 15-15)를 h에 대한 1차미분의 값을 0으로 하는 h^* 값이고, 2차미분이 0보다 크면(아래로 볼록) 된다.

$$\frac{\partial\sigma^2(R_h)}{\partial h} = 2h\sigma^2(R_F) - 2\rho_{SF}\sigma(R_S)\sigma(R_F) = 0 \tag{식 15-16}$$

$$\frac{\partial^2\sigma^2(R_h)}{\partial h^2} = 2\sigma^2(R_F) > 0 \tag{식 15-17}$$

$$h^* = \rho\frac{\sigma(R_S)}{\sigma(R_F)} \tag{식 15-18}$$

(식 15-18)에서 구한 헷지비율을 적용할 경우 (식 15-15)로부터 헷지된 포트폴리오의 총 위험은 다음과 같다.

$$\sigma^2(R_h)_{Min} = \sigma^2(R_S)(1 - \rho_{SF}^2) \tag{식 15-19}$$

따라서 헷지된 포트폴리오의 위험의 크기(즉, 분산)는 주식포트폴리오와 주가지수선물간의 상관계수(ρ_{SF})의 영향을 받는다. 만일 상관계수가 1이라면 (식 15-19)

로부터 헷지된 포트폴리오는 아무런 위험을 갖지 않는 완전헷지(perfect hedge)가 가능하지만, 1보다 작을 경우에는 완전헷지는 어려워진다. 헷지방법은 주어진 통계자료를 이용, (식 15-18)을 적용함으로써 헷지비율(h)을 구한 후, 선물계약수(N)를 (식 15-10)을 이용하여 구하면 된다.

(2) 투기거래

주가지수선물시장에서 투기(speculation)거래란 주식현물과 관계없이 단순히 장래의 선물가격의 변동을 예측하여 선물을 매도 혹은 매입함으로써 시세변동에 따른 이익을 목적으로 하는 거래를 말한다.

선물거래는 보통 거래대금의 10~20%의 적은 증거금으로도 거래가 가능하고 언제든지 반대매매에 의해 거래를 마감할 수 있으므로 투기목적에 많이 사용된다. 이러한 투기거래는 시장유동성을 높여 헷지거래를 용이하게 만들고, 선물거래를 촉진시켜 시장에서의 선물가격형성을 원활하게 하는 등 한편으로는 긍정적인 역할을 하지만, 다른 한편으로 과도한 투기거래는 결제불이행사태의 초래로 신용위험(credit risk)을 증대시키는 등의 부정적인 측면도 있어 많은 선물거래소는 특정인이 투기목적으로 선물을 과도하게 보유하는 것을 규제하고 있다.

주가지수선물거래에서의 투기거래의 예를 주식투자 때와 비교하여 사례를 통해 살펴보면 다음과 같다.

사례 15-4 | 주가지수선물의 투기거래

어떤 투기자가 향후 주가지수가 오를 것으로 예상하고 보유자금 $350,000로 S&P500지수선물을 매입하기로 하였다. 이때 현재 선물가격은 400포인트라 하자. 선물가격이 예상대로 상승할 경우와 예상외로 하락할 경우의 투자결과를 분석하라.

┃ 사례분석 ┃

ⅰ) 예상대로 주가지수가 상승할 경우(440으로 10% 상승)

보유하고 있는 35만달러로 매입할 수 있는 S&P500선물계약수는 투기거래의 경우 개시증거금이 $17,500이라 하면 $350,000/$17,500=20계약이다.

* 주식에 투자 시 투자결과: $\$350,000 \times 10\% = \$35,000 \Rightarrow 10\%$ 수익률

* 선물에 투자 시 투자결과: $(440 - 400) \times 20$계약$\times \$250 = \$200,000$

$\Rightarrow \$200,000/\$350,000 = 57.14\%$ 수익률

ii) 예상외로 주가지수가 하락할 경우(360으로 10%하락)

* 주식에 투자 시 투자결과: $\$350,000 \times (-10\%) = -\$35,000$

$\Rightarrow -10\%$ (손실)

* 선물에 투자 시 투자결과: $(360 - 400) \times 20$계약$\times \$250 = -\$200,000$

$\Rightarrow -\$200,000/\$350,000 = -57.14\%$ (손실)

[사례 15-4]에서 볼 수 있는 바와 같이 선물가격의 등락에 따라 주식포트폴리오에 투자할 경우 손익의 변동은 크지 않은 반면, 투기거래의 손익은 크게 변동하는 것을 알 수 있다. 이는 선물의 특성상 지렛대효과(leverage effect)가 주식투자보다 더 크게 작용하기 때문이며, 따라서 선물투기거래를 통해 이익을 크게 얻을 가능성도 있으나 손실이 클 가능성도 있어 그만큼 신용위험이 커지게 되는 것이다.

(3) 차익거래(아비트라지)

차익거래(arbitrage transaction)란 통상 동일한 자산이 2개의 시장에서 서로 다른 가격에 거래되고 있을 때, 가격이 낮은 시장에서 그 자산을 매입하여 높은 시장에서 매도함으로써 위험없이 차익을 얻는 거래를 말한다. 주가지수선물의 경우 보유비용모형을 통해 구해진 이론선물가격이 실제선물가격과 괴리가 발생할 때, 상대적으로 저평가된 것을 매수하고 고평가된 것을 매도 혹은 공매(short selling)함으로써 차익을 얻을 수 있는데, 이를 지수차익거래(index arbitrage)라 한다.

차익거래가 가능한 주가지수선물가격과 이론가격의 괴리정도는 이론가격 산출 시의 적용금리, 선물 및 주식거래 비용 등의 차이에 따라 이론가격을 계산하는 투자자마다 다를 수 있다. 이를 구체적으로 설명하면 다음과 같다.

ⅰ) 이론가격 산출 시 적용하는 자금차입금리 혹은 재투자금리에 따라 이론가격이 달라진다. 차익거래가 존재할 경우 지수를 형성하는 주식들을 매입해야 할 때의 차입금리 혹은 주식들을 공매하고 공매자금을 운용할 때 적용하는 재투자금

리를 얼마로 하느냐에 따라 선물의 이론가격은 달라진다.

ii) 선물 및 주식의 거래비용에 따라 이론가격이 달라진다.

위탁자의 위탁수수료, 회원의 회비, 그리고 거래위험(주문체결위험, 이자율위험, 배당위험, 거래비용위험 등) 등이 차익거래의 성패를 좌우하기 때문에 이들 요인 때문에 이론가격이 달라질 수 있다. 여기서 주문체결위험이란 지수를 구성하는 다수 종목의 주식을 원하는 가격에 전량 매매체결 되지 않을 위험을 말하며, 이자율위험은 주식매입 조달금리 혹은 주식공매자금 재투자금리가 변동할 위험을 말한다. 배당위험이란 배당수익률이 예상과 다르거나 배당금 지급시기가 연기 또는 배당이 취소 될 위험을 말하고, 거래비용위험이란 매매수수료, 증거금비율 및 세금 등이 변동될 위험을 말한다.

지수차익거래에는 매입차익거래와 매도차익거래가 있다.

 i) 매입차익거래: 주식포트폴리오를 매입하고 주가지수선물을 매도하는 거래. 실제선물가격이 이론선물가격과 거래비용의 합을 초과하는 경우 사용하는 전략이다.

ii) 매도차익거래: 주식포트폴리오를 매도하는 동시에 주가지수선물을 매입하는 거래. 실제선물가격이 이론선물가격과 거래비용의 합보다 작을 경우 사용하는 전략이다.

차익거래는 현물주식시장과 주가지수선물시장을 연결시켜 줄 뿐만 아니라 차익거래자는 선물가격이 이론가격으로부터 크게 이탈하지 못하도록 해준다. 다음의 사례를 통해 차익거래방법을 살펴보기로 하자.

사례 15-5 　주가지수선물의 차익거래

어떤 투자자가 3월 20일 다음과 같이 매입차익거래(현물매입, 선물매도)를 하였고, 6월 20일에 포지션을 마감하였다고 하자. 시장 공시현황은 다음과 같다.

* 주가지수 배당수익률: 3.0%(연수익률)
* 무위험이자율(3개월 T-bill): 5%(연이자율)

* 6월물 S&P500주가지수선물 가격: 480 (6월 20일 인도)
* 선물 계약: 50단위 매도
* 현재 S&P500주가지수: 450포인트

주가지수선물을 이용한 매입차익거래(＝현물매입＋선물매도)를 분석하라.

┃ 사례분석 ┃

1) 매입차익거래에 필요한 자금
* 주가지수(주식) 매입자금: 50계약×450포인트/계약×$250/포인트
$$=\$5,625,000$$
* 선물매도 증거금: 50계약×$6,000/계약＝$300,000
⇒ 합계(총비용)＝$5,625,000＋$300,000＝$5,925,000

2) 매입차익거래 마감 결과(6월 20일)
ⅰ) S&P500주가지수가 430으로 하락하는 경우
* 선물매도이익＝(480−430)×50×$250＝$625,000
* 기간 중 배당수익＝$5,625,000×3%×3/12＝$42,187.50
* 현물매입손실＝$5,625,000×(450−430)/450＝$250,000
⇒ 총손익＝$625,000＋$42,187.50−$250,000＝$417,187.50
⇒ 수익률＝(총손익/총비용)(1년으로 환산한 기간)
$$=(\$417,187.50/\$5,925,000)(12/3)=(7.04\%)(4)=28.16\%$$

ⅱ) S&P500주가지수가 490으로 상승하는 경우
* 선물매도손실＝(490−480)×50×$250＝$125,000
* 기간 중 배당수익＝$5,625,000×3%×3/12＝$42,187.50
* 현물매입이익＝$5,625,000×(490−450)/450＝$500,000
⇒ 총손익＝−$125,000＋$42,187.50＋$500,000＝$417,187.50
⇒ 수익률＝(총손익/총비용)(1년으로 환산한 기간)
$$=(\$417,187.50/\$5,925,000)(12/3)=(7.22\%)(4)=28.16\%$$

(4) 스프레드거래

스프레드(spread)거래란 하나의 선물을 사고 동시에 다른 선물을 매도하는 거

래를 말한다. 스프레드거래는 크게 상품내 스프레드(intra commodity spread)와 상품간 스프레드(inter commodity spread)로 구분할 수 있다. 그리고 상품내 스프레드는 다시 인도월간 스프레드(inter delivery spread), 시간 스프레드(calendar spread), 수직 스프레드(vertical spread) 등으로 나눌 수 있으며, 상품간 스프레드는 다시 거래소간 스프레드(inter market spread), 거래소내 스프레드(intra market spread) 등으로 나눌 수 있다.

① 상품내 스프레드

동일한 선물에 대해 인도월이 다른 두 개의 선물 중에서 하나를 매입하는 동시에 다른 하나를 매도하는 거래를 말한다. 예컨대 인도월간 스프레드는 만기가 짧은 근월물(近月物: nearby futures)을 매입하고 만기가 긴 원월물(遠月物: distant futures)을 매도하는 거래로서, 근월물의 만기일이 도래하여 대금을 지불하고 현물을 인수받아 보유하고 있다가, 원월물의 만기일에 대금을 받고 현물을 인도하게 된다. 이러한 인도월간 스프레드 거래에서 스프레드거래자(spreader)는 보관비용과 금융비용을 전부 감안하더라도 이익이 발생할 때 스프레드거래가 성립된다.

일반적으로 스프레드를 구하는 식은 다음과 같다.

$$
\begin{aligned}
\pi &= F_d - F_n \\
&= S_t e^{(r_d - y)(T_d - t)} - S_t e^{(r_n - y)(T_n - t)} \\
&= S_t [e^{(r_d - y)(T_d - t)} - e^{(r_n - y)(T_n - t)}]
\end{aligned}
$$

(식 15 - 20)

단, π = 인도월간 스프레드

F_d = 원월물(distant futures)의 선물가격

F_n = 근월물(nearby futures)의 선물가격

S_t = 시점 t 에서의 근월물과 원월물 공통 기초자산 가격

T_d = 원월물의 만기

T_n = 근월물의 만기

r_d = 원월물 만기에 상응하는 무위험 이자율

r_n = 근월물 만기에 상응하는 무위험 이자율

y = 기초자산의 배당수익률(연간)

(식 15 - 20)으로부터 원월물이자율이 근월물이자율보다 크다면(즉, $r_d > r_n$), 각

변수에 대한 스프레드의 민감도(sensitivity)는 다음과 같다.

$$\frac{\partial \pi}{\partial S_t} = [e^{(r_d - y)(T_d - t)} - e^{(r_n - y)(T_n - t)} > 0 \qquad \text{(식15-21)}$$

$$\frac{\partial \pi}{\partial y} = S_t [(T_n - t)e^{(r_n - y)(T_n - t)} - (T_d - t)e^{(r_d - y)(T_d - t)}] < 0 \qquad \text{(식15-22)}$$

$$\frac{\partial \pi}{\partial r_d} = S_t [(T_d - t)e^{(r_d - y)(T_d - t)}] > 0 \qquad \text{(식15-23)}$$

$$\frac{\partial \pi}{\partial r_n} = (-)S_t [(T_n - t)e^{(r_n - y)(T_n - t)}] < 0 \qquad \text{(식15-24)}$$

(식 15-21)은 스프레드가 기초자산(예컨대, 주가지수)과 같은 방향으로 움직여서 주가지수가 상승하면 스프레드도 커지고, 주가지수가 하락하면 스프레드도 작아짐을 의미한다. 그러나, (식 15-22)에서 볼 수 있는 바와 같이 배당수익률은 스프레드와 반대방향으로 움직인다. (식 15-23)과 (식 15-24)는 이자율과 스프레드의 관계를 나타내는데, 원월물이자율과 스프레드는 같은 방향으로 움직이는 반면, 근월물이자율은 스프레드와 반대방향으로 움직임을 알 수 있다. 즉, 원월물이자율이 근월물이자율보다 상대적으로 커질수록 스프레드는 커짐을 알 수 있다.

사례 15-6 | 주가지수선물의 만기간 스프레드거래

주가상승이 예상되지만 주가가 하락하는 만일의 사태에 대비하기 위해 1월 20일 S&P500지수선물 3월물(근월물)을 500포인트에 5계약 매도하고, 동시에 6월물(원월물)을 510포인트에 5계약 매입한다. 그리고 3월 3일 반대매매포지션을 취한다.

이러한 만기간 스프레드거래에 대해 분석해 보자.

┃ 사례분석 ┃

ⅰ) 주가가 상승하는 경우 (3월물 보다 6월물의 가격상승폭이 큼)
  * 거래: 3월 3일에 3월물은 505에, 6월물은 520에 거래 마감
  * 손익: 3월물(매도포지션): (500 - 505)×$250×5계약= -$6,250(손실)
          6월물(매입포지션): (520 - 510)×$250×5계약=$12,500(이익)
  ⇒ 총손익=$12,500 - $6,250=$6,250(이익)

ii) 주가가 하락하는 경우 (3월물 보다 6월물의 가격하락폭이 큼)
  * 거래: 3월 3일에 3월물은 495에, 6월물은 500에 거래 마감
  * 손익: 3월물(매도포지션): $(500-495) \times \$250 \times 5$계약$=\$6,250$(이익)
         6월물(매입포지션): $(500-510) \times \$250 \times 5$계약$=-\$12,500$(손실)
  ⇒ 총손익$=\$6,250-\$12,500=-\$6,250$(손실)

위의 [사례 15−6]에서 보는 바와 같이 큰 폭의 가격상승을 예상하지만, 예상 외의 위험을 회피하고자 할 때 인도월간 스프레드거래를 이용할 수 있다. 상승장세 하에서는 총이익이 초기포지션과 반대매매포지션 당시의 스프레드차이(15포인트−10포인트)에 해당하는 $6,250(스프레드차이 5포인트×$250×5계약)에 불과하여 상승장세에서 얻을 수 있는 큰 폭의 이익을 얻지는 못했으나, 하락장세에서는 스프레드차이만큼(10포인트−5포인트)으로 손실을 한정시킬 수 있음을 알 수 있다.

② 상품간 스프레드

상품간 스프레드거래란 동일한 대상물, 대체상품 혹은 수요와 공급의 패턴이 비슷한 종목간의 가격관계를 이용하는 거래를 말한다. 주가지수선물의 상품간 스프레드는 다음과 같이 두 가지로 나누어 생각해 볼 수 있다.

ⅰ) 주가의 상승이 예상되는 경우

변동폭이 큰 주가지수선물을 매입함과 동시에 변동폭이 작은 주가지수선물을 매도

ⅱ) 주가의 하락이 예상되는 경우

변동폭이 큰 주가지수선물을 매도함과 동시에 변동폭이 작은 주가지수선물을 매입

상품간 스프레드를 구하는 공식은 (식 15−20)과 같은 방법으로 다음과 같이 구할 수 있다.

$$\pi = F_l - F_s$$
$$= S_l e^{(r-y_l)(T-t)} - S_s e^{(r-y_s)(T-t)}$$

(식 15−25)

단, $\pi =$ 상품간 스프레드

$\quad F_l =$ 매입선물(long futures)의 가격

$\quad F_s =$ 매도선물(short futures)의 가격

$\quad S_l =$ 매입선물의 기초자산가격

$\quad S_s =$ 매도선물의 기초자산가격

$\quad T =$ 두 선물의 공통 만기

$\quad r =$ 공통만기에 적용되는 무위험이자율

$\quad y_l =$ 매입선물 기초자산의 배당수익률(연간)

$\quad y_s =$ 매도선물 기초자산의 배당수익률(연간)

(식 15−25)로부터 각 변수에 대한 스프레드의 민감도(sensitivity)는 다음과 같다.

$$\frac{\partial \pi}{\partial S_l} = e^{(r-y_l)(T-t)} > 0 \qquad\qquad (\text{식}\,15-26)$$

$$\frac{\partial \pi}{\partial S_s} = (-)e^{(r-y_s)(T-t)} < 0 \qquad\qquad (\text{식}\,15-27)$$

$$\frac{\partial \pi}{\partial r} = (T-t)[S_l e^{(r-y_l)(T-t)} - S_s e^{(r-y_s)(T-t)}] \qquad\qquad (\text{식}\,15-28)$$

$$\frac{\partial \pi}{\partial y_l} = (-)S_l e(T-t)e^{(r-y_l)(T-t)} < 0 \qquad\qquad (\text{식}\,15-29)$$

$$\frac{\partial \pi}{\partial y_s} = S_s(T-t)e^{(r-y_s)(T-t)} > 0 \qquad\qquad (\text{식}\,15-30)$$

(식 15−26)과 (식 15−27)로부터 상품간 스프레드는 매도선물의 기초자산(예컨대, 주가지수)과는 반대방향으로 움직이고, 매입선물의 기초자산과는 같은 방향 움직인다. (식 15−28)은 이자율과 스프레드의 관계를 나타내는데, 매입선물의 주가지수와 매도선물의 주가지수의 상대적 크기, 매입선물의 주가지수배당률과 매도선물의 주가지수배당률의 상대적 크기에 의해 스프레드의 부호가 결정된다. 그리고, (식 15−29)와 (식 15−30)으로부터 매입포지션의 배당수익률은 스프레드와 반대방향으로 움직이는 만넌, 내도포지션외 배당수익률은 스프레드와 같은 방향으로 움직인다.

우리나라의 경우 주가지수선물이 많지 않아 상품간 스프레드를 실제로 활용하

는데 한계가 있으나, 미국의 경우에는 주가지수선물이 S&P500, NYSE Composite Index, Value Line Index, MMI 등 다양하게 있으므로 실제 적용이 용이하다. 예컨대, S&P500지수나 NYSE지수는 상대적으로 대형주의 영향을 많이 받고, Value Line지수는 상대적으로 소형주에 큰 가중치를 주고 있기 때문에 시장의 변화에 S&P500지수나 NYSE지수보다 Value Line지수가 상대적으로 더 민감하게 반응하는 경향이 있다. 즉, Value Line지수는 활황장세(bull market)에서는 더 많이 오르고 불황장세(bear market)에서는 더 많이 하락하는 경향이 있다. 따라서 가격상승을 예상하고 위험노출을 적절히 관리하고자 하는 투자자는 이러한 지수들을 잘 활용할 수 있다. 다음에 설명하는 사례는 이러한 특성을 이용하여 상품간 스프레드거래 전략을 어떻게 구사할 수 있는지를 잘 보여주고 있다.

사례 15-7 주가지수선물의 상품간 스프레드거래

어떤 투자자가 향후 주식시장이 활황이 되리라 예상하고, 1월 20일 Value Line지수 6월물을 250.35에 5계약 매입하고, S&P500지수 6월물을 466.52에 5계약 매도하는 상품간 스프레드를 구성하였다. 이후 예측이 적중하여 2월 4일, Value Line지수선물은 261.66에 매도포지션을 취하고, S&P500지수선물은 471.05에 매입포지션을 취함으로써 포지션을 청산하기로 하였다.

이러한 상품간 스프레드거래에 대해 분석해 보자.

❙ 사례분석 ❙

ⅰ) Value Line지수선물의 경우(매입 포지션)

　＊손익: $(261.66 - 250.35) \times \$500 \times 5$계약 $= \$28,275$(이익)

ⅱ) S&P500지수선물의 경우(매도 포지션)

　＊손익: $(466.52 - 471.05) \times \$250 \times 5$계약 $= -\$5,662.50$(손실)

　⇒ 총손익 $= \$28,275 - \$5,662.50 = \$22,612.50$(이익)

일반적으로 주가지수선물은 채권선물(금리선물)과 상호 대체관계(substitute relationship)가 있는데, 이는 주식과 금리 사이의 부(−)의 관계로부터 이해할 수 있다. 따라서, 어느 시점에서 두 선물 사이의 가격차이가 정상궤도를 벗어날 경우에도 상품간 스프레드거래를 이용함으로써, 가격변동에 따른 위험을 헷지할 수 있다.

4) 주가지수선물을 이용한 포트폴리오 관리

증권회사, 투자신탁회사, 은행, 보험회사, 연금, 기금과 같은 기관투자자들은 T-bill과 같은 무위험증권과 주식으로 구성된 포트폴리오를 보유하며, 이들은 시장상황의 변화에 따라 거래시점(타이밍)과 종목을 적절히 선택함으로써 보유한 포트폴리오를 적극적으로 관리한다. 이 절에서는 주가지수선물을 이용한 시장타이밍전략, 종목선택전략, 그리고 프로그램매매 등을 설명한다.

(1) 주가지수선물을 이용한 시장타이밍전략

시장타이밍전략(market timing strategy)은 주식시장의 상황에 따라 주식 또는 채권 중에서 어느 쪽에 투자하는 것이 더 유리한가를 판단하여 적절한 시점에 자금을 주식과 채권으로 배분하는 전략을 말한다. 예를 들어, 주식시장이 강세일 때는 채권을 주식으로 교체시키고, 주식시장이 약세일 때는 주식을 채권으로 교체시키는 적극적인 포트폴리오전략을 말한다. 그러나, 기관투자자가 주식시장에서 시장타이밍전략을 사용하면, 대규모거래로 인해 많은 거래비용이 발생하고 시장충격도 매우 크기 때문에 전략의 성과가 현저히 감소한다. 따라서 거래비용, 거래체결속도, 유동성 등에서 주식시장보다 우월한 주가지수선물을 이용하면 시장타이밍전략을 효과적으로 구사할 수 있다.

① 합성 T-bill의 창출

T-bill 투자자나 주식포트폴리오 관리자는 주가지수선물을 이용하여 기존의 포지션을 저렴한 비용으로 개선시킬 수 있다. 즉, T-bill 투자자는 주가지수선물가격이 주가지수보다 고평가되어 있을 때 T-bill을 합성 T-bill(synthetic T-bill)로 대체시킬 수 있다. T-bill 투자자는 보유하고 있는 T-bill을 매도하고, 그 자금으로 복제 포트폴리오를 매입함과 동시에 주가지수선물을 매도함으로써 다음과 같은 합성 T-bill을 창출할 수 있다.

$$\text{합성 T-bill} = \text{주식포트폴리오} - \text{주가지수선물} \qquad (\text{식} 15-31)$$

다시 말해, T-bill 투자자는 (식 15-31)에 따라 현물매입쥬차익거래(cash-and-carry quasi-arbitrage)를 수행함으로써 순수차익거래보다 낮은 비용으로 합성 T-bill을 창출할 수 있다.

② 합성 주식포트폴리오의 창출

주식포트폴리오 관리자는 주가지수선물가격이 주가지수보다 저평가되어 있을 때, 현물매도준차익거래(reverse cash-and-carry quasi-arbitrage)를 통해 주식포트폴리오를 합성 주식포트폴리오(synthetic stock portfolio)로 대체시킬 수 있다. 즉, 주식포트폴리오 관리자는 보유하고 있는 주식포트폴리오를 매도하고, 그 자금으로 T-bill을 매입함과 동시에 주가지수선물을 매입함으로써 다음과 같은 합성주식포트폴리오를 창출할 수 있다.

합성 주식포트폴리오 = T-bill + 주가지수선물　　　　　　　　　　　(식 15-32)

즉, 주식포트폴리오 관리자는 (식 15-32)에 따라 현물매도준차익거래를 수행함으로써, 순차익거래자보다 더 저렴한 비용으로 합성 주식포트폴리오를 창출할 수 있다.

③ 시장타이밍전략

향후 주식시장이 약세시장으로 반전되어 주가하락이 예상되면, 방어적인 투자전략으로 변경하여 보유주식을 T-bill로 신속하게 교체해야 한다. 이때 포트폴리오관리자가 사용할 수 있는 전략은 다음과 같은 두 가지이다.

첫째, 보유주식을 매도하고 T-bill을 직접 매입하는 전략이다.

둘째, 주식시장에서 주식을 그대로 보유하면서 주가지수선물을 매도하여 합성 T-bill을 창출하는 선물전략이다.

이와 반대로, 주식시장이 강세시장으로 반전되어 주가상승이 예상되면, 공격적인 투자전략으로 변경하여 보유중인 T-bill을 신속하게 교체해야 한다. 이때 포트폴리오관리자가 사용할 수 있는 전략은 다음과 같은 두 가지이다.

첫째, 보유중인 T-bill을 매도하고 주식을 직접 매입하는 전략이다.

둘째, T-bill을 그대로 보유하면서 주가지수선물을 매입하여 합성 주식포트폴리오를 창출하는 선물전략이다.

이상의 두 전략 중에서 거래비용을 고려하면 선물전략이 더 유리할 때가 많다. 좀 더 구체적으로는 다음과 같은 시장타이밍전략을 구사하여 포트폴리오를 적극적으로 관리할 수 있다.

i) 시점 t에 주식(혹은 T-bill) 매입

ii) 시점 t^* ($t^* > t$)에 주식(혹은 T-bill)을 합성 T-bill(혹은 합성 주식포트폴리오)로 전환

* 시점 t^*에서의 주가지수선물 매도계약수= $V_{t^*}/F_{t^*,\,T}$ (식15-33)

단, V_{t^*} =시점 t^*에서의 주식포트폴리오의 총가치

$F_{t^*,\,T}$ =시점 t^*에서의 T일물 주가지수선물 1계약의 가치

iii) 합성 T-bill(혹은 합성 주식포트폴리오)를 주가지수선물만기인 T시점($T > t^*$)까지 보유

2) 주가지수선물을 이용한 종목선택전략

종목선택전략(stock picking strategy)은 주어진 위험수준 하에서, 저평가된 주식을 매입하고 고평가된 주식을 매도함으로써 시장평균 이상의 투자수익률을 달성하고자 하는 적극적 투자전략을 말한다. 투자수익률은 종목선택능력뿐만 아니라 시장타이밍에 의해서도 좌우되는데 때로는 이 두 가지가 상충되는 효과를 보일 때도 있다. 예컨대, 어떤 주식이 저평가된 종목으로 선택되었으나, 매입 후에 시장이 약세시장으로 반전되면 소기의 초과수익률을 달성할 수 없게 되는데, 이는 약세시장에서는 저평가된 주식이 균형가격(혹은 정상가격)으로 회복될 가능성이 작기 때문이다. 예를 들어, 위험수준이 동일한 다른 주식에 비해 5% 저평가된 주식이 발견되었다면, 그 주식을 매입하였다가 일정기간 후 정상가격으로 매도하면 5%의 초과수익을 얻을 수 있으나, 그 주식을 매입한 후에 시장전체가 10% 하락하면, 오히려 5%의 손실을 보게 된다.

그러나, 주가지수선물을 이용하면 시장상황의 변화에 관계없이 초과수익률을 확실히 달성할 수 있는 종목선택전략의 구사가 가능해진다. 즉, 주식시장에서 저평가된 주식이 발견되면 그 주식을 매입함과 동시에 주가지수선물을 매도함으로써 시장이 약세로 반전되는 것과 관계없이 초과수익을 확실히 달성할 수 있으며, 반면에 주식시장에서 고평가된 주식이 발견되면 그 주식을 매도함과 동시에 주가지수선물을 매입함으로써 시장이 강세로 반전되는 것과 관계없이 초과수익을 확실히 달성할 수 있게 되는 것이다.

① 저평가된 주식 매입

투자이론에서 널리 쓰이는 자본자산가격결정모형(CAPM)을 사용하면, 시장에서의 균형관점에서 볼 때 상대적으로 저평가되거나 고평가된 주식을 발견할 수 있다. 다음의 간단한 CAPM 모형을 통해 저평가된 주식을 어떻게 찾을 수 있는지 살펴보기로 한다.

$$E(R_j) = R_F + \beta_j[E(R_M) - R_F] \qquad \text{(식 15-34)}$$

단, $E(R_j)$ =주식 j의 기대수익률($j=1,2,3,...,N$)

R_F =무위험이자율(risk-free rate of interest)

β_j =주식 j의 베타

$E(R_M)$ =시장포트폴리오의 기대수익률

(식 15-34)는 시장에서 수요와 공급이 균형(equilibrium)을 이룰 때 주식 j의 기대수익률과 시장기대수익률과의 이론적인 관계를 나타낸다. 이러한 이론적인 기대수익률과 실제 시장에서의 평균수익률이 다를 때, 그 주식은 저평가되어 있거나 고평가되어 있다고 할 수 있다. 이론적인 기대수익률과 실제 평균수익률과의 차이는 다음과 같이 표시할 수 있다.

$$\alpha_j = E(R_j) - [R_F + \beta_j[E(R_M) - R_F] \qquad \text{(식 15-35)}$$

(식 15-35)에 있는 α를 보통 Jensen's α라 하고, 포트폴리오 성과를 측정하는 데 자주 사용한다. CAPM이론의 측면에서 볼 때 α가 0보다 크면 균형선(SML)보다 위에 있으므로 이 주식은 저평가되어 있다고 볼 수 있고, 반면 α가 0보다 작으면 균형선(SML)보다 아래에 있으므로 이 주식은 고평가 되어 있다고 볼 수 있다.

만일 주가가 시점 t^*에 저평가되어 있다면, t^*에 저평가된 주식을 V_{t^*}만큼 매입하고 (식 15-33)에 있는 것처럼 주가지수선물을 $V_{t^*}/F_{t^*, T}$만큼 매도하는 종목선택 전략을 구사해야 한다.

② 고평가된 주식 매도

(식 15-35)에서 만일 α가 0보다 작으면 균형선(SML)보다 아래에 있으므로 이 주식은 고평가되어 있다고 할 수 있다. 이러한 고평가된 주식에 대해서는 저평가된 주식과 반대되는 전략을 구사함으로써 초과이익을 얻을 수 있다. 즉, 만일 주

가가 시점 t^* 에 고평가되어 있다면, t^* 에 고평가된 주식을 V_{t^*} 만큼 공매(short selling)하고 (식 15−33)에 있는 것처럼 주가지수선물을 $V_{t^*}/F_{t^*,\,T}$ 만큼 매입하는 종목선택전략을 구사해야 한다.

(3) 프로그램매매전략

① 프로그램매매의 개념

프로그램매매(program trading)란 투자자들이 자신들의 투자전략을 컴퓨터에 프로그램 하여 시장상황 변동 시 컴퓨터가 자동으로 매입 또는 매도시점을 포착하여 주문을 내는 등의 거래를 하는 고도의 투자기법이다. 미국 뉴욕거래소(NYSE)는 프로그램매매를 '지수차익거래(index arbitrage)' 또는 '시가총액이 100만불 이상인 주식 혹은 15종목 이상의 주식 매매에 관한 거래'라고 정의하고 있다.

좁은 의미에서의 프로그램매매는 주가지수와 동일한 움직임을 갖는 현물주식의 시장 바스켓(basket)과 이 바스켓을 대상으로 선물계약의 차이가 타당하다고 생각되는 가격(이론가격)보다 상승하거나 하락할 때 선물을 매도하고 동시에 현물시장에서 바스켓을 매입하거나 그 반대의 매매를 해서 차익을 얻는 거래를 말한다.

프로그램매매가 투자자들의 관심을 끌게 된 직접적인 계기는 미국의 1987년 10월의 주가대폭락(Black Monday)과 1989년 10월의 주가폭락(Mini Crash)일 것이다. 당시의 여론 및 관련기관 보고서에서는 프로그램매매가 주가폭락을 가속화시켰다는 주장이 있어 이러한 매매방식에 대한 찬반논쟁이 있어 왔다.

② 프로그램매매의 발전

프로그램매매의 기원은 1976년 뉴욕거래소(NYSE)와 아메리칸거래소(AMEX)에서 가동이 시작된 DOT(Designated Order Turnaround) 시스템에서 찾을 수 있다. DOT 시스템은 전국 각지의 브로커로부터 들어오는 100주 전후의 다수의 소량 주문들을 하나의 큰 주문으로 모아 직접 거래 포스트로 전달해 주는 시스템으로 이는 거래소의 효율성증대는 물론 대규모 거래의 효율적 집행을 가능하게 하여 시장가주문(market order)과 지정가주문(limit order)의 체결한도가 30,099주와 99,999주로 확대되었다. 이러한 DOT 시스템의 거래용량 증가는 포트폴리오 관리자들이 다수의 주식으로 구성된 포트폴리오를 개별 주식별 매매가 아니라 포트폴리오 전체를 일괄 매매할 수 있게 하였다.

프로그램매매의 초기 단계에서는 $5,000만 정도의 거래가 상당히 큰 거래로 간주되었으나, 주가지수선물과 옵션 등 주식파생상품의 등장으로 프로그램매매에 따른 위험을 제거할 수 있게 되어 최근에는 $5억 이상의 거래도 자주 볼 수 있게 되었다.

③ 프로그램매매의 영향과 문제점

1982년과 1983년 미국 주식시장에 선물 및 옵션이 각각 도입되었을 때 증시관계자들의 주요 관심은 파생상품이 현물시장에 어떤 영향을 미치는가에 있었는데, 특히 현물시장의 가격변동성이 최대 관심사였다. 선물과 옵션이 성공적으로 기능을 수행하기 위해서는 투기거래가 필요 불가결한데, 정보력이 뛰어난 투자자에 의한 투기거래는 현물시장의 가격변동성에 영향을 줄 수 있다. 즉, 주식시장에서 투자자간의 주문흐름이 균형을 이루지 못하고 있을 때, 정보력이 뛰어난 투기거래자가 이에 적절히 대응함으로써 시장의 변동성을 완화시킬 수 있다. 또한, 선물시장은 현물시장에 대하여 새로운 정보를 제공하여 현물시장의 참여자를 증가시키고 그 결과 현물시장의 유동성을 증대시킴으로써 시장의 전체적인 주가변동성을 감소시킨다.

그러나 반대로 선물, 옵션 시장이 주가 움직임을 불안하게 한다는 주장도 있다. 즉, 잘 정비된 투기시장에서는 주식의 내재가치에 대한 새로운 정보가 신속하고 정확하게 전달되므로 가격변동이 그 만큼 커질 수 있다. 또한 프로그램매매는 일정 조건을 갖추면 자동으로 실행되는 투기적인 대량주문이라는 성격을 가지고 있어 현물시세를 크게 동요시킬 수 있다는 문제점을 가지고 있다. 프로그램매매는 계속적으로 시장간 가격차를 모니터 하여 순식간에 각 증권회사에서 유사한 매도 혹은 매입 신호를 발생시키므로 같은 방향의 매도 및 매입 압력을 줌으로써 주가 변동을 심화시킬 수 있다.

이러한 문제점들에도 불구하고 1987년 10월 주가대폭락 이후 진행된 브래디 조사에서는 프로그램매매가 주가폭락의 직접적인 도화선이 되었다는 증거를 발견하지 못했다고 공식적으로 밝힘으로써 프로그램매매의 부정적 영향에 대해 찬반이 상존하고 있는 실정이다.

④ 프로그램매매의 규제

1987년 10월과 1989년 10월 두 번의 주가폭락을 경험한 미국은 프로그램매매에 의한 주가변동의 확대를 방지하고 개인 투자자의 신뢰를 회복하기 위하여 이에 대한 규제를 크게 강화하였다.

우선 뉴욕거래소(NYSE)의 Super DOT를 경유하는 개인투자자의 2,099주 이하의 주문을 우선적으로 집행하는 개인투자자주문 우선전달제도(IIEDS: Individual Investor Express Delivery Service)와 S&P500주가지수선물 가격이 전일 대비 12포인트 이상 하락한 경우 Super DOT를 통해 행해지는 프로그램매매를 별도 파일로 이체하여 5분간 회송을 지연시키는 사이드 카(Side Car) 제도가 도입되었고, 다우지수가 전일 대비 250포인트 이상 등락하는 경우 1시간, 400포인트 이상 등락하는 경우 2시간 동안 거래를 정지할 수 있도록 서킷 브레이커(Circuit Breaker)라는 시장 긴급거래정지제도를 도입하였다.

한편 뉴욕거래소(NYSE)는 1990년에 규칙을 일부 개정하여 다우지수가 전일 대비 50포인트 이상 변동할 경우, NYSE에서 거래되는 모든 S&P500지수 구성종목의 지수차익거래는 하락 시 현재가격 또는 그보다 높은 가격으로만 매도(Sell Plus)할 수 있도록 하였다.

이러한 규제는 모든 프로그램매매에 적용되는 것이 아니라 지수차익거래만을 대상으로 하는데, 이는 지수차익거래의 주문집행을 감소시켜 대규모의 주가급변을 완화하는 데 그 목적이 있다.

5) 국내 주가지수선물

(1) 코스피200선물

코스피200선물은 유가증권시장본부에 상장된 주식 200종목의 시가총액 기준으로 산출된 코스피200지수(산출기준시점 1990.01.03)를 기초자산으로 하는 상품이다. 이처럼 코스피200선물은 주가지수를 거래대상으로 하고 있어 최종결제방법으로 현금결제를 채택하고 있다. [표 15 3]은 한국거래소(KRX)에서 거래되고 있는 대표적인 주가지수선물인 코스피200선물의 상품명세이다.

[표15-3] 국내 KOSPI200지수선물 상품명세

기초자산	코스피200지수
거래단위	코스피200선물가격×25만(거래승수)
결제월	3, 6, 9, 12월
상장결제일	3년 이내 7개 결제월(3, 9월: 각 1개, 6월: 2개, 12월: 3개)
가격의 표시	코스피200선물 수치(포인트)
호가가격단위	0.05포인트
거래시간	09:00~15:45(최종거래일 09:00~15:20)
초종결제일	최종거래일의 다음 거래일
결제방법	현금결제
가격제한폭	기준가격 대비 각 단계별로 확대 적용 ① ±8% ② ±15% ③ ±20%
정산가격	최종 약정가격(최종약정가격이 없는 경우, 선물이론정산가격)
기준가격	전일의 정산가격
단일가격경쟁거래	개장시(08:30~09:00) 및 거래종료시(15:35~15:45)
필요적 거래중단	현물가격 급변으로 매매거래 중단 시 선물거래 일시중단 및 단일가로 재개

자료: 한국거래소(KRX)

(2) 그 외 지수선물

코스피200지수선물 이외에도 한국거래소(KRX)에는 코스피200지수 구성종목을 정보기술, 금융 등 산업군별로 재분류하여 산출한 코스피200섹터지수를 기초자산으로 하는 코스피200섹터지수선물, 코스피고배당50, 코스피배당성장50지수를 기초자산으로 하는 배당지수선물, 코스피200선물을 1/5로 축소한 미니코스피200선물, 코스닥시장의 대표적인 기술주 150개로 구성된 코스닥150선물(코스닥150지수 산출기준시점은 2010년 1월 4일, 1,000포인트), 코스피 및 코스닥시장을 아우르는 우량기업으로 구성된 KRX300지수를 기초자산으로 하는 KRX300선물, 그리고 유로존 12개 국가의 증권시장에 상장된 50종목으로 구성된 유로스톡스50(Euro STOXX50)을 기초자산으로 하는 유로스톡스50선물 등이 있다. 각 주가지수선물의 자세한 거래명세는 한국거래소(KRX) 홈페이지를 참조하면 된다.

2 | 주식선물

1) 주식선물의 개념과 도입배경

주식선물(stock futures)이란 개별 주식을 기초자산으로 하는 선물계약이다. 앞서 설명한 주가지수선물은 주식포트폴리오의 리스크를 관리하는 수단으로는 적합하나 개별 주식의 가격변동성을 헷징하는 데는 미흡하다는 점이 주식선물이 도입된 배경이다. 또한 개별 주식 공매도의 불편함과 규제를 대체할 상품이 필요하다는 점도 주식선물 도입을 촉진하였다.

비교적 최근인 21세기에 들어서 많은 나라들이 주식선물을 도입하기 시작하였고, 우리나라에서도 2008년 5월 6일 15개 종목의 개별주식을 대상으로 주식선물이 상장되어 거래되기 시작하였다.

주식선물은 기초자산이 주식(stock)이라는 것 말고는 앞에서 배운 다른 선물들과 거래방법, 거래유형, 거래목적이나 가격결정 등에 별 차이가 없다. 따라서 본서에서는 간략하게 가격결정이론과 국내 주식선물을 소개하고자 한다.

2) 주식선물의 가격결정모형

주식선물의 이론적 가격도 보유비용모형을 적용할 수 있다. 주식을 보유하면 자본비용과 배당수익이 발생하며, 따라서 보유비용에는 자본비용과 배당수익을 고려하면 된다. 그 외 보관비용, 외국이자율, 보유편익 등은 발생하지 않는다. 이러한 사실로부터 주식선물의 이론적 가격은 다음 식과 같이 구할 수 있다.

$$F_{t,T} = (S_t - D)e^{r(T-t)} \qquad \text{(식 15 - 36)}$$

단, $F_{t,T}$ = 만기가 T인 주식선물의 t시점에서의 이론가격
S_t = 기초자산인 주식의 t시점에서의 가격
r = t시점부터 만기 T시점까지 일정한 무위험이자율
D = t시점부터 만기 T시점까지 예상되는 배당의 현재가치

3) 국내 주식선물

우리나라의 주식선물은 주식시장에 상장되어 있는 주식 중 유통주식수가 200만주 이상, 소액주주수가 2,000명 이상, 1년간 총거래대금이 5,000억원 이상인 보통주식 중에서 시가총액과 재무상태 등을 감안하여 선정된 기업이 발행한 주식을 기초자산으로 하는 선물이다. [표 15-4]에 한국거래소에서 거래되고 있는 개별 주식선물 상품명세가 요약되어 있다.

[표 15-4] 국내 주식선물 상품명세

계약금액	주식선물가격×10(거래승수)		
결제일	기타월(1, 2, 4, 5, 7, 8, 10, 11월) 2개, 분기월(3, 9월), 반기월(6월) 2개, 연월(12월) 3개		
상장결제일	3년 이내의 9개 결제월		
가격의 표시	주식선물가격(원)		
호가가격단위	선물가격	호가단위	
		유가증권시장	
	① 1,000원 미만	10원	
	② 1,000원 이상-5,000원 미만		
	③ 5,000원 이상-10,000원 미만		
	④ 10,000원 이상-50,000원 미만	50원	
	⑤ 50,000원 이상-100,000원 미만	100원	
	⑥ 100,000원 이상-500,000원 미만	500원	
	⑦ 500,000원 이상	1,000원	
거래시간	09:00~15:45(최종거래일 09:00~15:20)		
최종거래일	각 결제월의 두 번째 목요일(휴장일인 경우 순차적으로 앞당김)		
최종결제일	최종거래일의 다음 거래일		
가격제한폭	기준가격 대비 각 단계별로 확대 적용 ① ±10% ② ±20% ③ ±30%		
단일가격경쟁거래	개장시(08:30~09:00) 및 최종거래일 이외의 거래종료시(15:35~15:45)		
필요적 거래중단 (Circuit Breakers)	현물가격 급변시 주식선물 거래 일시 중단		

자료: 한국거래소(KRX)

상품선물

미국 등 선진국에서는 매우 다양한 상품선물들이 헷지, 투기, 스프레드전략을 위해 적극적으로 거래되고 있으나, 우리나라에서는 도입된 상품선물의 종류도 적고 그 거래량도 금융선물에 비해 매우 적은 편이다. 이 장에서는 세계적으로 널리 알려진 대표적인 상품선물인 귀금속선물, 에너지선물, 곡물선물과 곡물가공선물 등에 대해 그 거래방법, 상품명세 및 주요 특징 등에 대해 알아보고자 한다. 아울러, 국내시장에서 거래되고 있는 주요 상품선물들에 대해서도 살펴보고자 한다. 향후 국내시장에서도 시장의 수요를 감안하여 다양한 상품선물이 도입되면, 상품선물을 활용한 헷지, 투기, 스프레드거래 등 다양한 투자가 기대된다.

1 | 상품선물

상품선물(commodity futures)은 선물 중에서 가장 오래된 상품이다. 상품선물이란 농산물, 축산물, 귀금속, 광물 등을 대상으로 하는 선물들을 일컫는다. 이번 장에서는 상품선물거래의 특징과 선물가격에 영향을 미치는 현물상품의 특성에 관해 살펴보기로 하자. 또한 보유비용모형(cost of carry model)이 선물가격을 이해하는 중요한 개념이지만, 이 모형의 적용을 어렵게 하는 저장성, 계절성 등을 고려해 상품에 대한 가격결정이론을 분석해 보고, 상품간에 이루어 질 수 있는 헷지 등에 대해서도 살펴보고자 한다.

1) 상품선물의 특징

(1) 계약의 표준화

상품선물거래의 표준화는 상품선물거래의 대중화에 있어서 가장 중요한 요소이다. 앞에서도 언급했듯이 선도거래와 선물거래의 큰 차이점은 계약의 표준화에 있다. 금융자산을 기초로 하는 선물거래는 기초상품 자체가 이미 일정한 금액의 단위로 고시되어 거래됨으로써 누구나 어떤 상품이 얼마에 거래되는지, 인도나 인수 시에 어떤 상품을 인도하거나 인수하는지 등을 알 수 있다.

그러나 상품선물의 기초가 되는 '상품'은 현물시장에서의 거래에서 그 품질, 수량 등이 표준화 되어 있지 않기 때문에 현물을 인수함에 있어 기대했던 품질을 얻지 못할 수도 있다. 예를 들어 선도거래를 통해 옥수수를 구입하고자 하는 제과업체가 있다면 이 제과업체는 제품의 질을 위해 일정 수준 이상의 품질을 갖는 옥수수를 구입하고자 할 것이며, 품질 수준이 보장되지 않으면 선도거래를 통한 옥수수 구입을 주저하게 될 것이다. 이런 면에 있어서 선물거래는 일정한 수량, 품질, 규격 등을 표준화시켜 어떠한 품질의 상품을 얼마만큼 인수 또는 인도하게 되는지를 미리 알 수 있게 하는 장점을 가지고 있다. 이러한 면을 좀 더 자세히 하기 위해 거래소는 매도자, 매수자, 가격 등을 제외한 거래조건을 거래소 규정으로 통일하여 대상 상품의 선택을 용이하게 하고 있다. 즉, 매매단위, 인수도 가능 등급, 등급의 차이에 따른 할인 또는 할증가격범위, 결제월, 거래시간, 최소가격 변동폭

등의 계약조건이 모두 거래소의 규정으로 정해지는데, 이들을 계약의 표준화라한다.

(2) 인수도 상품의 조정

상품선물거래 계약은 원칙적으로 특정등급의 상품(기본등급)을 인수, 인도 하는것을 기본으로 요구하고 있다. 그러나 필요한 경우에는 매도자에게 계약 가격에할증 또는 할인한 가격으로 다른 상품으로 대체할 수 있게 한다. 이 경우 매수자는 비록 기본등급이 아닌 대체등급이 제공되더라도 이를 거부할 수 없다. 이는 기본등급의 공급량을 조절할 수 있는 특정집단이 시장을 지배하기 어렵게 하기 위한것이다. 즉, 기후 등의 요인으로 특정등급의 공급량이 적어졌을 때, 이 기본등급만이 인수도에 이용될 수 있다면, 당해 등급의 공급량을 조절할 수 있는 능력을 가진 개인이나 집단이 타 등급에 비해 무리하게 높은 가격을 요구할 수 있게 되므로, 이를 방지하기 위하여 거래소는 인수도 상품을 조정할 수 있다.

2) 미국내 주요 상품선물거래소

미국내의 선물거래 중심지는 시카고상업거래소(CME)가 위치한 시카고를 꼽을수 있다. 이어서 커피설탕코코아거래소(CSCE), 뉴욕면화거래소(NYCE), 뉴욕증권거래소(NYSE) 등을 갖는 뉴욕이 뒤를 따르고 있다. 가장 일찍이 선물거래가 시작된시카고는 미국내뿐만 아니라 세계 선물거래의 중심지로 인정받고 있는데, CME의

[표16-1] 미국의 주요 상품거래소와 거래상품

거래소명	설립연도	주요 거래상품선물
시카고상업거래소 (CME)	1874	사육우, 생우, 생돈, 삼겹살, 원목, 금, GSCI
커피·설탕·코코아 거래소(CSCE)	1882	커피 'C', 코코아, 국제시장지수, No. 11 설탕, No. 14 설탕, 백설탕, 우유 등
미드아메리카 상품거래소(MidAm)	1868	옥수수, 귀리, 대두, 대두박, 밀, 쌀, 소, 돼지, 금, 은, 백금
뉴욕면화거래소 (NYCE)	1870	면화, 오렌지 주스 등
미니애폴리스 곡물거래소(MGE)	1881	소맥, 귀리, White Schrimp 등

선물거래량이 미국 선물거래량에서 가장 큰 비중을 차지하고 있으며, 세계 선물거래의 상당부분이 미국내에서 거래되고 있음을 감안하면 선물거래에 있어서 시카고를 중심지로 꼽는 데 무리가 없을 것이다. 다음 [표 16−1]은 미국내 주요 선물거래소와 거래되는 주요 상품을 나타낸 것이다.

3) 현물상품의 특성과 선물가격

앞에서 다룬 보유비용모형(cost of carry model)은 실물자산이 일정기간 동안 저장(storage)가능하다는 것을 전제로 하였다. 만약 상품의 저장이 불가능하다면 현물을 보유하는 전략은 불가능하게 된다. 상품의 저장이 불가능하여 보유비용모형을 적용할 수 없는 경우에는 선물가격이 현물가격에 비해 훨씬 높게 형성될 가능성이 있다. 반면에 공매가 제한되는 경우에는 보유비용모형과 대조적으로 현물가격이 높게 형성될 가능성이 있다.

어떤 상품들은 실물(현물)을 보유함으로 인해 보유편익(convenience yield)을 얻게 되는데, 보유편익이 보관비용보다 크게 되면 현물가격이 선물가격보다 높게 형성된다. 그 실례로 석유파동이 발생하였을 때 석유를 보유하는 것이 석유관련산업의 영속성과 수익성에 중대한 영향을 미치므로 현물이 선물보다 훨씬 높은 가격으로 거래가 되었다. 다시 말해 현물과 선물가격은 거래비용, 상품공급, 저장 가능성, 상품의 생산과 소비의 주기(cycle), 공매의 용이성 등에 의해 좌우되며 각각의 요소들은 상호 밀접한 관계를 맺고 있다. 만약 상품의 공급량이 소비량보다 상대적으로 많으면 상품의 보유편익이 낮아져 완전보유시장에서 거래될 것이다. 금이나 은과 같은 귀금속은 소비에 비해 상대적으로 공급이 충분하나 동과 같은 금속은 소비에 비해 매장량이 적어서 공급 수준이 낮다. 곡물 같은 상품은 소비에 비해 공급이 많지만 공급은 수확주기에 따라 변하기 때문에 전체적으로는 귀금속보다 곡물의 재고수준이 덜 안정적이다. [표 16−2]는 선물거래 기초상품의 공급과 저장성의 특성을 표로 만든 것이다. 만약 상품의 저장성이 높고 소비에 비해 공급이 많다면 완전보유시장이라고 할 수 있다.[1] 대표적인 예로는 금을 들 수 있다.

---

1) 완전보유시장(full carry market)이란 보유편익(convenience yield)의 가치가 0인 상품들이 거래되는 시장을 말한다. 주로 투자목적으로 상품이 거래되는 시장을 말하며, 그 반대는 불완전보유시장 (non−full carry market)이라 한다.

[표16-2] 상품의 저장성, 재고 및 기대현물가격 특성

저장성	재고	상품	기대 현물가격
높음	재고수준이 높음	귀금속	완전보유시장
양호	생산주기가 재고수준의 변동을 결정	곡물류, 유지종자	완전보유시장에 부합
양호	소비주기가 재고수준의 변동을 결정	에너지 상품	완전보유시장과는 차이
낮음	재고수준이 낮음	축산물, 과일류	완전보유시장이 적용되지 않음

　　상품의 저장성은 매우 높으나 상품의 계절적 수요로 인해 재고가 변할 수도 있다. 예를 들어 석유제품은 강한 계절적 소비를 보여준다. 난방유의 경우 겨울에 수요가 급증하는 반면, 가솔린은 여행이나 자동차 운행이 많은 여름에 수요가 많게 된다. 이러한 계절적 소비성향은 원유의 저장에 영향을 미치고 완전보유시장에서 형성되는 가격과는 차이가 나게 한다. 또한 원유의 생산이 정상적인 생산 주기를 이탈한다면 현물가격이 예상외로 변동하므로 선물가격이 완전보유시장가격과는 차이가 생길 수 있다. 축산물이나 과일류와 같은 경우 저장성이 매우 낮아 수요에 비해 공급이 상대적으로 용이하지 못하기 때문에 완전보유시장과는 거리가 멀게 된다.

2 │ 귀금속선물

　　일반적으로 금속시장은 귀금속(precious metal)시장과 산업용 금속(industrial metal)시장으로 나누어진다. 금, 은, 백금 등이 전자에 속하고 동, 주석, 아연, 알루미늄 등은 후자에 속한다. 금속은 비교적 동질적인 속성을 가지고 있으므로 금속시장은 외환시장이나 T−bill시장처럼 유동성이 매우 높다. 시카고상업거래소(CME)에서는 금, 은, 동, 알루미늄, 백금과 팔라듐(Palladium)선물계약을 거래하고 있다. [표16−3], [표16−4], [표16−5]는 각각 시카고상업거래소(CME)에서 거래되고 있는 금, 은, 동선물계약의 명세서를 보여주고 있다.

[표16-3] 금선물계약의 명세서

구분	내역
기초자산	금
거 래 소	CME
거래단위	100온스
인 도 월	현재월과 다음 2개월, 그리고 2월, 4월, 6월, 8월, 10월, 12월
인도명세	1kg짜리 금괴 1개 또는 3개; 순도 99.5% 이상; 총량 100온스(5%): 지정된 창고에서 인도하거나 창고증권으로 인도
최소가격변동폭	계약당 $10.00 또는 온스당 $0.10

[표16-4] 은선물계약의 명세서

구분	내역
기초자산	은
거 래 소	CME
거래단위	5,000온스
인 도 월	현재월과 다음 2개월, 그리고 1월, 3월, 5월, 7월, 9월, 12월
인도명세	지정된 오차범위내의 1,000온스 또는 1,100온스짜리 정제된 은괴; 총량 5,000온스(6%)와 순도 99.9% 이상; 지정된 창고에서 인도하거나 창고증권으로 인도
최소가격변동폭	아웃라이트(outright)거래는 온스당 $0.005, 스프레드거래는 온스당 $0.001

[표16-5] 동선물계약의 명세서

구분	내역
기초자산	동
거 래 소	CME
거래단위	25,000파운드
인 도 월	연중 매월 그리고 은과 같은 주기
인도명세	2등급의 전기동; 총량 25,000파운드(2%); 다른 등급은 조정후 인도 가능; 지정된 창고증권으로 인도
최소가격변동폭	계약당 $12.50 또는 파운드당 $0.0005

각 귀금속계약의 명세서에는 제각기 인도수량, 인도등급, 상품의 인도에 따른 송장가격의 조정방법, 인도기간 등을 명시하고 있다. 앞에서 언급했듯이 금속선물 계약의 경우 완전보유시장에 가까워서 아비트라지 기회를 찾기 힘들다.

3 | 에너지선물

석유와 석유제품은 여러 형태로 거래된다. 원유를 거래하되 생산지역에 따라 계약이 다르고, 원유를 정제해 낸 가솔린, 난방유 등을 별개로 선물계약을 만들어 거래하고 있다. 석유와 석유제품의 선물거래는 1970년 초부터 석유가격의 불안정 성이 증가함에 따라 도입되기 시작했다. CME가 세계에서 가장 중요한 석유선물거 래소로 인정받고 있는데, 이곳에서는 원유, 무연휘발유, 난방유, 프로판가스 선물 계약을 거래하고 있다. 런던국제석유거래소(IPE)에서도 천연가스와 브렌트 원유선 물계약을 거래하고 있다.

1) 원유선물

CME에서는 기준등급인 서부텍사스중질유(WTI: West Texas Intermediate) 이외 의 다른 원유를 인도할 수 있도록 하기 위하여 인도조정계수를 발표하고 있다. 원 유의 특성 중에서 유황함유량과 비중(比重: specific gravity)은 원유의 시장가치와 원유의 인도조정계수에 가장 큰 영향을 미친다. 유황은 오염 물질이기 때문에 유 황함유량이 많은 원유는 등급이 낮다. 그러나 원유의 비중이 낮을수록 휘발유나 제트 원료와 같은 고가 제품을 상대적으로 많이 생산할 수 있다. 원유는 국제적으 로 거래되기 때문에, 거래당사자들이 계약에 명시된 것과 다른 장소와 날짜에 인도 하기로 합의할 수도 있다.

[표 16-6]은 CME그룹 산하 NYMEX에서 거래되고 있는 원유선물계약의 명세 시이다. WTI인유 선물은 거래량이 가장 많은 원유선물 가운데 하나이다.

[표 16-6] 원유선물계약의 명세서

구분	내역
기초자산	원유
거 래 소	NYMEX
거래단위	1,000 U.S. 배럴(42,000갤런)
인 도 월	매월
인도명세	기준등급은 WTI(유황 0.4%, API비중 40도)이며; 다른 등급은 가격조정 후 인도가능; Oklahoma의 Cushing에 있는 매도자의 시설을 이용하여 지정된 방법으로 인도되며, F.O.B. 가격을 적용함; 대체적인 인도절차는 당사자간의 합의로 가능하며, 합의 내용은 거래소에 통지하여야 함
최소가격변동폭	배럴당 $0.01 또는 계약당 $10.00

2) 난방유선물

CME그룹 산하 NYMEX에서 거래되고 있는 난방유선물계약(heating oil futures contract)의 명세는 다음 [표 16-7]과 같다. 난방유선물계약에서도 대체적인 인도 절차를 합의하거나 선물현물교환계약을 체결할 수 있다. 난방유선물계약의 가격결 정에서 가장 중요한 문제는 역시 기초자산인 난방유가 투자자산인가 아니면 소비 자산인가 하는 점이다.

난방유는 주로 계절적 요인에 따라 자산의 특성이 변한다. 즉, 난방유는 생산 과 저장의 계절적 패턴에 따라 일년 중에 투자자산이 될 때도 있고 소비자산이 될 때도 있다. 난방유 수요는 겨울에 증가하고 여름에 감소하므로 정유회사는 난방유

[표 16-7] 난방유선물계약의 명세서

구분	내역
기초자산	난방유
거 래 소	NYMEX
거래단위	1,000 U.S. 배럴(42,000갤런)
인 도 월	매월
인도명세	No. 2 난방유; 뉴욕항에 있는 매도자의 시설로 인도되며 F.O.B. 가격 을 적용함; 대체적인 인도절차는 당사자간의 합의로 가능하며, 합의 내용은 거래소에 통지하여야 함
최소가격변동폭	갤런당 $0.0001 또는 계약당 $4.20

수요의 계절적 변동에 따라 생산량을 조절하지만, 대부분 여름과 가을에는 난방유를 생산하여 재고로 비축하고, 겨울에는 생산시설을 완전 가동함과 동시에 재고로 비축한 난방유를 공급한다.

여름부터 가을을 지나 한겨울까지는 난방유의 초과생산으로 난방유재고가 계속 증가하여 난방유재고로부터 보유편익을 얻을 수 없으므로 난방유가 투자자산이 된다. 한겨울 이후에는 난방유의 소비가 생산을 초과하여 난방유재고가 감소하며, 늦겨울에는 난방유의 생산이 소비와 다시 균형을 이루게 되고, 이 때부터 정유회사는 보유편익을 얻기 위하여 난방유를 다시 저장하기 시작한다. 따라서 난방유는 늦겨울과 봄에는 소비자산이 된다. 이와 같이 여름, 가을 및 초겨울에는 난방유가 대체로 투자자산이 되므로 난방유선물시장은 완전보유시장이 되며, 늦겨울과 봄에는 난방유가 대체로 소비자산이 되므로 난방유선물시장은 불완전보유시장이 된다.

3) 무연휘발유선물

CME그룹 산하 NYMEX에서 거래되고 있는 무연휘발유선물계약(unleaded gasoline futures contract)의 명세는 다음의 [표 16-8]과 같다.[2] 무연휘발유의 계절적 소비와 생산패턴은 난방유와 정반대가 된다. 무연휘발유의 최대 성수기는 난방유의 최저 성수기인 여름이다. 늦겨울과 초봄에는 여름에 필요한 무연휘발유를 비

[표 16-8] 무연휘발유선물계약의 명세서

구분	내역
기초자산	무연휘발유
거 래 소	NYMEX
거래단위	1,000 U.S. 배럴(42,000갤런)
인 도 월	매월
인도명세	무연휘발유; 뉴욕항에 있는 매도자의 시설로 인도되며 F.O.B. 가격을 적용함; 대체적인 인도절차는 당사자간의 합의로 가능하며, 합의 내용은 거래소에 통지하여야 함
최소가격변동폭	갤런당 $0.0001 또는 계약당 $4.20

---

2) 여기서 '무연(無鉛)'이라 함은 연기가 없다는 뜻이 아니고 납(lead)성분이 없다는 의미이다.

축하기 위하여 소비수준보다 많이 생산하고, 한여름이 되면 다가올 난방 시즌에 대비하여 무연휘발유 생산을 감소시키고 난방유 생산을 증가시킨다. 따라서 무연휘발유는 늦겨울부터 초여름까지는 투자자산이 되고 나머지 기간에는 소비자산이 된다.

4) 크랙 스프레드

원유 자체는 큰 유용성이 없는 광물에 지나지 않는다. 그러나 이것이 정유공장에서 일련의 정제과정을 거치며 무연휘발유, 난방유, 또는 프로판가스 등으로 정제되어 나온 후에야 그 경제적 가치를 더하게 된다. 이렇게 정제되는 과정을 크랙킹(cracking)이라 하는데, 여기에서 정제품 상호간에 이루어지는 상품간 스프레드(inter-commodity spread)를 크랙 스프레드(crack spread)라 부른다.

상품을 정제하여 부산물을 제조하는 패턴은 계절적 변화에 맞춰지게 된다. 여름철에는 무연휘발유를, 겨울철에는 난방유를 더 많이 정제하게 된다. 그러나 주어진 원유 배럴(barrel)당 생산해 낼 수 있는 정제품의 양은 일정하다. 이렇게 해서 원유와 정제품의 사이에는 가격의 관계를 형성하게 되는데, 이를 이용한 스프레드를 크랙 스프레드라 한다.

크랙 스프레드는 원유와 난방유를 이용할 수도 있고, 원유와 무연휘발유를 이용할 수도 있다. 그 외에 정제품 상호간에도 크랙 스프레드를 할 수 있다. 매입 크랙 스프레드(buying a crack spread)는 정제품 선물계약을 매입하고 원유선물계약을 매도하는 것을 말하며, 매도 크랙 스프레드(selling a crack spread or reverse crack spread)는 정제품 선물계약을 매도하고 원유선물계약을 매입하는 것을 말한다. 가장 일반적인 크랙 스프레드는 원유와 정제품을 1대 1 비율로 스프레드를 실행하는 것이다.

CME에서 거래되는 에너지 선물들은 인도월이 매월 정해져 있다. 상장된 원유선물계약은 18개월간 거래가 되며 난방유와 무연휘발유는 15개월간 거래가 이루어진다. 계약의 단위는 원유의 경우 1,000배럴을 기준으로 하고 난방유와 무연휘발유는 42,000갤런을 기준으로 하나 1배럴이 42갤런이므로 양의 차이는 없다. 크랙 스프레드 거래에 있어서는 두 특정상품간의 스프레드 변화에 따라 손익이 결정되며, 유(油)제품들의 일반적인 값 행태에 따르는 것이 아님을 알아야 한다.

4 | 곡물선물과 곡물가공선물

미국에서 활발하게 거래되는 곡물선물계약에는 대두선물계약, 옥수수선물계약, 밀선물계약 등 11가지이며, 이들은 대부분 시카고상업거래소(CME)에서 거래되며, 미니애폴리스곡물거래소(MGE)에서도 다른 곡물선물계약이 거래되고 있다. 다음의 [표 16-9]부터 [표 16-11]까지는 주요 곡물선물계약인 대두, 옥수수 및 밀선물계약의 명세서이다.

[표 16-9] 대두선물계약의 명세서

구분	내역
기초자산	대두
거 래 소	CME
거래단위	5,000 부쉘
인 도 월	1월, 3월, 5월, 7월, 9월, 11월
인도명세	기준등급은 No. 2 Yellow이고 대체등급은 거래소에서 지정한 할증 또는 할인료를 적용함; 인도월 중 인도를 원하는 날짜에 창고증권으로 인도함
최소가격변동폭	부쉘당 $0.0025 또는 계약당 $12.50

[표 16-10] 옥수수선물계약의 명세서

구분	내역
기초자산	옥수수
거 래 소	CME
거래단위	5,000 부쉘
인 도 월	3월, 5월, 7월, 9월, 11월
인도명세	기준등급은 No. 2 Yellow이고 대체등급은 거래소에서 지정한 할증 또는 할인료를 적용함; 인도월 중 인도를 원하는 날짜에 창고증권으로 인도함
최소가격변동폭	부쉘당 $0.0025 또는 계약당 $12.50

[표 16-11] 밀선물계약의 명세서

구분	내역
기초자산	밀
거 래 소	CME
거래단위	5,000 부쉘
인 도 월	3월, 5월, 7월, 9월, 11월
인도명세	기준등급은 No. 2 Soft Red, No. 2 Hard Red Winter, No. 2 Dark Northern Spring, No. 1 Northern Spring 이고 대체등급은 거래소에서 지정한 할증 또는 할인료를 적용함; 인도월 중 인도를 원하는 날짜에 창고증권으로 인도함
최소가격변동폭	부쉘당 $0.0025 또는 계약당 $12.50

금속선물계약과 마찬가지로, 곡물선물계약도 인도월 중에는 언제든지 인도가 가능하며, 여러 개의 인도등급과 인도장소를 허용하고 있다. 따라서 매도자는 인도일자와 인도등급, 그리고 인도장소를 최종적으로 선택할 수 있는 매도자옵션을 가지며, 기준등급이 아닌 등급의 곡물을 인도할 때는 거래소에서 발표하는 조정계수(AF: adjustment factor)를 사용하여 송장가격을 다음과 같이 조정한다.

송장(送狀)가격(invoice price)
= 선물공시가격(F) + 조정계수(AF)   (식16-1)

밀선물계약의 경우 다양한 인도등급을 조정하기 위해 CME는 조정계수표를 마련하였다. 조정계수표에 따라 할증등급에 속하는 밀을 인도할 때는 기준등급의 밀선물공시가격에 부쉘당 $0.01를 가산하고, 할인등급에 속하는 밀을 인도할 때는 기준등급의 밀선물공시가격에 부쉘당 $0.01를 감하여 송장가격을 계산한다.

1) 곡물의 계절적 공급과 자산의 형태

밀의 경우 수확은 5월말부터 시작하여 11월까지 계속되고 밀소비는 연중 일정하다고 본다. 수확기에는 밀재고가 0에 가까워져 보유편익이 발생하므로 밀은 소비자산으로 변하고, 이 시기에 밀가격이 가장 높게 형성된다. 수확기중에는 밀 재고가 증가하고 보유편익은 급격히 감소하므로 밀가격은 최저수준으로 하락한다.

그리고 수확기 말부터 다음 수확기 초까지는 보유편익이 발생하지 않으므로 밀은 투자자산으로 변하며, 밀가격은 다음 수확기 초까지 계속 상승하는 패턴을 나타낸다. 그러나 다시 수확기가 되면, 밀은 소비자산으로 변하게 된다. 그러나 밀은 기후에 큰 영향을 받는 작물로 기후의 불확실성으로 인하여 제분업자가 연중 일정한 재고를 보유하고자 하게 되면 이것은 순수 투자목적뿐만 아니라 보유편익도 고려하게 되는 것이다.

2) 곡물가공선물

대두를 가공하게 되면 대두유(콩기름)와 대두박(콩깻묵)을 얻게 된다. 선물시장은 이 가공되어진 두 부산물도 상품으로 거래를 한다. CME그룹산하 CBOT에서 거래되는 이 두 상품의 선물계약 명세는 다음의 [표 16−12]와 [표 16−13]과 같다.

[표 16-12] 대두유선물계약의 명세서

구분	내역
기초자산	대두유
거 래 소	CBOT
거래단위	60,000 파운드
인 도 월	1월, 3월, 5월, 7월, 8월, 9월, 10월, 12월
인도명세	등록된 창고증권으로 인도함
최소가격변동폭	파운드당 $0.0001 또는 계약당 $6.00

[표 16-13] 대두박선물계약의 명세서

구분	내역
기초자산	대두박
거 래 소	CBOT
거래단위	100톤
인 도 월	1월, 3월, 5월, 7월, 8월, 9월, 10월, 12월
인도명세	최소한 44%의 단백질이 함유되어야 하고, 인가된 선적증명서로 인도함
최소가격변동폭	톤당 $0.10 또는 계약당 $10.00

대두유는 식용유, 마가린, 기타 식물성 지방 식품을 만드는데 사용되고, 대두박은 가축사료 또는 비식용제품의 성분으로 사용된다.

3) 크러쉬 스프레드

대두를 가공하여 대두유(soyoil)와 대두박(soymeal)을 생산해내는 가공과정을 크러싱(crushing)이라 한다. 대두 1부쉘(60파운드)을 가공하게 되면 48파운드의 대두박과 11파운드의 대두유, 그리고 1파운드의 찌꺼기가 생기게 된다. 이러한 부산물들과 대두와는 가치의 차이가 있게 되는데, 이 가치의 차이를 크러쉬 마진(crush margin)이라 한다. 앞선 세 선물계약의 명세서를 보면 대략 대두 10계약으로 대두박 12계약과 대두유 9계약을 만들 수 있음을 알 수 있다. 즉,

10계약×5,000부쉘

＝대두박 240만 파운드＋대두유 55만 파운드

＝대두박선물 12계약＋대두유선물 9계약   (식16-2)

일반적으로 대두박과 대두유의 가치를 합한 것이 대두가치보다 더 크게 된다. 그래야만 대두를 경작해서 가공하는 의미가 생기게 된다. 크러쉬 스프레드의 포지션은 대두선물계약을 매입하고 만기가 다른 대두박선물계약과 대두유선물계약을 매도하는 크러쉬 스프레드(crush spread)와 대두선물계약을 매도하고 만기가 다른 대두박선물계약과 대두유선물계약을 매입하는 역크러쉬 스프레드(reverse crush spread)가 있다.

5 │ 국내 상품선물

우리나라에서도 종류가 많지는 않지만 몇 가지 상품선물이 거래되고 있다. 간략하게 각 상품선물의 특징과 거래명세에 대해 설명하고자 한다.

1) 금선물

　금선물이란 미래의 일정시점에 인수도할 금을 현재 선물시장을 통해 매매하는 계약이다. 금가격 변동 리스크에 노출된 기업은 금선물을 이용하여 헷지할 수 있고, 투자자는 재테크의 수단으로 금선물을 활용할 수 있다.

　[표16-14]는 우리나라에서 거래되고 있는 금선물의 주요 명세를 요약한 것이다.

[표16-14] 국내 금선물계약의 명세서

대상자산	순도 99.99% 이상 1kg 벽돌모양 직육면체 금지금(金地金)	
계약크기	100g	
호가가격단위	10원/g	
결제월	2, 4, 6, 8, 10, 12월 중 6개와 짝수월이 아닌 월 중 1개의 총 7개	
최장거래기간	2, 4, 6, 8, 10, 12 결제월 거래: 1년 그 밖의 결제월 거래: 2개월	
최종거래일	각 결제월의 세 번째 수요일	
거래시간, 호가접수시간	구분	호가접수시간
	최종거래일 미도래종목	08:30~15:45
	최종거래일 도래종목	08:30~15:20
가격표시방법	원/g	
가격제한폭	기준가격±(기준가격×10%)	
결제시한	최종거래일 T+1일 16:00시	
최종결제가격	최종거래일 KRX 금시장 1천그램(g) 종목의 종가	
최종결제방법	현금결제	

자료: 한국거래소(KRX)

　금투자 상품으로는 금현물, 금선물 외에도 골드뱅킹, 금ETF, 금펀드 등이 있다. 골드뱅킹, 금ETF, 금펀드는 적은 금액으로 투자자들이 손쉽게 투자할 수 있다는 장점이 있지만, 매매 수수료가 높아 금선물 투자에 비해 투자비용이 높다는 단점이 있다. 또한, 골드뱅킹이나 금펀드는 금가격 상승 시에만 수익이 나는 반면, 금선물은 포지션 구축에 따라 금가격 상승, 하락 시에 모두 수익을 낼 수 있으며, 금선물은 금가격 추이에 확신이 있을 경우 레버리지를 활용하여 높은 수익을 달성할 수도 있다. [표16-15]는 금관련 투자상품들을 비교, 설명한 것이다.

[표16-15] 금관련 투자상품 비교

특징	금선물	금현물	골드뱅킹[1]	금ETF
레버리지	약11배	없음		
손익 획득	금가격 상승·하락 시 모두 가능	금가격 상승시 가능		
거래단위	100g	면세금[2] 1kg 수입금 50g	1만원 단위	1주[3]
세금 (소득세 제외)	없음	부가가치세 10%	없음 금현물 인출시 부가가치세부과	없음
기본예탁금	500만원	없음		
수수료	0.0018% 수준	약 1% 수준	예금시 1% 만기 해지시 1%[4]	주식거래수수료 01% 수준

주: 1) 상품마다 차이 존재. 골드뱅킹은 기업은행 원클래스금적립예금, 금펀드는 한국투자신탁
　　　골드특별자산펀드 기준
　　2) 관세가 면제되는 비(非)수입금
　　3) '10년 6월 4일 기준 주당 약 7,155원
　　4) 금현물 인출시 실물수수료 2% 부과
자료: 한국거래소(KRX)

2) 돈육선물

　　돈육선물은 돼지가격의 변동 위험을 대비하기 위하여 사전에 약속된 미래의
특정시점에 1계약당 1,000kg에 해당하는 돈육 대표가격을 사거나 팔 것을 약정하
는 선물거래이다. 실제 돼지를 사고파는 것이 아닌 돈육의 가격을 거래대상으로
하는 선물거래이다. 즉, 주가지수선물처럼 실제 기초자산을 주고받는 것이 아니고
가격변동폭으로 현금정산한다.

　　[표16-16]은 우리나라에서 거래되고 있는 돈육선물의 주요 명세를 요약한 것
이다.

[표16-16] 국내 돈육선물계약의 명세서

거래대상	돈육대표가격(산출기관: 축산물품질평가원)
계약크기	1,000kg
결제월	분기월 중 2개와 그 밖의 월 중 4개
최장거래기간	6개월
가격의 표시	원/kg
호가가격단위	5원
최소가격변동금액	5,000원(1,000kg×5원)
거래시간	10:15~15:45(최종거래일: 좌동)
최종거래일	각 결제월의 세 번째 수요일
최종결제일	결제월의 최종거래일부터 기산하여 3일째 거래일
결제방법	현금결제
가격제한폭	기준가격 대비 상하±21%
단일가격경쟁거래	개장시(09:45~10:15) 및 거래종료시(15:35~15:45)

자료: 한국거래소(KRX)

Chapter 17

통화선물

1944년 7월에 체결된 브레튼 우즈 협정(Bretton Woods Agreement)에 따라 고정환율제를 채택했던 많은 나라들이 1960년대부터 미국의 국제수지적자와 재정적자 확대로 달러가치가 급락하여 고정환율제의 유지가 어려워지자 급기야 1973년부터 변동환율제를 본격적으로 도입하기 시작했다. 변동환율제의 도입은 국가 간 거래에서 외환리스크를 증가시켰고, 이를 헷지하기 위한 수단으로 통화선물이 1972년 시카고상업거래소(CME)에서 처음 도입되었다. 이제는 통화선물뿐만 아니라 통화옵션, 통화선도상품인 선물환, 통화스왑 등 다양한 통화관련 파생상품이 거래되고 있다. 이 장에서는 외환시장과 환율의 개념, 환율결정이론, 그리고 선물환과 통화선물의 개념 및 거래방법, 통화선물의 가치평가모형, 통화관련 선물의 활용을 통한 외환위험관리 등에 대해 살펴본다. 그리고 마지막으로 국내에서 거래되고 있는 통화선물을 소개한다.

1 │ 외환시장과 환율

1) 외환시장

국제간에 무역이 활발하지 않고 각 나라에서 생산된 제품과 용역이 그 나라에서만 소비된다면 나라간의 환율과 외환시장이 존재할 필요가 없을 것이다. 그러나 오늘날의 경제에는 세계화의 급속한 진전과 함께 국제간에 상품과 서비스의 교역이 활발하고 금융자산이 국경을 넘어 활발하게 매매되고 있기 때문에 이러한 거래를 촉진하기 위해 외환시장이 필요하게 되었다. 외환시장(foreign exchange market)은 서로 다른 통화(currency)가 국제간에 거래되는 시장을 말한다. 따라서 외환시장은 기본적으로 국가간의 거래를 수행하는데 필요한 환율을 결정하고, 외환위험을 관리할 수 있는 수단을 제공하며, 국제금융기능을 담당한다.

외환위험관리를 위한 통화선물은 1972년 미국의 시카고상업거래소(CME)에 의해 처음 도입되었는데, 그 직접적 동기는 고정환율제가 점차 폐지되고 변동환율제로 이행됨에 따라 환율변동이 자유롭게 되어 환위험이 크게 증가한 데서 찾을 수 있다. 원래 고정환율제는 1944년 7월에 체결된 브레튼-우즈 협정(Bretton Woods Agreement)에 따라 금 1온스당 $35의 비율로 미국달러의 가치를 고정시킨 데서 비롯되었으나, 1960년대 이후 미국의 국제수지적자 확대, 재정적자 확대 등 소위 쌍둥이적자(twin deficit)현상으로 인플레이션이 발생하여 달러가치가 계속 하락함에 따라, 1971년 8월 15일에 닉슨 대통령이 달러의 금태환을 금지시켰으며, 같은 해 12월에는 달러의 평가절하와 함께 환율변동범위를 상하 2.25%로 확대시키는 스미소니언 협정(Smithsonian Agreement)이 체결되었다. 그러나 이러한 조치는 달러의 통화안정성을 유지하기에 충분하지 못했고 결국 1973년 2월에 달러는 변동환율제를 채택하기에 이르렀다.

최근에는 세계각국이 약간의 차이는 있으나 대체로 변동환율제와 고정환율제의 혼합된 형태를 사용하고 있다. 미국과 일본, 우리나라 등 대부분의 국가들은 변동환율제를 사용하고 있는 반면, 중국 등 일부 국가는 달러에 자국화폐가치를 고정시키는 고정환율제를 채택하고 있다. 그러나 전세계적으로 볼 때 고정환율제가 점차 변동환율제로 이행되었고 그 결과 환위험이 급속히 증가되어 이를 헷지하기 위한 수단으로 1972년에 통화선물이 도입된 것이다. 따라서 본 장에서는 통화선물의 기초개념과 통화선물이 환위험 헷지를 위해 어떻게 이용될 수 있는지를 배우게 될 것이다.

외환시장은 장외 딜러시장에 속하며, 외환딜러들은 특정한 거래소에서 외환을 거래하는 것이 아니라 세계 각지에서 전화나 컴퓨터 네트워크를 통해 은행간 또는 고객간 외환거래를 담당한다. 오늘날 외환시장은 규제완화, 거래기법의 발전, 정보통신기술의 발전 등에 힘입어 하루 24시간 연속적으로 거래되는 범세계적 시장으로 발전하였으며, 경쟁적인 시장으로 성장하였다. 1990년대 중반 이후 하루 거래량은 1조달러를 상회하고 거래의 대부분은 미국 달러와 주요 통화(유로, 일본 엔, 영국 파운드, 스위스 프랑, 캐나다 달러 등)로 이루어진다. 외환시장에서 표준결제기간은 2일이 적용된다.

2) 환율

(1) 환율의 개념

환율(foreign exchange rate)은 외국통화와 국내통화간의 교환비율을 말한다. 자국통화의 입장에서는 자국통화의 대외가치를 나타내고, 외국통화의 입장에서는 외국통화의 국내가치를 나타낸다.

(2) 환율 고시 방법

① 통화표시방법

환율은 표시방법에 따라 자국통화표시법과 외국통화표시법으로 나눌 수 있다.

ⅰ) 자국통화표시법(rate in home currency)
외국통화 1단위와 교환될 수 있는 자국통화의 단위수로 환율을 표시하는 방법으로서 직접고시법(direct quotation) 혹은 미국식(American terms)이라고도 한다.
　🅔 한국에서 US$1=₩1,100 또는 ₩/$=1,100 등으로 표시하는 것

ⅱ) 외국통화표시법(rate in foreign currency)
자국통화 1단위와 교환될 수 있는 외국통화 단위수로 환율을 표시하는 것을 말하며 간접고시법(indirect quotation) 혹은 유럽식(European terms)이라고도 한다.

ⓔ 한국에서 ₩1=US$0.0008 또는 $/₩=0.0008 등으로 표시하는 것

국제외환시장에서는 대부분 유럽식으로 환율이 고시되고 있으나, 영국의 파운드화, 호주 달러화, 그리고 미국의 통화선물시장과 옵션시장에서는 미국식으로 환율을 고시하고 있다.

② 매입환율과 매도환율

외환시장에서는 매입환율과 매도환율을 동시에 고시한다. 이 두 가지 환율은 외환딜러의 입장에서 분류한 것이다.

ⅰ) 매입환율(bid or buying rate)

딜러가 고객으로부터 외환을 매입(buy)할 때(혹은 고객이 딜러에게 외환을 매도할 때) 적용되는 환율을 말한다.

ⅱ) 매도환율(asked or offered rate)

딜러가 고객에게 외환을 매도할 때(혹은 고객이 딜러로부터 외환을 매입할 때) 적용되는 환율을 말한다.

딜러입장에서 볼 때 당연히 매도환율이 매입환율보다 커야 이익을 얻을 수 있고 이는 고객의 입장에서 보면 환전수수료라 할 수 있다. 특히 매도환율에서 매입환율을 뺀 것을 호가스프레드(bid-asked spread)라 하며, 스프레드의 크기는 딜러마다 차이가 있는데 거래통화의 유동성, 시장의 불확실성, 거래빈도와 규모, 거래시간대, 그리고 딜러의 포지션상황 등의 요인에 의해 그 크기가 결정된다.

(3) 평가절상과 평가절하

환율은 양국 통화간의 교환비율을 의미하므로 한 통화의 가치가 상대통화의 가치보다 높아지면 그 통화는 평가절상(appreciation)되었다고 하고, 상대방통화는 평가절하(depreciation)되었다고 말한다. 예컨대, 자국통화표시법에 의해 환율이 US$1=₩1,200으로부터 US$1=₩1,300으로 변했다면, 한국통화는 평가절하되었고, 미국통화는 평가절상된 것이다.

(4) 환율의 호가

환율은 여러 가지 방법으로 고시될 수 있으나 가장 일반적인 방법은 미국달러

로 고시하는 것이다. 예컨대 한국 원(₩)의 환율은 '달러당 ₩(즉, ₩/$)으로 고시된다. 만일 $1로 ₩1,200을 살 수 있다면, ₩/$ 환율은 1,200이 된다.

(5) 교차환율

일반적으로 외국통화는 달러로 고시되는데 이는 과거 대부분의 국제통화거래가 달러로 이루어졌기 때문이다. 그러나 지금은 점차적으로 국제거래가 달러 이외에 다른 통화로도 활발히 이루어지고 있다. 예를 들어 일본 자동차를 구입하고자 하는 프랑스 수입업자는 일본 엔화를 사기 위해 유로로 달러를 먼저 사고, 달러로 엔을 구입하는 것보다는 유로로 직접 엔을 구입하는 것이 쉽고 간편할 것이다. 이 경우 적절한 삼각환율은 유로로 살 수 있는 엔의 수이다. 이때 이용할 수 있는 환율이 바로 교차환율(cross exchange rate)이다. 유로화와 엔화 사이의 교차환율은 다음 식과 같이 계산할 수 있다.

$$\frac{\text{€}}{\text{¥}} = \frac{\text{€}/\$}{\text{¥}/\$}$$

(식 17-1)

만일 (식 17-1)이 성립하지 않으면 차익거래(아비트라지 거래)기회가 존재하게 되므로 균형 하에서는 이 식이 성립해야 한다. 그러나 실제로는 고시된 교차환율과 (식 17-1)로 구한 이론적 교차환율이 다소 차이가 나는 경우가 있는데, 그 이유는 달러환율을 고시하는 회사와 교차환율을 고시하는 회사가 다르거나 현물환율과 교차환율이 고시되는 시간이 다르기 때문이다.

3) 환율결정이론

일반 상품과 서비스의 가격이 수요와 공급에 의해 결정되듯이 화폐의 상대적 가치인 환율도 서로 다른 통화의 수요와 공급에 의해 결정된다. 개인의 소득수준과 기호(taste)등의 요인들이 상품과 서비스의 수요와 공급에 영향을 미치는 것처럼 통화의 수요와 공급에 영향을 미치는 요인들에는 국제대차(國際貸借)와 국제수지, 정부정책, 미래에 대한 투자자들의 기대심리 등이 있다. 또한 국제경제가 완전경쟁상태에 있다고 가정할 때, 국내산의 물가수준과 이자율에 의해 미래 현물환율과 선물환 가격이 결정된다는 외환평가이론으로 기본적인 환율결정을 설명할 수 있다. 몇 가지 대표적인 환율결정이론을 살펴보면 다음과 같다.

(1) 국제대차와 국제수지

환율결정이론에 관한 최초의 학설은 1861년에 Goschen이 제창한 국제대차설 (theory of balance of international indebtedness)이다. 이는 외환을 일종의 상품으로 보고 환율은 한 나라의 국제채권과 국제채무에 의해 결정된다는 학설이다. 즉, 대외채권이 대외채무보다 많으면 외환의 공급이 수요보다 많기 때문에 환율이 하락 (즉, 평가절상)하고, 반대로 대외채무가 대외채권보다 많으면 외환의 수요가 공급보다 많기 때문에 환율이 상승(즉, 평가절하)하게 된다는 이론이다.

그러나, 국제거래가 단순한 채권과 채무관계뿐만 아니라 재화와 상품의 수출입, 외국인들의 국내 자본투자, 자국민들의 해외투자, 정부간 거래 등을 포괄하는 오늘날의 국제경제환경을 감안할 때 국제대차이론 보다는 국제수지이론이 더 적합하다고 할 수 있다. 따라서 이러한 모든 국제거래를 포함한 국제수지(BOP: balance of payments)가 흑자일 때는 외국통화 공급이 많아져 국내 통화가치가 강세가 되고, 반대로 적자일 때는 외국통화 공급이 줄어들어 국내 통화가치가 약세가 된다.

(2) 정부의 정책

정부는 통화정책을 통해 외환시장에 영향을 줄 수 있다. 환율이 과대평가되어 있거나 과소평가되어 있다고 판단될 때는 중앙은행이 보유하고 있는 외화를 적절히 활용함으로써 통화가치에 영향을 줄 수 있다. 예컨대 환율이 지나치게 높다고 판단되면 보유하고 있는 외화를 시장에 매각함으로써 환율을 하락시키고, 반면에 환율이 지나치게 낮다고 판단되면 시장에 있는 외화를 매입함으로써 환율을 상승시킬 수 있다. 그러나 이러한 정부의 인위적 개입(intervention)은 단기적으로는 환율을 안정시킬 수는 있을지 모르나 장기적으로 볼 때 외환보유고의 고갈로 외환위기를 초래할 수 있을 뿐만 아니라, 국제외환시장 규모의 급격한 확대 등에 비추어 볼 때 실효성이 의문시된다는 비판적 견해도 있다.

(3) 투자자의 기대심리

통화가치에 대한 투자자의 기대심리이론(psychological theory of exchange)은 1927년 Aftalion에 의해 처음 제기된 학설로서 환율이 외환에 대한 기대심리에 의해 결정된다는 이론이다. 특정통화의 가치가 미래에 변동할 것이라는 기대는 단기자금의 대량 유입 또는 유출을 발생시켜 환율에 영향을 주게 된다.

다른 관점에서 투자자의 기대심리는 자산가격결정이론(asset pricing theory)으로도 설명할 수 있다. 많은 경제학자들은 국제수지이론이 환율결정을 설명하는 이론으로서 적절하지 못하다고 생각한다. 왜냐하면 외환은 효율적인 금융시장에서 거래되는 금융자산의 하나이기 때문에 환율도 다른 금융자산들처럼 현재 혹은 과거의 정보(국제수지와 같이)에 의해 결정되는 것이 아니라 미래에 대한 두 통화의 기대치로부터 결정되어야 한다고 믿기 때문이다. 이는 어느 기업의 주식가격은 그 기업의 과거 혹은 현재의 현금흐름에 의해 결정되는 것이 아니라 그 기업의 미래현금흐름의 기대치에 의해 결정되는 원리와 같다. 즉, 환율은 투자자의 미래 통화가치에 대한 기대를 반영한다는 것이 이 이론의 핵심이다.

(4) 국제평가이론(國際平價理論)

국제평가이론(international parity theory)은 국제금융시장에서 아무런 제약이 주어지지 않을 경우에 성립하는 이자율, 물가, 현물환율 및 선물환율들 사이의 균형관계(equilibrium relation)를 설명하는 이론이다. 이들 관계는 다음과 같은 네 가지의 가정을 전제로 한다.

 ⅰ) 완전한 금융시장(perfect financial market)
 ⅱ) 완전한 상품시장(perfect goods market)
 ⅲ) 단일 동질의 소비재 존재(existence of single-homogeneous consumption goods)
 ⅳ) 완전한 확실성(perfect certainty)

이러한 가정하에 대표적인 네 가지 외환평가이론(外換平價理論)에 대해 간략히 살펴보기로 한다.

① 구매력평가이론(PPP: purchasing power parity theory)

구매력평가이론(購買力平價理論)은 두 나라 사이의 물가수준차이가 환율을 결정한다는 이론으로서 절대적 구매력평가이론(absolute PPP)과 상대적 구매력평가이론(relative PPP)으로 구분할 수 있다.

 ⅰ) 절대적 구매력평가이론(absolute PPP)
절대적 구매력평가이론(絕對的 購買力平價理論)은 국내물가와 외국물가 수준의 비율이 양국간의 균형환율을 결정한다는 이론으로서, 일물일가의 법칙(the law of one price)에 의해 양국간의 환율이 다음 식에 의해 결정된다.

$$S = \frac{P_d}{P_f}$$

(식17-2)

단, S=현물 환율(spot exchange rate)

P_d=국내시장에서의 평균가격수준(average price level in domestic market)

P_f=외국시장에서의 평균가격수준(average price level in foreign market)

(식17-2)에서 평균가격수준은 통상 GNP 디플레이터(GNP deflator) 혹은 소비자물가지수(CPI: consumer price index)를 이용하여 측정한다. 이 식은 평균 가격수준 혹은 대표적인 재화바스켓(goods basket) 개념으로 확장된 일물일가의 법칙으로 볼 수 있다. 그러나, 이 방법은 나라마다 대표적 재화가 다르며, 비록 대표재화가 비슷하다 하더라도 재화바스켓에 있는 각 재화에 할당된 가중치가 상이하다는 것을 고려하지 않는다는 점이 문제로 지적된다.

ii) 상대적 구매력평가이론(relative PPP)

상대적 구매력평가이론(相對的 購買力平價理論)은 양국간의 상대적인 물가의 변동률이 환율의 변동률과 동일하다는 이론이다. 이를 식으로 표시하면 다음과 같다.

$$\frac{S_{t2}}{S_{t1}} = \frac{1+I_d}{1+I_f} = \frac{P_{dt2}/P_{dt1}}{P_{ft2}/P_{ft1}}$$

(식17-3)

단, S_{t1}=시점 $t1$에서의 현물 환율(spot rate at time $t1$)

S_{t2}=시점 $t2$에서의 현물 환율(spot rate at time $t2$)

I_d=$t1$부터 $t2$ 사이의 국내 물가상승률(domestic inflation)

I_f=$t1$부터 $t2$ 사이의 외국 물가상승률(foreign inflation)

P_{dtj}=시점 tj에서의 국내 물가 수준(j=1, 2)

P_{ftj}=시점 tj에서의 외국 물가 수준(j=1, 2)

(식17-3)으로부터 국내 물가상승률(I_d)이 외국 물가상승률(I_f) 보다 높을 경우에는 환율의 상승(즉, 국내통화의 평가절하), 반대로 국내 물가상승률(I_d)이 외국 물가상승률(I_f) 보다 낮을 경우에는 환율의 하락(즉, 국내통화의 평가절상)을 가져온다.

예컨대 국내물가가 최근 8월($t1$)부터 9월($t2$)까지 1개월 사이에 10% 올랐고 같은 기간에 상대국 물가가 5%올랐다면 환율은 $S_{t2}/S_{t1} = (1+0.10)/(1+0.05) = 1.0476$ 혹은 4.76% 상승(즉, 국내통화의 평가절하)한다.

② 국제 피셔효과(IFE: international Fisher effect)

피셔효과(Fisher effect)란 다음과 같이 명목이자율, 실질이자율, 그리고 기대 물가상승률 간의 관계를 말한다.

$$1 + R = (1+r)[1 + E(I)] \qquad\qquad (식17-4)$$

단, R = 명목이자율(nominal interest rate)
r = 실질이자율(real interest rate)
$E(I)$ = 기대 물가상승률(expected inflation rate)

(식 17-4)를 좀 더 간단히 표현하면,

$$1 + R = 1 + r + E(I) + rE(I)$$
$$\Rightarrow R = r + E(I) + rE(I)$$
$$\Rightarrow R \fallingdotseq r + E(I) \ (왜냐하면 \ rE(I) \rightarrow 0)$$

따라서 통상 피셔방정식이라 함은 $R = r + E(I)$를 말한다. (식 17-4)를 국내와 외국의 두 나라에 대해 각각 적용하면 다음과 같은 식을 얻는다.

$$1 + R_d = (1+r_d)[1 + E(I_d)]$$
$$1 + R_f = (1+r_f)[1 + E(I_f)]$$

그런데 실질이자율은 세계 어느 곳에서나 거의 일정하므로(즉, $r_d = r_f$) 위의 두 식으로부터 다음과 같은 국제 피셔방정식(international Fisher equation)을 얻는다.

$$\frac{1 + R_d}{1 + R_f} = \frac{1 + E(I_d)}{1 + E(I_f)} \qquad\qquad (식17-5)$$

이를 풀어 단순화하면, $R_d - R_f = E(I_d) - E(I_f)$가 되어 두 나라의 냉목이사율의 차이는 양국의 기대 물가상승률의 차이와 같게 된다. 따라서, (식 17-3)에 있는 구매력평가이론(PPP)과 (식 17-5)에 있는 국제 피셔방정식을 결합하여 간단히 하면, 다음의 환율결정식을 얻게 된다.

$$\frac{1+R_d}{1+R_f} = \frac{E(S_{t2})}{S_{t1}}$$
(식 17-6)

③ 금리평가이론(IRP: interest rate parity theory)

금리평가이론(金利平價理論)이란 두 나라간의 금리차이가 선물환율의 할인(discount) 혹은 할증(premium)과 같다는 것이다. 이를 식으로 표시하면 다음과 같다.

$$\frac{F_{t,T}}{S_t} = \frac{1+R_d}{1+R_f}$$
(식 17-7)

금리평가이론은 경제이론이 아니라 무위험차익거래를 배제하기 위한 조건으로 부터 유도되는 식이다. 다시 말해 (식 17-7)이 성립되지 않으면 무위험차익거래 기회가 발생하며 이 경우 두 나라간의 환율은 균형(equilibrium)이 아닌 상태에 있음을 의미한다. (식 17-7)을 선물환율 할인 혹은 할증에 대해 근사식으로 변환하면 다음 식을 얻을 수 있다.

$$\Delta F = \frac{F_{t,T} - S_t}{S_t} = \frac{R_d - R_f}{1+R_f} \cong R_d - R_f$$
(식 17-8)

(식 17-8)은 선물환율의 할인 또는 할증(ΔF)이 근사적으로 두 나라 사이의 금리차이로 설명될 수 있음을 의미한다. 만일 국내이자율이 상대국 이자율보다 높으면 선물환율은 할증되어 거래되고, 반대로 외국이자율이 국내이자율보다 높으면 할인되어 거래된다.

④ 선물환평가이론(FP: forward parity theory)

선물환평가이론(先物換平價理論)은 선물환 할증 또는 할인은 현물환율의 기대변 동율과 동일하며, 선물환율은 미래 현물환율의 불편추정치(unbiased estimate)가 될 수 있다는 것이다(즉, $F_{t,T} = E(S_T)$). 이를 식으로 표시하면 다음과 같다.

$$\frac{E(S_T) - S_t}{S_t} = \frac{F_{t,T} - S_t}{S_t}$$
(식 17-9)

선물환평가이론은 금융시장의 완전성, 시장의 정보효율성, 미래의 확실성 등 매우 강한 가정 하에서 도출되는 이론으로서 현실적으로는 성립하기 매우 어려운 관계식이다. 그러나, (식 17-9)는 선물환을 이용한 환위험 헷지에 대해 의미 있는 시사점을 제공한다. (식 17-9)를 변동률로 다시 쓰면 다음과 같다.

$$\Delta F = E(\Delta S) \qquad \text{(식 17-10)}$$

이 식은 선물환율의 할인 혹은 할증이 현물환율의 변동률의 기대치와 같음을 보여주고 있다. 이는 평균적으로 외환보유로 생기는 위험부담에 대해 어떤 보상(reward)도 없음을 의미한다. 즉, 기대수익률의 관점에서 볼 때 선물을 이용한 헷지는 수수료 이외에 어떤 비용도 필요치 않음을 보여준다.

2 | 선물환과 통화선물

1) 선물환시장과 통화선물시장

(1) 선물환시장

선물환시장(forward exchange market)은 선물환을 거래하는 시장을 말하며, 선도환시장이라고도 한다. 뒤에서 설명할 통화선물시장은 1972년에 도입되어 역사가 짧은 데 비해 선물환시장은 오랜 역사를 가지고 있다. 선물환시장과 통화선물시장은 상호 보완적인 관계를 이루고 있을 뿐만 아니라 무위험 차익거래를 통해 밀접하게 연결되어 있기 때문에 선물환율과 통화선물환율은 아주 유사하게 변동한다. 선물환시장은 통화선물시장과 유사한 점이 많으나 다음과 같은 몇 가지 차이점을 가지고 있다.

첫째, 선물환시장은 특정한 거래장소가 없이 세계적인 딜러시장의 형태를 취하고 있으나 통화선물시장은 시카고상업거래소(CME)의 국제금융시장(IMM)이나 런던선물거래소(LIFFE)와 같은 거래소시장의 형태를 갖는다.

둘째, 통화선물시장에서는 일부 선진국의 주요 통화(예컨대 영국 파운드, 일본 엔, 스위스 프랑, 캐나다 달러, 호주 달러, 미국 달러, 유로)들에 대한 선물만 거래되고 있으나, 선물환시장에서는 일부 저개발국을 제외한 전세계 국가들의 통화에 대한 선물이 널리 거래되고 있어 헷지 등에 이용하기에 유용하다.

셋째, 선물환의 만기는 당사자간의 합의에 따라 자유롭게 조정될 수 있으나, 통화선물의 만기는 거래소의 규칙에 따라 3, 6, 9, 12월의 셋째 수요일 등으로 표준화되어 있다.

넷째, 통화선물의 거래단위는 거래소 규칙에 따라 고정되어 있으나, 선물환의 거래단위는 당사간의 합의에 따라 융통성 있게 조정할 수 있다. 따라서 통화선물시장은 소규모의 무역회사와 투기자들이 이용하는 반면, 선물환시장은 대규모의 무역회사와 기관투자자들이 주로 이용하기 때문에 거래규모가 통화선물시장보다 훨씬 크다.

다섯째, 선물환과 통화선물은 계약을 체결하고 청산하는 절차가 서로 다르다. 통화선물시장에서는 신용위험(credit risk)을 최소화하기 위하여 청산소(clearing house)와 증거금제도를 채택하고 있으나, 선물환시장에는 그런 제도가 없기 때문에 딜러들이 투자자의 신용도를 직접 점검해야 한다. 이러한 이유 때문에 선물환의 경우 계약불이행위험(default risk)이 통화선물시장보다 더 크다고 볼 수 있다.

여섯째, 통화선물은 만기 이전에 매일 일일정산(daily settlement)을 실시하는 반면, 선물환은 만기 전에 청산이 어렵기 때문에 만기까지 계약을 유지하려는 사람에게는 선물환이 더 유리하다. 선물환을 만기 전에 청산하기 위해서는 반대포지션을 보유하고 있는 딜러로부터 동의를 얻어 자신의 포지션을 상쇄시키거나 혹은 다른 딜러와 반대포지션을 취하여 만기까지 보유하는 방법이 있으나 두 가지 방법 모두 쉽지 않기 때문에 선물환의 경우 90% 이상이 만기일에 실제 인도된다. 반면에 통화선물은 대부분 만기 전에 청산되기 때문에 만기에 인도되는 비율은 1% 이하이다.

이상에서 설명한 선물환과 통화선물로부터 우리는 두 가지 선물이 각각 장점과 단점을 가지고 있음을 알 수 있다. 따라서 통화선물시장과 선물환시장은 서로 보완적인 역할을 하며 발전해 왔다. 이와 같은 이유로 선물환은 선도(forward)로,

통화선물은 선물(futures)로 이해하면 된다. 통화선물의 가격결정방법이나 헷지 등은 선물환시장에도 동일하게 적용할 수 있으므로 이 장의 나머지 부분에서는 통화선물을 주로 다루게 된다.

(2) 통화선물시장

① 통화선물시장의 발달

오랜 역사를 가진 선물환시장의 성공적 운영을 토대로 통화선물시장이 1972년 5월 16일 뒤늦게 도입되었지만 지금은 상호 보완적인 관계를 가지며 발전하고 있다. 선물환시장이 이미 존재하고 있음에도 불구하고 통화선물시장이 별도로 도입된 두 가지 이유는 다음과 같다. 첫째, 1944년 체결된 브레튼 우즈 협정이 1971년 붕괴됨으로써 주요국들이 금본위제를 기초로 한 고정환율제도에서 변동환율제도로 이행함에 따라 외환시장에서 환위험이 크게 증가하여 이를 헷지하기 위해 통화선물이 도입되었다. 둘째, 기존의 선물환도 환위험헷지를 위해 사용될 수 있으나 보통 선물환의 거래단위가 크고 거래비용도 비싸 일반 개인투자자나 소규모 기관투자자가 이용하기에 어려움이 있어 이를 보완하기 위해 통화선물이 도입되었다.

현재 시카고상업거래소(CME)에서는 통화선물가격을 외국통화 1단위당 달러단위수(즉, 미국식 고시방법)로 고시하고 있다. 미국이 통화선물도입과 거래에서 성공한 이후 영국의 LIFFE(1982년), 호주의 SFE(1983년), 싱가포르의 SIMEX(1984년), 그리고 일본의 TIFFE(1989년)가 통화선물을 도입하였고 이들은 미국의 CME와 달리 환율을 미국 1달러당 외국통화단위(즉, 유럽식 고시방법)로 고시하고 있다. 이중 싱가포르의 SIMEX가 미국 이외의 지역에서는 가장 성공적인 통화선물거래소로 평가 받고 있다.

현재 CME에서는 호주달러(AUD), 영국파운드(BP), 캐나다달러(CAD), 유로, 일본엔, 스위스프랑(SF), 중국위안, 멕시칸페소, 뉴질랜드달러, 브라질헤알(BR) 등 세계 주요 통화에 대해 통화선물이 거래되고 있다.

② 통화선물 거래명세표

[표17-1]은 CME에서 거래되고 있는 유로/미국달러 통화선물 거래명세서이다.[1]

---

1) CME에서 거래되고 있는 통화선물 상품거래명세는 CME홈페이지를 참조하면 된다.

[표 17-1] 통화선물 거래명세서

EUR/USD Futures	
Contract Size	125,000 euro
Contract Month Listings	Six months in the March quarterly cycle(Mar, Jun, Sep, Dec)
Settlement Procedure	Physical Delivery Daily FX Settlement Procedures (PDF) Final FX Settlement Procedures (PDF)
Position Accountability	10,000 contracts
Ticker Symbol	CME Globex Electronic markets: 6E Open Outcry(All−or−None only): EC AON Code: UG View product and vendor codes
Minimum Price Increment	$.0001 per euro increments($12.50/contract). S.00005 per euro increments($6.25/contract) for EUR/USD futures intra−currency spreads executed on the trading floor and electronically, and for AON transactions.
Trading Hours	OPEN OUTCRY(RTH): 7:20 a.m.−2:00 p.m.
	GLOBEX (ETH): Sundays: 5:00p.m.−4:00p.m. Central Time(CT) next day. Monday−Friday: 5:00p.m.−4:00p.m. CT the next day, except on Friday−closes at: 4:00p.m. and reopens Sunday at 5:00p.m. CT.
	CME ClearPort: Sunday−Friday 6:00p.m.−5:15p.m.(5:00p.m.−4:15p.m. Chicago Time/CT) with a 45−minute break each day beginning at 5:15p.m.(4:15p.m. CT)
Last Trade Date/time View calendar	9:16a.m. Central Time(CT) on the second business day immediately preceding the third Wednesday of the contract month(usually Monday).
Exchange Rule	These contracts are listed with, and subject to, the rules and regulations of CME.
Block Trade Eligibility	Yes. View more on Block Trade eligible contracts.
Block Trade Minimum	150 Contracts
EFP Eligibility	Yes. View more on EFPs.

자료: 시카고상업거래소(CME).

② 통화선물 거래명세표

[표 17-1]은 CME에서 거래되고 있는 유로/미국달러 통화선물 거래명세서이다.[2] 표에서 보는 바와 같이 1계약단위는 125,000유로이고, 결제월은 3,6,9,12월이며, 호가단위는 유로당 US$0.0001이다.

참고로, CME의 통화선물시세표에는 일반적으로 통화별로 인도월, 당일의 시가(始價: Open), 최고가(High), 최저가(Low), 그리고 일일정산을 위한 정산가격(Settle) 등이 공시된다. 또한 전일 대비 정산가격의 변동폭(Change), 해당 선물이 상장된 이후 당일까지의 선물가격 중 최고가(Lifetime High)와 최저가(Lifetime Low), 그리고 각 계약별 미결제약정수(Open Interest) 등도 공시된다. 그리고 미국의 외환시장과 통화선물시장에서는 모두 2일의 결제기간이 필요하다. CME의 통화선물의 경우 최종거래일은 인도월의 마지막 수요일로부터 2일전 영업일이지만 실제적인 인도는 수요일에 이루어진다.

2) 통화선물의 가격결정

앞에서 설명한 바와 같이 일반적으로 선물가격은 보유비용(cost of carry)을 이용하여 무위험 차익거래(아비트라지)기회가 없다는 조건하에서 구할 수 있다. 통화선물의 경우 보유비용은 통상 이자비용을 말하는데, 이자비용이란 두 통화간의 금리차이에 의해 결정된다. 따라서 통화선물시장에서는 현물환율과 두 통화간의 금리차이를 이용하여 균형관계를 유도할 수 있다. 이자비용이 연속복리로 계산되는 경우와 이산복리로 계산되는 경우로 나누어 살펴보기로 한다.

(1) 연속복리(continuous compounding)의 경우

외국통화는 통화소유자가 그 외국에서 적용되는 무위험이자율로 이자소득을 얻을 수 있는 속성을 갖고 있다. 예를 들면 외국통화 소유자는 그 외국통화를 동일 외국통화표시 채권에 투자함으로써 이자소득을 얻을 수 있다. 이제 국내통화에서 얻는 이자소득과 외국통화에서 얻는 이자소득이 모두 연속복리로 계산된다고 할 때 균형 통화선물 가격을 어떻게 구할 수 있는지 살펴보기로 한다. 다음과 같은 투자전략으로부터 균형 선물가격을 계산해 보기로 하자.

---

2) CME에서 거래되고 있는 통화선물 상품거래명세는 CME홈페이지를 참조하면 된다.

[투자전략: 외국통화 $e^{-R_f T}$ 단위를 현물매입하고,

외국통화 1단위에 대한 선물 매도]

이 투자전략에서 현물로 매입한 외국통화는 T기간 후에 이자가 가산되어 1단위가 된다. 왜냐하면 연속복리로 이자계산을 할 경우 $e^{-R_f T} \times e^{R_f T} = 1$이기 때문이다. 그리고 T시점까지 선물을 보유한 후 T시점에서 계약을 이행할 경우 외국통화 1단위를 인도하고 선물가격($F_{t,T}$)만큼의 금액을 받는다. 이 전략의 초기(t시점) 현금유출액은 국내통화로 환산할 경우 $S_t e^{-R_f T}$가 되고 만기에 기초자산을 인도하고 받는 현금유입액($F_{t,T}$)의 현재가치는 국내이자율로 계산되므로 $F_{t,T} e^{-RT}$가 된다. 그런데 현금유출액의 현재가치는 현금유입액의 현재가치와 같아야 하는데 그렇지 않으면 무위험 차익거래기회가 발생하기 때문이다. 따라서, 다음 식이 성립해야 한다.

$$S_t e^{-R_f T} = F_{t,T} e^{-RT}$$

(식17-11)

단, S_t = 현재(t시점) 현물환율($/외국통화)

$F_{t,T}$ = t시점에서 만기가 T인 선물환율($/외국통화)

R = 국내 무위험이자율(연속복리 기준)

R_f = 외국 무위험이자율(연속복리 기준)

(식17-11)을 다시 쓰면 다음과 같은 통화선물 균형가격을 구할 수 있다.

$$F_{t,T} = S_t e^{(R-R_f)T}$$

(식17-12)

2) 이산복리(discrete compounding)의 경우

이자소득이 이산복리로 계산될 경우에는 원리는 같으나 식이 다소 더 복잡해진다. 이 경우 투자전략은 다음과 같이 조정된다.

[투자전략: 외국통화 $\dfrac{1}{(1+R_f)^{\frac{T-t}{365}}}$ 단위를 현물매입하고,

외국통화 1단위에 대한 선물 매도]

연속복리에서와 같은 방법으로 무위험 차익거래기회가 존재하지 않는다면 현금유출액의 현가와 현금유입액의 현가는 같아야 하므로 다음 식이 성립되어야 한다.

$$\frac{S_t}{(1+R_f)^{\frac{T-t}{365}}} = \frac{F_{t,T}}{(1+R)^{\frac{T-t}{365}}}$$ (식 17-13)

(식 17-13)을 다시 쓰면 다음과 같은 통화선물 균형가격을 구할 수 있다.

$$F_{t,T} = S_t \frac{(1+R)^{\frac{T-t}{365}}}{(1+R_f)^{\frac{T-t}{365}}}$$ (식 17-14)

3) 커버드금리평가(CIRP: covered interest rate parity)

앞에서 유도한 (식 17-14)를 커버드 금리평가(金利平價) 혹은 보호된 금리아비트라지(covered interest arbitrage)거래라 한다. 이 식은 네 가지 상호 관련된 시장(국내화폐시장, 외국화폐시장, 외환시장 및 통화선물시장)간의 균형관계를 설명한다. '커버드(covered)'란 무위험 차익거래(아비트라지거래) 전략에 있어 외국통화자산의 투자수익률이 무위험수익률로 고정되어 있음을 의미한다. 금리평가이론(IRR)에 의한 균형조건이 모든 통화에 대해 충족된다면 모든 외국통화투자로부터 기대할 수 있는 수익은 그 통화에 대한 무위험이자율이다.

만일 (식 17-14)의 균형관계가 성립하지 않는다면 네 시장 간에 차익거래 기회가 발생한다. 예를 들어 한국금리가 미국금리보다 저평가되어 있으면 한국은행에서 예금을 인출하여 미국은행에 예금할 것이고, 이 과정에서 미국달러를 매입하고 달러선물을 매도하는 현물매입차익거래가 발생하며, 그 결과 달러현물 환율은 상승하고 달러선물 환율은 하락한다. 이러한 현물매입차익거래는 한국과 미국의 금리차이가 달러현물환율과 달러선물간의 환율차이에 의해 정확히 조정되어 (식 17-14)의 균형관계가 회복될 때까지 계속된다.

3 | 통화선물을 이용한 외환위험 관리

1) 통화선물 헷지

오늘날 무역회사, 원자재를 수입하여 가공하는 제조회사, 외환을 취급하는 금융기관, 완성품을 수출하는 무역회사, 장기간 해외 여행자 등 많은 경제참여자들이 미래의 예기치 못한 환율변동에 의한 환위험에 노출되어 있다. 예컨대 무역회사는 미래의 시점에 수입 또는 수출대금을 외화로 결제하게 되고, 다국적기업(multinational company)은 미래의 시점에 해외 자회사로부터 외화를 송금받으므로 이들은 모두 미래의 예기치 못한 환위험에 노출되어 있다.

외환시장에서 환위험노출(exchange exposure)이란 기업 혹은 투자자가 환율변동에 의해 영향을 받는 정도를 의미한다. 환위험노출은 크게 전략적 노출(strategic exposure)과 전술적 노출(tactical exposure)로 구분되며, 전략적 노출은 다시 경제적 노출(economic exposure)과 경쟁적 노출(competitive exposure)로, 전술적 노출은 거래노출(transaction exposure)과 회계적 노출(accounting exposure)로 구분된다. 이를 도시하면 [그림 17-1]과 같다.

[그림 17-1] 환위험 노출의 분류

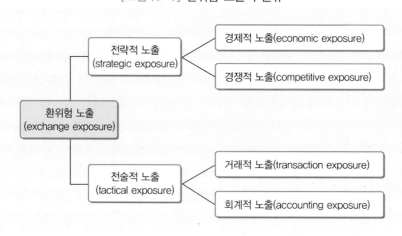

여기서 전략적 노출에 속하는 경제적 노출이란 예기치 못한 환율변동으로 인해 미래의 예상현금흐름(expected cash flow)의 순현재가치(NPV)가 변동할 위험을 말하고, 경쟁적 노출은 예기치 못한 환율변동으로 인해 수익성과 시장점유율이 감소하여 궁극적으로 기업의 경쟁력이 약화 될 위험을 말한다. 한편 전술적 노출에 속하는 거래적 노출은 일국의 통화를 다른 나라의 통화로 실제로 교환하고자 할 때 발생하는 환위험을 말하고, 회계적 노출이란 주로 다국적기업이 외화표시 자산이나 부채의 가치를 자국통화로 환산할 때 발생하는 환위험을 말한다. 이러한 다양한 환위험노출에 대비하여 통화선물을 이용, 헷지할 수 있다.

2) 전략적 노출의 헷지

대부분의 기업들과 투자자들이 전술적 노출에 대한 헷지에 주로 관심을 가지고 있으나 점차 일부 다국적기업들을 중심으로 전략적 노출도 중요시하기 시작하였다. 환율이 변동하면 가격변동 그 자체뿐만 아니라 그로 인해 수출물량 혹은 수입물량이 변동하므로 기업의 수출수익 혹은 수입원가가 변동하기 때문에 기업의 순이익이나 현금흐름, 나아가 시장점유율에도 영향을 미치게 된다.

앞서 설명한 바와 같이 1970년대 이후 변동환율이 도입된 이래 환율의 변동이 증가하여 대부분의 기업들은 환위험에 노출되었으며 여기에 적절히 대응하지 못한 기업들은 재무적으로 어려움을 처하기도 하고 때로는 부도 위기에 처하기도 하였다. 따라서 세계화의 진전과 더불어 다국적기업들은 단순히 투자측면에서 뿐만 아니라 기업의 생존차원에서 환위험에 대처해야 하며 특히 전략적 노출에 대한 적절한 대응전략을 모색해야 할 것이다.

3) 전술적 노출의 헷지

(1) 거래적 노출의 헷지

① 매입헷지

매입헷지(long hedge)는 가격상승위험을 회피하기 위한 방법이다. 즉, 미래 어느 시점에 외국통화를 매입하고자 할 때 그 가격을 현재가격으로 고정시키기 위해 이용하는 헷지이다. 다음과 같은 사례를 통해 환위험에 대비한 매입헷지 방법을 살펴보기로 하자.

　　미국 수입업자가 독일로부터 자동차를 수입하고 수입대금을 유로(€)로 지불할 경우, 유로가 평가절상되고 달러가 평가절하되면 달러를 유로로 환산한 수입원가가 증가하게 된다. 이 경우 미국 수입업자는 유로선물을 매입함으로써 환위험에 효과적으로 대처할 수 있게 되는데 이를 매입헷지라 한다. 다음과 같은 구체적 상황하에서 매입헷지전략을 분석해 보기로 하자.

┃ 사례분석 ┃

상황	1월 15일	미국수입업자는 독일로부터 자동차를 수입하고 6월 15일에 대금 €250,000를 지불하기로 함. － 현재 환율은 1.5000($/€) － 6월만기 선물환율은 1.5500($/€)
헷지 전략	1월 15일	6월만기 유로선물 2계약 매입 (왜냐하면 1계약은 €125,000)
	6월 15일	유로선물 매입포지션 마감
결과	6월15일 현물환율이 1.6000이 됨	헷지로 인한 비용 절감: 현재 시장에서는 1€당 $1.6000이기 때문에 €250,000을 매입하기 위해 $400,000가 필요하지만, 선물가격을 적용할 경우 $387,500(=€250,000×1.5500$/€)만 소요되므로, $400,000－$387,500＝$12,500 절감.

② 매도헷지

　　매도헷지(short hedge)는 헷저가 이미 자산을 소유하고 있으며 미래 시점에서 이 자산을 매도하길 원할 때 이용하는 헷지로서 보유자산의 가격하락 위험을 회피하기 위한 헷지이다. 다음과 같은 사례를 통해 환위험에 대비한 매도헷지 방법을 살펴보기로 하자.

미국 수출업자가 일본에 컴퓨터를 수출하고 수출대금을 일본엔으로 받을 경우, 엔이 평가절하되고 달러가 평가절상되면 엔을 달러로 환산한 매출이익이 감소하게 된다. 이 경우에 미국 수출업자는 엔선물을 매도함으로써 환위험에 효과적으로 대처할 수 있다. 다음과 같은 구체적인 사례로 이를 분석해 보기로 하자.

▮ 사례분석 ▮

상황	1월 15일	미국 수출업자는 일본에 컴퓨터를 수출하고 대금 ¥25,000,000을 6월15일에 받을 예정임. – 현재 환율은 0.009060($/¥) – 6월만기 선물환율은 0.009050($/¥)
헷지 전략	1월 15일	6월만기 엔선물 2계약 매도 (왜냐하면 1계약은 ¥12,500,000)
	6월 15일	엔선물 매도포지션 마감
결과	6월15일 현물환율이 0.009020이 됨	헷지로 인한 이익 증가: 현재 시장에서는 1¥당 $0.009020이기 때문에 ¥25,000,000을 매도하면 $225,500를 받지만, 선물가격을 적용할 경우 $226,250(=¥25,000,000×0.009050$/¥)을 받을 수 있으므로, 매도헷지를 통한 이익증가는 $226,250 −$225,500=$750.

(2) 회계적 노출의 헷지

다국적기업은 본국 이외의 지역에서 국경을 초월하여 생산과 영업활동을 수행하고 외국 자본시장에서 다양한 방법으로 자금을 조달하는 기업을 말한다. 시장이 전세계로 확장되어 가고 있는 오늘날은 다국적기업의 환율을 수반하는 경제활동이 급격히 증가하고 있으며, 이에 따라 거래적 노출뿐만 아니라 회계적 노출도 증가하고 있다.

예를 들어 미국 모회사(母會社)의 경우 외국에 있는 자회사(子會社)의 재무제표를 달러화로 환산하며 이때 자회사가 영업하고 있는 외국의 통화와 달러화의 환율변동에 따른 환위험에 직면하게 된다. 만일 자회사 소재국의 통화가 평가절하되면 회계적 노출에 직면하게 되는데 이때 미국 모회사는 자회사 소재국 통화의 평가절하위험을 헷지하기 위해 그 나라 통화선물을 매도하면 된다.

4) 합성통화선물을 이용한 헷지

지금까지는 미국달러와 관련된 통화선물만을 다루어 왔는데 이러한 달러표시 통화선물(U.S. dollar denominated currency futures)은 미국과의 무역거래나 자본거래에서는 환위험을 효율적으로 헷지할 수 있다. 그러나 미국 이외의 국가간에 달러 이외의 통화를 사용하여 거래를 할 때는 달러표시 통화선물을 이용하기 어렵다. 예를 들어 일본과 스위스간의 무역거래에서는 엔과 스위스프랑간의 환율변동으로 인해 환위험이 발생하기 때문에 달러표시 엔선물이나 달러표시 스위스프랑선물을 사용하여 엔과 프랑간의 환위험을 헷지하기 어렵다. 이런 경우에는 두 가지의 달러표시 통화선물을 결합하여 합성통화선물(synthetic currency futures)을 창출한 다음 이를 환위험헷지에 사용할 수 있다. 또한 하나의 통화선물을 매입하고 동시에 다른 통화선물을 매도함으로써 미국달러 이외의 다른 통화로 표시된 동일한 가치의 통화선물 계약을 만들 수 있으며 이를 교차통화선물 스프레드(cross-currency futures spread)라 한다.

4 │ 국내 통화선물

1) 미국달러선물

미국달러선물은 미래의 일정시점에 인수도할 미국 달러화를 현재시점에서 미리 매수하거나 매도하는 계약이다.

(1) 계약명세

미국달러선물의 주요 거래명세는 다음 [표 17-2]와 같다.

(2) 인수도결제 절차

미국달러선물의 인수도결제 절차를 요약하면 다음 [표 17-3]과 같다.

[표 17-2] 국내 미국달러선물 거래명세

거래대상	미국달러화(USD)
거래단위	US $10.000
결제월	분기월 중 12개, 그 밖의 월 중 8개
상장결제월	총20개(1년 이내 매월, 1년 초과 매분기월 상장)
가격의 표시	US $1 당 원화
최소가격변동폭	0.10원
최소가격변동금액	1,000원(US $10,000×0.10원)
거래시간	09:00~15:45(최종거래일 09:00~11:30)
최종거래일	결제월의 세 번째 월요일(공휴일인 경우 순차적으로 앞당김)
최종결제일	최종거래일로부터 기산하여 3일째 거래일
결제방법	인수도결제
가격제한폭	기준가격 대비 상하 ±4.5%
단일가격경쟁거래	개장시(08:30~09:00) 및 거래종료시(15:35~15:45), 최종거래일 거래 종료시(11:20~11:30)

자료: 한국거래소(KRX).

[표 17-3] 국내 미국달러선물 인수도 절차

T일 (최종거래일)	11:30이후	통화선물 거래종료, 최종결제가격 확정 및 통지 (거래소 → 결제회원)			
	16:30이후	계좌별 인수도결제내역 산출 및 통지 (거래소 → 결제회원)			
T+2		〈매수자〉		〈매도자〉	
	12:00이전	결제회원이 지정한 시간 내에 인수도대금 입금 (위탁자 → 결제회원)	12:00이전	결제회원이 지정한 시간내 에 외화 입금 (위탁자 → 결제회원)	
	12:00까지	인수도대금 입금 (결제회원 → 거래소)	12:00까지	외화 입금 (결제회원 → 거래소)	
	12:00이후	외화 수취 (거래소 → 결제회원 → 위탁자)	12:00이후	인수도대금 수취 (거래소 → 결제회원 → 위 탁자)	

자료: 한국거래소(KRX).

2) 엔/유로/위안화 선물

(1) 엔/유로/위안선물 개념

엔선물이란 엔화와 원화 사이의 환율 변동위험을 회피하기 위하여 사전에 약속된 미래의 특정시점에 엔화(1계약당 1백만엔)를 사거나 팔 것을 약정하는 선물거래로, 일본 엔화를 거래대상으로 하는 선물거래이다. 또한, 유로선물이란 엔선물과 마찬가지로 유로/원 환율변동위험을 관리할 수 있도록 유로화(1계약당 1만유로)를 거래대상으로 하는 선물거래이다. 엔/유로선물과 마찬가지로 위안선물은 미래의 일정시점에 인수도할 중국 위안화를 현재시점에서 미리 매수하거나 매도하는 계약이다.

(2) 엔/유로/위안선물 특징

① 헷지수요 충족

엔화나 유로화, 혹은 위안화로 대출을 받았거나 결제대금을 지불할 계획이 있는 투자자에게 환헷지 할 수 있는 선물상품을 제공할 수 있게 된다. 엔/원, 유로/원, 그리고 위안/원화의 환위험에 노출된 투자자에게 엔화, 유로화, 위안화의 환위험을 헷지할 수 있는 선물상품의 제공으로, 미국달러 뿐만 아니라 엔화, 유로화, 위안화까지 다양한 환헷지 및 투자 수요를 충족시킬 수 있게 된다. 특히 신용도가 낮아 환위험관리를 위한 금융상품 이용에 어려움을 겪고 있는 중소기업 등에게는 매우 유용한 환헷지 금융상품이 될 것이다.

② 결제통화의 다양화

그 동안 마땅한 헷지수단이 없어 무역거래에 따른 결제통화가 미국달러로 집중되었으나, 엔화와 유로화에 대한 헷지상품 제공으로 수출입거래에 종사하는 기업체 등이 미국 달러 이외에 엔화, 유로화, 위안화까지 결제통화로 사용할 수 있는 기회를 제공할 수 있게 된다.

③ 거래비용 인하 및 투자편의성 증진

엔선물, 유로선물, 위안선물은 원화 표시의 직거래 상품이므로 해외선물거래를 이용한 헷지거래에 비해 낮은 비용으로 거래할 수 있으며, 장외거래나 해외선물거래에 비해 시장접근성 및 시장투명성이 높아 투자편의성 및 시장효율성도 크게 증진할 수 있게 된다.

④ 외환시장의 효율성 제고

실거래에 기초한 원화표시 엔화, 유로화, 위안화의 직거래 환율이 실시간으로 일반인에게 공시됨에 따라 엔/원 및 유로/원 현물환율에 대한 지표(가격발견기능)를 제공할 수 있게 되며, 선물시장과 현물시장간 연계거래의 촉진으로 그 동안 거래가 부진한 엔/원, 유로/원, 위안/원의 직거래 현물거래도 촉진시킬 수 있을 것으로 기대된다.

⑤ 원화의 국제화에 기여

세계 3대 통화(달러, 유로, 엔) 및 우리나라와 무역규모가 큰 중국의 위안화에 대한 통화선물상품의 상장으로 명실공히 동북아 최고의 통화선물 시장으로서의 위상제고를 기대할 수 있으며, 원화의 국제화에 필요한 인프라를 제공하게 되어 원화에 기초한 국제 거래의 촉진, 나아가 경제규모에 걸 맞는 국제적 위상 확보 및 국가경쟁력 제고에도 크게 기여할 수 있다.

(3) 엔/유로/위안선물 거래명세 및 인수도결제 절차

[표 17-4], [표 17-5], [표 17-6]에 각각 엔선물, 유로선물, 위안선물의 거래명세와 인수도결제 절차가 상세히 설명되어 있다.

[표 17-4] 국내 엔선물 거래명세와 인수도결제 절차

(a) 엔선물 거래명세

거래대상	일본엔(JPY)
거래단위	JP ¥1,000,000
결제월	분기월 중 4개와 그 밖의 월 중 4개
상장결제월	1년 이내의 8개 결제월
가격의 표시	JP ¥100 당 원화
최소가격변동폭	0.10원
최소가격변동금액	1,000원(JP ¥1,000,000/100×0.10원)
거래시간	09:00~15:45(최종거래일 09:00~11:30)
최종거래일	결제월의 세 번째 월요일(공휴일인 경우 순차적으로 앞당김)
최종결제일	최종거래일로부터 기산하여 3일째 거래일(T+2)
결제방법	인수도결제
가격제한폭	기준가격 대비 상하 ±5.25%
단일가격경쟁거래	개장시(08:30~09:00) 및 거래종료시(15:35~15:45), 최종거래일 거래종료시(11:20~11:30)

(b) 엔선물 인수도결제 절차

		〈매수자〉		〈매도자〉	
T일 (최종거래일)	11:30이후	엔선물 거래종료, 최종결제가격 확정 및 통지 (거래소 → 결제회원)			
	16:30이후	계좌별 인수도결제내역 산출 및 통지 (거래소 → 결제회원)			
T+2	12:00이전	결제회원이 지정한 시간 내에 인수도대금 입금 (위탁자 → 결제회원)	12:00이전	결제회원이 지정한 시간 내에 외화 입금 (위탁자 → 결제회원)	
	12:00까지	인수도대금 입금 (결제회원 → 거래소)	12:00까지	엔화 입금 (결제회원 → 거래소)	
	12:00이후	엔화 수취 (거래소 → 결제회원 → 위탁자)	12:00이후	인수도대금 수취 (거래소 → 결제회원 → 위탁자)	

자료: 한국거래소(KRX).

[표 17-5] 국내 유로선물 거래명세와 인수도결제 절차

(a) 유로선물 거래명세

거래대상	유로화(EUR)
거래단위	EU €10,000
결제월	분기월 중 4개와 그 밖의 월 중 4개
상장결제월	1년 이내의 8개 결제월
가격의 표시	EU €1당 원화
최소가격변동폭	0.10원
최소가격변동금액	1,000원(EU €10,000×0.10원)
거래시간	09:00~15:45(최종거래일 09:00~11:30)
최종거래일	결제월의 세 번째 월요일(공휴일인 경우 순차적으로 앞당김)
최종결제일	최종거래일로부터 기산하여 3일째 거래일(T+2)
결제방법	인수도결제
가격제한폭	기준가격 대비 상하 ±5.25%
단일가격경쟁거래	개장시(08:30~09:00) 및 거래종료시(15:35~15:45), 최종거래일 거래종료시(11:20~11:30)

(b) 유로선물 인수도결제 절차

		〈매수자〉		〈매도자〉	
T일 (최종거래일)	11:30이후	유로선물 거래종료, 최종결제가격 확정 및 통지 (거래소 → 결제회원)			
	16:30이후	계좌별 인수도결제내역 산출 및 통지 (거래소 → 결제회원)			
T+2		12:00이전	결제회원이 지정한 시간 내에 인수도대금 입금 (위탁자 → 결제회원)	12:00이전	결제회원이 지정한 시간 내에 외화 입금 (위탁자 → 결제회원)
		12:00까지	인수도대금 입금 (결제회원 → 거래소)	12:00까지	유로화 입금 (결제회원 → 거래소)
		12:00이후	유로화 수취 (거래소 → 결제회원 → 위탁자)	12:00이후	인수도대금 수취 (거래소 → 결제회원 → 위탁자)

자료: 한국거래소(KRX).

[표 17-6] 국내 위안선물 거래명세와 인수도결제 절차

(a) 위안선물 거래명세

거래대상	중국위안화(CNH)
거래단위	CNH ￥100,000
결제월	분기월 중 4개와 그 밖의 월 중 4개
상장결제월	1년 이내의 8개 결제월[6개 연속 결제월(1개월~6개월), 2개 분기월(9개월, 12개월)]
가격의 표시	CNH ￥1당 원화
최소가격변동폭	0.10원(현행 원/위안 현물 직거래 시장과 동일)
최소가격변동금액	1,000원(CNH ￥100,000×0.01원)
거래시간	09:00~15:45(최종거래일 09:00~11:30)
최종거래일	결제월의 세 번째 월요일(공휴일인 경우 순차적으로 앞당김)
최종결제일	최종거래일로부터 기산하여 3일째 거래일(T+2)
결제방법	인수도결제
가격제한폭	기준가격 대비 상하 ±4.5%(미국달러선물과 변동성 수준 유사)
단일가격경쟁거래	개장시(08:30~09:00) 및 거래종료시(15:35~15:45), 최종거래일 거래종료시(11:20~11:30)
증거금 (15.10.5일 기준)	거래증거금률(2.6%), 위탁증거금률(3.9%, 약 70만원) 예 180원/위안일 경우, 거래증거금: 180×100,000×0.026=468,000원 위탁증거금: 180×100,000×0.039=702,000원

(b) 위안선물 인수도결제 절차

T일 (최종거래일)	11:30이후	위안선물 거래종료, 최종결제가격 확정 및 통지 (거래소 → 결제회원)			
	16:30이후	계좌별 인수도결제내역 산출 및 통지 (거래소 → 결제회원)			
		〈매수자〉		〈매도자〉	
T+2		12:00이전	결제회원이 지정한 시간내에 인수도대금 입금 (위탁자 → 결제회원)	12:00이전	결제회원이 지정한 시간내에 외화 입금 (위탁자 → 결제회원)
		12:00까지	인수도대금 입금 (결제회원 → 거래소)	12:00까지	유로화 입금 (결제회원 → 거래소)
		12:00이후	위안화 수취 (거래소 → 결제회원 → 위탁자)	12:00이후	인수도대금 수취 (거래소 → 결제회원 → 위탁자)

자료: 한국거래소(KRX).

(4) 엔·유로선물 투자전략

① 헷지거래

엔/유로화 현물시장에서의 포지션과 반대방향의 포지션을 엔/유로화 선물시장에서 동시에 취함으로써 선물포지션의 청산에 따른 이익(또는 손실)으로 현물포지션의 손실(또는 이익)을 상쇄시켜, 가격변동에 따른 위험을 제거하는 투자전략이다.

② 투기거래

엔/유로화 현물포지션과 관계없이 단순히 미래의 엔/유로화 환율 방향을 예측하여 선물거래만을 행함으로써 선물거래의 이익을 추구하는 투자전략이다.

③ 차익거래

엔/유로 선물가격과 현물가격간의 일시적인 가격불균형 현상이 발생한 때에 상대적으로 가격이 낮은 시장에서 매수포지션을 취하고 높은 시장에서 매도포지션을 취한 후, 두 시장가격이 균형 상태로 되돌아 오면 양시장에서의 포지션을 처분하여 이익을 얻고자 하는 투자 전략이다.

④ 스프레드거래

결제월이 상이한 두 개 이상의 엔/유로선물종목(결제월간 스프레드)이나 품목이 다른 선물종목(상품간 스프레드거래)의 가격 사이에 일시적인 불균형상태가 발생할 경우 두 종목의 거래를 동시에 반대방향으로 행함으로써 선물가격의 불균형에 따른 차익을 얻고자 행하는 투자 전략이다.

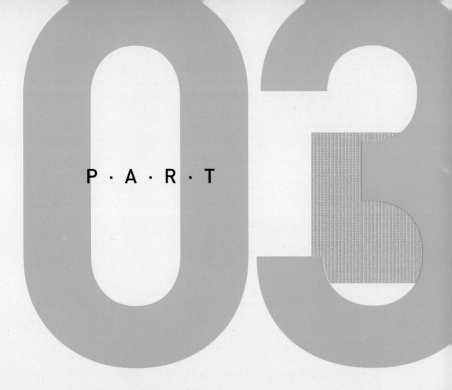

P·A·R·T

스왑과 VaR

theory of derivatives

파생상품투자론

스왑의 개념, 종류 및 가치평가

지금까지 파생상품 중 옵션과 선물(선도)에 대해 살펴보았고, 이제 마지막으로 스왑에 대해 살펴보고자 한다. 1980년대 초에 처음 스왑거래가 이루어진 이후 스왑시장은 괄목할 만한 성장을 보이고 있고, 현재 스왑은 장외 파생상품시장에서 중심적인 역할을 담당하고 있다. 스왑의 가치평가는 선물이나 옵션보다 다소 복잡한 측면이 있다. 본 장에서는 스왑의 개념, 주요 스왑, 그리고 스왑의 가치평가 방법 등에 대해 살펴보고자 한다.

1 | 스왑의 개념

1) 스왑거래의 의의

(1) 스왑의 정의

스왑(swap)이란 미리 약정한 대로 미래에 일련의 현금흐름을 교환하는 두 당사자간의 계약이다. 일반상품시장에서 거래당사자가 각자 자신에게 비교우위가 있는 상품을 상대방과 교환함으로써 서로의 효용을 극대화하는 거래방식은 오래 전부터 존재해 왔다. 이런 거래방식이 금융상품에 응용되어 거래 당사자들이 서로가 상대적으로 유리한 조건으로 금리 및 통화 등의 교환계약을 맺는 것이 바로 스왑이다. 스왑에서는 현금흐름이 지급되는 날짜와 주고 받는 현금흐름의 규모를 계산하는 방법이 명시되어 있다. 일반적으로 현금흐름을 계산하는 데에는 이자율, 환율, 또는 다른 시장변수 등이 사용된다.

(2) 스왑거래의 용도

스왑거래는 다음과 같은 다양한 목적을 위해 사용된다.

첫째, 자본비용을 절감하는 수단으로 활용된다.
국제금융시장에서 각 차입자들은 지역간 서로 다른 금융여건에 따른 신용도의 차이를 이용한 스왑거래를 통해 차입비용을 절감할 수 있다.

둘째, 리스크 헷지수단으로 활용된다.
금리, 환율, 주가 등의 변동에서 오는 리스크를 헷지할 수 있는데, 특히 선물이나 옵션만으로 해결하기 어려운 리스크헷지에 대한 보완적 수단으로 활용될 수 있다. 예를 들어, 장기채권에 대해 헷지를 하고 싶으나 이에 대한 선물 및 옵션상품이 없거나, 통화선물이나 옵션의 유동성이 작은 경우 스왑을 통해 헷지할 수 있다.

셋째, 부채나 자산의 성격을 전환시키는 수단으로 활용된다.
스왑은 부채를 고정부채에서 변동부채로, 혹은 변동부채에서 고정부채로 전환할 때 매우 유용하다. 또한 자산을 고정자산에서 변동자산으로, 혹은 변동자산에서 고정자산으로 전환할 때도 매우 유용하다.

넷째, 규제회피 수단으로 활용된다.

스왑은 금융 및 외환에 대한 각종 규제를 회피하는 수단으로 사용되기도 한다. 원래 스왑거래의 기원은 1970년대 영국의 외환관리규정을 회피하기 위한 방법으로 고안된 것이었다. 현재에도 자금의 국가간 이동이 규제를 받는 경우 이를 회피할 수 있는 수단으로 스왑이 이용되고 있다.

그 외에도 스왑은 국제금융시장에서의 차익거래, 새로운 금융상품의 개발 등 다양한 용도로 활용되고 있다.

(3) 스왑시장의 기원

스왑의 기원은 1970년대에 성행하던 상호융자(parallel loan) 및 상호직접융자(back-to-back loan)에서 찾을 수 있다. 당시 대부분의 국가에서는 정부의 엄격한 외환통제로 국가간 자금이동이 극히 제한되었다. 특히 영국정부는 자금의 해외유출을 방지하기 위하여 달러를 매입하는 기업은 시장환율보다 높은 가격으로 매입하도록 하는 외환규정을 제정하였다. 이러한 규제를 회피하기 위해 고안된 방법이 스왑의 초기형태인 상호융자에 의한 자금조달이었다.

상호융자란 서로 다른 국가에 소재하는 두 기업이 각각 상대국에 자회사를 갖고 있는 경우 각 모기업이 자국내에 소재하는 상대방 자회사에게 동일한 금액과 만기의 자국통화 표시자금을 자국의 시장금리로 대출해 주는 거래이다. 예를 들어, 영국과 미국에 본사가 있는 두 개의 회사가 각각 상대국에 자회사를 두고 있으며 각 자회사는 본사로부터 자금대출이 필요한 상황이라고 가정해 보자. 그러나 정부에 의한 외환통제가 있는 경우 본국의 모회사가 외국의 자회사에게 직접 자금을 대출해 주는 것이 매우 어렵고 비용이 많이 들게 된다. 이 경우, [그림 18-1]에서 보는 바와 같이 상호융자를 이용하면 규제문제를 해결할 수 있다.[1] 즉, 미국 모회사는 미국 내 영국 자회사에게 달러화(US$) 자금을 대출해 주고, 대신에 영국 모회사는 영국에 있는 미국 자회사에게 파운드화(£) 자금을 대출해 주는 것이다. 따라서 두 기업 모두 실제로는 자금의 국제적인 이동 없이 국내 대출만으로 해외 자회사에게 외환자금을 공급하는 효과를 갖게 되는 것이다.

---

1) 이 장에서 다루고 있는 스왑에 대해서는 박진우(2008), Hull(2012)을 참조하거나 인용하였음.

[그림 18-1] 상호융자

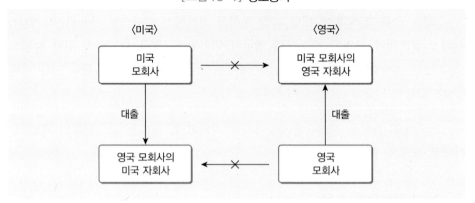

그런데, 상호융자는 두 개의 대출계약으로 이루어지므로 거래상대방이 도산하거나 채무불이행이 발생할 경우 이에 대응하여 계약불이행을 할 수 있는 상계권(right of offset)이 없다. 이러한 상계권의 문제를 보완한 것이 상호직접융자(back-to-back loan)이다. 상호직접융자가 상호융자와 다른 점은 자회사를 개입시키지 않고 본사 간에 직접적으로 융자가 이루어진다는 점이며, 이에 따라 상호직접융자에서는 법적으로 상대방의 채무불이행에 대응하여 계약불이행을 할 수 있는 권리가 존재한다. 상계권을 제외한 여타 계약조건은 상호융자와 상호직접융자가 유사하다.

1973년 브레튼-우즈 체제가 무너지고 많은 국가에서 변동환율제도를 도입하면서 외환통제는 현저히 완화되었고, 따라서 상호융자나 상호직접융자의 필요성은 크게 줄어들게 되었다. 대신 변동환율제도의 도입으로 환율변동성이 커지고 이에 따라 환율변동에 대한 헷지수요가 급격히 커지자 1980년대 초에 통화스왑이 등장하게 된 것이다.

(4) 스왑시장의 발전

초기의 스왑시장에서 금융기관들은 서로 조건이 일치하는 거래상대방을 찾아 거래를 성사시키고 중개료를 받는 브로커(broker) 역할만을 수행하였다. 이 경우 서로 반대되는 거래의 필요성을 가진 거래당사자가 있어야만 거래가 성립될 수 있기 때문에 스왑시장의 성장은 제한적일 수밖에 없었다. 이후 금융기관들은 스왑딜러(dealer)로 스왑거래에 직접 참여하게 됨으로써 시장조성자(market maker)의 역할을 하게 되었고 이는 스왑의 유동성을 크게 높여 스왑시장의 발전에 기여하게 되었다.

스왑시장이 발전하게 되자 스왑거래를 표준화하는 작업이 시작되어 1985년 국제스왑딜러협회(ISDA: International Swap Dealers Association)가 결성되었고, 최초로 표준화된 스왑규정을 마련하였다. 이후 1987년 이 규정을 개정하여 공식 스왑계약서가 만들어졌다. 이러한 스왑계약서는 스왑계약의 표준화를 촉진하여 스왑거래의 시간과 비용을 줄이고 스왑시장의 유동성을 크게 제고하여 현재의 발전된 스왑시장에 이르게 되었다.

2) 선도계약과 스왑

앞에서 설명한 선도계약은 스왑계약의 특별한 형태로 볼 수 있다. 예를 들어, 올해 6월 1일에 어떤 기업이 1년 뒤 온스당 1,000달러를 주고 100온스의 금을 매입하는 선도계약을 체결했다고 하자. 이 기업은 1년 후에 금을 매입하자마자 시장에서 매도할 수 있다. 그러므로 이 선도계약은 기업이 내년 6월 1일에 10만달러를 지급하고 $100 S_T$를 받는 스왑계약과 동일하다. 여기서 S_T는 선도 만기시점의 금의 온스당 현물가격이다. 즉, 선도는 현금흐름의 교환이 단 1회 발생하는 스왑으로 볼 수 있는 것이다. 다시 말해, 스왑이란 미래에 여러 번 현금흐름의 교환이 발생하는 계약이므로 선도계약의 포트폴리오라 할 수 있다.

2 | 금리스왑

1) 기본형 금리스왑

(1) 기본형 금리스왑의 개요

금리스왑(interest rate swap)에서 가장 일반적인 형태는 기본형(plain vanilla) 금리스왑이다.[2] 기본형 금리스왑에서 한 당사자는 원금에 대해 약정된 고정금리로

---

2) 여기서 plain은 '단순함(명쾌함)'을 뜻하는 'simple, clear'를 의미하며, vanilla는 '보통'을 뜻하는 'ordinary, usual, common'을 의미한다. 둘을 합쳐 '기본형'이라고 번역하였다.

이자를 만기까지 지급하기로 계약하고, 다른 당사자는 동일한 기간 동안 동일한 원금에 대해 변동금리로 이자를 지급한다. 통상 원금은 교환하지 않고 상계(netting)하며, 정해진 시점에 이자만 지급하거나 수취한다. 원금이 실제로 교환되지 않기 때문에 명목원금(notional principal)이라고 부른다.

금리스왑에서 기준금리로 이용되는 변동금리는 런던은행간대출금리(LIBOR: London Inter-Bank Offer Rate)로서 런던에 있는 우량은행(prime bank)들 사이에 적용되는 도매예금(wholesale deposit)금리이다. 통상 모든 주요 통화에 대해 1개월, 3개월, 6개월, 12개월 만기의 예금금리로 공시된다. 즉, 3개월 LIBOR라 하면, 이는 곧 3개월 예금에 적용되는 변동금리인데, 달리 말하면 지금 공시되는 3개월 LIBOR는 향후 3개월간 예금에 적용되는 예금금리를 말한다. 따라서, 우량금융기관들은 국제금융시장에서 LIBOR금리로 자금을 대출받을 수 있으나, 우량은행이 아닌 금융기관들의 경우 LIBOR+가산금리(add-on rate)가 적용된다. 가산금리는 기업의 신용등급에 의해 결정된다.

> (예) 만기가 5년, 표면금리는 6개월 LIBOR+0.5%인 채권이 있다고 하자. 그러면 이 채권만기는 6개월 단위의 10기간으로 구분되고, 이자율은 매 기간 초에 LIBOR보다 0.5% 높게 책정되며, 이자는 매 기말에 지급된다.

(2) 기본형 금리스왑 사례

20△1년 3월 1일에 시작되는 ㈜SK와 ㈜LG 사이의 3년 만기 기본형 금리스왑을 예로 들어 살펴보도록 하자. 이 금리스왑에서 SK는 LG에게 1억달러의 원금에 대해 연간 5%의 고정금리 이자를 6개월 마다 지급하기로 되어 있고, LG는 SK에게 같은 원금에 대해 6개월 LIBOR로 변동금리 이자를 지급하기로 되어 있다. 이러한 스왑의 내용이 다음 [그림 18-2]에 표시되어 있다.

[그림 18-2] 기본형 금리스왑 계약

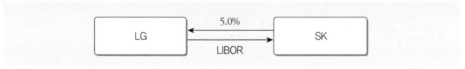

이 스왑의 계약이 체결되면, 첫 번째 이자교환은 6개월 후인 20△1년 9월 1일에 이루어진다. SK는 LG에게 250만달러(=$1억×5%/2)의 이자를 지급하고, LG로

부터 기초(20△1년 3월 1일)에 정해진 연간 LIBOR금리인 4.2%를 기준으로 6개월이 자 210만달러(＝$1억×LIBOR 4.2%/2)를 수취한다. 첫 번째 이자교환에는 불확실성 이 전혀 없음에 유의해야 한다. 왜냐하면 고정금리(5%)와 6개월 변동금리(3월 1일 자 LIBOR 4.2%)는 이미 계약시점에 결정되어 있기 때문이다. 그러나, 두 번째 이자 교환부터는 변동금리가 6개월 후부터 결정되어 고시되기 때문에 계약시점에서 볼 때 불확실성이 존재하게 된다. 첫 번째 이자교환과 동일한 방법으로 이자교환이 매 6개월마다 발생하고, 이를 SK입장에서 요약한 것이 [표 18-1]이다. LG입장에 서는 현금흐름의 방향이 반대이므로 유입 및 유출되는 현금흐름의 부호만 반대로 해주면 된다. 한 가지 주의해야 할 것은 표 어디를 보아도 원금 1억달러는 보이지 않는다는 것이다. 즉, 원금 자체는 교환되지 않으며 단지 이자를 계산하는 데에만 사용된다. 만일 [표 18-1]에서 20△4년 3월 1일에 원금($1억)도 교환된다고 가정 하면 유입의 경우 +102.95, 유출의 경우 -102.50이 될 것인데 이를 포함하여 분 석하면 결국 유입의 현금흐름은 변동금리(variable rate) 채권매입($+B_V$)의 포지션 과 같고, 유출의 현금흐름은 고정금리(fixed rate) 채권매도($-B_F$)의 포지션과 같다. 이는 뒤에서 설명할 스왑의 가치평가에 대단히 중요한 시사점을 제공한다. 즉, 기 본형 금리스왑은 변동금리채권과 고정금리채권을 교환하는 것과 동일한 포지션이 므로 채권가치평가모형을 적용하여 스왑의 가치를 평가할 수 있다는 것이다.

[표 18-1] SK입장에서 본 금리스왑의 현금흐름

교환일	6개월 LIBOR(%)	변동현금흐름 (유입)	고정현급흐름 (유출)	순현금흐름
20△1-3-1	4.20			
20△1-9-1	4.80	+2.10	-2.50	-0.40
20△2-3-1	5.30	+2.40	-2.50	-0.10
20△2-9-1	5.50	+2.65	-2.50	+0.15
20△3-3-1	5.60	+2.75	-2.50	+0.25
20△3-9-1	5.90	+2.80	-2.50	+0.30
20△4-3-1		+2.95	-2.50	+0.45

주: 금액단위: $100만.

2) 금리스왑의 활용

금리스왑은 앞서 설명한 바와 같이 다양한 용도로 활용될 수 있다. 몇 가지 대표적인 용도를 살펴보면 다음과 같다.

(1) 스왑을 이용한 헷지

금리변동에 의해 기업 또는 금융기관의 자산 및 부채의 가치가 변하게 되는 리스크를 제거할 목적으로 많이 시용되며, 이것은 주로 자산 및 부채에 적용되는 금리가 불일치함에 따라 발생하는 리스크를 금리스왑을 이용하여 부채와 자산의 금리를 일치시킴으로써 금리리스크를 헷지하는 것이다.

예를 들어, 은행A는 외화대출(은행의 자산)은 대부분 변동금리로 이루어지는 반면, 해외로부터의 차입(은행의 부채)은 주로 고정금리로 이루어지고 있다면, 이 은행은 외화자산과 외화부채간의 현금흐름의 차이로 인한 금리리스크에 노출된다. 반대로, 은행B는 대출은 고정금리로 하고, 차입은 변동금리로 하고 있다면 은행A와 반대방향으로 금리리스크에 노출된다. 이 경우 두 은행이 스왑을 통해 자산이나 부채의 성격을 전환함으로써 자산과 부채의 금리를 일치시킬 수 있고 금리리스크를 헷지할 수 있다. 예컨대, A은행은 B은행에게 변동금리를 지급하고 B은행은 A은행에게 고정금리를 지급하는 스왑을 통해 A은행은 부채를 고정금리에서 변동금리로, B은행은 부채를 변동금리에서 고정금리로 전환하여 자산과 부채의 금리를 일치시킬 수 있는 것이다.

① 부채의 전환

금리스왑을 이용하면 부채를 고정에서 변동으로, 혹은 변동에서 고정으로 전환(converting 혹은 transforming)할 수 있다. 앞에서 설명한 SK와 LG의 예를 다시 사용해 보자. SK는 현재 시장에서 투자자에게 LIBOR＋0.1%의 변동금리를 지불하는 변동금리 부채를 가지고 있고, SK는 고정금리의 투자자산을 가지고 있다. 즉, 자산은 고정금리이고 부채는 변동금리이기 때문에 시장금리가 변동하면 자산과 부채의 현금흐름에 괴리가 발생하여 금리리스크에 노출되어 있다. 그래서 SK는 금리리스크를 헷지하고자 부채를 변동금리에서 고정금리로 전환하여 자산과 부채의 금리를 고정금리로 통일하고자 한다. 이 경우 [그림 18-2]의 스왑을 이용하면, 다음 [그림 18-3]과 같은 부채전환을 이룰 수 있다.

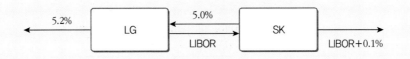

[그림18-3] 부채전환

SK와는 반대로, LG는 현재 5.2%의 고정금리 부채를 가지고 있고, 변동금리 투자자산을 가지고 있다고 하면, LG 역시 스왑을 통해 고정금리 부채를 변동금리 부채로 전환할 수 있고, 따라서 부채와 자산의 금리를 변동금리로 통일함으로 금리리스크를 효과적으로 헷지할 수 있다.

[그림 18-3]으로부터, SK와 LG의 부채와 스왑의 결합으로 발생하는 순지불 (net payment)금리를 구하면 다음과 같다. 편의상 LIBOR를 L이라 표시하자. 그림에서 화살표의 방향은 현금흐름의 방향을 의미한다. 회사에서 나가는 방향은 현금유출(이자지급)을, 회사로 들어오는 방향은 현금유입(이자수취)을 각각 의미한다. 또한, 아래 식에서 양(+)은 이자지급(현금유출)을, 음(-)은 이자수취(현금유입)을 각각 표시한다.

$$SK의\ 순지불 = [(+L + 0.1\%) + 5\%] - L = 5.1\%(고정금리부채) \qquad (식18-1)$$
$$LG의\ 순지불 = (+5.2\% + \ L) - 5\% = L + 0.2\%(변동금리부채) \qquad (식18-2)$$

(식 18-1)과 (식 18-2)에서 보는 바와 같이 SK는 스왑을 통해 변동금리 부채를 고정금리 부채로, LG는 고정금리 부채를 변동금리 부채로 전환할 수 있음을 알 수 있다. 따라서, 스왑은 금리리스크 헷지를 위해 부채의 성격을 전환하는 데 매우 유용하다.

그런데, [그림 18-3]에서 이루어진 스왑은 SK와 LG가 중간에 브로커나 딜러 없이 당사자가 직접 계약을 체결한 사례이지만, 실제 시장에서는 이렇게 서로의 필요가 정확히 일치하는 거래 상대방을 찾기란 거의 불가능하고, 찾으려 한다 해도 엄청난 시간과 비용이 소요될 것이다. 그래서 필요한 것이 바로 중개기관인데, 대부분 은행이나 금융기관들이 그 역할을 담당한다. 즉, SK와 LG 사이에서 금융기관이 스왑을 중개한다는 것은 금융기관이 SK 및 LG와 동시에 2개의 상쇄스왑 계약(offsetting swap transaction)을 체결한다는 것을 의미한다. 이러한 중개기관이

Chapter 18 스왑의 개념, 종류 및 가치평가   535

개입한 스왑계약을 표시한 것이 [그림 18-4]이다.

[그림 18-4] 금융기관이 딜러로 참여한 부채의 전환

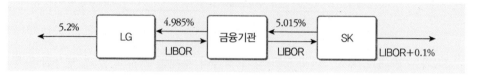

금융기관이 스왑계약에 참여할 경우 SK와 LG는 수수료를 지불해야 하므로 순지불비용은 다음과 같이 증가할 것이다.

SK의 순지불 $=[(+L+0.1\%)+5.015\%]-L=5.115\%$(고정금리부채) (식 18-3)

LG의 순지불 $=(+5.2\%+L)-4.985\%=L+0.215\%$(변동금리부채) (식 18-4)

(식 18-3)과 (식 18-4)에서 보듯이 SK와 LG의 순지불이 각각 0.015%씩 증가했고 이는 모두 중개기관인 금융기관에게 수수료 명목으로 지불된다. 즉, 금융기관은 연간 0.03% 또는 3bp(basis point)를 스왑중개 수수료로 받는데 이를 금액으로 환산하면 원금이 1억달러이므로, $1억\times0.03\%=\$30,000$가 된다. 이 수수료는 결국 SK나 LG가 스왑계약을 이행하지 않을 가능성 때문에 생기는 계약불이행리스크(default risk)를 중개기관이 부담하고 받는 리스크프리미엄(risk premium) 혹은 보험료라 할 수 있다. 스왑계약의 어느 한 당사자가 계약을 이행하지 않으면 중개기관이 대신 계약을 이행해야 하는데 이때 수수료는 이러한 비용의 부분적인 보상이라 할 수 있다.

② 자산의 전환

부채의 전환과 마찬가지로 스왑을 이용하면 자산전환(asset transformation)을 이룰 수 있다. 예를 들어, SK는 현재 고정금리 투자자산과 변동금리 부채를 가지고 있고, LG는 변동금리 투자자산과 고정금리 부채를 가지고 있다고 하자. 그런데 SK는 자산과 부채 모두 변동금리로, LG는 자산과 부채를 모두 고정금리로 통일하여 금리리스크를 헷지하고자 한다고 가정하자. 그러면, SK와 LG는 스왑을 통해 자산을 전환함으로써 이러한 목적을 달성할 수 있을 것이다. 이를 그림으로 표시한 것이 다음 [그림 18-5]이다.

[그림 18-5] 금리스왑: 자산의 전환

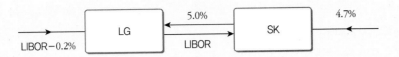

이제 SK와 LG가 투자자산과 스왑의 결합으로부터 얻는 순유입(net inflow)을 구해보자. 아래 식에서 양(+)은 현금유입을, 음(−)은 현금유출을 각각 표시한다.

$$SK의 \ 순유입 = (4.7\% + L) - 5\% = L - 0.3\%(변동금리자산) \qquad (식 18-5)$$

$$LG의 \ 순유입 = [(L - 0.2\%) + 5\%] - L = +4.8\%(고정금리자산) \qquad (식 18-6)$$

(식 18-5)와 (식 18-6)에서 보는 바와 같이 SK는 스왑을 통해 고정금리 자산을 변동금리 자산으로, LG는 변동금리 자산을 고정금리 자산으로 전환할 수 있음을 알 수 있다. 따라서, 스왑은 금리리스크 헷지를 위해 자산을 전환하는데 매우 유용하다.

또한, 부채의 전환에서 설명했듯이 실제 실무에서는 [그림 18-5]와 같이 거래 당사자가 직접 만나서 원하는 스왑계약을 맺는다는 것은 거의 불가능하므로 중개 기관을 통해 스왑계약을 체결하게 된다. 다음 [그림 18-6]은 중개기관이 스왑계약에 참여할 경우의 스왑계약을 묘사하고 있다.

[그림 18-6] 금융기관이 딜러로 참여한 자산전환

금융기관이 스왑계약에 참여할 경우 SK와 LG는 수수료를 지불해야 하므로 순 유입은 다음과 같이 감소할 것이다.

$$SK의 \ 순유입 = (4.7\% + L) - 5.015\% = L - 0.315\%(변동금리자산) \qquad (식 18-7)$$

$$LG의 \ 순유입 = [(L - 0.2\%) + 4.985\%] - L = +4.785\%(고정금리자산)$$

$$(식 18-8)$$

(식 18-7)과 (식 18-8)에서 보듯이 SK와 LG의 순유입이 각각 0.015%씩 감소했고 이는 모두 중개기관인 금융기관에게 수수료 명목으로 지불된다. 즉, 중개기관은 연간 0.03% 또는 3bp(basis point)를 스왑중개 수수료로 받는 데 이를 금액으로 환산하면 원금이 1억달러이므로, $1억×0.03%=$30,000가 된다.

③ 시장조성자로서의 스왑딜러

스왑거래를 위해 중개기관들이 상쇄스왑계약을 체결하여 거래를 활성화시킴을 앞에서 설명한 바 있다. 이 경우 중개기관은 독립된 2개의 계약을 체결한다. 하나는 SK와의 계약이고, 다른 하나는 LG와의 계약이다. 대부분의 경우 SK는 금융기관이 LG와 상쇄스왑계약을 체결하고 있는지를 모르고 있고, LG도 금융기관이 SK와 상쇄스왑계약을 체결하고 있는지 모르고 있고 알 필요도 없다. 만일 거래당사자 중 어느 한 편이 스왑계약을 이행하지 않으면 대신 중개기관이 남은 당사자와의 계약을 대신 이행해야 한다.

그런데, 실무적으로 두 당사자가 한 금융기관과 접촉하여 정확히 동일한 스왑에 정반대의 포지션을 취하는 경우는 거의 없다. 이런 이유로 대부분의 대형 금융기관들은 시장조성자(market maker)로서 행동한다. 즉, 그들은 다른 거래상대방과 상쇄스왑을 체결하지 않고 자신이 직접 거래상대자가 되어 스왑계약을 체결하는데, 때로는 이를 '일방스왑(warehousing swap)'이라 부르기도 한다. 시장조성자들은 그들이 부담하는 계약불이행리스크를 면밀하게 계량화하고 헷지해야 한다. 채권, 선도금리계약, 그리고 금리선물 등은 금리스왑과 밀접한 관련이 있으므로 헷지를 위해 시장조성자들이 사용하는 금융상품들이다. 다음 [표 18-2]는 시장조성자가 제시하는 미국달러 기본형 금리스왑의 전형적인 공시가격이다.[3] 표에서 매입호가(bid rate)는 스왑딜러가 한 당사자로부터 LIBOR를 수취(매입)하고 지불하는 고정금리이고, 매도호가(offer rate)는 딜러가 다른 당사자에게 LIBOR를 지불(매도)하고 수취하는 고정금리이다. 매도호가에서 매입호가를 차감한 것을 스왑스프레드(swap spread)라 하고 이는 딜러가 받는 리스크프리미엄(risk premium)이다. 표의 마지막 열에 있는 스왑이자율(swap rate)은 매입호가와 매도호가의 산술평균이다. 일반적으로 스왑스프레드는 약 3~4bp정도에서 형성된다.

---

3) 인용자료: Hull(2012).

[표 18-2] 스왑시장에서 고정금리 매매호가와 스왑이자율

만기(년)	매입호가(%)	매도호가(%)	스왑이자율(%)
2	6.03	6.06	6.045
3	6.21	6.24	6.225
4	6.35	6.39	6.370
5	6.47	6.51	6.490
7	6.65	6.68	6.665
10	6.83	6.87	6.850

(2) 스왑을 이용한 자본비용절감

스왑을 이용하는 두 번째 목적은 스왑을 통해 자본비용을 줄이는 것이다. 신용등급이 서로 다른 기업에게는 시장에서 서로 다른 대출금리가 적용된다. 어떤 기업은 고정금리에서, 어떤 기업은 변동금리에서 비교우위를 가질 수 있다. 이 경우 스왑을 통해 자본조달비용을 줄일 수 있는 것이다. 이를 위해 먼저 비교우위와 절대우위의 개념을 이해할 필요가 있다.

① 비교우위와 절대우위

비교우위(comparative advantage)는 스왑이 많이 이용되는 근거로 흔히 거론된다. 어떤 기업은 고정금리로 차입할 때 비교우위를 가지며, 반면 어떤 기업은 변동금리로 차입할 때 비교우위를 가질 수 있다. 기업이 비교우위를 갖는 시장에서 신규로 차입하는 것이 당연하다. 따라서, 한 기업은 변동금리로 차입하기를 원하는데 고정금리에서 비교우위가 있고, 반대로 또 다른 기업은 고정금리로 차입하기를 원하는데 변동금리에서 비교우위가 있다면 두 기업은 스왑을 통해 부채를 전환함으로써 자본비용을 절감할 수 있고 이를 통해 기업의 이익을 극대화할 수 있을 것이다.

다음과 같은 예제를 통해 비교우위와 절대우위에 대해 살펴보도록 하자.

* ㈜Ford는 변동금리로 5년 동안 차입하기를 원한다.
* ㈜GM은 고정금리로 5년 동안 차입하기를 원한다.

그리고 현재 자금시장에서 두 기업의 차입조건은 다음 [표 18-3]과 같다.

[표 18-3]으로부터, 고정금리의 경우 Ford는 시상에서 4.0%로 차입할 수 있으나 GM은 5.2%로 차입할 수 있어 Ford가 1.2%만큼의 우위가 있고, 변동금리의 경우 같은 논리로 Ford가 GM보다 0.7% 우위에 있다. 따라서, Ford는 고정금리 차입

[표18-3] 시장에서의 차입조건

	고정금리	변동금리
Ford	4.0%	6개월 LIBOR - 0.1%
GM	5.2%	6개월 LIBOR + 0.6%
Ford-GM	-1.2% (a)	-0.7% (b)

의 우위가 변동금리 차입의 우위보다 크므로 고정금리에서 상대적으로 더 유리하므로 고정금리에 비교우위가 있다. 반면, GM은 고정금리와 변동금리 둘 다에서 Ford보다 불리한 조건에 있으나 상대적으로 변동금리가 덜 불리하므로 변동금리에서 비교우위에 있는 것이다. 따라서 두 기업의 스왑을 통해 부채를 전환하면 서로에게 이익이고 자본비용도 줄일 수 있다. 한편, Ford는 GM에 비해 고정금리와 변동금리 모두에 우위에 있으므로 차입시장에서 Ford는 GM보다 절대우위에 있다.

② 자본비용절감

[표18-3]의 분석에서 Ford는 고정금리에 비교우위에 있지만 실제로는 변동금리 차입을 원하고 있고, GM은 변동금리에서 비교우위에 있지만 고정금리 차입을 원하므로 두 기업은 스왑을 통해 부채전환을 할 수 있고 자본비용도 절감할 수 있다. [그림 18-7]은 Ford와 GM의 스왑계약을 보여주고 있다.

[그림18-7] 비교우위를 이용한 스왑계약

[그림 18-7]로부터, Ford와 GM의 부채와 스왑의 결합으로 발생하는 순지불 (net payment)금리를 구하면 다음과 같다.

Ford의 순지불 = (4%+L) - 4.35% = L - 0.35%(변동금리부채)   (식18-9)

GM의 순지불 = [(L+0.6%) + 4.35%] - L = 4.95%(고정금리부채)   (식18-10)

(식18-9)와 (식18-10)으로부터, Ford는 원하는 대로 변동금리로 차입하게 되었고, GM도 원하는 대로 고정금리로 차입하게 되었다. 더 좋은 것은 Ford는

[표 18-3]에서 보듯이 스왑을 하지 않고 시장에서 변동금리로 차입할 경우 (6개월 LIBOR-0.1%)를 지불해야 했지만, 스왑 덕분에 (식 18-9)에서처럼 (6개월 LIBOR-0.35%)로 차입할 수 있게 되어 0.25%만큼의 자본비용을 절감할 수 있게 되었다. 동일한 논리로 GM도 스왑 없이는 5.2%의 고정금리를 지불해야 했지만, 스왑 덕분에 4.95만 지불하면 되므로 0.25%만큼의 자본비용을 절감할 수 있게 되었다. 즉, 비교우위효과를 스왑을 통해 교환함으로써 두 기업 모두 자본비용을 절감하게 된 것이다. 자본비용절감 효과는 다음과 같은 식으로 계산할 수 있다. [표 18-3]에서 두 기업의 고정금리 차이는 (a)였고, 변동금리 차이는 (b)였다. 따라서, 스왑을 통한 두 기업의 총 자본비용절감은 다음과 같다.

$$총\ 자본비용절감 = |a-b| = 절대값(a-b) \qquad (식 18-11)$$

(식 18-11)로부터 총 자본비용절감 $= |a-b| = |-1.2-(0.7)| = 0.5\%$. 그런데, 총 자본비용절감은 두 기업이 동등하게 분배해야 공정하므로 각 기업의 자본비용절감은 각각 $0.5\%/2 = 0.25\%$가 되는 것이다.

그런데, 만일 중개기관이 스왑거래에 참여하게 되면 수수료가 발생하므로 총 자본비용절감이 수수료만큼 줄어들어야 한다. 다음 [그림 18-8]은 중개기관이 참여할 경우의 스왑거래내용이다.

[그림 18-8] 비교우위를 이용한 스왑계약: 중개기관

중개기관이 참여할 경우의 두 기업의 순지불은 다음과 같다.

$$Ford의\ 순지불 = (4\%+L) - 4.33\% = L - 0.33\%(변동금리부채) \qquad (식 18-12)$$
$$GM의\ 순지불 = [(L+0.6\%)+4.37\%] - L = 4.97\%(고정금리부채) \qquad (식 18-13)$$

(식 18-12)와 (식 18-13)으로부터 Ford와 GM 모두 중개기관 수수료로 각각 0.02%(즉, 2bp)를 지급함으로써 총 자본비용절감이 0.04% 감소한 0.46%가 되었고, 두 기업의 각각의 자본비용절감액은 0.25%에서 0.23%로 줄어들었다. 줄어든 총자

본비용절감액 0.04%는 모두 중개기관의 수수료로 사용되었지만, 사회 전체로 보면 총이익은 0.5%로 일정하다.

③ 비교우위 논리에 대한 비판

[표 18-3]에서 비교우위가 생기는 근본적인 이유는 고정금리 부채에서의 두 기업 사이의 금리차이(스프레드=1.2%)와 변동금리 부채에서의 금리차이(스프레드=0.7%)가 다르기 때문이다. 만일 스프레드에 차이가 없다면 비교우위도 발생하지 않으며 0.5%의 총 스왑이익(=$a-b$)도 없을 것이고 스왑의 필요성도 사라지게 될 것이다. 또한 이렇게 스프레드 차이가 부채 만기(5년) 동안 지속된다면 차익거래를 통해 투자자들은 이익을 보게 되고 결국 시장에서 두 금리 사이의 스프레드 차이는 소멸하게 될 것이다.

그렇다면 왜 동일한 두 기업에 대해 고정금리 스프레드(a)와 변동금리 스프레드(b)가 차이가 날까? 가장 큰 이유는 고정금리시장과 변동금리시장에서 기업이 이용할 수 있는 차입계약의 성격이 다르기 때문이다. 즉, 고정금리시장에서 Ford와 GM이 이용할 수 있는 금리 4.0%와 5.2%는 각 기업이 발행할 수 있는 5년 만기 고정금리 회사채의 이자율과 같다. 또한 변동금리시장에서 두 기업이 이용할 수 있는 (LIBOR-0.1%)와 (LIBOR+0.6%)는 6개월 만기 변동이자율이다. 그런데 변동금리시장에서 대출해 주는 금융기관은 매 6개월 마다 변동금리를 검토할 권리를 갖는다. 따라서, 만일 Ford나 GM의 신용등급이 변동하면 대출자는 LIBOR스프레드를 조정할 권리를 가지며, 극단적인 경우에는 대출연장을 거부 할 수도 있다. 그러나 고정금리 대출자는 이러한 조정 권리를 가지고 있지 않다. 이러한 이유 때문에 두 기업 사이에 형성되어 있는 고정금리시장에서의 금리차이(a=1.2%)가 변동금리시장에서의 금리차이(b=0.7%)와 다르게 형성된 것은 바로 두 기업의 신용도가 변동하기 때문에 생기는 신용리스크를 반영한 결과이다. 처음 6개월 동안은 Ford나 GM이 채무를 불이행할 확률은 대단히 낮다. 그러나, 채무가 연장되면 신용등급이 상대적으로 낮은 기업(예를 들어, 본 예제에서 GM)의 채무불이행확률은 신용등급이 상대적으로 높은 기업(예를 들어, Ford)의 채무불이행확률보다 더 빨리 증가한다. 그래서 이 사례에서 보듯이 두 기업간의 고정금리 스프레드(a)가 변동금리 스프레드(b)보다 더 크게 형성되어 있는 것이다. 즉, 변동금리에서는 매 6개월마다 차입 기업의 신용도를 반영하여 변동대출금리를 조정할 수 있으나, 5년 만기 고정금리는 중간에 대출 기업의 신용도가 변동되어도 고정금리를 조정할 수 없으므로 상대적으로 변동금리보다 두 기업 사이의 스프레드가 크게 형성되는 것이다. 결론적으로 변동금리 스프레드(b)는 두 기업 사이의 6개월간의 신용도 차이를 반영하는 것이지만, 고정금리 스프레드(a)는 두 기업 사이의 5년간 신용도 차이를 반영하는 것이다.

따라서 스왑에서 사용되는 비교우위논리는 스왑 만기(5년) 동안 두 기업 사이의 신용도의 차이가 거의 일정하게 유지된다는 가정아래에서 성립된다. 만일 만기 동안에 두 기업 사이의 신용도의 차이가 크게 변동하면 비교우위 논리도 맞지 않을 수 있다.

(3) 스왑을 이용한 투자수익 제고

앞에서 설명한 자산전환(asset transformation)을 이용하여 스왑은 투자수익률 제고에도 사용될 수 있다.

3) 금리스왑의 가치평가

금리스왑계약이 처음 체결될 때는 양 당사자 누구에게도 이익이나 손실이 발생하면 불공정하므로 당연히 계약 시점에서의 스왑의 가치는 0이어야 한다. 그러나, 차츰 시간이 경과함에 따라 변동금리가 변하므로 스왑의 가치도 (+)가 되거나 (−)의 값을 갖게 된다.

금리스왑계약의 가치를 평가하는 방법에는 크게 두 가지가 있다. 하나는 앞에서 설명한 대로 스왑계약을 두 개의 채권(즉, 고정금리 채권과 변동금리 채권)을 교환하는 것으로 보아 두 개의 채권가격의 차이로 스왑가치를 평가하는 방법이고, 다른 하나는 스왑이자가 교환될 때 마다 새로운 선도금리계약(FRA: forward rate agreement)을 체결하는 것으로 간주하여 스왑을 여러 개의 FRA들로 구성된 포트폴리오로 보고 스왑가치를 평가하는 방법이다. 이 두 가지 평가방법에 대해 살펴보자.

(1) 채권을 이용한 평가

[표 18−1]에서 보는 바와 같이 금리스왑에서 원금은 교환되지 않는다. 그러나, 동일한 원금을 두 거래당사자가 주고 받는다고 가정하더라도 원금교환은 상쇄되

므로 스왑가치에는 영향을 주지 않는다. 이렇게 가정하면 스왑거래에서 변동금리를 지급하는 입장에서 보면 스왑포지션은 고정금리채권에 매입포지션을 취하고, 변동금리채권에 매도포지션을 취한 것과 동일하다. 즉, 스왑의 현재가치는 다음과 같다.

$$V_{swap}(\text{변동금리 지급자}) = +B_F - B_V \qquad \text{(식 18-14)}$$

$$V_{swap}(\text{고정금리 지급자}) = +B_V - B_F \qquad \text{(식 18-15)}$$

(식 18-14)와 (식 18-15)에서, B_F는 고정금리채권의 현재가치이고, B_V는 변동금리채권의 현재가치이다. 먼저, 고정금리채권(fixed rate bond)의 현재가치(B_F)는 일반 채권의 가치평가방법으로 구하면 되는데, 고정금리를 c, 스왑원금을 L, 채권의 할인율을 r (=LIBOR/swap무이표채이자율)이라 하면, B_F는 다음과 같이 구할 수 있다. 단 이자 계산은 이산복리를 가정한다.

$$B_F = \sum_{t=1}^{T} \frac{cL}{(1+r)^t} + \frac{L}{(1+r)^T} \qquad \text{(식 18-16)}$$

한편, 변동금리채권(variable rate bond 혹은 floating rate bond)의 현재가치(B_V)는 다음과 같이 구할 수 있다. 단 이자 계산은 이산복리를 가정한다.

$$B_V = \frac{L+k}{(1+r)^t} \qquad \text{(식 18-17)}$$

단, t=다음 이자교환 시점
k=다음 이자교환 시점에서의 변동이자금액=L×LIBOR
r=t시점까지 적용되는 LIBOR/swap무이표채이자율

변동금리채권에 대해 (식 18-17)이 성립되는 이유는 다음과 같다.
* 현재시점을 $t=0$라 하고, 다음 이자교환시기를 t라 하면, 다음 이자교환시점까지 남은시간은 t이다.
* 변동금리채권의 경우 변동금리를 지불한 직후 채권의 가격은 액면가와 같고, 다음 이자교환시점에는 액면가에 교환할 변동이자금액을 더하면 된다. 왜냐하면,

표면이자를 지급하는 이표채권의 현재가치 = 액면가(L) + 경과이자(AI).

* 그러므로, 다음 이자교환시점에서의 현금흐름 = $L + k = L + (L \times \text{LIBOR})$
= $L(1 + \text{LIBOR})$.

* 따라서, 현재시점에서의 변동금리채권의 가치는 $(L + k)$를 t 기간만큼 할인하면 된다. 이때 할인율은 LIBOR/스왑이자율을 사용하는 데, 그 이유는 [심화학습 18-1]을 참조하기 바란다.

심화학습 18-1 LIBOR/스왑이자율과 부트 스트랩(bootstrap)

파생상품 거래자들은 파생상품 가치를 평가할 때 LIBOR를 무위험이자율의 대용치(proxy)로 사용하는 경향이 있다. 보통 대형 은행이나 금융기관들은 주요 통화에 대해 1개월, 3개월, 6개월, 12개월 LIBOR금리를 공시하는 데, 3개월 LIBOR란 3개월 예금에 적용되는 이자율이다. LIBOR가 갖는 한 가지 문제점은 최장 만기가 12개월이므로 12개월 동안에만 시장에서 관찰 가능하다는 것이다. 따라서, 12개월이 초과하는 기간의 LIBOR금리는 유로달러선물을 이용하여 추정하는 데 보통 2년까지 가능하다. 2년이 초과하는 경우에는 스왑이자율(swap rate)을 활용할 수 있는 데, 이렇게 유로달러선물이나 스왑이자율을 이용하여 시장에서 관찰 할 수 없는 1년 초과의 LIBOR금리를 추정하는 것을 '부트 스트랩(bootstrap)방법'이라 하고, 이렇게 추정된 LIBOR금리와 만기 사이의 관계를 'LIBOR/스왑 무이표이자율곡선(LIBOR/swap zero curve)' 혹은 간단히 LIBOR/스왑 무이표이자율이라 한다. 이렇게 구한 LIBOR/스왑 무이표이자율은 금리스왑의 가치를 평가할 때 할인율(r)로 사용된다.

간단한 예를 통해, LIBOR/스왑 무이표이자율을 구해보자.

변동금리채권의 표면이자가 LIBOR인데 이 채권을 LIBOR로 할인하면 이 채권은 할인율과 표면이자율이 같으므로 액면가채권(즉, 채권가격 = 액면가)이 된다. 그런데, 스왑이 계약 시에는 가치가 0이므로, 이 때 고정금리채권가치와 변동금리채권가치는 모두 액면가와 같다. 따라서 스왑이자율은 액면가채권의 수익률이라 볼 수 있다. [표 18-2]에 있는 마지막 열의 스왑이자율은 액면가채권의 수익률인데, 예컨대 2년 LIBOR/스왑 액면가수익율은 6.045%이고, 3년 LIBOR/스왑 액면가수익율은 6.225%이다.

예를 들어, 6개월, 12개월, 18개월 LIBOR/스왑 무이표이자율이 연속복리 기준으로 각각 4%, 4.5%, 그리고 4.8%라 하면, 2년 LIBOR/스왑 무이표이자율이 얼마여야 하는지 부트 스트랩 방법으로 구해보자. 단, 2년 만기 스왑이자율이 현재 시장에서 5%(반년 복리 기준)라 가정한다. 그러면, 여기서 스왑이자율이 5%라는 것은 원금이 $100라 할 때, 연5%로 반년마다 이자를 지급하는 채권이 액면가로 판매되고 있음을 의미한다. 만일 구하고자 하는 2년 LIBOR/스왑 무이표이자율을 r이라 하면, 액면가채권가격 공식으로부터 다음 식이 성립되어야 한다.

$$\$2.5e^{-0.04(0.5)} + \$2.5e^{-0.045(1.0)} + \$2.5e^{-0.048(1.5)} + \$102.5e^{-r(2.0)}$$
$$= \$100$$

위의 방정식을 풀면, $r = 4.953\%$가 된다. 즉, 2년 LIBOR/스왑 무이표이자율이 4.953%이므로 이 금리가 스왑의 가치평가에서 2년뒤 발생하는 현금흐름의 할인율로 사용된다. 이제 2년 LIBOR/스왑 무이표이자율을 계산하였으므로 같은 방법으로 3년, 4년, 5년, ⋯, n년 LIBOR/스왑 무이표이자율을 연속적으로 구할 수 있는데 이를 부트 스트랩(bootstrap)방법이라 한다.

사례 18-1 채권가격을 이용한 금리스왑의 가치평가

다음과 같은 계약조건을 가진 금리스왑의 가치를 채권가격을 이용하여 평가해 보자.

원금(L) = $100, 변동이자지급 = 6개월 LIBOR, 고정이자수취 = 연8%(6개월마다), 스왑계약 존속기간 = 15개월, LIBOR/스왑 무이표이자율(연속복리) = 10%(3개월), 10.5%(9개월), 11%(15개월)이다. 다음 이자 교환은 3개월 뒤부터 발생하며, 가장 최근 LIBOR금리는 반년복리기준으로 10.2%였다.

┃ 사례분석 ┃

이 경우 두 채권의 현금흐름을 다음 표와 같이 정리할 수 있다.

[표 18-4] 채권을 이용한 금리스왑 평가

t(년)	고정금리채권 현금흐름 (A)	변동금리채권 현금흐름 (B)	할인 요소 (C)	고정금리채권 현금흐름현재가치 (A×C)	변동금리채권 현금흐름현재가치 (B×C)
0.25	$4.0	$105.10	0.9753	$3.901	$102.505
0.75	$4.0		0.9243	$3.697	
1.25	$104.0		0.8715	$90.640	
합계				$98.238	$102.505

위의 [표 18-4]에서, 할인요소(discount factor)는 연속복리이므로 e^{-rt}를 의미하고 연속복리 할인율(r)은 LIBOR/스왑 무이표이자율을 이용하면 된다. 변동금리채권의 현금흐름은 (식 18-17)로부터 $k = L \times$ LIBOR $= \$100 \times 10.2\%$ $\times 0.5$(반년마다 지급) $= \$5.1$이므로, $L + k = \$100 + \$5.1 = \$105.10$. 그리고, 고정금리채권의 가격은 $98.238, 변동금리채권의 가격은 $102.505임을 알 수 있다. 따라서, 스왑의 가치는 (식 18-14)로부터 변동금리지급자이므로,

$$V_{swap}(\text{변동금리 지급자}) = +B_F - B_V = \$98.238 - \$102.505 = -\$4.267.$$

반면, 고정금리를 지급하고 변동금리를 받는 상대방의 스왑가치는, (식 18-15)로부터,

$$V_{swap}(\text{고정금리 지급자}) = +B_V - B_F = \$102.505 - \$98.238 = +\$4.267$$

(2) 선도금리계약을 이용한 평가

만일 금리스왑에서 n번 이자를 교환한다면, 이는 n개의 선도금리계약(FRA)을 체결한 것과 같다. FRA란 거래당사자들이 특정이자율을 미래 특정기간 동안에 원금을 차입하거나 대출하는데 적용할 것을 합의하는 장외(OTC) 선도계약이다. 즉, FRA 1개는 약정한 고정이자율(현재 LIBOR)과 실제이자율(특정기간 실제LIBOR)을 교환하는 1기간 스왑이라 할 수 있고, 따라서 금리스왑은 n개의 FRA로 구성된 포트폴리오라 할 수 있다. 그러므로 각 기간의 FRA 가치를 평가하여 전 기간에 대해 더해주면 금리스왑의 가치를 구할 수 있다. 먼저, 선도금리계약을 이용하여 금리스왑의 가치를 구하는 공식을 일반식으로 표현하면 다음과 같다.

$$V_{swap}(\text{변동금리 지급자}) = \sum_{j=1}^{n} L(R_F - R_V)e^{-r_j t_j} \qquad (\text{식} 18-18)$$

$$V_{swap}(\text{고정금리 지급자}) = \sum_{j=1}^{n} L(R_V - R_F)e^{-r_j t_j} \qquad (\text{식} 18-19)$$

단, L = 스왑 원금

R_F = 고정금리(fixed rate)

R_V = 변동금리(variable rate 혹은 floating rate) = LIBOR선도이자율

r_j = j번째 이자가 교환되는 시점의 할인율(LIBOR/스왑 무이표이자율)

t_j = j번째 이자가 교환되는 시점

n = 총 이자교환 횟수.

특히 위의 식에서 변동금리(R_V)는 현재기간에서는 현재 LIBOR를 사용하면 되지만, 미래 기간의 LIBOR는 다음과 같은 선도금리산출 공식(연속복리의 경우)을 이용하여 LIBOR선도금리(LIBOR forward rate)를 계산하여야 한다.

$$f_{m,n} = \frac{nr_n - mr_m}{n-m}$$

또한, 각 이자교환 시점(t_j)에 적용되는 할인율(r_j)은 앞에서 설명한 부트 스트랩 방법으로 추정해야 한다.

사례 18-2 **선도금리계약을 이용한 금리스왑의 가치평가**

앞의 [사례 18-1]에서 사용한 금리스왑과 동일한 계약조건을 가진 금리스왑의 가치를 선도금리계약의 포트폴리오를 이용하여 평가해 보자.

┃ 사례분석 ┃

이 경우 두 채권의 현금흐름을 다음 표와 같이 정리할 수 있다.

[표 18-5] FRA를 이용한 금리스왑 평가

t(년)	고정금리채권 현금흐름 (A)	변동금리채권 현금흐름 (B)	순현금흐름 (B-A)	할인 요소 (C)	순현금흐름 현재가치 [(B-A)×C]
0.25	$4.0	−$5.100	−$1.100	0.9753	−$1.073
0.75	$4.0	−$5.522	−$1.522	0.9243	−$1.407
1.25	$4.0	−$6.051	−$2.051	0.8715	−$1.787
합계					−$4.267

위의 [표 18-5]에서, 할인요소(discount factor)는 연속복리이므로 e^{-rt}를 의미하며 [사례 18-1]과 동일하다. 변동금리채권의 현금흐름을 구하기 위해서는 LIBOR선도금리를 구해야 한다. 첫 번째 기간은 LIBOR현물금리가 적용되므로 주어진 10.2%로부터 6개월분 5.1%를 적용하면 된다. 그런데 두 번째 이자교환시점부터는 LIBOR선도금리를 구해야 한다. 선도금리를 구하는 식을 적용하여 구한 LIBOR선도금리가 $f_{0.25, 0.75} = 11.044\%$, $f_{0.75, 1.25} = 12.102\%$라 하면 [표 18-5]와 같은 변동금리채권의 현금흐름을 얻을 수 있다. 이렇게 해서 구한 최종 금리스왑의 가치는 −$4.267인데 이는 [사례 18-1]에서 채권가격을 이용하여 구한 가치와 동일하다. 즉,

$$V_{swap}(변동금리\ 지급자) = -\$4.267.$$
$$V_{swap}(고정금리\ 지급자) = +\$4.267.$$

따라서, 금리스왑의 가치는 [사례 18-1]처럼 채권가격의 차이로 구할 수도 있고, [사례 18-2]처럼 선도금리계약(FRA)을 이용하여 구할 수도 있지만 결과는 동일하다.

3 | 통화스왑

지금까지는 대표적인 스왑인 금리스왑에 대해 살펴보았고. 이제부터는 또 다른 대표적인 기본형 스왑인 통화스왑에 대해 그 기본개념과 금리스왑과의 차이 등에

대해 살펴보고자 한다.

1) 통화스왑의 개념

통화스왑(currency swap)이란 서로 다른 통화로 표시된 현금흐름을 갖는 거래 상대방이 미래의 정해진 만기까지 일정한 기간마다 서로의 현금흐름을 교환하기로 약정하는 계약이다.

통화스왑은 금리스왑과 비슷한 구조를 가지고 있지만 다음과 같은 차이점을 가지고 있다.

첫째, 금리스왑에서는 동일한 한 가지 통화로 현금흐름이 발생하지만, 통화스왑에서는 교환되는 현금흐름의 표시통화가 다르다.

둘째, 금리스왑에서는 명목원금(notional principal)만 있을 뿐 실제로 원금의 교환은 일어나지 않지만, 통화옵션에서는 원금이 서로 다른 통화로 표시되어 있기 때문에 실제로 원금의 교환이 발생한다. 원금은 일반적으로 스왑계약이 시작되는 시점과 만료되는 시점에 각각 교환된다. 시작되는 시점에서는 동등한 가치가 되도록 원금이 결정되고 교환되지만, 만기 시점에서 교환되는 원금은 환율의 변동으로 인해 원래 원금과 크게 달라질 수도 있다.

2) 통화스왑의 구조

(1) 통화스왑의 전형적인 현금흐름

통화스왑에서는 일반적으로 다음과 같이 3단계로 현금흐름의 교환이 발생한다.

① 스왑계약 시작시점($t = 0$)

계약시점의 환율로 동등한 가치의 원금이 교환된다. 이때 적용되는 환율은 두 통화의 원금크기를 결정하고 계약기간 중 이자계산을 위한 기준이 되므로 매우 중요하다. 일반적으로 계약 당시의 시장환율을 사용하나, 계약당사자간의 약정에 의해 다른 환율을 사용할 수도 있다. 만일 계약 당시의 시장환율을 사용할 경우에는 동일한 금액의 외화를 각자 외환시장에서 사고 팔 수 있으므로 원금의 교환이 반드시 필요한 것은 아니다.

② 계약기간 중간시점($0 < t < T$)

계약원금에 대한 이자를 합의하고 금리(고정금리 또는 변동금리)를 적용하여 해당 통화로 계약당사자간에 이자를 교환한다. 이때 교환되는 금리의 형태가 거래 상대방 모두 고정금리인 경우에는 '고정－고정 통화스왑(fixed－for－fixed currency swap)', 양측 모두변동금리인 경우에는 '변동－변동 통화스왑(floating－for－floating currency swap)', 그리고 한쪽은 고정금리, 다른 쪽은 변동금리인 경우에는 '고정－변동 통화스왑(fixed－for－floating currency swap)'이라고 부른다.

③ 계약 만기시점($t = T$)

계약 만기시점에는 마지막 이자와 원금이 교환된다. 통화스왑에서는 원금이 서로 다른 통화로 표시되어 있기 때문에 교환되는 서로 다른 통화표시 원금의 현재가치가 같도록 하는 현금의 교환이 만기시점에서 필요하다. 그것이 환율변동으로 인한 외환리스크를 헷지하는 역할을 하게 된다. 이때 적용되는 환율은 계약 당시 약정한 환율이 되며 대개는 원금교환 시 사용했던 환율이 다시 사용된다.

(2) 통화스왑 계약 사례

미국 포드(Ford) 자동차회사와 영국항공사(BA: British Airlines)는 20△3년 6월 1일에 5년 만기 통화스왑계약을 체결하였다. Ford는 영국 파운드화로 연5%의 고정금리를 지급하고 BA로부터 미국 달러화로 연6%의 고정금리를 수취하는 '고정－고정 통화스왑'이다. 이자는 1년에 1회 교환되고 원금은 $1,800와 £1,000이다. [그림 18－9]는 이 스왑계약의 구조를 묘사하고 있다.

[그림 18－9] 통화스왑

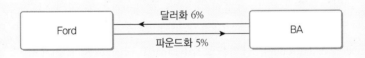

[그림 18－9]의 스왑계약에서는 계약 시점($t = 0$)에 원금은 화살표와 반대 방향으로(즉, Ford는 BA에게 $1,800를 지급하고, BA는 Ford에게 £1,000를 지급함) 교환되고, 계약기간 동안($0 < t < T$)의 이자교환은 화살표와 같은 방향으로 교환되며(즉, Ford는 매년 $108를 BA로부터 수취하고, BA에게 £50를 지급함), 만기시점(T)에는 마지막

이자와 원금이 교환된다(즉, 마지막이자는 중간이자와 동일, 마지막 원금은 Ford가 BA에게 £1,000지급하고 $1,800수취). 다음 [표 18-6]은 Ford와 BA 사이의 통화스왑에서 발생하는 현금흐름을 정리한 것이다.

[표18-6] 통화스왑의 현금흐름: Ford측

날짜(t)	달러화 현금흐름($)	파운드화 현금흐름(£)
20△3-6-1	-1,800	+1,000
20△4-6-1	+108	-50
20△5-6-1	+108	-50
20△6-6-1	+108	-50
20△7-6-1	+108	-50
20△8-6-1	+108+1,800=+1,908	-50-1,000=-1,050

(3) 통화스왑의 주요 용도

① 헷지

금리스왑이 금리리스크를 헷지하는 수단으로 활용되는 것처럼, 통화스왑도 재무리스크를 헷지하는 수단으로서 중요한 역할을 한다. 특히 국제차입과 국제투자에서 자산과 부채의 표시통화 및 금리의 차이로 인해 발생하는 외환리스크 및 금리리스크를 헷지하는 데 통화스왑이 널리 활용된다. 예를 들어, 기업의 수익은 고정금리 원화로 발생하는데, 비용은 변동금리 달러화로 발생한다면, 원화와 달러화 사이의 '고정-변동 통화스왑'을 이용하여 수익과 비용의 통화와 금리를 일치시킬 수 있어 금리 및 외환리스크를 헷지할 수 있다.

또한, 금리스왑에서 이미 설명한 것처럼, 통화스왑도 부채의 전환(conversion of liability)과 투자자산의 전환(conversion of asset)을 통해 부채와 자산 사이의 통화불일치(mismatch of currency), 금리불일치(mismatch of interest rate)에서 발생하는 외환리스크와 금리리스크를 헷지할 수 있다.

② 비교우위를 이용한 차입비용 절감

금리스왑과 마찬가지로 통화스왑의 기회도 비교우위로 인해 발생될 수 있다. 사례를 통해 살펴보도록 하자. 미국 델타항공(Delta Airlines)과 호주항공(AA: Australia Airlines)이 시장에서 5년 동안 고정금리로 차입하고자 한다. 이들 기업이 고정금리시장에서 미국 달러화(US$)와 호주 달러화(A$)로 차입할 수 있는 조건은 [표 18−7]과 같다.

[표 18−7] 통화스왑에서의 비교우위

기업	US$	A$
Delta	5.0%	7.6%
AA	7.0%	8.0%
Delta−AA	−2.0%(a)	−0.4%(b)

주: 여기서 고정금리는 두 나라 사이의 세금의 차이가 조정된 것이라 가정함.

[표 18−7]에서 보는 바와 같이 Delta는 US$에서 비교우위를 가지며, AA는 A$에서 비교우위를 가진다. 만일 Delta는 A$로 차입하기를 원하며, AA는 US$로 차입하기를 원한다면 두 기업은 '고정−고정 통화스왑'을 통해 비교우위에 있는 금리를 교환함으로써 서로가 원하는 통화로 차입할 수 있다. 즉, 각 기업은 자신이 비교우위에 있는 시장에서 자금을 차입한다. Delta는 US$로 차입하고, AA A$로 차입한다. 그 다음 통화스왑을 통해 Delta는 US$를 A$로 전환하고, AA는 A$를 US$로 전환함으로써 자신이 원하는 통화로 차입함과 동시에 비교우위로부터 차입비용을 (식 18−11)에 있는 것처럼 두 기업 합계 $|a-b| = |-2.0-(-0.4)|$ $= 1.6\%$만큼 절감할 수 있다.

그러나, 통상 스왑거래를 위해 중개기관을 이용하므로 다음 [그림 18−10]과 같이 실제 차입비용절감은 중개 수수료만큼 감소한다.

[그림 18−10] 중개기관이 참여하는 통화스왑

3) 통화스왑의 가치평가

금리스왑과 마찬가지로 통화스왑도 다음과 같이 두 가지 방법으로 가치평가를 할 수 있다.

① 채권가격을 이용한 가치평가

자국통화(D: domestic currency)로 받고 외국통화(F: foreign currency)로 지급하는 고정−고정 통화스왑의 달러화 스왑가치는 다음과 같이 채권의 가격차이로 계산할 수 있다.

$$V_{swap}(\text{외국통화 지급자}) = +B_D - S \cdot B_F \qquad \text{(식18−20)}$$

$$V_{swap}(\text{자국통화 지급자}) = +S \cdot B_F - B_D \qquad \text{(식18−21)}$$

단, B_D = 스왑의 기초가 되는 자국통화(D)표시 채권 가격

B_F = 스왑의 기초가 되는 외국통화(F)표시 채권 가격

S = 현물환율(자국통화/외국통화)

사례18−3 채권가격을 이용한 통화스왑의 가치평가

미국(D)과 일본(F)의 이자율기간구조가 모두 수평적(flat)이고, 연속복리 기준으로 일본의 이자율이 연 4%이며 미국의 이자율은 연 9%라 하자. 한 회사가 통화스왑계약을 체결하였는데 거기서 이 회사는 매년 엔화로 연간 5%의 이자를 지급하고, 달러화로 연 8%의 이자를 받는다. 두 통화의 원금이 각각 $1,000와 120,000엔이다. 통화스왑계약은 3년만기이며 현재 외환시장에서 현물환율은 1달러당 110엔이다. 이 통화스왑의 가치를 채권가격을 이용하여 구하라.

│ 사례분석 │

통화스왑의 가치를 평가하기 위해 두 통화로 표시된 채권의 가격을 구해야 하는데 [표 18−8]에 계산과정이 요약되어 있다. 단, r_D는 자국금리(9%), r_F는 외국금리(4%)이다.

[표 18−8]과 (식 18−20)으로부터, 외국통화(엔화)를 지급하는 이 기업의 스왑가치는,

$$V_{swap}(\text{외국통화 지급자}) = +B_D - S \cdot B_F$$
$$= 964.39 - (1/110) \cdot 123{,}055 = -\$154.29.$$

참고로, 거래 상대방의 스왑가치는 (+)$154.29가 된다.

[표 18-8] 채권가격을 이용한 통화스왑 가치평가

t(년)	달러채권 현금흐름 ($) (A)	달러채권 현금흐름 현재가치($) ($A \times e^{-r_D t}$)	엔화채권 현금흐름 (엔) (B)	엔화채권 현금흐름 현재가치(엔) ($B \times e^{-r_F t}$)
1	80	73.11	6,000	5,765
2	80	66.82	6,000	5,539
3	1,080	824.45	126,000	111,752
합계		964.39($= B_D$)		123,055($= B_F$)

② 선도계약 포트폴리오를 이용한 가치평가

고정-고정 통화스왑에서 지급액의 매 교환은 선도계약이라 볼 수 있다. 앞에서 설명한 바와 같이 선도외환계약은 선도환율이 실현된다고 가정하여 평가할 수 있다. 고정-고정 통화스왑의 가치는 다음과 같이 구할 수 있다.

$$V_{swap}(\text{외국통화 지급자}) = \sum_{j=1}^{n} (P_D r_D - P_F r_F F_j) e^{-r_D t_j} \qquad \text{(식 18-22)}$$

$$V_{swap}(\text{자국통화 지급자}) = \sum_{j=1}^{n} (P_F r_F - P_D r_D \frac{1}{F_j}) e^{-r_F t_j} \qquad \text{(식 18-23)}$$

단, P_D = 자국통화표시 채권의 액면가

P_F = 외국통화표시 채권의 액면가

r_D = 자국 고정금리(fixed rate)

r_F = 외국 고정금리(fixed rate)

F_j = j 번째 이자가 교환될 때의 선도환율(forward exchange rate)

t_j = j 번째 이자가 교환되는 시점

n = 총 이자교환 횟수.

앞의 [사례 18-3]에서 사용한 자료들을 그대로 사용하되, 선도계약 포트폴리오를 이용하여 통화스왑의 가치를 평가하라. 단, LIBOR/스왑이자율의 기간구조는 일본과 미국 모두에게 수평적이라 가정한다.

┃ 사례분석 ┃

선도(선물)의 보유비용모형(cost of carry model)에서 이미 설명한 바와 같이, 기초자산이 환율인 경우 선도가격(즉, 선도환율)을 구하는 공식은 다음과 같다. 단, F_{t1}은 $t1$시점의 선도환율, F_{t2}는 구간 $(t1, t2)$ 사이에 적용되는 선도환율을 의미한다.

$$F_{t2} = F_{t1}e^{(r_D - r_F)(t2 - t1)}$$

예를 들어, $F_1 = F_0 e^{(0.09-0.04)(1-0)} = S_0 e^{(0.09-0.04)(1-0)} = (1/110)e^{0.05}$ $= 0.009557$이고, $F_2 = F_1 e^{(0.09-0.04)(2-1)} = 0.009557 e^{0.05} = 0.010047$ 등과 같이 구할 수 있다. 아래 [표 18-9]의 네 번째 열(C)에 있는 선도환율이 이와 같은 방법으로 구해진 것이다.

선도계약 포트폴리오를 이용한 통화스왑 가치평가 과정이 [표 18-9]에 요약되어 있다.

[표 18-9] 선도계약 포트폴리오를 이용한 통화스왑 가치평가

t(년)	달러 수취이자(A)	엔 지급이자 (B)	선도환율 (C)	엔이자 달러가치 (B×C=D)	순현금 흐름 (A-D=E)	순현금흐름 현재가치
1	80	6,000	0.009557	57.34	+22.66	+20.71
2	80	6,000	0.010047	60.28	+19.72	+16.47
3	1,080	126,000	0.010562	1,330.81	−250.81	−191.47
합계						−154.29

[표 18-9]와 (식 18-22)로부터, 외국통화(엔화)를 지급하는 이 기업의 스왑가치는,

$$V_{swap}(\text{외국통화 지급자}) = \sum_{j=1}^{n} (P_D\, r_D - P_F\, r_F\, F_j) e^{-r_D t_j} = -\$154.29.$$

참고로, 거래 상대방의 스왑가치는 (+)$154.29가 된다. 따라서, 이러한 결과들은 [사례 18-3]에서 채권가격으로 구한 스왑의 가치와 정확히 일치한다.

4 │ 다른 종류의 스왑

옵션에 표준형 옵션과 특이옵션들이 있는 것처럼, 스왑에도 기본형 스왑과 변형된 스왑이 있다. 여기서는 대표적인 변형 스왑들에 대해 간략히 소개하고자 한다.

1) 기본형 스왑의 변형

지금까지 설명한 스왑들은 비교적 단순한 형태로서 통상 '기본형 스왑(plain vanilla swap)'이라 부른다. 이러한 기본형 스왑들을 거래 일방 혹은 양당사자의 다양한 요구에 부응하도록 변형시킨 다양한 종류의 스왑들이 존재한다.

(1) 원금변형 스왑

이는 명목원금을 미리 정한 방식에 따라 변동하도록 하는 스왑으로서 명목원금의 변화추세에 따라 원금증가형 스왑(accreting swap), 원금감소형 스왑(amortising swap), 원금증감형 스왑(rollercoaster swap) 등으로 구분된다. 원금증가형 스왑은 향후 자금조달계획에 따라 차입금 규모가 증가하거나 무역거래에 있어서 수출입규모가 증가할 것으로 예상되는 경우 금리나 환율위험을 헷지 할 때 유용하다. 상향스왑(step-up swap)이라고도 한다. 원금감소형 스왑은 감채기금(sinking fund)[4]이 있는 채권을 발행했거나 원리금이 분할상환되는 대출에 의해 자금을 조달한 경우에 시간이 지남에 따라 감소하는 원금에 맞추어 설계된 스왑으로 '상각스왑'이라고도 한다. 원금증감형 스왑은 원금의 증가 혹은 감소가 반복되는

---

4) 감채기금(sinking fund)이란 채권자를 보호하고 채권발행회사의 원금 일시 상환 부담을 줄이고자 미리 적립하는 기금을 말한다. 감채기금을 의무화한 채권을 감채기금사채라 한다.

형태의 스왑거래로서 사전에 파악한 미래 현금흐름 전체를 대상으로 금리나 환율 위험을 헷지하기 위해 이용된다.

(2) 이자변형 스왑

이는 교환되는 이자가 고정이자나 LIBOR 변동이자처럼 일률적이지 않고, 다양하게 변형될 수 있는 스왑이다. 변동금리와 교환되는 고정금리가 스왑거래 기간 중에 일정하게 고정되지 않고 몇 단계의 기간에 걸쳐 점차 높아지는 금리증가형 스왑(step-up swap)과 점차 고정금리가 낮아지는 금리감소형 스왑(step-down swap)이 있다. 금리증가형 스왑은 급격히 우상향하는 수익률곡선하에서 고정금리를 지급하고 변동금리를 수취하는 스왑계약자가 스왑초기의 자금부담을 줄이고 향후 예상되는 변동금리의 상승과 비슷한 수준에서 고정금리가 지급되도록 하는데 효과적이다. 반면, 금리감소형 스왑은 급격히 우하향하는 수익률곡선하에서 유용하게 활용될 수 있다.

그 외에도 변동금리 이자의 현금흐름은 예정된 시점마다 정기적으로 발생하는 반면, 고정금리 이자의 현금흐름은 스왑기간 중에는 발생하지 않고 스왑 계약시점($t=0$)이나 만기시점($t=T$)에 일시불로 지급되는 무이표 스왑(zero swap)이 있다. 또한, 변동금리로 LIBOR 대신 기업어음(CP: commercial paper)이자율을 사용하는 금리스왑, 스왑의 일방에게 지급되는 이자가 기준이 되는 변동금리가 일정 범위에 있을 때만 발생하는 발생스왑(accrual swap), 이자는 미리 정해진 원칙에 따라 스왑의 만기까지 복리 계산되고 스왑의 만기일에 오직 한 번 지급하는 복리스왑(compound swap)도 있다.

(3) 기간변형 스왑

이는 스왑기간을 당사자간에 조정할 수 있는 스왑이다. 대표적으로 연장가능스왑과 이연스왑이 있다. 연장가능스왑(extendable swap)은 스왑당사자 한 쪽이 자신에게 유리하도록 스왑계약기간을 연장할 수 있는 선택권(option)이 첨부된 스왑으로서 선택권을 가진 당사자는 상대방에게 그 대가를 지불해야 하는데 계약시점에 일시불로 지급하거나 스왑이자율에 반영하기도 한다. 이연스왑(deferred start swap)은 계약일로부터 일정기간(수개월 혹은 수년) 후에 이자가 교환되기 시작하는 스왑으로서 선도스왑(forward swap)이라고도 한다. 이는 미래 시점에 발생하게 될 자산수익 또는 부채비용의 스케줄에 맞춰 미래 스왑계약을 하거나, 기존의 스왑이나 자산 또는 부채의 구조를 변경하는데 활용된다.

2) 옵션이 부가된 스왑

스왑계약에 선택권(option)이 부가되는 경우가 있는데 대표적으로 다음과 같은 것들이 있다. 해지가능스왑(puttable swap)은 스왑계약을 조기에 해지할 수 있는 옵션이 첨부된 스왑이고, 연장가능스왑은 앞에서 이미 설명한 바와 같이 스왑계약 기간의 연장이 가능한 스왑이다. 스왑에 대한 옵션으로 스왑션(swaption)이란 것도 있는데, 이는 미래에 거래의 한 당사자가 예정된 고정금리와 변동금리가 교환되는 스왑계약을 체결할 수 있는 선택권이 부여된 스왑이다. 그 밖에 이연스왑, 발생스왑도 옵션이 부가된 스왑으로 분류할 수 있다.

3) 기타 스왑

(1) 베이시스스왑

기본형 금리스왑에서는 고정금리와 변동금리가 교환되는 반면, 서로 다른 변동금리간에 교환이 일어나는 스왑이 있는데 이를 베이시스스왑(basis swap)이라 한다. 주로 사용되는 주요 변동금리에는 앞에서 설명한 기업어음(CP)금리와 양도성예금증서(CD: certificate of deposit)금리, 연방준비자금금리(FFR: federal fund rate) 등이 있다. 이러한 베이시스스왑은 주로 자산과 부채의 금리유형의 차이에 따른 리스크를 관리하는데 사용된다.

베이시스스왑의 변형으로서 딥스왑(diff swap)이 있는데, 거래 일방은 특정한 통화로 표시된 변동금리이자를 지급하고, 상대방은 다른 통화로 표시된 변동금리에 일정한 마진을 가감한 금리로 이자를 지급하되 실제 지급통화는 동일하게 설계된 스왑이다.

(2) 주식스왑

스왑시장은 주로 금리스왑과 통화스왑을 중심으로 발전하여 왔지만 최근에는 거래대상의 범위가 실물상품이나 다양한 금융상품으로 확대되고 있다. 그 중에 대표적인 것이 주식스왑과 상품스왑이다. 주식스왑(equity swap)은 채권의 금리(변동금리 또는 고정금리)와 주가수익률(=자본이익률+배당수익률)을 교환하는 스왑이다. 여기서 거래 대상이 되는 주식은 개별주식, 일부주식들의 포트폴리오, 주가지수 등이 가능하며 그 중에 주가지수가 가장 많이 사용된다. 주식스왑은 동일통화 뿐만 아니라 서로 다른 통화 간에도 거래될 수 있으며, 서로 다른 통화로 교환 할 경우 콴토스왑(quanto swap)이라고 한다.

주식스왑이 변형된 스왑들도 있다. 예를 들어, 주식베이시스스왑(equity basis swap)은 두 개의 서로 다른 주가지수의 성과에 기초하여 주기적으로 지불금을 교환하는 계약이며, 복합지수주식스왑(blended-index equity swap)은 두 가지 이상의 주가지수의 수익률과 금리가 교환되는 스왑이다.

(3) 상품스왑

상품스왑(commodity swap)은 거래의 한쪽이 상대방에게 일정한 양의 상품에 대해서 고정된 가격을 정기적으로 지불하고 상대방은 고정가격 대신에 시장가격을 지불하기로 하는 스왑계약이다. 거래의 대상이 되는 상품은 동일한 상품일 수도 있고 서로 다른 상품일 수도 있다. 거래 대상이 되는 상품이 동일할 경우 실물의 교환은 필요 없고 현금정산만 하면 되지만, 상품이 서로 다른 경우에는 실물을 교환하기도 한다. 거래는 직접 당사자간에 이루어지기도 하고, 금융기관의 중개로 이루어지기도 한다.

상품스왑은 1970년대부터 이루어져 왔으며 상품의 생산자나 구매자가 상품가격리스크를 헷징할 수 있는 유용한 수단으로 활용되어 왔다. 헷징의 경우 상품구매자는 고정가격 지급자가 되고, 상품생산자는 고정가격 수취자가 된다.

(4) 변동성스왑

변동성스왑(volatility swap)은 여러 개의 기간을 포함하고 있는데 각 기간 말에 거래의 한 당사자는 미리 합의된 변동성 금액을 지불하는 반면, 다른 당사자는 그

기간 동안에 실현된 역사적 변동성 금액을 지불하는 스왑계약이다. 변동성 금액은 양측의 변동성에 동일한 명목원금을 곱하여 결정된다.

(5) 특이스왑

지금까지 소개한 변형된 스왑들 뿐만 아니라 수많은 스왑들이 계속 개발되고 있다. 스왑에 대한 다양한 수요를 충족시킬 수 있는 스왑의 개발은 새로운 금융상품을 개발하는 금융공학자들(financial engineers)의 상상력과 자산을 관리하는 펀드매니저들(fund managers)의 아이디어, 그리고 기업의 재무책임자들(treasurers)과 투자자들의 필요가 결합되어 지속적으로 이루어져 왔고 앞으로도 이루어 질 것이다.

5 | 스왑거래와 리스크

두 당사자간에 사적으로 이루어지는 스왑계약에는 거래 상대방 중 한 쪽이 계약을 이행하지 않아 발생하는 신용리스크(credit risk)가 존재한다. 또한 스왑의 가치가 시간에 따라 변동하기 때문에 발생하는 가격리스크(price risk)도 존재한다. 여기서는 스왑거래에 내재해 있는 리스크에 대해 간략히 살펴본다.

1) 신용리스크

신용리스크(credit risk)란 계약의 상대방이 계약을 이행하지 않아 생기는, 즉 상대방의 채무불이행으로 생기는 손실가능성을 말한다. 그런데 내 입장에서 볼 때 신용리스크로 손실이 발생하는 경우는 나의 계약의 가치가 양(+)일 때만 발생한다. 스왑계약에서도 나의 가치가 양(+)(즉, 상대방의 가치가 음(−))일 때만 신용리스크가 존재하게 되는데 이를 표현한 것이 [그림 18−11]이다. 그림에서 x−축에 있는 스왑의 가치는 나의 입장에서 본 가치이다. 나의 스왑가치가 양(+)으로서 커지면 커질수록 y−축의 위험노출액도 비례해서 커진다.

만일 스왑계약에서 당사자간의 직접적인 계약이 아니라 금융기관이 중개기관으로 참여할 경우, 금융기관은 양 당사자와 상쇄계약(offsetting contract)을 체결하게 되며 이 때 신용리스크는 금융기관이 부담하게 되고, 수수료는 신용리스크를 부담하는 데 따른 일종의 보상 혹은 보험료의 성격이라 할 수 있다. 이 경우에 금융기관은 한 쪽의 거래자와는 음(−)의 스왑가치를 가지며 다른 거래자와는 양(+)의 스왑가치를 가지게 되는데, 이는 금융기관의 입장에서는 자연스러운 헷지포지션이다. 따라서 스왑계약이 유지만 된다면 금융기관입장에서는 당사자가 누가되든 상관없이 리스크없이 수수료 수입을 얻을 수 있는 것이다. 만일 양(+)의 가치를 금융기관에 주고 있는 한 당사자가 채무를 불이행하게 되면, 금융기관은 양(+)의 가치를 모두 잃고 한쪽 헷지포지션이 사라지므로 손실에 노출된다. 따라서 금융기관은 헷지포지션을 유지하기 위해 제3의 거래자를 찾아 채무불이행이 발생한 포지션을 인수하도록 만들어야 한다. 이를 위해 금융기관은 보통 채무불이행 이전의 스왑가치를 제3자에게 지급한다.

만일 스왑가치가 음(−)의 가치를 갖는 상대방이 파산한다면, 금융기관의 입장에서는 손해 볼 것이 없다. 이론적으로 보면 금융기관이 음(−)의 가치를 갖는다는 것은 금융기관 입장에서는 일종의 상대방에게 채무를 갖는다는 것인데 채권자가 파산했으니 금융기관입장에서는 채무가 제거되는 효과가 있기 때문이다. 그러나 이 경우 실제로는 양(+)의 스왑가치를 갖고 있지만 파산한 상대방은 그 계약을 제3자에게 매도하거나 그 가치가 유실되지 않도록 재정리하려 노력할 것이기 때문에 금융기관이 이익을 볼 가능성은 거의 없다. 따라서 금융기관이 중개기관으로 스왑에 참여할 경우, [그림 18−11]에서 x−축에 있는 스왑의 가치는 금융기관의 입장에서 본 가치이다. 따라서, 금융기관의 스왑가치가 양(+)으로서 커지면 커질수록 y−축의 위험노출액도 비례해서 커진다.

[그림 18-11] 스왑과 신용리스크

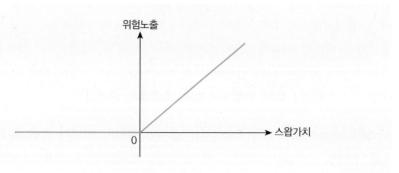

스왑계약에 신용리스크가 있긴 하지만 이는 일반 금융대출(loan)에 비해 그 크기가 매우 작다. 왜냐하면, 스왑거래에서는 원금의 영향이 극히 작기 때문이다. 금리스왑의 경우에는 원금이 아예 교환되지도 않으며, 통화스왑의 경우에도 환율변동으로 인한 원금의 차액만이 신용리스크에 노출된다. 원금 전체가 위험에 노출되는 금융대출과는 비교할 수 없을 정도로 작은 신용리스크라 보면 무방하다. 또한 대출에서는 이자 전체가 신용리스크에 노출되지만, 스왑에서는 교환되는 이자의 차이, 즉 순이자(순현금흐름)만이 신용리스크에 노출되므로 그 크기가 그리 크지 않다.

선도(선물)와 스왑의 신용리스크를 비교해 보면, 선도는 만기일에 결제가 한 번 이루어지므로 한 번의 집중된 신용리스크에 노출되지만, 스왑은 교환(결제)이 여러 번 이루어지므로 신용리스크가 분산되는 효과가 있다. 따라서 스왑과 선도의 만기가 동일하다면, 스왑의 신용리스크가 선도의 신용리스크보다 작다고 할 수 있다. 그러나, 선물의 경우에는 일일정산제도가 있어 스왑보다도 결제가 더 자주 발생하고 리스크도 더 많이 분산되어 신용리스크가 극히 작기 때문에 일반적으로 스왑의 신용리스크가 선물의 신용리스크보다는 크다. 결론적으로 스왑의 신용리스크는 선물보다는 크고 선도보다는 작다고 할 수 있다.

2) 가격리스크

스왑에서 가격리스크(price risk)란 스왑계약을 체결할 당시($t=0$)에 0이었던 스왑계약의 가치가 이후 시간이 경과함에 따라 점차 변동함으로 생기는 손실가능성을 말한다. 스왑거래의 양 당사자는 자기가 원하기 때문에 스왑에 참여하지만, 스왑딜러입장에서는 부득이하게 원치 않는 포지션을 갖게 되므로 가격리스크는 스왑딜러에게 더 큰 문제가 된다. 때문에 딜러들은 가격리스크를 헷지하기 위해 여러 가지 노력을 하게 된다.

예를 들어, 스왑계약에서 교환되는 양 방향의 현금흐름의 현재가치가 같아지도록 스왑의 가격을 결정하고(pricing), 시장상황이 변동하더라도 이러한 상태가 유지되도록 노력하는 데 이것이 바로 헷싱이나. 스왑딜러의 입장에서 가장 확실한 헷지방법은 모든 계약조건이 일치하는 스왑계약을 서로 반대방향으로 동시에 포지션을 취하는 것이다. 그러나 이는 현실적으로 불가능에 가깝기 때문에 딜러들은 최대한 많은 스왑계약을 체결하여 노출되어 있는 리스크가 서로 상쇄(offsetting)되도록 하되(리스크 분산효과), 상쇄되지 않는 리스크에 대해서만 별도의 헷징전략을 구사하게 된다. 스왑딜러들이 상쇄되지 않고 남아있는 가격리스크를 헷지하기 위해 가장 많이 사용하는 전략은 선물시장과 채권시장을 이용하는 것이다. 그 이유는 앞에서 설명한 바와 같이 스왑은 채권의 교환 혹은 선도계약 포트폴리오로 간주할 수 있기 때문이다.

실제로 미국달러화로 표시되는 스왑 중에서 만기가 긴 스왑의 경우, 유동성이 높고 환매채시장(repo market)에의 접근이 용이한 미국재무성채권들(T-bill, T-bond 등) 또는 이를 기초자산으로 하는 금리선물을 이용하여 헷지하는 것이 보편화되어 있다.

Chapter 19

VaR(Value at Risk)

지금까지 선물, 옵션, 스왑 등 주요 파생상품들에 대한 개념, 거래시장, 관련 규정, 가격결정이론 등을 살펴보았다. 이들 파생상품들은 다양한 용도로 활용되고 있는데 가장 대표적인 것이 헷지를 이용한 리스크관리이다. 따라서 파생상품과 리스크는 불가분의 관계이며, 투기자나 헷저 모두에게 리스크관리는 더 이상 선택이 아닌 필수이다. 자본시장에서 투자수익률은 리스크의 크기에 비례하므로 높은 수익률을 추구한다는 것은 높은 리스크를 부담해야 한다는 것이고, 따라서 투자성과를 제대로 평가하기 위해서는 단순한 수익률 보다 리스크를 조정한 수익률을 이용하는 것이 더 합리적이라 할 수 있다. 따라서 투자수익률 못지않게 투자리스크의 정확한 이해와 측정이 매우 중요해지고 있으며, 본 장에서는 최근 리스크관리 분야에서 널리 사용되고 있는 VaR(Value at Risk), 그리고 VaR와 관련된 주요 이슈들을 살펴보고자 한다. 많은 거래소에서 선물의 증거금(margin)을 계산할 때 VaR를 이용하며, 많은 투자자들이나 기업들이 파생상품의 리스크를 평가할 때 VaR를 이용하기도 하기 때문에 VaR는 파생상품시장을 이해하는 데도 많은 도움이 된다.

1 | VaR의 개념과 측정방법

1) VaR의 개념

VaR(Value at Risk)란 "주어진 신뢰수준 하에서 주어진 기간 동안에 정상시장상황 하에서 발생할 수 있는 최대 손실가능금액"을 말한다(the worst expected loss over a given horizon under normal market conditions at a given confidence level).[1] 이러한 정의로부터 알 수 있는 바와 같이 VaR의 가장 중요한 특징은 '정상상황' 하에서의 리스크를 측정한다는 것과, 손실부분(즉, 정규분포로 말하면 평균 이하의 극단적인 손실: downside risk)만을 측정한다는 것이다. 전통적인 위험측정치 중의 하나인 표준편차(변동성)가 평균을 중심으로 좌, 우측 변동을 모두 리스크로 간주하는 것과는 큰 차이가 있고, 기업의 입장에서 보면 손실부문만을 다루므로 대손충당금 등 리스크에 대처하는 것이 보다 직접적이고 효율적이라 할 수 있다.

2) VaR와 전통적 리스크측정방법의 비교

전통적인 리스크측정치들(β, σ 등)이 그 단위로 %를 사용하거나 혹은 아예 단위가 없이 리스크를 측정하는 데 반해, VaR는 리스크에 대한 종합적인 관점을 화폐금액으로 표시해 주기 때문에 리스크의 크기에 대해 이해하기 쉽고, 경영진의 의사결정에 많은 도움이 된다. 즉, 리스크를 %로 표시하거나 단위가 없이 표시하면 그 의미를 해석하는 것이 대단히 어려우며 따라서 경영자들이 리스크에 대처할 수 있는 방법을 찾는 것이 훨씬 더 힘들게 된다. 예를 들어, 한 달 이내에 정상상황 하에서 발생할 수 있는 최대 손실금액이 10억원이라는 정보와 한 달 이내 리스크의 크기가 10%라는 정보 중 어느 것이 이해하기 쉽겠는가? 그리고 그 리스크에 대처하기 용이 하겠는가? 당연히 금액으로 표시된 VaR일 것이다. 따라서 최근에 대부분의 금융기관들이 왜 VaR를 주요 리스크 측정방법으로 이용하는 지 그 이유도 이해 할 수 있다. 한 가지 더 강조해야 할 사항은 VaR를 이용한다고 해서 전통적인 리스크 측정 방법이 의미가 없는 것은 아니라는 사실이다. 왜냐하면, VaR를 측정하는 요소 중 매우 중요한 것이 바로 변동성 요소이기 때문이다. 변동성은 전

---

1) VaR에 대한 자세한 정의는 'Value at Risk, Philipppe Jorion, 3rd Edition, McGraw-Hill, 2007을 참조하기 바라며, 본 장의 주요 내용은 원재환, 금융리스크관리, 법문사, 2013을 인용함.

통적으로 표준편차(σ)를 많이 이용하기 때문에 대표적인 전통적 리스크 측정치인 표준편차는 VaR를 측정하는 데 매우 중요한 것이다. 따라서 VaR와 전통적인 리스크 측정치들은 상호 경쟁관계만 가지는 것이 아니라 보완관계도 함께 가지고 있다고 할 수 있다.

3) VaR의 분류 및 주요 측정방법

VaR를 구분하는 분류방법 및 주요 측정방법을 설명하면 다음과 같다.

(1) 부분가치평가법과 완전가치법

VaR는 리스크요소가 변할 경우 새로이 변동된 VaR를 구할 때, 미분이나 민감도와 같은 방법을 사용하여 근사적으로 신속하게 구하는 부분가치평가법과 정확하게 처음부터 다시 구하는 완전가치평가법으로 구분할 수 있다.

① 부분가치법

부분가치평가법(local valuation)이란 위험을 유발하는 요소에 변동이 생길 경우 민감도나 함수의 기울기 등 수학적 특성을 이용하여 근사적으로 빠르게 변화된 VaR를 측정하는 방법이다. 이는 본 교재 채권리스크에서 다룬 듀레이션과 컨벡시티를 이용한 채권가격변동성의 측정개념과 유사하다고 할 수 있다. 대표적인 부분가치평가법으로는 델타분석법과 델타감마법이 있는데 뒤에서 자세히 다룰 것이다.

② 완전가치평가법

완전가치평가법(full valuation)이란 위험을 유발하는 요소에 변동이 생길 경우 완전히 다시 변화된 VaR를 측정하는 방법이다. 다시 VaR를 측정해야 하기 때문에 부분가치평가법 보다 시간과 비용이 훨씬 많이 소요되는 단점이 있는 반면, 근사치를 이용하지 않고 정확하게 측정한다는 점에서 정확도가 높아지는 장점이 있다. 대표적인 완적가치평가법으로는 역사적 시뮬레이션(historical simulation), 몬테 카를로 시뮬레이션(Monte Carlo simulation), 스트레스 테스팅(stress testing) 등이 있으며 뒤에서 자세히 설명한다.

(2) 상대VaR와 절대VaR

VaR는 측정할 때 어떤 기준점을 중심으로 구하느냐에 따라 구분할 수 있는데,

평균값을 기준으로 할 경우 상대VaR, 초기값을 기준으로 할 경우 절대VaR라 한다.

① 상대VaR

상대VaR(relative VaR)란 VaR를 평균(mean)을 기준점으로 측정하는 방법으로서
다음 (식 19-1)과 같이 정의된다.

$$상대\text{VaR} = E(W) - W^*$$ (식 19-1)

　　단, $E(W)$ =(자산가치)평균값

　　　W^*=유의수준(a)에 해당하는 자산가치값

상대VaR의 개념을 그림으로 표시하면 [그림 19-1]과 같다.

만일 W_0를 리스크관리의 대상이 되는 자산의 초기값이라 하고, R을 보유기간
(혹은 리스크 관리기간) 동안의 이 자산의 수익률이라 하면, 보유기간말의 자산가치는
$W = W_0(1+R)$이 되고, 유의수준에 해당하는 자산가치값은 $W^* = W_0(1+R^*)$
가 된다. 따라서, 기대값의 성질에 의해 $E(W) = W_0[1+E(R)]$이 되고, (식
19-1)의 상대VaR는 다음 (식 19-2)와 같이 표시할 수 있다.

[그림 19-1] 상대VaR

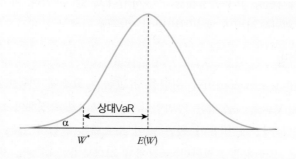

$$상대\text{VaR} = E(W) - W^*$$
$$= W_0[1+E(R)] - W_0[1+R^*] = -W_0[R^*-\mu]$$ (식 19-2)

　　단, (식 19-2)에서 수익률 R의 기대값은 μ, 표준편차는 σ라 가정한다. 즉,
　　$E(R) = \mu$, Variance$(R) = \sigma^2$.

② 절대VaR

절대VaR(absolute VaR)란 VaR를 초기값(initial wealth: W_0)을 기준점으로 측정하는 방법으로서 다음 (식 19-3)과 같이 정의된다. 즉, 절대VaR는 '손실금액'을 의미한다.

$$절대VaR = W_0 - W^* \tag{식19-3}$$

단, W_0 = (자산가치)초기값

W^* = 신뢰수준에 해당하는 자산가치값

(식 19-2)를 (식 19-3)에 대입하면 절대VaR는 다음 (식 19-4)와 같이 표시할 수 있다.

$$절대VaR = W_0 - W^*$$
$$= W_0 - W_0(1+R^*) = -W_0R^* \tag{식19-4}$$

일반적으로 VaR라 함은 '정상상황'하에서의 최대 가능손실을 말하므로 정상상황하에서 기대되는 '기대값'을 기준으로 손실을 구하는 상대VaR를 의미한다. 따라서, 앞으로는 특별한 언급이 없다면 VaR는 상대VaR를 의미하는 것으로 하며, 그 크기는 [그림 19-1]과 같다. 참고로, (식 19-2)와 (식 19-4)를 비교해 보면 상대VaR와 절대VaR 값의 차이는 $W_0\mu$가 된다. 그런데 보유기간이 아주 짧다면 ($T \rightarrow 0$), 기대수익률(μ)은 0에 가깝게 되므로, 다음 (식 19-5)와 같은 근사식을 얻을 수 있다. 즉, 리스크관리 기간이 매우 짧다면 상대VaR와 절대VaR의 크기가 거의 같으므로 어떤 방법으로 VaR를 측정하든 상관없게 된다.

$$\lim_{T \rightarrow 0}(상대VaR - 절대VaR) \rightarrow 0 \tag{식19-5}$$

(3) 비모수VaR와 모수VaR

VaR는 리스크관리 대상 자산에 대해 특정한 확률분포를 가정하지 않는 비모수VaR와 특정 확률분포를 가정하는 모수VaR로 구분할 수 있다.

① 비모수VaR

리스크관리 대상이 되는 자산에 대해 특정 확률분포를 가정하지 않고 측정하

는 VaR를 '비모수VaR(non-parametric VaR)라 한다. 비모수VaR를 계산하는 절차는
다음과 같다.

    i) 리스크대상이 되는 자료를 작은 것부터 큰 것 순서로 정렬하고 자료의 평
        균값(즉, $E(W)$)을 구한다.

    ii) 주어진 유의수준에 해당하는 자료(W^*)를 찾는다. 해당하는 자료가 둘 이
        상일 경우 보간법(interpolation) 등을 이용하여 하나의 값을 구한다.

    iii) $VaR = E(W) - W^*$를 이용하여 VaR를 구한다.

사례 19-1   비모수Var의 계산

다음과 같은 최근 10일간 매출액자료를 이용하여 1일VaR를 구해보자.
(단, 유의수준은 10%로 한다)

일(day)	1	2	3	4	5	6	7	8	9	10
매출액	10	5	8	7	20	13	4	21	33	9

┃ 사례분석 ┃

i) 먼저, 매출액자료를 작은 것부터 큰 것 순서로 정렬하면 다음과 같다.
    4, 5, 7, 8, 9, 10, 13, 20, 21, 33
    이 자료의 기대값(즉, 평균: $E(W)$)은 13이다(즉, 130/10).

ii) 유의수준이 10%이므로 작은 것부터 하위 10%에 해당하는 것은 10개
    ×10%=1. 즉, 하위 첫 번째 값이 유의수준에 해당하는 $W^* = 4$가 된다.

iii) $VaR = E(W) - W^* = 13 - 4 = 9$

위의 [사례 19-1]에서는 유의수준에 해당하는 값(W^*)이 1개여서 간단하게
VaR를 계산하였지만, 때로는 그렇지 않은 경우가 있는데, 이때는 보간법(interpo-
lation)으로 W^*를 구한다. 다음과 같은 사례를 통해 설명하고자 한다.

VaR를 구하기 위한 가격자료가 총 254개 있고, 유의수준은 5%라 하자.

이 경우 유의수준에 해당하는 자료는 254개×5%=12.7번째 자료이다. 그러나 12.7번째라는 자료는 없으므로 보간법으로 찾아야 한다. 자료를 작은 것에서 큰 것 순으로 정렬해 보니 −1,000만원보다 작은 자료가 11개, −900만원보다 작은 자료가 15개 있다고 한다. 그러면 비례식을 이용하는 보간법으로 다음과 같이 12.7번째 자료(x)를 추정할 수 있다.

$[-900$만원$-(-1,000$만원$)]:[x-(-1,000$만원$)]$

　$=(15$개-11개$):(12.7$번째-11번째$)$

100만원$:(x+1,000$만원$)=4:1.7$

$4(x+1,000$만원$)=170$만원

따라서, $x=-957.5$만원$=W^*$

② 모수VaR

모수VaR(parametric VaR)란 리스크 측정대상이 되는 자산에 특정한 확률분포를 가정하고 VaR를 측정한 것을 말한다. 다양한 확률분포를 가정할 수 있으나 경영학 혹은 사회과학에 가장 많이 사용되는 분포 중의 하나가 '정규분포'이므로 모수 VaR를 측정할 때도 정규분포를 가장 많이 사용한다. 앞으로는 특별한 언급이 없다면 정규분포를 가정한 모수VaR를 VaR로 사용한다.

리스크관리 대상이 되는 자산의 수익률(R)이 평균이 μ이고 표준편차가 σ인 정규분포를 따른다고 가정하면(즉, $R \sim N(\mu, \sigma^2)$), $W^* = W_0(1+R^*)$이고, R^*는 일반적으로 손실부분이므로 음수($-$)이다. 따라서, $R^* = -|R^*|$로 표시할 수 있다. 또한 R*는 유의수준에 해당되는 값이므로 다음 (식 19-6)과 같이 표준정규분포로 표현할 수 있다.[2]

$$-\alpha = \frac{-|R^*|-\mu}{\sigma} = \frac{R^*-\mu}{\sigma}$$

$$\Rightarrow R^* = -\alpha\sigma + \mu \tag{식 19-6}$$

---

2) 확률이론에 의해 확률변수 X가 평균이 μ이고 표준편차가 σ인 정규분포(즉, $X \sim N(\mu, \sigma^2)$)를 따른다면, $Z = (X-\mu)/\sigma$는 평균이 0이고 표준편차가 1인 표준정규분포(즉, $X \sim N(0, 1)$)를 따른다.

따라서, (식 19-6)을 (식 19-2)에 대입하면 정규분포하에서 '상대모수VaR'는 다음 (식 19-7)과 같이 표현할 수 있다.

$$상대모수VaR = -W_0[R^* - \mu]$$
$$= W_0[-\alpha\sigma + \mu - \mu]$$
$$= W_0\alpha\sigma \qquad\qquad (식 19-7)$$

마찬가지 논리로 (식 19-6)을 (식 19-4)에 대입하면 정규분포하에서 '절대모수VaR'는 다음 (식 19-8)과 같이 표현할 수 있다.

$$절대모수VaR = -W_0R^*$$
$$= W_0(\alpha\sigma - \mu) \qquad\qquad (식 19-8)$$

4) VaR 측정요소

(1) VaR 측정에 필요한 요소

VaR를 측정하기 위해서는 몇 가지 중요한 자료가 필요한데 이를 요약하면 다음과 같다.

ⅰ) 거래금액

거래금액(포지션, position)이란 리스크 측정과 관리를 위해 관심이 있는 대상의 총 가치를 말한다. 반드시 시장가격으로 표시하는 것이 원칙인데 이를 '시가(市價)로의 환산(mark to market)'이라 부른다. 예를 들어, 포트폴리오를 관리하는 펀드매니저의 입장에서는 운영하고 있는 포트폴리오의 총 시장가치가 거래금액이 되며, 매출액의 변동성을 관리하고 있는 기업 재무담당자의 입장에서는 시가로 계산된 총 매출액이 거래금액이 될 것이다. 참고로 기업이나 조직 뿐만 아니라 자산을 관리하는 개인들도 VaR를 사용할 수 있다.

ⅱ) 가격변동성

가격변동성이란 앞서 설명한 바와 같이 전통적인 리스크 측정치로 많이 사용되는 것으로서 대표적으로 표준편차(σ), 민감도(sensitivity) 등으로 측정한다. 예를 들어, 매출액의 연간 표준편차가 10%라 하면 이것이 바로 매출액의 변동성이 된다. VaR를 계산할 때는 주로 표준편차를 변동성으로 사용한다. 표준편차를 변동성으로 사용하면 단위가 %로 되지만, 분산을 변동성으로 사용할 경우 단위가 $\%^2$이되어 다루기에 불편하고 수익률 등 단위가 %인 지표들과의 직접적 비교가 곤란해진다.

iii) 보유기간

보유기간(time horizon or holding period)이란 리스크관리의 대상이 되는 자산의 리스크 측정 대상기간(목표기간)을 말한다. 예를 들어, 3개월간의 VaR를 측정하고자 한다면, 보유기간이 3개월이 되는 것이다. 따라서 보유기간이란 실제 자산을 보유하는 기간을 의미하는 것이 아니고, 어느 기간 동안의 리스크를 측정하느냐 여부이다. 매출액을 예로 든다면, 3개월 단위로 매출액 변동성을 관리할 것인지, 아니면 1년 단위로 할 것인지에 따라 보유기간이 결정된다. 리스크관리분야에서 잘 알려진 기관들이나 감독기구들이 권유하는 보유기간을 살펴 보면, Bankers Trust의 경우 1년을, 국제결제은행(BIS) 산하 Basel Committee의 경우 금융기관들에게 10일을 요구하고 있고, J.P.Morgan이 개발한 RiskMetrics의 경우에는 1일을 사용하고 있다. 따라서 보유기간은 모든 자산에 대해 일괄적으로 동일한 기간이 적용되는 것이 아니라 리스크 관리의 대상이 되는 자산의 특성에 따라 결정하면 된다. 다만 보유기간이 적절하지 않을 경우, 예컨대 너무 길면 예상치 못한 리스크가 발생하여 큰 손실이 생길 수 있고, 너무 짧으면 리스크 관리는 철두철미하게 이루어 질 수 있으나 비용이 많이 든다는 문제가 있으므로 기업이나 개인마다 많은 자료와 경험을 통해 가장 적절한 보유기간을 설정해야 할 것이다.

iv) 신뢰수준

신뢰수준(CL: Confidence Level)이란 표본자료를 이용하여 어떤 모수(parameter)를 추정할 때 구간추정량(interval estimator)이 모수를 포함 할 확률을 의미한다.[3] 통계학에서 구간추정(interval estimation)이란 상한치와 하한치를 구하여 모수가 속할 추정구간을 정하는 것인데, 이때 실제로 모수가 이 구간 안에 포함될 확률이 바로 신뢰수준이다. 100번의 실험을 하였는데 그 중 90%에서 신뢰구간이 모수를 포함하면 신뢰수준이 90%가 되는 것이다. 예를 들어, 표준정규분포의 경우 평균(제로)이 신뢰구간(−1.645, +1.645)에 포함될 신뢰수준(확률)은 90%이고, 신뢰구간

---

3) 관례적으로 통계학에서 신뢰수준은 $(1-\alpha)$로 표시하며, 유의수준은 α로 표시한다.

(−1.96, +1.96)에 포함될 신뢰수준(확률)은 95%이며, 신뢰구간(−2.58, +2.58)에 포함될 신뢰수준(확률)은 99%이다. 여기서 각각의 값(1.645, 1.96, 2.58)을 신뢰수준값이라 할 수 있다. 신뢰수준이 높을수록 신뢰구간은 넓어지게 되며, 보다 극단적인 이익이나 손실을 포함할 수 있게 된다. 반면 이 경우 관리 비용이 많이 소요된다는 단점도 있다. 신뢰수준은 양측검정(two−side test)에서도 사용할 수 있고 단측검정(one−side test)에서도 사용된다. 다만 단측검정에서는 상한치와 하한치가 달라지게 된다.[4] VaR는 손실이 발생하는 좌측만 사용하므로 단측검정에서 사용하는 신뢰수준 값을 사용해야 한다.

주요 기관들이 사용하거나 권유하는 신뢰수준을 보면, 99%를 사용하는 가관들은 대표적으로 Bankers Trust와 Basel Committee가 있고, 95%를 사용하는 대표적인 기관으로는 Morgan(RiskMetrics)이 있다.

(2) VaR 측정요소의 결합

정규분포를 가정할 경우 앞의 4가지 측정요소를 결합하면, 앞에서 도출한 (식 19−7)을 적용할 경우 다음과 같은 일반적인 VaR 측정공식이 도출된다.

$$VaR = (거래금액) \times (변동성) \times \sqrt{보유기간} \times (신뢰수준값) \qquad (식 19-9)$$

단, 신뢰수준값: 99%인 경우 2.33, 95%인 경우 1.65

(식 19−9)가 이제 앞으로 리스크 관리에서 빈번하게 사용할 VaR값이다. 참고로 VaR계산 시 주의해야 할 사항으로 변동성을 측정하는 기간과 보유기간의 단위를 항상 일관성 있게 사용해야 한다는 점이다. 변동성 추정 기간이 연간이라면 보유기간도 연간으로 환산해서 사용해야 한다. 예를 들어, 변동성 추정 기간은 1년이고 보유기간이 6개월이면 (식 19−9)에서 제곱근(root)안에는 0.5를 사용해야 한다. 통상 공휴일은 제외하고 순 영업일(business day)을 변동성 추정 날짜에 사용하므로 미국의 경우 1년은 약 252일로 사용한다. 따라서 보유기간이 10일이면 보유기간을 연간단위로 환산할 때 10/252로 계산한다.

---

4) 양측검정이란 상한치와 하한치를 모두 이용하는 검정이고, 단측검정이란 상한치와 하한치 중 하나만 이용하는 검정이다. 예를 들어 '평균≠0'과 같은 가설을 검증하려면 평균이 0보다 크거나 작은 양쪽을 다 검정해야 하므로 양측검정이지만, '평균>0' 혹은 '평균<0'과 같은 가설들은 한 쪽 만 검정하면 되므로 단측검정이라 한다.

(3) 현금흐름 매핑

현금흐름매핑(cash flow mapping)이란 금융상품의 VaR 추정 시 그 금융상품의 유통시장이 없어 시장가치 파악이 어려운 경우나, 금융상품의 다양한 현금흐름으로 인해 대량의 변동성과 상관관계를 계산해야 하는 경우, 금융상품의 현금흐름과 관련된 리스크를 용이하게 추정하기 위해 금융상품을 기본적인 현금흐름요소로 분해하는 것을 말한다. 이 경우 현금흐름을 금액, 지급기일, 지급인의 신용상태에 따라 시가로 평가(mark−to−market)한다.

2 | 부분가치평가법과 완전가치평가법

1) 부분가치평가법

부분가치평가법(local valuation)이란 리스크를 유발하는 요소가 변동할 경우 미분 등을 이용한 근사적 방법으로 변동된 VaR값을 구하는 방법을 말한다. 두 가지 대표적인 방법인 델타노말법과 델타감마법을 간략히 설명하기로 한다.

(1) 델타노말분석법

델타노말분석법(delta normal method)은 선형(linear) 금융상품의 VaR를 측정하는 데 사용되며, 다음과 같은 가정 하에 사용한다.

ⅰ) 금융상품의 수익률은 정규분포(노말분포)를 따른다.

ⅱ) 포지션의 상대적 가치변동은 기초자산수익률의 선형함수이다.

이 방법에 따르면, VaR는 포트폴리오 상대적 변동분포의 5퍼센타일(percentile)로 정의 되며, VaR는 다음과 같이 계산한다.[5]

$$VaR = 거래금액 \times 1.65 \times 금융자산의\ 표준편차 \qquad (식 19-10)$$

---

5) k−퍼센타일(persentile)이란 주어진 값보다 작은 값을 가지는 확률이 k%임을 의미한다. 즉, 5−퍼센타일은 어떤 주어진 값보다 작은 경우가 총 5%임을 의미한다. 예를 들어 나의 소득수준이 90−페센타일이라 한다면, 나의 소득보다 적은 소득을 얻는 사람이 90%임을 나타낸다. 때로는 퍼센타일을 퀀타일(quantile)이라고도 한다.

(2) 델타감마법

델타감마법(delta gamma method)은 비선형(non-linear) 금융상품의 VaR를 측정하는 데 사용되며, 금융상품의 수익률변동분포가 정규분포를 나타내지 않으므로 2차미분효과, 즉 감마효과를 감안하게 된다. VaR 산출 시, 포트폴리오 수익률 분포의 평균, 표준편차, 왜도(skewness) 및 첨도(kurtosis)를 계산한 다음, 동 분포의 5 percentile을 계산하여 VaR를 측정한다.

(3) 몇 가지 사례

부분가치평가법을 이용한 VaR계산의 몇 가지 사례를 살펴보고자 한다.

① 채권VaR의 계산

채권VaR를 계산하기 위한 채권 표준편차계산법은 다음과 같다.

첫째, 시장에서 채권가격이 형성된 경우에는 가격의 변동성을 직접 추정하여, 다음과 같이 VaR를 계산한다.

$$\text{VaR}(채권) = W \times CL \times \sigma_B \times \sqrt{T} \qquad (식19-11)$$

> 단, W = 거래금액
> CL = 신뢰수준값
> σ_B = 채권변동성(연간)
> T = 만기(연간단위)

둘째, 시장에서 채권가격이 형성되지 않은 경우에는 듀레이션과 금리변동성을 곱하여 다음과 같이 가격변동성으로 전환하여 VaR를 계산한다.

$$\text{VaR}(채권) = W \times CL \times D \times \sigma_r \times \sqrt{T} \qquad (식19-12)$$

> 단, D = 채권의 듀레이션
> σ_r = 금리변동성

② 외환VaR의 계산

외환VaR를 계산하기 위한 표준편차계산법에서는 하나의 통화에 대한 VaR를 측정할 때 환율의 변동성을 그대로 이용하면 되지만, 외환증권과 같이 2개 이상의 리스크 측정요소가 결합되는 경우에는 측정요소간 상관관계를 감안하여 포트폴리오 분산을 구하는 방법으로 표준편차를 측정한다. 외환VaR는 다음과 같이 계산한다.

$$VaR(외환) = W \times ER \times 1.65 \times \sigma_E \times \sqrt{T} \qquad \text{(식 19-13)}$$

    단, ER = 환율

        σ_E = 환율변동성

③ 주식VaR의 계산

주식VaR를 계산하기 위한 표준편차계산법은 다음과 같다.

첫째, 주식의 표준편차는 시장에서 형성된 가격의 변동성을 이용하여 계산하고 VaR는 다음과 같이 산출한다.

$$VaR(주식) = W \times CL \times \sigma_S \times \sqrt{T} \qquad \text{(식 19-14)}$$

    단, σ_S = 주식변동성

둘째, 다수의 보유주식을 분석하기 어려운 경우에는 민감도인 베타에 종합주가지수의 변동성을 곱하여 주가변동성으로 전환하고 다음과 같이 VaR를 계산한다.

$$VaR(주식) = W \times 1.65 \times \sigma_{SI} \times \sqrt{T} \qquad \text{(식 19-15)}$$

    단, σ_{SI} = 주가지수변동성

2) 완전가치평가법

완전가치평가법(full valuation)은 부분가치평가법으로 VaR를 계산하기 어려운 경우, 즉 대상자산이 위험요소와 비선형적(non-linear)으로 결합되어 있거나 수식으로 표현하기 어려운 경우에 사용되는 방법이다. 완전가치평가법에는 크게 역사적 시뮬레이션, 몬테 카를로 시뮬레이션, 그리고 위기분석(스트레스 테스팅) 등이 있다.

(1) 역사적 시뮬레이션

포트폴리오를 구성하는 개별 자산의 과거 수익변동성과 상관관계가 미래에도 반복될 것이라는 가정 하에 현재 포트폴리오포지션의 미래 수익률의 분포를 추정하여 VaR를 산정한다.

(2) 몬테 카를로 시뮬레이션

과거의 실제 자료를 이용하여 시뮬레이션 하는 역사적 시뮬레이션과 달리, 확률적 모형을 가정하여 미래 수익률분포를 구하고 VaR를 구한다.

(3) 스트레스 테스팅

스트레스 테스팅(stress testing)방법은 극단적인 시장가격변동과 보유 포트폴리오에 미치는 영향을 시나리오 분석(scenario analysis)기법을 이용하여 파악하는 기법이다. 스트레스 테스팅은 주요 사건이나 위기상황 하에서 리스크를 측정할 목적으로 사용자 중심의 시나리오를 작성하여 분석하게 되며, 극단적인 시장변동을 분석대상으로 하고 있다는 점에서 정상적 상황하에서의 최대손실을 분석하는 VaR의 개념과는 차이가 있다.

3) 부분가치평가법과 완전가치평가법의 비교

부분가치평가법과 완전가치평가법을 비교, 정리하면 [표 19-1]과 같다.

[표 19-1] 부분가치평가법과 완전가치평가법의 비교

구분	부분가치평가법	완전가치평가법
사용환경	시장가격수익률이 정규분포를 따르고, 포트폴리오위험 민감도는 개별 포지션 위험민감도의 평균	시장가격수익률이 정규분포가 아닐 때 유용
VaR 계산식	$\Delta V = \beta \times \Delta S$ (V = portfolio가치, S = 시장가격)	$\Delta V = V(S1) - V(S0)$
장점	VaR계산이 쉽고 간단 – 많은 위험요인, 큰규모 포트폴리오에 적합	비선형포지션에 적합 – 적은 수, 복잡한 위험에 적합
단점	Portfolio민감도(델타)가 시간에 따라 변동될 우려	– 많은 자료 요구 – 복잡한 계산식과 많은 시간
추정법	모수적(parametric) 접근	비모수적(non-parametric) 접근

3 | VaR의 용도와 한계

1) VaR의 용도

VaR의 용도는 사용하는 주체에 따라 다소 다른데, 금융기관, 비금융기관, 그리고 감독기관 등 세 가지 주요 주체로 나누어 살펴보기로 한다.

(1) 금융기관의 경우

① 정보보고

VaR는 금융기관이 노출된 시장위험을 주주에게 전달하는 목적으로 사용될 뿐만 아니라 내부적으로 중요한 의사결정 자료로 사용된다. 최근 들어 금융기관들은 주주들에게 보다 많은 정보를 제공하려고 노력하고 있다. 대부분의 주주들은 경영에 대한 전문지식이 결여되어 있으므로 금융기관들은 경영상태를 주주들에게 정확히 전달하는 데 많은 어려움을 겪고 있다. 따라서, 이런 상황에서 VaR는 비전문적인 일반 주주들도 기업의 경영상태를 이해하는 데 유용하게 사용될 수 있다.

최고경영자도 회사 전체의 노출된 위험을 하나의 수치로 이해해야 할 필요성을 절실히 느끼고 있다. 대규모 금융기관들은 수백 개의 위험요인에 노출되어 있다. 금융기관들은 이들을 관리하기 위해 델타, 감마, 베가 등 수많은 리스크측정치를 관리해야 한다. 앞에서 설명한 바와 같이 미국의 모건사가 VaR모형을 개발한 것도 최고경영자에게 위험에 관한 정보를 효율적으로 제공하기 위해서였다.

② 포지션한도와 자원배분

첫째, 포지션한도설정을 합리적으로 할 수 있다.

전통적으로 포지션한도(position limit)는 액면금액(nominal) 또는 리스크와 관련되지 않은 단위를 기준으로 설정된다. 예를 들어, 어떤 거래자가 2년 만기 국채에 액면가 기준으로 1억 달러까지 투자할 수 있는 포지션한도를 가지고 있다고 하자. 이 경우 동일한 포지션한도 1억 달러를 20년 만기 국채에 적용하는 것은 바람직하지 않다. 왜냐하면 만기가 길수록 채권의 리스크는 커지기 때문이다. 그런데, 노출된 리스크가 다를지라도 VaR를 이용하여 설정한 포지션한도는 공통적인 기준인 VaR를 적용하므로 이러한 문제점을 극복할 수 있는 것이다. 또한 VaR를 이용하여 포지션 한도를 설정하면 역동적으로 변하는 시장상황을 즉각 반영하여 부서별 리스크를 조정할 수도 있다.

둘째, 리스크를 고려한 합리적 자원배분이 가능하다.

VaR를 이용하여 제한된 자원을 부서, 계층별로 배분하는 것은 위험의 분산효과(diversification effect)를 얻을 수 있다는 측면에서 바람직하다. 즉, 리스크를 조직계층별로 설정하면 하위조직의 VaR의 합은 기업전체의 VaR보다 작아지는데 이는 바로 분산효과 때문이다. 금융기관이 리스크를 고려하여 자원을 배분하는 것은 경쟁력을 향상시키는데 필수적이므로 VaR를 활용한 자원배분은 매우 중요하다.

③ 실적평가

VaR의 개념을 실적이나 성과평가에 활용하는 대표적인 사례 세 가지를 소개하고자 한다.

첫째, 뱅커스 트러스트(bankers Trust)은행의 RAROC이 있다.

둘째, 모건사의 리스크메트릭스(RiskMetrics)의 성과평가시스템이 있다. 리스크메트릭스의 실적평가는 이익, 이익변동성, 그리고 VaR로 측정된 리스크간의 삼각관계로 이루어진다. 여기서 VaR는 사전적(ex ante)인 리스크를 의미하고, 이익의 변동성은 사후적(ex post) 혹은 실현된(realized) 리스크를 의미한다. 삼각관계로부터 3가지 중요한 실적비율이 산출되는데 다음과 같다.

* 위험비율=이익/위험(VaR)
* 샤프(Sharpe)비율=이익/이익의 변동성
* 효율성비율=VaR/이익의 변동성

셋째, 공헌VaR에 의한 실적 평가가 있다. 주식에서 베타는 개별 자산이 포트폴리오 전체의 리스크에 미치는 공헌도를 표시한다. 그런데 포트폴리오 성과평가에 많이 이용되는 트레이너 비율(Treynor ratio)은 (주식수익률−무위험이자율)/베타인데, 이 공식에서 베타 대신 VaR를 사용하여 성과평가 하는 것이 바로 공헌VaR에 의한 성과평가법이다.

④ 포트폴리오의 위험관리

연금이나 기금 같이 포트폴리오를 운영하는 펀드매니저도 VaR를 활용하여 펀드리스크를 효과적으로 관리할 수 있다. VaR를 이용하여 펀드의 리스크를 동적(dynamic)으로 평가하면 매니저간에 효율적으로 자산을 재배분할 수 있을 뿐만 아니라, VaR가 낮으면서 수익성이 높은 매니저에 대해 적절한 보상도 실시할 수 있다. 또한 펀드매니저가 사전적으로 너무 높은 리스크에 노출되지 않도록 위험한 투자를 억제하는 수단으로도 작용하여 적절한 헷지(hedge) 의사사결정을 할 수 있다는 장점도 있다.

(2) 비금융기관의 경우

오늘날의 기업들은 세계화된 시장에서 영업하고 있으며, 다양한 위험에 노출되고 있다. 따라서 금융기관은 물론 일반 기업들도 VaR를 이용하여 위험을 효과적으로 관리할 수 있다. 최근의 연구결과들에 따르면 상당한 비금융기관들도 VaR를 사용하고 있는 것으로 알려지고 있다. 미국 Institutional Investor에 의하면 미국의 비금융기관 1/3 이상이 VaR를 이용하여 리스크관리를 하고 있으며, 미국 펜실베이니아대학의 와튼스쿨(Wharton School)에 따르면 미국 비금융기관의 약 30%가 VaR를 이용하여 파생상품의 리스크를 평가하고 있는 것으로 나타났다. 일반적으로 기업들은 다음과 같은 세 가지 목적을 위해 VaR를 이용한 리스크관리를 하는 것으로 알려져 있다.

첫째, 리스크를 관리함으로써 세금을 줄이는 데 VaR를 활용한다.

둘째, 재무적 곤경(financial distress)가능성을 줄이는데 VaR를 활용한다.

셋째, 채권자와 주주 간의 갈등을 감소시켜 기업의 가치를 증가시키는 데 VaR
를 활용한다.

(3) 감독기관의 경우

금융기관들과 비금융기업들은 해당 감독기관이 요구하는 최소요구자본(capital adequacy requirement)과 리스크공시요건(risk disclosure requirement)을 만족시켜야 한다. 그런데 이들 대부분이 VaR를 이용하여 리스크를 측정하므로 BIS, 금융감독기구, 중앙은행 등 감독기관들은 VaR를 활용하여 각 기관들의 리스크와 재무건전성 등을 판단한다.

2) VaR의 한계

VaR는 리스크를 관리하는 하나의 수단에 불과하다. VaR가 리스크관리에 많은 장점들을 가지고 있지만 리스크관리에 만병통치약은 물론 아니다. 따라서 다음과 같은 문제점을 염두에 두고 VaR를 사용해야 할 것이다.

(1) 사건 위험

만일 VaR를 과거자료에 근거하여 계산하는 경우, 이는 과거가 미래를 예측하는 데 가장 좋은 정보라는 것을 가정하고 있다. 즉, 과거의 패턴이 미래에도 반복될 것이라는 믿음이 전제된 것이다. 그러나 과거에 일어났던 사건이 미래에도 반드시 일어난다거나, 혹은 과거에 일어나지 않았다고 해서 미래에도 일어나지 않을 것이라고 누구도 장담할 수 없는 일이다. 따라서 과거의 패턴이 완전히 바뀌는 상황이 발생하면 과거자료를 이용하는 모형은 완전히 실패할 수 있다. 물론 급격한 변화가 미치는 영향을 스트레스 테스팅(stress-testing)을 이용하여 분석할 수는 있으나 이 또한 완전하다고 할 수 없기에 과거자료에 근거하여 변동성 등을 추정하는 한 VaR는 한계를 가질 수밖에 없음을 인식해야 한다.

(2) 국가리스크와 법적리스크

앞에서 이미 다룬 바 있는 국가리스크(country risk or sovereign risk)는 VaR를 통해서 통제할 수 없는 위험이다. 국가 위험을 통제하는 유일한 방법은 여러 나라에 분산 투자하고 만일의 사태가 발생하면 변화를 주의 깊게 관찰하는 것뿐이다.

법적리스크(legal risk)는 거래상대방이 거래에 참여할 법적 또는 권한을 갖지 못하는 경우 발생한다. 법적리스크는 신용리스크와도 직접적으로 관련되어 있다. VaR는 국가리스크와 법적리스크를 관리하는데 효과적이지 않다.

(3) 모형리스크

모형리스크는 가치평가에 사용된 모형에 문제가 있어 발생하는 리스크이다. 여러 형태의 모형리스크가 있는데 예를 들면 모형의 함수를 잘 못 사용하는 함수리스크(functional risk), 부정확한 계수나 모수추정으로 발생하는 추정리스크(estimation risk) 혹은 모수리스크(parameter risk), 여러 모형을 비교하여 가장 좋은 결과만을 보고할 때 생기는 데이터 마이닝 리스크(data mining risk), 실적이 좋지 않아 지금은 더 이상 존재하지 않는 자산의 결과가 반영되지 않고 오직 현재 남아 있는 자산만 고려하는 생존리스크(survivorship risk) 등이 있다.

4 | VaR의 사후검증과 위기분석

1) 사후검증(백 테스팅)

(1) 사후검증의 개념

① 사후검증의 정의

VaR의 사후검증(back-testing)이란 '실제손실이 예측된 손실의 범위에서 발생하는지를 검증하는 통계적 방법(a formal statistical framework that consists of verifying that actual losses are in line with projected loss)'을 말한다. 다시 말해, VaR를 통해 예측한 예상손실의 범위 안에서 실제로 손실이 발생하고 있는지, 아니면 실제손실이 더 많은지를 자료를 통해 지속적으로 확인하고 VaR를 계산하는데 문제가 있으면 시정하는 것이 바로 사후검증이다.

② 사후검증을 하는 이유

사후검증이 필요한 이유를 간략히 설명하면 다음과 같이 두 가지로 나눌 수 있다.

ⅰ) 현실성 점검

첫째 이유는 VaR가 사용자와 리스크관리자에 의해 잘 조율(calibrated)되고 있는지 확인하기 위해서이다. 실제 VaR를 적용할 때 VaR의 요소들이 현실을 감안하여 결정되었는지 확인할 필요가 있다. 그래서 사후검증을 '현실성 점검(reality check)'이라고도 한다. 예를 들어, 현재 적용하고 있는 보유기간은 적절한지, 신뢰수준은 적절한지를 검토하고 문제가 있으면 리스크관리자와 실무자가 잘 조율하여 VaR를 계산하는 공식을 조정하여 현실성 있는 모형으로 만드는 것이다.

ⅱ) Basel 요구사항의 충족

둘째 이유는 자본요구량을 결정할 때 내부 VaR모형을 이용하기로 한 바젤위원회(Basel Committee)의 요구사항을 충족하기 위해서이다. 다시 말해 현재 사용하고 있는 VaR모형이 실제 발생하는 손실 예측에 잘 맞는지 통계적으로 검증하고 문제점을 시정하여 손실을 더 정확히 예측하기 위해 사후검증을 실시하는 것이다.

(2) 사후검증 방법

① 사후검증 절차

사후검증을 실시하는 일반적인 절차를 설명하면 다음과 같다.

ⅰ) 가설설정

먼저 검증하고자 하는 적절한 가설을 설정해야 한다. 가설은 통계적으로 검증 가능하도록 구체적으로 구성해야 하며, 가능하다면 수학적으로 표현하면 바람직할 것이다. 사후검증을 위한 가설의 일반적인 형태를 설명하면 다음과 같다.[6]

$$귀무가설(H_0): |\text{Actual loss} - \text{Projected loss}| = 0 \ \text{or} \ E(\frac{N}{T}) = p$$

(식 19-16)

---

6) N/T를 보통 예외확률 혹은 '실패비율(failure rate)'이라고 한다.

단, $N=T$기간 안에 발생한 예외의 수

　　$T=$VaR를 계산하는 보유기간

　　예외(exception)=VaR를 벗어난 손실

　　$p=$예외가 발생할 확률

　　Actual loss=실제 손실

　　Projected loss=VaR로 예측한 손실

(식 19-16)의 귀무가설이 기각된다는 것은 실제손실이 VaR로 예측한 손실과 다르므로 현재 사용하고 있는 VaR모형을 조정해야 할 필요가 있음을 의미하며, 가설이 채택된다는 것은 현재 사용하고 있는 VaR에 문제가 없으므로 계속 사용해도 된다는 것을 의미한다.

ii) 통계적 검증 방법

가설설정이 이루어지면 가설을 채택할 것인지, 기각할 것인지를 적절한 검정통계량(test statistic)[7]을 이용하여 검증하는 절차가 남아 있다. VaR의 사후검증을 통계적으로 검증하는 절차와 방법은 다음과 같다.

첫째, 검정통계량을 정의하기 위해 확률변수를 정의한다.

즉, VaR보다 큰 손실이 발생하는 횟수를 확률변수 X(즉, 예외(exceptions)의 수)라 하자. 이 경우 실제손실이 예측손실보다 클 확률을 $p(=N/T)$라 하면 T기간 동안 발생한 총 예외의 수는 확률이론에 의하면 이항분포(binomial distribution)를 따르게 된다. 물론 이 경우 하나의 손실이 다른 손실에 영향을 주지 않는다고 가정한다. 즉, 각각의 손실은 상호 확률적으로 독립적이다. X가 이항분포를 따르면, $X \sim b(T, p)$와 같이 표시한다.

둘째, 검정통계량을 정의한다.

통계학에서 유명한 중심극한정리(CLT: Central Limit Theorem)[8]에 따르면 관찰자료수가 충분히 많아지면 이항분포를 따르는 확률변수 X를 정규분포(Z)로 전환할 수 있다. 즉, 다음 (식 19-17)과 같이 표준정규분포를 검정통계량으로 한다.

---

7) 검정통계량(test statistic)이란 정규분포나 t-분포, F-분포 등과 같이 통계석으로 가설을 검승할 때 사용하는 통계량을 말한다.
8) 중심극한정리(CLT)란 자료의 수가 많아지면(보통 20여개 이상되면) 확률변수가 어떤 분포를 갖든지 정규분포에 근사적으로 수렴한다는 이론을 의미한다. 예를 들어, 확률변수 X가 이항분포를 따를 때 자료(관찰 자료수)의 수가 많아지면 X는 정규분포로 수렴한다.

$$Z = \frac{X - Tp}{\sqrt{Tp(1-p)}} \sim N(0, \ 1)$$

(식 19-17)

셋째, 검정통계량을 이용하여 가설을 검증한다.

(식 19-17)로 구한 Z의 절대값이 크면 클수록 (식 19-16)에 있는 귀무가설을 기각하게 되고, Z의 절대값이 작으면 작을수록 귀무가설을 채택하게 되는 것이다. 참고로 신뢰수준이 99%(즉, 유의수준이 1%)일 때는 Z의 절대값이 2.56보다 크면 가설을 기각하게 되며, 신뢰수준이 95%(즉, 유의수준이 5%)일 때는 Z의 절대값이 1.96보다 크면 가설을 기각하게 되고, 신뢰수준이 90%(즉, 유의수준이 10%)일 때는 Z의 절대값이 1.645보다 크면 가설을 기각하게 된다.

② Basel Rule에 의한 사후검증

국제결제은행 산하 Basel위원회에서 금융기관들에게 요구하는 사후검증에서의 주요 가이드라인은 다음과 같다.

ⅰ) 신뢰수준

신뢰수준으로는 99%를 이용하도록 요구한다.

ⅱ) 검증기간

검증기간(T) 혹은 적용기간으로는 최근 1년(250 영업일(business days))으로 하도록 요구한다.

이러한 기준에 따를 경우 VaR를 초과하는 손실이 발생하는 횟수(즉, 예외의 수)가 연간 2.5회(즉, 250×1%)이면, 현재 VaR가 잘 맞고 있으므로 계속 사용하고, 그렇지 않을 경우 유의수준, 적용기간 등을 조정해서 사용해야 하는 것이다. [표 19-2]는 사후검증에서 예외(exception)의 갯수에 따라 현재 사용되고 있는 VaR모형의 적절성과 부정확한 모형에 대한 벌칙을 Basel기준에 따라 보여주고 있다. 실제 발생한 예외의 갯수에 따라 안전구역(Green Zone), 경계구역(Yellow Zone), 위험구역(Red Zone)의 3구역으로 구분하고, 리스크대비 자본준비금을 산출할 때 위험구역으로 갈수록 더 높은 벌칙(penalty)을 부과함으로써 금융기관으로 하여금 보다 정확한 VaR모형을 구축하도록 요구하고 있다.

[표 19-2]에서 안정승수(k: multiplicative factor)의 기본값은 3이고 예외의 갯수

[표 19-2] Basel의 VaR사후검증 및 벌칙

구역(Zone)	예외(exception)의 갯수	안정승수(k)의 증가
안전(Green)	0~4	0.00
경계(Yellow)	5	0.40
	6	0.50
	7	0.65
	8	0.75
	9	0.85
위험(Red)	10~	1.00

에 따라 k가 표에 있는 숫자만큼 증가하게 되어 k의 최대값은 4이다(즉, $3 \leq k \leq 4$). k가 커질수록 금융기관은 더 많은 리스크대비 자본금을 준비해야 하므로 불리해진다. k가 반영되는 공식은 다음 (식 19-18)과 같다.

$$MRC_t^{IMA} = \max(k \frac{1}{60} \sum_{i=1}^{60} \text{VaR}_{t-i}, \text{VaR}_{t-1}) + SRC_t \qquad (식 19-18)$$

단, $MRC_t = t$시점의 시장리스크부과금(Market Risk Charge)

IMA = 내부모형접근법(Internal Model Approach)

SRC_t = 특정리스크부과금(Specific Risk Charge)

(식 19-18)에서 시장리스크부과금(MRC)은 최근 60일 평균에 안정승수(k)를 곱한 값과 전일(前日)VaR 중 큰 값으로 구한다. 그리고 Basel은 리스크대비 자본준비금(capital requirement)으로 최소한 (식 19-18)에 있는 시장리스크부과금을 포함한 운영리스크부과금(ORC: Operational Risk Charge), 신용리스크부과금(CRC: Credit Risk Charge)의 합보다 큰 금액을 요구한다. 즉, 리스크대비 필요자본금 > 총리스크부과금(TRC=MRC+ORC+CRC)이다.[9]

참고로 기업의 입장에서는 VaR가 클수록 적정자본요구량이 증가하여 부담이 되므로 가급적 VaR를 줄이려 하는 경향이 있다. 따라서 금융감독기구는 기업이 임의로 VaR를 줄이지 않도록 철저한 감독이 필요하며 이를 위해 사후검증을 요구하는 것이다.

---

9) 리스크대비 자본금에 대해서는 P. Jorion(2007), pp.61~63참조.

2) 위기분석(스트레스 테스팅)

(1) 스트레스 테스팅의 개념

① 스트레스 테스팅의 정의

스트레스 테스팅(stress−testing)(보통'위기분석'이라고 번역됨)이란 극단적인 손실을 유발하는 상황을 찾아내어 관리하는 과정(a process to identify and manage sit−uations that could cause extraordinary losses)을 말한다.[10] VaR는 보통 '정상상황(normal condition)'에서 일어날 수 있는 최대손실을 의미하므로 자연재해, 큰 경제적 쇼크 등으로 인해 발생할 수 있는 극단적인 손실은 VaR로 예측할 수 없게 되고 따라서 위기분석이 필요한 것이다.

② 스트레스 테스팅의 목적과 필요성

스트레스 테스팅의 가장 큰 목적은 VaR로 측정할 수 없는 비정상상황을 탐색하고 대비하기 위함이다. 원유가격의 갑작스런 폭등으로 인한 인플레이션 발생, 예상치 못한 국내 정치상황의 급변으로 인한 시장상황의 악화, 자연재해의 발생으로 인한 경제의 어려움 등은 정상상황으로 보기 어려운 위기상황들이며 이러한 위기상황으로 인해 기업은 예상할 수 없는 큰 손실을 볼 수 있다. 이러한 가능성을 예상하고, 그러한 손실이 발생할 경우 기업은 어떻게 대처해야 하는지 미리 대책을 세우지 않는다면 이는 기업의 생존을 위협할 수도 있다. 따라서 다양한 비상상황 혹은 위기상황을 대비하는 것이 스트레스 테스팅의 주요 목적이다.

또한 과거자료에 기반하는 VaR는 심각한 손실을 유발할 수 있는 극단적인 비정상 상황을 찾아내는 것이 어렵기 때문에 스트레스 테스팅이 필요하다.

③ 스트레스 테스팅 가이드라인

스트레스 테스팅의 구체적인 가이드라인이 파생상품정책그룹(DPG: Derivatives Policy Group)에 의해 제시되어 있는데 이를 살펴보도록 하자.

첫째, 수익률곡선(yield curve)이 ±100bp 수평 이동하는 경우[11]
둘째, 수익률곡선(yield curve)이 ±25bp 비틀리는 경우

---

10) 스트레스 테스팅은 원래 의학분야에서 사용되는 전문용어로서, 신체 특정부분에 충격을 주어 그 반응을 보고 질병을 판단하는 것을 말한다.
11) bp는 basis point 의 약자로서 1bp = 0.01%를 의미한다.

셋째, 주가지수가 ±10% 변하는 경우

넷째, 통화가치가 ±6% 변하는 경우

다섯째, 변동성(volatility)이 ±20% 변하는 경우

따라서 시장에서 위와 같은 변동이 발생하면 비정상상황으로 간주하고 이에 대한 대책을 미리 수립해야 안전하다는 것이다. 물론 이러한 가이드 라인이 얼마나 유용한가는 전형적인 시장위험을 얼마나 적절히 반영하고 있는가에 달려 있다. 예를 들어, 수익률곡선이 목표기간 동안 100bp보다 많이 변하는 상황이 자주 발생한다면 이는 정상상황에 가깝다고 볼 수 있으며 위기상황이라고 보기 어려울 것이다. 따라서 각 시장의 전형적인 변동상황을 우선 이해하는 것이 정상상황이냐, 아니면 위기상황이냐를 결정하는 중요한 요소가 될 것이다.

④ 스트레스 테스팅의 장단점

ⅰ) 장점

스트레스 테스팅의 장점은 과거자료가 존재하지 않는 상황을 리스크 관리에서 고려할 수 있다는 점이다. 예를 들어, 새로운 자본시장통합법이 조만간 제정된다고 가정하고 그것이 어떤 은행이나 보험회사의 향후 손익에 미치는 영향을 분석할 경우, 과거자료가 없어 VaR는 측정할 수는 없으나 스트레스 테스팅을 통해 결과를 예측하고 대책을 강구할 수 있을 것이다.

ⅱ) 단점

스트레스 테스팅에는 몇 가지 단점이 있다.

첫째, 스트레스 테스팅을 이용하여 포트폴리오 분석을 할 경우 포트폴리오 리스크에서 중요한 부분을 차지하는 상관관계를 제대로 반영하지 못한다는 점이다. 일반적으로 스트레스 테스팅은 한 번에 1개 변수 혹은 3~4개 변수의 큰 변화가 미치는 영향을 분석한다. 따라서 스트레스 테스팅은 대규모 그리고 복잡한 포트폴리오에 대한 위기분석에는 적절치 않다.

둘째, VaR측정에 잘못 이용될 수 있다는 점이다. 스트레스 테스팅은 객관적인 과거자료를 이용하기 어렵기 때문에 대부분 주관적이나 넌터리 또는 적절지 않은 상황 설정으로 엉뚱한 VaR가 계산될 수 있다.

셋째, 특정 시나리오의 선택이 포트폴리오 포지션 자체에 의해 영향을 받을 수 있다. 즉, 만일 시나리오가 변한다면 단순히 시나리오가 변했다는 이유로 리스크 측정치도 변하게 된다. 또한 스트레스 테스팅은 최악의 상황이 발생할 수 있는 확률을 정하지 않는다.

이상의 결과들을 요약하면 스트레스 테스팅은 VaR을 완전히 대체하기 보다는 보완하는 방법으로 운용하는 것이 합리적이다. 또한 스트레스 테스팅의 몇몇 단점에도 불구하고 포트폴리오가 주로 1개의 리스크요인에 노출되어 있는 경우 매우 유용하다. 이 경우에는 리스크요소들 사이의 상관관계를 고려할 필요가 없기 때문이다. 스트레스 테스팅은 주요 변수의 최악의 움직임이 미치는 영향을 분석하는데 매우 유용하고 이는 분포의 극단적인 꼬리부분에서 3~4개의 관찰치를 선택하는 것과 유사하다. 그러나 스트레스 테스팅은 분포의 나머지 부분이 규정된 후에만 유용하다는 것을 인식할 필요가 있다. 스트레스 테스팅은 감독기관이 현재 운용 중인 리스크관리 시스템의 안정성과 건전성을 평가하는 데 이용되고 있다.

(2) 스트레스 테스팅 방법

스트레스 테스팅의 주요 방법으로는 시나리오 분석, 스트레스 테스팅 시스템분석, 그리고 정책반응 등이 있는데 이들을 간략히 설명하면 다음과 같다.

① 시나리오 분석

시나리오 분석(scenario analysis)이란 금리의 급격한 변동, 주가지수의 급변 등 주요 경제변수들의 심각한 변동을 가정하고 포트폴리오를 평가하는 것을 말한다. 리스크 요인의 수에 따라 다음과 같이 1차원 시나리오 분석과 다차원 시나리오 분석으로 구분된다.

ⅰ) 1차원 시나리오 분석

1차원 시나리오 분석(unidimensional scenario analysis)이란 하나의 리스크 요인만이 존재할 경우에 적용되는 시나리오 분석법이다. 앞에서 설명한 스트레스 테스팅의 가이드 라인도 각각의 요소를 한 번에 하나씩 개별적으로 분석한다면 1차원 시나리오 분석이 된다.

ii) 다차원 시나리오 분석

다차원 시나리오 분석(multidimensional scenario analysis)이란 두 개 이상의 위험 요소의 변화를 동시에 고려하여 시나리오 분석을 실시하는 것을 말한다. 예를 들어, 금리의 변동과 주가지수의 변동을 동시에 고려한다든지, 혹은 인플레이션의 변동과 환율의 변동, 그리고 주가지수의 변동 등을 동시에 고려한다면 다차원 시나리오 분석이 되는 것이다. 1차원 시나리오 분석이 중요한 개별 리스크 요소를 독립적으로 분석하기 때문에 리스크 요인들 사이의 상관관계를 고려할 수 없다는 문제점이 있는 반면, 다차원 시나리오 분석은 이런 문제를 극복할 수 있다는 장점이 있다.

다차원 시나리오 분석에는 다음과 같이 다양한 방법들이 있다.

a) 가상 시나리오 방법

가상 시나리오(perspective scenario)란 '가상적인 1회성 충격(hypothetical one-off surprise)'을 표시한다. 예를 들어, 일본에서의 대지진 발생, 한반도의 통일, 석유 생산지역에서의 전쟁 발발 등을 가상하고 시나리오를 분석하는 것을 말한다. 이러한 시나리오 분석법의 문제점은 다른 리스크 요인을 배제하고 주관적으로 설정한 리스크 요인만을 분석한다는 것이다. 따라서 복잡한 리스크 요인에 의해 영향을 받는 포트폴리오나 자산의 리스크 분석에는 적절치 않다. 가상 시나리오 방법에는 두 가지 종류가 있다.

하나는 요인압박방법(FPM: Factor Push Method)으로서 모든 변수를 개별적으로 일정폭 만큼 상향 혹은 하향 조정하여 가치를 평가하는 것이다. 예를 들어, 포트폴리오의 가치를 평가할 때 표준편차의 1.65배 상향 또는 하향 조정한 후 시행하면 좀 더 극단적인 상황에 대비하기가 쉬워 질 것이다. 이는 매우 보수적인 방법으로서 요인들 사이의 상관관계를 고려하지 않는다는 단점이 있다.

다른 하나는 조건부 시나리오 분석법(CSM: Conditional Scenario Method)으로서 중요한 특정 리스크 요인들만 변동하고 나머지 요인들은 변함이 없다는 조건하에서 분석하는 방법이다. 이 방법은 요인압박방법 보다 더 체계적으로 요인들간의 상관관계를 고려한다는 장점이 있다.

b) 역사적 시나리오 방법

역사적 시나리오(historical scenario)란 과거 역사로부터 시나리오를 추론하는 방법이다. 과거에 발생했던 급격한 금리변동, 물가상승, 환율변동 등의 사건으로부터 미래에 발생 가능한 큰 변동 사건 혹은 시나리오를 유추하는 것을 말한다. 과거의 오랜 기간을 고려하면 할수록 보다 현실화 될 수 있는 시나리오를 구성할 수 있다. 다만 이 방법의 가정은 과거는 미래에도 반복된다는 것인데 이는 다소 비현실적인 면이 있다는 문제점을 가지고 있다.

② 스트레스 테스팅 시스템 분석

스트레스 테스팅 시스템 분석(stress−testing system analysis)은 리스크 관리에 사용되는 모형을 변형시킨다든지, 변동성, 상관계수, 가치평가방법 등에 변화를 주어 어떤 상황이 발생하는지 분석하는 방법을 말한다. 대표적으로 민감도분석과 모형모수 분석이 있다.

ⅰ) 민감도 분석

민감도 분석(sensitivity analysis)이란 모형의 함수적 형태(functional form)를 변화시킬 때 어떤 변동이 생기는지를 분석하는 것이다. 예를 들어, 파생상품의 가치를 평가할 때 이항분포모형을 사용할 경우와 블랙−숄즈−머튼모형(Black−Scholes−Merton Model)을 사용할 경우 그 결과는 다를 수 있다. 따라서 다양한 평가모형을 적용하여 발생 가능한 시나리오를 만들고 이를 토대로 리스크를 분석하는 방법을 말한다.

ⅱ) 모형모수 분석

모형모수 분석(model parameter analysis)이란 모형에 입력시키는 모수들(예를 들어, 변동성, 상관관계 등)을 다르게 하여 그 결과를 분석하는 것이다. 예를 들어, 최근의 자료를 이용하여 상관계수를 산출하였는데 과거와 차이가 많이 날 경우 상관계수를 조정하여 리스크를 측정하거나, 변동성을 다양한 값으로 스트레스 테스팅 하는 방법 등이 있다.

ⅲ) 정책반응

정책반응(policy responses)이란 주요 국가 정책의 변화 시 그 반응을 살펴보는 방법을 말한다. 정책의 변화에 대응하여 기업이 취할 수 있는 몇 가지 대표적인 반응을 요약하면 다음과 같다.

첫째, 보험이나 기타 헷지에 필요한 수단에 투자한다.

둘째, 위험노출부분을 줄이거나 분산투자전략 등을 통해 포트폴리오를 수정하는 등 정책변화의 충격을 줄이도록 노력한다.

셋째, 정책변화에 능동적으로 대응할 수 있도록 사업구조를 개편한다.

넷째, 특별한 시나리오가 전개되면 이에 대응하기 위한 교정계획(a plan for a corrective course)을 개발한다.

마지막으로, 유동성에 문제가 발생할 경우에 대비하여 대안이 될 만한 자금조달 방식을 미리 준비한다.

5 | VaR와 시뮬레이션

1) 시뮬레이션의 개념 및 종류

(1) 시뮬레이션의 정의

시뮬레이션(simulation)이란 컴퓨터 등을 이용하여 금융가격과 같은 어떤 변수들의 값을 근사적으로 만들어 내는 방법 혹은 기법(A method or technique to ap-proximate the behavior of given variables, such as financial prices, using computer)을 말한다. 리스크관리 분야에서는 분석에 필요한 자료를 시장에서 구하기 어렵거나 정밀한 수학적 모형을 통해 미래가치를 예측하기 어려울 때 자주 사용된다. 대표적인 방법으로 몬테 카를로 시뮬레이션(Monte Carlo simulation), 부트 스트랩 시뮬레이션(Bootstrap simulation) 등이 있다.

(2) 시뮬레이션의 장단점

시뮬레이션은 매우 유용한 방법이긴 하지만 실제 사용하는 데는 개발비용과 개발시간이 많이 소요되는 등의 문제점도 있다. 시뮬레이션의 장단점을 간략히 살펴보면 다음과 같다.

① 장점

첫째, 유연성(flexibility)이 크다.

즉, 시뮬레이션은 가격리스크, 변동성리스크, 비선형리스크 등 다양한 리스크를 설명할 수 있다. 이론적인 가치평가모형이나 확률적 모형으로 접근할 경우 매우 복잡해지고 때로는 설명이 불가능한 경우에도 시뮬레이션으로 해결할 수 있는 상황이 많이 있다.

둘째, 장기간 리스크 측정에 유용하다.

장기간에 걸친 가격의 예측은 매우 어려운 부분이다. 그러나 시뮬레이션을 이용하면 장기간의 예측도 가능하기 때문에 실무에서 아주 유용한 데, 특히 신용리스크 관리에 아주 유용하며, 운영리스크의 측정에도 사용할 수 있다.

② 단점

시뮬레이션의 많은 장점에도 불구하고 몇 가지 단점들 때문에 실무에서 많이 사용되지 못하는 것은 안타까운 일이다. 그런데 시뮬레이션의 장점이 크기 때문에 문제점을 극복할 수 있도록 투자와 노력이 필요하다. 주요 단점들을 요약하면 다음과 같다.

첫째, 시뮬레이션 시스템 개발 등에 많은 투자가 필요하다.

우선 컴퓨터를 이용하여 시뮬레이션 프로그램을 설계하고 실행할 수 있는 전문인력의 확보, 고성능 컴퓨터 설치, 시뮬레이션에 활용할 수 있는 잘 구축된 데이터 베이스 등 시뮬레이션을 이용하기 위해서는 많은 인적, 물적 투자가 필요하다. 이러한 초기 투자비용 때문에 많은 기업들이 시뮬레이션을 실무에서 활용하는 데 주저하게 된다. 그러나 일단 한 번 투자된 고정비용은 향후 충분한 활용으로 만회할 수 있으며, 중대한 리스크를 잘 관리함으로써 기업의 부도를 막을 수 있다는 것은 충분히 투자비용을 감수할 유인이 된다고 할 수 있다.

둘째, 다른 방법에 비해 리스크 측정에 많은 시간이 소요된다.

수리적 혹은 계량적 모형들을 이용하면 쉽게 결과를 얻을 수 있지만, 시뮬레이션은 다양한 상황을 무작위로 만들어 내기 때문에 시간이 많이 소요될 수밖에 없다. 이는 신속한 의사결정에 저해요인이 되기 때문에 중대한 문제라 할 수 있다. 따라서 가급적 간편하고 빠르게 결과를 얻어 낼 수 있는 정확한 수리적 모형이 존재한다면 군이 시뮬레이션을 이용할 필요는 없을 것이다. 그러나 그러한 모형이 존재하지 않을 경우에는 보완적인 방법으로서 시뮬레이션이 매우 유용하게 활용될 수 있을 것이다. 또한 컴퓨터 하드웨어의 급속한 발전과 각종 자료 분석, 프로그램개발 소프트웨어들이 빠르게 발전하고 있어 시뮬레이션의 소요시간문제는 점차 줄어들고 있다.

(3) 시뮬레이션의 종류

시뮬레이션 방법은 다음과 같이 크게 두 가지로 구분할 수 있다.

① 모수 시뮬레이션

모수 시뮬레이션(parametric simulation)이란 특정한 분포(예 정규분포)를 가정하는 시뮬레이션을 말한다.[12] 대표적인 것으로서 몬테 카를로 시뮬레이션(Monte Carlo Simulation)이 있다.[13] 자세한 시뮬레이션 방법은 뒤에서 설명할 것이다.

② 비모수 시뮬레이션

비모수 시뮬레이션(non-parametric simulation)이란 특정한 분포를 가정하지 않는 시뮬레이션으로서 과거자료를 이용하는 경우가 대부분이다. 대표적인 방법으로서 역사적 시뮬레이션(historic simulation), 부트 스트랩 시뮬레이션(bootstrap simulation) 등이 있다. 이들에 대한 자세한 방법은 뒤에서 설명하기로 한다.

2) 모수 시뮬레이션: 몬테 카를로 시뮬레이션 방법

앞서 설명한 바와 같이 모수 시뮬레이션의 대표적인 방법으로 몬테 카를로 시뮬레이션(Monte Carlo simulation)이 있다. 모수 시뮬레이션이므로 분포를 가정하게

---

12) 모수(parameter)란 수학이나 통계학에서 많이 사용하는 개념으로서, 주어진 자료나 시간에서는 상수이지만 시간이나 자료에 따라 변할 수 있는 값을 말한다. 예를 들어, 회귀분석을 통해 추정되는 회귀식, $y = a + bx + e$에서 모수 a와 b는 주어진 자료에서는 상수이지만 자료가 변하면 그 값은 변할 수 있다. 모수는 또한 분포의 특성을 결정하는 평균(μ), 표준편차(σ) 등을 의미하기도 하여 모수 자체가 분포를 의미하기도 하기 때문에 여기서도 모수 시뮬레이션이라고 한다. 이는 다른 말로 하면 분포 시뮬레이션을 의미한다.

13) 몬테 카를로 시뮬레이션에서 몬테 카를로는 원래 프랑스 남부의 모나코(Monaco)에 있는 유명한 카지노인데, 몬테 카를로 시뮬레이션의 고안자로 알려진 폴란드 수학자인 Stanislow Ulam이 그 카지노의 도박사인 자신의 아저씨(uncle)를 기념해 이름을 붙인 것이라 한다. Ulam은 1942년 미국 Los Alamos에서 원자탄을 개발할 때 이 시뮬레이션 방법을 처음으로 개발하여 사용했다고 알려져 있다. 이곳에서 Ulam은 복잡하고 난해한 적분값을 구하는 데 이 시뮬레이션을 사용하였으며, 후에 John Von Neumann, Nicholas Metropolis 등의 학자들에 의해 이 시뮬레이션 방법이 더욱 발전되었다.

되는데, 일반적으로 정규분포가 많이 사용된다. 몬테 카를로 시뮬레이션의 구체적이고 일반적인 적용방법 및 절차를 VaR를 구하는 예를 통해 설명하면 다음과 같다.

* Step 1: 사용할 분포를 결정한다(Specify distribution).
  예 정규분포(normal distribution)

* Step 2: 분포로부터 확률변수 값을 생성한다(Generate values of a random variable).
  예 누적확률분포를 활용한다(Use c.d.f. to generate X).[14]

* Step 3: 시뮬레이션을 통해 값을 구한다(Compute the values of simulated variables). 그리고 반복한다(Repeat).
  예 주식가격의 도출

* Step 4: VaR를 구한다(Compute VaR(S) = $E(S)$ − quantile(S)).

여기서는 리스크를 일으키는 변수가 주가(S_t) 하나인 단일변수 시뮬레이션을 소개하였는데, 변수가 2개 이상으로 확장되면 촐레스키 분해(Choleski decomposition or factorization)를 이용하여 시뮬레이션 할 수 있다. 촐레스키 방법에 대해 간략히 설명하면 다음과 같다.

* 리스크를 유발하는 변수의 수를 N개라 하자. 만일 이 N개의 변수가 서로 상관관계가 없다면, 위에서와 같은 방법으로 각 변수들을 다음과 같이 독립적으로 생성할 수 있다.

$$dS_{j,t} = S_{j,t+1} - S_{j,t} = S_{j,t}(\mu_j dt + \sigma_j \varepsilon_{j,t} \sqrt{dt})$$ (식 19-19)

  단, 확률변수 ε_j들은 상호 독립이라 가정한다.

* 만일 N개의 변수들이 상관관계를 갖는다면, 다음과 같은 촐레스키분해법을 이용해 상호 독립적인 확률변수로 상관관계가 있는 변수들을 표현할 수 있다. 여기서 확률변수 ε_j들의 분산행렬을 $V(\varepsilon\varepsilon) = R$이라 하면, $R = TT'$로 변

---

14) 누적확률분포(c.d.f.: cumulative distribution function): −∞부터 어떤 특정한 값까지의 모든 확률을 누적한 것으로서 다음과 같이 표시한다: $F(x) = \Pr(X \leq x)$

환할 수 있다는 것이 촐레스키 분해의 개념이다. 단, 여기서 행렬R은 대칭행렬(symmetric matrix)이고, T는 하위삼각행렬(lower triangular matrix)인데, 이는 행렬의 대각선 위쪽에 있는 요소들은 모두 0이고, 대각선 이하만 0이 아닌 숫자를 갖게 된다. T'는 행렬 T의 전치(transpose)행렬, 즉 행과 열을 서로 맞바꾼 행렬을 의미한다. 따라서, 대칭행렬 R이 삼각행력의 곱으로 분해될 수 있다는 것이 촐레스키분해법의 핵심이론이며, 다음 (식 19-20)과 같이 표시할 수 있다.

$$R = TT'$$ (식 19-20)

(식 19-20)에 있는 행렬을 어떻게 도출하는지 살펴보자. 먼저 N개의 요소로 구성되어 있는 벡터, $\omega = (\omega_1, \omega_2, \omega_3, \cdots, \omega_N)$를 정의해 보자. 여기서 각각의 요소 ω_j는 분산이 1이고 서로 독립인 확률변수이다. 서로 독립이므로 공분산은 모두 0이 되고 분산은 모두 1이므로 '분산-공분산행렬(variance-covariance matrix)', $V(\omega)$는 다음 (식 19-21)과 같은 단위행렬(identity matrix), I가 된다.[15]

$$V(\omega) = I = \begin{bmatrix} 1 & 0 \dots 0 \\ 0 & 1 & \\ 0 & 0 \dots 1 \end{bmatrix}$$ (식 19-21)

다음으로 상호독립인 변수들(ω_j)로부터 상관관계가 있는 변수들(ε_j)을 유도하기 위해 벡터 ε을 다음 (식 19-22)와 같이 정의한다.

$$\varepsilon = T\omega$$ (식 19-22)

그러면 ε의 공분산행렬(혹은 상관계수행렬)은 다음 (식 19-23)과 같이 정의된다.

$$\begin{aligned} V(\varepsilon) &= E(\varepsilon\varepsilon') \\ &= E(T\omega\omega' T') \\ &= TE(\omega\omega')T' \\ &= TV(\omega)T' \\ &= TIT' = TT' = R \end{aligned}$$ (식 19-23)

---

15) 단위행렬(I)이란 대각선에 있는 요소들은 모두 1이고 대각선 이외의 요소들은 모두 0인 행렬을 말한다.

＊ 위의 방법으로 분해하면 결국 상관관계가 있는 위험요인들을 상관관계가 없는 독립된 변수들로 표시할 수 있기 때문에 앞서 설명한 단일 변수의 시뮬레이션 방법을 적용하면 된다.

사례 19-3 | 투자수익률의 산술평균과 기하평균

두 확률변수 ω_1과 ω_2는 서로 독립적이고 분산이 각각 1이라 하자. 그리고 ε_1과 ε_2는 상관계수가 ρ이고 두 변수의 공분산행렬이 R이라 하자. 촐레스키분해법을 이용하여 상호 독립이 아닌 두 변수 ε_1과 ε_2를 어떻게 상호 독립인 두 변수 ω_1과 ω_2로 표시할 수 있는지 설명하라.

┃ 사례분석 ┃

확률변수 ε의 공분산행렬(상관계수행렬) R은 하위삼각행렬(T)의 곱으로 분해되므로 임의의 하위삼각행렬 T를 다음과 같이 정의해 보자.

$$T = \begin{bmatrix} x & 0 \\ y & z \end{bmatrix}$$

그러면 촐레스키분해법의 원리에 의해 상관계수행렬, R은 다음과 같이 표시할 수 있다.

$$R = \begin{bmatrix} 1 & \rho \\ \rho & 1 \end{bmatrix} = TT' = \begin{bmatrix} x & 0 \\ y & z \end{bmatrix} \begin{bmatrix} x & y \\ 0 & z \end{bmatrix} = \begin{bmatrix} x^2 & xy \\ xy & y^2 + z^2 \end{bmatrix}$$

따라서, 다음과 같이 미지수 3개, 방정식 3개인 연립방정식을 얻을 수 있다.

$$\rho = xy, \ x^2 = 1, \ y^2 + z^2 = 1$$

이 연립방정식을 풀면, $x = 1, \ y = \rho, \ z = \sqrt{1 - \rho^2}$
따라서, 주어진 상관관계를 만족하는 하위삼각행렬, T는 다음과 같다.

$$T = \begin{bmatrix} 1 & 0 \\ \rho & \sqrt{1 - \rho^2} \end{bmatrix}$$

(식 19-22)로부터 상호관련이 있는 두 변수 ε_1과 ε_2를 상호 독립인 두 변수 ω_1과 ω_2로 표시하면 다음과 같다.

$$\begin{pmatrix} \varepsilon_1 \\ \varepsilon_2 \end{pmatrix} = \begin{bmatrix} 1 & 0 \\ \rho & \sqrt{1-\rho^2} \end{bmatrix} \begin{pmatrix} \omega_1 \\ \omega_2 \end{pmatrix}$$

[핵심체크] 상호 독립이고 분산이 1인 두 변수 ω_1과 ω_2는 앞에서 설명한 몬테 카를로 시뮬 레이션방법 등으로 그 값을 구하고, 상관계수를 알고 있는 두 변수 ε_1과 ε_2값은 촐레스키분해법을 이용하여 위와 같은 방식으로 추정할 수 있다.

(3) 몬테 카를로 시뮬레이션의 장단점

몬테 카를로 시뮬레이션의 장단점을 요약하면 다음과 같다.

① 장점

첫째, 확률분포를 통해 보다 체계적으로 원하는 값을 얻을 수 있다.

둘째, 무작위값을 이용함으로 어느 한쪽으로 치우치지 않는 확률변수 값을 얻을 수 있다.

② 단점

첫째, 이론적 뒷받침이 없이 특정의 분포를 가정한다는 문제가 있다. 따라서 분포를 가정할 때 가급적 가정하는 분포가 실제 자료의 분포와 근사하도록 하면 단점이 보완될 것이다.

둘째, 앞에서 설명한 시뮬레이션의 특징으로서 시간이 많이 소요된다는 점이다.

3) 비모수 시뮬레이션

비모수 시뮬레이션은 특정 분포를 가정하지 않고 시행하는 시뮬레이션으로서 대표적으로 부트 스트랩 시뮬레이션(bootstrap simulation)이 있다.

(1) 부트 스트랩 방법

부트 스트랩(bootstrap)방법은 1979년 Efron이 개발하였으며 이 방법을 적용하는 일반적인 절차는 다음과 같다. 이해를 돕기 위해 VaR를 계산하는 방법을 예로 들어 설명하고자 한다.

* Step 1: 과거자료에서 N개를 추출한다(Sample N past values).
  예 과거 주식수익률(R_n) 500개 추출

* Step 2: N개로부터 무작위로 1개를 뽑는다(Draw 1 value from the sample).
  예 뽑은 수익률자료를 $R1$이라 하면, $S_{t+1} = S_t(1+R1)$

* Step 3: 위의 과정을 복원추출로 반복한다(Repeat above procedures with re-placement).
  예 (2)에서와 같은 방법으로 S_{t+2}, S_{t+3}, ······S_{t+n}를 구한다.

* Step 4: VaR를 계산한다(Compute VaR(S) = $E(S)$ - quantile(S)).

(2) 부트 스트랩 방법의 장단점

① 장점

첫째, 정규분포와 다른 점프, 두꺼운 꼬리분포 등 현실성이 있는 다양한 분포를 만들어 낼 수 있다.

둘째, 여러 변수들을 동시에 추출함으로써 확률변수간의 상관계수를 고려할 수 있다.

② 단점

첫째, 샘플사이즈가 작으면 실제상황을 제대로 재현하기 힘들다.

둘째, 복원추출로 인해 변수의 독립성은 확보되나, 추세와 같은 변수의 고유성질을 반영하기 어렵다.

부록

theory of derivatives

파생상품투자론

부록 01

주요 용어

A

Asset−Backed Security (자산유동화증권)	대출자산, 채권, 신용카드채권 등의 자산포트폴리오로부터 파생되는 새로운 유가증권
Accreting Swap (원금증가형 스왑)	원금이 점차 증가하는 스왑으로 상향스왑(step−up swap)이라고도 함.
Accrual Swap (발생스왑)	스왑의 일방에게 지급되는 이자가 기준이 되는 변동금리가 일정 범위에 있을 때만 발생하는 스왑.
Accrued Interest (발생이자)	최근 이자지급일 이후부터 현재까지 발생한 이자.
Agency Costs (대리인 비용)	주인과 대리인 사이의 비대칭 정보로 인해 발생하는 도덕적 해이, 역선택 등을 최소화하기 위해 투입되는 비용.
American Option (아메리칸 옵션)	옵션의 만기일까지 언제든지 권리행사가 가능한 옵션.
Amortising Swap (원금감소형 스왑)	원금이 점차 감소하는 스왑으로 상각스왑이라고도 함.
Analytic Result (해석적 결과)	공식의 형태를 가지는 가치평가 모형.
Arbitrage (차익거래)	두개 이상의 자산의 가격이 상대적으로 잘못 결정되었음을 이용하여 초기투자와 위험없이 이익을 취하는 거래.
Arbitrageur (차익거래자)	차익거래를 하는 사람.
Arithmetis Brownian Motion(ABM) (산술브라운운동)	브라운운동의 한 형태로서 정규분포를 따름

Arithmetic mean (산술평균)	n개의 변수의 합을 n으로 나누어 얻는 평균치.
Asian Option (아시안옵션)	정해진 기간 동안에 기초자산의 평균가격에 의해 이득이 결정 되는 옵션.
Ask Price(매도호가)	자산을 매도하면서 제시하는 가격.
Asset-or-nothing Call Option	기초자산가격이 행사가격보다 높으면 이득이 기초자산의 가격 으로, 행사가격보다 낮으면 이득이 0으로 결정되는 옵션.
Asset-or-nothing Put Option	기초자산가격이 행사가격보다 낮으면 이득이 기초자산의 가격 으로, 행사가격보다 높으면 이득이 0으로 결정되는 옵션.
As-you-like-it Option (선택자 옵션)	Chooser Option 참조.
At-the-money Option (내가격 옵션)	행사가격이 기초자산의 가격과 동일한 옵션.
Average Price Call Option(평균가격 콜옵션)	기초자산의 평균가격이 행사가격을 초과하는 정도와 0 중에서 큰 금액으로 이득이 결정되는 옵션.
Average Price Put Option (평균가격 풋옵션)	행사가격이 기초자산의 평균가격을 초과하는 정도와 0 중에서 큰 금액으로 이득이 결정되는 옵션.

B

Back Spread (백 스프레드)	역비율 스프레드(reverse ratio spread).
Back-testing (사후검증)	실제손실이 예측된 손실의 범위에서 발생하는지를 검증하는 통계적 방법
Barrier Option (장애물옵션)	기초자산의 가격이 장애물가격에 도달하는지의 여부에 의해 이득이 결정되는 옵션.
Basis(베이시스)	상품의 현물가격과 선물가격의 차이(통상 basis=현물가격- 선물가격)
Basis Point (베이시스포인트)	이자율을 묘사할 때 사용되는 것으로, 1베이시스 포인트는 1% 의 100분의 1(0.01%)이다(즉, 100bp=1%).
Basis Risk (베이시스 위험)	미래시점의 베이시스가 불확실함으로 인해 헷저가 부담하는 위험.
Basis Swap (베이시스 스왑)	서로 다른 변동금리간에 교환이 일어나는 스왑.
Bear Spread	행사가격이 X1 인 풋옵션을 매도하고 행사가격이 X2 인 풋옵

(약세스프레드)	션을 매입하여 구성한 포지션으로 콜옵션을 이용하여 구성할 수도 있음(단, X2 〉 X1).
Bernoulli Distribution (베르누이분포)	확률변수가 2가지 값만 가질 수 있는 분포.
Beta(베타)	자산의 체계적 위험 측정치.
Bid-ask Spread (매매호가 차이)	매입호가와 매도호가 간의 차이.
Bid Price(매입호가)	자산을 매입하면서 제시하는 가격.
Binary Option (이원옵션)	cash−or−nothing option 또는 asset−or−nothing option을 의미함.
Binomial Equation (이항공식)	(a+b)n을 구하는 공식.
Binomial Model (이항분포모형)	자산의 가격이 연이은 짧은 기간 동안 계속 점검되는 모형으로 각각의 짧은 기간 동안 주가는 단 2개의 가격변화를 가짐.
Black Monday (검은 월요일)	주가가 20% 이상 대폭락한 1987년 10월 19일의 월요일을 지칭하는 말.
Black-Scholes-Merton Model (블랙-숄즈-머튼모형)	1973년 피셔 블랙과 마이클 숄즈, 머튼 등이 발표한 유로피언 주식옵션 가격결정모형.
Black's Model (블랙모형)	블랙이 1976년에 블랙−숄즈−머튼 모형을 확장한 것으로 유로피언 선물옵션의 가치를 평가하는 모형임.
Blended-index Equity Swap(복합지수주식스왑)	두 가지 이상의 주가지수의 수익률과 금리가 교환되는 스왑.
Board Broker (장내브로커)	거래소에서 지정가 주문을 처리하는 사람. 장내브로커는 다른 거래자들이 이용할 수 있도록 지정가주문 잔고를 알려주는 일도 함.
Board Order(전광판주문)	MIT order 참조.
Bond Option(채권옵션)	기초자산이 채권인 옵션.
Bootstrap Method (부트 스트랩법)	시장자료를 이용해서 무이표채 수익률곡선을 확장하기 위해 계산하는 절차 또는 과거자료를 이용한 시뮬레이션 방법.
Broker(브로커)	거래를 단순중개하는 자로서 자산을 비축(inventory)하지 않는다는 것이 딜러와의 차이이다.
Brown Motion (브라운 운동)	Ito과정의 한 형태로서 생물학자 브라운이 발견한 확률과정이니, 기하브라운과성과 산술브라운과성으로 구분됨.
Bull Spread (강세스프레드)	행사가격이 X1인 콜옵션을 매입하고 행사가격이 X2인 콜옵션을 매도하여 구성한 포지션으로, 풋옵션을 이용해서도 구성할

	수 있음(단, X2>X1).
Butterfly Spread (나비형스프레드)	행사가격이 X1인 콜옵션과 행사가격이 X3인 콜옵션을 각각 1개씩 매입하고 행사가격이 X2인 콜옵션 2개를 매도하여 구성한 포지션으로, 풋옵션을 이용해서도 구성할 수 있음(단, X3>X2>X1이고, X2=(X1+X3)/2임).

C

Calendar Day(달력일)	달력에 있는 그대로의 날짜와 요일.
Calendar Spread (캘린더스프레드)	콜옵션 1개를 매입하고 콜옵션 1개를 매도하여 구성한 포지션으로, 풋옵션을 이용해서도 구성할 수 있음(단, 옵션의 만기는 상이함).
Callable Bond (수의상환권부 채권)	발행자가 만기 전에 정해진 가격으로 채권을 매입 할 수 있는 권리가 부여된 채권.
Call Option(콜옵션)	일정 기간까지 일정가격으로 기초자산을 매입할 수 있는 옵션.
Capital Asset Pricing Model (자본자산가격결정모형)	자산의 기대수익률을 베타와 관련시켜 결정하는 모형(CAPM).
Caplet(캡레트)	금리캡의 구성요소.
Cap Rate(캡금리)	금리캡에서 이득을 결정하는 이자율.
Cash-or-nothing Call Option	최종자산가격이 행사가격보다 높으면 미리 정한 일정금액의 이득이 발생하고, 반대의 경우 이득이 0인 옵션.
Cash-or-nothing Put Option	최종자산가격이 행사가격보다 낮으면 미리 정한 일정금액의 이득이 발생하고, 반대의 경우 이득이 0인 옵션.
Cash Settlement (현금정산)	주가지수선물처럼 기초자산을 인도하지 않고 현금으로 선물계약을 정산하는 절차.
CBOE(Chicago Board Options Exchange)	시카고에 소재한 세계 최대의 주식옵션시장을 가지고 있는 시카고 옵션거래소.
CBOT(Chicago Board of Trade)	시카고 상품거래소.
Central Limit Theorem (중심극한정리)	표본의 수가 커지면 임의의 확률분포가 정규분포로 수렴한다는 원리.
Cheapest-to-deliver Bond(최저가인도채권)	CBOT의 채권선물계약에서 인도하는데 가장 싼 채권.
Choleski Decomposition	상관관계가 있는 변수들을 독립적인 변수의 함수로 전환시키

(촐레스키분해)	는 수학적 방법.
Chooser Option(선택옵션)	만기일 전 어느 시점에서 콜옵션과 풋옵션중 소유자가 선택할 권리가 주어진 옵션.
Circuit Breakers (서킷브레이커)	선물가격이 급격히 변동할 때 선물거래를 중단시키는 것.
Clean Price of Bond (채권의 공시가격)	공시된 채권가격. 채권의 현금가격(dirty price of bond)은 채권의 공시가격(clean price of bond)에 발생이자를 더해서 구함.
Clearinghouse(결제소)	파생상품의 거래이행을 보증하는 기관(결제회사라고도 부른다).
Clearing Margin (거래증거금)	결제소회원이 거래를 위해 결제소에 위탁하는 증거금.
Closing price (종료현물가격)	선물 최종거래일의 종료가격을 의미하며 최종거래일의 정산가격으로 쓰임.
CME(Chicago Mercantile Exchange)	시카고 상업거래소.
Combination (콤비네이션)	동일한 기초자산에 대한 콜옵션과 풋옵션을 동시에 이용하여 구성한 포지션.
Commission Brokers (커미션브로커)	고객들을 위해 거래를 대신하고 그에 대한 대가로 커미션을 받는 사람.
Commodity Swap (상품스왑)	거래의 한쪽이 상대방에게 일정한 양의 상품에 대해서 고정된 가격을 정기적으로 지불하고 상대방은 고정가격 대신에 시장가격을 지불하는 스왑.
Compound Option (복합옵션)	옵션에 대한 옵션(즉, 기초자산이 옵션인 옵션).
Compound Option Model(복합옵션모형)	기업의 자기자본(equity)을 기업자산에 대한 옵션으로 취급하는 모형.
Compound Swap (복리스왑)	이자는미리정해진원칙에따라스왑의만기까지복리계산되고스왑의만기일에오직한번지급하는스왑.
Consumption Asset (소비자산)	투자목적이 아니고 소비목적으로 보유하는 자산.
Contango(콘탱고)	선물가격이 기대현물가격보다 높은 상황.
Continuous Compounding(연속복리)	이자율을 표시하는 한 방법. 이자율을 적용하는 기간을 측정할 수 없을 정도로 극단적으로 짧게 하는 방법.
Convenience Yield (부유편이륜)	자산을 직접 소유함으로써 얻는 편익으로서, 선물계약 매입포지션을 소유한 투자자는 얻을 수 없음.
Conversion(전환)	합성매도(synthetic short)을 이용하는 차익거래.
Conversion Factor	CBOT의 채권선물계약에서 인도되어야 할 채권의 수를 결정

(전환계수)	하는데 사용되는 계수.
Convertible Bond (전환사채)	만기전(즉, 잔존기간 중) 일정한 시점에서 미리 정해진 수량의 주식으로 전환될 수 있는 회사채.
Convexity(볼록성)	채권의 가격과 수익률간에 존재하는 곡률(curvature)의 정도.
Cost of Carry(보유비용)	보관비용, 자본조달 비용, 중간소득
Cost of Delay(지연비용)	타이밍 옵션이 내재해 있는 투자안의 평가에서 투자안의 실행을 지연함으로써 발생하는 비용.
Coupon (이자 또는 표면이자)	채권의 이자지급액.
Covered Call (보호된 콜옵션)	콜옵션 매도포지션과 기초자산 매입포지션이 결합된 포지션.
Credit Box(현금유입 박스)	합성매입포지션의 행사가격(K_1)이 합성매도포지션의 행사가격(K_2)보다 큰 박스 스프레드.
Credit Risk(신용위험)	파생상품 거래의 상대방이 채무불이행함으로써 발생하는 손실위험.
Credit Spread (현금유입 스프레드)	가격이 높은 옵션을 발행하고 가격이 낮은 옵션을 매입하므로 초기에 이익(credit)이 되는 거래전략.
Critical Value(임계가치)	실물옵션에서 실물투자(자산)를 포기하는 것이 최적인 기초자산가치의 수준(level).
Currency Option (통화옵션)	환율을 대상으로 하는 옵션.

D

Day Count(일수계산)	이자를 계산하는 날수의 산정.
Day Trade(당일마감거래)	동일한 날에 시작했다가 마감한 거래.
Default Risk (채무불이행위험)	계약당사자가 계약을 이행하지 않을 위험
Dealer(딜러)	거래를 중개한다는 점에서는 브로커와 같으나, 자산을 비축(inventory)하여 수요와 공급을 원활히 한다는 점에서 브로커와 다름.
Debit Box(현금유출 박스)	합성매입포지션의 행사가격(K_1)이 합성매도포지션의 행사가격(K_2)보다 작은 박스 스프레드.
Debit Spread (현금유출 스프레드)	가격이 낮은 옵션을 발행하고 가격이 높은 옵션을 매입하므로 초기에 현금유출(debit)이 되는 전략.

Deferred Start Swap (이연스왑)	계약일로부터 일정기간(수개월혹은수년) 후에 이자가 교환되기 시작하는 스왑으로 선도스왑(forwardswap)이라고도 함.
Delta(델타)	기초자산의 가격에 대한 파생상품의 가격변화율.
Delta Hedging(델타헷징)	기초자산의 가격이 조금 변할 때 파생상품으로 구성된 포트폴리오의 가치가 변하지 않도록 하기 위한 헷징방법.
Delta-neutral Portfolio (델타중립 포트폴리오)	델타가 0인 포트폴리오로 기초자산의 가격이 조금 변할 때 포트폴리오의 가치는 변하지 않음.
Derivative(파생상품)	가격이 다른 자산의 가격으로부터 연유되는, 또는 다른 자산의 가격에 의해 결정되는 금융상품(instrument).
Diagonal Spread (대각선스프레드)	행사가격과 만기가 상이한 콜옵션 2개를 이용하여 구성한 포지션으로, 풋옵션을 이용해서도 구성할 수 있음.
Diff Swap(딥스왑)	거래 일방은 특정한 통화로 표시된 변동금리이자를 지급하고, 상대방은 다른 통화로 표시된 변동금리에 일정한 마진을 가감한 금리로 이자를 지급하되 실제 지급통화는 동일하게 설계된 스왑.
Discount Instrument (할인상품)	T-bill과 같이 중간에 이자를 지급하지 않는 금융상품.
Discount Rate(할인율)	최종 액면가의 퍼센트로 표현된 T-bill 또는 유사상품의 연간 수익률.
Discretionary order (재량주문)	더 유리한 가격을 얻기 위하여 브로커의 재량권으로 계약을 체결하도록 하는 주문의 형태.
Diversification(분산투자)	투자의 위험, 특히 비체계적 위험을 제거하기 위해 위험수준이 다르고 서로 상관관계가 있는 자산에 골고루 분산하여 투자하는 것.
Dividend(배당)	주식 소유자에게 지급되는 현금배당액.
Dividend Yield (배당수익률)	배당을 주가로 나눈 비율.
Down-and-in Option (하향진입옵션)	기초자산의 가격이 미리 정한 수준으로 하락하면 유효하게 되는 옵션.
Down-and-out Option (하향실격옵션)	기초자산의 가격이 미리 정한 수준으로 하락하면 실격되는 옵션.
Drift Rate(평균율)	확률과정에서 기준시간당 평균변화.
Duration(듀레이션)	채권의 가중평균회수기간 이는 채권수익률의 전대변화에 대한 채권가격의 변화율을 개략적으로 나타낸다.
Duration Matching (듀레이션 일치)	금융기관에서 자산과 부채의 듀레이션을 일치시키는 절차.

Dynamic Asset Allocation Strategy (동적자산배분전략)	주식과 무위험채권의 적절한 결합으로 프로텍티브 풋옵션을 합성하는 포트폴리오 보험 전략.
Dynamic Hedging (동적 헷징)	기초자산의 포지션을 정기적으로 조정하여 옵션포지션을 헷징하는 절차로 델타중립인 포지션을 유지하는데 목적이 있음.

E

Early Exercise(조기행사 또는 만기일전 권리행사)	만기일 전에 권리를 행사하는 것.
Efficient Market Hypothesis (효율적 시장가설)	자산의 가격에는 관련정보가 이미 반영되어 있다는 가설 (EMH).
Embedded Option (부가된 옵션)	다른 증권에 묵시적으로 포함된 옵션.
Equity Basis Swap (주식베이시스스왑)	두 개의 서로 다른 주가지수의 성과에 기초하여 주기적으로 지불금을 교환하는 스왑.
Equity Swap(주식스왑)	채권의 금리(변동금리 또는 고정금리)와 주가수익률(=자본이득률+배당수익률)을 교환하는 스왑.
ETF(상장지수펀드)	KOSPI200지수와 KOSPI50지수와 같은 특정 주가지수의 수익률을 따라가는 지수연동형 펀드를 구성한 뒤 이를 거래소에 상장하여 주식처럼 실시간으로 매매할 수 있도록 발행, 유통, 환매 구조를 변형한 상품.
Eurocurrency(유로통화)	발행국가 통화당국의 공식적인 통제가 미치지 못하는 국외에서 유통되는 통화.
Eurodollar(유로달러)	미국밖에 소재한 은행이 보유하고 있는 달러.
Eurodollar Futures Contract (유로달러 선물계약)	유로달러 예금액(deposit)을 기초자산으로 하여 발행된 선물계약.
Eurodollar Interest Rate(유로달러 이자율)	유로달러 예금의 이자율.
European Option (유로피언 옵션)	오직 만기일에만 권리를 행사할 수 있는 옵션.
Ex-dividend Date (배당락일)	배당을 지급하기로 공시할 때 배당락일이 명시되며, 배당락일에 주식을 매입하는 투자자는 배당금을 받을 수 없음. 배당락일 현재 주식을 보유하는 투자자는 배당을 받음.
Exercise Price(행사가격)	옵션계약에서 기초자산을 사거나 파는 가격.

Exotic Option (이색옵션, 특이옵션)	표준화되지 않은 옵션.
Expectations Theory (기대이론)	이자율의 기간구조(term structure)를 설명하는 한 이론으로서, 장기이자율이 미래의 기대단기 이자율을 반영하여 결정된다는 이론.
Expected Value of a Variable(변수의 기대치)	변수 값을 발생확률로 가중평균한 값.
Expiration Date(만기일)	계약 만료일.
Extendable Bond (연장채권)	채권소유자의 선택에 의해 만기가 연장될 수 있는 채권.
Extendable Swap (연장가능스왑)	스왑당사자 한 쪽이 자신에게 유리하도록 스왑계약기간을 연장할 수 있는 선택권(option)이 첨부된 스왑.

F

FASB(Financial Accounting Standards Board)	재무회계기준위원회.
Fill-or-kill order (성립취소주문)	주문이 즉시 체결되지 않으면 소멸되는 주문형태.
Financial Engineering (금융공학)	다양한 증권들과 옵션들을 결합하거나, 기존의 증권이나 파생상품을 분해하여 새로운 금융상품이나 거래과정을 개발하는 것.
Financial Intermediary (금융중개기관)	서로 다른 경제주체 간에 자금의 흐름을 연결하는 은행 또는 기타 금융기관.
FinTech	금융(Financial)과 정보기술(Technology)의 합성어로, 인터넷·모바일 공간에서 결제·송금·이체, 인터넷 전문 은행, 크라우드 펀딩, 디지털 화폐 등 각종 금융 서비스를 제공하는 산업. 금융보다 정보기술이 강조되면 TechFin이라고도 함.
Fixed-income Securities (고정소득증권)	채권처럼 미래 소득이 고정되어 있는 증권.
Floorlet(플로아레트)	플로아의 구성요소.
Floor Rate(플루아금리)	금리플로아 계약에서의 이자율.
Foreign Currency Option(통화옵션)	환율에 대한 옵션.

Forward Contract (선도계약)	계약자가 특정자산을 미래 일정시점에서 미리 정해진 인도가격으로 사거나 파는 의무가 부여된 계약.
Forward Exchange Rate (선도환율)	외국통화 1단위당 선도가격.
Forward Interest Rate (선도이자율)	현재 시장에서 형성되는 이자율에 내재된 미래 일정기간 동안의 이자율.
Forward Price(선도가격)	계약의 가치가 0이 되도록 하는 선도계약의 인도가격.
Forward Rate Agreement(FRA) (선도금리계약)	미래 특정기간 동안에 미리 정한 원금에 대해 특정 이자율이 적용되는 선도계약.
FRB (Federal Reserve Board)	미국의 중앙은행 역할을 하는 연방준비은행.
Front running	선물중개인이 고객의 주문에 앞서 자신의 주문을 유리한 가격에 먼저 성사시키는 행위로서 금지사항임.
Full valuation (완전가치평가법)	위험을 유발하는 요소에 변동이 생길 경우 완전히 다시 변화된 VaR를 측정하는 방법.
Futures Contract (선물계약)	계약자가 미래 일정기간 동안에 미리 정한 가격으로 자산을 사거나 팔아야 하는 의무가 부여된 계약. 일일 정산됨.
Futures Option(선물옵션)	선물이 기초자산이 되는 옵션.
Futures Price(선물가격)	선물계약의 현재 인도가격.

G

Gamma(감마)	기초자산의 가격에 대한 델타의 변화율.
Gamma-neutral Portfolio (감마중립 포트폴리오)	감마가 0인 포트폴리오.
Generalized Wiener Process(GWP) (일반회된 위너과정)	확률과정(SP)의 한 종류로 평균이 a(상수)이고 분산율이 b(상수)인 마코브확률과정.
Geometric Average (기하평균)	n개의 변수를 곱한 후 1n 승하여 얻는 평균치.
Geometric Brownian Motion(GBM) (기하브라운운동)	브라운운동의 한 형태로서 대수정규분포를 따름.
Girsanov Theorem	확률론에서 측도(measure)의 전환을 통해 변동성은 유지하면

(거사노브이론)	서 기대수익률을 변화시킬 수 있다는 원리.
GNMA(Government National Mortgage Association)	보통 Ginnie Mae로 불리는 정부보증 무위험채권.

H

Hedge(헷지)	위험을 줄이기 위해 거래.
Hedger(헷저)	헷징거래를 하는 사람.
Hedge Ratio(헷지비율)	헷징대상자산 규모에 대한 헷징수단(즉, 선물계약) 포지션 크기의 비율.
Hedging Error(헷징오차)	감마의 절대값이 클 경우 델타헷지에 의해 생기는오차.
Historic Volitility (역사적 변동성)	과거의 자료로부터 추정된 변동성.
Horizontal Spread (수평스프레드)	한 옵션을 매입하고, 만기만 다른 동일한 옵션을 매도하는 전략.

I

I.I.D.(Independent and Identically Distributed) (독립동일분포)	확률분포가 서로 독립적이고 모수가 변함이 없이 일정함
IMM(International Money Market)	1972년 CME의 한 사업부로 설립되었으며 외국통화의 선물거래가 이루어지는 국제금융시장.
Immunization(면역화)	시장금리가 변동할 때 가격위험과 재투자 위험이 서로 반대로 움직이는 원리를 이용하여 금리변동으로 인한 이득이나 손실이 0이 되도록 하는 전략.
Implied Repo Rate(환매조건부계약의 내재이자율)	T-bill과 T-bill 선물가격에 내재되어 있는 환매조건부계약의 이자율.
Implied Volatility (내재변동성)	블랙－숄즈의 모형 또는 다른 옵션가격결정모형에 옵션가격을 적용하여 구한 변동성으로, 시장에서 관찰되는 옵션가격에 내재해 있는 변동성.
Index Arbitrage (지수차익거래)	주가지수를 구성하는 주식 포지션과 주가지수선물 포지션을 이용하는 차익거래.
Index Futures(지수선물)	주가지수 또는 기타 지수에 대한 선물.
Index Option(지수옵션)	주가지수 또는 다른 지수에 대한 옵션.

Initial Margin(개시증거금)	선물거래를 시작할 때 거래자에게 요구되는 증거금.
Interest Rate Cap (금리캡)	이자율이 정해진 수준보다 높으면 이득이 발생하는 옵션으로 이자율은 정기적으로 조정되는 변동금리임 .
Interest Rate Collar (금리칼라)	금리캡과 금리플로아의 결합.
Interest rate Floor (금리플로아)	이자율이 정해진 수준보다 낮으면 이득이 발생하는 옵션. 이 자율은 정기적으로 조정되는 변동금리임 .
Interest-rate Option (금리옵션)	이자율의 수준과 어떤 방식이로든 연결되어 있는 옵션.
In-the-money Option (내가격 옵션)	자산가격이 행사가격보다 높은 콜옵션 또는 자산가격이 행사 가격보다 낮은 풋옵션.
Intrinsic Value (내재가치)	콜옵션의 경우 자산 가격이 행사가격을 초과하는 정도와 0 중에서 큰 값이고, 풋옵션의 경우 행사가격이 자산가격을 초 과하는 정도와 0 중에서 큰 값임.
Inverted Market (역조시장)	만기일에 가까워짐에 따라 선물가격이 하락하는 시장.
Investment Asset (투자자산)	많은 투자자들이 투자목적으로 보유하는 자산.
Ito Process(이토과정)	추세항(drift term)과 확산항(diffusion term)이 모두 시간의 함수로 표시되는 확률과정
Ito Lemma(이토정리)	확률과정의 함수로 표시된 확률과정이 어떤 형태인지 보여주 는 이론으로서 Taylor Series를 확률미적분에 응용한 것.

J

Jensen's Inequality (젠센의 부등식)	함수 G(X)가 위로 볼록한 함수(concave function)이면, $G[E(X)] > E[G(X)]$가 되어야 한다는 이론.

K

Know-your-customer Rule	고객인지수칙으로서 신규계좌개설 시 회사가 고객에 대해 조사 해야 하는 고객의 인적, 재정적 상태를 고려하여 계좌를 개설 해야 한다는 원칙
KRX(Korea Futures Exchange)	한국거래소.
Kurtosis(첨도)	분포의 꼬리가 두터운 정도.

L

Laspeyres 방식	주가지수를 계산하는 방식으로, 가중을 위해 기준시점의 수량을 사용.
LEAPS(Long-term equity anticipation security)	개별주식 또는 주가지수에 대한 만기 1년~5년의 장기옵션.
LIBID(London Interbank bid rate)	런던은행간 매입이자율. 유로통화 예금을 은행이 매입하는 이자율(즉, 은행이 다른 은행으로부터 차입할 때의 이자율).
LIBOR(London interbank offer rate)	런던은행간 대출이자율. 유로통화 예금에 대해 은행이 제시하는 이자율(은행이 다른 은행에게 대출할 때의 이자율).
LIFFE(London International Financial Futures Echange)	런던국제금융선물거래소.
Limit Move(제한폭 변동)	단일 거래기간 동안에 거래소가 허용한 최대 가격변동폭.
Limit order(지정가주문)	명시된 가격 또는 투자자에게 유리한 가격으로만 거래가 이루어지도록 하는 주문.
Limited Liability(유한책임)	채권자에 대해 주주가 가지는 책임의 범위는 회사자산가치에 한정된다는 원칙.
Liquidity Premium (유동성 프리미엄)	선도이자율이 기대 현물이자율을 초과하는 크기.
Local(로칼)	다른 사람을 위해 거래하는 것이 아니라 자신을 위해 거래하는 장내거래인.
Local valuation (부분가치평가법)	위험을 유발하는 변수에 변동이 생길 경우 민감도나 함수의 기울기 등 수학적 특성을 이용하여 근사적으로 빠르게 VaR를 측정하는 방법.
Lognormal Distribution (대수정규분포)	변수에 자연대수를 취한 값이 정규분포를 따르면 변수는 대수정규분포를 따름.
Long Hedge(매입헷지)	선물에 매입포지션을 취하는 헷지.
Long Position(매입포지션)	자산을 구입한 포지션.
Lookack Option (룩백 옵션)	만기 내 일정기간 동안의 최고 또는 최저가격에 의해 이득이 결정되는 옵션.

M

Maintenance Margin (유지증거금)	거래자의 증거금계좌의 잔액이 유지증거금 미만으로 떨어질 때, 거래자는 개시증거금 수준까지 증거금을 납입하라는 증

	거금납입요청을 받음.
Making Up Difference (차금결제)	선물거래의 결제방법으로 실물을 주고받지 않고 주로 반대매매에 의해 매수나 매도대금의 차액만을 결제하는 것.
Markov Process (마코브과정)	확률변수의 미래상태가 현재에만 의존하고 과거의 경로나 과정과는 독립적인 확률과정
MMI(Major Market Index)	NYSE에 상장되어 있는 20개의 블루칩(blue chip) 주식들로 구성된 주요시장지수.
Margin (증거금 또는 위탁증거금)	선물 또는 옵션 거래자에게 요구되는 현금(또는 증권).
Margin Call (증거금납입요청)	증거금계좌의 잔액이 유지증거금 미만으로 떨어질 때, 추가로 증거금을 위탁하도록 하는 요청.
Market Maker(시장조성자)	자산의 매입호가와 매도호가를 결정하는 거래자.
Market Risk(시장위험)	금리, 물가, 환율 등 시장전체에 영향을 미치는 위험
Marking to Market (일일정산)	시장관련 변수들의 현재가치를 반영하여 금융상품의 가치를 재평가하는 과정.
Maturity Date(만기일)	계약의 만료일.
Mean Reversion (평균회귀성)	이자율와 같은 시장변수가 장기적으로 평균에 회귀하려는 속성.
MIT Order(MIT 주문)	Market—If—Touched Order의 약자로서, 거래가 특정가격 또는 그보다 유리한 가격으로 일단 이루어지면 시장에서 이용가능한 최선의 가격으로 거래가 이루어지도록 하는 주문.
Modified Duration (수정듀레이션)	채권가격의 변화율과 채권수익률의 절대변화간의 관계를 좀 더 정확히 묘사하기 위하여 듀레이션을 수정한 듀레이션. 수정듀레이션은 공시 수익률의 복리효과를 감안한 개념.
Momemnt Generating Function(MGF) (적률생성함수)	통계학의 주요 모수인 평균, 분산 등 적률(moment)을 생성해 내는 함수로서 $M_X(t) = E(e^{tX})$로 정의됨.
Monte Carlo Simulation (몬테카를로 시뮬레이션)	시뮬레이션의 한 기법으로 특정한 분포를 가정하는 모수적(parametric) 시뮬레이션 방법임.
Mortgate—backed Security(부동산담보증권)	소유자에게 부동산담보풀에서 발생하는 현금흐름에 참여할 수 있는 권리를 부여하는 증권.
Multiplication Rule(곱셈법칙)	이토정리를통해확률과정의함수가어떤확률과정을따르는지규명할때적용하는위너과정간의곱셈을규정하는법칙.

N

Naked Option(노출된 옵션)	기초자산과 결합되지 않은 옵션.
NFA(National Futures Association)	1982년에 설립된 미국선물협회.
N-for-M Stock Split (주식분할)	주식가격이 너무 높을 경우 M개의 주식을 N개로 분할하여 주식유동성을 증가시키는 기법.
No-arbitrage Assumption (무차익거래 가정)	시장가격에 차익거래기회가 없다는 가정.
Nonsystematic Risk (비체계적 위험)	분산투자하면 제거될 수 있는 기업고유의 위험.
Normal Backwardation (정상 백워데이션)	선물 가격이 기대 현물가격보다 낮은 상황.
Normal Market(정상시장)	만기일에 접근함에 따라 선물가격이 상승하는 시장.
Numerical Procedure (수치화 절차)	가격결정공식이 존재하지 않는 경우 옵션의 가치를 평가하는 방법.

O

OCC(Option Clearing Corporation)	Clearing-house 참조.
One-Touch Option	만기전에 한번이라도 내가격(ITM)상태에 도달한 적이 있으면 고정된 약정금액을 지불하는 특이옵션.
Open Interest(미결제약정수)	시장에 남아 있는 매입포지션의 총수(total number)(또는 시장에 남아있는 매도포지션의 총수).
Optimal Hedge Ratio (최적헷지비율)	선물계약으로부터 얻는 미래현금흐름의 분산을 최소화하는 헷지비율.
Option(옵션)	자산을 사거나 팔 수 있는 권리.
Option Class(옵션클래스)	특정주식에 대한 동일한 유형(콜옵션 또는 풋옵션)의 모든 옵션.
Option Series(옵션시리이즈)	동일한 행사가격과 만기를 갖으며 동일한 유형에 속한 모든 옵션.
Order-Book Official (주문관리인)	Board Brokor 참조.
Ordinary Differential Equation(ODE)(상미분방정식)	독립변수가 1개만 포함된 미분방정식으로서 전미분을 포함함.

Out-of-the-money Option (외가격 옵션)	자산 가격이 행사가격보다 낮은 콜옵션 또는 자산가격이 행사가격보다 높은 풋옵션.
Over-the-Counter Market (장외시장)	전화 혹은 컴퓨터로 거래하는 시장. 거래자들은 보통 금융기관, 기업, 그리고 펀드매니저들임(OTC).

P

Paasches 방식	주가지수를 계산하는 방식으로, 가중을 위해 비교시점의 수량을 사용.
Parallel Shift(수평이동)	수익률곡선의 모든 점이 동일한 크기만큼 이동하는 것.
Parametric simulation (모수시뮬레이션)	확률분포를 가정하고 시행하는 시뮬레이션 방법.
Partial Differntial Equation(PDE)(편미분방정식)	독립변수가 2개 이상인 미분방정식으로서 편미분을 포함하고 있음
Par Value(액면가)	채권의 원금.
Par Yield(액면가수익률)	가격을 원금과 동일하게 하는 채권의 액면이자율.
Pascal's Triangle (파스칼의 삼각형)	이항공식에서 각 항의 계수를 구하는데 유용한 원리.
Payoff(이득)	옵션 또는 다른 파생상품의 소유자가 옵션을 행사할 때 실현하는 현금.
Perfect Hedge(완전헷지)	위험을 완전히 제거하는 헷지
Plain Vanilla(플레인 바닐라)	표준적인 것 혹은 기본적인 것을 의미하는 용어.
Plain Vanilla Interest Rate Swap(기본형 금리스왑)	기본형 금리스왑으로서, 한 당사자는 원금에 대해 약정된 고정금리로 이자를 수년간 지급하기로 계약하고, 다른 당사자는 동일한 기간 동안 동일한 원금에 대해 변동금리로 이자를 수취하는 스왑이며 원금은 상계하고 교환하지 않음.
Portfolio Immunization (포트폴리오 면역화)	이자율이 변해도 포트폴리오의 가치가 변하지 않게 만드는 것.
Portfolio Insurance (포트폴리오 보험)	기초자산가격이 유리하게 변동함으로 인해 발생하는 이익은 극대화하되, 기초자산가격이 불리하게 변동하더라도 포트폴리오의 가치가 일정수준 이하로 하락하지 않도록 자산을 운용하는 전략.
Position Limit(포지션 한도)	거래자(또는 동일거래자집단)가 보유할 수 있는 최대 포지션 규모.
Premium(프리미엄)	옵션의 가격.
Prepayments(조기상환)	원금을 일정보다 앞서 상환하는 것.

Principal(원금)	부채(채권)의 액면가.
Principal Protected Note(PPN)(액면가 보호채권)	옵션의 기초자산가격이 어떻게 변하든 상관없이 채권의 원금을 전액 보장받을 수 있는 거래전략으로 옵션과 채권을 결합하여 만드는 합성된 채권.
Profit(이익)	이득(payoff)에서 비용을 제외한 순이익.
Program Trading (프로그램매매)	컴퓨터에 의해 자동적으로 거래가 결정되고 거래지시가 거래소에 전송되는 매매방법.
Protective Put (방어적 풋옵션)	기초자산의 매입포지션과 결합된 풋옵션.
Pull-to-Par(액면가 회귀)	채권의 가격이 만기일에 액면가로 회귀해야 한다는 사실을 일컫는 말.
Put-Call Parity (풋-콜 패리티)	아비트라지 기회가 없다고 할 때 행사가격과 만기가 동일한 콜옵션 가격과 풋옵션 가격간의 균형관계를 나타내는 등식(유러피안) 혹은 부등식(아메리칸).
Put Option(풋옵션)	일정 기간까지 일정가격으로 기초자산을 매도할 수 있는 옵션.
Puttable Bond (상환요구권부 채권)	채권소유자가 정해진 가격으로 정해진 시점에서 채권발행자에게 상환을 요구할 수 있는 권리가 부여된 채권.
Puttable Swap(해지가능스왑)	스왑계약을 조기에 해지할 수 있는 옵션이 첨부된 스왑.

Q

Quanto Option(콴토 옵션)	특이 옵션의 하나로서, 옵션의 이득은 하나의 기초자산에 의해 결정되지만 그 위험의 노출규모는 다른 기초자산의 가격함수로 표시되는 옵션.

R

Random walk(랜덤 워크)	짧은 기간동안 주가의 변화율은 정규분포를 따른다는 이론으로, 주가예측의 불가능성을 지칭함.
Ratio Spread(비율 스프레드)	매입 또는 매도하는 옵션의 비율을 달리하되, 매입하는 옵션 수 보다 매도하는 옵션수가 더 많은 스프레드.
Real Option(실물옵션)	토지, 건물, 생산설비 등 실물(real)자산에 내재되어 있는 투자인의 신낙식 선택권(option).
Rebalancing(재조정)	주기적으로 거래포지션을 조정하는 과정으로 델타중립을 유지하는데 목적이 있음.

Reverse Conversion(역전환)	합성매입(synthetic long)을 이용하는 차익거래.
Reverse Ratio Spread (역비율 스프레드)	매입 또는 매도하는 옵션의 비율을 달리하되, 매도하는 옵션 수 보다 매입하는 옵션수가 더 많은 스프레드.
Recombined Binomial Model(재결합이항모형)	다기간 이항분포모형에서 기초자산의 가격이 (상승＋하락)하는 것과 (하락＋상승)하는 것이 같게 만든 모형.
Repo(Repurchase agreement)	환매조건부계약. 거래 상대방에게 증권을 매출함으로써 자금을 차입하고 나중에 약간 높은 가격으로 그 증권을 다시 매입하기로 한 계약.
Repo Rate(Repurchase agreement rate)	환매조건부계약의 이자율.
Rho(로)	이자율에 대한 파생상품 가격의 변화율.
Rights Issue (구주주배정 유상증자)	구주주가 일정한 가격으로 신주를 살 수 있는 권리가 부여된 주식의 발행.
Risk-free Rate (무위험이자율)	단기정부발행채권(T-bill 등)과 같이 위험을 부담하지 않고 얻을 수 있는 이자율.
Risk-neutral Valuation (위험중립가치평가)	위험중립을 가정하고 옵션 또는 다른 파생상품의 가치를 평가하는 것을 말하며, 위험중립가치평가는 실제로 위험중립이 아닌 경우에도 파생상품의 가치를 정확히 평가함.
Risk-neutral World (위험중립세계)	투자자들이 위험을 추가로 부담하는 것에 대하여 평균적으로 추가수익률을 요구하지 않는다고 가정하는 경우.
Rollercoaster Swap (원금증감형 스왑)	원금이 증가나 감소가 반복되는 스왑.

S

S&P500 Index (S$P500 지수)	500개의 서로 다른 주식들의 가중 주가평균으로서 NYSE에서 거래되는 주식시가 총액의 80%를 반영하고 있으며, 400개의 제조업주식, 40개의 공기업주식, 20개의 운수업주식, 40개의 금융주들로 구성되어 있음.
Scalper(초단기거래자)	매우 짧은 기간 동안만 포지션을 유도하는 거래자.
Scenario Analysis (시나리오분석)	시장변수의 미래 변화가 포트폴리오의 가치에 미치는 영향을 분석하는 방법.
SEC(Securities and Exchange Commission)	(미국) 증권거래위원회.
Settlement Price(정산가격)	하루 동안의 거래를 종료하는 벨이 울리기 직전에 거래된

	계약들의 평균가격으로 일일정산의 기준이 됨.
Short Hedge(매도헷지)	선물에 매도포지션을 취하는 헷지.
Short Position(매도포지션)	자산을 매도한 포지션.
Short Rate(단기이자율)	매우 짧은 기간 동안에 이루어진 무위험투자에 적용하는 이자율.
Short Selling (공매 혹은 대주)	다른 투자자로부터 빌린 주식을 시장에서 매도하는 것.
Sinking Fund(감채기금)	채권자를 보호하고 채권발행회사의 원금 일시 상환 부담을 줄이고자 미리 적립하는 기금으로 감채기금을 의무화한 채권.
Specialist(스페셜리스트)	일부거래소에서 지정가주문을 관리하는 개인. 스페셜리스트는 지정가주문에 대한 정보를 다른 거래자에게 제공하지 않음.
Spot Interest Rate (현물이자율)	Zero-coupon Interest Rate 참조.
Spot Price(현물가격)	현재 즉각 인도될 수 있는 자산에 적용되는 가격.
Spread Transaction (스프레드거래)	동일한 유형(콜옵션 또는 풋옵션)의 두개 이상의 옵션에 포지션을 취하는 것..
Step-up Swap(상향스왑)	원금이나 이자가 일정하지 않고 점차 증가하는 스왑.
Stochastic Process(확률과정)	확률변수들의 집합
Stock Dividend(주식배당)	현금대신 주식으로 배당을 지급하는 것.
Stock Index(주가지수)	주식포트폴리오의 가치를 나타내는 지수.
Stock Index Futures (주가지수선물)	주가지수에 대한 선물.
Stock Index Option (주가지수옵션)	주가지수에 대한 옵션.
Stock Option(주식옵션)	개별주식을 기초자산으로 하는 옵션.
Stop-limit Order (지정폭주문)	역지정주문과 지정가주문을 결합한 주문.
Stop-loss Order (역지정가주문)	특정가격 또는 덜 유리한 가격(less favorable price)으로 매입 또는 매도하는 주문이 있으면 가장 유리한 가격으로 거래가 이루어지는 주문.
Stop Order(역지정가주문)	Stop-loss Order 참조.
Storage Cost(보관비용)	상품을 보관하는데 드는 비용.
Straddle(스트래들)	행사가격이 동일한 콜옵션과 풋옵션을 모두 매입한 포지션.
Strangle(스트랭글)	행사가격이 상이한 콜옵션과 풋옵션을 모두 매입한 포지션.

Strap(스트랩)	행사가격이 동일한 콜옵션 2개와 풋옵션 1개를 매입한 포지션.
Stress Testing(위기분석)	극단적인 시장변화가 포트폴리오의 가치에 미치는 영향을 분석하는 방법.
Strike Price(행사가격)	옵션계약에서 기초자산을 매입 또는 매도하는 가격.
Strip(스트립)	행사가격이 동일한 콜옵션 1개와 풋옵션 2개를 매입한 포지션.
Swap(스왑)	미리 정해진 대로 미래 일정기간 동안 현금흐름을 교환하는 계약.
Swaption(스왑션)	정해진 고정금리가 변동금리와 교환되는 금리스왑을 기초자산으로 하는 옵션.
Synthetic Long(합성매입)	풋-콜 패리티를 이용하여, 콜옵션을 매입하고 풋옵션을 매도하여 합성한 기초자산.
Synthetic Short(합성매도)	풋-콜 패리티를 이용하여, 콜옵션을 매도하고 풋옵션을 매입하여 합성한 기초자산.
Synthetic Option(합성옵션)	기초자산의 거래를 통하여 창조된 옵션.
Systematic Risk (체계적 위험)	분산투자를 해도 제거할 수 없는 시장전체의 위험.

T

Term Structure(기간구조)	만기(T)와 만기별 이자율(Y_T)의 관계.
Terminal Value(만기가치)	만기일의 가치.
Theta(세타)	시간 경과에 대한 옵션 또는 다른 파생상품의 가격변화율.
Time Decay(시간가치 하락)	시간의 경과에 따른 옵션 시간가치(외재가치)의 하락.
Time Option(시간 옵션)	옵션기간중내가격(ITM)상태에 있던 기간의 길이에 비례하여 이득을 계산하는 특이옵션.
Time Value(시간가치)	만기일까지 기간이 남아 있다는 사실로부터 발생하는 옵션 가치로서 옵션가격에서 내재가치를 차감한 값임.
Trading Day(달력일)	실제 증권거래가 이루어지는 날(미국 1년에 252일).
Transactions Cost (거래비용)	거래하는데 드는 비용(커미션, 체결가격과 매매호가 중간점 간의 차이).
Treasury Bill (미국의 단기국채)	미국 정부가 만기 1년 이하의 단기성 부채자본을 조달할 때 발행하는 무이표채(T-bill).
Treasury Bill Futures (T-bill 선물)	T-bill에 대한 선물계약.
Treasury Bond	미국 정부가 만기 10년 이상의 장기성 부채자본을 조달할

(미국의 장기국채)	때 발행하는 이표채(T-bond).
Treasury Bond Futures (T-bond 선물)	T-bond에 대한 선물계약.
Treasury Note (미국의 중기국채)	만기가 1년 이상 10년 이하인 미국재무성 발행채권
Treasury Note Futures (T-note 선물)	T-note에 대한 선물계약.
Triple Witching Hour (세마녀의 시간)	주가지수선물, 주가지수옵션, 그리고 주가지수선물옵션이 함께 만기가 되는 시간에 붙혀진 별명.
Type 1 Arbitrage (1종 아비트라지)	T-bill 선물가격에 내재된 선도이자율과 T-bill 현물이자율에 내재된 선도이자율이 다를 경우 선물계약을 매도하고 현물계약을 매입하여 차익을 실현하는 거래.
Type 2 Arbitrage (2종 아비트라지)	T-bill 선물가격을 매입하고 현물계약을 매도하여 실현하는 차익거래.

U

Underlying Variable (기초변수)	옵션 또는 다른 파생상품의 가치를 결정하는 기초자산.
Unsystematic Risk (비체계적 위험)	Nonsystematic Risk 참조.
Up-and-in Option (상향진입옵션)	기초자산가격이 정해진 수준까지 상승하면 유효하게 되는 옵션
Up-and-out Option (상향실격옵션)	기초자산가격이 정해진 수준까지 상승하면 실격되는 옵션.
Uptick rule(업틱 룰)	최근 평균가보가 낮게 매도할 수 없다는 공매도 제한규정.

V

VaR(Value at Risk)	리스크 측정지표의 하나로서 주어진 신뢰수준 하에서 주어진 기간 동안에 정상시장 상황 하에서 발생할 수 있는 최대 손실가능금액.
Variance Rate(분산율)	확률과정에서 기준시간당 분산.
Variation Margin (추가증거금)	증거금납입요청이 있을 때 증거금계좌의 잔액을 개시증거금 수준으로 맞추기 위해 추가적으로 내야하는 증거금.
Vega(베가)	변동성에 대한 옵션 또는 다른 파생상품의 가격변화율.

Vega-neutral Portfolio (베가중립 포트폴리오)	베가가 0인 포트폴리오.
Vertical Spread (수직스프레드)	한 옵션을 매입하고 행사가격만 다른 동일한 옵션을 매도하는 전략.
Volitility(변동성)	자산으로부터 얻게 될 수익률의 불확실성을 측정하는 위험의 척도.
Volatility Swap (변동성스왑)	여러 개의 기간을 포함하고 있는데 각 각 기간 말에 거래의 한 당사자는 미리 합의된 변동성 금액을 지불하는 반면, 다른 당사자는 그 기간 동안에 실현된 역사적 변동성 금액을 지불하는 스왑.

W

Warrant(워런트)	기업 또는 금융기관이 발행하는 옵션으로 콜워런트는 기업이 자사주를 기초자산으로 하여 주로 발행함.
Wild Card Play (와일드카드 플레이)	거래를 마감한 후 일정시간 동안 종가로 선물계약을 인도할 수 있는 권리.
Wiener Process(WP) (위너과정)	확률과정(SP)의 한 종류로 평균이 0이고 분산이 dt인 정규분포를 따르는 마코브확률과정.
Writing an Option (옵션발행)	옵션매도.

Y

Yield(수익률)	금융상품에서 얻는 수익률.
Yield Curve(수익률곡선)	Term Structure 참조.

Z

Zero-coupon Bond(무이표채)	만기내에 표면이자를 지급하지 않는 채권으로 통상할인되어 판매됨.
Zero-coupon Interest Rate (무이표채 이자율)	이자를 지급하지 않는 채권으로부터 얻는 이자율.
Zero-coupon Yield Curve (무이표채 수익률곡선)	무이표채의 만기와 이자율의 관계를 그린 곡선.

부록 **02**

표준정규분포표

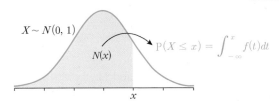

x	0.00	0.01	0.02	0.03	0.04	0.05	0.06	0.07	0.08	0.09
0.00	0.5000	0.5040	0.5080	0.5120	0.5160	0.5199	0.5239	0.5279	0.5319	0.5359
0.10	0.5398	0.5438	0.5478	0.5517	0.5557	0.5596	0.5636	0.5675	0.5714	0.5753
0.20	0.5793	0.5832	0.5871	0.5910	0.5948	0.5987	0.6026	0.6064	0.6103	0.6141
0.30	0.6179	0.6217	0.6255	0.6293	0.6331	0.6368	0.6406	0.6443	0.6480	0.6517
0.40	0.6554	0.6591	0.6628	0.6664	0.6700	0.6736	0.6772	0.6808	0.6844	0.6879
0.50	0.6915	0.6950	0.6985	0.7019	0.7054	0.7088	0.7123	0.7157	0.7190	0.7224
0.60	0.7257	0.7291	0.7324	0.7357	0.7389	0.7422	0.7454	0.7486	0.7517	0.7549
0.70	0.7580	0.7611	0.7642	0.7673	0.7704	0.7734	0.7764	0.7794	0.7823	0.7852
0.80	0.7881	0.7910	0.7939	0.7967	0.7995	0.8023	0.8051	0.8078	0.8106	0.8133
0.90	0.8159	0.8186	0.8212	0.8238	0.8264	0.8289	0.8315	0.8340	0.8365	0.8389
1.00	0.8413	0.8438	0.8461	0.8485	0.8508	0.8531	0.8554	0.8577	0.8599	0.8621
1.10	0.8643	0.8665	0.8686	0.8708	0.8729	0.8749	0.8770	0.8790	0.8810	0.8830
1.20	0.8849	0.8869	0.8888	0.8907	0.8925	0.8944	0.8962	0.8980	0.8997	0.9015
1.30	0.9032	0.9049	0.9066	0.9082	0.9099	0.9115	0.9131	0.9147	0.9162	0.9177
1.40	0.9192	0.9207	0.9222	0.9236	0.9251	0.9265	0.9279	0.9292	0.9306	0.9319
1.50	0.9332	0.9345	0.9357	0.9370	0.9382	0.9394	0.9406	0.9418	0.9429	0.9441
1.60	0.9452	0.9463	0.9474	0.9484	0.9495	0.9505	0.9515	0.9525	0.9535	0.9545
1.70	0.9554	0.9564	0.9573	0.9582	0.9591	0.9599	0.9608	0.9616	0.9625	0.9633
1.80	0.9641	0.9649	0.9656	0.9664	0.9671	0.9678	0.9686	0.9693	0.9699	0.9706
1.90	0.9713	0.9719	0.9726	0.9732	0.9738	0.9744	0.9750	0.9756	0.9761	0.9767
2.00	0.9772	0.9778	0.9783	0.9788	0.9793	0.9798	0.9803	0.9808	0.9812	0.9817
2.10	0.9821	0.9826	0.9830	0.9834	0.9838	0.9842	0.9846	0.9850	0.9854	0.9857
2.20	0.9861	0.9864	0.9868	0.9871	0.9875	0.9878	0.9881	0.9884	0.9887	0.9890
2.30	0.9893	0.9896	0.9898	0.9901	0.9904	0.9906	0.9909	0.9911	0.9913	0.9916
2.40	0.9918	0.9920	0.9922	0.9925	0.9927	0.9929	0.9931	0.9932	0.9934	0.9936
2.50	0.9938	0.9940	0.9941	0.9943	0.9945	0.9946	0.9948	0.9949	0.9951	0.9952
2.60	0.9953	0.9955	0.9956	0.9957	0.9959	0.9960	0.9961	0.9962	0.9963	0.9964
2.70	0.9965	0.9966	0.9967	0.9968	0.9969	0.9970	0.9971	0.9972	0.9973	0.9974
2.80	0.9974	0.9975	0.9976	0.9977	0.9977	0.9978	0.9979	0.9980	0.9980	0.9981
2.90	0.9981	0.9982	0.9983	0.9983	0.9984	0.9984	0.9985	0.9985	0.9986	0.9986
3.00	0.9987	0.9987	0.9987	0.9988	0.9988	0.9989	0.9989	0.9989	0.9990	0.9990

[1부: 옵션]

구본열, *자산가격결정론*, 두남, 2005.

김명직, 장국현, *금융시계열분석*, 1998, 경문사.

김석진, 김태혁, 차명준, *선물옵션의 기초와 거래전략*, 삼영사, 1999.

김철중, 윤평식, 박경욱, 홍기훈, *선물옵션투자의 이론과 전략*, 10판, 퍼스트북, 2020.

박진우, *파생상품 연습*, 명경사, 2009.

박진우, *파생상품론*, 명경사, 2008.

서기원, 원재환, 서동필, *선물옵션이론과 실제*, 유풍출판사, 2000.

신민식, *금융공학*, 법문사, 1996.

원재환, "스톡옵션제도의 공시효과와 위험에 관한 연구", *증권학회지*, 제28집, 2001, pp.579−623.

원재환, "스톡옵션제도의 도입이 배당정책에 미치는 영향", *경영학연구*, 제33권 (제4호), 2004, pp.1073−1096.

원재환, "주식과 연계된 보상정책이 배당에 미치는 영향: Marsh and Merton모형을 이용한 은행과 일반기업의 비교연구", *금융안정연구*, 제3권 (제1호), 2002, pp.105−127.

원재환, *금융리스크관리*, 법문사, 2012.

원재환, 김재필, "스톡옵션도입의 재무적 효과", *대한경영학회지*, 제16권 (제7호), 2003, pp.2295−2317.

원재환, *선물옵션연습*, 유풍출판사, 2003.

이관휘, *이것이 공매도다*, 21세기북스, 2019.

지청, 조담, *투자론*, 학현사, 2005.

최원근, 고종문, 소영일, *금융옵션*, 박영사, 1999.

Ahuja, N.L., "Commodity Derivatives Market in India: Development, Regulation and Futures Perspects", *International Research Journal of Finance and Economics*, 2(2006), pp.153−162.

Aitchison, J. and J. A. Brown, *The Lognormal Distribution*, Cambridge University Press, 1966.

Amin, K. and R.A. Jarrow, "Pricing Foreign Currency Options under Stochastic Interest Rates", *Journal of International Money and Finance*, 10(1991), pp.310−329.

Amram, M. and N. Kulatilaka, *Real Options: Managing Strategic Investments in an Uncertain World*, Harvard Business School Press, 1999.

Amram, M., F. Li, and C.A. Perkins, "How Kimberly−Clark Uses Real Options", *Journal of Applied Corporate Finance*, 18(Spring 2006), pp.40−47.

Arditti, F., L. Cai, M. Cao, and R. McDonald, "Weather to Hedge", *Risk, Supplement on Weather Risk*(1999), pp.9−12.

Arzac, E.R., "PERCs, DECs, and Other Mandatory Convertibles", *Journal of Applied Corporate Finance*, 10, 1(1997), pp.54−63.

Bakshi, G.C., C. Cao, and Z. Chen, "Empirical Performamnce of Alternative Option pricing Models", *Journal of Finance*, 52, 5(Dec. 1997), pp.2004−2049.

Bharadwaj, A.and J.B. Wiggins, "Box Spread and Put−Call Parity Tests for the S&P Index LEAPS Markets", *Journal of Derivatives*, 8, 4(Summer 2001), pp.62−71.

Biger, N. and J.C. Hull, "The Valuation of Currency Options", *Financial Management*, 12(Sprinf 1983), pp.24−28.

Black, F., "Facts and Fallacy in the Use of Options and Corporate Liabilities", *Financial Analysts Journal*, 31(July/Aug. 1975), pp.36−41, 61−72.

Black, F., "The Pricing of Commodity Contract", *Journal of Financial Economics*, 3(1976), pp.167−179.

Black, F., "How We Came Up with the Option Pricing Formula", *Journal of Portfolio Management*, 15, 2(1989), pp.4−8.

Black, F. and P. Karasinski, "Bond and Option Pricing When Short Rates are Lognormal", *Financial Analysts Journal*, July/Aug.(1991), pp.52−59.

Black, F. and M. Scholes, "The Pricing of Options and Corporate Liabilities", *Journal of Political Economy*, 81(May−June 1973): pp.637−659.

Bodie, Z., "On the Risk of Stocks in the Long Run", *Financial Analysts Journal*, 51, 3(1995), pp.18−22.

Bookstaber, Richard M., *Option Pricing and Investment Strategies*, Probus Publishing, 1987.

Boyle, P.P., "Options: A Monte Carlo Approach", *Journal of Financial Economics*, 4(1977), pp.323−328.

Boyle, P.P., M. Broadie, and P. Glasserman, "Monte Carlo Methods for Security Pricing", *Journal of Economic Dynamics and Control*, 21(1977), pp.1267−1332.

Braga, B.S., "Derivatives Markets in Brazil: An Overview", *Journal of Derivatives*, 4(Fall 1996), pp.63−78.

Brealey, R.A., *An Introduction to Risk and Return from Common Stock*, 2nd ed., Cambridge, MA: MIT Press, 1986.

Brennan, M.J. and E.S. Schwartz, "Evaluating Natural Resource Investment", *Journal of Business*, 58(April 1985), pp.135−157.

Broadie, M.P. and J. Detemple, "American Option Valuation: New Bounds, Approximations, and A Comparison of Existing methods", *Review of Financial studies*, 9, 4(1996), pp.1211−1250.

Broadie, M, P. Glasserman, and S. G. Kou, "A Continuity Correction for Discrete Barrier Options", *Mathematical Finance*, Vol.7, No.4(October, 1997), pp.325−349.

Broadie, M, P. Glasserman, and G. Jain, "Enhanced Monte Carlo Estimates for American Option Prices", *Journal of Derivatives*, 5(Fall 1997), pp.25−44.

Cao, M. and J. Wei, "Weather Derivatives Valuation and the Market Price of Weather Risk", *Journal of Futures Markets*, 24, 11(Nov. 2004), pp.1065−1089.

Chaput, J.S. and L.H. Ederington, "Option Spread and Combination Trading", *Journal of Derivatives*, 10, 4(Summer 2003), pp.70−88.

Clewlow, L. and C. Strickland, *Exotic Options: The State of the Art*, London: Thomson Business Press, 1997.

Copeland, T., T, Koller, and J. Murrin, *Valuation: Measuring and Managing the Value of Companies*, 3rd ed., NY: Wiley, 2000.

Copeland, T. and V. Antikarov, *Real Options: A Practitioners Guide*, NY: Texere, 2003.

Coval, J.E. and T. Scumway, "Expected Option Returns", *Journal of Finance*, 56, 3(2001), pp.983−1009.

Cox, D.R. and H.D. Miller, *The Theory of Stochastic Processes*, London, Chapman & Hall, 1977.

Cox, J.C., J.E. Ingersoll, S.A. Ross, "A Theory of the Term Structure of Interest Rates", *Econometrica*, 53(1985), pp.385−407.

Cox, J.C. and S.A. Ross, "The Valuation of Options for Alternative Stochastic Processes", *Journal of Financial Economics*, 3(1976), pp.145−166.

Cox, J.C., S.A. Ross, and M. Rubinstein, "Option Pricing: A Simplified Approach", *Journal of Financial Economics*, 7(Oct. 1979), pp.229−264.

Cox, J. C. and Mark Rubinstein, *Options Markets*, Prentice−Hall International, Inc., 1985.

Derman, E., D. Ergener, and I. Kani, "Static Options Replication", *Journal of Derivatives*, 2, 4(Summer 1995), pp.78−95.

Dixit, A.K. and R.S. Pindyck, Investment under Uncertainty, Princeton University Press, 1994.

Ederington, L.H. and W. Guan, "Why are Those Options Smiling?", *Journal of Derivatives*, 10, 2(2002), pp.9−34.

Fama, E.F., "The Behavior of Stock Market Prices", *Journal of Business*, 38(Jan. 1965), pp.34−105.

Feller, W., *Introduction to Probability Theory and Its Applications*, New York: Wiley, 1968.

Figlewski, S. and B. Gao, "The Adaptive mesh Model: A New Approach to Efficient Option Pricing", *Journal of Financial Economics*, 53(1999), pp.313−351.

French, K.R., "Stock Returns and the Weekend Efect", *Journal of Financial Economics*, 8(March 1980), pp.55−69.

French, K.R. and R. Roll, "Stock Return Variances: The Arrival of Information and the Reaction of Traders", *Journal of Financial Economics*, 17(Sept. 1986), pp.5-26.

Galai, D. and M. Schneller, "Pricing Warrants and the Value of the Firm", *Journal of Finance*, 33(1978), 1339-1342.

Garman, M.B. and S.W. Kohlhagen, "Foreign Currency Option Values", *Journal of International Money and Finance*, 2(December 1983), 231-237.

Geske, R., "The Valuation of Compound Options", *Journal of Financial Economics*, 7(1979), pp.63-81.

Giddy, I.H. and G. Dufey, "Uses and Abuses of Currency Options", *Journal of Applied Corporate Finance*, 8, 3(1995), pp.49-57.

Goldman, B., H. Sosin, and M.A. Gatto, "Path Dependent Options: Buy at the Low, Sell at the High", *Journal of Finance*, 34(Dec. 1979), pp.1111-1127.

Grabbe, J.O., "The Pricing Of Call and Put Options on Foreign Exchange", *Journal of International Money and Finance*, 2(Dec. 1983), pp.239-253.

Hilliard, J.E. and J. Reis, "Valuation of Commodity Futures and Options under Stochastic Convenience Yields, Interest Rates, Jump Diffusions in the Spot", *Journal of Financial and Quantitative Analysis*, 33, 1(March 1998), pp.61-86.

Hogg, R. V., Joseph W. McKean, and Allen Craig, *Introduction to Mathematical Statistics*, 7th Edition, Pearson Custom Publishing, 2012.

Hull, J. C., *Options, Futures and Other Derivative Securities*, 8th Edition, Pearson, International, Inc., 2012.

Hull, J.C. and A. White, "The Use of the Control Variate Technique in Option Pricing", *Journal of Financial and Quantitative Analysis*, 23(Sept. 1988), pp.237-251.

Hull, J.C. and A. White, "Valuing Derivative Securities Using the Explicit Finite Difference Method", *Journal of Financial and Quantitative Analysis*, 25, 1(March 1990), pp.87-100.

Hull, J.C. and A. White, "Pricing Interest Rate Derivative Securities", *The Review of Financial Studies*, 3, 4(1990), pp.573-592.

Jackwerth, J.C. and M. Rubinstein, "Recovering Probability Distributions from Option Prices", *Journal of Finance*, 51(Dec. 1996), pp.1611-1631.

Jorion, P., "Predicting Volatility in the Foreign Exchange Market", *Journal of Finance*, 50, 2(1995), pp.507-528.

Jorion P., *Value at Risk*, 3rd Edition, McGraw Hill, 2007.

Kemna, A. and A, Vorst, "A Pricing Method for Options Based on Average Asset Values", *Journal of Banking and Finance*, 14(March 1990), pp,113-129.

Kon, S.J., "Models of Stock Returns-A Comparison", *Journal of Finance*, 39(March

1984), pp.147−165.

Lauterbach, B. and P. Schultz, "Pricing Warrants: An Empirical Study of the Black−Scholes Model and Its Alternatives", *Journal of Finance*, 45(1990), pp.1181−1209.

Longstaff, F.A. and E.S. Schwartz, "Interest Rate Volatility and the Term Structure: A Two Factor General Equilibrium Model", *Journal of Finance*, 47, 4(Sept. 1992), pp.1259−1282.

Margrabe, W., "The Value of an Option to Exchange One Asset for Another", *Journal of Finance*, 33(March 1978), pp.177−186.

Marshall, John F. and Vipul K. Bansal, *Financial Engineering*, New York Institute of Finance, 1992.

Mason, S.P. and R.C. Merton, "The Role of Contingent Claims Analysis in Corporate Finance", in E.I. Altman and M.G. Subrahmanyan(eds.), *Recent Advances in Corporate Finance*(Homewood, IL: Richard D. Irwin, Inc., 1985.

Mason, S., R. Merton, A. Perold, and P. Tufano, *Cases in Financial Engineering*, Prentice−Hall, Inc., 1995.

McDonald, R. L., "The Role of Real Options in Capital Budgeting: Theory and Practice", *Journal of Applied Corporate Finance*, 18(Spring 2006), pp.28−39.

Melick, W.R. and C.P. Thomas, "Recovering an Asset's Implied Probability Density Function from Option Prices: An Application to Crude Oil during the Gulf Crisis", *Journal of Financial and Quantitative Analysis*, 32, 1(March 1997), pp.91−115.

Merton, R.C., "The Relation between Put and Call Prices: Comment", *Journal of Finance*, 28(March 1973), pp.183−184.

Merton, R.C., "On the Pricing of Corporate Debt: The Risk Structure of Interest Rates", *Journal of Finance*, 29, 2(1974), pp.449−470.

Merton, R.C., "Finance Theory and Future Trends: The Shift to Integration", *Risk*, 12(July 1999), pp.48−51.

Milevski, M.A. and S.E. Posner, "Asian Options: The Sum of Lognormals and the Reciprocal Gamma Distribution", *Journal of Financial and Quantitative Analysis*, 33, 3(Sept. 1998), pp.409−422.

Miller, M.H., "Financial Innovation: Achievements and Prospects", *Journal of Applied Corporate Finance*, 4(Winter 1992), pp.4−11.

Miltersen, K.R. and E.S. Schwartz, "Pricing Options on Commodity Futures with Stochastic Term Structure of Convenience Yields and Interest Rates", *Journal of Financial and Quantitative Analysis*, 33, 1(March 1998), pp.33−59.

Myers, S., "Financial Theory and Financial Strategy", *Interface*, Vol.14(1984), Jan.−Feb., pp.126−137.

Neftci, S., *Introduction to Mathematics of Financial Derivatives*, 2nd ed., NY: Academic Press, 2000.

Rendleman, R.J., "Covered Call Writing from an Expected Utility Perspective", *Journal of Derivatives*, 8, 3(Spring 2001), pp.63−75.

Rendleman, R.J. and B. Bartter, "Two State Option Pricing", *Journal of Finance*, 34(1979), pp.1092−1110.

Ritchken, P., "On Pricing Barrier Options", *Journal of Derivatives*, 3, 2(Winter 1995), pp.19−28.

Ritchken, P., *Derivative Markets*, Harper−Collins College Publishing, 1996.

Ritchken, P., L. Sankarasubramanian, and A.M. Vijh, "The Valuation of Path Dependent Contracts on the Average", *Management Science*, 39(1993), pp.1202−1213.

Roll, R., "Orange Juice and Weather", *American Economic Review*, 74, 5(Dec. 1984), pp.861−880.

Ronn, A.G. and E.I. Ronn, "The Box−Spread Arbitrage Conditions", *Review of Financial Studies*, 2, 1(1989), pp.91−108.

Ross, S.M., *Probability Models*, Academic Press, 1980.

Rubinstein, M., "Non−parametric Tests of Alternative Option Pricing Models Using All Reported Trades and Quotes on the 30 Most Active CBOE Option Classes from August 23, 1976 through August 31, 1978", *Journal of Finance*, 40(June 1985), pp.455−480.

Rubinstein, M., "One for Another", *Risk*, July/Aug.(1991), pp.30−32.

Rubinstein, M., "Pay Now, Choose Later", *Risk*, Feb.(1991), pp.44−47.

Rubinstein, M., "Two in One", *Risk*, May(1991), pp.49.

Rubinstein, M., "Somewhere over the Rainbow", *Risk*, Nov.(1991), pp.63−66.

Rubinstein, M., "Implied Binomial Trees", *Journal of Finance*, 49, 3(July 1994), pp.771−818.

Schwartz, E.S. and M. Moon, "Rational Pricing of Internet Companies", *Financial Analysts Journal*, May/June(2000), pp.62−75.

Smith, C.W., "Option Pricing: A Review", *Journal of Financial Economics*, 3(1976), pp.3−54.

Smit, H. and L. Trigeorgis, *Strategic Investment, Real Options and Games*, Princeton University Press, 2004.

Stoll, H.R., "The Relation between Put and Call Prices", *Journal of Finance*, 24(Dec. 1969), pp.801−824.

Stulz, R.M., "Options on the Minimum or maximum of Two Assets", *Journal of Financial Economics*, 10(1982), pp.161−185.

Sundaram, Ranga rajan K. and Sanjiv R. Das, *Derivatives—Principles and Practice*, McGraw Hill, 2019.

Taleb, N.N., *Dynamic Hedging: Managing Vanilla and Exotic Options*, NY: Wiley, 1996.

Trigeorgis, L., *Real Options: Managerial Flexibility and Strategy in Resouce Allocation*, MIT Press, Cambridge, MA, 1996.

Turnbull, S.M. and L.M. Wakeman, "A Quick Algorithm for Pricing European Average Options", *Journal of Financial and Quantitative Analysis*, 26(Sept. 1991), pp. 377—389.

Vasicek, O.A., "An Equilibrium Characterization of the Term Structure", *Journal of Financial Economics*, 5(1977), pp.177—188.

Whaley, Robert E., *Interrelations Among Futures, Option, and Futures Option Market*, Board of Trade of the City of Chicago, 1992.

Won, Chaehwan, "Valuation of investments in natural resources using con—tingent—claim framework with Application to Bituminous Coal Developments in Korea", *Energy*, No.9(Sep. 2005), pp.1215—1224.

Won, Chaehwan, "Contingent—claim Valuation of a Closed—end Funds: Models and Implications", *Korean Journal of Futures and Options*, 2009, Vol.17, No.4, pp.43—74.

Won, Chaehwan, "The Behavior and Predictive Power of Implied Volatilities in Spot and Futures Options", *Journal of Commerce and Economics*, 2008, Vol.24, No.2, pp.189—217.

Won, Chaehwan, "The Empirical Tests of the Regulated Industry Hypothesis (RIH): The Case of Stock Option System", *Korean Management Review*, Vol.34, No.4 (Aug. 2005), pp.1165—1193.

Won, Chaehwan, "Mathematical Model of Optimal Payouts under Nonlinear Demand Curve", *International Journal of Management Science*, Vol.10, No.2(2004), pp. 53—71.

Won, Chaehwan, "A Contingent—Claim Analysis of the Closed—end Mutual Fund Discount Puzzle", with Andrew Chen and Larry Merville, *Research in Finance*, Vol. 18(2001), pp.105—132.

Zhang, P.G., *Barings Bankruptcy and Financial Derivatives*, Singapore: World Scientific, 1995.

Xu, X. and S.J. Taylor, "The Term Structure of Volatility Implied by Foreign Exchange Options", *Journal of Financial and Quantitative Analysis*, 29(1994), pp.57—74.

[2부: 선물과 선도]

구본열, *자산가격결정론*, 두남, 2005.

김명직, 장국현, *금융시계열분석*, 1998, 경문사.

김석진, 김태혁, 차명준, *선물옵션의 기초와 거래전략*, 삼영사, 1999.

김철중, 윤평식, 박경욱, 홍기훈, *선물옵션투자의 이론과 전략*, 10판, 퍼스트북, 2020.

박진우, *파생상품 연습*, 명경사, 2009.

박진우, *파생상품론*, 명경사, 2008.

서기원, 원재환, 서동필, *선물옵션이론과 실제*, 유풍출판사, 2000.

신민식, *금융공학*, 법문사, 1996.

원재환, *금융리스크관리*, 법문사, 2012.

원재환, *선물옵션연습*, 유풍출판사, 2003.

이관휘, *이것이 공매도다*, 21세기북스, 2019.

지청, 조담, *투자론*, 학현사, 2005.

최원근, 고종문, 소영일, *금융옵션*, 박영사, 1999.

Allayannis, G. and J. Weston, "The Use of Foreign Currency Derivatives and Firm Market Value", *Review of Financial Studies*, 14, 1(Spring 2001), pp.243−276.

Brownm G.W., G.S. Hayt, R.C. Marston, "Managing Foreign Exchange Risk with Derivatives", *Journal of Financial Economics*, 60(2001), pp.401−448.

Burghardt, G. and W. Hoskins, "The Convexity Bias in Eurodollar Futures", *Risk*, 8, 3(1995), pp.63−70.

Chancellor, E., *Devil Take the Hindmost: A History of Financial Speculation*, NY: Farra Straus Giroux, 2000.

Cox, J,C., J.E. Ingersoll, and S.A. Ross, "The Relation between Forward Prices and Futures Prices", *Journal of Financial Economics*, 9(December 1981), pp.321−346.

Duffie, Darrell, *Futures Markets*, Prentice−Hall International, Inc., 1989.

Ederington, L.H., "The Hedging Performance of the New Futures markets", *Journal of Finance*, 34(March 1979), pp.157−170.

Fabozzi, F.J., *Fixed Income Mathematics: Analytical and Statistical Techniques*, 4th ed., NY: McGraw−Hill, 2006.

Fabozzi, F.J., *Duration, Convexity, and Other Bond Risk measures*, F.J. Fabozzi Assoc., 1999.

Ghon, R.S. and R.P. Chang, "Intra−day Arbitrage in Foreign Exchange and Eurocurrency Markets", *Journal of Finance*, 47, 1(1992), pp.363−380.

Grinblatt, M. and N. Jegadeesh, "The Relative Price of Eurodollar Futures and Forward Contracts", *Journal of Finance*, 51, 4(Sept. 1996), pp.1499−1522.

Hull, John C., *Options, Futures and Other Derivative Securities*, 8th Edition, Pearson, 2012.

Jarrow, R.A. and G.S. Oldfield, "Forward Contracts and Futures Contracts", *Journal of Financial Economics*, 9(Dec. 1981), pp.373－382.

Jorion, P., "Risk Management Lessons from Long－Term Capital Management", *European Finnacial Management*, 6(2000), pp.277－300.

Jorion P., *Value at Risk*, 3rd Edition, McGraw Hill, 2007.

Kane, E.J., "Market Incompleteness and Divergences between Forward and Futures Interest Rates", *Journal of Finance*, 35(May 1980), pp.221－234.

Kawallen, L.G., and P.D. Koch, "Meeting the Highly Effective Epectation Criterion for Hedge Accounting", *Journal of Derivatives*, 7, 4(Summer 2000), pp.79－87.

Marshall, John F. and Vipul K. Bansal, *Financial Engineering*, New York Institute of Finance, 1992.

Mason, Scott, Robert Merton, Andre Perold, and Peter Tufano, *Cases in Financial Engineering*, Prentice－Hall, Inc., 1995.

Mello, A.S. and J.E. Parsons, "Hedging and Liquidity", *Review of Financial Studies*, 13(Spring 2000), pp.127－153.

Merton, R.C., "Finance Theory and Future Trends: The Shift to Integration", *Risk*, 12.(1999) 7(July), pp.48－51.

Miller, M.H., "Financial Innovation: Achievements and Prospects", *Journal of Applied Corporate Finance*, 4(Winter 1992), pp.4－11.

Neuberger, A,J., "Hedging Long－term Exposures with Multiple Short－term Futures Contracts", *Review of Financial Studies*, 12(1999), pp.429－459.

Petersen, M.A. and S.R. Thiagarajan, "Risk Management and Hedging: With and Without Derivatives", *Financial Management*, 29, 4(Winter 2000), pp.5－30.

Pindyck, R.S., "Inventories and The Short－run Dynamics of Commodity Prices", *Rand Journal of Economics*, 25, 1(1994), pp.141－159.

Rendleman, R., "A Reconciliation of Potentially Conflicting Approaches to Hedging with Futures", *Advances in Futures and Options*, 6(1993), pp.81－92.

Richard, S. and S. Sundaresan, "A Continuous－time Model of Forward and Futures Prices in a Multigood Economy", *Journal of Financial Economics*, 9(Dec. 1981), pp.347－372.

Ritchken, Peter, *Derivative Markets*, Harper－Collins College Publishing, 1996.

Routledge, B.R., D.J. Seppi, and C.S. Spatt, "Equilibrium Forward Curves for Commodities", Journal of Finance, 55, 3(2000), pp.1297－1338.

Stulz, R.M., "Optimal Hedging Policies", *Journal of Financial and Quantitative Analysis*, 19(June 1984), pp.127－140.

Sundaram, Ranga rajan K. and Sanjiv R. Das, *Derivatives—Principles and Practice*, McGraw Hill, 2019.

Tufano, P., "Who Manages Risk? An Empirical Examination of Risk Management Practices in the Gold Mining Industry", *Journal of Finance*, 51, 4(1996), pp.1097−1138.

Tufano, P., "The Determination of Stock Price Exposure: Financial Engineering and The Gold Mining Industry", *Journal of Finance*, 53, 3(1998), pp.1015−1052.

Whaley, Robert E., *Interrelations among Futures, Option, and Futures Option Market*, Board of Trade of the City of Chicago, 1992.

Zhang, P.G., *Barings Bankruptcy and Financial Derivatives*, Singapore: World Scientific, 1995.

[3부: 스왑과 VaR]

구본열, *자산가격결정론*, 두남, 2005.

김명직, 장국현, *금융시계열분석*, 경문사, 1998.

김철중, 윤평식, 박경욱, 홍기훈, *선물옵션투자의 이론과 전략*, 10판, 퍼스트북, 2020.

박진우, *파생상품 연습*, 명경사, 2009.

박진우, *파생상품론*, 명경사, 2008.

신민식, *금융공학*, 법문사, 1996.

원재환, *금융리스크관리*, 법문사, 2012.

위정범, *재무금융 리스크관리*, 경문사, 2014.

지청, 조담, *투자론*, 학현사, 2005.

Baz, J. and M. Pascutti, "Alternative Swap Contracts Analysis and Pricing", *Journal of Derivatives*, (Winter 1996), pp.7−21.

Brown, K.C. and D.J. Smith, *Interest Rate and Currency Swaps: A Tutorial*, Association for Investment Management and Research, 1996.

Carr, P. and R. Lee, "Realized Volatility and Variance: Options via Swap", *Risk*, May 2007, pp.76−83.

Chance, D. and Rich, "The Pricing of Equity Swap and Swaptions", *Journal of Derivatives*, 5, 4(Summer 1998), pp.19−31.

Cooper, I. and A. Mello, "The Default Risk in Interest Rate Swaps", *Journal of Finance*, 46, 2(1991), pp.597−620.

Dattatreya, R.E. and K. Hotta, *Advanced Interest Rate and Currency Swaps: State−of−the−Art Products, Strategies, and Risk Management Applications*, Irwin, 1993.

Demeterfi, K., E. Derman, M. Kamal, and J. Zou, "More Than You Ever Wanted To

Know about Volatility Swap", *Journal of Derivatives*, 6, 4(Summer 1999), pp.9−32.

Flavell, R., *Swaps and Other Instruments*, Chichester: Willy 2002.

Gupta, A. and M.G. Subrahmanyam, "An Empirical Examination of the Convexity Bias in the Pricing of Interest Rate Swaps", *Journal of Financial Economics*, 55, 2(2000), pp.239−279.

Hull, John C., *Options, Futures and Other Derivative Securities*, 8th Edition, Pearson, 2012.

Litzenberger, R.H., "Swaps: Plain and Fanciful", *Journal of Finance*, 47, 3(1992), pp.831−850.

Marshall, John F. and Vipul K. Bansal, *Financial Engineering*, New York Institute of Finance, 1992.

Mason, Scott, Robert Merton, Andre Perold, and Peter Tufano, *Cases in Financial Engineering*, Prentice−Hall, Inc., 1995.

Minton, B.A., "An Empirical Examination of the Basic Valuation Models for Interest Rate Swaps", *Journal of Financial Economics*, 44, 2(1997), pp.251−277.

Ritchken, Peter, *Derivative Markets*, Harper−Collins College Publishing, 1996.

Smith, D.J., "Aggressive Corporate Finance: A Closer Look at the Procter and Gamble−Bankers Trust Leveraged Swap", *Journal of Derivatives*, 4, 4(Summer 1997), pp.67−79.

Sun, T., S. Sundaresan, and C. Wang, "Interest rate Swaps: An Empirical Investigation", *Journal of Financial Economics*, 34, 1(1993), pp.77−99.

Titman, S., "Interest Rate Swaps and Corporate Financing Choices", *Journal of Finance*, 47, 4(1992), pp.1503−1516.

volatility swap   560
Volume   23
VWSI: value weighted stock index   442

[W]

warehousing swap   538
warrant   258
weak−form efficient market hypothesis
    99
weakening of the basis   365
weighted average term to maturity   410
wholesale deposit   532
wild card option   426

WP: Wiener process   102, 112
WSI: weighted stock index   442

[Y]

yield curve   404
YTM: yield to maturity   403

[Z]

zero basis hedge   365
zero coupon bond   204
zero swap   558
zero−sum game   16

저자약력

원 재 환

고려대학교 산업공학 학사(BE in Industrial Engineering)
한국과학기술원(KAIST) 경영과학 석사(MS in Management Science)
University of Nebraska at Lincoln 경영학 석사(MS in Finance and Economics)
University of Texas at Dallas 경영학 박사(Ph.D. in Finance)
전, 서강대 경영학부 재무계열 주임교수, 경영전문대학원 부원장, 학생문화처장, 입학처장
    프랑스 IESEG(Lille)경영대학 초빙교수
    미국 뉴저지주립대학 교환교수(Fulbright Scholar)
    산업통상자원부 해외자원투자 자문위원
    소상공인시장진흥공단 리스크자문위원회 위원
    경영연구 편집위원
    행정고등고시, 7급공무원시험 출제위원
    보험계리사, 손해사정인시험 출제위원
    한겨레신문, 조선일보, 동아일보, 매일경제신문, 아시아경제신문 등 칼럼니스트
    KBS, JTBC, MBC, SBS, YTN 등 경제금융분야 인터뷰이 등 역임
현, 서강대학교 경영학부 재무분야 교수
    국세청 빅데이터 자문위원회 위원
    기술보증기금(KIBO) 리스크관리위원회 위원
    한국산업경영학회 이사 등 재임 중

[주요 저서 및 논문]

금융리스크관리(2012), 법문사.
선물옵션연습(2003), 유풍출판사.
선물옵션의 이론과 실제(2002), 유풍출판사.
"Cyclical Consumption and Expected Stock Returns: Evidence from the Korean Capital Market", with Young W. Won and Y. Won, *Global Business & Finance Review*, 2021, Vol. 26, Issue 3(Fall), pp.14－32.
"Closed－end Mutual Fund Puzzle and Market Efficiency: Option Theoretic Analysis", with Sangho Lee and Seok Weon Lee, *Journal of Business Research*, 2014(May), Vol. 29, No. 2, pp.1－23.
"Using GABKR Model for Dividend Policy Forecasting", *Expert Systems with Application*(SCIE), 2012(Dec. 15), Vol. 39, Issue 18, pp.13472－13479.(coauthor).
"A Knowledge Integration Model for the Prediction of Corporate Dividends", *Expert Systems with Application*, 2010, Vol. 37, pp.1344－1350.(coauthor)
"Valuation of Investments in Natural Resources Using Contingent－claim Framework", *Energy*, 2009, Vol. 34, No. 9, September, pp.1215－1224.
"Earnings Uncertainty and Analyst Forecast Herding", *Asia Pacific Journal of Financial Studies*, 2009, Vol. 38, No. 4, pp.545－574.(coauthor)
"Contingent－claim Valuation of a Closed－end Funds: Models and Implications", *Korean Journal of Futures and Options*, 2009, Vol. 17, No. 4, pp.43－74.(coauthor)
"Mathematical Model of Optimal Payouts under Nonlinear Demand Curve", *International Journal of Management Science*, Vol. 10, No. 2, 2004, pp.53－71.
"A Knowledge－based Framework for Incorporating Investor's Preference into Portfolio

Decision—making", *Intelligent Systems in Accounting, Finance and Management*, Vol. 12, No. 2, 2004, pp.121—138.(coauthor)

"Two—layer Investment Decision—Making Using Knowledge about Investors' Risk Preference: Model and Empirical Testing", *International Journal of Management Science*, Vol. 10, No. 1, 2004, pp.25—41.(coauthor)

"A Contingent—Claim Analysis of the Closed—end Mutual Fund Discount Puzzle", *Research in Finance*, Vol. 18, 2001, pp.105—132.(coauthor)

"우선주 가격 및 수익률 결정요인에 관한 연구", *아태비즈니스연구*, 2020, Vol. 11, No. 2, pp.159—172. (공제)

"협동조합형 은행이 리스크, 금융산업의 안정성 및 고용에 미치는 영향", *금융안정연구*, 2017.6월, Vol. 18, No. 1, pp.21—51.

"우리나라 신디케이티드론 시장에서 은행-차주 간 장기대출관계가 수행하는 역할에 대한 연구", *경영교육연구*, 2016, 제31권 제1호, pp.61—83. (공제)

"수익성과 유동성을 조정한 5요인 모형의 한국주식시장 타당성 연구", *경영교육연구*, 2016, 제31권 제6호, pp.523—545. (공제)

"부도확률 예측에서 미시정보와 거시정보의 역할", *금융안정연구*, 2012, Vol. 13, No. 2, pp.25—50. (공제)

"주식형펀드성과의 지속성 평가를 위한 최적 성과평가방법", *경영연구*, 2010, Vol. 25, No. 4, pp.395—422. (공제)

"기업의 부채구조를 고려한 옵션형 기업부도예측모형과 신용리스크", *재무관리연구*, 제23권 제2호, 2006, pp.209—237. (공제)

"예금보험제도가 은행의 위험추구와 최적재무구조 그리고 기업가치에 미치는 영향", *보험 학회지*, 제75집 제3호, 2006, pp.135—168.

"한국금융시장에서 파생상품도입의 가격효과", *금융연구*, 제19권 제1호, 2005, pp.149—177.

"스톡옵션제도의 도입이 배당정책에 미치는 영향", *경영학연구*, 제33권 제4호, 2004, pp.1073—1096.

"스톡옵션제도의 공시효과와 위험에 관한 연구", *증권학회지*, 제28집, 2001, pp.579—623. 외 다수

파생상품투자론

2021년 10월 20일 초판 인쇄
2021년 10월 30일 초판 발행

저 자   원   재   환
발행인   배   효   선

발행처 도서출판 **法 文 社**

주 소   10881 경기도 파주시 회동길 37-29
등 록   1957년 12월 12일/제2-76호(윤)
전 화   (031)955-6500~6   FAX (031)955-6525
E-mail   (영업) bms@bobmunsa.co.kr
         (편집) edit66@bobmunsa.co.kr
홈페이지 http://www.bobmunsa.co.kr

조 판 (주) 성 지 이 디 피

정가 32,000원   ISBN 978—89—18—91254—7